PREMIÈRE PRÉSIDENCE DE M. LE Cte COLONNA D'ISTRIA.

RECUEIL

DES

ARRÊTS NOTABLES

DE LA COUR IMPÉRIALE DE BASTIA,

(ANNÉES 1823-1833.)

PAR

MM. LE Cte COLONNA D'ISTRIA ET GAFFORJ

Chevalier de la Légion d'honneur,

CONSEILLERS A LA COUR.

AVEC UNE PRÉFACE

PAR M. J.-B. DUVERGIER,

CONSEILLER D'ÉTAT.

DÉDIÉ

A M. CALMÈTES, PREMIER PRÉSIDENT,

OFFICIER DE LA LÉGION D'HONNEUR.

TOME 1er

Première Période. — Tome Premier.

BASTIA,

DE L'IMPRIMERIE FABIANI.

1859.

RECUEIL

DES ARRÊTS NOTABLES

DE LA COUR IMPÉRIALE DE BASTIA.

TOME Ier

PREMIÈRE PRÉSIDENCE DE M. LE Cte COLONNA D'ISTRIA.

RECUEIL

DES

ARRÊTS NOTABLES

DE LA COUR IMPÉRIALE DE BASTIA,

(ANNÉES 1823-1833.)

PAR

MM. LE Cte COLONNA D'ISTRIA ET GAFFORJ

Chevalier de la Légion d'honneur,

CONSEILLERS A LA COUR.

AVEC UNE PRÉFACE

PAR M. J.-B. DUVERGIER,

CONSEILLER D'ÉTAT.

DÉDIÉ

A M. CALMÈTES, PREMIER PRÉSIDENT,

OFFICIER DE LA LÉGION D'HONNEUR.

TOME Ier

Première Période. — Tome Premier.

BASTIA,

DE L'IMPRIMERIE FABIANI.

1859.

A M. Calmètes,

PREMIER PRÉSIDENT DE LA COUR IMPÉRIALE DE BASTIA.
OFFICIER DE LA LÉGION D'HONNEUR.

Monsieur le Premier Président,

Cette publication est un hommage rendu au passé glorieux de la Cour dont vous dirigez aujourd'hui les travaux, avec l'autorité d'une science profonde, avec l'impartialité d'un sage administrateur; — Elle est aussi le témoignage assuré de ma vive reconnaissance pour l'affectueuse vénération que vous aviez vouée à mon Père.

En plaçant le recueil de nos Arrêts sous votre haut patronage, je remplis un devoir. Ce motif seul a pu me déterminer à vous l'offrir sans avoir, à l'avance, obtenu votre agrément. Le sentiment qui m'a inspiré sera mon excuse et me fera trouver grâce, j'en ai la ferme conviction, auprès de votre noble cœur.

Je suis avec un respectueux dévouement,

Monsieur le Premier Président,

Votre très-humble et très-obéissant serviteur,

Cte COLONNA D'ISTRIA.

Octobre 1859.

IGNACE ALEXANDRE

COMTE COLONNA D'ISTRIA,

PREMIER PRÉSIDENT

COMMANDEUR DE L'ORDRE IMPÉRIAL DE LA LÉGION D'HONNEUR.

Le plus bel hommage qu'on puisse rendre à la mémoire de M. le Comte COLONNA D'ISTRIA, c'est de retracer simplement la vie de l'homme excellent, du Magistrat savant et intègre qu'un trépas inattendu a si brusquement ravi à l'amour de ses concitoyens. Il est des existences qu'on aime à raconter, parce qu'elles n'ont pas cessé d'être vouées à l'accomplissement du devoir et à la pratique du bien.

Le Comte IGNACE-ALEXANDRE COLONNA D'ISTRIA naquit à Ajaccio, le 30 Juillet 1782. Le mérite qui devait paraître un jour en lui aurait pu illustrer un nom obscur ; il ne fit qu'ajouter à l'éclat d'un nom antique et glorieux. Les COLONNA de Corse descendent du fameux UGO COLONNA qui, au neuvième siècle, enleva l'île aux Sarrasins; ils forment une branche de cette noble famille romaine qui a donné au monde un Pape, à l'Italie des Cardinaux, des Prélats et des Guerriers.

De bonne heure on put remarquer chez ALEXANDRE COLONNA D'ISTRIA les plus heureuses dispositions, une rare vivacité d'esprit et une variété d'aptitudes singulière. Après avoir fait d'excellentes études classiques, il se sentit attiré par la science du Droit et suivit assidûment les cours de la célèbre Université de Pise, où les traditions de la grande École juridique italienne s'étaient conservées.

Mais s'il avait été demander à l'Italie les ressources intellectuelles que la Corse ne pouvait lui offrir, son cœur n'avait pas quitté les lieux où l'attachaient toutes ses affections de famille, tous ses souvenirs d'enfance. C'était parmi ses compatriotes qu'il voulait se faire une place honorée; aussi, dès qu'il eut pris ses degrés, s'empressa-t-il de venir solliciter son inscription au Barreau d'Ajaccio, où il ne tarda pas à débuter de la façon la plus brillante.

Le jeune Avocat ne se laissa point éblouir par ces premiers succès, et fermement convaincu qu'un travail opiniâtre peut seul former un jurisconsulte, il se livra avec une courageuse ardeur à l'étude approfondie des monuments de la Jurisprudence et à ces recherches souvent arides, sans lesquelles les plus importants problèmes du droit demeurent insolubles.

Nommé, par décret du 25 Janvier 1805, en vertu d'une dispense d'âge, Procureur Impérial près le Tribunal de première instance d'Ajaccio, M. COLONNA D'ISTRIA fut, à l'époque de l'organisation de la Cour Impériale, promu à l'emploi d'Avocat Général. Quelques années s'étaient à peine écoulées que le choix du Gouvernement l'appelait, au mois de Décembre 1811, à succéder à M. le Procureur Général Chiappe (*), un des hommes les plus distingués de la Corse, qu'une mort prématurée venait d'enlever et dont il épousa peu après la fille.

M. COLONNA D'ISTRIA était âgé de vingt-neuf ans seulement. Cette fois encore il fallut qu'une dispense l'autorisât à exercer les fonctions importantes qui lui étaient confiées.

Un si rapide avancement atteste assez que le Magistrat avait donné des preuves nombreuses de la solidité de son jugement et de l'étendue de ses connaissances : le moment était venu où le citoyen allait montrer à tous l'inébranlable fermeté de son âme et la vivacité de son patriotisme.

L'Empire s'était écroulé sous les efforts de la coalition. Un des premiers soins de l'Angleterre fut de reprendre un projet auquel les victoires de Napoléon et la nécessité de songer à son propre salut l'avaient contrainte de renoncer. Depuis longtemps ses regards ambitieux

---

(*) Le fils de M. le Procureur Général Chiappe, Capitaine du Génie, élève de l'École Polytechnique, était Officier d'ordonnance de Napoléon Ier à Waterloo. Il fut au nombre des personnes choisies par l'Empereur pour l'accompagner à Sainte-Hélène. Souffrant encore d'une blessure qu'il avait reçue dans cette bataille suprême, il ne put suivre le Monarque dans sa lointaine prison.

Son frère, membre de la Convention Nationale, vota pour l'appel au Peuple, lors du procès de l'infortuné Louis XVI..... « On parle de courage, dit-il; s'il en faut dans cette affaire, » c'est bien en prononçant le renvoi au peuple. Je vote pour *Oui*. » (V. l'ancien *Moniteur*, tom. XV, 161, 172, 217, 254.)

s'étaient arrêtés sur la Corse dont la possession lui aurait assuré peut-être la souveraineté de la Méditerranée; pendant deux ans elle avait tenu l'île sous sa domination; l'Empereur abattu, elle se hâta de la ressaisir; une armée anglaise occupa le Pays tout entier.

Le Général Montrésor, nommé Gouverneur, prit, sous la date du 6 Mai 1814, un arrêté portant que la Justice serait rendue au nom de George III, Roi de la Grande Bretagne.

Le lendemain la Cour se réunit : ce fut une séance solennelle. Au milieu d'un profond silence M. le Procureur Général COLONNA D'ISTRIA se leva, et d'une voix que l'émotion faisait vibrer, il adjura ses collègues de déclarer qu'ils ne pouvaient obéir à l'ordre qui leur était donné. La Cour entra en délibération; puis elle fit, à l'unanimité, cette déclaration mémorable : « QU'ELLE NE SAURAIT, SANS TRAHIR SON HONNEUR ET SES DEVOIRS LES PLUS SACRÉS, RENDRE LA JUSTICE EN TOUT AUTRE NOM QU'EN CELUI DE S. M. LOUIS XVIII, ROI DES FRANÇAIS. »

Le Gouverneur n'ignorait pas la part qu'avait eue M. le Comte COLONNA D'ISTRIA dans la décision prise par sa Compagnie, et pourtant il le nommait, quelques jours après, au poste de Procureur Général près la Cour suprême instituée à Bastia. Certes un pareil choix a de quoi surprendre; il fallait bien mal connaître l'homme auquel il s'adressait pour espérer ébranler sa fidélité par cette injurieuse faveur, et pour s'imaginer que l'ambition lui ferait oublier ce que sa conscience et le devoir lui commandaient. Le Comte COLONNA, en refusant la dignité qui lui était conférée, écrivit au Général Montrésor une lettre dans laquelle il ne craignit pas de déclarer que la Corse continuait à faire partie intégrante de la France, et que le seul Roi des Français avait le droit de nommer aux emplois publics. [1]

Quand on relit ces courageuses paroles, les noms d'Achille de Harlay et de Mathieu Molé reviennent à l'esprit. Celui qui tenait un si noble langage n'avait pas besoin, d'ailleurs, pour se montrer le digne émule de ces grands Magistrats qui vivront éternellement dans l'histoire, de s'inspirer de leur souvenir; il n'avait qu'à suivre les mouvements de son propre cœur.

Au mois de Juin suivant, la France reprit possession de la Corse, et le Général Milet de Mureau, commissaire extraordinaire du Roi, loua publiquement la conduite du Comte Colonna, qui, maintenu en 1816 dans ses fonctions de Procureur Général, les exerça jusqu'en 1818.

A cette époque, le Gouvernement ayant résolu, par des considérations dont nous n'avons pas à discuter la valeur, de ne plus donner à des Corses les premières places de la Magistrature et de l'Administration dans l'île, M. Colonna d'Istria alla occuper à la Cour Royale de Nîmes un siége de Président de chambre.

Cinq ans plus tard, le pouvoir étant revenu sur sa détermination, l'éminent Magistrat fut rendu à ses compatriotes. Une ordonnance Royale l'élevait aux fonctions de Premier Président. Il était depuis 1821 Chevalier de la Légion d'honneur. En 1825, le Roi le confirma dans le titre de Comte que portaient ses ancêtres.

Au mois de Juin 1830, les électeurs des divers colléges du Royaume furent réunis, afin de procéder à l'élection des membres de la Chambre des Députés.

Le dévouement constant de M. le Comte COLONNA D'ISTRIA aux intérêts de son pays, la connaissance qu'il avait des besoins de l'île le désignaient au choix de ses concitoyens : il fut élu.

Le *Moniteur* annonça le résultat du scrutin le jour même où il publiait les fameuses ordonnances. Le lendemain la révolution éclatait et le Roi Charles X prenait le chemin de l'exil. Peu de temps après, la Chambre annulait les élections de la Corse.

Les événements fermaient, cette fois, la vie parlementaire à M. le Comte COLONNA : il se résigna sans peine à rester ce qu'il était. Quinze ans plus tard, il dépendit de lui d'entrer, avec une situation considérable, dans cette carrière politique qui tente beaucoup d'ambitions : il ne le voulut pas.

C'était en 1845. Le Premier Président de la Cour de Bastia comptait quarante années de Magistrature. Les importants services qu'il avait rendus avaient été appréciés par le pouvoir d'alors; une grande récompense lui était due, on songea à la lui donner. M. Martin du Nord, Garde des Sceaux, chargea M. le Procureur Général Decous d'annoncer confidentiellement au Comte COLONNA que le Roi Louis-Philippe était dans l'intention de l'appeler à la Cour de Cassation et à la Chambre des Pairs. On n'attendait plus que son agrément pour publier les ordonnances de nomination.

M. le Comte COLONNA D'ISTRIA fut profondément touché de l'insigne honneur dont on le jugeait digne. Son premier mouvement fut d'accepter ce qui lui était si délicatement offert. Mais accepter, c'était quitter ce poste qu'il occupait alors depuis vingt-deux ans, et dans lequel il avait la conscience d'avoir fait et de pouvoir faire encore le bien; c'était se séparer de Collègues bien aimés qui l'entouraient de respect, de confiance et d'affection; c'était rompre avec les douces habitudes de toute sa vie, et briser mille liens dont il sentit alors plus que jamais la force; c'était enfin s'exiler du pays natal: le courage lui manqua. Il comprenait d'ailleurs qu'il était plus utile en Corse qu'il n'aurait pu l'être ailleurs : il n'en fallait pas davantage pour le déterminer à se refuser aux dignités qui venaient à lui. M. le Comte COLONNA D'ISTRIA renonça donc à la Cour de Cassation et à la Pairie, et peut-être fut-il le seul à ne pas s'apercevoir qu'il faisait un sacrifice.

Il continua à se consacrer à la bonne administration de la Justice, soumettant les affaires dont il avait à connaître au plus scrupuleux examen, éclairant les délibérations des vives lumières de son expérience, et rédigeant des arrêts qui sont des modèles de concision et de clarté.

Lorsque fut publié le décret qui rendait obligatoire la retraite des Magistrats septuagénaires des Cours d'Appel, M. le Premier Président COLONNA était le Doyen de la Magistrature française dont il faisait partie depuis près d'un demi-siècle.

Était-ce une sage mesure celle qui portait une atteinte si grave à un principe auquel les gouvernements qui s'étaient succédé en France depuis cinquante ans n'avaient pas touché? Il est permis de le nier. « Lorsque l'inamovibilité, disait M. le Garde des Sceaux Abbatucci » dans son rapport à l'Empereur, cesse de protéger le justiciable pour » protéger exclusivement la personne du Juge, elle cesse d'être un

» bienfait. » Cela est vrai. Mais est-il vrai que l'inamovibilité cesse de protéger le justiciable, lorsqu'elle laisse sur son siége le Magistrat blanchi dans la pratique de la Justice, à qui les longues années passées dans l'étude et dans l'application de la loi en ont rendu l'intelligence plus prompte et plus nette? L'expérience est-elle de si peu d'utilité pour la solution des procès, qu'on puisse sans inconvénient la bannir des Tribunaux? Quoique ait paru le croire l'honorable Ministre que le pays regrette, il est rare que l'âge et la lassitude détruisent et énervent l'amour du devoir et la notion précise du juste et de l'injuste. C'est manquer de respect à la vieillesse que de la représenter comme impuissante pour faire le bien, comme incapable de discerner le vrai.

Le 30 Juillet 1852, quelques mois après la promulgation du décret, M. le Comte COLONNA D'ISTRIA atteignit sa soixante-dixième année. Il était dans la pleine possession de ses forces physiques et de ses facultés intellectuelles; jamais il n'avait, dans le cours de sa laborieuse carrière, déployé plus d'activité, ni rempli avec plus de zèle et d'exactitude les obligations de sa charge. Il suffisait d'entendre un moment sa parole nette et ferme, de rencontrer son regard vif et doux, illuminant des traits réguliers et fins, empreints de grâce sérieuse et de noblesse bienveillante, pour apprécier tout ce qu'il y avait encore en lui de vigueur d'esprit et de jeunesse de cœur.

Le Gouvernement, ne voulant pas se priver de services dont il connaissait la valeur, parut ignorer que l'heure de la retraite avait sonné pour l'éminent Magistrat, et il le maintint dans ses fonctions. M. COLONNA D'ISTRIA, quoiqu'il se sentît fort honoré d'une telle marque d'estime, ne crut pas devoir accepter la situation exceptionnelle qui lui était faite; il demanda que la loi commune lui fût appliquée et provoqua la nomination de son successeur. On le vit solliciter pour la première fois de sa vie : solliciteur étrange qui mettait à repousser une faveur l'empressement que d'autres mettent à l'implorer.

C'est au bout de dix-sept mois seulement que ses vœux furent réalisés. Le 22 Décembre 1853, le même décret appela M. Calmètes à la Présidence de la Cour Impériale de Bastia, admit M. le Comte COLONNA D'ISTRIA à faire valoir ses droits à la retraite, et le nomma Premier Président honoraire.

Le jour où le vénérable Magistrat descendit du siége dont il avait monté les premiers degrés sous NAPOLÉON LE GRAND, fut un jour d'émotion pénible pour l'île tout entière. [2] C'est que personne n'avait fait du pouvoir un plus noble usage que le Comte COLONNA D'ISTRIA. Il n'avait eu, pendant près de cinquante années, d'autres préoccupations que celle des intérêts de tous, d'autre passion que celle du bien public.

L'ancien Premier Président fit ses adieux à ses Collègues dans une lettre touchante. La Cour, après avoir décidé que cette lettre serait inscrite sur ses registres, alla en corps présenter sa réponse à M. le Comte COLONNA D'ISTRIA. [3]

Les membres du Barreau s'étaient rendus, dès le 6 Janvier 1854, auprès de celui dont ils avaient éprouvé la constante bienveillance, et le Bâtonnier s'était fait l'éloquent interprète des sentiments de l'Ordre. [4]

Les Autorités civiles et militaires vinrent, à leur tour, offrir à M. le Comte COLONNA D'ISTRIA le tribut de leurs regrets.

Enfin la presse du pays n'eut qu'une voix pour honorer le Magistrat qui résignait la haute fonction qu'il avait si longtemps exercée, avec la sérénité et la dignité qui sont l'apanage des âmes vraiment grandes.

A l'occasion de sa nomination au grade de Commandeur de la Légion d'Honneur, distinction qui lui fut accordée sur l'initiative toute spontanée de M. le Premier Président Calmètes, des hommages non moins nombreux, non moins empressés vinrent chercher M. le Comte Colonna d'Istria dans sa retraite, et la Cour impériale de Bastia se rendit en corps auprès de lui, pour le féliciter par l'organe de M. Stefanini, Président de Chambre. [5]

Depuis le jour où le Chef vénéré de la Magistrature Corse rentra dans la vie privée, il appartint tout entier aux affections et aux joies de la famille. Pour les caractères médiocres l'obscurité succédant à l'éclat d'une existence publique est un supplice insupportable; mais l'ombre du foyer avait pour la modestie de M. Colonna d'Istria un charme singulier. Le Magistrat ne dédaigna pas le rôle de Père de famille exact et vigilant; il se plut à consacrer aux humbles affaires domestiques l'activité qu'il apportait naguères dans l'administration de la justice, content de présider sa maison après avoir présidé une des Cours de l'Empire.

Ceux qui l'aimaient espéraient vivre longtemps sous cette autorité douce et respectée. Leurs vœux, hélas! devaient être cruellement déçus.

Dans les derniers jours du mois de Février 1859, le Comte Colonna d'Istria fut atteint d'un mal subit qui inspira tout d'abord des inquiétudes très vives. Les soins les plus tendres et les plus éclairés lui furent en vain prodigués; il succomba, le 1er Mars, à une affection aiguë du cœur.

Sa mort fut véritablement un malheur public, et lorsque la nouvelle s'en répandit, toute la Corse s'associa à la douleur de ceux qu'unissaient les liens du sang à l'homme illustre qui n'était plus.

La dépouille mortelle du Comte Colonna d'Istria fut transportée à Ajaccio et déposée dans une sépulture de famille. Une foule innombrable d'hommes du monde, de fonctionnaires, d'ouvriers de la ville et de la campagne suivit le deuil que menaient les deux fils du défunt.

M. Colonna d'Istria n'avait voulu aucun bruit autour de son cercueil; il avait exprimé le désir d'être conduit sans appareil à sa dernière demeure; mais, si les regrets et les larmes des vivants sont la véritable pompe des funérailles, jamais plus magnifiques honneurs ne furent rendus à une tombe. [6]

Lorsque ceux dont l'unique et constante passion a été celle du bien sont frappés par la mort, leurs vertus, la plus noble partie d'eux-mêmes, leur survivent. Il n'est pas d'homme dont la postérité ait pu dire avec plus de raison qu'elle ne le dira du Comte Colonna d'Istria : *Il n'est pas mort tout entier*.

Paris, Mars 1859.

A. KAEMPFEN,

Avocat à la Cour Impériale de Paris.

(N° 1.)

Lettre du Général Montrésor, Gouverneur de la Corse pour S. M. George III, Roi d'Angleterre, à M. Alexandre Colonna d'Istria, portant avis de sa nomination à la place de Procureur Général à la Cour Suprême de justice, organisée à Bastia.

Al Signor ALESSANDRO COLONNA D'ISTRIA, ex Procuratore Generale, Ajaccio.

Bastia, li 26 Maggio 1814.

SIGNORE,

Dall'annesso regolamento vedrete che ho creduto conveniente di nominarvi alla carica di Procuratore Generale del Re alla Corte Suprema di giustizia, in Bastia.

Vi compiacerete di uniformarvi al medesimo, giacchè nel caso diverso l'urgenza del servizio mi porrebbe nella spiacevole necessità di rimpiazzarvi.

Attendo frattanto, Signore, un sollecito riscontro della presente, ed ho l'onore di salutarvi distintamente,

Firmato : MONTRÉSOR.

Réponse.

Ajaccio, le 30 Mai 1814.

MONSIEUR LE GÉNÉRAL,

J'ai reçu, avec un exemplaire de votre Règlement du 26 de ce mois, la lettre que vous m'avez fait l'honneur de m'écrire le même jour, portant avis de ma nomination à la place de Procureur Général à la Cour Suprême de Justice que vous avez provisoirement organisée.

Je dois à la confiance que vous m'avez témoignée et aux principes d'honneur qui me caractérisent, de vous déclarer qu'institué par le Gouvernement français à la place de Procureur Général en la Cour, séant à Ajaccio, je ne puis ni ne dois accepter des fonctions que du même Gouvernement, parce que la CORSE CONTINUE A FAIRE PARTIE INTÉGRANTE DE LA FRANCE, et parce que j'ai déclaré ne pouvoir rendre la justice au nom de S. M. le Roi d'Angleterre.

Je suis très-sensible à l'honneur que vous avez bien voulu me faire, et je vous prie de croire aux sentiments de la très-haute considération avec laquelle

J'ai l'honneur d'être,

Monsieur le Général,

Votre très-humble et très-obéissant serviteur,

A. COLONNA D'ISTRIA.

(N° 2.)

Lettre de M. le Préfet de la Corse à M. le Comte Colonna d'Istria, Premier Président de la Cour Impériale de Bastia.

Ajaccio, le 5 Janvier 1854.

MONSIEUR LE PREMIER PRÉSIDENT,

Le décret qui a prononcé votre mise à la retraite a produit dans toute la Corse une impression de regret tellement profonde et unanime, que vous avez dû en être vivement touché. Entouré de l'estime et de l'affection publiques, vous léguez à vos successeurs un exemple difficile à suivre, et vous terminez prématurément une des plus belles carrières dont la Magistrature française puisse s'honorer.

Personne plus que moi, Monsieur le Premier Président, n'apprécie l'étendue de la perte qui afflige non-seulement la Cour, mais l'île entière, et en vous exprimant de nouveau ma gratitude pour la bienveillance dont vous m'avez toujours honoré, je vous prie d'agréer, avec l'assurance vivement sentie de mes regrets personnels, celle de mon respectueux dévouement.

Le Préfet de la Corse,
Signé : Thuillier.

(N° 3.)

Extrait des Minutes de la Cour Impériale de Bastia.

L'an mil huit cent cinquante-quatre, le vingt-quatre Janvier, à Bastia,

La Cour impériale s'est réunie au Palais de Justice, sur la convocation de M. Casale, Doyen des Présidents de Chambre, remplissant les fonctions de Premier Président.

M. le Doyen des Présidents de Chambre, après avoir donné connaissance à la Cour de la lettre d'adieu que M. le Comte Colonna d'Istria, son ancien Premier Président, aujourd'hui son Premier Président honoraire, venait de lui adresser, à la date d'hier, vingt-trois Janvier mil huit cent cinquante-quatre, lui a présenté un projet de réponse à cette lettre.

La Cour, à l'unanimité, a décidé que cette réponse était adoptée; qu'elle serait, ainsi que la lettre de M. le Comte Colonna d'Istria, insérée dans la présente délibération, et que la Cour irait en corps la présenter elle-même au digne Chef dont elle était séparée.

Cette réponse est ainsi conçue :

« Monsieur le Premier Président,

» Nous sommes vivement émus des sentiments que vous avez bien » voulu nous exprimer, en vous séparant de nous.

» C'est, en effet, une bien douloureuse séparation.

» La Cour impériale de Bastia n'oubliera jamais, Monsieur le Premier » Président, que vous avez été constamment pour tous ses Membres, en » général, et pour chacun d'eux en particulier, non-seulement un modèle » accompli, mais encore un père gracieux, qui, par sa sagesse, sa modé» ration et sa bienveillance, savait rendre chaque jour plus douce son

» autorité. Nous vous prions, Monsieur le Premier Président, d'agréer, à » votre tour, l'expression de tous nos regrets, de toute notre vénération, » de tout notre dévouement.

» Monsieur votre fils portera parmi nous, nous ne pouvons en douter, » les nobles sentiments qui vous ont toujours distingué. Il peut être sûr » d'avance qu'il doit compter sur nos sympathies et sur notre amitié. Sa » présence servira à tempérer la douleur de votre éloignement.

» Nous sommes très-respectueusement,

» Vos très-dévoués collègues, serviteurs et amis,

Signés : MM. Casale et Stefanini, Présidents de Chambre; — Galeazzini, Gavini, Andrau-Moral, Poli, Levie, Morel, Gafforj, Carduccia, Gregorj, Suzzoni, Montera, De Bradi, Pietri, Trolley, De Caraffa, Murati, Conseillers; — Sigaudy, Procureur Général; — Bertrand, Premier Avocat Général; — X. de Casabianca, Avocat Général; — Ceccaldi, Substitut; — Marinetti, Greffier en chef.

(N° 4.)

Extrait du Registre des délibérations de l'Ordre des Avocats de Bastia.

Ce jourd'hui, six du mois de Janvier mil huit cent cinquante-quatre, à deux heures de relevée,

L'Ordre des Avocats, près la Cour impériale de Bastia, s'est réuni en assemblée générale, dans une des salles du Palais de Justice, sous la présidence de M. Arrighi, Bâtonnier.

La séance étant ouverte, le Bâtonnier a pris la parole et s'est exprimé en ces termes :

« Vous connaissez, Messieurs et chers Confrères, le but de cette réu- » nion. M. le Comte Colonna d'Istria, Premier Président, vient d'être mis

» à la retraite. — Le décret qui, dans sa personne, a atteint la Magistrature du ressort, a frappé du même coup l'ORDRE des Avocats tout entier. Vous pensez sans doute, comme moi, qu'un témoignage public » d'affection et de respect est dû au Magistrat éminent que nous avions » l'habitude de voir depuis si longtemps à la tête de la Cour. Si nous » l'avons, à toutes les époques, entouré d'une déférence respectueuse, » c'est qu'il a été toujours bon et affectueux envers chacun de nous ; c'est » que l'avocat laborieux était sûr de trouver, dans la bienveillance de ses » paroles et la sagesse de ses conseils, le prix et le dédommagement de » ses pénibles travaux. Conciliant les intérêts de la justice avec le désir » d'être agréable à tous ceux qui avaient recours à sa juridiction gracieuse, il savait assurer la régularité du service, sans jamais faire trop » sentir le poids de son autorité.

» D'autres rappelleront la science du jurisconsulte et l'autorité qu'elle » donnait à la jurisprudence de la Cour. En ce moment, je ne dois rappeler que la qualité qui a contribué le plus à le rendre cher et regrettable à tous indistinctement, stagiaires, jeunes Avocats et anciens de » l'ORDRE ; — Vous comprenez que j'entends parler de cette attention bienveillante avec laquelle il écoutait, pendant l'audience, l'avocat plaidant ; » et quoiqu'il pût, grâce à la rare sagacité de son esprit, saisir du premier mot les points les moins clairs et les questions les plus abstraites » du procès, M. le Premier Président COLONNA ne se permettait jamais » aucune de ces manifestations d'impatience qui, en déroutant les Avocats les plus consommés dans les luttes du Barreau, enlèvent aux » clients le fruit d'une discussion préparée avec soin dans le silence du » cabinet, et dont un geste ou une interruption détruit souvent tout » l'effet à la Barre. Cela venait de ce qu'en montant sur son siége, il » n'oubliait point cet ancien adage, que la patience entre pour beaucoup » aussi dans les devoirs de la Justice, *Magna pars est Justitiæ*.

» Je crois donc deviner la pensée de chacun de vous, en proposant de » témoigner par une démonstration unanime, à la face du Pays, combien » nous regrettons que la loi du 1er Mars ait privé sa Compagnie du concours de ses lumières, et le Barreau d'un guide et d'un ami.

» Ses derniers arrêts, improvisés à l'audience, attestent que les années n'ont pas toujours le pouvoir d'affaiblir les fortes intelligences. » Aussi avions-nous lieu d'espérer que le Gouvernement, juste apprécia-

» teur du mérite, l'aurait appelé à rendre, dans une autre position, de » nouveaux services à l'État. On l'aurait vu, dans cette nouvelle phase » de son existence, ce qu'il avait toujours été sur le siége du Magistrat, » étranger aux préoccupations ardentes de la vie politique, et ne cher- » chant à se faire remarquer que par sa science et son intégrité. »

L'ouverture faite par le Bâtonnier a été accueillie avec une faveur marquée par tous les Avocats présents. Il était aisé de juger, à cet accord parfait de sentiments, que le Bâtonnier n'en était que le fidèle interprète, et qu'avant d'avoir été formulée par lui, cette motion était dans les vœux et les désirs de chacun d'eux.

Immédiatement après, les Avocats :

MM. Arrighi, Bâtonnier; Casella, Doyen; Graziani, Milanta père, Battesti, Camoin-Vence, De Zerbi, Milanta fils, Savelli, Ajaccio, Tommasi, De Casabianca François-Marie, Ollagnier, Poli, Montera, Orsini, Benigni, Pompei, Tomei, Gavini, Agustini, Casale, Podesta, De Casabianca Antoine-Paul, Casalta, De Caraffa, Emanuelli, Bettolacce, Cervoni, Fabiani, Limperani, Grimaldi, en habit de ville, se sont dirigés vers la demeure de M. le Premier Président.

Averti, à l'instant même, de cette manifestation, M. Colonna est allé au devant d'eux jusqu'à l'entrée extérieure de son salon. A peine rangés en cercle, dans une attitude grave et recueillie, le Bâtonnier, debout et découvert, a prononcé, au milieu d'eux, d'une voix ferme mais émue, l'allocution suivante :

Monsieur le Premier Président,

« Au renouvellement de l'année judiciaire, le Barreau de la Cour venait » présenter ses hommages au Chef de la Magistrature du ressort.

» Aujourd'hui nous venons, d'un mouvement unanime et spontané, lui » présenter l'expression de nos regrets et de nos sympathies. — Ce fut » une manifestation de cette nature, qui fit dire à un ancien Président » du Parlement de Toulouse, que le jour de sa retraite avait été le plus » beau de sa carrière de Magistrat. — C'est que les sentiments qui déter- » minent ces sortes de manifestations ne sauraient être soupçonnés de » flatterie. Elles ne s'adressent plus à la puissance, mais au mérite; ce

» n'est pas l'hermine que l'on salue, c'est l'homme privé, ne brillant plus » que de l'éclat de ses qualités personnelles, devant qui l'on s'incline » sans s'abaisser.

» Le Barreau de la Cour, dont vous connaissez la mâle indépendance, » n'a point oublié, Monsieur le Premier Président, tout ce qu'il vous doit » de reconnaissance pour les marques continues d'intérêt et d'estime, » dont vous ne vous êtes point lassé d'honorer notre laborieuse profes- » sion. — Par votre bienveillant accueil, vous avez raffermi les pas in- » certains des jeunes débutants; par la délicatesse et la bonté de vos » procédés, vous avez adouci ce que les travaux de l'audience ont sou- » vent de pénible; par la modération de votre caractère, à la fois grave » et conciliant, vous avez maintenu constamment entre la Cour et le » Barreau cette union si nécessaire à la marche rapide et régulière de » la Justice.

» Si la loi de Mars a pu vous enlever à l'exercice de vos éminentes » fonctions, et vous séparer de la Magistrature du ressort, dont vous étiez » depuis cinquante ans l'ornement et la lumière, elle ne pourra vous » enlever également le rang élevé que vous tenez dans la considération » et l'amour du Barreau.

» Une autre idée vient tempérer la douleur de cette séparation préma- » turée, c'est que vous ne cessez pas entièrement de nous appartenir. » Votre nom ne reste-t-il pas dans la Cour pour perpétuer et rajeunir ces » nobles traditions de science et d'intégrité? — Votre fils se montrera » digne de recueillir ce pieux héritage; car il y a dans les salutaires in- » fluences du foyer, dans le sang, dans la constitution que les enfants » tiennent de leur père, quelque chose qui répond d'avance d'eux, de la » pureté de leurs principes, de la droiture de leur cœur, à la famille, au » Corps qui les reçoit et à la Patrie. »

Monsieur le Premier Président a répondu :

MONSIEUR LE BATONNIER, MESSIEURS LES AVOCATS,

« Je sens tout ce qu'il y a d'honorable pour moi dans cette manifesta- » tion spontanée et unanime d'un Corps aussi élevé et aussi indépendant

» que le vôtre, au moment où je quitte la Magistrature dont j'ai partagé » les travaux pendant un demi-siècle, et le poste éminent qui depuis » trente ans faisait l'honneur et l'orgueil de ma vie.

» Vos sympathies, Messieurs, et vos regrets, si noblement exprimés » par votre digne Chef, seront dans ma retraite un bien cher souvenir. » Je conserverai avec un égal bonheur celui de l'estime et de l'affec- » tion que m'ont inspiré les qualités que j'ai vu briller dans ce Barreau, » si distingué par les talents, les lumières et la délicatesse; si recom- » mandable par la sagesse et par le respect envers la Magistrature, qu'il » a su conserver même dans les temps les plus difficiles, au milieu des » graves événements de 1830 et de 1848. Avec de telles qualités, avec » de tels antécédents, aurais-je pu oublier tout ce que l'on doit aux no- » bles auxiliaires de la Justice, aux hommes de cœur qui exercent si » dignement la profession d'avocat?

» Recevez, Messieurs, tous mes remercîments pour les témoignages » flatteurs que vous venez de rendre de mes sentiments, pour les con- » solantes espérances que vous avez conçues sur mon fils, et croyez que » je ne cesserai de faire des vœux pour la gloire de votre Ordre et pour » le bonheur de ses membres. »

Encore vivement ému de cette démonstration solennelle et touchante, dans laquelle chaque avocat croyait retrouver un souvenir et comme un reflet des beaux temps de la Magistrature Parlementaire, où le Barreau et ces grands Corps Judiciaires ne formaient qu'une seule et même famille, l'Ordre a décidé que mention en serait faite sur ses registres, et que copie de cette délibération serait, s'il le désire, délivrée à M. le Comte Colonna d'Istria, afin de lui donner un gage de plus, un gage permanent, des regrets et de la considération qu'il emporte dans sa retraite.

De tout quoi, etc.

Signés : Le Bâtonnier, A. Arrighi.

Le Secrétaire, Louis Tommasi.

(N° 5.)

Allocution de M. le Président Stefanini.

MONSIEUR LE PREMIER PRÉSIDENT,

Je rends grâce à ma fortune qui me place aujourd'hui à la tête de la Cour pour vous dire combien elle est heureuse et fière de la nouvelle et flatteuse distinction que le Gouvernement vient de conférer au digne Chef, qui, pendant trente ans, l'a présidée avec tant de sagesse, de savoir et de bonté.

En vous élevant au grade de Commandeur, dans un Ordre institué pour signaler le mérite à l'estime publique, l'EMPEREUR, qui sait bien et fait bien ce qu'il fait, vous a, Monsieur le Premier Président, accordé une grande récompense; mais elle n'est pas au-dessus des éminents services que vous avez rendus à votre pays, et dont la Cour, et je puis ajouter, la Corse tout entière, gardent avec reconnaissance le précieux souvenir.

Daignez agréer, Monsieur le Premier Président, l'hommage de nos cordiales et respectueuses félicitations.

(N° 6.)

Extrait du registre des Délibérations du Conseil de l'Ordre des Avocats à la Cour Impériale de Bastia.

L'an mil huit cent cinquante-neuf, le trente-et-un Mars à Bastia;

Le Conseil de l'Ordre des Avocats à la Cour Impériale de Bastia, à l'issue du service funèbre célébré dans la chapelle du Palais de Justice, en commémoration de la mort de M. le COMTE COLONNA D'ISTRIA, Premier Président honoraire de cette Cour Impériale, s'est assemblé dans la salle de la bibliothèque, sur la convocation et sous la présidence de M. Ajaccio, Bâtonnier.

Étaient présents : MM. Graziani, Doyen et ancien Bâtonnier, Ollagnier, Gavini et Orsini, secrétaire.

M. Graziani expose :

« Que M. le COMTE COLONNA D'ISTRIA, successivement Procureur Général, et Premier Président de la Cour Impériale de Bastia, a constamment honoré le Barreau de ce ressort de sa haute et sympathique bienveillance ;

» Que, de son côté, le Barreau a toujours été animé envers ce digne Chef de notre Magistrature d'une vénération et d'un dévouement inaltérables ;

» Que chacun des membres de ce Barreau avait ressenti la plus vive douleur au moment où M. le COMTE COLONNA D'ISTRIA, jouissant encore de toute l'énergie de son caractère, de la vigueur de son intelligence et de la supériorité de son savoir, fut admis à l'honorariat ;

» En conséquence, il propose que, pour transmettre un souvenir si précieux et si cher au Barreau, et pour perpétuer sous une forme visible et permanente ses hommages pour une mémoire vénérée, le Conseil délibère sur la convenance qu'il y aurait de statuer que l'effigie de M. le Premier Président COLONNA D'ISTRIA soit placée dans la salle de la bibliothèque de l'Ordre. »

M. le Bâtonnier appuie la proposition de M. Graziani et il ajoute :

« Qu'il se serait fait un devoir religieux d'exprimer solennellement les sentiments du Barreau envers l'illustre défunt ; mais qu'il a dû respecter la volonté de M. le COMTE COLONNA D'ISTRIA qui avait défendu qu'on lui rendît les honneurs attachés à son rang et à sa dignité ; »

En conséquence il propose :

« Que l'éloge de cet éminent Magistrat soit prononcé à la plus prochaine réunion de l'Ordre, et que le Membre qui en sera chargé doive s'appliquer plus particulièrement à considérer M. le COMTE COLONNA D'ISTRIA comme orateur, et à faire ressortir l'excellence des rapports qu'il conserva avec le Barreau, depuis son entrée dans la Magistrature. »

Après avoir délibéré sur les deux propositions qui précèdent,

Le Conseil arrête à l'unanimité :

1° Que le portrait de M. le Premier Président COMTE COLONNA D'ISTRIA sera placé dans la salle de la bibliothèque de l'Ordre;

2° Que son éloge, soit comme orateur, soit au point de vue de ses rapports avec le Barreau comme Magistrat, sera prononcé en assemblée générale, le jour de l'inauguration de son effigie;

3° Que copie de la présente délibération sera remise, par M. le Bâtonnier, à la famille de feu M. le COMTE COLONNA D'ISTRIA, auprès de laquelle il voudra bien être l'interprète des sentiments de l'Ordre.

Ainsi fait et délibéré les jour, mois et an que dessus.

Signés à la minute : AJACCIO, *bâtonnier*.
GRAZIANI, *doyen*.
OLLAGNIER.
GAVINI.
ORSINI, *secrétaire*.

AVANT-PROPOS.

Ce recueil n'était pas destiné, à son origine, à devenir une œuvre d'arrêtiste : n'embrassant qu'une courte période, il avait été commencé dans une pensée d'étude, et ce n'est que plus tard, lorsqu'il touchait presque à sa fin, que la publication en a été résolue, comme étant de nature à combler une des lacunes de la Jurisprudence.

Il m'a paru, en effet, fort regrettable de voir le Barreau de ce Ressort emprunter exclusivement aux monuments de la Jurisprudence continentale des motifs de décision, que la Cour Impériale de Bastia peut lui offrir avec une égale autorité, en ce qui concerne les questions qui se rattachent à la Législation générale de l'Empire, et avec une autorité supérieure dans les causes régies par les principes de l'ancien Statut Civil de la Corse, ou sur lesquelles les mœurs et les usages du pays exercent une décisive influence.

Sous ce dernier rapport, on trouvera dans mon travail une foule d'arrêts présentant une physionomie spéciale, et qui, sans s'écarter des règles ordinaires du droit, en font une application rationnelle, appropriée aux besoins locaux d'un pays placé, pendant des siècles, dans des conditions exceptionnelles.

Il m'a semblé qu'une jurisprudence empreinte d'un tel caractère, pouvait offrir des aperçus historiques pleins d'intérêt, et d'utiles enseignements à ceux qui pensent, non sans raison, que les décisions dogmatiques de la Jurisprudence sont, après tout, le meilleur commentaire de nos lois civiles, ou qui, engagés dans la vie militante du Barreau, veulent au début d'une instance en prévoir l'issue avec certitude, en se livrant à une étude approfondie des transformations successives de la Jurisprudence sur chaque question controversée.

Ces considérations m'ont inspiré une certaine confiance dans l'accomplissement de ma tâche; mais elles n'auraient pas suffi pour me déterminer à l'entreprendre, si je n'avais été en même temps encouragé par les conseils de l'éminent Magistrat que le choix éclairé du Gouvernement a donné pour chef à la Magistrature de ce ressort, — par le suffrage du savant Jurisconsulte, qui, après avoir si glorieusement placé son nom à côté du nom classique de Toullier, *n'a pas dédaigné de l'inscrire au frontispice de ce modeste ouvrage, — et enfin, par la précieuse collaboration de mon excellent ami, M. le Conseiller Gafforj.*

Le recueil que j'offre à la Magistrature et au Barreau de mon pays, embrasse deux périodes : la première, commençant à l'année 1823, *finit avec l'année* 1853; *— elle comprend les principales décisions rendues par la Cour sous la Première Présidence de mon Père. Je les avais réunies pour y chercher un guide sûr et affectueux.*

La seconde, qui prend son point de départ à l'année 1854, *se relie à la précédente, — et j'y ai puisé les mêmes enseignements. Toutes les deux forment un tout homogène, et témoignent du constant respect de la Cour pour les fortes et saines doctrines de la science du Droit.*

J'ai adopté, dans la classification des arrêts, l'ordre chronologique, comme étant mieux approprié à la nature de ma publication. On trouvera, sous la plupart des décisions recueillies, l'indication des auteurs qui en approuvent ou en combattent la théorie, et les décisions conformes, analogues ou contraires des autres Cours.

Parfois aussi, nous nous sommes permis, mon judicieux collaborateur et moi, d'exprimer notre appréciation, le plus souvent commune, sur des questions controversées, non sans doute avec la prétention de faire prévaloir notre sentiment personnel sur les décisions discutées, mais uniquement dans le but d'en déterminer, avec plus de précision, le sens et la portée, ou pour indiquer le point de vue sous lequel on peut souvent concilier leurs contradictions plus apparentes que réelles.

Si cette œuvre est utile à ce pays qui m'est cher à tant de titres, si elle est accueillie par les sympathies de nos Jurisconsultes et de nos Praticiens, je serai suffisamment récompensé.

Bastia, 1859.

Cte COLONNA D'ISTRIA.

PRÉFACE.

La connaissance de la Jurisprudence est aujourd'hui une partie considérable du savoir du Jurisconsulte; les citations d'arrêts sont plus nombreuses dans les plaidoiries et même dans les traités que les raisons doctrinales; l'usage est, je le crains, bien près de toucher à l'abus. Cette disposition des esprits a exercé sur les publications qui ont pour objet les études juridiques une grande influence; les recueils d'arrêts se sont multipliés sous son impulsion. Les uns sont généraux et embrassent toutes les parties du Droit, toutes les décisions de tous les tribunaux de la France, même quelques-unes des tribunaux étrangers; les autres sont spéciaux et sont consacrés, soit à certaines branches de la législation, soit à certaines juridictions. Les derniers me semblent incontestablement les meilleurs; cependant les premiers sont généralement préférés. Cela tient à ce que le calcul économique l'emporte sur l'appréciation scientifique. Les consommateurs, qu'on pardonne l'expression, se laissent séduire par le bon marché; ils aiment mieux la quantité que la qualité; ils achètent plus volontiers de la Jurisprudence condensée, parce qu'elle est à plus bas prix. La question d'argent écartée, les recueils spéciaux seraient, sans aucun doute, placés au premier rang dans l'estime des légistes et à la première place dans leurs bibliothèques. Les arrêts rendus par chaque Cour impériale ne peuvent être recueillis qu'en petit nombre dans les grandes collections; ils y sont confondus avec les arrêts des autres Cours, avec ceux de la Cour de Cassation et du Conseil d'État; ils y sont mêlés aux lois et aux décrets : ils perdent ainsi beaucoup de leur importance et de leur utilité. Le lien qui existe entre les décisions émanées d'une même juridiction, l'esprit général qui les a inspirées, l'influence des mœurs et des usages locaux, la trace de l'ancienne législation du pays, tout cela disparaît dans ces immenses répertoires qui, malgré leurs vastes dimensions et leurs nombreux collaborateurs, ne peuvent ni tout recueillir ni tout contenir ; qui surtout ne peuvent conserver à chaque document son caractère original, ni donner à chaque chose sa véritable place.

Ces réflexions s'appliquent plus particulièrement aux décisions de la Cour de Bastia : elles se sont présentées à l'esprit de M. le Conseiller Colonna d'Istria, et l'ont engagé à publier un recueil des arrêts rendus par la Cour dont son père fut longtemps le Premier Président.

« Il m'a paru, dit-il, fort regrettable de voir le Barreau » de ce ressort emprunter exclusivement aux monuments » de la Jurisprudence continentale des motifs de décision » que la Cour Impériale de Bastia peut lui offrir avec une » égale autorité, en ce qui concerne les questions qui se » rattachent à la Législation générale de l'Empire, et avec » une autorité supérieure dans les causes régies par les » principes de l'ancien Statut Civil de la Corse, ou sur » lesquelles les mœurs et les usages du pays exercent une » décisive influence. »

M. Colonna d'Istria a bien voulu me communiquer quelques fragments de son manuscrit. C'est un excellent travail; je choisis de préférence à toute autre cette forme simple et, je l'avoue, un peu tranchante, pour exprimer mon sentiment; parce que mon sentiment est très net et très vif. Il serait heureux pour l'auteur qu'il eût autant d'autorité qu'il a de force.

Le premier mérite d'un recueil d'arrêts consiste dans l'exposition laconique et claire des faits : il est également utile d'indiquer les raisons et les autorités que chacune des parties a fait valoir ; on n'arrive souvent à ce résultat qu'à l'aide d'une extrême sécheresse, en n'ayant nul souci de l'expression et de la forme ; c'est faire payer bien cher la clarté et le laconisme. M. Colonna et son collaborateur, M. le Conseiller Gafforj, n'ont pas voulu les mettre à si haut prix. Lorsque l'arrêt est clair par lui-même, ils suppriment tout préambule ; mais lorsqu'une explication est nécessaire, ils savent lui donner de l'intérêt et concilier le langage technique avec la sévère élégance que comporte la gravité de la matière.

Un autre point important c'est la rédaction des sommaires indiquant les questions qu'a jugées l'arrêt. Il est très-difficile de ne pas dire trop ou trop peu dans ces notices. Ce n'est plus le talent de l'écrivain et le savoir du Jurisconsulte qui sont nécessaires ; pour bien remplir cette partie de la tâche, il faut la justesse et la sagacité de l'esprit. MM. Colonna d'Istria et Gafforj montrent qu'ils possèdent l'une et l'autre qualité. Leurs sommaires posent avec fermeté les solutions et font sentir, par un mot bien placé, par une tournure heureuse, et les raisons qui ont déterminé le juge et les motifs qui pouvaient le faire hésiter.

Enfin, dans des notes pleines de substance, ils ont soin de signaler les décisions contraires, semblables ou analogues, et les opinions des auteurs les plus accrédités.

C'est par la réunion de ces divers mérites que ce recueil se recommande à l'estime des Jurisconsultes. Si je ne me trompe, il est destiné à franchir les limites du ressort pour lequel il a été préparé ; et ce n'est pas en Corse seulement qu'il pourra être consulté avec fruit.

Paris, Mars 1859.

J. B. DUVERGIER.

ANNÉE 1823.

ARRÊTS NOTABLES

RENDUS

PAR LA COUR IMPÉRIALE DE BASTIA

1823-1833.

DU 30 AOUT 1823.

CONTRAINTE PAR CORPS. — MARI. — COMMUNAUTÉ. — FEMME COMMERÇANTE.

Lorsque les époux sont mariés sous le régime de la communauté, et que la femme fait le commerce au vu et su de son mari, celui-ci est tenu des obligations contractées par sa femme, même par corps [*Loi du 15 Germinal an* VI, *Titre 2, Art. 3; — Cod. Comm. Art. 5*] (1).

---

(1) Cette opinion, qui était généralement admise sous l'ancien droit, a été adoptée sous la législation nouvelle par DELVINCOURT, tom. 1er, pag. 343, et DESPRÉAUX, *Comp. des Trib. de Comm.*, n° 549. — Mais il a été décidé par la Cour de Lyon, le 26 Juin 1822 (S. 23. 2. 288), et par la Cour de Paris, le 7 août 1832 (D. P. 33. 2. 132; — S. V. 33. 2. 52), que le mari n'est pas soumis à la contrainte par corps, à raison des engagements contractés par sa femme. — Voir dans ce sens : TOULLIER, tom. 2, n° 639, et tom. 12, n° 245; — DURANTON, tom. 2, n° 482, et tom. 14, n° 251; — VAZEILLE, *Du Mariage*, tom. 2, n° 358; — TROPLONG, *De la Contr. par corps*, nos 313 et 314; — NOUGUIER, *Des Trib. de Comm.*, tom. 3, pag. 8; — MARCADÉ, sur l'art. 220, n° 2; — DEMOLOMBE, tom. 4, n° 313; — RODIÈRE et PONT, *Contr. du Mariage*, tom. 1er, n° 604. — Quant à nous, nous sommes portés à penser que la solution donnée par la Cour de Bastia est extrêmement rigoureuse; et même qu'il serait bien difficile de la concilier avec l'esprit et le texte des lois nouvelles. En effet, il est de principe certain, conformément aux dispositions formelles et positives de l'art. 2063 du Code Napoléon, que la contrainte par corps ne peut jamais être prononcée hors les cas spécialement prévus par la loi; et l'on chercherait en vain, soit dans le Code Napoléon, soit dans le Code de Commerce, soit enfin dans la loi du 15 germinal an VI, l'autorisation du législateur pour soumettre à la contrainte par corps un mari commun en biens, mais non commerçant, pour les dettes que sa femme marchande publique peut avoir contractées dans son négoce. Il

Femme Bastiani C. Lera et consorts.

ARRÊT.

Après délibération en la Chambre du Conseil,

La Cour; — sur les conclusions conformes de M. Benedetti, Conseiller Auditeur, attaché au Parquet;

Attendu que les actes et faits de la cause établissent que la femme Bastiani a publiquement exercé un commerce individuel au vu et su de son mari; — Qu'en pareil cas, pour valider les obligations de la femme, il suffit du consentement tacite du mari; — Qu'il est avoué que les conjoints Bastiani sont mariés sous le régime de la communauté; — Que, dès lors, la femme Bastiani en s'engageant envers les intimés a aussi obligé son mari, conformément aux dispositions de l'article 5 du Code de Commerce, et que la compétence du Tribunal de Commerce ne saurait être révoquée en doute;

Attendu que la loi du 15 Germinal an VI (Art. 3, Titre 2) soumet expressément à la contrainte par corps les femmes mariées, marchandes publiques, même mineures; — Que l'article 5 du Code de Commerce dispose que, s'il y a communauté entre les époux, la femme marchande publique oblige aussi son mari; — Que l'effet d'une telle

---

résulte clairement, selon nous, de l'article 3, titre 2 de la loi du 15 germinal an VI, que la contrainte par corps ne pouvait être prononcée que contre ceux-là seuls qui se livraient personnellement au commerce; et, dans notre hypothèse, nous supposons que le mari est absolument étranger au négoce de sa femme. D'ailleurs, ainsi que nous l'apprend Locré *Esprit du Code Civil*, sur l'art. 220, c'est dans ce sens que la loi était expliquée par Tronchet devant le Conseil d'État, lorsqu'il disait : *L'acte emportant contrainte par corps n'y soumet que la personne qui l'a signé.* Enfin, si les lois actuellement en vigueur peuvent servir à nous faire connaître l'esprit de celles sous l'empire desquelles a été rendu l'arrêt ci-dessus, nous ferons remarquer que les articles 21 de la loi du 17 avril 1832 et 11 de celle du 13 décembre 1848 défendent la contrainte par corps simultanée contre le mari et la femme, même pour dettes différentes.

disposition, qui se rattache immédiatement à celle sus-énoncée de la loi de Germinal an VI, doit être évidemment d'assujettir le mari à toutes les obligations contractées par la femme, ainsi qu'à tous les moyens d'exécution contre elle autorisés, et, par conséquent, à celui de la contrainte par corps, qui n'est que l'accessoire de la condamnation;

CONFIRME..........

Chambre Civile. — M. LE Cte COLONNA D'ISTRIA, *Premier Président.*

MM. MARI, PIERAGGI, MILANTA, ROMANI, *Avocats.*

DU 20 NOVEMBRE 1823.

DÉSAVEU D'ENFANT. — DÉLAI. — PREUVE DE LA DÉCHÉANCE. — ALIMENTS.

Les Tribunaux ne peuvent faire valoir d'office l'exception tirée de la prescription (Cod. Civ. Art. 2223 et 2224).

L'obligation de prouver l'exception incombe à la partie qui la propose : « **Reus in exceptionibus est actor.** »

Spécialement, *dans une action en désaveu, ce n'est pas au mari, mais à la femme ou au tuteur de l'enfant désavoué, à justifier que la demande a été intentée après l'expiration du délai de rigueur* (1).

Pendant l'instance, des aliments sont dus à l'enfant par le père demandeur en désaveu.

Mattei C. **Mattei.**

La dame Mattei était accouchée, le 28 Octobre 1821, d'un enfant qui fut inscrit sur les registres de l'état civil, sous le nom de Jules-Mathieu Mattei. — Le sieur Jacques-André Mattei, mari de la dame Mattei, protesta énergiquement contre la naissance de cet enfant, et dans les premiers jours du mois de Janvier 1822, il déclara à sa femme, ainsi qu'au sieur Charles Mattei son complice, qu'il désavouait l'enfant.

Le 11 du même mois, il les fit citer tous deux pour les obliger à concourir à la nomination du tuteur, qui devait assister l'enfant dans l'action en désaveu.

Le 25 Février suivant, la demande fut portée devant le Tribunal de première instance de Bastia.

Le 5 Juillet 1823, le sieur Jacques-André Mattei articula des faits au moyen desquels il offrait de prouver que la dame Élisabeth Mattei lui avait caché avec fraude son accouchement, et que l'enfant dernier né de cette dame ne pouvait être que le fruit scandaleux de l'adultère.

L'avoué de la dame Mattei et du tuteur, auquel la requête contenant cette articulation avait été notifiée, ne dénia pas les faits dans le délai de la loi, et le sieur Jacques-André Mattei prit, à l'audience du 7 Juillet même année, des conclusions pour que ces mêmes faits fussent tenus pour confessés et avérés.

---

(1) C'est une conséquence rigoureuse des principes posés qui sont incontestables. — Voir Duranton, tom. 3, nos 28 et 29; — Locré, tom. 4, pag. 61.

On répondit à ces conclusions par d'autres, tendantes purement et simplement à faire déclarer le sieur Jacques-André Mattei non recevable dans sa demande.....

Le Tribunal ordonna au sieur Jacques-André Mattei de prouver que la naissance de l'enfant désavoué lui avait été cachée avec fraude, et qu'il avait introduit sa demande en désaveu dans les deux mois à compter du jour où la fraude avait été par lui découverte.

Appel de la part du sieur Jacques-André Mattei.

ARRÊT.

Après délibération en la Chambre du Conseil,

La Cour; — sur les conclusions de M. de Sisco, Premier Avocat Général;

Attendu qu'en l'état, le procès n'offre pas la preuve que Jacques-André Mattei ait eu connaissance de la naissance de l'enfant de son épouse, par lui désavoué, deux mois avant l'introduction de sa demande en désaveu;

Attendu que les lois, qui restreignent l'exercice d'une action dans un délai déterminé, ne font qu'exprimer l'effet ordinaire des prescriptions; — Que la prescription, qui ne s'acquiert pas de plein droit, est une exception que la partie doit proposer, sans que le juge puisse l'admettre d'office (Art. 2223 et 2224 du Code Civil; — Qu'elle rentre, dès lors, dans le principe général, d'après lequel l'obligation de prouver l'exception appartient à la partie qui l'allègue, et que, par conséquent, le Tribunal a fait grief au mari Mattei en mettant à sa charge la preuve qu'il a intenté son action en désaveu, dans les deux mois de la découverte de la naissance de l'enfant par lui désavoué, tandis que cette preuve appartient à la mère et au tuteur de l'enfant, qui ont proposé la fin de non-recevoir fondée sur l'expiration du délai utile;

Attendu qu'après le jugement qui a joint les demandes en aliments que les parties se sont respectivement faites, celle de Me Benedetti s'est conformée, en ce qui la concerne, à la disposition relative aux justifications ordonnées par le Tribunal; — Que sa demande étant en état de recevoir une décision définitive, il y a lieu de prononcer en disjoignant les deux demandes, sauf à la partie de Me Benedetti à poursuivre la sienne si elle s'y croit fondée ;

Attendu, sur le fond de la provision alimentaire réclamée au nom de l'enfant désavoué, que le Code Civil autorisant le père à contester la légitimité de l'enfant né pendant le mariage, lorsque la naissance lui a été cachée, et ne décidant rien d'absolu sur la légitimité, qui peut être admise ou rejetée, la présomption est, pendant procès, que l'enfant est légitime, et dès lors, les aliments lui sont dus provisoirement, d'après même la règle d'équité et de justice : *Satius est eum qui forte filius non est ali, quam eum qui forte filius est fame necari ;*

FAISANT droit aux appellations principale et incidente ;

RÉFORME, quant à ce seulement, la disposition du jugement attaqué, par laquelle la partie de Me Progher a été soumise à prouver qu'elle a introduit sa demande en désaveu dans les deux mois, à partir du jour où elle a eu connaissance de la naissance de l'enfant Jules-Mathieu ;

ORDONNE que, pour le surplus, ledit jugement sortira son plein et entier effet ;

CONDAMNE Jacques-André Mattei à payer provisoirement, sans préjudice de ses droits, et sauf remboursement, s'il y aura lieu, à l'enfant Jules-Mathieu par lui désavoué, la somme de cinquante francs à titre d'aliments de procès, et douze francs par mois à partir du jour de la demande pour les aliments corporels ;

RENVOIE le procès et les parties devant le Tribunal de première instance de Bastia........

Chambre Civile. — M. LE Cte COLONNA D'ISTRIA, *Premier Président.*

MM. GAVINI (de Campile), GAVINI (Giocante), } *Avocats.*

DU 25 NOVEMBRE 1823.

SAISIE-EXÉCUTION. — BESTIAUX. — VALIDITÉ.
RENTE PERPÉTUELLE. — ARRÉRAGES. — PRESCRIPTION. — LÉGISLATION ANCIENNE. — COMPENSATION. — CRÉANCE LIQUIDE. — CESSION. — PRIX. — PAPIER-MONNAIE.

La saisie de bestiaux (deux bœufs), non exceptés de ce mode d'exécution par l'article 592 du Code de Procédure Civile, est valable.

Le saisi, créancier du saisissant, en vertu d'un contrat de constitution de rente perpétuelle, dont il est devenu cessionnaire, est recevable à demander la compensation; — La prescription ne pouvant être acquise contre cette nature de rentes, qui, rachetables par le débiteur, n'étaient pas exigibles par le créancier.

Sous l'ancienne législation, les arrérages des rentes ne se prescrivaient que par trente ans pour chaque annuité (1).

La compensation a lieu entre créances, également liquides et exigibles, soit qu'elles résultent d'un titre exécutoire ou d'un titre purement obligatoire (2).

Une créance contre laquelle on élève une question de droit, susceptible d'être jugée promptement et sans retard, n'est pas moins liquide et exigible (3).

Une rente perpétuelle constituée par un capital en argent comptant a pu valablement être cédée pour un prix quelconque; — Par suite, le cessionnaire a le droit d'en demander le remboursement intégral, alors même qu'il aurait acquitté en assignats le montant du prix de la cession.

La législation sur la dépréciation du papier-monnaie est ici sans application.

---

(1) Voir le chapitre 17 de DUNOD tant sur la prescription du capital de la rente, que sur celle des arrérages; — VAZEILLE, *De la Prescript.*, pag. 297 et suiv. 445, 446 et 544; — TROPLONG, *eodem*, n°s 179, 182 et 840.

(2) Conf. : Cass. Rej., 28 messidor an XIII (S. 6. 1. 73; — D. A. 10. 620).

(3) Voir anal. : Toulouse, 14 août 1818 (S. 19. 2. 221; — D. A. 10. 626 et 627); — Cass., 3 févr. 1819 (S. 19. 1. 279); — Paris, 13 mai 1830 (S. 30. 2. 352; — D. P. 30. 2. 252).

Piovanacce C. Luigi.

Par acte authentique, en date du 24 Janvier 1782, feu Paul-André Luigi reçut d'un certain Thomas Renucci une somme de 480 francs à titre de rente perpétuelle produisant intérêts au taux du 8 p. 0/0.

Par autre acte authentique, sous la date du 16 Juin 1793, ledit Renucci céda tous ses droits au sieur François-Antoine Piovanacce, gendre dudit Luigi.

Les arrérages de la rente n'auraient jamais été payés.....

Le 20 Juillet 1818, le mariage entre François-Antoine Piovanacce et la dame Lucie Luigi, fille du débiteur originaire de la rente, a été dissous par la mort dudit Piovanacce. Ses frères et sœurs, au nombre desquels sont les appelants, ont recueilli chacun un huitième de sa succession.

Quelque temps après son décès, sa veuve intenta une action contre les appelants. Elle décéda pendant l'instance, qui fut reprise par les intimés, ses héritiers.

Le 8 Février 1823, ils obtinrent un arrêt qui condamnait les appelants à des dépens liquidés, dans le même arrêt, à la somme de 89 fr. 45 cent. — Cet arrêt fut notifié aux appelants avec commandement de payer lesdits frais. — Ceux-ci, ainsi que leurs frères et sœurs, par exploit du 24 Mars même année, notifièrent aux intimés l'acte de constitution de rente et l'acte de transport, avec déclaration qu'ils entendaient éteindre leur dette par la compensation, et en même temps ils leur firent commandement de payer le surplus.

Le 18 Avril, les intimés firent procéder à une saisie-exécution contre les appelants en vertu de l'arrêt précité. Deux bœufs sont les seuls objets qui furent saisis. — Les frères Piovanacce demandèrent, par exploit du 26 du même mois, la nullité de cette saisie.

3 Juin 1823, jugement du Tribunal de Calvi qui rejette cette demande ainsi que celle relative à la compensation : « Attendu que la rente susdite était foncière; — » Qu'elle avait été déclarée rachetable par la loi des 11-24 Septembre 1789; — Que, » conséquemment, elle était prescriptible; et qu'en effet, elle était prescrite, parce » qu'il s'était écoulé 41 ans entre l'acte de transport et la notification de cet acte..... »

Appel de la part des frères Piovanacce.

ARRÊT.

Après délibération en la Chambre du Conseil,

La Cour; — sur les conclusions de M. de Sisco, Premier Avocat Général;

Considérant que la saisie-exécution dont est procès, ayant porté sur des animaux non compris dans aucune des exceptions établies par l'article 592 du Code de Procédure Civile, échappe, sous ce rapport, à tout reproche de nullité;

Considérant que ladite saisie a eu uniquement pour objet le remboursement d'une somme de quatre-vingt-neuf francs, quarante-cinq centimes, montant des frais et dépens adjugés par arrêt de la Cour, en date du 8 Février dernier, ainsi que pour les frais accessoires; — Que les parties saisies ayant opposé la compensation jusqu'à due concurrence, en s'aidant d'une plus forte créance résultant d'un contrat de constitution de rente en perpétuel, consentie par l'arrière auteur des saisissants, et cédée par le créancier primitif au créancier des parties saisies, les premiers juges l'ont écartée, sur le fondement que ladite créance était prescrite en principal et arrérages;

Considérant que le jugement attaqué ne saurait se soutenir ni par ce moyen, ni par les autres que les saisissants ont fait valoir en la présente instance d'appel;

Et d'abord, en ce qui concerne le moyen tiré de la prescription, il n'est pas proposable à l'égard du capital, puisque, suivant la nature du contrat, et d'après les principes de l'ancienne législation sous laquelle il a été passé, le créancier n'avait pas le droit d'en réclamer le remboursement, la faculté du rachat étant exclusivement conférée au seul débiteur; et dès lors, la prescription n'a pu courir, sous cette législation, contre le créancier auquel la loi refusait toute action en remboursement, suivant la maxime : *Contra non valentem agere non currit præscriptio;* — Que sous la législation nouvelle du Code Civil il ne s'est pas écoulé un délai suffisant pour pouvoir efficacement l'invoquer;

Quant aux arrérages, il est hors de doute que la prescription était admise; mais, d'après l'opinion commune des écrivains sur la matière, il fallait trente ans pour chaque annuité : *Tot annuæ præstationes tot præscriptiones*;

Considérant que, dans les circonstances particulières de la cause, il n'échet pas d'appliquer la prescription aux arrérages, si l'on réfléchit que le cessionnaire de la rente était, à l'époque de la cession, le mari de la débitrice de cette même rente, et que, s'il est injuste, d'une part, de le priver des arrérages échus jusqu'au jour de la cession, et par lui acquittés au créancier primitif, ainsi qu'il appert du contrat de cession, pour n'avoir pas poursuivi son épouse en remboursement de ces mêmes arrérages pendant leur mariage; il serait tout aussi déraisonnable, d'autre part, d'allouer ceux qui ont pu courir pendant leur union, dès qu'il paraît constant que la femme avait des biens paraphernaux dont le mari a très-probablement eu la jouissance; ce qui en opérait la confusion; — Que, dès lors, la prétention des parties saisies ne pouvant s'étendre au-delà des arrérages contenus dans l'acte de cession, et de ceux échus depuis la dissolution du mariage par le prédécès du mari, ni la prescription établie par les anciennes lois, ni celle introduite par le Code Civil ne saurait évidemment les atteindre;

Considérant que la compensation peut se faire entre un titre purement obligatoire et un titre exécutoire, lorsque la créance de l'un est aussi liquide et exigible que celle de l'autre; — Qu'une créance n'est pas moins liquide et exigible, parce qu'on élève une contestation quelconque; — Que, s'il en était autrement, il dépendrait des plaideurs de rendre illusoire le mode de paiement par compensation autorisé par la loi; — Qu'une simple question de droit élevée contre la créance, et susceptible d'être jugée promptement et sans retard, n'excluait pas sous l'ancien droit la compensation, comme elle ne saurait l'exclure sous la législation du Code Civil, qui consacre les mêmes dispositions; — Qu'en appliquant ce principe à l'espèce, il est aisé de reconnaître que les parties saisies opposaient aux saisissants une créance liquide, parce que le montant pouvait être fixé facilement par un simple calcul, et en même temps exigible, tant en principal qu'en arrérages, par cela seul que les saisissants, devenus débiteurs de la rente, avaient cessé de remplir leur obligation, pendant plus de deux années, sous l'empire du Code Civil, nonobstant qu'ils eussent été constitués en demeure par la notification du titre constitutif de la rente et de l'acte de transport, avec commandement de payer et de compenser antérieurement, un mois environ, au procès de saisie;

Considérant que la quote-part afférente aux parties saisies sur la créance de la constitution de rente en principal et arrérages, et déduction faite de la somme de quatre-vingts francs en principal et douze francs en arrérages, que le cessionnaire avait retirés, suivant la déclaration authentique de son épouse et veuve, en date du 13 Décembre 1820, produite en cause par les parties saisies, s'élève pour *deux huitièmes* à la somme de deux cent trente-cinq francs, cinquante centimes; — Que cette somme étant supérieure à celle qui avait donné lieu à la saisie, a dû, en résultat, s'éteindre jusqu'à due concurrence; — Que les saisissants ne sauraient se prévaloir des condamnations dont ils s'étayent en la présente instance d'appel, et résultant du jugement du 29 Mai 1822, confirmé par l'arrêt du 8 Février susénoncé, par la raison que ces condamnations ne sont, en l'état, ni liquides ni exigibles, soit quant au principal, qui est subordonné à une expertise, soit quant aux dépens, sur le chef desquels il y a eu opposition, qui ne paraît pas avoir été jusqu'ici vidée, et qui ne permet pas de s'y arrêter;

Considérant, enfin, que le cessionnaire et ses ayants-droit représentent le cédant, créancier primitif de la rente dans tous ses droits; — Que la rente transmise par le cédant au cessionnaire n'était pas litigieuse; — Qu'elle avait été constituée pour un capital en argent comptant; — Qu'il aurait pu la céder ou transmettre à titre purement lucratif, et à plus forte raison pour une valeur quelconque, au cessionnaire, qui n'était pas moins subrogé à tous les droits du cédant; — Et que, dès lors, la législation sur la dépréciation du papier-monnaie ne peut être invoquée par les saisissants, à l'égard de la rente créée à prix d'argent à une époque antérieure, quoique transportée postérieurement sur la tête d'un autre, moyennant un prix soldé en assignats; — d'où il suit que le capital de la rente ne doit subir aucune réduction à cet égard;

A MIS et met l'appellation et ce dont est appel au néant;

ÉMENDANT, déclare la saisie-exécution dont il s'agit nulle et de nul effet;

DÉCLARE que la somme de quatre-vingt-neuf francs, quarante-cinq centimes, montant des dépens liquidés dans l'arrêt du 8 Février dernier, ainsi que le coût et les frais de signification de cet arrêt, a été éteinte par la compensation qui lui a été opposée jusqu'à due concurrence, avec la créance provenant de la constitution de rente en perpétuel, devenue exigible, dont est question au procès;

Réserve aux parties tous leurs droits pour les autres prétentions et condamnations à faire valoir conformément à la loi;

Et attendu que les animaux saisis ont été vendus,

Condamne les saisissants à en rembourser le prix aux parties saisies à dire d'experts, dont les parties conviendront dans le délai de la loi, sinon par experts nommés d'office, lesquels prêteront serment devant le Tribunal de Calvi, à cette fin commis........

Chambre Civile. — M. le Cte COLONNA D'ISTRIA, *Premier Président.*

MM. Biadelli, Vidau, } *Avocats.*

DU 11 DÉCEMBRE 1823.

RELIGIEUX. — LOIS RÉVOLUTIONNAIRES. — TIERS. — DROITS ACQUIS.

Aux termes des Lois Romaines, qui formaient le droit commun de la Corse en 1770, celui qui se vouait à la vie monastique était réputé mort, et sa succession ouverte en faveur du monastère, à moins qu'il n'eût disposé de ses biens par donation ou autrement.

En conséquence, *le religieux profès relevé de ses vœux par les lois de la révolution, ou ses héritiers, sont sans droit pour répéter les biens dont il s'est irrévocablement dépouillé par la donation qu'il en a faite, au moment où il embrassait l'état monastique: — Ces lois n'ont restitué aux religieux profès la capacité d'acquérir ou de disposer que pour l'avenir.*

Dame Dorothée Malaspina C. Montecatini.

Par un acte de profession religieuse, en date du 10 décembre 1770, le P. Alexis avait fait donation universelle de ses biens aux sieurs Malaspina, ses proches parents. Ceux-ci sont décédés sans avoir accepté cette donation.

Après l'abolition des vœux monastiques prononcée par les lois de la révolution, et la suppression de fait des couvents, le P. Alexis, rendu au monde, rentra en possession de la presque totalité des biens dont il s'était dépouillé. Il paraît qu'il en a joui jusqu'à son décès arrivé en 1815.

A cette époque, les sieurs Montecatini, qui étaient parents du P. Alexis au même degré que le sieur Malaspina, demandèrent le partage de sa succession, et attaquèrent la donation de 1770.

Jugement qui annulle la donation, et qui ordonne le partage des biens.

Appel de la part de la dame Dorothée Malaspina.

ARRÊT.

Après délibération en la Chambre du Conseil,

La Cour; — sur les conclusions de M. Tamiet, Premier Avocat Général;

Attendu que, d'après les Lois Romaines, et notamment l'Authentique : *Ingressi, Tit. De Sacr. Eccles. Nov.* 5, *Cap.* 5, qui formaient le droit commun en Corse, en 1770, ceux qui embrassaient l'état monastique étaient censés dédier à Dieu leur personne et leurs biens; — Que la succession du religieux profès était réputée ouverte en faveur du monastère, à l'instant même de l'émission du vœu, à moins qu'il n'eût autrement disposé de ses biens par donation ou par testament;

Attendu que feu Alexis-Marie Malaspina, par l'acte de sa profession religieuse, sous la date du 13 Décembre 1770, enregistré à Calvi le 20 Mai 1815, a fait donation universelle de ses biens en faveur des auteurs de l'appelant; — Que, par cela seul qu'il a été rendu au siècle en vertu des lois de la révolution, il ne pouvait se regarder comme réintégré dans tous ses anciens droits, et, par suite, faire rescinder les actes par lui passés à son entrée dans le cloître : — 1° parce que lesdites lois n'ont déclaré que pour l'avenir les religieux capables d'acquérir et de disposer; — 2° parce que c'eût été un sujet de grand trouble dans les familles que de restituer les religieux au préjudice des héritiers et des tiers; — 3° parce que le religieux profès étant réputé mort, et sa succession s'ouvrant du moment de sa profession, rien ne saurait plus en changer les effets par la maxime de droit : *Qui semel est hæres, in perpetuum non potest desinere esse hæres.* (*L. Ei, Qui : in fine ff. De Hæred. Instit.*);

Attendu qu'une fois admis le principe, que le domaine des choses appartenant aux religieux profès était acquis au monastère, il s'ensuit qu'en supposant nul et irrégulier l'acte par lequel le religieux aurait disposé de ses biens, le droit d'attaquer ledit acte ne pouvait se retrouver dans la personne même du religieux, qui, étant dépouillé de ses biens, l'était aussi, par une conséquence nécessaire, des actions y relatives; parce que l'action de répéter les biens n'a pu rester à celui qui avait irrévocablement cessé d'en être le maître;

Attendu que les intimés, se disant héritiers du religieux Alexis Malaspina au moment de son décès, ont demandé la nullité de l'acte de donation faite par ledit Malaspina au moment de sa profession religieuse; — Que feu Alexis Malaspina eût été sans droit pour intenter ladite action, et que, dès lors, les héritiers sont eux-mêmes sans qualité pour la faire valoir;

Attendu, au surplus, qu'en supposant même que la fin de non-recevoir ne fût pas fondée, la donation dont il s'agit ayant été rédigée sous l'empire du Droit Romain et du Droit Canon, qui régissaient cette espèce de disposition, elle se trouve régulière et à l'abri de toute attaque, et que, par conséquent, les intimés ne sauraient être admis, sous aucun rapport, au partage des biens compris dans ladite donation;

STATUANT sur l'appel,

A MIS et met l'appellation et le jugement attaqué au néant;

ÉMENDANT, faisant ce qui aurait dû être fait, et par nouveau jugé,

DÉCLARE les parties de Me Pietrapiana non recevables, et, en tout cas, mal fondées à attaquer l'acte de donation en date du 13 Décembre 1770.

Chambre Civile. — M. LE Cte COLONNA D'ISTRIA, *Premier Président.*

MM. BIADELLI, BRADI, } *Avocats.*

ANNÉE 1824.

DU 3 JANVIER 1824. (1)

SOUVERAINETÉ. — EXÉCUTION. — ÉTRANGER. — LETTRE MINISTÉRIELLE. DEGRÉ DE JURIDICTION. — ÉVOCATION. — PRESCRIPTION.

Les jugements prononcés entre des nationaux, par les juges locaux d'un pays accidentellement soumis aux armes d'une puissance étrangère qui l'a conquis, ne peuvent être assimilés aux jugements rendus en pays étranger, contre des étrangers ou contre des Français y résidant, lesquels, sans sanction en France, ne peuvent être exécutés que de l'autorité des Tribunaux français (Cod. Civ. Art. 2123 et 2128).

D'après le droit des gens, les faits, les actes, les contrats, les jugements intervenus entre les habitants pendant l'occupation d'un pays conquis, et revêtus du sceau de l'autorité publique, restent obligatoires et sont exécutoires après la retraite du conquérant, comme ceux intervenus avant la conquête, à moins de stipulation contraire dans les traités, ou de dérogation au droit public par des lois formelles.

Ainsi, un jugement n'est pas nul, par cela seul qu'il a été rendu dans l'île de Corse pendant l'occupation de cette île par les Anglais; — Au contraire, il conserve toute sa force obligatoire, même depuis l'évacuation des conquérants.

Une simple lettre ministérielle ne peut avoir l'effet d'abroger ce principe, admis depuis des siècles, et dans l'intérêt de l'ordre social.

Lorsqu'il est conclu par l'intimé, devant une Cour Royale et sur l'appel d'un jugement, à l'exécution de ce jugement, et, dans le cas où il ne serait pas déclaré exécutoire, à la condamnation au paiement de la somme adjugée, à titre de dommages-intérêts, par ce jugement, la Cour Royale peut, en révoquant le jugement, évoquer le fond et statuer définitivement sur la contestation (Cod. Proc. Civ. Art. 473).

La disposition par laquelle une Cour, en prononçant des dommages-intérêts, ordonne que, faute de paiement, celui qui succombe sera obligé de délaisser à celui qui a gain de cause une quotité d'immeubles d'une valeur

(1) Sur le pourvoi en cassation arrêt de rejet. — V. *infrà*, pag. 25.

DU 3 JANVIER 1824. (1)

SOUVERAINETÉ. — EXÉCUTION. — ÉTRANGER. — LETTRE MINISTÉRIELLE.
DEGRÉ DE JURIDICTION. — ÉVOCATION. — PRESCRIPTION.

Les jugements prononcés entre des nationaux, par les juges locaux d'un pays accidentellement soumis aux armes d'une puissance étrangère qui l'a conquis, ne peuvent être assimilés aux jugements rendus en pays étranger, contre des étrangers ou contre des Français y résidant, lesquels, sans sanction en France, ne peuvent être exécutés que de l'autorité des Tribunaux français (Cod. Civ. Art. 2123 et 2128).

D'après le droit des gens, les faits, les actes, les contrats, les jugements intervenus entre les habitants pendant l'occupation d'un pays conquis, et revêtus du sceau de l'autorité publique, restent obligatoires et sont exécutoires après la retraite du conquérant, comme ceux intervenus avant la conquête, à moins de stipulation contraire dans les traités, ou de dérogation au droit public par des lois formelles.

Ainsi, un jugement n'est pas nul, par cela seul qu'il a été rendu dans l'île de Corse pendant l'occupation de cette île par les Anglais; — Au contraire, il conserve toute sa force obligatoire, même depuis l'évacuation des conquérants.

Une simple lettre ministérielle ne peut avoir l'effet d'abroger ce principe, admis depuis des siècles, et dans l'intérêt de l'ordre social.

Lorsqu'il est conclu par l'intimé, devant une Cour Royale et sur l'appel d'un jugement, à l'exécution de ce jugement, et, dans le cas où il ne serait pas déclaré exécutoire, à la condamnation au paiement de la somme adjugée, à titre de dommages-intérêts, par ce jugement, la Cour Royale peut, en révoquant le jugement, évoquer le fond et statuer définitivement sur la contestation (Cod. Proc. Civ. Art. 473).

La disposition par laquelle une Cour, en prononçant des dommages-intérêts, ordonne que, faute de paiement, celui qui succombe sera obligé de délaisser à celui qui a gain de cause une quotité d'immeubles d'une valeur

(1) Sur le pourvoi en cassation arrêt de rejet. — V. *infrà*, pag. 25.

égale à ces dommages-intérêts, cette disposition n'est que comminatoire, dépendante de la volonté des parties; — Elle ne fait que tracer un mode d'exécution admis dans le Droit Romain; — Elle ne vicie pas l'arrêt, si c'est le Droit Romain qui était applicable à l'action jugée.

Totti C. **Viterbi.**

En 1791, le sieur Totti, médecin, fut tué par un coup de feu parti de la maison des sieurs Viterbi.

Le 28 Mars 1792, la veuve Totti assigna les sieurs Viterbi devant le Tribunal du District de la Porta d'Ampugnani, en paiement de 10,000 francs, à titre de dommages-intérêts.

Le 24 Septembre 1792, Jugement qui proroge à quinze jours pour faire les preuves respectives.

Une enquête a lieu.

En Juin 1793, les sieurs Viterbi quittent la Corse; — le séquestre est mis sur leurs biens.

Le 6 Septembre suivant, Jugement qui déclare le procès ouvert et publié.

A peu près à cette époque, les Anglais, maîtres de l'île, changent l'Organisation Judiciaire.

Au procès, les sieurs Viterbi, absents, sont représentés par l'Avocat du Roi anglais, suivant les lois en vigueur; et, le 12 Décembre 1794, Jugement rendu par un seul juge, qui condamne les sieurs Viterbi à payer 7,000 francs de dommages-intérêts.

Le mobilier des sieurs Viterbi étant insuffisant pour produire cette somme, la dame Totti est envoyée en possession de leurs immeubles.

En 1796, après la retraite des Anglais, les sieurs Viterbi rentrent en Corse, se mettent en possession de leurs biens et en jouissent jusqu'en 1822.

A cette époque, la dame Totti forme, contr'eux, une demande en délaissement, en vertu du Jugement du 12 Décembre 1794. — Ils lui opposent la nullité du jugement rendu par le juge anglais, et, par suite, la prescription de l'action.

Le 17 Mars 1823, Jugement du Tribunal de Bastia, qui ordonne le délaissement.

Appel.

ARRÊT.

Après délibération en la Chambre du Conseil,

La Cour; — sur les conclusions de M. Tamiet, Premier Avocat Général;

Attendu que le jugement du 12 Décembre 1794, dont il s'agit au procès, quoique rendu pendant l'occupation de la Corse par les

Anglais, l'a été par un juge ayant juridiction, puisque les parties appartenaient à son ressort, et qu'il avait été institué par le Gouvernement alors dominant dans le pays; — Que l'administration de la justice étant le premier besoin des peuples, comme le premier devoir des Souverains et des Conquérants, on ne saurait révoquer en doute la validité des actes juridiques intervenus pendant une occupation étrangère, ni la faire dépendre de l'examen de la question politique sur la légitimité ou l'illégitimité de ladite occupation, surtout en l'absence d'un acte solennel contraire de la part de l'ancien Gouvernement, et après sa réintégration;

Attendu que les Viterbi cités d'abord régulièrement, et légalement représentés jusqu'au jugement du 6 Septembre 1793, qui, à la suite de défenses et d'une enquête, déclara le procès ouvert et publié, étaient absents de leur domicile et réfugiés sur le territoire de la République, lors de la prononciation du 12 Décembre 1794, et même avant le 19 Février précédent, jour de la citation, aux fins de venir entendre jugement, donnée à l'Avocat du Roi au lieu des Viterbi fugitifs;

Attendu que le chapitre XXV des Statuts Civils de la Corse, alors en vigueur, portait expressément que : « les actions contre les per- » sonnes absentes ou cachées seraient intentées contre des curateurs *ad* » *hoc* à la diligence des parties intéressées; » — Qu'aucun curateur n'avait été donné aux Viterbi absents et fugitifs; — Que l'Avocat du Roi ne pouvait être regardé comme leur représentant légitime, et capable de dispenser à leur égard de la nomination d'un curateur; parce que, d'une part, la confiscation des biens des Viterbi ne fut prononcée que par l'acte du Parlement du 18 Mai 1795, environ six mois après le jugement du 12 Décembre 1794, et que, d'autre part, le Conseil Général du département de la Corse, par son arrêté du 15 Juin 1793, n'avait fait qu'ordonner le séquestre desdits biens, et que cette mesure, jusque-là purement conservatrice, ne privait pas les Viterbi de la propriété de leurs biens, ni, par conséquent, du droit d'être défendus dans les actions dirigées contre eux par un curateur spécial, exigé en pareil cas par la Loi Municipale et par le droit commun; — Que la nomination d'un curateur était d'autant plus indispensable, que le susdit arrêté du 15 Juin 1793, n'avait pas prescrit d'intimer l'Avocat du Roi pour les actions à exercer sur les biens soumis au séquestre, comme le fit depuis, l'acte du Parlement du 18 Mai 1795, à l'égard des personnes désignées audit acte et des biens déclarés confisqués;

Attendu que les Viterbi n'ayant pas été appelés ni légalement représentés dans le jugement du 12 Décembre 1794, leurs héritiers et ayants-cause peuvent réclamer le bénéfice de l'article 474 du Code de Procédure Civile, d'après lequel la voie de la tierce-opposition contre le jugement qui préjudicie à ses droits, est ouverte à la partie qui, lors du jugement, ni elle ni ceux qu'elle représente n'ont été appelés; — Que, traduits devant le Tribunal Civil de Bastia aux fins de l'exécution dudit jugement, ils ont pu incidemment, et par exception, proposer leurs moyens à l'égard des condamnations prononcées contre leurs auteurs, sans se pourvoir en tierce opposition par action principale; — Que le refus des premiers juges de s'occuper du fond de la contestation n'empêche pas ceux d'appel de le faire eux-mêmes, si le jugement rendu doit être annulé, et si la matière se trouve disposée à recevoir une décision définitive sur le tout.

Attendu que l'instruction faite devant le Tribunal de la Porta d'Ampugnani est regulière et complète; — Qu'aucun autre acte n'est plus nécessaire pour pouvoir statuer sur la demande de la veuve Totti;

Attendu que, du procès-verbal de l'enquête, à laquelle il a été procédé le 26 Février 1793, il résulte suffisamment que feu Louis Totti, Officier de Santé, au moment où il allait remplir envers un blessé un devoir sacré commandé par l'humanité, par son état et par les engagements qu'il avait contractés envers les habitants de la Penta de Casinca, auxquels il prêtait ses services comme médecin, a péri dans ladite Commune le 13 Février 1791, victime de coups d'arme à feu tirés sur lui, après menaces, des fenêtres de la maison des Viterbi, auteurs des appelants, pendant que ceux-là se trouvaient dans ladite maison, et qui, par cela seul, en sont civilement responsables; — Que la mort de Louis Totti a livré sa famille à toutes les douleurs et à toutes les privations de la misère, et que par là la demande de la veuve Totti se trouve fondée;

Attendu que ladite veuve a eu, pendant un certain temps, la jouissance des biens qu'elle avait saisis sur les Viterbi, en vertu du jugement du 12 Décembre 1794, et qu'il convient de prendre en considération ce fait, dans la nouvelle fixation de la somme à elle due pour dommages intérêts, celle accordée par ledit jugement pouvant être modifiée en partie;

Attendu que l'exercice du droit de la tierce opposition n'anéantit pas *ipso jure* le jugement attaqué par cette voie, et qu'au contraire ses effets continuent à subsister si les précédentes condamnations sont renouvelées par le second jugement; — Que, dans cette hypothèse, les actes d'exécution faits en vertu du premier jugement peuvent être validés en tout ou en partie, eu égard à l'étendue des condamnations maintenues; — Que, dès lors, la saisie faite par la veuve Totti, en vertu du jugement du 12 Décembre 1794, doit produire l'effet de garantir l'exécution du nouveau jugement sur les biens saisis, et jusqu'à concurrence de la somme adjugée en définitive;

Attendu que le moyen de la prescription, fondé sur le laps de plus de dix ans sans poursuites à partir du dernier acte, est combattu dans l'espèce par la règle de droit portée en la loi 182e *De Regulis Juris* : « *Omnes actiones quæ morte aut tempore pereunt, semel inclusæ judicio salvæ permanent*; » et, en outre, par le fait que l'action de la veuve Totti a changé de nature par le jugement du 12 Décembre 1794, qui a vidé l'instance quoique susceptible d'être revue au moyen de la tierce opposition;

A MIS au néant l'appellation et le jugement du 17 Mars 1823;

ÉMENDANT, faisant ce qui aurait dû être fait,

ÉVOQUANT le procès,

ET STATUANT sur la Tierce Opposition des appelants incidemment formée contre le jugement du 12 Décembre 1794, dûment enregistré,

SANS S'ARRÊTER au montant des condamnations prononcées par ledit jugement à titre de dommages-intérêts,

Réduit lesdits dommages à cinq mille francs;

Et condamne les hoirs Viterbi à payer ladite somme à la veuve Totti ensemble aux intérêts au cinq pour cent à partir de ce jour;

Déclare qu'au moyen du payement effectué de ladite somme, la veuve Totti ne conservera plus aucun droit sur les biens par elle saisis en vertu du jugement du 12 Décembre 1794;

Ordonne, néanmoins, faute par les hoirs Viterbi de payer ladite somme, pour tout délai dans trois mois, à compter du jour de la signification du présent arrêt, que lesdits hoirs Viterbi seront tenus de délaisser et abandonner à la veuve Totti, à son choix, les biens par elle saisis jusqu'à concurrence seulement de ladite somme de cinq mille francs et intérêts, et ce, sur l'estimation qui en sera faite, d'après leur valeur actuelle, par des experts dont les parties conviendront, sinon par......... que la Cour nomme d'office;

Commet M. le Conseiller Marcilese pour recevoir, le cas échéant, le serment des experts..........

Chambre civile. — M. le Cte COLONNA D'ISTRIA, *Premier Président.*

MM. Mari, Romani, } *Avocats.*

Pourvoi des héritiers Viterbi en Cassation de cet arrêt.

Ils soutenaient d'abord que la Cour avait violé l'article 637 du Code d'Instruction Criminelle, qui fixe à dix ans le temps nécessaire pour prescrire l'action civile comme l'action publique résultant d'un crime, puisqu'elle avait repoussé l'exception de prescription proposée, en se fondant sur un jugement qui était nul et ne pouvait produire aucun effet.

Un second moyen était tiré de ce que l'arrêt attaqué avait mal à propos appliqué l'article 473 du Code de Procédure Civile; et l'on disait, que la Cour ayant écarté l'exception de prescription, devait renvoyer le fond devant le Tribunal de Première Instance, au lieu de l'évoquer et d'y statuer elle-même.

Enfin, les demandeurs en Cassation prétendaient que la Cour avait encore violé la loi, en autorisant un mode d'expropriation prohibé.

ARRÊT.

Après délibération en la Chambre du Conseil,

La Cour; — Sur les conclusions de M. Lebeau, Avocat-Général;

Attendu qu'on ne peut assimiler les Jugements prononcés entre des nationaux, *Inter incolas*, par les Juges locaux d'un pays accidentellement soumis aux armes d'une puissance qui l'a conquis, aux Jugements rendus en pays étrangers contre des étrangers, *advenas*, ou contre des Français y résidant, lesquels, sans sanction en France, ne peuvent y être exécutés que de l'autorité des Tribunaux français;

Attendu qu'une coutume aussi ancienne qu'universelle, chez les peuples civilisés, et devenue une maxime incontestable du droit des gens, c'est que les faits, les actes, les contrats, les jugements intervenus entre les habitants, pendant l'occupation d'un pays conquis, et revêtus du sceau de l'autorité publique (qui n'est jamais censée défaillir dans les sociétés humaines) restent obligatoires et sont exécutoires après la retraite du conquérant, comme ceux intervenus avant la conquête, à moins qu'il n'ait été contrairement stipulé par des traités, ou que, par des lois formelles, il n'ait été dérogé à l'usage consacré par le droit public de l'Europe;

Attendu qu'une lettre ministérielle, qui rappelait une décision inauthentique du Gouvernement de l'An IV, sous le prétexte d'interprétation de la déclaration d'indivisibilité du territoire de la République, écrite dans la Constitution de l'An III, ne pouvait (comme l'ont remarqué les Juges de la cause) intervertir ou abroger des principes admis depuis des siècles par le suffrage unanime des nations, dans l'intérêt et pour la conservation de l'ordre social;

Attendu qu'irrégulier seulement dans la forme, le jugement du 19 Février 1794 suffisait pour empêcher la prescription dont voudraient se prévaloir les demandeurs;

Attendu, d'ailleurs, que déjà avant l'occupation de la Corse par les Anglais, un premier jugement du 16 Septembre 1793, contradictoire entre les parties, avait déclaré le procès INSTRUIT et PUBLIÉ, par conséquent conclu de manière qu'il n'y avait qu'à prononcer la décision au fond;

Attendu que, d'après ce jugement dont l'exécution pouvait être poursuivie pendant trente ans, il ne pouvait plus y avoir lieu à la prescription dont parlent le Code Pénal de 1791, la Loi du 3 Brumaire, et le Code d'Instruction Criminelle;

Attendu que la demande, devant le Tribunal de Bastia, formée par la dame Totti, en 1822, eut pour but la réparation civile du meurtre de son époux; aussi concluait-elle, dès l'origine de l'action, contre les demandeurs, soit à l'exécution du jugement du 12 Décembre, qui lui adjugeait des dommages-intérêts, soit (au cas où ce jugement ANGLO-CORSE ne serait pas déclaré exécutoire) à ce que les demandeurs fussent condamnés au paiement de la somme adjugée par le premier jugement;

Attendu que, dans un tel état de choses, d'après la nature de l'action, la situation des parties et les conclusions ci-dessus, usant de la faculté qu'accorde aux Juges d'appel l'article 473 du Code de Procédure, la Cour Royale, qui réformait le jugement du Tribunal de Bastia en ce qu'il avait ordonné l'exécution de celui du 12 Décembre 1794, a pu évoquer le fond du procès instruit, pour statuer définitivement sur le tout par un seul et même arrêt;

Attendu que, si l'arrêt prononce que, faute de paiement de la somme qu'il alloue pour dommages-intérêts, les demandeurs délaisseraient à la dame Totti une quotité des immeubles (dans lesquels elle avait été envoyée en possession après la sentence de 1794), égale à la valeur de ces dommages, à dire d'experts, cette disposition, toute comminatoire et dépendant pour son accomplissement de la volonté des demandeurs, n'a fait qu'ordonner un mode d'exécution tracé par le Droit Romain, qu'il s'agissait d'appliquer à une action née sous cette législation en vigueur en Corse avant la publication du Code Civil;

REJETTE.

6 Avril 1826. — Req. — M. BOTTON DE CASTELLAMONTE, *f.f. de Président.*
M. VOYSIN DE GARTEMPE, *Rapporteur.* — M. BRUZARD, *Avocat.*

DU 20 JANVIER 1824.

SAISIE IMMOBILIÈRE — APPEL. — GREFFIER. — ADJUDICATION PRÉPARATOIRE. — NULLITÉ. — DÉLAI.

La disposition, d'après laquelle l'appel d'un jugement qui statue sur des moyens de nullité proposés contre une saisie immobilière doit être notifié au Greffier et visé par lui, n'est pas prescrite à peine de nullité.

...... En conséquence *n'est pas nul l'appel qui a été seulement notifié aux parties* [*Cod. Proc. Civ. Anc. Art. 734 — Nouv. 732*] (1).

Lorsque l'adjudication préparatoire n'a pas eu lieu au jour indiqué, celle des parties saisies qui a gardé le silence jusque là n'est plus à temps pour proposer ses moyens de nullité contre la procédure antérieure; — Elle aurait dû les présenter avant, ou, au plus tard, le jour primitivement indiqué pour l'adjudication, et elle ne peut pas prétendre qu'elle est recevable tant que l'adjudication n'a pas été réellement prononcée par le Tribunal [*Cod. Proc. Civ. Anc. Art. 733 — Nouv. 728*] (2).

---

(1) La question était fortement controversée avant la loi du 2 juin 1841, qui a modifié le Code de Procédure, dans ses dispositions relatives à la saisie immobilière. — V. dans le sens de l'arrêt ci-dessus : Poitiers, 24 mai 1825 (S. 27. 2. 43); — Bordeaux, 4 août 1829 (S. 30. 2. 86); — Montpellier, 6 février 1832 (S. V. 32. 2. 212); — Limoges, 3 janvier 1835 (S. V. 35. 2. 111); — Lyon, 11 février 1841 (S. V. 41. 2. 239). — En sens contraire : Nîmes, 2 juin 1819 (S. 19. 2. 281); — Riom, 2 juin 1826 (S. 27. 2. 32); — Grenoble, 28 février 1833 (S.V. 33. 2. 229). — Cette divergence était possible sous l'ancien texte, parce que l'article 734 ne prononçait pas la peine de nullité; mais le nouvel article 732 finissant par ces mots : « *Le tout à peine de nullité* » il nous semble que tous les doutes doivent disparaître, et qu'il faut tenir pour certain que l'inobservation des formalités prescrites par l'article 732, tel qu'il a été formulé dans la loi du 2 juin 1841, emporte nullité. La généralité des auteurs s'est prononcée dans ce sens. — V. PERSIL, p. 191, n° 224 et CHAUVEAU, *Quest.* 2425, *quinquies.* — Cependant PAIGNON, n° 172, soutient toujours que « *la notification au Greffier ne change rien » à l'appel lui-même, et que son inobservation ne constituerait pas même une nullité, parce que cette » formalité supplétive n'est exigée qu'afin qu'il ne puisse pas être passé outre aux poursuites, non- » obstant l'appel interjeté.* » Nous n'hésitons pas à regarder cette interprétation comme absolument contraire au texte positif de la loi, et comme violant, d'une manière manifeste, les paroles énergiques « *Le tout à peine de nullité* » qui terminent le nouvel article 732.

(2) L'ancien article 733 portait que les moyens de nullité contre la procédure antérieure à l'adjudication ne pourraient plus être proposés après ladite adjudication. Il semblerait donc

Cristiani C. Guelfucci.

Cristiani, créancier d'une somme de 2,000 fr., fait procéder à une saisie immobilière contre les héritiers Guelfucci, au nombre de cinq.

L'adjudication préparatoire est fixée au 20 Mars 1823.

Ce jour-là, des moyens de nullité contre la procédure sont proposés, mais par l'un des héritiers seulement.

27 Mars 1823, Jugement qui annulle la saisie à l'égard de tous.

Appel par Cristiani.

12 Mai 1823, Arrêt qui restreint la nullité de la saisie à l'intérêt du seul héritier qui avait excipé de cette nullité.

En cet état, Cristiani fait afficher de nouveaux placards; il donne suite à la saisie, mais seulement pour les quatre lots, ou quatre cinquièmes, dans la chose saisie appartenant aux quatre autres cohéritiers, déclarant que l'autre cinquième était distrait de la saisie; l'adjudication préparatoire est indiquée pour le 10 Juin 1824.

Alors, et avant que cette adjudication ait eu lieu, trois des quatre cohéritiers demandent à leur tour la nullité de la saisie, par les mêmes moyens que le premier.

3 Juillet 1823, Jugement du même Tribunal de Corte qui accueille ces moyens et annulle la saisie.

Appel par Cristiani, signifié aux parties, non notifié au Greffier ni visé par lui.

ARRÊT.

Après délibération en la Chambre du Conseil,

La Cour; — sur les conclusions de M. Susini, Conseiller Auditeur, attaché au Parquet;

Attendu que la disposition de l'article 734 du Code de Procédure Civile portant « l'appel du jugement qui aura statué sur les nullités » proposées contre la procédure en saisie immobilière..... sera notifié

---

que la déchéance ne peut être encourue tant que l'adjudication préparatoire n'a pas été prononcée. C'est ce que la Cour de Cassation a décidé par l'arrêt qui casse celui de Bastia. (V. *infrà* pag. 32.) Il sera bien de remarquer que, sous la législation nouvelle, article 728, les mêmes moyens de nullité doivent être proposés, sous peine de déchéance, trois jours au moins avant la publication du cahier des charges; et que la loi du 2 juin 1841 ayant supprimé l'adjudication préparatoire, il ne peut plus être question d'une adjudication *définitive*, mais simplement de l'adjudication.

» au Greffier et visé par lui » n'est point prescrite sous peine de nullité; — Que, dans l'espèce, l'appel a été signifié à la personne même des parties en cause, et pour les mariés Paccini à celle d'Antoine-Louis Paccini, mari, ce qui rend la signification de l'appel régulière et valable; — Qu'au surplus, l'original de l'exploit d'appel porte que le Greffier a reçu et visé l'appel;

Attendu, en droit, que les moyens de nullité contre la procédure qui précède l'adjudication préparatoire ne peuvent être proposés après la dite adjudication; — Que, dans le fait, le jour où l'adjudication préparatoire devait avoir lieu, une seule des parties a excipé de la nullité de la procédure; — Que cette exception ayant été accueillie, les premiers Juges n'ont pu prononcer, par le même jugement, l'adjudication préparatoire; — Que, si le jugement d'annulation a été infirmé, le droit pour toutes les parties ne peut pas être censé exister, parce qu'il ne reste plus alors qu'à prononcer l'adjudication préparatoire, comme il aurait dû être fait si le jugement infirmé n'avait pas été rendu; — Que, s'il en était autrement, il serait loisible aux parties saisies de s'entendre et de se partager les rôles, pour prolonger indéfiniment les poursuites en expropriation, contre le vœu de la loi;

Attendu que les moyens de nullité, accueillis par les premiers Juges, sont tous antérieurs au premier jugement qui avait annulé la saisie;

A MIS et MET l'appellation et ce dont est appel au néant;

ÉMENDANT, et faisant ce qui aurait dû être fait;

DÉCLARE qu'il y a lieu de procéder à l'adjudication préparatoire;

RENVOIE à cet effet le procès et les parties devant le Tribunal de première instance de Corte.

Chambre Civile. — M. LE Cte COLONNA D'ISTRIA, *Premier Président.*

MM. MONTERA, BRADI, *Avocats.*

Pourvoi des héritiers Guelfucci, pour violation de l'article 733 du Code de Procédure Civile.

ARRÊT.

Après délibération en la Chambre du Conseil,

La Cour; — Vu l'article 733 du Code de Procédure Civile :

Considérant qu'il est reconnu, en fait, par l'arrêt attaqué, que l'adjudication préparatoire n'avait point encore eu lieu lorsque les moyens de nullité contre la procédure ont été proposés; — Qu'au surplus, le motif évident de la loi est que l'adjudicataire soit certain qu'aucune nullité ne sera admise contre son titre provisoire, postérieurement à l'adjudication; — Qu'ainsi, l'arrêt de la Cour de Bastia a violé formellement le texte et l'esprit de l'article 733, en repoussant, par une fin de non-recevoir, les moyens de nullité proposés en temps utile;

Donne défaut contre Cristiani, et, pour le profit,

Casse.

Du 22 Novembre. 1826. — *Ch. Civ.* — M. BRISSON, *Président.*
M. Bonnet, *Rapporteur.* — M. Joubert, 1er *Av. Gén., concl. conf.*
M. Mandaroux, *Avocat.*

DU 27 JANVIER 1824.

COMMUNAUTÉ. — IMMEUBLE. — POSSESSION ANTÉRIEURE. — CONSTRUCTIONS. — FRUITS PENDANTS PAR RACINES.

Les constructions élevées, pendant le mariage, sur le terrain dont l'un des époux avait la possession antérieure, deviennent la propriété de cet époux (1).

L'indemnité due pour les améliorations des biens personnels à l'époux commun, faites avec des sommes prises sur la communauté, se règle d'après la valeur de ces améliorations au temps de la dissolution [Arg. Art. 1437 Cod. Civ.] (2).

L'époux est propriétaire des fruits pendants par racines sur les biens propres à la dissolution de la communauté, mais il doit récompense pour les labours et semences [Arg. Art. 1437 Cod. Civ.] (3).

Sabatini veuve Pò C. Joseph Pò.

Au décès du sieur Étienne Pò, des contestations s'élevèrent entre le sieur Joseph Pò, père et légataire universel dudit feu Étienne, et la dame Louise-Madeleine Sabatini, veuve de ce dernier, sur l'exécution des dispositions testamentaires de feu Étienne, et sur la question de savoir, si l'association des conjoints Pò avait eu lieu sous le régime de la communauté légale, ainsi que sur d'autres prétentions subsidiaires qui se relèvent suffisamment de l'arrêt que nous rapportons.

---

(1) Conf. Cass. 14 février 1843 (D. P. 43. 1. 137; — S. V. 43. 1. 193).

(2) RODIÈRE et PONT, *Cont. de mariage*, tom. 1er, n° 642, et TROPLONG, *eodem*, tom. 2, nos 1190 et suiv. démontrent la vérité de cette opinion.

(3) Conf. Douai, 20 décembre 1848 (S.V. 49. 2. 544). Tous les auteurs, à l'exception de TOULLIER et DELVINCOURT, adoptent cette jurisprudence qui est conforme à un arrêt de Rennes, du 26 février 1828 (S. 30. 2. 207). — Voir surtout PROUDHON, *De l'usufruit*, tom. 3, nos 2685 et 2686; — et TROPLONG, *ubi suprà*, tom. 1er, nos 467 et 472; tom. 2, n° 1193, lequel, sous le n° 472, cite des autorités nombreuses à l'appui de son opinion. — Cette solution devrait s'appliquer également au cas où les époux auraient été mariés sous le régime dotal avec communauté d'acquêts, puisque les principes sont absolument les mêmes que ceux établis pour la communauté légale. — Conf. Rouen, 3 mars 1853 (D. P. 55. 2. 344; — S. V. 54. 2. 31); RODIÈRE et PONT, tom. 2, n° 30; — TROPLONG, tom. 3, nos 1867, 1868; — DURANTON, tom. 15, n° 11.

24 Juin 1823, Jugement du Tribunal civil d'Ajaccio par lequel il est :

« 1° DÉCLARÉ, que les conjoints Pò s'étaient mariés sous le régime de la communauté » légale ; que, par conséquent, prélèvement fait de toutes les dettes de la communauté » et de la dot de la dame Pò, conformément au testament de feu Étienne, combiné avec » l'acte de constitution dotale et la clause réversionnelle qu'il renferme, partage serait » fait par égale portion entre les parties litigantes de tout le mobilier, créances, fruits, » intérêts, et de tous les immeubles acquis pendant le mariage, y compris la maison » sise sur le cours de la ville d'Ajaccio, à la charge cependant par la communauté d'in- » demniser le sieur Joseph Pò de la valeur du terrain sur lequel la maison a été bâtie, » comme aussi de la partie du terrain destiné à servir de passage pour l'entrée et la » sortie de ladite maison, et ce, à dire d'experts; — 2° ORDONNÉ, que ladite veuve se- » rait tenue de fournir, dans le délai de huit jours, un inventaire par elle affirmé sincère » et véritable de tous les meubles existants au moment du décès de son mari ; — 3° DÉ- » CLARÉ, que les legs faits par feu Étienne Pò à sa femme étaient caducs ; — 4° DIT, » que les dépens seraient supportés par la communauté......... »

Appel de la part de toutes les parties.

ARRÊT.

Après délibération en la Chambre du Conseil,

LA COUR ; — sur les conclusions de M. SUSINI, Conseiller auditeur, attaché au Parquet ;

Attendu que les immeubles possédés avant le mariage conservent la qualité de propres et ne font point partie de l'actif de la communauté ; — Que tout bâtiment fait, pendant le mariage, sur le terrain appartenant à un des époux devient la propriété de cet époux, par le double principe de droit *ædificium solo cedit*, et *accessorium sequitur naturam sui principalis* ; — Que seulement, aux termes de l'article 1437 du Code Civil, il est dû récompense à l'époux de la moitié des sommes tirées de la communauté pour l'amélioration des biens personnels de l'autre époux ; — Que cette indemnité doit être fixée eu égard à ce que valent les augmentations au temps de la dissolution, à cause de l'avantage que la communauté a pu en retirer ; — Que, dès lors, les premiers Juges en reconnaissant que la maison bâtie, pendant le mariage d'Étienne Pò, sur le cours de la ville d'Ajaccio, l'avait été sur un terrain par lui acheté, antérieurement à son mariage, de la dame Paravisini-Orto, devaient borner les droits de la veuve Pò à la valeur de la moitié des constructions et augmentations faites, pendant le mariage, sur le dit terrain;

Attendu que, des règles ci-dessus posées il en découle que la veuve Pò ne doit avoir aucune part dans les fruits de la dite maison, mais qu'elle a droit aux intérêts du montant de la valeur de la moitié de la dite maison; — Que néanmoins, aux termes de l'article 1465 du Code Civil, elle a dû être logée et nourrie aux frais de la communauté, pendant les délais accordés pour faire inventaire et pour délibérer;

Attendu qu'il est prétendu que la veuve Pò a joui des biens de la communauté, et que, dans cette hypothèse, elle doit tenir compte de la moitié des fruits d'iceux à l'héritier de son mari;

Attendu que, relativement aux biens propres des époux, ce ne sont que les fruits échus ou perçus pendant le mariage qui entrent dans l'actif de la communauté, et que, pour les fruits pendants par racines à la dissolution, la communauté doit prélever seulement les dépenses faites pour les labours, travaux et semences;

Attendu que les premiers Juges ont suffisamment garanti les droits de l'héritier de feu Étienne Pò à l'égard des meubles de la communauté, en soumettant la veuve Pò à fournir un état exact des dits meubles et à l'affirmer sincère et véritable; — Que, d'ailleurs, la demande à ce sujet de l'héritier ne portant pas sur des objets déterminés, on ne saurait déférer le serment décisoire par lui proposé;

Attendu que la prétention personnelle du sieur Joseph Pò, relativement à la moitié de la propriété de la maison bâtie pendant le mariage des conjoints Pò, n'est étayée d'aucune preuve légale; — Que tout démontre la non sincérité de l'énonciation portée en l'acte authentique, reçu par le notaire Rusterucci le 1er février 1821, et dûment enregistré, où il est dit que la dite maison est possédée par LES CONJOINTS PÒ ET PAR INDIVIS AVEC LE SIEUR JOSEPH PÒ, LEUR FRÈRE ET BEAU-FRÈRE RESPECTIF; — Que cet acte, passé entre des tiers, en l'absence dudit sieur Joseph Pò, ne peut lui servir de titre, comme il n'aurait pu lui nuire, et que, d'ailleurs, tous les faits et actes de la cause établissent la simulation de ladite énonciation isolée et insuffisante à établir un droit, laquelle fut probablement suggérée par les circonstances particulières où se trouvaient alors les conjoints Pò; — Qu'en effet, ladite maison portée toujours sous le nom de feu Étienne Pò pendant sa vie, a été aussi constamment et exclusivement jouie et possédée par les conjoints Pò; — Que ledit Étienne Pò en a disposé par son testament, comme de chose propre en faveur dudit sieur Joseph Pò, son frère; — Que celui-ci a accepté, sans réclamation, le testament, et qu'en exécution d'icelui et en sa seule qualité de légataire universel de son frère, il a combattu les droits de la veuve Pò, sa belle-sœur, sur l'entière moitié de ladite maison; — Qu'enfin, ce n'est qu'en appel qu'il a songé à faire valoir un prétendu droit personnel auquel on ne saurait aucunement s'arrêter;

Adoptant les motifs des premiers Juges en ce qui touche :

1° La déclaration que les conjoints Pò étaient mariés sous le régime de la communauté, avec la modification apportée par la constitution de dot de la dame Pò, et par le pacte de retour d'icelle justement considéré, pour l'entière somme de dix mille francs, comme un préciput conventionnel en faveur de la femme;

2° La déchéance de la veuve Pò à demander les legs faits en sa faveur par le testament de son mari;

Attendu enfin que l'option laissée à sa femme, par le testateur Pò, de recevoir l'étage indiqué dans le testament, en compensation de la cave faisant partie de sa dot et par lui vendue, ou du prix de ladite cave selon l'estimation, est moins un legs qu'un mode de paiement qui doit subsister malgré la déchéance prononcée contre la veuve Pò;

. . . .

A mis les appellations au néant, ainsi que le jugement dont est appel, en ce qui touche la disposition d'icelui relative au partage de la maison sise sur le cours de la ville d'Ajaccio, bâtie pendant le mariage des conjoints Pò sur le terrain acheté par feu Étienne Pò de la dame Paravisini-Orto;

Émendant quant à ce, et faisant ce qui aurait dû être fait,

Ordonne que ladite maison appartiendra au sieur Joseph Pò, en sa qualité d'héritier de son frère, et que la veuve Pò sera indemnisée (d'après l'estimation qui en sera faite eu égard au temps de la dissolution de la communauté) de la valeur de la moitié de l'entière maison susdite, et de la moitié des autres constructions faites, pendant le mariage des conjoints Pò, sur le restant du terrain attenant à ladite maison, et toujours non compris la valeur dudit terrain, ensemble aux intérêts du montant de ladite valeur, à partir du jour du décès de feu Étienne Pò;

Déboute le sieur Pò de la demande par lui faite en appel, tendant à être reconnu, en son nom personnel, propriétaire par moitié de ladite maison;

Condamne la veuve Pò à rendre et restituer au sieur Joseph Pò, héritier de son mari, la moitié des fruits, si elle les a perçus, des biens de la communauté d'après les baux, et, à leur défaut, suivant l'estimation, comme aussi à rendre et restituer la totalité dés fruits de la maison si elle les a perçus; et, dans ce cas, compense la moitié des fruits de ladite maison avec les intérêts de la valeur de la moitié de la même maison dûs à la veuve Pò;

Ordonne que la communauté tiendra compte à la veuve Pò de sa nourriture et de celle de ses domestiques, pendant les trois mois et quarante jours accordés pour faire inventaire; comme aussi qu'elle ne sera tenue à aucun loyer de l'appartement par elle occupé pendant lesdits délais;

Déboute la veuve Pò de sa demande en remboursement de la moitié des fruits naturels ou industriels pendants, à l'époque de la dissolution du mariage, sur les biens propres du mari, à la charge toutefois par le sieur Joseph Pò de rembourser, d'après estimation, à ladite veuve, la moitié des frais de labour, travaux et semences faits auxdits biens antérieurement au décès du sieur Étienne Pò, comme aussi de rembourser à la même la moitié des fruits civils échus et non soldés à ladite époque, et dont il ne lui aurait pas encore été fait compte;

Déclare que les différentes estimations ordonnées par le présent arrêt seront faites par des experts dont les parties conviendront dans trois jours, sinon par les mêmes qui sont dénommés au jugement dont est appel, lesquels experts prêteront serment pardevant le Magistrat y désigné;

MAINTIENT toutes les autres dispositions du jugement attaqué, et en ORDONNE de plus fort l'exécution;

RENVOIE à cet effet le procès devant les premiers Juges pour être procédé en ce qui reste.

Chambre Civile. — M. LE Cte COLONNA D'ISTRIA, *Premier Président.*

MM. BRADI, BIADELLI, } *Avocats.*

DU 7 FÉVRIER 1824.

TESTAMENT. — DEMEURE. — TÉMOINS. — RATIFICATION.

Est nul le testament par acte public qui ne contient pas l'indication de la demeure des témoins [Loi du 25 Ventôse an XI, Art. 12 et 68] (1).

Pour que l'exécution volontaire d'un acte rende la partie de qui les actes d'exécution sont émanés non recevable à en demander la nullité, il faut que les faits desquels on prétend induire ladite exécution volontaire soient clairs et positifs [Cod. Civ. Art. 1338] (2).

Moretti C. **Cecconi.**

ARRÊT.

Après délibération en la Chambre du Conseil,

La Cour ; — sur les conclusions de M. Susini, Conseiller Auditeur, attaché au Parquet ;

Attendu que la loi du 25 Ventose an XI sur le Notariat, étant la loi

(1) Conf. — Merlin, *Répert.* tom. 17, pag. 613 ; — Duranton, tom. 9, n° 112 ; — Delvincourt, tom. 2, pag. 313, notes ; — Vazeille, sur l'art. 980 ; — Devilleneuve et Carette, vol. 3. 1. 237 ; — Dalloz, *Jur. Gén.* 2e édit., V° *Disp. entre vifs et test.*, qui rapporte, n° 3139, divers arrêts qui ont embrassé l'opinion ici consacrée par la Cour de Bastia, et notamment les arrêts de la Cour de Cassation des 1er oct. 1810 ; — 4 janv. 1826 ; — 3 juillet 1838. — Si un doute pouvait encore exister sur la non abrogation des dispositions de la loi du 25 ventôse an XI, relatives à l'énonciation, dans le testament, de la demeure des témoins, nous rappellerions qu'un Avis du Conseil d'État en date du 16 juin 1810, porte expressément que la loi précitée doit être exécutée dans toutes ses dispositions, qui ont pour objet les formalités par lesquelles on constate la capacité des témoins testamentaires, et autres mentions qui tiennent à la confection du testament.

(2) Ajoutons que l'exécution volontaire d'un acte n'emporte renonciation à quereller cet acte qu'autant qu'elle a lieu avec la connaissance des vices dont il était entaché, et avec l'intention de réparer ces vices. — V. Merlin, *Répert.* V° *Ratification*, n° 9, et V° *Testament*, sect. 2, § 5 ; — Grenier, *des Test.*, n° 325 ; — Vazeille, sur l'art. 1001 ; — Delvincourt, tom. 2, pag. 298 ; — Toullier, tom. 8, n° 506 ; — Duranton, tom. 13, n° 277 et suiv. ; — Zachariæ, tom. 2, § 339, note 20 ; — Conf. — Rej. 5 déc. 1826 (D. P. 27. 1. 78 ; — S. 27. 1. 79) ; — Nîmes, 28 janv. 1831 (D. P. 31. 2. 132 ; — S. V. 31. 2. 292) ; — Montpellier, 22 avril 1831 (D. P. 32. 2. 91 ; — S. V. 32. 2. 6) ; — Grenoble, 8 mai 1835 (D. P. 36. 2. 87 ; — S. V. 35. 2. 554) ; — Cass. 24 juillet 1839 (D. P. 39. 1. 294 ; — S. V. 39. 1. 653) ; — Caen, 15 févr. 1842 (D. P. 42. 2. 132 ; — S. V. 42. 2. 199).

générale pour les formalités à observer par les notaires, dans la rédaction des actes de leur ministère, s'applique également aux testaments reçus par acte public, et que, dès-lors, le défaut de mention de la demeure des témoins intervenus au testament reçu dans ladite forme, doit en opérer la nullité, conformément aux articles 12 et 68 de ladite loi;

Attendu que le testament de feu Joseph Saettoni, reçu par Me Vincent Benedetti, notaire à Bastia, le 25 Juin 1809, n'indique pas la demeure des témoins qui y ont assisté, et que, quand même il serait vrai que ladite indication s'y trouve par équipollence, à l'égard des trois premiers, il n'est pas possible de s'étayer de la même considération à l'égard du témoin Bonnet;

Attendu que, si en thèse générale et d'après les anciennes lois et les dispositions des articles 1338 et suivants du Code Civil, l'exécution volontaire des actes, et même des testaments, lorsqu'ils sont connus, établit une fin de non-recevoir contre la demande en nullité de la part de celui qui a exécuté l'acte, il faut aussi que l'exécution résulte de faits tellement clairs et positifs qu'il ne puisse exister le moindre doute sur la volonté d'exécuter l'acte, parce qu'on n'est pas présumé renoncer à ses droits; — Qu'en examinant et appréciant les différents faits et moyens à l'appui de la fin de non-recevoir opposée à Antoine Moretti, on ne peut y reconnaître son intention d'approuver entièrement le testament dont il s'agit au procès; — Qu'en effet. . . . etc., (suit l'énumération des divers actes);

DÉCLARE Antoine Moretti recevable à attaquer la nullité du testament de feu Joseph Saettoni, son père;

ANNULLE par suite ledit testament. . . . . . .

Chambre Civile. — M. LE Cte COLONNA D'ISTRIA, *Premier Président*

MM. GRAZIANI, BIADELLI, } *Avocats.*

DU 16 FÉVRIER 1824.

VÉRIFICATION D'ÉCRITURE. — HÉRITIER. — FRAIS.

L'héritier à réserve qui déclare ne pas reconnaître l'écriture ou la signature d'un testament attribué à son auteur, ne doit pas être condamné aux dépens, quoique l'écriture ou la signature ait été reconnue sincère et véritable [*Cod. Civ. Art. 1323, 1324; — Cod. Proc. Civ. Art. 193*] (1).

(1) Ne pas reconnaître une écriture, ce n'est pas la dénier; c'est seulement alléguer cause d'ignorance; et comme la mauvaise foi ne se présume pas, c'est avec raison, selon nous, que la Cour de Bastia refuse de faire application à l'héritier, qui déclare ne pas reconnaître l'écriture d'un testament olographe que l'on dit émané de son auteur, de la maxime : *Error nocet erranti.*

Mais on objecte que l'héritier, avant de méconnaître l'écriture attribuée à son auteur, *devrait faire des recherches, et que, s'il ne les fait pas, il y a de sa part une négligence, dont il est juste qu'il supporte les suites.* Nous ne trouvons nulle part une semblable obligation imposée à l'héritier : nous voyons, au contraire, que l'article 1323 du Cod. Nap. ne confère au porteur d'un titre sous-seing privé le droit d'obtenir ce que son titre lui donne, qu'autant qu'il a été reconnu et vérifié. Or le testament olographe est un écrit privé, et l'héritier à réserve, saisi de plein droit de la succession, ne pouvant être dépossédé qu'en vertu d'un titre reconnu, c'est au légataire, qui puise son droit dans le testament olographe, à lui imprimer ce caractère.

On trouve une autre objection contre notre thèse dans la loi du 3 septembre 1807, qui a modifié la disposition trop générale de l'art. 193 du Code de Proc. Civ. Mais cette objection ne nous paraît pas plus concluante : elle confond, selon nous, deux cas bien distincts. En effet, la loi précitée du 3 septembre 1807, art. 2, veut que, si la reconnaissance n'a été provoquée qu'après l'échéance de l'obligation sous-seing privé, les frais soient à la charge du débiteur, soit qu'il avoue, soit qu'il dénie son écriture : — Et cela se conçoit, puisque la loi exigeant que celui à qui on oppose un acte d'obligation, comme étant son fait, avoue ou désavoue formellement la signature; s'il la désavoue, la vérification venant à démontrer la réalité de l'engagement, sa mauvaise foi est par cela même certaine, et il est essentiellement juste de lui en faire supporter la peine. Mais que demande la loi à l'héritier à qui on oppose un testament prétendu de son auteur? De déclarer purement et simplement s'il en reconnaît ou s'il n'en reconnaît pas l'écriture. Dès lors, l'héritier n'étant appelé à s'exprimer qu'en ce qui est de sa science, si la vérification prouve qu'il s'est trompé en méconnaissant l'écriture ou la signature de son auteur, comment pourrait-on avec justice le rendre responsable des suites de son erreur involontaire? — Voyez dans le sens de l'arrêt ici recueilli et de nos observations, Riom, 28 fév. 1824 (D. A. 9. 656); — Delaporte, tom. 1er, pag. 196; — Lepage, pag. 174.

Contrà. — Rej. 6 juillet 1822 (D. A. 9. 656; — S. 22. 1. 386); — Nîmes, 21 févr. 1826 (D. P. 26. 2. 208); — Cass. 11 mai 1829 (D. P. 29. 1. 241; — S. 29. 1. 778); — Poitiers, 4 févr. 1834 (S. V. 34. 2. 164); — Douai, 30 mars 1846 (S. V. 47. 2. 203); — Favard de Langlade, *Répert.*, V° *Vérif. d'écrit.*, n° 4; — Duranton, tom. 13, n° 119; — Carré et Chauveau, *Quest.* 800; — Rodière, tom. 2, pag. 199.

Epoux Mattei C. Dame Cannelli.

La dame Mattei avait déclaré ne pas reconnaître la signature d'un testament fait par son père, le sieur Cannelli, et par lequel ce dernier instituait sa femme en secondes noces légataire de la portion disponible. — Le testament soumis à une vérification fut déclaré être l'ouvrage du sieur Cannelli. — Sur ce, jugement du Tribunal de Bastia qui condamne la dame Mattei aux dépens de l'incident de la vérification.

Appel.

ARRÊT.

Après délibération en la Chambre du Conseil,

La Cour ; — sur les conclusions de M. Susini, Conseiller Auditeur, attaché au Parquet ;

Attendu, en ce qui concerne les frais de la vérification de l'écriture et signature du testament de feu Cannelli, que la dame Mattei sa fille et héritière, citée principalement en reconnaissance de ladite écriture, ne l'a point déniée ; — Qu'elle s'est bornée à ne pas la reconnaître, à ce autorisée par l'article 1323 du Code Civil ; et que, dès lors, on ne peut pas dire qu'elle ait succombé dans l'incident de la vérification, n'ayant pas contesté ; — Que s'agissant surtout d'un testament olographe au préjudice d'un héritier à réserve, ayant la saisine légale de toute la succession paternelle, le légataire ne pouvait réclamer le legs qu'en vertu d'un testament vrai, dont l'existence ne fût pas incertaine jusqu'à sa reconnaissance et vérification ; — D'où il suit que les frais de cette preuve doivent être une charge de la succession du testateur ;

Réformant, — Déclare que les frais de la vérification du testament olographe de feu Cannelli seront prélevés sur la succession. . . .

. . . .

Chambre Civile. — M. le Cte COLONNA D'ISTRIA, *Premier Président.*

MM. Casella, Mari, } *Avocats.*

DU 17 FÉVRIER 1824.

APPEL. — DÉLAI. — NULLITÉ. — ORDRE PUBLIC.

La nullité résultant de ce que l'appel d'un jugement, non exécutoire par provision, a été interjeté dans la huitaine de la prononciation, est d'ordre public; —Et le Juge doit la prononcer d'office [*Cod. Proc. Civ. Art. 449*] (1).

Ferrandi C. **Orsatelli.**

ARRÊT.

Après délibération en la Chambre du Conseil,

LA COUR; — sur les conclusions de M. TAMIET, Premier Avocat Général;

Attendu qu'aux termes de l'article 449 du Code de Procédure Civile, l'appel d'un jugement non exécutoire par provision ne peut être interjeté dans la huitaine à dater du jour du jugement; — Que cette disposition est prohibitive, et que le même article veut qu'un tel appel soit déclaré non recevable; d'où il suit que l'exception de non recevabilité en pareil cas n'est pas seulement relative aux parties, mais que les Juges doivent la faire valoir d'office, d'autant plus que les délais de l'appel sont d'ordre public;

Attendu que la partie de Me Benedetti a appelé dans la huitaine de la prononciation du jugement attaqué, et que lors de l'arrêt de défaut du 30 Décembre 1823, l'intimé lui-même a proposé une fin de non-recevoir contre l'appel;

---

(1) Conf. — Grenoble, 11 févr. 1813 (J. Av. tom. 12, pag. 490); — BOITARD, tom. 3, pag. 66. — Anal. Cass. après partage, 2 avril 1830 (S. V. 30. 1. 417). — *Contrà.* — Bordeaux, 21 déc. 1832 (S. V. 33. 2. 202); — CHAUVEAU sur CARRÉ, *Quest.* 1612 *ter.*

Attendu que l'appel étant non recevable, la Cour ne se trouve point saisie des contestations des parties, et que, dès lors, elle est sans qualité pour statuer sur aucune de leurs demandes, et par conséquent, sur celle tendante à faire ordonner l'exécution provisoire du jugement appelé ;

STATUANT sur l'opposition de la partie de Me Benedetti contre l'arrêt de défaut, en date du 30 Décembre 1823 ;

RÉTRACTE ledit arrêt de défaut dans la partie qui déclare exécutoire par provision le jugement rendu, le 2 Décembre 1822, par le Tribunal de première instance de Calvi ;

CONFIRME les autres dispositions dudit arrêt, sauf à l'appelant à réitérer son appel, s'il est encore dans le délai.

Chambre Civile. — M. LE Cte COLONNA D'ISTRIA, *Premier Président.*

MM. ROMANI, CASABIANCA, } *Avocats.*

DU 16 MARS 1824.

DEGRÉ DE JURIDICTION. — DEMANDE RECONVENTIONNELLE. — EXCEPTION. — DOMMAGES INTÉRÊTS. — DEMANDE ACCESSOIRE.

La demande par laquelle le défendeur à une action susceptible d'être jugée en dernier ressort prétend remettre en discussion des droits irrévocablement acquis à sa partie adverse, constitue, non une demande reconventionnelle, mais une exception qui ne peut être prise en considération pour la détermination du ressort.

Pareillement, *les dommages intérêts réclamés par le défendeur à cette même action, pour une cause non antérieure à la demande principale, ne sont qu'un accessoire de cette demande; — Par suite, ils ne peuvent concourir avec l'importance de la demande principale, pour déterminer le degré de juridiction* (1).

Giudicelli C. Fratacci.

Par acte authentique en date du 8 Septembre 1793, un sieur Giudicelli avait acheté d'un sieur Canioni un immeuble sis au lieu dit *Tre Canali*, territoire de la commune d'Olmi et Capella, contigu à une terre marécageuse appartenant à un sieur Fratacci, et d'où jaillissaient diverses sources d'eau potable auxquelles les voyageurs venaient se désaltérer. — Cette vente fut faite pour le prix de 31 livres, monnaie de Gênes, et avec déclaration que l'immeuble faisait partie de la dot de la femme du vendeur.

Fratacci ayant voulu mettre sa propriété en état de culture, dut dessécher le marais. A cet effet, il fit creuser un fossé dans lequel les eaux allèrent se déverser. Mais alors les sources tarirent; et Giudicelli, qui prétendait être en possession de ces sources, assigna Fratacci devant le Juge de Paix, pour être maintenu dans sa possession, et obtenir une indemnité qu'il fixa à 600 francs.

Par sentence du 3 Septembre 1821, Fratacci fut condamné à combler son fossé et à restituer aux eaux leur cours vers la propriété de Giudicelli: Fratacci interjeta appel de ce jugement, qui fut confirmé par le Tribunal Civil de Calvi.

---

(1) Cette décision est conforme à la Jurisprudence antérieure à la loi du 11 avril 1838, laquelle, dans son article 2, a sanctionné le principe que les Tribunaux n'avaient pas hésité à proclamer. — Cette loi a eu pour but de résoudre définitivement plusieurs questions que l'ancienne législation avait fait naître et affaiblit l'intérêt offert par les arrêts qui les avaient jugées avant 1838. — Cependant ceux qui aiment l'étude du droit se feront sans doute un plaisir de connaître la Jurisprudence de la Cour de Bastia sur ces différentes questions.

Au décès de leur mère, et le 8 Septembre 1821, les enfants Canioni vendirent à Fratacci, par acte authentique, l'immeuble *Tre Canali*, que leur père avait précédemment vendu à Giudicelli.

Le 16 Février 1822, Fratacci assigna Giudicelli en délaissement de cet immeuble, et, par exploit du même jour, Giudicelli appela Canioni père en garantie.

Le 6 Avril suivant, Giudicelli cita Fratacci en conciliation, et ensuite par devant le Tribunal de Calvi, pour se voir condamner à lui payer une indemnité de 600 francs, en réparation des dommages qu'il lui avait causés en empêchant les eaux de couler sur sa propriété, malgré la sentence du Juge de Paix qui le maintenait en possession desdites eaux.

Fratacci forma contre Giudicelli une demande reconventionnelle tendante à faire déclarer que sa propriété était libre; que conséquemment il pouvait y faire tous les travaux propres à la mettre en bon état de culture : il demandait, en même temps, 1600 francs de dommages-intérêts.

Par jugement du 17 Décembre 1822, le Tribunal de Calvi nomma des experts pour constater si le fossé creusé par Fratacci avait été entièrement comblé, et s'il l'avait été de manière à permettre que les eaux pénétrassent dans la propriété de Giudicelli.

L'expertise fut faite, et, le 8 Juillet 1823, jugement qui en la déclarant valable et satisfactoire, ajoutait :

. . . .

« En conséquence, a ordonné et ordonne à Fratacci de restituer à Giudicelli toute » la quantité d'eau dont il jouissait auparavant, et ce, en faisant toutes les constructions nécessaires pour y parvenir, dans le délai de dix jours, à compter de celui de la » signification du présent Jugement; — Et ledit délai passé, sans que ladite eau soit » rendue à son ancienne destination, condamne, dans ce cas, Fratacci au paiement » des dommages-intérêts que les experts fixeront, eu égard à la valeur que ces eaux » pouvaient donner aux propriétés de Giudicelli; — Condamne aussi ledit Fratacci au » paiement de telle somme qu'ils détermineront pour tout le temps que Giudicelli n'a » pu jouir desdites eaux;

. . . .

Appel de la part de Fratacci.

ARRÊT.

Après délibération en la Chambre du Conseil,

La Cour; — sur les conclusions de M. Susini, Conseiller auditeur, attaché au Parquet;

Attendu que la question soumise aux premiers Juges était la demande de six cents francs, pour dommages intérêts réclamés par suite de la prétendue non exécution d'un jugement rendu au possessoire entre les parties ; — Que les dommages-intérêts réclamés par l'appelant n'ayant pas leur base dans une cause antérieure à la demande, et n'en étant au contraire que l'accessoire, ne peuvent pas entrer en ligne de compte pour établir le premier ressort ;

Attendu que les conclusions de l'appelant, tendantes à combattre au pétitoire les droits de Giudicelli, ne peuvent produire l'effet de changer la compétence relativement à la demande principale ; — une semblable reconvention ne pouvant pas arrêter les conséquences de l'action terminée au possessoire ;

. . . .

. . . .

DONNE défaut contre l'appelant, et pour le profit, DÉCLARE l'appel non recevable.

. . . .

Chambre Civile. — M. LE Cte COLONNA D'ISTRIA, *Premier Président.*

MM. BIADELLI, MARI, } *Avocats.*

DU 18 MARS 1824.

MINEUR. — ÉMANCIPATION PAR MARIAGE. — TUTEUR. — COMPTE. — CURATEUR. — FEMME MARIÉE. — AUTORISATION. — ASSIGNATION. — TUTEUR. — NULLITÉ.

L'article 476 du Code Civil, qui prononce l'émancipation par mariage, la confère sans condition ni réserve, d'une manière absolue et irrévocable.

En conséquence, *est déposé de plein droit le tuteur du mineur émancipé; — Et il doit rendre compte au curateur nommé par le conseil de famille* [*Cod. Civ. Art 480*] (1).

La femme émancipée par mariage, et dont le mari est mineur, ne peut intenter une action ou y défendre, qu'en vertu d'une autorisation de justice, et avec l'assistance d'un curateur (Cod. Civ. Art. 217, 218).

Par suite, l'assignation donnée, pour la femme émancipée, à la requête de son père, tuteur légal, est nulle; — Et le Tribunal n'a pu la valider au moyen de la nomination faite par lui-même, pendant l'instance, d'un curateur; — Ce droit appartenant exclusivement au conseil de famille (2).

Dame Morazzani veuve Grimaldi C. **Battisti.**

Le 25 Janvier 1823 une citation fut signifiée à la requête de plusieurs individus, entr'autres du sieur Durabile Battisti, comme tuteur légal de Baptiste, son fils mineur, procédant aussi en cette qualité, et se disant tuteur de sa fille Nonce-Marie, qui était déjà mariée au sieur Simon-Pierre Colle. Parmi les assignés, la veuve Grimaldi ès-nom et les conjoints Vadella seuls constituèrent avoué et conclurent à la nullité de l'exploit. Les autres ne se présentèrent pas, ni avoué pour eux.

(1-2) Que l'émancipation légale du mineur par le mariage soit absolue, sans condition et irrévocable, c'est ce qui paraît incontestable et ce que décident un arrêt de Cassation du 21 févr. 1821 (S. 21. 1. 188), ainsi que PROUDHON, *Des Personnes*, tom. 2, pag. 164; — DURANTON, tom. 3, n° 675; — MAGNIN, *Des Minorités*, tom. 1, n° 790, et autres. Mais on s'est demandé si la nomination du curateur qui doit assister un mineur dans un procès ne peut être faite que par le conseil de famille, et, dans tous les cas, si la nullité résultant de la nomination qui n'émanerait pas du conseil de famille pourrait être invoquée par les adversaires du mineur. V. Arrêt de Rej. du 11 frimaire an IX (S. 1. 2. 278).

13 Mars suivant, Jugement du Tribunal civil de Corte, qui accorde défaut contre les défaillants, et se réserve de statuer sur la demande en nullité formée par les comparants.

Le 23 Mai, tous les défendeurs furent présents.

La dame Nonce-Marie veuve Grimaldi et les conjoints Vadella insistèrent dans leurs conclusions tendantes à faire annuler l'exploit d'assignation.

Le Tribunal les débouta de leurs moyens, ordonna aux parties de plaider au fond, et, attendu la minorité du sieur Colle, mari de Nonce-Marie, née Battisti, il nomma un curateur à celle-ci, en la personne du sieur Battisti son père, sans l'assistance duquel l'instance ne serait pas continuée.

Appel de la veuve Grimaldi.

ARRÊT.

Après délibération en la Chambre du Conseil,

LA COUR; — sur les conclusions de M. SUSINI, Conseiller Auditeur, attaché au Parquet;

Attendu que le mineur qui contracte mariage est émancipé de plein droit (Article 476 du Code Civil); — Que l'émancipation fait cesser la tutelle, et que le tuteur doit rendre, à un curateur nommé par le conseil de famille, le compte de tutelle du mineur émancipé (Article 480 du Code Civil); — Que le mineur émancipé ne peut intenter une action immobilière sans l'autorisation de son curateur (Article 482 du Code Civil), et que de même, la femme mariée ne peut ester en jugement sans l'autorisation de son mari, ou, à défaut, sans celle de la justice (Articles 217 et 218 du Code Civil);

Attendu que Nonce-Marie Battisti et son mari Simon-Pierre Colle, sont tous deux mineurs, d'après l'aveu des parties; — Que le mari étant mineur, l'autorisation dont avait besoin sa femme pour ester en jugement, devait être nécessairement accordée par la justice; — Que la femme étant aussi mineure, elle devait être assistée par son curateur;

Attendu que l'instance dont il s'agit, au lieu d'être intentée au nom de la femme Colle, avec l'assistance d'un curateur dont elle n'était point pourvue, et ensuite de l'autorisation de la justice, qui ne lui avait pas encore été donnée, l'a été à la requête de son père, qui figure dans l'exploit d'ajournement en qualité de tuteur légal de sadite fille ; — Que sous tous les rapports, cet exploit est nul en ce qui touche la femme Nonce-Marie Colle, et que le Tribunal n'a pu le valider au moyen de la nomination faite par lui-même d'un curateur, ce droit appartenant au conseil de famille ;

Attendu que les appelants ont intérêt à procéder régulièrement ;

A mis et met l'appellation et ce dont est appel au néant ;

Émendant et faisant ce qui aurait du être fait,

Déclare nulle et comme non avenue la demande introductive d'instance en ce qui touche Nonce-Marie Battisti, femme Colle, et tout ce qui s'en est suivi, dans l'intérêt de ladite femme ;

La renvoie à se mettre en règle ;

. . . .

Chambre Civile. — M. le Cte COLONNA D'ISTRIA, *Premier Président.*

MM. Montera, Biadelli, } *Avocats.*

13 Mars suivant, Jugement du Tribunal civil de Corte, qui accorde défaut contre les défaillants, et se réserve de statuer sur la demande en nullité formée par les comparants.

Le 23 Mai, tous les défendeurs furent présents.

La dame Nonce-Marie veuve Grimaldi et les conjoints Vadella insistèrent dans leurs conclusions tendantes à faire annuler l'exploit d'assignation.

Le Tribunal les débouta de leurs moyens, ordonna aux parties de plaider au fond, et, attendu la minorité du sieur Colle, mari de Nonce-Marie, née Battisti, il nomma un curateur à celle-ci, en la personne du sieur Battisti son père, sans l'assistance duquel l'instance ne serait pas continuée.

Appel de la veuve Grimaldi.

ARRÊT.

Après délibération en la Chambre du Conseil,

La Cour; — sur les conclusions de M. Susini, Conseiller Auditeur, attaché au Parquet;

Attendu que le mineur qui contracte mariage est émancipé de plein droit (Article 476 du Code Civil); — Que l'émancipation fait cesser la tutelle, et que le tuteur doit rendre, à un curateur nommé par le conseil de famille, le compte de tutelle du mineur émancipé (Article 480 du Code Civil); — Que le mineur émancipé ne peut intenter une action immobilière sans l'autorisation de son curateur (Article 482 du Code Civil), et que de même, la femme mariée ne peut ester en jugement sans l'autorisation de son mari, ou, à défaut, sans celle de la justice (Articles 217 et 218 du Code Civil);

Attendu que Nonce-Marie Battisti et son mari Simon-Pierre Colle, sont tous deux mineurs, d'après l'aveu des parties; — Que le mari étant mineur, l'autorisation dont avait besoin sa femme pour ester en jugement, devait être nécessairement accordée par la justice; — Que la femme étant aussi mineure, elle devait être assistée par son curateur;

Attendu que l'instance dont il s'agit, au lieu d'être intentée au nom de la femme Colle, avec l'assistance d'un curateur dont elle n'était point pourvue, et ensuite de l'autorisation de la justice, qui ne lui avait pas encore été donnée, l'a été à la requête de son père, qui figure dans l'exploit d'ajournement en qualité de tuteur légal de sadite fille; — Que sous tous les rapports, cet exploit est nul en ce qui touche la femme Nonce-Marie Colle, et que le Tribunal n'a pu le valider au moyen de la nomination faite par lui-même d'un curateur, ce droit appartenant au conseil de famille;

Attendu que les appelants ont intérêt à procéder régulièrement;

A MIS et met l'appellation et ce dont est appel au néant;

ÉMENDANT et faisant ce qui aurait dû être fait,

DÉCLARE nulle et comme non avenue la demande introductive d'instance en ce qui touche Nonce-Marie Battisti, femme Colle, et tout ce qui s'en est suivi, dans l'intérêt de ladite femme;

LA RENVOIE à se mettre en règle;

. . . .

Chambre Civile. — M. LE Cte COLONNA D'ISTRIA, *Premier Président.*

MM. MONTERA, BIADELLI, } *Avocats.*

DU 27 MARS 1824.

APPEL. — CHOSE JUGÉE. — ARBITRES FORCÉS. — DÉLAI POUR PRONONCER. — JOUR A *quò*.

L'arrêt qui, sur l'appel d'un premier jugement, a prononcé la recevabilité de l'appel, constitue, à l'encontre de l'intimé, qui excipe de nouveau de la non recevabilité de ce même appel, l'exception de la chose jugée.......; surtout si les mêmes contestations ont été soumises aux arbitres, lors du dernier jugement appelé.

Les arbitres peuvent s'occuper valablement de la mission qui leur est confiée, nonobstant l'appel dont est frappé le jugement de nomination, confirmé ensuite par la Cour.

Les arbitres forcés tenant leur pouvoir d'un jugement rendu hors leur présence, le délai dans lequel ils devront opérer prend son point de départ au jour où il leur a été fait remise des pièces [*Cod. Proc. Civ. Art. 1012, 1028*] (1).

Guasco C. **Oliva**.

ARRÊT.

Après délibération en la Chambre du Conseil,

LA COUR; — sur les conclusions conformes de M. SUSINI, Conseiller auditeur, attaché au Parquet;

Attendu que, sur l'appel d'un premier jugement intervenu entre les parties, la Cour, statuant sur icelui par son arrêt du 3 Décembre 1822,

(1) Conf. — Turin, 8 mars 1811 (S. 11. 2. 409); — Dijon, 30 déc. 1838 (D. P. 39. 2. 131). Cette décision présuppose la solution affirmative d'une question qui a été longtemps controversée et qui est celle-ci : La règle qui limite à trois mois la durée du compromis, lorsqu'un autre délai n'a pas été fixé (Art. 1007 Cod. Proc. Civ.), et annulle tout jugement rendu après ce délai (Cod. Proc. Civ. Art. 1012), est-elle applicable à l'arbitrage forcé? — Voyez pour l'affirmative, Cass. 12 nov. 1845 et 19 avril 1848 (D. P. 45. 4. 26; — 48. 1. 89; — S. V. 45. 1. 815; — 48. 1. 371). — Pour la négative, Grenoble, 12 août 1826 et 29 janv. 1846 (D. P. 47. 2. 118; — S. V. 30. 2. 126; — 47. 2. 263); — Montpellier, 19 janv. 1844 (D. P. 44. 2. 118; — S. V. 44. 2. 613) — Les auteurs sont aussi partagés sur cette question, mais l'affirmative semble prévaloir.

a débouté l'intimé de l'exception de non recevabilité de l'appel, exception renouvelée à cette audience; — Que dès lors, sur cette difficulté, il y a chose jugée, avec d'autant plus de raison, que les mêmes contestations ont été soumises aux arbitres lors du dernier jugement appelé;

Sans s'arrêter à la fin de non recevoir proposée par l'intimé,
Ordonne aux parties de plaider au fond audience tenante,
Dépens réservés;

Et après que les parties ont plaidé en exécution de l'arrêt ci-dessus;

Attendu que les juges arbitres ont pu s'occuper de l'examen des contestations soumises à leur arbitrage, nonobstant l'appel interjeté contre le jugement de leur nomination qui a été confirmé par la Cour;

Attendu que les arbitres forcés n'étant pas présents au jugement qui les nomme, le délai du jugement qu'ils doivent rendre ne peut courir que du jour où les parties ont pu et dû se présenter devant eux, pour la remise de leurs pièces, car ce n'est que de ce moment qu'ils sont mis en état de s'occuper de la mission à eux confiée;

Attendu que le jugement arbitral dont est appel a été rendu le 23 Février 1822, et que le premier jour indiqué pour la présentation des parties a été le 29 Novembre précédent; — Que même, la signification du jugement de nomination des arbitres ayant été faite sous la date du 23 dudit mois de Novembre, le jugement attaqué se trouve, sous ce double rapport, rendu avant l'expiration du délai de trois mois porté en l'article 1007 du Code de Procédure Civile, aucun délai n'ayant été fixé dans le jugement de nomination des arbitres, conformément à l'article 54 du Code de Commerce;

Adoptant, au fond, les motifs du jugement attaqué; mais attendu que Me Benedetti, pour sa partie, a déclaré à l'audience renoncer à ses prétentions sur les deux sommes de quarante-un francs d'une part, et de soixante-six francs d'autre part;

DONNE acte à la partie de Me Progher de la renonciation faite par Me Benedetti de la somme de cent sept francs;

MET l'appellation et ce dont est appel au néant;

ÉMENDANT, condamne la partie de Me Progher à payer à celle de Me Benedetti la somme de quatre-vingt-dix-huit francs;

. . . .

Chambre Civile. — M. LE Cte COLONNA D'ISTRIA, *Premier Président.*

MM. MILANTA, père, FARINOLE, } *Avocats.*

DU 30 MARS 1824.

CRÉANCE. — ACTE AUTHENTIQUE. — PRESCRIPTION. — INTÉRÊTS. — STATUT CORSE. — ADITION D'HÉRÉDITÉ. — MINEUR. — RATIFICATION. — RESTITUTION.

Sous l'empire du Statut Corse, la prescription n'était pas acquise par le laps de trente ans contre une créance résultant d'un acte authentique, et avec stipulation d'hypothèque; — Et la somme due pour intérêts ne pouvait jamais être supérieure au capital, en vertu des Lois Romaines, qui étaient le droit commun de la Corse (L. XXVII Cod. de Usuris; et Nov. 121 et 128).

La circonstance que le majeur a joui et possédé des biens héréditaires, échus dans son lot, lors du partage auquel il avait été procédé pendant sa minorité, ne l'exclut pas de la restitution (L. III, Denique, § 2, Scio, ff. de Minoribus XXV Annis. — *Cod. Civ. Art. 1338).*

Semidei C. Bertarelli.

Le sieur Toussaint Semidei était décédé à la survivance de trois enfants mineurs, et, à ce qu'il paraît, quelques-unes de ses propriétés se trouvaient confondues avec celles de Mme Semidei, son épouse. Celle-ci laissa subsister cette confusion et jouit du tout, tant en son nom personnel que comme tutrice de ses enfants mineurs.

En 1811, la demoiselle Semidei, l'un de ces enfants, contracta mariage avec le sieur Antonmarchi, et dans l'acte destiné à régler les conditions civiles de son union, elle régla aussi ses intérêts avec ses propres frères.

La veuve Semidei était alors décédée; en conséquence, il fut fait entre la demoiselle Semidei, future épouse, et ses frères, un partage de tous les biens qui avaient été possédés par leur mère, sans distinction de ceux de ces biens qui pouvaient provenir du chef de leur père, dont il ne fut fait aucune mention.

Par ce partage la demoiselle Semidei reçut moins que sa quote part des biens à partager; mais, en compensation, ses frères se chargèrent du paiement des dettes.

Plusieurs années après, le sieur Bertarelli, porteur d'une obligation souscrite à son profit en 1784 par le sieur Toussaint Semidei père, a réclamé le montant de cette obligation contre les trois enfants, pris comme héritiers purs et simples de leur père.

Les enfants Semidei prétendirent alors que cette qualité d'héritiers de leur père ne leur appartenait pas; — qu'ils n'avaient jamais entendu la prendre; — que si, parmi les biens qu'ils avaient partagés entr'eux en 1811, il s'en trouvait qui eussent appartenu à leur père, c'était à leur insu; — qu'ils avaient cru que tous les biens étaient à leur mère, qui en avait constamment joui comme de chose à elle propre; — que leur père étant décédé pendant qu'ils étaient encore en bas âge, ils n'avaient pu connaître son avoir, ni plus tard le distinguer de celui de leur mère.

Jugement du Tribunal de Bastia qui, malgré ces raisons, condamne les enfants Semidei en qualité d'héritiers purs et simples de leur père.

Appel.

ARRÊT.

Après délibération en la Chambre du Conseil,

La Cour; — sur les conclusions de M. Susini, Conseiller auditeur, attaché au Parquet;

Adoptant les motifs du premier jugement;

Et attendu que, par le second jugement du 15 Mars 1820, les premiers Juges ont pu ordonner une instruction par écrit, malgré les conclusions des appelants tendant à la vérification d'actes sous-seing privé par eux produits, parce que l'examen du fond pouvait influer sur l'appréciation de ladite demande incidente;

En ce qui touche le jugement définitif, rendu le 16 juin 1823;

Attendu que, dans l'espèce, la prescription a commencé à courir sous l'empire du Statut Corse d'après lequel, au Chapitre XIV, et d'après la jurisprudence alors établie, la prescription n'était pas acquise par le laps de trente ans, s'agissant d'une créance portée dans un acte public et avec stipulation d'hypothèque; — Que, relativement aux intérêts de ladite créance, et d'après les Lois Romaines, L. 27. *Cod. de Usuris etc. Nov*. 121 et 128, qui formaient le droit commun de la Corse, il n'en était dû que jusqu'à une somme égale au taux de la créance; — Que, dans l'espèce, plus de vingt années d'intérêts, à raison du cinq pour cent, seraient dues en vertu des différentes lois qui se sont succédé après la passation de l'acte de constitution de dette dont il s'agit, et que, si on les accordait, il y aurait excédant des intérêts sur le capital;

Attendu que, pour attribuer aux appelants la qualité d'héritiers purs et simples de leur père, les premiers Juges se sont fondés sur l'immixtion de leur part dans l'hérédité paternelle, pendant leur minorité, et sur la continuation de la jouissance des mêmes biens après qu'ils sont devenus majeurs; — Qu'en principe, les mineurs sont restituables envers les actes faits avant la majorité; et que s'il est vrai, que la ratification faite postérieurement exclut le mineur de la restitution, il faut que cette ratification soit expresse et non pas tacite, résultant seulement de l'exécution de l'acte passé en minorité; ce qui a lieu surtout en matière d'adition ou d'immixtion d'hérédité faite en minorité, parce que, *Initio inspecto*, le majeur peut être restitué après avoir même exigé ou payé les dettes héréditaires, telle étant la décision précise de la Loi 3e *Denique* § 2e *Scio, Digest. de Minoribus* XXV *annis*; — Que cette restitution peut être demandée en l'état par la maxime de droit : *Quæ sunt temporalia ad agendum sunt perpetua ad excipiendum;* — Qu'au surplus, quelle que soit la jouissance que les appelants ont eue de plusieurs des biens provenant, à ce qu'on prétend, de la succession paternelle, il ne conste pas qu'elle ait eu lieu de leur part avec intention de devenir héritiers de leur père, condition sans laquelle il n'a pas pu y avoir d'adition proprement dite, parce qu'elle se compose du fait et de l'intention;

Sans s'arrêter à l'appel dirigé contre les deux premiers jugements, en date du 18 Janvier 1819 et du 13 Mars 1820,

Maintient lesdits jugements;

Et procédant à statuer sur celui du 16 Juin 1823, qui a vidé au fond les contestations des parties;

Faisant droit, quant à ce, à l'appellation;

A mis et met au néant ledit jugement qui déclare les appelants héritiers purs et simples de leur père etc.;

Émendant et faisant ce qui aurait dû être fait, condamne lesdits appelants ès nom et comme détenteurs des biens composant la succession paternelle, et jusqu'à concurrence de l'hérédité, ainsi que des fruits et revenus ou autres avantages par eux perçus sur les biens héréditaires (sauf les droits personnels qui pourraient leur compéter légitimement et par préférence aux droits de l'intimé), à payer aux parties de Me Pietrapiana, 1° la somme de six mille cinq cents livres, monnaie de Gênes, faisant celle de cinq mille quatre cent seize francs, soixante et treize centimes, montant du capital de la créance; 2° une somme égale de cinq mille quatre cent seize francs, soixante et treize centimes, à titre d'intérêts; 3° les intérêts desdites deux sommes réunies à partir de ce jour.

Chambre Civile. — M. le Cte COLONNA D'ISTRIA, *Premier Président.*

MM. Romani, Mari, } *Avocats.*

Pourvoi en Cassation par le sieur Bertarelli pour violation des *Lois X et XX ff. De Acquir. vel Amitt. Hæred.*, et des articles 778 et 783 du Code Civil.

ARRÊT.

Après délibération en la Chambre du Conseil,

La Cour; — Vu la Loi X au Dig. *De acquir. vel amitt. hæred:* — 2° la Loi XX *ibid.*; — 3° l'article 778 du Code Civil;

Attendu que, par sa sentence dont l'appel était soumis à la Cour Royale de Corse, le Tribunal de première instance séant à Bastia avait positivement jugé que, « le contrat de mariage du 14 Août 1811, » portant constitution de dot de Jeanne Semidei, femme Antonmarchi, » prouve qu'elle et ses frères ont partagé l'héritage du père commun; » que les frères en donnant à leur sœur moins que ce qui lui revenait » pour sa portion aliquote, et se chargeant de payer les dettes de la » succession, ont fait des actes qui caractérisent une véritable immix- » tion d'hérédité; »

Qu'au lieu d'apprécier cet acte du 14 Août 1811 (que toutefois elle relate dans le point de fait, qui constitue la première partie de son arrêt), la Cour royale de Corse a simplement examiné, « si l'immixtion » des frères et sœurs Semidei dans l'hérédité paternelle, durant leur » minorité, et la continuation de la jouissance des mêmes biens, après » qu'ils sont devenus majeurs, a suffi pour les constituer héritiers purs » et simples de leur père; » et qu'en décidant négativement cette question, par application de la Loi *Scio etiam*.... 3, *Dig.* § 2, *De Minoribus viginti quinque annis*, cette Cour n'a condamné les enfants Semidei, envers Bertarelli, que comme détenteurs des biens composant la succession paternelle, et jusqu'à concurrence seulement des forces de l'hérédité, et non pas (ainsi que l'avaient fait les premiers Juges) comme héritiers purs et simples de leur père;

Attendu que l'appréciation de l'acte du 14 Août 1811 était, pour la Cour Royale de Corse, d'une nécesssité tellement indispensable, qu'il était formellement soutenu et même déjà jugé par le Tribunal que, par le partage contenu dans cet acte, les enfants Semidei avaient, en pleine majorité, agi comme héritiers ; — Que, par ce même acte, ils s'étaient respectivement attribué des portions de l'hérédité ; en un mot, que ce partage supposait nécessairement leur intention d'accepter la succession, puisqu'ils n'avaient droit de le faire qu'en leur qualité d'héritiers ; — Qu'ainsi, en négligeant de s'expliquer sur cet acte, et laissant, par conséquent, subsister les conséquences légales qui en avaient été déduites par les premiers Juges, l'arrêt attaqué a faussement appliqué la Loi *Scio etiam*, et formellement contrevenu aux Lois *Si ex asse.... Pro Hæred*, et à l'article 778 du Code Civil......

Casse......

Du 8 Mars 1830. — *Ch. Civ.* M. BOYER, *Prés.* — M. Quequet, *Rapp.* — M. Cahier, *Av. Gén.* — MM. Jacquemin et Dalloz, *Avocats.*

DU 13 AVRIL 1824.

DÉFAUT-CONGÉ. — OPPOSITION. — APPEL INCIDENT. — IRRECEVABILITÉ.

Dans le cas de rejet d'un appel incident, par le même arrêt de défaut qui déboute de l'appel principal, l'opposition à cet arrêt, formée par l'appelant, ne peut faire revivre l'appel incident.

Flamenghi C. **Graziani.**

ARRÊT.

Après délibération en la Chambre du Conseil,

La Cour ; — sur les conclusions de M. Susini, Conseiller auditeur, attaché au Parquet ;

Sur l'appel incident :

Attendu que le droit de former opposition à un arrêt de défaut n'appartient qu'à la partie défaillante, à l'égard des dispositions qui lui préjudicient ; — Que dans le cas de rejet d'un appel incident, par le même arrêt de défaut qui déboute de l'appel principal, l'opposition à cet arrêt, formée par l'appelant dans son seul intérêt, ne peut faire revivre l'appel incident de l'intimé, à l'égard duquel la décision est définitive, d'après la règle *Non bis in idem*, l'intimé ayant été entendu dans son appel incident ;

Sans s'arrêter à l'opposition formée par les parties de Benedetti contre l'arrêt de défaut, en date du 28 Février dernier..... ni aux conclusions des parties de Me Pietrapiana tendantes à faire droit à leur appel incident, dont elles sont déboutées;

ORDONNE, de plus fort, que son dit arrêt de défaut sera exécuté selon sa forme et teneur.

Chambre Civile. — M. LE Cte COLONNA D'ISTRIA, *Premier Président.*

MM. BRADI, MILANTA, père, } *Avocats.*

DU 4 MAI 1824.

RETOUR CONVENTIONNEL. — PETITS-ENFANTS.

Le pacte de retour stipulé dans un contrat dotal au profit du constituant et de ses héritiers, en cas de prédécès de la dotée et de ses descendants, ne peut s'effectuer, tant que la descendance tout entière de la donataire n'est pas éteinte; — Et les biens qui y sont affectés doivent rester en la possession de ceux d'entre ses descendants qui survivent (1).

Giudicelli C. **Franceschini et Vinciguerra.**

ARRÊT.

Après délibération en la Chambre du Conseil,

La Cour; — Sur les conclusions de M. Susini, Conseiller auditeur, attaché au Parquet;

Attendu que les intimés, descendants de feu Madeleine Lomellini, femme Moretti, réclament les portions de la dot de ladite Madeleine échues à ses autres descendants feu Catherine, femme Franceschini et Dominique Moretti Junior, décédés sans postérité, en se fondant sur l'acte dotal passé le 1er Juin 1741, qui contient un pacte de retour des biens donnés en dot, pour le cas où la descendance de dame Madeleine dotée viendrait à s'éteindre; — Qu'en exécution dudit pacte, maintenu par les lois et par la jurisprudence, aucun des descendants de Madeleine Lomellini n'a pu transmettre à ses propres héritiers les biens dotaux d'icelle, parce que lesdits biens n'ont été donnés qu'à elle et à ses descendants, et avec la condition expresse que sa dot retournerait au

(1) On pourrait tirer un argument contraire d'un arrêt de la Cour d'Amiens, à la date du 29 juillet 1826 (D. P. 28. 2. 148; — S. 28. 2. 185), mais rendu sous l'empire de la législation nouvelle.

constituant et aux siens, en cas d'extinction de la descendance de la donataire ; — d'où il résulte que les biens sujets au retour doivent nécessairement rester auprès des descendants qui sont contemplés dans le pacte, et dont la seule existence empêche le retour ;

Attendu qu'il impliquerait contradiction s'il devait en être autrement ; car, d'une part, la descendance de la dotée n'étant pas toute éteinte, le droit de retour ne pourrait être exercé par le constituant et ses héritiers, et, d'autre part, une partie de la dot soumise au retour passerait à des tiers, lesquels n'étant pas descendants de la donataire pourraient cependant empêcher par eux-mêmes l'exercice de l'action résultant du pacte apposé à la constitution de la dot ; — Qu'enfin un tel pacte comprenant dans son ensemble différentes personnes, le donateur, la donataire et leurs descendants respectifs, on ne saurait, sans violer la loi du contrat, le regarder comme devant sortir à effet pour les unes, et comme contenant une disposition prohibée à l'égard des autres ;

Adoptant, au surplus, les motifs des premiers Juges ;

A mis les appellations au néant ;

Ordonne de plus fort l'exécution du jugement attaqué ;

. . . .

Chambre civile. — M. le Cte COLONNA D'ISTRIA *Premier Président.*

MM. Biadelli, Bradi, Graziani, } *Avocats.*

DU 11 MAI 1824.

TUTELLE. — TRAITÉ. — INCAPACITÉ. — COMPTE.

L'acte par lequel le tuteur et le mineur émancipé, assisté de son curateur, partagent, avant la reddition du compte de tutelle, les biens possédés en commun, et transigent sur leurs droits respectifs, doit être déclaré nul et de nul effet soit qu'on le considère comme un traité relatif à la tutelle (Cod. Civ. Art. 472), soit qu'on veuille lui attribuer les caractères d'une transaction [Cod. Civ. Art. 467, 484 et 2045] (1).

Dans tous les cas, et lors même que le mineur, devenu majeur, aurait continué à exécuter ce partage, l'acte dont il s'agit ne pourrait pas lui être opposé, pour paralyser la demande par lui formée à l'effet d'obtenir la reddition du compte (2).

(1-2) Il ne sera pas inutile peut-être de faire remarquer que, dans l'espèce jugée par la Cour de Bastia, celui qui avait traité avec son tuteur se trouvait toujours dans les liens de la minorité, quoiqu'il fût émancipé; et que, par suite, il était évidemment incapable, aux termes des art. 467, 472, 484 et 2045 du Cod. Nap., non seulement de transiger sans remplir les formalités prescrites par la loi pour les transactions des mineurs, mais encore de consentir un acte quelconque en dehors des bornes d'une simple administration. Il nous semble donc que la solution ci-dessus est à l'abri de toute critique, et qu'elle doit être entièrement adoptée.

Il ne faudrait pas cependant en exagérer les conséquences, et admettre comme principe absolu, que la nullité prononcée par l'art. 472 s'applique généralement et sans exception à tous les actes passés entre le tuteur et le mineur devenu majeur. Nous inclinons, en effet, à penser que cette nullité doit être restreinte et non généralisée, comme toute exception aux principes généraux, et que l'art. 472 précité ne peut être appliqué qu'aux traités qui sont relatifs à la gestion tutélaire, ou qui ont pour but de soustraire le tuteur à l'obligation de rendre compte. Nous savons bien que cette opinion est contraire à ce qu'enseigne MERLIN, *Quest. de Droit.*, V° *Tuteur*, § 3, n° 1er; mais elle est conforme à l'avis qui était soutenu par la généralité des auteurs sous l'ancien droit, et sous l'empire des lois actuelles, par DURANTON, tom. 3, n° 638; — ZACHARIÆ, tom. 1er, § 116; — MARCADÉ, sous l'art. 472. C'est dans ce sens que s'est prononcée une jurisprudence qui nous paraît maintenant constante. — Voir Cass., 16 mai 1831, 1er juin 1847 et 10 avril 1849 (S. V. 31. 1. 201; — 47. 1. 504; — 49. 1. 406); — Nîmes, 23 juin 1851 (S. V. 51. 2. 507).

Quant à la ratification des actes de cette nature, nous croyons qu'elle ne pourrait produire aucun effet, non seulement dans l'espèce soumise à la Cour, mais encore dans tous les cas à l'égard desquels l'applicabilité de l'art. 472 ne saurait être contestée. Il est évident en effet,

Casalonga C. Casalonga.

ARRÊT.

Après délibération en la Chambre du Conseil,

La Cour; — Sur les conclusions conformes de M. Tamiet, Premier Avocat Général;

Attendu que, de l'acte du 26 Février 1818, il résulte que feu Jean-André Casalonga et l'intimé alors mineur, assisté de son curateur, ont tout à la fois partagé les biens qu'ils possédaient en commun, et transigé sur leurs droits respectifs; — Que le même acte considéré comme partage était susceptible d'une exécution provisoire, d'après les dispositions combinées des articles 466 et 840 du Code Civil; — Que, considéré comme transaction, il était nul aux termes des articles 467 et 484 du même Code;

Attendu que ledit feu Jean-André Casalonga avait été tuteur de l'intimé; — Que ledit acte est relatif à l'administration de cette tutelle, et que, ne dût-il être envisagé que comme un simple traité passé entre un mineur et son tuteur, il serait frappé d'une nullité radicale par l'article 472 du Code précité, puisqu'il ne résulte pas qu'il ait été précédé de la reddition d'un compte détaillé, et de la remise des pièces justificatives, le tout constaté par un récépissé de l'ayant compte, dix jours au moins avant ledit acte;

Attendu qu'il ne résulte pas non plus que l'intimé ait approuvé ledit acte en majorité; — Que lors même que la preuve de cette approbation aurait été faite, il ne s'ensuivrait pas que le même acte dût sortir son effet; car 1° les faits approbatifs ne seraient qu'une conséquence du partage contenu en icelui, partage qui devait être provisoirement exécuté; 2° parce qu'on ne peut attribuer plus d'effet à la ratification

---

selon nous, que l'incapable pour consentir est incapable pour ratifier. — V. Conf. Lyon, 31 déc. 1832 (S. V. 33. 2. 175); — Grenoble, 15 nov. 1837 (S. V. 38. 2. 180).

Contrà. — Limoges, 8 mai 1835 (S. V. 36. 2. 946).

que ne pourrait en avoir l'acte ratifié ; — si le traité, quoique fait en majorité, est nul lorsque les formalités de l'article 472 n'ont pas été observées, la ratification doit être nulle aussi lorsqu'elle manque des mêmes formalités ;

Attendu que ce raisonnement acquiert un nouveau degré de solidité lorsque, comme dans l'espèce, le traité a été passé, non entre le tuteur et le mineur devenu majeur, mais entre le tuteur et le mineur émancipé, c'est-à-dire toujours dans les liens de la minorité, et qui n'était capable que des actes de pure administration ;

Adoptant au surplus les motifs des premiers Juges,

Met l'appel principal au néant ;

Et statuant sur l'appel incident ;

Attendu qu'il résulte dudit acte du 26 Février 1818, que ledit feu Jean-André Casalonga a administré les biens de l'intimé, depuis le jour du décès du père de celui-ci et jusqu'à celui de l'émancipation du même intimé ; — Que tout administrateur doit rendre compte de sa gestion ; — Que ce compte n'ayant pas été rendu par Jean-André Casalonga, c'est par ses héritiers qu'il doit l'être ;

Émendant, quant à ce, le jugement dont est appel ;

Ordonne que l'appelante, au nom qu'elle procède, rendra compte à l'intimé de l'administration de Jean-André Casalonga, à partir du jour du décès du père de l'intimé, et jusqu'à celui de l'émancipation de celui-ci ;

Ordonne que ce compte sera rendu, dans les formes de droit, par-devant le Tribunal d'Ajaccio qui statuera sur les nouvelles contestations qui pourraient encore s'élever entre les parties, sauf l'appel ;

Et pour le surplus ordonne que ce dont est appel sortira son plein et entier effet ;

. . . .

Chambre civile. — M. SUZZONI, *Président.*

MM. Mari, Biadelli, } *Avocats.*

DU 1er JUIN 1824.

DÉFAUT-CONGÉ. — OPPOSITION. — APPEL INCIDENT. — IRRECEVABILITÉ.

L'intimé qui, lors de l'obtention d'un arrêt de défaut, a conclu à la confirmation pure et simple du jugement appelé, est non recevable, sur l'opposition formée par l'appelant, à relever appel incident contre ce même jugement (1).

Vincentelli C. **Nobili.**

ARRÊT.

Après délibération en la Chambre du Conseil,

La Cour; — sur les conclusions de M. Susini, Conseiller auditeur, attaché au Parquet;

Attendu que les intimés, en demandant à l'audience du treize Avril dernier le congé-défaut, qui leur fut octroyé, ont conclu à la confirmation pure et simple du jugement appelé; — Qu'en acquiesçant ainsi

(1) Conf. — Rej., 23 janv. 1810 (S. 10. 1. 169); — Bordeaux, 28 juillet 1827 et 19 mars 1833 (S. V. 27. 2. 176; — 33. 2. 414).

Contrà. — Bourges, 30 janv. 1827 (S. 27. 2. 147); — Toulouse, 7 avril 1832 (S. V. 32. 2. 333); — Bordeaux, 12 juillet 1832 (S. V. 33. 2. 414).

L'appel incident serait recevable si l'intimé avait fait des réserves expresses. — Rej. 15 juillet 1828 (S. 28. 1. 265). Voir en outre, sur cette question intéressante, Berriat Saint-Prix, pag. 419, note 37; — Carré, *Quest.* 1577 et Chauveau sur la *Quest.* 1576; — Favard de Langlade, V° *appel*, pag. 174, n° 3.

au jugement, ils se sont interdit le droit d'en appeler incidemment, et que ce droit n'a pu revivre par l'opposition de l'appelant à l'arrêt de congé-défaut;

DÉCLARE les intimés non recevables dans leur appel incident;

. . . .

Chambre Civile. — M. LE Cte COLONNA D'ISTRIA, *Premier Président.*

MM. MARI, BIADELLI, } *Avocats.*

DU 31 JUILLET 1824. (1)

SUCCESSION. — ACTE D'HÉRITIER.

Pour qu'un acte attribue la qualité d'héritier pur et simple à celui qui a renoncé, il faut que cet acte fasse supposer nécessairement l'intention d'accepter.

Ainsi les enfants qui, après avoir renoncé à la succession de leur père et accepté celle de leur mère, se sont partagés des biens que leur mère possédait depuis plus de quarante ans, mais sur la propriété desquels le père avait des droits par indivis, n'ont pas fait acte d'héritiers de leur père, si on ne prouve pas qu'ils connaissaient l'état d'indivision des biens (Cod. Civ. Art. 778.)

Lucciana C. Carbone.

Après le décès du sieur Lucciana, tuteur du sieur Carbone, celui-ci, qui avait obtenu contre lui des jugements et arrêts, voulut les exécuter contre ses enfants ; mais ces derniers lui opposèrent un acte de renonciation à la succession de leur père.

Carbone prétendit qu'ils avaient fait acte d'héritiers, en se partageant des biens dépendant de la succession du sieur Lucciana. Ils répondirent que des biens ayant été possédés par leur oncle, et ensuite par leur mère, pendant plus de quarante ans, ils avaient pu croire raisonnablement qu'ils appartenaient à cette dernière, dans la succession de laquelle ils les avaient d'ailleurs trouvés.

Le 29 Août 1823, Jugement du Tribunal de Bastia, qui les déclare héritiers purs et simples.

Appel.

---

(1) Sur le pourvoi, arrêt de rejet, C. C., Ch. Req., Voy. *infrà*, pag. 76.

ARRÊT.

Après délibération en la Chambre du Conseil,

LA COUR ; — Sur les conclusions de M. TAMIET, Premier Avocat Général ;

Attendu que les appelants, loin d'avoir accepté expressément la succession de Mathieu Lucciana, leur père, ont formellement renoncé à icelle, par acte fait au greffe du Tribunal de Bastia ; — Que l'acceptation tacite exige le concours du fait et de l'intention de se porter héritier ; — Que des actes, faits et circonstances de la cause il ne résulte pas que les appelants aient fait acte d'héritiers de leur père ;

Attendu que, quelles que soient l'origine et la provenance des biens que les appelants se sont partagés, qu'ils détiennent ou qu'ils ont aliénés, ils ont pu raisonnablement penser qu'ils leur étaient dévolus à tout autre titre qu'à celui d'héritiers de leur père, et particulièrement comme appelés par la loi et par testament à succéder à leur oncle, l'abbé Laurent Lucciana, et à leur mère, lesquels avaient eu pendant leur vie la possession et jouissance des biens appartenant, d'après ce qu'on prétend, à feu Mathieu Lucciana, leur père ; — Que, dès lors, les appelants ne peuvent être considérés héritiers purs et simples de leur père dont ils ont répudié la succession, ni être passibles des condamnations prononcées contre leur dit père, qu'autant qu'ils seraient détenteurs de biens paternels et jusqu'à concurrence d'iceux ;

Attendu que les parties n'ont pas suffisamment contesté sur la consistance de la succession de Mathieu Lucciana, sur l'époque à laquelle s'est ouvert le pacte de retour apposé à l'acte du 7 Septembre 1763, contenant constitution de patrimoine en faveur de l'abbé Laurent Lucciana, sur les droits des appelants et de leur père, sur les biens portés audit acte, et enfin sur la quotité des biens paternels parvenus aux appelants ;

A MIS l'appellation et ce dont est appel au néant ;

ÉMENDANT et faisant ce qui aurait dû être fait ;

Déboute Nicolas Carbone de sa demande contre les frères et sœur Lucciana, en la qualité à eux attribuée d'héritiers purs et simples de leur père;

Et pour statuer sur les autres questions de la cause,

Ordonne qu'il sera plus amplement contesté;

Renvoie à cet effet les parties pour plaider à la première audience du mois de Novembre prochain;

. . . .

Chambre Civile. — M. le Cte COLONNA D'ISTRIA, *Premier Président*,

MM. Casella, Graziani, } *Avocats.*

Pourvoi en Cassation de la part de Carbone

1° Pour violation de l'article 15, tit. 5 de la loi du 21 Août 1797, et de l'article 141, Cod. Pr. Civ., en ce que l'arrêt attaqué ne contient pas l'exposition du point de fait:
2° Pour fausse application et violation de l'article 778 Cod. Civ.

ARRÊT.

Après délibération en la Chambre du Conseil,

La Cour; — Sur les conclusions de M. Joubert, Avocat Général;

Attendu, sur le premier moyen tiré du défaut de l'exposition du point de fait, que, quoique ce point de fait soit énoncé avec brièveté, et qu'il eût été susceptible d'un plus ample exposé, les termes dans lesquels il est énoncé faisaient suffisamment comprendre la demande que Carbone avait formée contre les frères Lucciana;

Attendu, sur le deuxième moyen fondé sur la violation et fausse application de l'article 778 du Code Civil, que les frères Lucciana avaient renoncé à la succession de leur père, Mathieu Lucciana, et que la question se réduisait à savoir s'ils avaient fait une acceptation tacite, en partageant des biens que Carbone prétendait appartenir à la succession du père; — Qu'à cet égard l'article 778, dans sa seconde partie, dit que l'acceptation est tacite, quand l'héritier prétendu a fait un acte qui suppose nécessairement l'intention d'accepter;

Et attendu que le partage fait par les frères Lucciana avait pour objet des biens provenant de la succession du prêtre Laurent Lucciana, leur oncle, lesquels biens avaient passé à leur mère et que l'un et l'autre en avaient eu la possession pendant plus de quarante ans; — Que, dans cet état de choses, les frères Lucciana n'ont pas eu lieu de croire que ces biens provenaient de la succession de leur père; qu'ils ont pu les partager, sans qu'il en résultât qu'on dût les supposer nécessairement d'avoir eu l'intention d'accepter ladite succession;

Rejette.

Du 19 Janvier 1826. — *Req.* — M. BRILLAT DE SAVARIN, *f. f. de Président.* — M. Lecontour, *Rapp.* — M. Godard de Saponay, *Av.*

DU 24 AOUT 1824.

DOT. — ENFANTS. — LÉGITIME. — STATUT CORSE.

Sous l'empire du Statut Corse, les enfants avaient droit de retenir, à titre de légitime, le tiers de la dot de leur mère, quoiqu'elle eût été grevée du pacte de retour (1).

(1) La Cour de Bastia avait déjà consacré la même doctrine, par arrêt du 2 juin 1820. ainsi conçu :

« Considérant, quant à la légitime réclamée par la partie de Vidau, que quoique d'après » le Statut Corse qui permettait aux dotants d'apposer toutes charges et conditions aux dots » par eux constituées, ait prévalu l'opinion que les dots ne tiennent pas lieu de légitime; — » Que néanmoins, il n'en a pas été de même à l'égard des enfants survivants aux mères, » en faveur desquels la Jurisprudence constante des Tribunaux, et notamment celle du ci-» devant Conseil Supérieur de la Corse, a toujours accordé aux enfants qui survivent à leur » mère, *Jure proprio et ex propria persona*, une légitime sur la succession maternelle libre » et exempte de toutes charges et conditions, et transmissible à ses héritiers légitimes ou » testamentaires; — LA COUR, faisant droit aux parties, a mis et met les appels et ce dont » est appel au néant, — ÉMENDANT, ... Condamne la partie de Varese à rendre et resti-» tuer à celle de Ferrari, en exécution du pacte de retour conventionnel, tous les biens » meubles et immeubles, sans exception, constitués à feu Justine Mattei .... Sous la » déduction aussi du tiers de tous lesdits biens, à titre de légitime, due à feu Charles-Vin-» cent, fils unique, survécu à sa mère, sur la succession universelle. » — M. LE BARON MÉZARD, *Premier Président.*

Comme on le voit, la Cour se fonde sur la Jurisprudence de l'ancien Conseil Supérieur de la Corse, dont les décisions à ce sujet paraissent n'être restées que dans les souvenirs de l'ancien Barreau, car, malgré les recherches les plus minutieuses, il ne nous a pas été possible d'en retrouver la preuve légale écrite. Quoi qu'il en soit, la tradition est certaine, générale et respectable, comme tout ce qui est le résultat d'une conviction sincère et profonde.

On aurait tort toutefois de penser que la Jurisprudence dont il s'agit n'ait eu pour base qu'une volonté arbitraire, ou un simple motif d'équité. Elle se soutient au contraire et se justifie par les dispositions statutaires. En effet, si par le chapitre 43e du Statut Civil de Corse, les femmes étaient exclues, en faveur des mâles, de la succession de leurs ascendants, le même chapitre accordait aux femmes mariées, sur les biens composant le patrimoine de leurs ascendants, une dot dont la quotité, dans le cas où elle n'avait pas été fixée par l'ascendant lui-même, devait l'être par trois des plus proches parents, et à leur défaut par le Magistrat. Si en outre, aux termes du chapitre 48e du même Statut, il était loisible aux do-

Pietri C. Pietri.

ARRÊT.

Après délibération en la Chambre du Conseil,

La Cour; — sur les conclusions de M. Tamiet, Premier Avocat Général;

Considérant que la légitime a été de tous les temps regardée comme étant de droit naturel;

Considérant que les Lois statutaires de la Corse n'ont pas explicitement dérogé à ce droit, et qu'au contraire, une jurisprudence constante, adoptée par les Tribunaux de la Corse et particulièrement par l'ancien Conseil Supérieur, l'ont consacrée;

tants d'imposer aux dots toute sorte de pactes et conditions, et si la femme ne pouvait disposer par testament, ni autrement, de sa dot grevée du pacte de retour, il ne s'ensuit pas que les enfants qui survivaient à leur mère ne dussent recueillir une portion quelconque de la dot maternelle, à titre de *légitime*, droit qui émane de la nature en même temps que de la loi civile. Le Statut ne le prohibe pas d'une manière formelle et explicite; et l'on sait qu'il était de principe que, dans le silence du Statut, ou lorsqu'une de ses dispositions présentait un sens obscur ou ambigu, il fallait recourir au Statut Civil de Gênes d'abord, et au Droit Romain ensuite.

Or il résulte, du chapitre 16e du Statut Civil de Gênes, que l'héritier grevé de restitution pouvait retenir la légitime à lui due *Jure naturæ*, en sa qualité d'enfant, sauf, à l'égard des filles dotées, à ne prendre ladite légitime que sur les biens qui leur avaient été constitués en dot.

En retenant, selon l'opinion générale des auteurs, que la légitime est due *Jure naturæ*; que les filles, quoique exclues de la succession par les garçons, devaient faire nombre pour la fixation de la légitime attribuée aux garçons, on doit conclure, ce nous semble, que la dot due aux filles était une partie intégrante de la légitime elle-même; que, par suite, la stipulation du pacte de retour ne pouvait pas atteindre ce qui devait être recueilli à titre de légitime, car, *Quem non honoro gravare non possum*. Ne pourrait-on pas argumenter en faveur de cette opinion de ce qui avait lieu en matière de fidéicommis, où il était permis au grevé de retenir une partie déterminée des biens substitués d'une manière générale? Nous serions assez portés à le penser. — Voyez Arrêts identiques des 6 août 1828 et 28 févr. 1832, ci-après à ces dates; — 5 mai 1847; — 28 juillet 1849, ce dernier après partagé, notr. Rec. tom. 3, à ces dates.

A MIS et met l'appel et ce dont est appel au néant ;

ÉMENDANT quant à ce,

ORDONNE qu'un tiers de la dot à restituer à la partie de Benedetti sera prélevé pour droit de légitime à retenir franc et libre par ladite partie.

Chambre Civile. — M. SUZZONI, *Président.*

MM. GAVINI (de Campile), VIDAU, } *Avocats.*

DU 20 NOVEMBRE 1824.

PÉREMPTION. — SUSPENSION. — COMPROMIS.

La convention, au moyen de laquelle, au cours de l'instance, les parties soumettent leur différend à des arbitres, amiables compositeurs, suspend la péremption (1).

Antonsanti C. Mariotti.

ARRÊT.

Après délibération en la Chambre du Conseil,

La Cour; — sur les conclusions conformes de M. Troplong, Avocat Général;

Attendu que, pendant l'instance, les parties ont passé, sous la date du 12 Juillet 1821, par-devant Me Vincent Guasco, notaire, deux actes, dûment enregistrés, à l'effet de terminer à l'amiable leurs contestations; — Qu'une telle convention écrite a dû nécessairement suspendre le cours de la péremption, parce que différemment l'une des parties se serait trouvée victime de sa bonne foi;

A mis l'appellation et ce dont est appel au néant;
Émendant et faisant ce qui aurait dû être fait,
Déclare la péremption non acquise, etc.

Chambre Civile. — M. le Cte COLONNA D'ISTRIA, *Premier Président.*

MM. Gavini (de Campile), Gavini (Giocante), *Avocats.*

---

(1) Conf. — Paris, 14 août 1809 et Grenoble, 6 mai 1817 (D. A. 11. 197; — S. V. C. N. 3. 2. 123; — 5. 2. 272); — Pigeau, tom. 1er, pag. 447; — Carré et Chauveau, *Quest.* 1419; — Troplong, *De la Prescription,* tom. 2, n° 594.

DU 23 NOVEMBRE 1824.

INSCRIPTION DE FAUX. — PROCÈS-VERBAL. — DÉPÔT. — DÉLAI. MOYENS. — SIGNIFICATION. — DÉCHÉANCE.

Le délai de trois jours, fixé par l'article 225 du Code de Procédure Civile pour la rédaction du procès-verbal de l'état de la pièce arguée de faux, n'est pas fatal (1).

Le délai de l'article 229 du Code de Procédure Civile n'est que comminatoire (2).

En conséquence, *la peine de la déchéance n'est pas encourue par le demandeur en inscription de faux, qui n'a pas fait signifier ses moyens de défense dans le délai de huitaine, ou même qui ne les a fait signifier que postérieurement à la demande en déchéance, formée par son adversaire.*

Venturini C. **Frediani.**

Les sieurs Venturini et consorts s'étaient inscrits en faux contre le testament de feu Dame Morelli.

Le sieur Frediani déposa ce testament au greffe de la Cour.

Procès-verbal de ce dépôt fut dressé, et, le 27 Février 1824, il fut signifié aux sieurs Venturini et consorts.

Le sieur Frediani, prétendant que les sieurs Venturini et consorts étaient déchus de leur inscription en faux, pour n'avoir pas signifié leurs moyens dans les huit jours de la signification dudit procès-verbal, leur fit notifier un acte de prétendue déchéance, à la date du 12 Juillet même année.

Le lendemain, 13 Juillet, les sieurs Venturini et consorts signifièrent au sieur Frediani leurs moyens de faux.

---

(1) Conf. — Paris, 4 août 1809 (S. 14. 2. 417; — D. A. 8. 441).

(2) Conf. — Nîmes, 4 mars 1822 (S. 24. 2. 153); — Ch. Crim. Rej. 16 oct. 1841 (S. V. 42. 1. 939; — D. P. 42. 1. 100). — Voyez en outre par analogie, relativement à la huitaine accordée par l'art. 216, parmi un grand nombre d'arrêts, Cass., 8 août 1837 et 14 août 1838 (S. V. 37. 1. 862; — 38. 1. 774; — D. P. 38. 1. 25. et 356); — Rejet 21 juin 1842 (S. V. 42. 1. 745; — D. P. 42. 1. 275). — MERLIN, *Quest.*, V° *Inscript. de faux*, § 5; — CARRÉ et CHAUVEAU, *Quest.* 873, 892, 901 *bis* et 913, ainsi que plusieurs autres auteurs, embrassent cette opinion.

ARRÊT.

Après délibération en la chambre du Conseil,

La Cour; — sur les conclusions contraires de M. Troplong, Avocat Général;

Attendu que les défendeurs en faux ont, par des actes réguliers, déclaré vouloir se servir du testament argué de faux, et qu'il n'a pas dépendu de leur fait si le procès-verbal de l'état de la pièce arguée n'a pas été rédigé dans le délai de trois jours, au vœu de l'article 225 du Code de Procédure Civile, non prescrit, d'ailleurs, sous peine de nullité;

Attendu que le délai porté en l'article 229 du même Code n'est pas non plus fatal; et que la déchéance, non expressément prononcée par la loi, ne saurait être admissible par cela seul que les moyens de faux ont été signifiés après la huitaine dudit procès-verbal;

Attendu que le but de l'inscription en faux est de faire annuler le testament de feu dame Morelli, et que les moyens de faux articulés par les demandeurs tendent à établir, contre la mention contraire contenue en l'acte, le fait de non accomplissement de formalités exigées par la loi;

Déclare pertinents et admissibles les moyens de faux proposés par les parties de Me Benedetti;

Ordonne, par conséquent, que dans les délais de la loi les demandeurs en faux prouveront, tant par titres que par témoins, par-devant M. Murati, conseiller auditeur et commissaire en la cause, etc......

Chambre Civile. — M. le Cte COLONNA D'ISTRIA, *Premier Président.*

MM. Gavini (de Campile), Romani, } *Avocats.*

DU 28 DÉCEMBRE 1824.

CONSTITUTION DOTALE. — FIDÉJUSSEUR. — INSTITUTION CONTRACTUELLE. — ACTION RÉSERVÉE. — PREUVE LITTÉRALE.

Lorsqu'une constitution dotale est faite conjointement par le père, la mère et l'oncle de la dotée, et que le paiement de la dot a été fait exclusivement par le père qui en a retiré quittance en son nom personnel, il faut reconnaître que l'engagement de la mère et de l'oncle n'a eu lieu que FIDEJUSSORIO NOMINE, *dès qu'il n'appert pas que leur intention a été d'exercer une libéralité à la décharge du père sur lequel, d'après le Droit Romain, pèse principalement l'obligation de doter les enfants.*

Les institutions contractuelles étaient prohibées par les Lois Romaines, le Statut Corse et la Loi du 17 Nivôse an II. (1)

La réserve faite d'attaquer, dans une instance régulière, un testament pour cause de fraude et de violence, ne permet pas de valider ce testament avant l'exercice de l'action en nullité.

---

(1) Il est en effet incontestable que, d'après les principes généraux du droit romain, les institutions contractuelles étaient illicites, comme contraires à la liberté de disposer de ses biens par testament; et que les pactes sur les successions futures, odieux chez les Romains, ne rencontrèrent pas les mêmes préventions chez les nations Germaniques. Ce mode de disposition, autorisé aujourd'hui par les art. 1082 et 1083 du Code Napoléon, trouve donc sa source dans notre droit ancien; mais il fut proscrit sous l'empire de la loi du 17 nivôse an II, qui eût pour effet, non seulement de prohiber à l'avenir les institutions contractuelles, mais encore d'annuler toutes les dispositions universelles dont l'auteur n'était décédé que postérieurement au 14 juillet 1789. — Voir les Lois Romaines, citées dans l'arrêt de la Cour de Bastia. On peut aussi consulter DOMAT, pag. 310, liv. 4, § 10; — DE LAURIÈRE, *Traité des Inst. Contract.*, chap. 1er, n° 21; — MERLIN, *Répert.* V° *Inst. Contract.*; — GRENIER, *Des Donat.*, Discours historique, sect. 5, pag. 76 et suiv.; — TROPLONG, *Des Donat.*, Préface, pag. 137, et Comment., tom. 4, n° 2343 et 2344.— Il a même été décidé que les dispositions universelles faites sous l'empire des lois prohibitives n'ont été validées ni par la loi du 4 germinal an VIII, qui étendit la faculté de disposer par testament, ni par la survenance du Code Napoléon. — Voyez Cass., 1er janv. 1820 (S. 21. 1. 30); — Pau, 28 août 1824 (S. 25. 2. 382);.... alors même que l'instituant serait mort après la promulgation du Code : Limoges, 26 juin 1822 (S. 22. 2. 276).

La Cour de Bastia s'est encore prononcée dans le même sens, par son arrêt du 10 juillet 1826 (Voir *infrà*, à cette date).

La preuve par titres n'est pas soumise aux déchéances de la preuve testimoniale, et peut être produite en tout état de cause et même en appel.

Bonaldi C. **Bonaccorsi.**

ARRÊT.

Après délibération en la Chambre du Conseil,

La Cour; — sur les conclusions de M. Troplong, Avocat Général;

Considérant, en premier lieu, qu'en rapprochant de la promesse dotale passée en faveur de la dame Bonaccorsi par ses père et mère, conjointement et solidairement avec le prêtre Giannettino, son oncle paternel, l'acte de quittance qui s'y rattache, il est aisé de reconnaître que, dans l'intention présumée des constituants, l'engagement solidaire de la mère et de l'oncle n'a pu être contracté que *fidejussorio nomine* pour la plus grande sûreté de la fille dotée, l'obligation de parfaire la somme demeurant tout entière, vis-à-vis des co-obligés entr'eux, à la charge personnelle du père dotant; — Que cette intention présumée, à laquelle l'on doit se tenir lorsque le contrat ne présente pas dans ses termes une intention bien exprimée d'exercer une libéralité à la charge du père, prend sa source dans les dispositions du Droit Romain relatives à la matière, et qui régissent, sans aucune modification, la présente espèce;

Et 1° Dans le principe que, *paternum est officium dotem pro sua dare progenie* (*Leg. ult. Cod. de Dot. promiss.*);

2° Dans l'autre principe que la mère n'est tenue à doter sa fille qu'*in subsidium*, circonstance qui n'est pas justifiée au procès (Loi *Neque mater, Cod. de jur. Dot.*);

3° Dans ce qu'un parent collatéral ou un étranger, ce qui est la même chose, y est encore moins tenu que la mère, et qu'en s'engageant collectivement avec le père dotant, il doit, à plus forte raison, être censé n'avoir garanti que l'obligation de ce dernier, en gérant avec lui sa propre affaire, par argument de la Loi *Nesennius ff. de negot. gest.*; — et article 1216 du Code Civil;

4° Enfin, parce que cette intention présumée a cessé d'être douteuse par l'exécution résultant du paiement intégral fait par le père dotant, qui en retira quittance en son nom personnel, et sans aucune réserve à l'égard de ses co-obligés (*Cod. Fabr. definit.* 31, *lib.* 3, *tit.* 19 *in fine et définit.* 7, *tit. de dot. promiss.*); — d'où il suit que la dame Bonaccorsi doit rapporter à la succession paternelle toute la dot qu'elle en a reçue;

Considérant, en second lieu, qu'il résulte du contrat dotal et de l'acte de quittance qui l'a suivi, que la dot fut constituée et acquittée à la dame Bonaccorsi en la somme de trois mille trois cents livres de Gênes, correspondant à deux mille six cent quarante francs; — Qu'il est donc dû rapport de cette somme au lieu de deux mille quatre cent quarante francs, ainsi que le prétend la dotée;

Considérant, en troisième lieu, que le contrat dotal susdit renferme une institution contractuelle en faveur de la dotée et de sa sœur, réprouvée, même en contrat de mariage, par le Droit Romain, par la Loi Statutaire et par la Loi du 17 Nivose an II, sous l'empire desquelles le contrat a été passé (*Leg.* 15; *Leg. ult. Cod. de Pactis; Leg.* 3 *Cod. de collat.; Chapitre* XLII *Statut Civil de Corse; Loi du* 17 *Nivôse, an* II, *Art.* 1er); — Que le prêtre Giannettino n'ayant pu s'engager valablement par un tel pacte de succession future, qui se trouvait entaché de nullité absolue, rien n'a pu l'empêcher de librement disposer de tous ses biens au profit de qui bon lui semblait, ainsi qu'il l'a fait par son testament;

Considérant que, si les premiers Juges ont pu ordonner l'exécution de ce testament rédigé en forme authentique, ils n'auraient dû cependant l'ordonner que par provision dans une instance où les parties n'étaient en présence que pour partager les successions des père et frère communs; — Que la dame Bonaccorsi s'était réservé formellement tous moyens de fraude et de violence contre ledit testament, à faire valoir dans une instance régulière; — Que cependant le Tribunal s'est saisi de la connaissance foncière de cette disposition testamentaire, en la déclarant valable, et en accordant définitivement la succession du prêtre Giannettino à la dame Bonaldi; ce en quoi il s'est écarté des règles de la procédure, en statuant sur une action qui ne lui avait été ni légalement ni régulièrement soumise; — Qu'enfin, en accordant la saisine provisoire de la succession du prêtre Giannettino à la dame Bonaldi, sa légataire universelle, ce serait anticiper sur les opérations du Juge commissaire que de désigner nommément les biens qui la composent, et d'ordonner leur distraction des autres portés en la demande originaire avec lesquels on les prétend confondus; — Que la reconnaissance de ces biens et leur distraction, doit être d'abord fixée et déterminée devant ce dernier Magistrat, sauf, en cas de contestation, le recours au Tribunal;

Considérant, en quatrième lieu, qu'il est prouvé, par les actes produits au procès, que la vigne dénommée *Le Valicelle*, fut acquise par le prêtre Giannettino; — Qu'il est également prouvé, par des titres, que l'immeuble dénommé *Ciontrello* provenait de la succession d'Antoine-Félix, échue par égale portion à ses trois frères, Joseph, Jean-Émilien et prêtre Giannettino, dont le tiers, par conséquent, a dû être transmis par ce dernier dans sa succession; — Que la preuve par titres n'est pas soumise aux déchéances établies pour la preuve testimoniale, et qu'on a pu, dès lors, la produire en tout état de cause, même en appel, jusqu'à la décision du procès;

Considérant, en cinquième lieu, que la veuve Véronique, mère des parties en cause, étant décédée pendant l'instance d'appel, il devient inutile et sans objet de s'occuper des droits et prétentions qui la concernaient, puisque les parties se trouvant réciproquement héritiers pour égale part et portion de leurs père et mère, les droits actifs et passifs qu'elles tiennent de ces deux successions demeurent éteints et confondus dans leurs personnes à une égale concurrence;

Considérant, en sixième lieu, qu'au décès du prêtre Giannettino, la dame Bonaccorsi, en sa qualité de successible, a pu se croire autorisée à faire procéder à un inventaire; — Que cet acte purement conservatoire était dans l'intérêt éventuel de toutes les parties, à une époque surtout où il n'est pas démontré que le testament du prêtre fût connu de chacune d'elles; — Qu'il est raisonnable, dès lors, de mettre les frais de cette opération à la charge de la succession qu'elle concerne;

Considérant, en septième lieu, qu'à défaut de preuve contraire la réclamation de la dame Bonaccorsi, relativement aux meubles dépendants de la succession du prêtre Giannettino, doit être bornée à ceux qui se trouvaient dans la chambre par lui occupée lors du décès de Jean-Émilien;

Considérant, en huitième lieu, que les prélèvements requis par la dame Bonaldi pour prétendus aliments, frais de dernière maladie, dommages et intérêts et autres prétentions, ne sont ni justifiés en fait, ni fondés en droit; — Qu'il y a lieu seulement, d'après les pièces justificatives produites en cause, de lui tenir compte des frais funéraires de la veuve Véronique, sa mère;

Considérant, en neuvième lieu, que toute question relative à la présentation des meubles, leur partage, la liquidation des fruits dont les parties doivent se tenir compte, et au remboursement des contributions des biens communs que les parties peuvent avoir avancées de leur argent, rentre dans les opérations du Juge commis au partage, sur le rapport duquel, s'il s'élève des difficultés, il sera statué par qui de droit;

Considérant, en dixième lieu, que les premiers Juges ont fait grief à chacune des parties, soit en déclarant la dame Bonaccorsi déchue du droit de prouver la soustraction des meubles de la succession du père commun par suite de l'expiration du délai fatal, tandis que ce délai se trouvait légalement suspendu par un changement d'état donnant lieu à la reprise d'instance avant l'expiration de ce même délai; soit en interdisant à la dame Bonaldi l'exercice de tous autres droits qui pourraient lui compéter, en sa qualité de légataire universelle du prêtre Giannettino, sur les successions de Jean-Émilien et de Joseph, ses père et oncle, droits qu'elle aurait conservés sous des réserves expresses, en tant qu'ils ne seraient pas en opposition avec les objets en décision, et dont, à plus forte raison, l'on ne pouvait la priver lorsqu'elle y concluait formellement;

Considérant, en dernier lieu, que le serment de n'avoir recélé ou soustrait aucun meuble ou effet déféré par les premiers Juges aux conjoints Bonaldi, se trouve, en ce qui concerne la succession du père commun, en opposition avec la demande en preuve de soustraction, sur laquelle insiste la dame Bonaccorsi, et que, par rapport à la succession du prêtre Giannettino dont la saisine provisoire est accordée à sa légataire universelle, il n'échoit pas, en l'état, de l'ordonner;

Faisant droit aux appels respectifs des parties,

Ordonne : 1° Que la dame Bonaccorsi rapportera à la succession de Jean-Émilien, père commun des parties, l'entière dot qui lui a été constituée et acquittée en la somme de deux mille six cent quarante francs; 2° Que la vigne *Delle Valicelle* et le tiers de l'immeuble dénommé *Ciontrello* font partie de la succession du prêtre Giannettino; 3° Que les frais d'inventaire dressé lors du décès dudit prêtre demeureront à la charge de la succession de ce dernier; 4° Que la disposition testamentaire du prêtre Giannettino sera provisoirement exécutée, sauf à la dame Bonaccorsi le droit de l'attaquer dans une autre instance, s'il y a lieu;

Réserve à la dame Bonaldi tous droits qui pourraient lui compéter, en qualité de légataire universelle du prêtre Giannettino, sur les successions de Jean-Émilien et de Joseph, ses père et oncle, et sur lesquels il n'aurait pas été statué en la présente instance;

Déclare que tous les meubles et effets qui se trouvaient dans la chambre occupée par ledit prêtre Giannettino, lors de l'inventaire dressé après la mort de Jean-Émilien, font partie de la succession du prêtre susdit;

Autorise les conjoints Bonaldi à prélever la somme de cent vingt-cinq francs pour frais funéraires de la veuve Véronique, mère des parties, à la charge néanmoins d'affirmer avec serment, devant le Tribunal de première instance de Bastia, à cette fin commis, que la dépense pour cet objet s'élève à cette somme, et qu'ils en ont fait l'avance de leur propre argent;

Autorise la dame Bonaccorsi à prouver la soustraction des meubles devant le Juge commis par le jugement du 24 Novembre 1820 qui l'avait ordonné, et ce dans le délai de la loi, à compter de la signification du présent arrêt;

Déclare que, par le décès de la veuve Véronique, mère des parties, il n'échoit plus de statuer sur les prétentions qui la regardaient, attendu la confusion de la double qualité d'héritiers de leurs père et mère par égale portion qui se rencontre dans les parties;

RÉFORME, quant à ces chefs, le jugement dont est appel; et pour le surplus de ses dispositions,

ORDONNE qu'icelui sortira son plein et entier effet.

Chambre Civile. — M. LE Cte COLONNA D'ISTRIA, *Premier Président.*

MM. GAVINI (de Campile),
ROMANI, } *Avocats.*

ANNÉE 1825.

DU 20 JANVIER 1825.

SUBSTITUTION. — BIENS RESTANTS. — ALIÉNATION. — APPEL INCIDENT.

Dans les pays régis par le Droit Romain, en Corse, par exemple, la faculté laissée au grevé de substitution de VENDRE ET ALIÉNER, EN PLEINE AUTORITÉ, *les biens substitués, devait être considérée comme un fidéicommis* De eo quod supererit.

En conséquence, *elle ne donnait pas le droit de disposer par testament* (1).

L'appel incident n'est pas recevable d'intimé à intimé (2).

Cuneo d'Ornano C. Baciocchi.

10 Août 1751, testament de Philippe Oneto, par lequel il institue légataire universel son fils aîné Marc-Aurèle; et, pour le cas où il décéderait sans descendants, il lui substitue, POUR CE QUI EXISTERA ET RESTERA après la mort dudit Marc-Aurèle, ses deux filles Dorothée et Nicolette; « VOULANT QUE LE SUSDIT MARC-AURÈLE, SON FILS ET HÉRITIER, PUISSE, EN PLEINE AUTORITÉ, VENDRE ET ALIÉNER TOUS LES BIENS QUELCONQUES DE LUI TESTATEUR. »

En 1784, décès de l'héritier institué, après avoir donné, PAR LEGS UNIVERSEL, tous les biens substitués à la dame Agostini, sa nièce. — La légataire entra immédiatement en jouissance.

En 1810, demande en délaissement des biens substitués est formée par Baciocchi, héritier de Nicolette Oneto, contre Ornano et consorts, exécuteurs testamentaires du legs de Marc-Aurèle.

16 Juillet 1818, Jugement du Tribunal civil d'Ajaccio, qui annulle le testament de Marc-Aurèle et adjuge les conclusions du demandeur.

Appel.

(1) Sur le pourvoi, arrêt de rejet. — V. ci-après page 102.

(2) La Jurisprudence s'est prononcée dans ce sens, quoique le contraire ait été décidé par la Cour de Colmar, le 19 mai 1826 (S. 29. 2. 135); — Voir en effet, Bourges, 12 févr. 1823 (S. 23. 2. 328); — Toulouse, 31 mars 1828 (S. 28. 2. 224); — Rouen, 18 fév. 1842 (D. P. 42. 2. 121); — Rennes, 2 janv. 1852 (D. P. 52. 5. 82); — Cass., 28 nov. 1854 et Besançon, 2 fév. 1855 (D. P. 54. 1. 416; — S. V. 55. 1. 744 et 2. 689); — Anal., Bastia, 26 fév. 1855, V. tom. 4 de notre recueil, à cette date.

ARRÊT.

Après délibération en la Chambre du Conseil,

La Cour; — sur les conclusions conformes de M. Susini, Conseiller-Auditeur, attaché au Parquet;

En ce qui touche l'appel principal des administrateurs de la succession Oneto :

Attendu que Philippe Oneto, par son testament sous la date du 10 Août 1751, en instituant pour son héritier universel *et propriétaire* Marc-Aurèle Oneto son fils, et prévoyant le cas où ce dernier viendrait à décéder sans postérité, ce qui s'est vérifié, substitua ses deux filles Dorothée et Marie-Nicolette, en disposant toutefois que les dites substituées recueilleraient ce qui resterait après la mort de son dit fils Marc, expressément autorisé a vendre et aliéner les biens du testateur;

Attendu que, si les *Lois* 70, § 3, *ff. de legat.*, 2°, 54 *et* 58 *ff. Ad Senat. Cons. Trebel.*, qui, dans le cas d'un pareil fidéicommis *De eo quod supererit*, voulaient que le droit d'aliénation des biens du testateur fût réglé par l'arbitrage de l'homme de bien, *arbitrio boni viri*, ont été modifiées par la Novelle 108 de l'Empereur Justinien, dans ce sens que la liberté d'aliéner a été fixée jusqu'aux trois quarts des biens, à la charge par le grevé de conserver au substitué le quart d'iceux, il n'en est pas moins vrai que, d'après l'opinion généralement reçue et attestée par les auteurs les plus recommandables (1), ladite Novelle avait reçu la sage et équitable interprétation que les aliénations ne pouvaient être faites, comme sous l'empire des anciennes lois, dans le but d'intervertir le fidéicommis et de nuire aux droits des substitués;

Attendu, en effet, que s'il pouvait en être autrement, on ouvrirait la porte à la malice et aux déceptions, et on ménagerait au grevé le

(1) Notamment par Voet, *in Pand.* lib. 36, tit. 1, n° 54 *in fine*; — Merlin, *Répert.* V° *Substitution*, sect. 10, § 9; — Toullier, liv. 3, tit. 2, chap. 1er, n° 39.

moyen d'avantager ses propres parents et amis au préjudice des affections du testateur, dont la volonté doit être régulièrement observée, et qui, contre toute présomption, se trouverait avoir fait une disposition inutile et frustratoire en faveur des substitués appelés à recueillir ce qui resterait au temps du décès de l'héritier grevé, si celui-ci conservait la liberté de disposer à son gré des biens du testateur; — Que cette observation reçoit dans l'espèce une force nouvelle, vu que l'on ne peut pas même penser que le testateur ait voulu considérer le cas où le grevé mourrait sans disposer, car les deux dames substituées étant filles du testateur et sœurs du grevé, étaient appelées par la loi à recueillir la succession *ab intestat* à défaut de descendants;

Attendu que si, par la clause ajoutée au testament, portant en faveur du grevé autorisation de VENDRE ET ALIÉNER, il était permis de penser que les aliénations pouvaient excéder les trois quarts accordés par la Novelle 108, et épuiser même l'autre quart réservé aux substitués, il n'y a pas de raison d'étendre ladite faculté hors le cas des besoins réels, parce qu'une telle clause ne détruisant pas le fidéicommis déjà ordonné, et les substitués devant toujours succéder aux biens restants à l'époque du décès du grevé, il est évident que celui-ci a dû user du droit d'aliénation à lui accordé, de manière à ne pas anéantir la volonté du testateur, intervertir le fidéicommis et frustrer les substitués dans la juste expectative de recueillir ce qui resterait au décès du grevé, après les aliénations faites de bonne foi;

Attendu que, dans le cas de fidéicommis *De eo quod supererit*, même avec autorisation expresse de vendre et aliéner, comme dans l'espèce, le droit du grevé sur les biens du testateur est circonscrit aux seules aliénations faites par actes entre-vifs; — Que la faculté de disposer par testament ne compète pas au grevé, d'après même l'avis des auteurs qui ont interprété la Novelle 108 dans le sens le plus favorable au grevé, c'est-à-dire qu'il peut aliéner les trois quarts des biens sans juste cause et bonne foi; — Que cela se déduit : 1° Des mots *Donare et uti* qui se trouvent dans la Novelle, et qui expriment tous les deux des actes entre-vifs; — 2° De la nature des actes de dernière volonté; les biens non aliénés pendant la vie du grevé sont censés exister au temps de sa mort; par le testament on n'aliène pas les biens pendant la vie, mais après la mort, et les paroles du testateur *Id quod superest* se reportant aux biens existants à l'époque de la mort du grevé, on ne peut s'écarter de l'intention par lui manifestée, parce que différemment il aurait dit inutilement que le substitué SUCCÉDERA EN CE QUI RESTERA, puisque rien ne resterait si on pouvait disposer par testament, d'autant plus que celui qui meurt *ab intestat* est censé disposer tacitement; ce qui démontre au dernier degré d'évidence la prohibition d'aliéner par actes de dernière volonté (1);

Attendu que Marc-Aurèle Oneto, grevé, n'a fait aucune aliénation par acte entre-vifs, qu'il a disposé de tous les biens par testament, que son intention d'intervertir le fidéicommis institué par son père, et de frustrer ses sœurs substituées est évidente, par la disposition générale de tous les biens de son père sans nécessité ni juste cause;

Attendu que le procès est pendant entre le sieur François de Baciocchi-Adorno, en sa qualité de donataire de la feue dame Nicolette Oneto appelée par fidéicommis à la moitié de la succession de feu Philippe Oneto son père, d'une part, et les administrateurs de la succession de feu Marc Oneto héritier grevé dudit Philippe, d'autre part; — Que les administrateurs représentant la personne de l'héritier grevé ne peuvent avoir plus de droits que le grevé lui-même, lequel, d'après l'opinion qui le reconnaît capable de prescrire les biens substitués à partir du moment où le fidéicommis est ouvert, a besoin de la jouissance paisible de trente ans, à laquelle seulement est assujettie la prescription des biens fidéicommissaires (2); — Que les actes de la cause font foi que la prescription a été interrompue par des protestations et actes judiciaires longtemps avant qu'aucune prescription fût acquise;

Attendu que la demande du sieur Baciocchi-Adorno en restitution du fidéicommis institué par feu Philippe Oneto, introduite antérieurement

(1) Vid. VOET, MERLIN, TOULLIER, *loc. sup. cit.*; — MENOCHIUS, *Præsumpt.* 188, n° 17; — FUSARIUS, *De subst.* quest. 545, n°s 18, 38 et 42, quest. 549, n° 8; — PEREGRINUS, *Cons.* 45, lib. 4.

(2) Vid. MERLIN V° *Substitution*, sect. 13; — DUNOD, *des Prescriptions*, part. 3e, chap. 4.

au décès de sa mère, est fondée sur sa qualité de donataire de la dame Nicolette Oneto, une des appelées au fidéicommis dont il s'agit; — Que ledit sieur de Baciocchi, tirant son droit d'une autre personne que sa mère, la qualité en lui survenue, pendant le procès, d'héritier de cette dernière ne peut établir contre lui une fin de non-recevoir sous le motif qu'il est tenu du fait de sa mère, laquelle, lors de son intervention en la cause, a conclu pour l'exécution entière du testament du grevé; — Que cette conclusion se soutient, 1° par la considération que le sieur de Baciocchi ayant accepté l'hoirie maternelle avec bénéfice d'inventaire il ne s'est opéré en sa personne aucune confusion de droits, et a conservé au contraire la faculté de faire valoir tous ceux qui pouvaient lui appartenir contre la succession de la mère (Art. 802 du Code Civil); 2° parce que sa mère n'étant nullement tenue à garantir le fait de feu Marc-Aurèle Oneto, qui à son tour n'était pas garant de ses dispositions testamentaires, le principe *Quem de evictione tenet actio, eumdem agentem repellit exceptio*, n'est point applicable dans l'espèce; 3° enfin, parce que le fidéicommissaire peut agir pour la restitution des biens grevés, quoiqu'il soit héritier de celui qui a fait l'aliénation, et qu'on ne peut lui opposer aucune exception, pas même celle qu'il est tenu du fait du défunt, par la raison que la loi veut que ce fait soit regardé comme non avenu dans le cas de l'ouverture du fidéicommis (1);

Attendu que les parties n'ayant pas suffisamment contesté sur les distractions et prélèvements prétendus par les administrateurs Oneto, les premiers Juges ont pu se réserver d'y statuer plus tard, et par suite ne rien prononcer encore sur les fruits réclamés par le sieur de Baciocchi, ces prétentions respectives se liant naturellement; — Qu'en procédant ainsi les premiers Juges n'ont fait, quant à ce, aucun grief aux parties, et qu'en l'état la matière, à cet égard, n'est pas disposée à recevoir une décision définitive;

---

(1) Argument tiré de la *Loi dernière*, Cod. *Comm. de leg.*, où il est dit : *Sed pateat omnis licentia fideicommissariis rem vindicare et sibi assignare, nullo obstaculo a detentoribus ipsis opponendo;* — DUNOD, *des Prescriptions*, part. 3, chap. 4, *in fine*.

En ce qui touche l'appel incident des conjoints Maestroni :

Attendu que le jugement dont est appel, indépendamment de la disposition relative au fidéicommis, laquelle a donné lieu à l'appel principal des administrateurs Oncto et sur lequel ont été intimés, à la fois, le sieur de Baciocchi et les conjoints Maestroni, contient une autre disposition particulière et distincte de la première entre lesdits Baciocchi et Maestroni ;— Que, dès lors, le jugement est censé renfermer deux décisions, en conformité de l'axiome *Tot capita tot sententiæ;* — Que les deux chefs jugés étant indépendants l'un de l'autre, il s'ensuit que l'appel d'une partie à l'égard d'un des chefs ne peut servir à l'autre partie, surtout à l'égard du chef non appelé et la concernant directement, parce que les Lois Romaines sur la matière n'ont pas été adoptées par la jurisprudence des Tribunaux français, d'après laquelle toutes les appellations ont toujours été regardées comme personnelles même entre cohéritiers, chacun ayant un intérêt distinct et séparé;

Attendu que, si l'article 443 du Code de Procédure Civile confère à l'intimé le droit d'interjeter appel en tout état de cause, cette faculté n'est fondée que sur un motif d'équité, qui lui permet de faire revivre tous ses droits lorsque son adversaire refuse d'acquiescer lui-même à une décison que l'intimé est censé n'avoir respectée qu'en considération d'un acquiescement présumé et absolu de la part de son adversaire ; — Que, par conséquent, il est évident que le droit d'interjeter appel incident n'a été accordé à l'intimé qu'à l'encontre de l'appelant principal, et non pas à l'égard des autres parties qui n'ont pas appelé, et envers lesquelles l'appel doit être nécessairement dirigé dans les délais et dans les formes prescrites par les articles 443 et 456 du Code de Procédure Civile;

Attendu que le sieur de Baciocchi a fait signifier le 26 Août 1818 à la personne des conjoints Maestroni le jugement rendu par le Tribunal de première instance d'Ajaccio, le 16 Juillet précédent ; — Que le sieur de Baciocchi n'est pas appelant, et que les conjoints Maestroni ont demandé la réformation dudit jugement contre le sieur Baciocchi, par simples conclusions prises à la barre, et sans interjeter régulièrement un appel principal ; ce qui les rend non recevables dans leurs fins et demandes; — Que, cette conséquence admise, il n'y a pas lieu d'examiner si les premiers Juges ont ou non, par leur silence, fait grief aux conjoints Maestroni en ce qui touche les prélèvements, rapports et distractions réclamés d'une manière expresse, seulement devant la Cour, par la dame Maestroni en sa qualité d'héritière et de légataire de la dame Marguerite Baciocchi sa mère;

DÉCLARE les conjoints Maestroni non recevables dans leur appel incident;

MET au néant l'appellation principale des administrateurs de la succession Oneto;

ORDONNE de plus fort l'exécution du jugement attaqué;

RENVOIE les parties et le procès devant le Tribunal de première instance d'Ajaccio pour être statué en ce qui reste;

Chambre Civile. — M. LE Cte COLONNA D'ISTRIA, *Premier Président.*

MM. MARI, BRADI, } *Avocats.*

Pourvoi des sieurs Ornano et consorts pour fausse application des Lois 70, § 3, ff. De Legat., 2°, 54 et 58 Ad Senat.-Cons. Trebell. et de la Novelle 108.

Les demandeurs en Cassation ont soutenu : que les lois romaines permettaient virtuellement à tout instituant d'accorder au grevé le pouvoir d'aliéner en totalité, et même par testament, puisqu'elles lui reconnaissaient le droit de donner purement et simplement, et de substituer avec ou sans conditions; que les mots dont s'est servi Philippe Oneto dans son testament de 1751, *Vendre et aliéner en pleine propriété*, ont toujours été entendus dans le sens le plus large et le plus étendu, et emportent nécessairement, d'après les auteurs qui ont écrit sur la matière, la faculté de disposer par testament comme par tout autre acte; que de ces principes incontestables, il faut conclure que Marc-Aurèle Oneto avait eu le droit de donner par testament les biens qu'il tenait de son père. Vainement, ont-ils ajouté, voudrait-on s'appuyer sur les règles relatives à la substitution *De eo quod supererit*, puisque les substitutions de cette espèce sont pures et simples; tandis que celle dont il s'agit est évidemment conditionnelle et subordonnée, quant à ses effets, au cas où il n'aurait pas été disposé des biens substitués. Il faut bien se garder de confondre deux choses essentiellement distinctes.

ARRÊT.

Après délibération en la Chambre du Conseil,

La Cour; — sur les conclusions conformes de M. de Vatismenil, Avocat Général;

Attendu que, si la distinction entre une substitution conditionnelle qui accorderait à l'appelé ce qui restera, si le grevé, autorisé à vendre, laisse quelque chose, et la substitution connue dans le Droit Romain sous le nom *De eo quod supererit*, a été faite par quelques interprètes de ce droit, aucun texte ne l'établit d'une manière assez expresse pour qu'un arrêt qui n'aurait pas fait cette distinction puisse être réputé en contravention formelle à la loi; que fût-elle clairement établie dans les lois romaines, la question de savoir ce que le testateur a voulu ne serait toujours qu'une question de volonté, et, par conséquent, une question de fait abandonnée aux Magistrats;

Attendu que la Cour de Bastia, usant du droit d'interprétation qui lui appartenait, a déclaré que l'auteur de la substitution avait fait simplement une substitution *De eo quod supererit*, dont l'effet, d'après les textes du Droit Romain et les interprètes les plus estimés, était bien de laisser au grevé la faculté d'aliéner, de son vivant, une grande partie des biens légués, mais non d'en disposer par testament; qu'en décidant ainsi, la Cour a appliqué des principes exacts à une substitution dont il lui appartenait d'apprécier le caractère;

REJETTE.

Du 1er Février 1827. — Ch. *Req.* — M. BOTTON, *f. f. de Président.*
M. PARDESSUS, *Rapporteur.* — M. DALLOZ, *Avocat.*

DU 5 FÉVRIER 1825.

TUTEUR. — AUTORISATION. — ACTION IMMOBILIÈRE. — DÉFENSE. — TESTAMENT ANTÉRIEUR. — RÉVOCATION. — TESTAMENT NUL. — ACTE PUBLIC.

Le tuteur défend aux actions immobilières dirigées contre le mineur, sans autorisation du conseil de famille [Arg. Art. 464 Cod. Civ.] (1).

Un testament qui n'est pas parfait, ne peut révoquer un testament antérieur dans lequel toutes les formalités ont été observées, non seulement aux termes du Droit Romain, qui régissait la Corse à l'époque de sa confection, mais encore par application des articles 1035 et 1037 combinés du Code Civil.

Le testament qui ne contient pas la déclaration expresse du changement de volonté du testateur, ne peut valoir comme acte révocatoire, renfermât-il les conditions voulues pour la validité d'un acte public ordinaire. [Cod. Civ. Art. 1035] (2).

Veuve Beveraggi C. Casta et Consorts.

ARRÊT.

Après délibération en la Chambre du Conseil,

LA COUR; — sur les conclusions conformes de M. TROPLONG, Avocat Général;

Attendu que la veuve Beveraggi a pu procéder comme défenderesse en la cause, en sa qualité de tutrice de ses enfants mineurs, sans y être

(1) Conf. : Paris, 19 prairial an XII et 21 frimaire an XIII (S. 5. 2. 230 et 299); — Cass., 17 nov. 1813 (S. 14. 1. 101); — Nîmes, 2 juillet 1829 (S. 30. 2. 31.); — Riom, 10 mai 1855 (S. V. 56. 2. 1.).

(2) Conf. : Toulouse, 12 août 1831 (D. P. 32. 2. 176); — Req., 2 mars 1836 (D. P. 36. 1. 133); — *Idem*, 10 avril 1855 (D. P. 55. 1. 146; — S. V. 55. 1. 321.). — On lira avec fruit quelques passages d'une Consultation délibérée par M. RAVEZ, lesquels sont rapportés par les auteurs de ce dernier recueil, en note de l'arrêt de 1855. On y trouvera l'historique de la difficulté, les motifs de décision, ainsi que l'indication des autorités pour et contre l'opinion émise par M. RAVEZ, et consacrée par la jurisprudence. Aux auteurs cités par M. DEVILLENEUVE, à la suite de cette dissertation, il faut ajouter TROPLONG, *Des Donat.*, tom. 4, n° 2050, qui démontre la parfaite légalité de l'arrêt ci-dessus, rapporté et rendu sur ses conclusions conformes.

autorisée par le conseil de famille, cette formalité n'étant pas exigée par l'article 464 du Code Civil pour défendre à une action relative aux droits immobiliers des mineurs;

Attendu que les premiers Juges, pour adjuger la demande des intimés, se sont fondés sur un jugement arbitral, produit pendant le cours de l'instance, non revêtu de l'ordonnance d'*exequatur* et non signifié à feu Pierre Beveraggi, ni après son décès à ses enfants mineurs et héritiers, et, par conséquent, avant qu'il fût exécutoire, contre le vœu de l'article 1021 du Code de Procédure Civile;

Attendu que si, d'après les prétentions des intimés, ledit jugement arbitral pouvait, en l'état, exercer une influence en la cause, il serait néanmoins vrai de dire qu'au moyen des réserves faites par les Juges arbitres, l'appelante ès noms serait également autorisée à se servir du testament, reçu le 19 Mai 1788, par le notaire Blasi, dans le but de repousser la demande dirigée contre ses enfants mineurs;

Attendu que l'effet dudit testament ne peut non plus être anéanti par la clause révocatoire insérée au testament postérieur, reçu par le notaire Poggioli le 30 Prairial an VIII, dûment enregistré; — Que toutes les parties conviennent que ce second testament est nul pour non accomplissement de formes prescrites sous peine de nullité; — Que d'après les Lois Romaines, en vigueur à l'époque des testaments dont il s'agit, un premier testament valable ne pouvait être révoqué que par un autre testament également parfait (*L.* 2, *ff.*, *de inj. rupto et irr. facto test.*—*Inst.*, *quib. modis. test. inf.*); — Que l'article 1035 du Code Civil ne peut être entendu que de la même manière, surtout en le combinant avec les dispositions de l'article 1037 du même Code, et parce que, d'ailleurs, ce qui est nul ne peut produire aucun effet; — Qu'enfin, en considérant même le second testament comme un acte authentique, il manquerait, dans l'espèce, de la condition indispensable pour la révocation du premier testament, à savoir, l'expresse déclaration du changement de volonté du testateur, puisque dans les deux testaments feu Minerva Casta a toujours institué pour son héritier son mari Beveraggi;

Attendu qu'en cet état de choses les premiers Juges auraient dû statuer sur les résultats de l'inscription en faux incident dirigée contre le testament du 19 Mai 1788; — Que de l'enquête à laquelle les intimés ont fait procéder, ainsi que de tous les actes, faits et circonstances de la cause, il résulte des présomptions graves, précises et concordantes contre la véracité dudit testament;

Attendu que les intimés, dans leur exploit introductif d'instance, n'ont demandé que les *trois quarts* de la succession de la feue Minerva Casta;

Attendu que les mineurs Beveraggi ont continué la possession et la jouissance de leur père relativement aux biens contre eux réclamés; et que, porteurs d'un testament qu'ils ont pu croire vrai et valable, rien ne peut faire douter de leur bonne foi jusqu'à la demande des intimés;

A MIS l'appellation et ce dont est appel au néant;

ÉMENDANT, évoquant le principal et par nouveau jugé;

DÉCLARE faux, et, comme tel, SUPPRIME le prétendu testament de feu Minerva Casta, femme Beveraggi, reçu le 19 Mai 1788, par le notaire Blasi;

CONDAMNE, par conséquent, l'appelante ès noms à délaisser, rendre et restituer aux intimés les *trois quarts* des biens composant la succession de ladite Minerva Casta, ensemble aux fruits d'iceux à partir du jour de la demande, etc............

Chambre Civile. — M. LE Cte COLONNA D'ISTRIA, *Premier Président.*

MM. ROMANI, GAVINI (de Campile), } *Avocats.*

DU 12 FÉVRIER 1825.

FABRIQUES (CULTE). — LEGS D'USUFRUIT. — PRÊTRE. — ACCROISSEMENT.

La disposition par laquelle un testateur lègue à des prêtres l'usufruit de divers biens lui appartenant, à la charge par eux de célébrer annuellement un certain nombre de messes, dans une chapelle construite à ses frais dans une Église, constitue un LEGS PIEUX, *ou, si l'on veut, une* DOTATION DE BÉNÉFICE SIMPLE, *qui ne donne aux* FABRIQUES *aucun droit sur les biens qui y sont affectés (Décret, 12 Févr. 1814).*

Lorsque le testateur a établi une disjonction, quant à la jouissance des biens légués, entre les trois chapelains par lui institués, et que, prévoyant le décès de l'un de ces chapelains, il n'a pas répété cette même disjonction à l'égard des deux survivants ou de leurs successeurs, dont la désignation est laissée au collateur du legs, sous la condition expresse, formelle, d'avoir à les choisir toujours parmi les prêtres ses parents de la ligne masculine, les deux chapelains survivants ou leurs successeurs sont censés appelés conjointement, RE ET VERBIS (1).

---

(1) On sait que la jurisprudence et la doctrine sont d'accord pour décider, que la disposition par laquelle l'usufruit est donné à plusieurs légataires successivement, ne constitue pas une substitution prohibée, et que, par suite, elle doit être exécutée, nonobstant les lois abolitives des substitutions. — Voir à cet égard, Paris, 26 mars 1813 (S. 13. 2. 360); — Bruxelles, 23 mars 1815 (S. C. N. 5. 2. 33); — DALLOZ, V° *Substit.* pag. 188, qui rapporte un arrêt de Cassation du 4 nivôse an VIII; — MERLIN, *Quest.* V° *Substit. fidéic.* § 7; — PROUDHON, *Usufruit*, tom. 1er, n° 446; — TROPLONG, *Des Don.*, tom. 1er, n° 133, lequel s'appuie encore sur d'autres autorités. — Mais les auteurs se partagent lorsqu'il s'agit de savoir si le legs d'usufruit fait conjointement à deux personnes, dont l'une vient à défaillir après avoir accepté la libéralité, ne décroît pas de la portion afférente au prédécédé, conformément à ce qui a lieu pour les legs de propriété, ou si, au contraire, le survivant ne doit pas, par droit d'accroissement, conserver la totalité de l'usufruit. — Pour l'accroissement : Aix, 11 juillet 1838 (S. V. 39. 2. 46); — Rej., 1er juillet 1841 (S. V. 41. 1. 851); — DUPONT-LAVILETTE, *Quest. de Droit.*, V° *Accrois.*, tom. 1er, pag. 19; — DURANTON, tom. 4, nos 635 et suiv.; — MARCADÉ, art. 1045, n° 5; — TROPLONG, *Donat.* tom. 4, nos 2183 et 2184. — En sens contraire : MERLIN, *Rép.* V° *Usufruit*, § 5, art. 1er; — PROUDHON, *ubi supra*, tom. 2, n° 675; — GRENIER,

Par suite, s'il ne se trouve plus dans la ligne masculine qu'un seul prêtre, le legs accroît au profit de celui-ci, sans que le prêtre, parent du testateur par les femmes, puisse prétendre à lui être adjoint dans la jouissance du legs.

Franceschini C. Fossani.

ARRÊT.

Après délibération en la Chambre du Conseil,

LA COUR; — sur les conclusions contraires de M. SUSINI, Conseiller Auditeur, attaché au Parquet;

Attendu que feu l'abbé Joseph Franceschini, par son testament du 23 Janvier 1739, après avoir légué à trois prêtres de sa famille l'usufruit de différents biens, à la charge par eux de célébrer une certaine quantité de messes à la chapelle de Notre Dame de Lavasina et du Purgatoire, bâtie à ses frais dans l'église de Saint-Antoine de Lumio, ordonna qu'au décès des trois premiers chapelains succéderaient toujours dans ladite Chapellenie deux prêtres, ses parents de la ligne masculine, en préférant toujours les plus âgés et les plus proches par le sang de la ligne masculine, parmi ceux existants dans la commune de Lumio, et conféra le droit de nommer les dits deux chapelains à son neveu Jean-François Franceschini, ses héritiers et descendants par ligne masculine;

Attendu que la disposition ci-dessus constitue un *legs pieux de simple usufruit* (la propriété se trouvant comprise dans l'institution générale d'héritiers), fait seulement pour le repos de l'âme du testateur, et en faveur des parents par lui appelés, et nullement pour le besoin et l'avantage de la chapelle, qui ne fut pas même érigée d'après les rè-

---

Des Donat., n° 353; — TOULLIER, tom. 5, n° 699; — VAZEILLE, art. 1044, n° 11. — La première opinion, qui est d'ailleurs conforme aux principes du droit, et que la législation nouvelle ne repousse pas, selon nous, paraît devoir être préférée à la seconde.

gles ecclésiastiques; — Que si ledit legs pouvait être qualifié de BÉNÉFICE, il serait tout au plus un BÉNÉFICE SIMPLE, puisqu'il n'exige pas de la part des titulaires le soin des peuples et la conduite des âmes, ni même une résidence continuelle, hors le temps nécessaire pour la célébration des messes prescrites, car la circonstance portée au testament d'habiter la commune du testateur n'est qu'un titre de préférence sur les autres parents non résidants, mais non exclus d'une manière absolue;

Attendu que les biens légués par le prêtre Joseph Franceschini ont toujours reçu la destination par lui ordonnée; — Que l'Arrêté du 7 Thermidor an XI, qui a rendu aux Églises les biens et rentes des anciennes Fabriques, dont l'État se trouvait en possession, n'est nullement applicable à l'espèce, soit parce que la Fabrique de Lumio ni l'État n'ont jamais eu la jouissance des biens dont il s'agit, soit parce que ces biens formant un legs pieux, et si l'on veut LA DOTATION D'UN BÉNÉFICE SIMPLE, dont les titulaires ont constamment eu l'administration et touché les revenus, les Fabriques n'ont rien à prétendre sur les biens dépendants de ces sortes de Bénéfices, ainsi que le principe en a été établi particulièrement par le Décret du 12 Février 1814; — Qu'il suit de là que la Fabrique de Lumio est sans intérêt dans la contestation actuelle;

Attendu que l'abbé Fossani s'est fondé dans sa demande sur le testament de feu prêtre Joseph Franceschini; — Que ce testament ayant désigné les parents les plus proches de la ligne masculine, ceux qui descendent d'une femme ne se trouvent pas appelés, BARBOSA, *de appellat. Verb., et appell.* 136, *n°* 18, *et ff., ibi ut*;

Attendu que quoique le testateur ait parlé de deux chapelains, s'il n'est pas possible d'en avoir deux ayant les qualités requises, c'est-à-dire appartenant à la ligne masculine appelée, on ne saurait, par cela seul qu'il n'y en a qu'un de cette ligne, forcer à en choisir un autre dans la ligne féminine — 1° parce que cette dernière ligne n'a été nullement contemplée par le testateur; — 2° parce que sa volonté en faveur des prêtres de la ligne féminine ne peut surtout se présumer raisonnablement tant que la ligne masculine n'est pas épuisée; —

3° parce que la charge imposée aux légataires consistant à célébrer annuellement cent vingt messes peut être acquittée par un seul prêtre; — 4° parce qu'il y a, dans l'espèce, droit d'accroissement, vu que la disjonction établie entre les trois premiers légataires chapelains désignés dans le testament, n'est pas répétée à l'égard des futurs deux chapelains, qui, par là, se trouvent appelés CONJOINTEMENT, *re et verbis*, puisque tous deux doivent CONJOINTEMENT et ÉGALEMENT jouir de l'usufruit des biens légués séparément aux dits trois premiers, comme ils doivent CONJOINTEMENT et ÉGALEMENT supporter la charge des messes; — 5° parce que la nécessité de deux chapelains, d'après les termes du testament, n'est pas telle qu'elle ne puisse manquer dans aucune circonstance; En effet, le testateur, qui avait d'abord créé trois chapelains, n'a prescrit le choix de deux autres qu'au cas du décès de tous les trois premiers, entre lesquels il a expressément établi le droit d'accroissement; — 6° enfin, parce que les dispositions d'un testament et la volonté du testateur doivent s'expliquer les unes par les autres, et s'étendre d'un cas à l'autre, quand il n'y a pas de motif plausible d'interprétation contraire. Pendant les deux fois, avant le procès actuel, qu'il ne s'est trouvé qu'un seul prêtre de la ligne masculine, celui-ci est resté seul chapelain, sans contradiction, malgré l'existence de prêtres de la ligne féminine;

Attendu que l'abbé Fossani, intimé, fils d'une femme descendante d'un des frères du testateur, n'appartient pas à la ligne masculine appelée, par la raison que *fœmina est finis lineæ patris et principium alterius lineæ* (*L. Jurisconsultus*, § *cognationis*, *ff.*, *de gradibus*; — *L. Pronunciatio*, § *fin. ff.*, *de verb. signif.*); — Que l'abbé Don Jacques Franceschini, appelant, est, au contraire, de la ligne masculine, et que, quoique absent actuellement de Corse, il ne conste pas que ce soit sans esprit de retour; — Que, dès lors, l'abbé Fossani est, en l'état, sans qualité ni droit pour réclamer la participation du legs pieux institué par feu prêtre Joseph Franceschini;

A MIS ET MET l'appellation et ce dont est appel au néant;
ÉMENDANT et faisant ce qui aurait dû être fait;

DÉBOUTE l'abbé Fossani de sa demande;

ORDONNE à Antoine-Martin Franceschini de délaisser et abandonner aux appelants l'immeuble *Garnirossi*, et de leur rendre et restituer les fruits du même bien, à partir du jour de son indue occupation, selon la liquidation qui en sera faite par des experts, etc.

Chambre Civile. — M. LE Cte COLONNA D'ISTRIA, *Premier Président.*

MM. VIDAU, BIADELLI, } *Avocats.*

DU 24 MARS 1825.

FILIATION. — DÉSAVEU. — IMPOSSIBILITÉ MORALE. — DÉLAI.

Un mari peut être admis à désavouer l'enfant né de sa femme (même non séparée de corps), non seulement pour impossibilité physique de cohabiter avec elle, mais encore pour impossibilité morale, laquelle est abandonnée à l'appréciation du Juge [Cod. Civ. Art. 312] (1).

Mais, dans ce cas, l'action en désaveu doit être rejetée comme tardive, si, quoique la naissance de l'enfant n'ait pas été cachée au mari, cette action est formée deux mois après cette naissance. Le mari alléguerait en vain qu'il a été occupé, dans cet intervalle, à faire nommer un curateur pour défendre à l'action en désaveu [Cod. Civ. Art. 316] (2).

(1-2) La seconde des deux solutions ci-dessus ne saurait, selon nous, présenter la moindre difficulté, puisque elle repose sur le texte formel et précis de l'article 316 du Code Napoléon; mais il n'en est pas de même de la première, qui assimile l'impossibilité morale à l'impossibilité physique dont parle l'article 312 du même Code. Il est vrai que l'on trouve des arrêts qui ont prononcé dans le sens de celui que nous rapportons ici; Voir Rouen, 28 déc. 1814 (S. 15. 2. 85); — Paris, 4 déc. 1820 et 29 juillet 1826 (S. 21. 2. 98; — 27. 2. 153); — Bordeaux, 12 fév. et Rouen, 26 juillet 1838 (S. V. 38. 2. 401). Mais la Cour de Caen a décidé, le 3 Mars 1836 (S. V. 38. 2. 486), que la demande en séparation de corps elle-même n'affaiblit pas la présomption de paternité du mari et que, par suite, l'enfant né et même conçu pendant l'instance en séparation doit être réputé l'enfant du mari, si la naissance ne lui a pas été cachée. Les auteurs ont en général adopté cette opinion : — Voir MERLIN, *Répert.* V° *Légitimité*, sect. 2, § 2, n° 3; — PROUDHON, *État des Personnes*, tom. 2, pag. 21; — DURANTON, tom. 2, n° 632 et tom. 3, n° 34; — VAZEILLE, *Du Mariage*, tom. 2, n° 586; — SOUQUET, *Dict. des temps légaux*, V° *Enfant*, n° 14. — Quant à nous, nous inclinerions pour ce dernier système, et nous croyons, comme on le disait au Corps législatif lors de la discussion du Code, que l'article 313 n'admet l'exception de l'impossibilité morale que sous trois conditions formelles: qu'il faut que l'adultère soit constant, que la naissance ait été cachée au mari, et que celui-ci présente la preuve des faits propres à justifier qu'il n'est pas le père de l'enfant. Nous trouvons même un argument puissant dans la Loi du 6 décembre 1850, puisque si la seule impossibilité morale avait pu, sous l'empire du Code, servir de base à une action en désaveu, le législateur n'aurait pas senti la nécessité d'ajouter à l'ancien article 313 un paragraphe ainsi conçu : « En cas de séparation de corps prononcée, ou même demandée, le mari » pourra désavouer l'enfant qui sera né 300 jours après l'Ordonnance du président, rendue » aux termes de l'article 878, du Cod. de Proc. Civ., et moins de 180 jours depuis le rejet » définitif de la demande ou depuis la réconciliation. L'action en désaveu ne sera pas admise » s'il y a eu réunion de fait entre les époux. »

Dame Mattei C. son Mari.

Mattei avait cessé, depuis plusieurs années, d'habiter avec sa femme, et avait formé contre elle une demande en séparation de corps.

Pendant cette instance, la dame Mattei donna naissance, le 21 Octobre 1821, à un enfant mâle. — Il paraît que ni la grossesse ni l'accouchement n'ont été cachés, et une enquête ordonnée postérieurement constata que le sieur Mattei se trouvait à la Mairie au moment où l'enfant fut présenté à l'officier de l'État civil pour être inscrit sur les registres publics, comme né de sa femme. Quoi qu'il en soit, le sieur Mattei poursuivit sa demande en séparation de corps, qui fut prononcée pour cause d'adultère et d'inconduite, par le Tribunal de Bastia; mais ce ne fut que le 25 Février 1822 qu'il forma une demande en désaveu de l'enfant né le 28 Octobre précédent.

Le Tribunal de Bastia admit le désaveu.

Appel.

ARRÊT.

Après délibération en la Chambre du Conseil,

La Cour; — sur les conclusions de M. Troplong, Avocat Général;

Attendu que la règle de sagesse, de morale et d'intérêt public, *Is pater est quem nuptiæ demonstrant* (*L.* 5 *ff.*, *De in jus vocando*), n'étant qu'une présomption fondée sur la conséquence naturelle et vraisemblable, que celui qui est né sous le voile sacré du mariage est le fils du mari et de la femme, il faut nécessairement supposer qu'au temps de la conception, les époux ont rempli la fin du mariage; — Qu'en effet la Loi *Filium*, 6 *ff.*, *De his qui sui vel alieni juris sunt*, indépendamment du fait qu'elle suppose de la cohabitation continuelle des époux, — *Eum qui cum uxore sua assidue moratus*, — admettait pour exception à la dite règle, *Pater est*, l'absence du mari, son impuissance naturelle et même l'abstinence du devoir conjugal pour une maladie accidentelle, ou pour tout autre raison — *vel alia causa*, — d'où prit sa source le système de l'impossibilité morale de la paternité, consacré ainsi dans la Loi 1re ff., *De liberis agnoscendis et alendis;*

Attendu qu'antérieurement au Code Civil, la jurisprudence admettait l'exception de l'impossibilité morale, et que c'est dans ce sens qu'ont été rendus les arrêts du Parlement de Paris du 9 Mai 1693, du 1er Décembre 1701, du 31 Mai 1743, du 11 Juin 1779, et celui du Parlement de Rouen, du 12 Août 1779 ; — Que, par suite de ladite jurisprudence, si l'enfant qui réclamait sa légitimité avait été conçu pendant la cohabitation des deux époux, on ne pouvait pas lui opposer l'adultère de sa mère, parce que : *Et illa adultera esse potest et impubes defunctum habuisse patrem* (*L. II*, § *quæ propter ff.*, *ad legem Juliam*, *De adulteriis coercendis*); mais la cohabitation cessant, la maxime *Pater est* pouvait recevoir une exception résultant de l'impossibilité morale, laquelle se composait de tous les titres, de tous les faits, de toutes les circonstances et de toutes les présomptions qui pouvaient porter dans l'âme des Magistrats la conviction intime et profonde que l'enfant désavoué n'était pas véritablement le fils du mari;

Attendu que le Code Civil n'a pas expressément considéré le cas d'époux séparés, auquel cas se rapportait l'ancienne théorie de l'impossibilité morale ;— Que même le principe de cette impossibilité se trouve admis contre la sévérité de la maxime *Pater est*, dans le cas prévu par l'article 313 dudit Code, qui suppose la cohabitation des époux, et dans l'autre cas dont parle l'article 325 ;— d'où il suit qu'il n'est pas défendu aux Tribunaux d'apprécier, comme l'ont fait les premiers Juges, des faits établissant l'impossibilité morale de la paternité, lorsque cette impossibilité n'est pas elle-même repoussée par la circonstance de la cohabitation des époux, de leur rapprochement, ou par d'autres considérations semblables;

Mais attendu que, quelle que soit l'influence que pourraient avoir sur la cause les principes ci-dessus établis, et l'impossibilité morale que l'intimé prétend déduire de l'inconduite et de l'adultère de sa femme, de sa non cohabitation avec elle pendant la conception de l'enfant, de sa demande en séparation de corps avant sa naissance, et du jugement qui a prononcé la séparation, il ne faut pas perdre de vue qu'il s'agit au procès d'une action en désaveu de paternité intentée par le mari de la mère de l'enfant, pour cause d'adultère, sous le fondement que la naissance lui a été cachée;

Attendu que le Code Civil a réglé d'une manière absolue les délais dans lesquels l'action en désaveu doit être intentée dans tous les cas où elle est admise; — Que l'enquête a établi la preuve certaine, non seulement que la grossesse et l'accouchement de la femme Mattei n'ont pas été cachés, et que la naissance de son enfant Jules-Mathieu a été de suite connue dans le public; mais que le mari s'est trouvé, le 31 Octobre 1821, présent à la Mairie de la commune de Borgo, lorsque ledit enfant Jules-Mathieu, né le 28 du même mois, a été présenté à l'officier de l'État civil pour être inscrit sur les registres publics, comme né de sa femme; — Que ce n'est que le 25 Février 1822 qu'il a formé sa demande en désaveu; — Que, quand même on pourrait avoir égard aux actes préliminaires par lui faits pour la nomination d'un tuteur spécial à l'effet d'introduire son action en désaveu, ces actes n'ayant eu lieu que le 10 Janvier 1822, il se serait écoulé plus de deux mois depuis le 31 Octobre précédent, jour où la naissance lui a été connue, et par conséquent, il se trouve avoir encouru la déchéance résultant de l'article 316 du Code Civil;

Attendu que ce silence de la part du mari établit une présomption de reconnaissance en faveur de l'enfant tardivement désavoué, et contre le mari une fin de non-recevoir, qui ne lui permet pas de contester l'état dudit enfant, établi par son acte de naissance, régulier et valable dans la forme, et sans qu'il puisse s'élever le moindre doute de supposition de part;

REJETTE la demande en désaveu de paternité.

Chambre Civile. — M. LE Cte COLONNA D'ISTRIA, *Premier Président.*

MM. GAVINI (Giocante), GAVINI (de Campile), } *Avocats.*

DU 16 AVRIL 1825.

VENTE. — FACULTÉ DE RACHAT. — DURÉE. — DROIT ANCIEN. — INTÉRÊT. — PRESCRIPTION.

La faculté de rachat, stipulée antérieurement au Code Civil, peut être exercée pendant trente ans, quand elle est indéfinie [Cod. Civ. Art. 1660] (1).

Les intérêts échus antérieurement à la promulgation du Code Civil ne sont pas soumis à la prescription de cinq ans (2).

Antonelli C. **Albertini.**

ARRÊT.

Après délibération en la Chambre du Conseil,

La Cour ; — sur les conclusions conformes de M. Troplong, Avocat Général ;

Attendu que, de tous les actes et faits de la cause, il appert que Grégoire Albertini était, à l'époque de l'acte du 4 Floréal an X, débiteur de feu notaire Antonelli de la somme de trois mille deux cent cinquante francs, portée audit acte ;

Attendu que la demande introductive d'instance est du 25 Février 1809 ; — Que les intérêts échus depuis le 4 Floréal an X (24 Avril 1802) jusqu'au 25 Mars 1804, époque de la promulgation du Code Civil, ne sont pas assujettis à la prescription de cinq ans ; — Que les autres intérêts postérieurs au Code Civil jusqu'à la demande n'excèdent pas cinq ans, et que, dès lors, Albertini doit les intérêts à partir de l'acte du 4 Floréal an X jusqu'au parfait paiement ;

---

(1) *Sic*, Pothier, *De la vente*, nos 391 et 392 ; — Duranton, tom. 16, n° 394 ; — Troplong, *De la vente*, tom. 2, n° 708.

(2) Jurisprudence constante, Voir Cass. 5 sept. 1808 (S. 9. 1. 127) ; — *Idem*, 21 déc. 1812 (S. 13. 1. 182) ; — *Idem*, 28 déc. 1813 (S. 14. 1. 92) ; — *Idem*, 30 janv. 1816 (S. 16. 1. 221).

Attendu qu'en combinant les termes de l'acte du 4 Floréal an X, avec la situation des lieux, il résulte clairement que la chambre servant de boutique, contestée entre les parties, a été comprise dans la dation en paiement faite par Grégoire Albertini à feu notaire Antonelli; . . .

. . . .

Attendu que, par l'acte de dation en paiement, Albertini a été indéfiniment autorisé à conserver les deux étages par lui donnés en paiement jusqu'à ce qu'il eût satisfait à sa dette, à la charge seulement d'en payer les intérêts, pour tenir lieu au créancier des legs des deux étages susdits; — Que ce pacte consenti sous l'empire des Lois Romaines, et constituant un droit réel non prescriptible, d'après les dites lois, avant trente ans, n'a pu être atteint par les dispositions postérieures de l'article 1660 du Code Civil, lequel ne permet l'exercice de la faculté de rachat que pendant cinq ans, quand même il aurait été stipulé pour un terme plus long;

. . . .

A MIS ET MET les appellations et ce dont est appel au néant;

ÉMENDANT, faisant ce qui aurait dû être fait, et par nouveau jugé;

FIXE à trois mille deux cent cinquante francs la somme dont Grégoire Albertini était débiteur de feu notaire Antonelli à l'époque du 4 Floréal an X;

CONDAMNE ledit Albertini à payer aux hoirs Antonelli les intérêts des dits trois mille deux cent cinquante francs à raison du cinq pour cent échus depuis le 4 Floréal an X et à échoir jusqu'au parfait paiement de ladite somme, ou jusqu'à l'entier abandon des deux étages de maison par lui cédés en paiement par ledit acte du 4 Floréal an X, dont fait partie la chambre du premier étage servant de boutique, à la charge, dans ce dernier cas, par l'héritier Antonelli, de rembourser à Albertini les impenses et améliorations qu'il pourra justifier avoir été faites par lui dans les deux étages dont il s'agit;

Chambre civile. — M. LE Cte COLONNA D'ISTRIA, *Premier Président.*

MM. VIDAU, GAVINI (de Campile), } *Avocats.*

DU 28 AVRIL 1825.

DEMANDE EN PREUVE. — IRRECEVABILITÉ.
STATUT CORSE. — FEMME MARIÉE. — DONATION. — INSINUATION. — ACCEPTATION.
SUCCESSION. — ACCEPTATION. — CONDITION.

Une demande en preuve est irrecevable si elle n'est formulée que par des conclusions prises après que l'affaire, plaidée contradictoirement, et mise en délibéré, au rapport d'un des Juges, se trouve en état de recevoir jugement définitif (1).

Le chapitre XXVI *des Statuts Civils de Corse ne défend pas aux femmes mariées de s'obliger hors de leur domicile, pourvu que les actes qui les concernent soient passés avec le consentement des personnes indiquées audit chapitre, et homologués par le Magistrat dans le ressort duquel réside le notaire qui les a reçus* (2).

Est valable une donation faite en 1782, mais insinuée seulement au bureau de la résidence du notaire, rédacteur de l'acte, si le donateur n'est décédé que postérieurement à la promulgation du Code Civil [*Art. 23 et 26 de l'Ordonnance de Février 1731; — 1, 5 et 6 de l'Édit du mois d'Août 1770*] (3).

En supposant que le notaire stipulant ne puisse pas accepter valablement pour le donataire absent, l'acceptation de celui-ci n'a pas besoin d'être constatée par écrit, et peut résulter de sa mise en possession immédiate des biens donnés [*L.* VI, *Cod. De Donat.*] (4).

---

(1) Lorsque le débat est clos, que le Ministère Public a été entendu et que la cause a été mise en délibéré, les parties peuvent, il est vrai, remettre encore aux Juges des notes explicatives : c'est un droit autorisé par l'usage, non prohibé par la loi, et admis par la jurisprudence. — Voir, Cass., 9 juillet 1838 et 23 août 1848 (S. V. 38. 1. 764; — 48. 1. 604; — D. P. 48. 1. 175), quoique CARRÉ, Quest. 397, et quelques autres auteurs prétendent que cette manière de procéder tendrait à prolonger indéfiniment la discussion. Mais dans notre hypothèse, et sous le prétexte de fournir des notes, les parties ne sauraient être autorisées à poser des conclusions nouvelles et surtout à demander une preuve qui pourrait changer la face du débat, et nécessiterait toujours une instruction. — V. Paris, 25 juin 1825 (S. 25. 2. 258); — Cass., 22 déc. 1829 (S. 30. 1. 55); — Pau, 5 mars 1833 (S. V. 33. 2. 425; — D. P. 33. 2. 208); — Rej., 30 janv. 1840 et 29 mai 1850 (S. V. 41. 1. 225; — 51. 1. 131); — Bastia, 20 mars 1854 et la note 3 (Notre Rec. tom. 4, à cette date).

(2-3-4) Il nous semble que l'on chercherait en vain, dans le chapitre XXVI, une distinction quelconque entre les actes passés au lieu du domicile et ceux qui auraient été consentis

Un successible tenu d'opter entre la donation à lui faite et sa part héréditaire, ne peut faire dépendre d'une condition son acceptation de la succession du donateur [*L. 51e, § 2, ff. De acq. vel omit. hered.*] (5).

---

hors de ce domicile. Nous ne comprendrions pas pourquoi et comment on pourrait soutenir que les mineurs et les femmes sont capables de s'obliger dans le premier cas, et absolument incapables dans le second. Tout ce que l'on pourrait, selon nous, conclure de la généralité des termes du Statut c'est que, dans l'une comme dans l'autre hypothèse, il faut se conformer à ses prescriptions et remplir toutes les formalités qui y sont énumérées. C'est donc avec raison que la Cour de Bastia s'est prononcée dans ce sens, et qu'elle n'a pas fait de distinction là où la loi n'avait pas distingué.

Le Statut ne désigne pas le Magistrat sous l'autorité duquel les actes dont il s'agit doivent être passés; mais il nous paraît évident que le notaire rédacteur ne peut se présenter, pour requérir l'homologation, que devant le Magistrat dans le ressort duquel il exerce ses fonctions; et que, par suite, ce Magistrat est seul compétent pour donner cette homologation. Nous ne pouvons pas admettre que le notaire aille remplir un acte de son ministère dans une localité où il lui est défendu d'instrumenter.

Quant à l'insinuation de la donation dont la validité était contestée devant la Cour, nous aurions voulu savoir si, comme semblent l'indiquer quelques expressions de l'arrêt, elle n'a pas été faite par contrat de mariage; car alors, aux termes de l'article 19 de l'Ordonnance de 1731, l'insinuation n'aurait pas été indispensable. Quoi qu'il en soit, l'article 23 de cette même Ordonnance est trop précis pour qu'il soit permis d'admettre, en principe général, la validité d'une donation, qui n'aurait pas été insinuée au bureau du domicile du donateur. Mais puisque, dans l'espèce, la donatrice est morte sous l'empire du Code Napoléon qui a remplacé l'insinuation par la transcription, et que l'article 26 de l'Ordonnance précitée permettait de différer l'insinuation pendant toute la vie du donateur, nous ne pouvons qu'adopter la solution ci-dessus. V. Conf. : Limoges, 10 janv. 1810; — Rej., 17 avril 1811 (S. 11. 2. 33; — 1. 201); — Cass., 23 août 1814 (S. 15. 1. 23); — Rej., 31 janv. 1832 (S. V. 33. 1. 220) et Rej., 2 juin 1833 (S. V. 33. 1. 426).

Nous ferons enfin remarquer, relativement à l'acceptation tacite de la donation, qu'elle n'aurait pas été suffisante lorsque le Droit Romain ne s'était pas encore relâché de la rigueur des formes, comme l'enseigne **Domat**, tit. 10, sect. 1re, n° 2, en se fondant sur les lois 17, § 2, ff. *De Donat.*, et 69, ff. *De Reg. jur.*; mais la loi invoquée par l'arrêt lui-même, ainsi que la loi 5, ff. *Ratam rem haberi*, ont sanctionné l'opinion contraire. Voir, **Voet**, liv. 39, tit. 5, n°s 11 et 12. — Par ses articles 5 et 6, l'Ordonnance de 1731 a fait revivre les anciens principes, et le Cod. Nap. les a adoptés dans son article 932. V. **Troplong**, *Des Donat. et Test.*, tom. 3, n°s 1087 et 1088.

(5) La loi 77, *De Reg. jur.*, dont l'arrêt ci-dessus rapporte les termes, est si précise que l'on ne peut conserver aucun doute sur le bien jugé de cette solution. Nous aimons à faire remarquer que, par son arrêt du 3 août 1808, visé par la Cour de Bastia, la Cour de Cassation a rejeté le pourvoi dirigé contre une décision de la Cour de Corse siégeant alors à Ajaccio. On peut ajouter à l'autorité de **Merlin** et de l'arrêt qu'il cite : **Toullier**, tom. 4, n° 339; — **Duranton**, tom. 6, n° 368; — **Vazeille**, sur l'article 774, et **Dalloz**, *Jur. Gén.*, 2e édit., tom. 41, pag. 311, n° 663.

Colonna d'Istria C. Colonna d'Istria.

ARRÊT.

Après délibération en la Chambre du Conseil,

LA COUR ; — sur les conclusions conformes de M. TROPLONG, Avocat Général ;

Considérant que les appelantes principales ont demandé à faire preuve des faits par elles articulés au moyen de nouvelles conclusions, prises après que la cause avait été plaidée contradictoirement au fond et mise en délibéré, au rapport d'un de Messieurs, d'où il suit qu'elle était en état de recevoir jugement définitif ;

Considérant, en ce qui touche la donation, que le chapitre XXVI des Statuts civils de Corse, relatif aux contrats faits par les mineurs et les femmes, ne défendait pas à celles-ci de contracter hors du lieu de leur domicile, pourvu qu'elles fussent appuyées du consentement des personnes désignées au chapitre précité, et leurs contrats convalidés par l'autorité du Magistrat dans le ressort duquel ils étaient passés ; — Que ces formalités, essentielles à la substance de la donation attaquée, ont été rigoureusement observées par la donatrice Marie-Louise Colonna d'Istria, puisque, outre le mari présent à l'acte, elle a été assistée par trois des plus proches parents qu'elle avait à la distance de douze milles, savoir : Pierre-André Colonna d'Istria, son oncle germain, Octave Colonna d'Istria comte Cinarca et l'abbé Jean-Baptiste Colonna d'Istria, ses cousins germains, fils de Pierre-André, et, par une plus grande précaution, par trois voisins pris dans la même distance de douze milles, dont les noms et prénoms sont suffisamment indiqués dans l'acte, où il est dit que, « *A maggior cautela, intervengono, e prestano il loro consenso, Giovanni, Giovan-Paolo, e Domenico-Antonio, tutti tre fratelli, e figli del quondam Francesco Gozzi di Appietto, vicini più prossimi in mancanza di altri parenti fra miglia dodici* ; »

Considérant qu'au vœu des articles 1er et 5 de l'édit du Roi du mois d'Août 1770, la donation a été insinuée au Bureau de la juridiction d'Ajaccio où l'acte a été passé, et que le Juge royal de cette juridiction l'a homologuée après en avoir connu la cause; — Que si ladite donation n'a pas été insinuée au Bureau de Sartene qui comprenait les immeubles donnés dans son arrondissement, c'est qu'en vertu de l'article 6 de l'édit précité, les donations entre-vifs pouvaient être insinuées pendant toute la vie du donateur, quoiqu'elles n'eussent d'effet contre les acquéreurs des biens donnés, et contre les créanciers des donateurs que du jour qu'elles avaient été insinuées; — Que la donatrice étant décédée en 1821, après la publication du Code Civil qui rend inutile l'insinuation de tout acte de libéralité, elle avait été affranchie, de son vivant, de cette formalité;

Considérant qu'il est de principe que tout acte sujet à l'homologation doit être présenté au Juge du lieu où il a été passé, à l'effet d'en obtenir son approbation; — Que celui dont il s'agit ayant été stipulé dans le ressort d'Ajaccio, le Juge de ce ressort était le seul compétent pour l'homologuer, malgré que les biens donnés fussent situés dans la juridiction de Sartene, vu que le notaire Laurent Pozzo di Borgo qui l'avait reçu ne pouvait se présenter qu'au Magistrat dans le ressort duquel il avait droit d'instrumenter, afin de le rendre exécutoire en vertu de l'homologation requise par les Lois Statutaires de cette île; — Que la Loi *Si prædium*, au Code *de Prædiis, et aliis rebus minorum sine decreto non alienandis*, invoquée par le défenseur des appelants, n'est point applicable à l'espèce, puisque cette Loi ne s'occupe que de l'aliénation des biens des mineurs, qui ne pouvait se faire sans un décret préalable du Président de la province en laquelle ils étaient situés, tandis que dans l'aliénation des biens de la femme, l'homologation doit suivre l'aliénation même; — Que lorsqu'il s'agit de mineurs, la vente doit se faire aux enchères publiques, et, par conséquent, dans le territoire de la situation des biens, et c'est au Juge de cette situation qu'il faut avoir recours; — Mais, lorsqu'il est question d'un règlement statutaire à l'égard des femmes, la vente n'est point publique; elles peuvent contracter là où bon leur semble, et c'est dans le lieu où elles contractent qu'elles doivent réclamer l'intervention du Magistrat pour la validité de l'acte;

Considérant que, de la contexture de l'acte de donation, il résulte à l'évidence que la cause impulsive et finale de cet acte a été l'amour et l'affection de la donatrice envers sa fille, et l'espoir d'un mariage avantageux pour elle, ce qui exclut la fausse cause dont les parties de Vidau voudraient se prévaloir, en alléguant que Marie-Louise a supposé dans l'acte sus-énoncé qu'Ignace-Vincentello, son fils du premier lit, avait assez de biens paternels pour vivre dans l'aisance; — Que d'ailleurs, une pareille supposition n'était pas fausse; en effet, quelle que fût la provenance des biens dont Ignace-Vincentello jouissait à l'époque de la donation, il est incontestable qu'il en possédait, et que c'était du revenu de ces mêmes biens qu'il vivait honorablement, ne dérogeant en rien au lustre de sa famille; — Que si, par des procès qu'on leur a intenté après la mort de leur père, les appelantes ont perdu la plus grande partie des immeubles dont ce dernier jouissait, il n'est pas moins vrai, cependant, que de leur propre aveu elles ont eu de l'hoirie paternelle six mille livres de Gênes chacune; somme qui a servi à leur procurer un honnête établissement;

Considérant que la Loi *Hac Edictali* au Code *De Secund. Nupt.*, ne défend pas à la femme de donner au second mari, ni au mari de donner à la seconde femme, pourvu que la libéralité de l'un ou de l'autre ne prive pas les fils du premier lit de la portion qui leur est due, et qui ne peut être inférieure à la légitime, *Cui minor portio ultima voluntate derelicta, vel data fuerit, aut donata; ita tamen, ut quarta pars, quæ iisdem liberis debetur ex legibus nullo modo minuatur;* — Que les parties de Vidau elles-mêmes ont convenu qu'outre les biens donnés, Marie-Louise en avait de libres pour suppléer à la portion légitimaire; — Que si ce que l'on donne au second époux excède cette portion, l'excédant doit se considérer comme non donné : *Tamquam non scriptum, neque derelictum, vel donatum, aut datum sit, ad personas deferri liberorum, et inter eos dividi jubemus*, dit la Loi précitée; — Que, dans l'espèce, c'est la mère qui donne à sa fille et non la femme qui donne au mari; — Que la réserve de l'usufruit faite en faveur de ce dernier n'aurait pu vicier la donation, vu qu'il ne surpassait pas la légitime, et, d'ailleurs, ce don est devenu caduc, le mari étant décédé plusieurs années avant la femme;

Considérant que quand même l'acceptation du notaire stipulant n'eût point été valable en faveur de la donataire absente, celle-ci l'a acceptée par le fait puisqu'elle a eu la jouissance et possession des biens donnés, du moment de la passation de l'acte; — Que c'est une maxime en droit que celui qui agrée par effet est réputé avoir suffisamment confirmé et accepté ce qui a été fait en sa faveur, quoiqu'il n'y ait aucun acte par écrit de son acceptation, ainsi qu'a dit MERLIN dans son répertoire, tom. 4, page 94, et la Loi 6e au Code, *De Donationibus*;

Considérant, en ce qui touche la révocation, que la dame Angéline-Françoise n'était point présente à l'acte de constitution de dot du 8 Nivôse an X de l'ère républicaine, passé entre Marie-Louise et Sébastien Roccaserra, beau-père de la donataire, et que celui-ci n'avait aucun mandat de sa part; — Qu'il est de principe qu'une donation est un acte irrévocable, et qu'il faut le concours des deux parties pour l'annuler; — Que l'acte de constitution de dot dont il s'agit n'a rien d'incompatible avec la donation d'immeubles déterminés, faite en 1782, vu que la constitution de dot comprend la moitié de tous les meubles et immeubles, et ne peut, par conséquent, frapper sur les biens compris dans la donation dont la mère s'était dessaisie au moment de la célébration de l'acte;

Considérant que toutes les circonstances de la cause démontrent que le contrat du 8 Nivôse an X n'a pas eu d'effet du consentement des parties, puisqu'il n'a pas été enregistré en temps utile, ni porté au répertoire du notaire Peretti d'Olmeto qui l'avait reçu; et puisque, par acte de dernière volonté du 6 Septembre 1808, la dame Marie-Louise, en instituant ses héritières universelles, les appelantes, ses petites-filles, déclara, dans le même acte, que n'étaient pas compris dans sa succession les biens qu'elle avait donnés à Angéline-Françoise, sa fille, le 28 Mai 1782;

Considérant, en ce qui touche l'immixtion, que l'adition d'hérédité est moins dans le fait que dans l'intention; — Qu'il n'est nullement prouvé que l'intimée se soit immiscée dans celle de la défunte mère, ni par acte d'administration, ni par un écrit quelconque où elle ait pris la qualité d'héritière; — Que si le mari Roch Roccaserra a administré les biens dépendant de l'hoirie de Marie-Louise, il l'a fait sans aucun mandat légal de sa part; d'où il suit qu'elle n'est point responsable de sa gestion; — Que si, par des conclusions prises pardevant les premiers Juges, l'intimée a répondu qu'elle adhérait au partage de la succession maternelle, sa réponse a été conditionnelle, ayant dit : sauf les biens compris dans la donation et les immeubles *Licciarella* et *Carbonaja* qui lui appartiennent en propre; — Que toute adition d'hérédité doit être pure et simple, sans condition, restriction ni réserve par le principe que *Actus legitimi, veluti hereditatis aditio in totum vitiantur per conditionis vel temporis adjectionem*; — Que c'est ainsi que l'a décidé la Cour suprême le 6 Nivôse an XIII, par arrêt rapporté au répertoire de Merlin, tom. 5, pag. 641, et le 3 Août 1808, par un autre arrêt consigné au recueil de Sirey, tom. 8, première partie, pag. 490;

Considérant, en ce qui touche les héritages de *Licciarella* et *Carbonaja*, qu'il résulte d'un acte de partage, fait le 17 Septembre 1719, entre Pierre-Marie, Roch, Laurent, Jean-François, Jean-Charles et Hercule, frères et fils de Vincentello Colonna d'Istria, que ces deux héritages échurent à Roch, père de Pierre-André et aïeul de Barthélemy-François-Bernardin Colonna d'Istria, père de l'intimée, duquel elle les a hérités; — Que les appelantes n'ont produit aucun acte au procès qui prouve que les héritages sus-désignés soient ensuite passés en la propriété de Marie-Louise, leur aïeule maternelle, et, fût-il vrai que cette dernière les eût possédés de son vivant, la possession ne lui en aurait pas transmis la propriété; que ses héritières n'auraient eu tout au plus qu'une présomption en leur faveur, présomption qui doit céder à la vérité résultant de l'acte de partage du 17 Septembre 1719 sus-indiqué;

Adoptant au surplus les motifs des premiers Juges;

Déclare les appelantes principales non recevables dans leur demande tendant à faire la preuve des faits par elles articulés;

A MIS ET MET les appellations au néant;

ORDONNE que le jugement dont est appel sortira son plein et entier effet;

EN CONSÉQUENCE, en cas que l'intimée opte pour la donation, elle sera tenue de restituer auxdites appelantes tous les meubles, immeubles, argent, denrées et bestiaux dépendant de la succession de la feue Marie-Louise Colonna d'Istria, ainsi que tous les fruits à partir du décès de cette dernière;

ÉMENDANT, quant à ce, déclare que les immeubles *Licciarella* et *Carbonaja* appartiennent exclusivement à ladite intimée............

Chambre Civile. — M. SUZZONI, *Président.*

MM. VIDAU, BRADI, } *Avocats.*

DU 7 MAI 1825.

SERVITUDE. — PRISE D'EAU. — PRESCRIPTION.

Une conduite d'eau constitue une servitude continue et apparente, et peut, par suite, être acquise par prescription, lors même qu'il serait nécessaire, pour l'exercice de cette servitude, d'ouvrir un robinet, et même de curer la rigole qui sert à conduire l'eau [*Cod. Civ. Art. 688, 689, 2264*] (1).

Lorsqu'une partie a eu gain de cause sur l'objet principal du litige, on ne peut la condamner aux dépens, parce qu'elle succomberait dans les chefs de ses conclusions reconventionnelles.

Ceccaldi C. Veuve Franceschetti.

Le sieur Ceccaldi possédait un héritage dénommé *Castagnola,* où se trouvaient deux bassins, l'un supérieur alimenté par les eaux qui découlaient de la montagne, l'autre inférieur qui renfermait des eaux vives prenant naissance dans le fonds même. — L'eau de ce second bassin s'écoulait, par l'ouverture d'un robinet, dans une rigole, et se rendait dans un autre héritage, dit *Luco,* appartenant aux mineurs Franceschetti. Des contestations s'étant élevées relativement à l'usage de cette eau, les mineurs Franceschetti furent maintenus en jouissance par le Juge de paix. Le sieur Ceccaldi se pourvut alors au pétitoire devant le Tribunal d'Ajaccio. La tutrice des mineurs articula, qu'ils avaient prescrit par une possession plus que trentenaire, à la suite de leurs auteurs, la servitude d'acqueduc sur le bien *Castagnola,* au moyen de la rigole pratiquée; — Elle soutint reconventionnellement qu'elle avait également acquis une servitude de puisage d'eau dans une petite fontaine située dans le même bien; et qu'elle

(1) Cette solution nous paraît conforme aux véritables principes. En effet, *Non est necesse ut acqua semper fluat, sed apta sit fluere.* Que l'usage de l'eau soit continuel, qu'il soit nécessaire, pour l'exercice de la servitude, d'ouvrir ou de fermer un robinet, suivant les besoins du fonds dominant, et de disposer les ouvrages qui servent à diriger l'eau, ce sont là des faits transitoires et accidentels qui ne modifient pas le caractère de la servitude, puisqu'une fois l'eau engagée dans la rigole, elle s'écoule sans qu'il soit besoin de l'action permanente de l'homme. Voy. dans ce sens : PARDESSUS, *Servitudes,* pag. 40; — DURANTON, tom. 5, n° 492; — DAVIEL, *Cours d'Eau,* tom. 3, n° 912. — Conf. : Pau, 11 juin 1834 (D. P. 35. 2. 83; — S. V. 35. 2. 202); — Cass. 18 juin 1851 (S. V. 51. 1. 513).

était propriétaire d'un morceau de terrain que le sieur Ceccaldi avait mal à propos renfermé dans l'enceinte de son héritage.

Le Tribunal ordonna la preuve de ces faits, et, après l'enquête, il prononça, le 14 Mars 1823, un jugement par lequel :

« Considérant qu'il s'agit d'une servitude continue et apparente prescriptible par » trente ans, et que les mineurs Franceschetti ont prouvé une possession *animo do-* » *mini* plus que trentenaire à la suite de leurs auteurs, les maintient dans la jouissan- » ce où ils étaient de se servir de l'eau du bassin inférieur ; — Ordonne que le sieur » Ceccaldi jouira de cette eau pendant trois jours consécutifs, que le quatrième sera » pour les mineurs Franceschetti, en commençant à midi jusqu'au jour suivant à la » même heure ; — Démet les mineurs Franceschetti de leurs demandes reconvention- » nelles, et à cet égard, considérant qu'ils succombent sur deux chefs, les condamne » aux deux tiers des dépens. »

Appel de la part du sieur Ceccaldi : il concluait subsidiairement à ce qu'il fût ordonné que les mineurs Franceschetti, au lieu de se servir de l'eau du bassin inférieur, seraient à l'avenir obligés d'employer celle du bassin supérieur, par le motif que, étant exercée de cette manière, la servitude lui serait moins dommageable, et que l'héritage desdits mineurs n'en souffrirait aucun préjudice. L'expertise fut ordonnée ; mais il en résulta que, dans les années de sécheresse, l'eau du bassin supérieur manquait en été.

Appel incident de la part des mineurs Franceschetti ; ils soutenaient qu'ils avaient été condamnés à tort aux deux tiers des dépens, puisqu'ils avaient eu gain de cause sur l'objet principal de la contestation.

ARRÊT.

Après délibération en la Chambre du Conseil,

La Cour ; — sur les conclusions conformes de M. Troplong, Avocat Général ;

Considérant que toute servitude continue et apparente était prescriptible, d'après les anciens principes, par dix ans entre présents et vingt ans entre absents, et s'acquiert encore maintenant par la prescription trentenaire ;

Considérant qu'une servitude de conduite d'eaux vives est continue de sa nature, lors même que le fait primitif de l'homme serait nécessaire pour opérer ou faciliter l'écoulement de l'eau ;

Considérant qu'il est constant, en fait, que la rigole, au moyen de laquelle l'eau coule dans le bien *Luco*, existe depuis plus de quarante ans, qu'elle est permanente, et que, si elle a besoin d'être souvent nettoyée, elle l'a toujours été tant par le propriétaire du bien *Luco* que par celui de *Castagnola;* — Que, s'il est incertain quel est le premier auteur de cette rigole, les faits de curage et la reconstruction du réservoir en commun établissent suffisamment que cette rigole était destinée à l'écoulement et à la chute des eaux dans le bien *Luco*; ce qui est même démontré par la circonstance que la situation respective des héritages est telle que, sans la rigole, les eaux ne couleraient point dans le bien *Luco*;

Considérant que les enquêtes prouvent, de la manière la plus positive, que les propriétaires du bien *Luco* sont en possession, depuis plus de dix ans avant la publication du Code Civil, au vu et su des propriétaires de l'héritage supérieur, *Sciente et patiente domino*, et depuis plus de quarante ans, y compris l'ancienne et la nouvelle jouissance, de se servir pour l'arrosage de leur bien des eaux vives existantes dans l'héritage *Castagnola*, et recueillies dans un bassin, que les pièces du procès et les parties appellent la citerne inférieure; — Qu'une pareille possession constante, non déniée et non interrompue, qui n'a donné lieu qu'à de légères contestations, et dans laquelle ils ont été maintenus quand il s'est agi de troubles réels, tient lieu de titre aux propriétaires de l'immeuble *Luco*, pour la servitude dont il s'agit, et qu'en conséquence on ne saurait en interdire l'usage à la veuve Franceschetti, ni l'obliger à prendre l'eau dans un autre bassin moins abondant, et pour laquelle prise d'eau, elle serait d'ailleurs obligée à de nouveaux ouvrages; — Que le principe qui veut que la servitude s'exerce de la manière la moins dommageable au fonds servant, ne va pas jusqu'à forcer le propriétaire du fonds dominant à se contenter d'un autre droit que celui qu'il a acquis;

Considérant que le Tribunal, en condamnant la veuve Franceschetti aux deux tiers des dépens, lorsqu'il lui donnait gain de cause sur l'objet principal qui divisait les parties et qui constituait le fond même de la contestation, a fait une disposition contradictoire avec les dispositions principales du jugement;

ADOPTANT, au surplus, les motifs des premiers Juges;

ORDONNE que ce dont est appel sortira son plein et entier effet;

FAISANT droit à l'appel incident, en ce qui concerne les dépens,

CONDAMNE la partie de Progher aux deux tiers des dépens de première instance, l'autre tiers compensé..........

Chambre Civile. — M. SUZZONI, *Président.*

MM. VIDAU, BIADELLI, } *Avocats.*

DU 19 MAI 1825.

TRANSACTION. — NULLITÉ. — VENTE. — PRIX. — EXPERT.

Une transaction doit produire effet tant que la nullité, dont elle peut être entachée, n'a pas été prononcée par les Tribunaux (1).

La circonstance que l'expert chargé d'évaluer un immeuble donné en paiement par le débiteur à son créancier, a refusé de procéder à l'évaluation, n'annulle pas le contrat. — Dans cette hypothèse l'article 1592 du Code Napoléon n'est pas applicable (2).

---

(1) C'est une conséquence de la maxime, *Voies de nullité n'ont pas lieu en France.* Il est vrai que les lois romaines reconnaissaient des nullités de droit, *ipso jure*; mais elles ont été repoussées et proscrites par l'ancienne comme par la nouvelle jurisprudence. Tout le monde est maintenant d'accord pour admettre qu'un acte doit être réputé valable, tant qu'il n'a pas été annulé par l'autorité compétente, sauf les cas pour lesquels la loi en a autrement ordonné, par une disposition expresse et formelle. Ainsi, en principe général, une convention n'est pas nulle de plein droit, lors même qu'elle aurait été contractée par erreur, violence ou dol (Cod. Nap. art. 1117). Mais l'article 366 Cod. de Proc. Civ. porte, que si le demandeur en règlement de juges n'assigne pas dans les délais, il est déchu de plein droit sans qu'il soit besoin de le faire ordonner; et nous lisons dans l'article 686 du même code, que la partie saisie ne peut, à compter du jour de la transcription de la saisie, vendre les immeubles saisis, à peine de nullité et sans qu'il soit besoin de la faire prononcer. Voir les considérants d'un arrêt de la Cour de Cassation du 28 avril 1826 (S. 27. 1. 174). — CARRÉ, note 5e, *Des préliminaires du titre de l'appel*, et *Quest.* 1562; — CHAUVEAU, *ibidem*, ainsi que les autorités citées par ces deux auteurs. — *Adde*, SOUQUET, *Dictionn. des temps légaux*, tabl. 396, 1re solution.

(2) Il nous semble, en effet, que, dans l'espèce jugée par la Cour de Bastia, il ne pouvait exister aucune incertitude sur le prix de la chose donnée en paiement, puisque le montant de la créance qu'il s'agissait d'éteindre était déterminé et connu. C'est cependant cette incertitude seule que le législateur a voulu prohiber dans l'article 1592, Cod. Nap. Dès lors on ne saurait prétendre, selon nous, que le refus de l'expert nommé doit nécessairement anéantir la cession volontairement consentie, car on créerait une nullité que la loi n'a pas formellement prononcée. V. Anal., Montpellier, 13 févr. 1828 (S. 28. 2. 238). — TROPLONG, *De la Vente*, tom. 1er, no 157.

Paoli C. Giampietri.

ARRÊT.

Après délibération en la Chambre du Conseil,

La Cour; — sur les conclusions conformes de M. Troplong, Avocat Général;

Considérant qu'au moyen de la transaction, passée sous seing-privé le 27 Septembre 1821, les parties de Me Pellegrini ont renoncé à tous actes et à tous jugements obtenus antérieurement contre la partie de Progher, notamment au jugement du 12 Février 1821, en vertu duquel il a été procédé à la saisie exécution dont il s'agit dans la cause;

Considérant que l'existence de cette transaction est non seulement établie par une copie délivrée par un fonctionnaire public, qui atteste avoir l'original entre les mains; mais encore par les aveux réitérés des parties de Pellegrini;

Considérant que le délai accordé par le Tribunal, pour la justification de l'existence de la transaction, n'était point fatal, et qu'en conséquence aucune déchéance n'avait été encourue par la partie de Me Progher;

Considérant que, quand bien même la transaction serait nulle, les parties de Pellegrini n'auraient pas pu, avant d'avoir fait prononcer cette nullité, procéder comme si elle n'existait pas; qu'en conséquence, même en ce cas, la saisie aurait été faite sans titre, et serait, par suite, infectée de nullité;

Considérant, sur la transaction, qu'il est attesté, par la copie présentée, que l'acte a été fait double, et que tout acte fait preuve par lui-même de l'accomplissement des formalités nécessaires à sa confection;

Considérant que la dation en paiement portée dans la transaction n'est pas nulle par le refus des experts de procéder à l'estimation convenue entre les parties; — Que l'article 1592 du Code Civil n'est applicable qu'au cas où le prix de la vente est laissé à l'arbitrage d'un tiers; — Que, dans l'espèce, le prix était fixé, il était du montant de la créance de Paoli contre Giampietri, et, comme l'ont dit les premiers Juges, l'évaluation n'était relative qu'à l'exécution de la dation en paiement, et non à la convention elle-même;

Considérant même que, dans l'esprit des parties contractantes, la vente était d'autant plus parfaite, dès le jour même de sa passation, qu'elles ont stipulé que l'acquéreur entrerait de suite en possession des objets désignés dans l'acte;

Considérant que la dame Paoli a ratifié, par son silence en première instance, ce qui a été stipulé en son nom par son mari;

Considérant, sur l'expertise, que la partie de Progher a été sommée, par acte signifié à sa personne, d'être présente aux opérations des experts, ce qui remplit le vœu de l'article 315 du Code de Procédure Civile qui ne prescrit, pour cette sorte d'actes, aucune forme à peine de nullité; — Qu'en conséquence, elle doit s'imputer de n'être point comparue, et qu'aucune disposition de la loi ne prescrivait qu'il lui serait fait de nouvelles sommations, portant indication des jour et lieu où les experts procéderaient à la rédaction de leur procès verbal;

Considérant que les évaluations portées dans l'expertise sont contredites par des actes authentiques produits par la partie de Progher;

Considérant qu'aux termes de l'article 323 du même Code, les Juges ne sont pas astreints à suivre l'avis des experts; — Que, dans l'espèce, la Cour peut procéder à une nouvelle évaluation au moyen des données fournies par les actes sus-mentionnés;

CONFIRME.

Chambre Civile. — M. SUZZONI, *Président.*

MM. BIADELLI, GAVINI (de Campile), } *Avocats.*

DU 18 JUIN 1825.

JUGEMENT. — SIGNIFICATION. — ACQUIESCEMENT.

La signification d'un jugement, faite sans protestations ni réserves, contient un acquiescement qui rend non recevable l'appel relevé par la partie signifiante [Cod. Proc. Civ. Art. 443, § 3] (1).

---

(1) La jurisprudence et la doctrine s'accordent à reconnaître, que la signification est le préliminaire indispensable pour arriver à l'exécution d'un jugement ou d'un arrêt, et que, si elle est faite sans protestations ni réserves, elle implique, pour celui de qui elle émane, intention d'accepter ce qui a été ordonné par la justice. Cela admis, il faut nécessairement conclure que, dans notre hypothèse, l'appel et le recours en Cassation, selon qu'il s'agit d'une décision en premier ou en dernier ressort, se trouvent également interdits. V. Conf., outre les arrêts et les autorités cités par Carré et Chauveau, *Quest.* 1564, qui se prononcent pour la solution ci-dessus, Rej. 12 déc. 1807 (S. 8. 1. 136); — Cass., 12 août 1817 et 17 juin 1820 (S. 17. 1. 359; — 21. 1. 4); — Montpellier, 8 oct. 1843 (S. V. 45. 2. 40; — D. P. 45. 2. 143); — Paris, 3 jan. 1853 (D. P. 53. 2. 107; — S. V. 53. 2. 41). — Toullier, tom. 10, n° 107; — Berriat St-Prix, pag. 362; — Coffinières, *Encyclop. du Droit*, V° *Acquiesc.*, n°s 50 et suiv.; — Pascal Bonin, sur l'art. 443; — Bioche, V° *Acquiesc.*, n° 60. — La Cour de Bastia est allée encore plus loin; et le 13 août 1855 elle a jugé, que la signification d'un Jugement, même accompagné de réserves, emporte acquiescement à ce Jugement si ces réserves sont vagues et de pur style (Notre Recueil, tom. 4, à cette date, ainsi que les notes 2 et 3).

M. Dalloz, *Jur. Gén.*, 2e édit., tom. 2, V° *Acquiesc.*, n°s 375 et suiv., envisage sous tous les points de vue possibles, les questions qui peuvent surgir relativement à l'acquiescement que l'on fait ordinairement découler d'une signification sans protestations ni réserves; prévoyant ensuite un cas spécial, il présente, au n° 404, quelques observations que nous croyons devoir rapporter ici.

Voici comment s'exprime cet estimable auteur : « Si la signification du jugement est » faite à la requête de la partie qui a *succombé* sur tous les points, que décidera-t-on? Ver- » ra-t-on aussi dans cet acte un acquiescement? Si l'on reconnaît qu'une signification pa- » reille a la valeur d'un acquiescement, le débat va se trouver éteint sans retour, la partie » signifiante n'a aucun espoir de le voir se rouvrir à son profit à l'aide d'un appel incident, » parce qu'il est manifeste que la partie signifiée, qui a gagné sur tous les points, ne sera » pas tentée et n'aura aucun intérêt à interjeter appel du jugement. Ainsi, à l'égard de celle-

Casamarte C. Ponte.

ARRÊT.

Après délibération en la Chambre du Conseil,

La Cour; — sur les conclusions conformes de M. Troplong, Avocat Général;

Attendu que Casamarte, en signifiant le jugement dont est appel aux frères Ponte, n'a fait aucune protestation ni réserve contre le dispositif de ce jugement; — Que, dès lors, il y a eu acquiescement tacite de la part de Casamarte;

Déclare l'appel non recevable.........

Chambre Civile. — M. SUZZONI, *Président.*

MM. Bertora, Bradi, } *Avocats.*

» là tout sera terminé, s'il est fait à sa requête une signification du jugement. On ne peut » se dissimuler que cela ne soit rigoureux, quand on songe que la signification était muette » sur le point de savoir si la partie entendait acquiescer, et que ce n'est qu'à l'aide de » l'interprétation, qu'une logique sévère et la jurisprudence ont fait sortir du § 2 de l'article » 443 Cod. Proc. Civ., qu'on arrive à cette conséquence. Aussi suffirait-il que le mandat, en » vertu duquel l'officier ministériel aurait fait une pareille signification, contînt des expres- » sions quelque peu exclusives de l'idée d'acquiescer, pour que l'interprétation dût être » favorable à la partie au nom de laquelle il aurait été donné. Si l'officier public ne peut » représenter aucun mandat, on comprend que le désaveu acquerra, du défaut d'intérêt de » la partie signifiante, plus de chance encore d'être admis. »

Sur le Pourvoi.

ARRÊT.

Après délibération en la Chambre du Conseil,

LA COUR ; — Attendu que la Cour Royale de Corse, en décidant, par son arrêt du 18 Juin 1825, que l'appel émis par le demandeur du jugement du Tribunal d'Ajaccio du 20 Août 1824 était irrecevable, a fait une juste application de l'article 443, § 3, du Code de Procédure Civile, puisque, d'une part, le demandeur avait signifié le jugement sans protestation ni réserve ; que, de l'autre, le demandeur se présentait devant la dite Cour, comme seul appelant, et que l'exception portée par le § 3 de l'article 443 du Code de Procédure Civile ne s'applique qu'à l'appel incident ;

REJETTE.

Du 4 Janvier 1827. — *Ch. Req.* M. MOUSNIER, *Rapp.*

DU 7 JUILLET 1825.

CHOSE JUGÉE. — INSTRUCTION CRIMINELLE. — ACTION CIVILE.
INSCRIPTION DE FAUX. — IRRECEVABILITÉ.
TRANSACTION.— MARIAGE.— VALIDITÉ.

Celui qui, dans une instruction criminelle, n'a été ni partie ni représenté en la qualité par lui prise postérieurement au civil, ne peut pas prétendre que l'arrêt rendu par la Chambre des mises en accusation, à la suite de ladite instruction, constitue la chose jugée en sa faveur [Cod. Civ. Art. 1350] (1).

On ne doit pas être admis à s'inscrire en faux contre un acte dont on a précédemment, et par devant notaire, reconnu l'existence et la sincérité [Cod. Proc. Civ. Art. 214] (2).

---

(1) Cette solution peut être justifiée, d'abord par les motifs de l'arrêt, puisque les jugements criminels ne sauraient avoir l'autorité de la chose jugée qu'entre les parties qui ont figuré au procès. — V. Conf. : Cass., 3 juin et 25 août 1808 (S. 8. 1. 432; — 7. 1. 2. 1076); — *Idem*, 1er oct. 1842 (S. V. 43. 1. 252); ensuite par cette considération que les ordonnances et arrêts de non lieu étant essentiellement provisoires et même révocables, n'auraient aucune influence sur la poursuite des actions portées devant les Tribunaux civils. — V. Conf. : Cass., 10 avril 1822 (S. 24. 1. 211); — *Idem*, 24 nov. 1824 (S. 25. 1. 174); — *Idem*, 12 août 1834 (S. V. 35. 1. 202); — *Idem*, 20 avril 1837 (S. V. 37. 1. 590). *Sic* : MERLIN, *Quest. de Droit*, V° *Répar. Civ.* et V° *Faux*, § 6; — MANGIN, *Action publique*, nos 438 et 439; — F. HÉLIE, tom. 3, pag. 776. Il a même été décidé par la Chambre Civile de la Cour de Cassation, le 27 mars 1855 (D. P. 55. 1. 214; — S. V. 55. 1. 598), que la voie du faux incident civil est encore ouverte après le jugement du faux principal et nonobstant l'acquittement du prévenu par le jury.

(2) Si la Cour de Bastia avait voulu retenir, comme principe absolu, que l'on ne peut pas être admis à s'inscrire en faux contre une pièce ou un acte que l'on aurait déjà reconnu, approuvé et même volontairement exécuté, nous conserverions quelque doute sur la parfaite légalité d'une semblable décision, et nous citerions à l'appui de notre opinion deux arrêts de la Cour de Riom, à la date des 28 déc. 1830 et 13 juillet 1844 (S. V. 33. 2. 510; — 45. 2. 166), ainsi qu'un arrêt de la Cour de Cassation du 10 avril 1827 (S. 27. 1. 279), qui sont en tous points conformes à l'avis de BONCENNE, tom. 4, pag. 56, et de CHAUVEAU sur CARRÉ, *Quest.* 863. Mais comme les juges ont toute faculté pour admettre ou rejeter l'inscription de faux formée devant eux, cette même décision nous semble à l'abri de la critique et appuyée d'une jurisprudence constante. — V. Rej. : 25 mars 1835, 7 juillet 1835, 20 déc. 1836, 5 avril 1837, 6 fév. 1844 et 1er avril 1844 (S. V. 35. 1. 510 et 939; — 37. 1. 286 et 992; — 44. 1. 363 et 471); — Bordeaux, 21 juillet 1851 (S. V. 51. 2. 718).

Est valable et doit produire effet une transaction par laquelle les parties ont couvert les vices réels ou prétendus, dont pouvait être infecté l'acte constatant la célébration de leur mariage [Cod. Civ. Art. 6 et 2045] (3).

Pietri C. Guerini.

ARRÊT.

Après délibération en la Chambre du Conseil,

La Cour; — sur les conclusions conformes de M. Troplong, Avocat Général;

Considérant, sur le premier moyen de la partie de Progher, qu'un des caractères essentiels de la chose jugée est que le jugement dont on excipe soit rendu entre les mêmes parties; qu'il y ait, suivant l'expression des Lois XII, XIII et XIV, ff., *De exceptione rei judicatæ*, d'où est tiré l'article 1351 du Code Civil, *idem jus et eadem conditio personarum;* — Que, dans l'espèce, la demoiselle Pietri, femme Guerini, n'a été ni partie, ni représentée, au nom qu'elle procède, dans l'instruction criminelle, à la suite de laquelle est intervenu l'arrêt de la Chambre des mises en accusation en date du 1er Novembre 1820, sur lequel elle se fonde; — Qu'en conséquence, quels que soient les termes et la force de cet arrêt, il est, par rapport à elle, *res inter alios acta*, et elle ne peut en tirer aucun avantage;

Considérant, sur le second moyen, que la partie de Saladini s'est fermée, elle-même, la voie de l'inscription de faux, en reconnaissant l'existence et la sincérité de l'acte argué de faux, tant devant le Tri-

(3) L'arrêt que nous rapportons a été rendu sur les conclusions conformes de M. Troplong alors Avocat Général à Bastia; et nous ne saurions mieux faire, pour que nos lecteurs puissent apprécier la portée de cette solution, ainsi que la solidité des principes sur lesquels elle est basée, que de les engager à lire et à méditer les conclusions dont il s'agit, aux nos 70 à 88 inclusivement du commentaire du titre des Transactions. On pourra remarquer, dans l'exposé des faits de la cause, que M. l'Avocat Général avait rejeté l'autorité de l'arrêt précédemment rendu par la Chambre des mises en accusation, en faveur de l'Officier de l'État civil devant lequel le mariage avait été célébré.

bunal correctionnel que pardevant le notaire, par une confession faite en présence de témoins, et dont il a été dressé acte authentique en bonne et due forme; — Que ces aveux réitérés, faits librement et spontanément, et les autres circonstances de la cause, rendent sans aucun poids la dénégation qu'elle fait aujourd'hui et ne permettent pas de s'y arrêter;— Qu'en conséquence, il n'échet pas d'admettre l'inscription de faux dans l'espèce, aux termes de l'article 214 du Code de Procédure Civile, qui s'en rapporte, à cet égard, aux Magistrats appréciateurs des faits et des circonstances;

Considérant, en outre, et en envisageant l'acte du 29 Septembre 1821 comme une transaction sur un mariage, que, s'il ne peut être dérogé à l'ordre public par des conventions privées, il n'est pas moins de principe certain que, même dans les matières d'ordre public, les particuliers peuvent se lier par des transactions, dans tout ce qui concerne les intérêts privés; — Que relativement au mariage il a toujours été universellement reconnu que, si les époux ne pouvaient dissoudre le lien matrimonial par des conventions, ils pouvaient le resserrer et le corroborer en transigeant sur les vices réels ou prétendus qui pouvaient exister dans l'acte constatant leur union;

Adoptant, au surplus, les motifs des premiers Juges;

A mis et met l'appellation et ce dont est appel au néant;

Émendant et faisant ce que les premiers Juges auraient dû faire,

Sans s'arrêter à l'exception de la chose jugée tirée de l'arrêt ci-dessus relaté,

Déclare la partie de Saladini non recevable dans son inscription en faux incident, contre l'acte de célébration de son mariage du 16 Juillet 1819, dûment enregistré, avec la partie de Progher;

Ordonne qu'à l'égard des aliments le jugement attaqué sortira son plein et entier effet.

Chambre Civile. — M. SUZZONI, *Président.*

MM. Agostini, Gavini (de Campile), *Avocats.*

DU 11 AOUT 1825.

OBLIGATION. — ACTE PRIVÉ. — DOUBLE. — TIERS.

Dans le cas où un acte nul comme acte authentique, doit, aux termes de l'article 68 de la loi du 25 Ventôse an XI, avoir effet comme acte sous seing-privé, il n'est pas nécessaire pour qu'il ait cet effet qu'il soit rédigé en autant d'originaux qu'il y a de parties. — Ici ne s'applique pas l'article 1325 du Code Civil (1).

Quand l'article 1323 du Code Civil attribue au décès de l'une des parties qui ont souscrit un acte sous seing-privé, l'effet de lui donner date certaine à l'égard des tiers, il ne distingue pas le cas où il s'agit d'un acte sous seing-privé pur et simple, de celui où il s'agit d'un acte qui n'est réputé sous seing-privé que parce qu'un vice, tel que le défaut de date, lui a fait perdre son caractère authentique; — Et dans ce dernier cas, il comprend sous ces mots, CEUX QUI ONT SOUSCRIT, *non seulement le vendeur et l'acheteur, mais encore le notaire et les témoins.*

Monnet C. Bonfante.

Par acte notarié, passé en 1813, Sari vend un immeuble à Bonfante. — Il est à remarquer que cet acte n'a point été daté; qu'ainsi il ne peut valoir que comme acte

(1) Conf. : Bruxelles, 17 juin 1812 (S. 13. 2. 67); — Colmar, 12 déc. 1821 (D. A. 10. 670); — *Sic* : MALEVILLE, tom. 3, pag. 143; — ROLLAND DE VILLARGUES, V° *Acte notarié*, n° 264; — DURANTON, tom. 13, n° 71. — V. anal. : Rejet, 28 brumaire an XIV (D. A. 10. 671); — Aix, 8 prairial an XII (S. 5. 2. 70); — Paris, 13 avril 1813 (S. 14. 2. 255); — DURANTON, tom. 13, n° 73. — La Cour d'Orléans, par arrêt du 31 mai 1845 (S. V. 49. 2. 631), a cependant décidé le contraire, pour le cas où une promesse de payer n'aurait pas été revêtue du *bon* ou *approuvé* portant en toutes lettres la somme promise, et que le notaire rédacteur serait lui-même partie intéressée à l'acte; et DELVINCOURT a soutenu cette opinion (tom. 2, pag. 818, notes de l'édition de 1819). Mais outre que ce système est repoussé par les auteurs que nous venons de citer, et par les arrêts ci-dessus des 8 prairial an XII et 28 brumaire an XIV, nous pensons que le législateur n'a pas pu exiger que les parties, ayant eu l'intention de faire un acte authentique, fussent tenues de suivre rigoureusement les formes prescrites pour les actes sous seing-privé. Il nous semble qu'il est impossible de pousser jusqu'à cette conséquence les dispositions des articles 68 de la loi de Ventôse an XI et 1318 du Code Napoléon.

sous seing-privé (L. 25 Vent. an XI, art. 68); et qu'enfin l'un des témoins signataires est décédé en 1815.

En 1819, Monnet, créancier de Sari, vendeur, prend inscription sur le même immeuble.

Dans cet état, on a eu à examiner quel devait être l'effet de l'acte de 1813, vis-à-vis de Monnet qui était un tiers. — Monnet soutenait qu'il ne pouvait lui être opposé, en se fondant sur l'article 1328 du Code Civil, qui ne donne date certaine aux actes sous seing-privé dont on veut se prévaloir contre des tiers, que du jour où ils ont été enregistrés, du jour du décès de celui ou de ceux qui les ont souscrits, ou enfin du jour où leur substance est constatée dans des actes publics. — Il prétendait qu'aucune de ces trois circonstances ne se rencontrait dans l'acte dont on voulait faire usage contre lui. Point d'enregistrement, point de relation dans un acte public; Bonfante et Sari, parties contractantes, n'étaient décédés ni l'un ni l'autre : la vente de 1813 n'avait donc, contre lui, Monnet, aucune date certaine. — Enfin, Monnet soutenait que cet acte, qui, à défaut de date, n'était qu'un acte sous seing-privé, ne pouvait sous un autre rapport, valoir comme acte sous seing-privé, attendu qu'il n'était pas fait double, conformément à l'art. 1325.

Bonfante répondait: 1° Que l'article 1328, qui donne date certaine aux actes privés du jour du décès de *celui ou de ceux qui les ont souscrits*, ne pouvait être restreint aux parties contractantes; que dans ces mots, *celui ou ceux qui les ont souscrits*, se trouvaient compris les témoins qui ont concouru à l'acte et qui l'ont signé; que, dans l'espèce l'un des témoins étant mort dès 1815, l'acte avait eu date certaine dès ce décès, et pouvait être opposé à Monnet; — 2° Que l'article 1325, d'après lequel un acte sous seing-privé doit être fait double, triple, etc., selon le nombre des parties, ne s'appliquait pas au cas particulier où l'acte n'était réputé sous seing-privé que parce qu'il ne pouvait pas valoir comme acte authentique; qu'autrement l'article 68 de la loi du 25 Ventôse an XI ne serait jamais applicable, puisqu'on ne fait pas plusieurs originaux, quand on croit faire un acte authentique; qu'il n'en restait qu'une seule minute.

Le Tribunal d'Ajaccio a accueilli cette défense.

Appel.

ARRÊT.

Après délibération en la Chambre du Conseil,

La Cour; — sur les conclusions conformes de M. Troplong, Avocat Général;

Attendu que l'article 12 de la Loi du 25 Ventôse an XI sur le notariat se lie avec l'article 68 de la même Loi; — Que, d'après les dispositions de ce dernier article, les actes nuls comme publics sont valables comme écrits sous signature privée lorsqu'ils sont revêtus de la signature de toutes les parties; — Que ce n'est pas à ce cas qu'est applicable l'article 1325 du Code Civil;

Attendu que l'article 1382 du même Code attribue aux actes non enregistrés une date certaine du jour de la mort de l'un de ceux qui les ont souscrits, sans distinction de ceux, parmi les signataires, qui sont parties contractantes ou simplement témoins, lorsque surtout, comme dans l'espèce, il ne s'élève aucun soupçon sur la véracité de la signature du témoin décédé;

ADOPTANT au surplus les motifs des premiers Juges,

ET SANS S'ARRÊTER à la demande de l'intimé en dommages-intérêts;

A MIS l'appellation au néant;

ORDONNE que ce dont est appel sortira son plein et entier effet.

Chambre Civile. — M. LE Cte COLONNA D'ISTRIA, *Premier Président.*

MM. BRADI, BERTORA, } *Avocats.*

Sur le Pourvoi.

ARRÊT.

Après délibération en la Chambre du Conseil,

La Cour ; — sur les conclusions de M. de Vatismenil, Avocat Général ;

Considérant, sur le moyen tiré de la violation de l'article 1325 Code Civil, en ce que la Cour royale aurait déclaré valable un acte sous seing-privé qui n'aurait pas été fait en autant d'originaux qu'il y avait de parties, que la Loi du 25 Ventôse an XI, article 68, dispose que les actes publics nuls, comme tels, pour un vice qu'elle signale, vaudront comme sous seing-privé ; — Que, dans le cas où il s'agit d'acte de cette nature, on ne peut appliquer les dispositions de l'article 1325 du Code Civil, puisque les parties ayant l'intention, lorsque la convention a été faite, de suivre la forme authentique, ne peuvent en même temps suivre les formes prescrites pour les actes sous signature privée ; qu'autrement la disposition de l'article 68 ne serait jamais applicable, et que les actes nuls, comme publics, ne pourraient jamais valoir comme actes sous seing-privé ;

Considérant, sur la deuxième question, que la loi attribue à la mort de l'une des parties qui ont souscrit un acte sous seing-privé, l'effet de lui donner une date certaine ; — Que, dans ces mots ceux qui ont souscrit, elle ne distingue pas le cas où il s'agit d'un acte sous seing-privé pur et simple, ou d'un acte qui avait été originairement fait dans la forme authentique, et auquel un vice a fait perdre le caractère d'authenticité, et qui avait reçu la signature de témoins ; — Que les personnes qui ont souscrit la convention, sont non seulement le vendeur et l'acheteur, mais encore le notaire et les témoins signataires ; — Qu'en décidant que ces derniers sont compris dans la disposition de l'article 1328, l'arrêt attaqué en a fait une juste application ;

Rejette.

Du 8 Mai 1827. — *Ch. Req.* — M. HENRION, *Prés.* — M. Favard de Langlade, *Rapp.*
M. Mongalvy, *Avocat.*

DU 16 AOUT 1825.

RENTE VIAGÈRE. — LÉSION. — ARRÉRAGES NON PAYÉS. — ACTION EN RESCISION. — INADMISSIBILITÉ.

L'action en rescision pour cause de lésion n'est pas admise dans le contrat de rente viagère [*Cod. Civ. Art. 1118, 1313 et 1976*] (1).

Spécialement, *le contrat de rente viagère n'est pas rescindable pour défaut de paiement des arrérages (Cod. Civ. Art. 1978).*

---

(1) Conf. : Riom, 26 mai 1826 (D. P. 28. 2. 40); — Civ. rej. 1er avril 1829 (D. P. 29. 1. 205; — S. V. 29. 1. 285); — Toulouse, 22 nov. 1831 (D. P. 32. 2. 34; — S. 32. 2. 108); — Req. 7 août 1849 (D. P. 49. 1. 245; — S. V. 50. 1. 129); — *Contrà :* Bourges, 10 mai 1826 (D. P. 27. 2. 42; — S. 27. 2. 40); — Grenoble, 18 avril 1831 (D. P. 32. 2. 88); — Civ. Cass., 22 févr. 1836 (D. P. 36. 1. 205; — S. V. 36. 1. 186); — Nancy, 2 août 1837 (D. P. 38. 2. 280; — S. V. 39. 2. 185). — Il est de principe, généralement admis, et pour ainsi dire incontestable, que l'on ne peut attaquer pour cause de lésion un contrat de rente viagère sincère et véritable, dont le caractère distinctif est d'être aléatoire, d'après l'article 1964 du Code Napoléon.— Mais si les parties se sont arrangées de manière à faire disparaître toutes chances de perte ou de gain, à rendre leurs conventions aléatoires de nom seulement, on se sentira naturellement porté à conclure que les contrats de cette nature ne peuvent prétendre aux priviléges particuliers qui ont été accordés à la rente viagère, en considération de son caractère aléatoire; qu'ils n'ont que l'apparence aléatoire sans aucune chance réelle, et qu'ils dégénèrent en ventes ordinaires soumises, par conséquent, à l'action en rescision pour lésion. Au moyen de cette distinction, on s'expliquera, peut-être, facilement la divergence plutôt apparente que réelle de la jurisprudence, et l'on se trouvera d'accord avec la généralité des auteurs, lesquels, après avoir établi en principe général, que la rescision pour cause de lésion n'est pas admise en matière de contrats aléatoires, finissent cependant par reconnaître que la rescision doit être prononcée si la lésion est évidente. — V. POTHIER, *Des oblig.*, n° 37; — MERLIN, *Rép.* V° *Lésion*, § 1, n° 8; — DURANTON, tom. 16, n° 441; — TROPLONG, *De la Vente*, nos 790 et 791, *Contr. Aléat.*, nos 211 et 288.

Giudicelli C. Giudicelli.

ARRÊT.

Après délibération en la Chambre du Conseil,

La Cour; — sur les conclusions conformes de M. Troplong, Avocat Général;

En ce qui touche l'appelant Vincent-Louis Giudicelli :

Vu les articles 1964, 1977 et 1978 du Code Civil;

Attendu que le dol et la fraude par lui allégués, seulement en appel, ne sont étayés d'aucune preuve ou présomption; — Que s'agissant d'un acte de constitution de rente viagère, la demande en lésion ne serait point admissible, quand même elle aurait eu lieu en temps utile; — Que le défaut du paiement des arrérages de la rente viagère n'est pas une cause de rescision du contrat; — Que d'ailleurs, il est établi au procès que ledit paiement n'a pas eu lieu par la faute du débiteur; — Qu'enfin le constituant ne refuse pas de donner les sûretés stipulées dans le contrat pour son exécution;

En ce qui touche l'appelant Jean-Baptiste Giudicelli :

Attendu que le jugement dont est appel fait foi qu'il ne s'est point opposé au partage demandé par l'intimé; — Qu'il n'est point prouvé que ledit appelant ait eu la possession et jouissance des biens cédés à l'intimé, par Vincent-Louis frère commun; — Qu'au contraire celui-ci prétend avoir toujours conservé ladite jouissance;

Attendu que les frais funéraires et de dernière maladie pourront être réclamés, s'il y a lieu, au moment du partage;

Sans s'arrêter à l'appel de Vincent-Louis Giudicelli, dont il est démis et débouté;

Et faisant droit, quant à ce seulement, à l'appellation de Jean-Baptiste Giudicelli ;

Décharge ce dernier de la condamnation des fruits, sauf à l'intimé à faire valoir ses droits à cet égard contre Vincent-Louis Giudicelli ;

Ordonne que, pour le surplus, le jugement attaqué sortira son plein et entier effet.

Chambre Civile. — M. le Cte COLONNA D'ISTRIA, *Premier Président.*

MM. Bradi, Pieraggi, } *Avocats.*

DU 9 NOVEMBRE 1825.

TESTAMENT. — LECTURE. — TÉMOIN. — DEMEURE — PREUVE. LÉGATAIRE. — DÉCHÉANCE. — PARTAGE.

L'accomplissement des formalités requises à peine de nullité, pour la validité d'un testament, peut s'induire de la contexture de ses diverses dispositions.

Ainsi, bien que le notaire n'ait pas formellement exprimé que le testament a été LU *au testateur, s'il y est dit que celui-ci a déclaré l'avoir* BIEN ENTENDU ET Y PERSISTER, *cette dernière disposition équivaut à la mention de la lecture, et le testament est valable [Cod. Civ. Art. 972 et 1001]* (1).

En Corse, les testaments publics doivent être écrits en français, mais le notaire peut en donner lecture en italien, lorsque la langue italienne est celle du testateur et des témoins.

Le testament dans lequel, au lieu d'indiquer la demeure d'un témoin instrumentaire, on s'est borné à indiquer son DOMICILE *n'est pas nul pour cela; — Le domicile désigne suffisamment la demeure* (2).

L'héritier qui est en même temps légataire, n'est pas déchu de son legs parce qu'il attaque le testament qui l'institue (3).

Lorsqu'après la mort de l'auteur commun, deux héritiers ont joui provi-

(1-2) Le système des équipollents, en cette matière, a été formellement admis par la Cour de Cassation, après avoir été quelque temps repoussé par elle et par diverses Cours. — V. Cass., 24 mai 1853 (D. P. 53. 1. 227; — S. V. 53. 1. 406); — Civ. Rej., 20 mars 1854 (D. P. 54. 1. 97); — S. V. 54. 1. 297); — Dijon par arrêt du 2 mars 1853, et Douai par arrêt du 24 mai 1853, ont adopté cette jurisprudence (S. 53. 2. 377). — On consultera avec fruit TROPLONG, *Des Donat. et Test.*, tom. 3, n°s 1535, 1540, 1543 à 1547, 1552 à 1562.

(3) Il devrait en être ainsi lors même que le testament contiendrait une prohibition formelle à cet égard, car une semblable condition devrait être considérée comme non écrite, aux termes de l'article 900 du Code Napoléon. — Civ. Rej., 14 déc. 1825 (S. 26. 1. 186); — Paris, 28 janv. 1853 (S. V. 53. 2. 425).

soirement, mais séparément, d'une certaine partie des biens composant la succession, le partage définitif doit avoir lieu en nature, sur tous les biens mis en masse, et non en moins prenant (Cod. Civ. Art. 816).

Bozzi C. **Bozzi.**

En 1818, Jean-Jérôme Bozzi fit un testament, lequel, entr'autres dispositions, renferme la suivante : « Le présent testament a été ainsi dicté par le testateur à nous notaire » susdit à haute et intelligible voix, et en présence des susdits témoins, audit prêtre » testateur, lequel a déclaré l'avoir bien entendu et y persévérer comme étant confor- » me entièrement à sa volonté. »

Le testateur disposait de la presque totalité de ses biens en faveur de Michel Bozzi, son neveu.

Après le décès de Jean-Jérôme, Étienne Bozzi, frère de Michel, institué légataire d'une partie peu considérable des biens du testateur, demanda la nullité du testament en se fondant, — 1° Sur ce qu'il ne contenait pas la mention expresse de la *lecture*, qui, aux termes de l'article 972 du Code Civil, devait être faite par le notaire au testateur; — 2° Sur ce que le testament, au lieu d'indiquer la *demeure* de l'un des témoins, n'avait désigné que le lieu de son domicile.

Jugement du Tribunal d'Ajaccio qui annulle le testament, pour défaut de mention de la lecture qui aurait dû être faite au testateur.

Appel de la part de Michel Bozzi.

ARRÊT.

Après délibération en la Chambre du Conseil,

La Cour; — sur les conclusions de M. Tamiet, Premier Avocat Général;

Attendu qu'en principe il n'y a pas de termes sacramentels en matière de formalités de testament; — Que, dans tout testament, il faut chercher ce que la loi a sainement voulu, et que, par conséquent, la mention expresse de la lecture du testament au testateur, en présence des témoins, peut résulter de la contexture des dispositions testamentaires, et même d'une périphrase, si de son ensemble il appert clairement que ladite formalité a été remplie;

Attendu que le testament de feu prêtre Jean-Jérôme Bozzi, dont est procès, renferme, entre autres clauses, la suivante : « Le présent tes-
» tament a été ainsi dicté par le testateur à nous notaire susdit à haute
» et intelligible voix, et en présence des susdits témoins, audit prêtre
» testateur, lequel a déclaré l'avoir bien entendu et y persévérer
» comme étant conforme entièrement à sa volonté. »

Attendu qu'il est évident que le notaire rédacteur du testament a oublié d'ajouter le participe LU immédiatement avant les mots AUDIT PRÊTRE TESTATEUR, mais que, ce nonobstant, ledit mot LU s'y trouve implicitement et par équipollent, puisque la clause ne peut être comprise dans un autre sens, surtout en s'arrêtant à l'expression LEQUEL (c'est-à-dire le testateur) A DÉCLARÉ L'AVOIR BIEN ENTENDU ET Y PERSÉVÉRER, et parce que le mot ENTENDU suppose nécessairement la lecture précédente et tient lieu de la mention expresse d'icelle ; — D'où il suit que les premiers Juges, en annulant le testament dont il s'agit, ont erré sur l'application des articles 972 et 1001 du Code Civil ;

Attendu que la demeure du médecin Joseph-Antoine Foata, un des témoins appelés au testament de feu prêtre Bozzi, est suffisamment indiquée par la désignation de sa commune, surtout avec mention qu'il y est domicilié ;

Attendu que les testaments et autres actes publics doivent être rédigés en langue française ; — Que le notaire Foata est un de ceux qui, en Corse, sont tenus à se conformer à cette règle, par l'application combinée de l'arrêté du 24 Prairial an XI et du décret du 19 Ventôse an XIII ; — Que le testament dont s'agit a été écrit en français, et que le notaire en constatant qu'il en avait donné lecture en langue italienne, qui était celle du testateur et des témoins, n'a fait que prendre une précaution tendant à assurer l'un et les autres que les dispositions à lui dictées avaient été exactement constatées, et que, sous ce rapport, le testament est à l'abri de tout reproche ;

Attendu que ce n'est qu'en appel, et seulement dans les conclusions subsidiaires prises à l'audience de ce jour, que l'intimé a demandé à prouver QUE LE TESTATEUR N'ÉTAIT PAS SAIN D'ESPRIT A LA DATE DU MÊME TESTAMENT ; — Que tout démontre que cette allégation a été faite pour le besoin de la cause; que d'ailleurs elle est vague, inconcluante et par conséquent inadmissible;

Attendu que l'intimé n'a pu encourir aucune déchéance du legs à lui fait par l'abbé Bozzi, sous le prétexte qu'il a demandé la nullité du testament; qu'il n'y a aucune disposition précise à cet égard dans ledit testament, et que ce ne serait qu'après sa validité légalement reconnue qu'il pourrait s'élever la difficulté de savoir si les légataires doivent se conformer à toutes les dispositions quelles qu'elles soient, sous peine de déchéance;

Attendu que la validité du testament et même l'ordre de l'exécuter ne peuvent s'entendre que pour les biens appartenant en propriété au testateur, et que, quant à ce, tous les droits des parties restent intacts, tant qu'il ne sera pas statué sur les contestations qui peuvent s'élever entre elles à ce sujet; — Que la matière n'étant pas disposée à recevoir, sous ce rapport, une décision définitive, il y a lieu de renvoyer les parties par devant les premiers Juges, ainsi que relativement aux améliorations et détériorations prétendues de part et d'autre; — Que, pour ce qui concerne les fruits, les parties doivent s'en tenir compte respectivement, ainsi qu'il a été décidé par le jugement attaqué;

Attendu que le partage de la succession du père commun des parties doit avoir lieu, conformément aux lois, en nature et non pas en moins prenant; — Que la jouissance séparée que les deux frères peuvent avoir eue des biens composant ladite succession ne doit être regardée que comme provisoire, en l'absence d'un acte de partage et de toute allégation d'une possession suffisante pour acquérir la prescription (Art. 816 du Code Civil);

Réforme le jugement rendu par le Tribunal de première instance d'Ajaccio le 25 Juin 1824, dans la disposition qui annulle le testament de feu prêtre Jean-Jérôme Bozzi;

Émendant et faisant ce qui aurait dû être fait,

Ordonne que ledit testament sera exécuté selon sa forme et teneur, sauf et réservés les droits tels qu'ils peuvent compéter aux parties relativement aux biens portés audit testament, qu'elles feront valoir par devant les premiers Juges, ainsi que les droits concernant les améliorations et détériorations respectivement prétendues;

ORDONNE que le surplus du jugement recevra son exécution, avec expresse déclaration que le partage de la succession paternelle aura lieu en nature, etc...........

Chambre Civile. — M. LE Cte COLONNA D'ISTRIA, *Premier Président.*

MM. BERTORA, BIADELLI. } *Avocats.*

DU 13 DÉCEMBRE 1823.

LEGS D'USUFRUIT. — CHOSE D'AUTRUI.

Le legs de l'usufruit, fait par celui qui a la nue propriété, ne peut être regardé comme le legs de la chose d'autrui, — Et, par conséquent, il est valable (1).

Giudicelli C. **Giudicelli.**

ARRÊT.

Après délibération en la Chambre du Conseil,

La Cour ; — sur les conclusions contraires de M. Pierangeli, Conseiller Auditeur, attaché au Parquet ;

Attendu que le legs d'usufruit, fait par celui qui a la nue propriété, est expressément autorisé par la Loi 72 ff., *De usufructu, et quemadmodum quis utatur fruatur ;* — Que ce legs ne peut pas être regardé comme le legs de la chose d'autrui ; — Que la consolidation de l'usufruit à la propriété devant nécessairement se réaliser un jour, le propriétaire a pu valablement disposer de l'usufruit qui lui appartient *In spe et ex die*, lorsque surtout, comme dans l'espèce, il n'a pas indiqué, pour la jouissance et la durée de l'usufruit légué, le temps antérieur à la consolidation, (étant de principe qu'un acte doit être interprété de manière à ce qu'il reçoive son exécution) ; et lorsque, aussi, il n'est rien arrivé avant la consolidation qui ait rendu caduc le legs ;

---

(1) Proudhon, *De l'Usufruit*, tom. 1er, n° 302, se prononce pour la validité du legs, en soutenant toutefois, que la Loi 72 ff., citée dans l'arrêt, et en tout conforme à la Loi 63, *Eod.*, n'est pas fondée sur ce qu'à Rome il était permis de léguer la chose d'autrui, puisqu'elle ne veut pas que le legs du second usufruit, soit exécuté avant l'extinction de la jouissance du premier usufruit.

Attendu, d'ailleurs, que d'après la règle introduite par la théorie dite *Consuetudo Bulgari*, généralement reçue à l'époque du testament de feu Pierre-François Giudicelli, en date du 11 Avril 1783, l'usufruit légué par le mari à la femme ayant des enfants de leur mariage, se réduisait aux aliments; — Que tel est le sens de la sentence intervenue le 6 mai 1796, sur les contestations qui s'étaient élevées entre feu Jean-Mathieu Giudicelli et sa mère, relativement à l'usufruit de tous les biens à elle légués par son mari; — Qu'en effet, ledit Jean-Mathieu Giudicelli a joui de son vivant des biens par lui légués en usufruit à sa femme; — Et qu'enfin sa mère étant décédée pendant l'instance d'appel, il n'y a plus d'obstacle à ce que le legs d'usufruit, dont est procès, reçoive son exécution en faveur de Nonce-Marie Antonini, veuve Giudicelli;

Attendu que, sous la dénomination *di tutto il mobile et comestibile di mia spettanza,* ce qui équivaut, d'après les circonstances de la cause, à celle de MOBILIER, dont parle l'article 535 du Code Civil, se trouvent compris tous les objets mobiliers réclamés en demande; — Que l'exploit introductif d'instance contient virtuellement, et d'une manière suffisante, la demande de la dot de Nonce-Marie Antonini; — Que Jean François Giudicelli étant, à la fois, héritier de son frère Jean-Mathieu et de son père Pierre-François, également obligés à la restitution de ladite dot, il serait frustratoire de faire procéder au partage préalable ordonné par les premiers Juges, d'autant plus que feu Jean-Mathieu Giudicelli a, par son testament, pourvu au mode de paiement de la même dot.

Attendu que ce n'est qu'à l'audience de la Cour que Jean-François Giudicelli a élevé la prétention relative aux améliorations qui auraient été faites sur le bien dotal l'*Alzello*, et qu'en l'état on ne saurait s'y arrêter, sauf à la faire valoir dans une autre instance, s'il y a lieu;

STATUANT en même temps sur les appels respectifs des parties,

SANS S'ARRÊTER à celui de la partie de Mᵉ Progher, dont elle est démise et déboutée,

Et FAISANT DROIT à celui de la partie de Mᵉ Benedetti;

Met au néant le jugement attaqué ;

Émendant, ordonne que le testament de feu Jean-Mathieu Giudicelli, en date du 19 Novembre 1818, sortira son plein et entier effet, tant à l'égard du legs d'usufruit et d'habitation en faveur de sa femme Nonce-Marie Antonini, que sur le mode de restitution et de paiement de la dot de sadite femme ;

Condamne, en conséquence, Jean-François Giudicelli à délaisser et abandonner à cette dernière la jouissance des biens portés audit testament ;

Déclare que tous les objets mobiliers réclamés en demande sont compris dans ledit testament,

Et condamne la partie de Me Progher à les remettre à celle de Me Benedetti, si mieux n'aime en payer le montant, selon l'estimation qui en sera faite par des experts sur le choix desquels les parties conviendront dans trois jours, sinon par ceux désignés au jugement dont est appel ;.......

Chambre Civile. — M. le Cte COLONNA D'ISTRIA, *Premier Président.*

MM. Graziani, Gavini, } *Avocats.*

ANNÉE 1826.

DU 16 JANVIER 1826.

AVANCEMENT D'HOIRIE. — RENONCIATION. — RÉSERVE. — QUOTITÉ DISPONIBLE. — CUMUL.

L'héritier qui renonce ne peut retenir le don à lui fait en avancement d'hoirie que jusqu'à concurrence de la quotité disponible [*Cod. Civ. Art. 845*] (1).

---

(1) Voilà un arrêt qui juge une question très-ardue et fort controversée, depuis plus de trente ans, dans la jurisprudence et parmi les auteurs. La Cour de Bastia s'est prononcée tantôt dans un sens, tantôt dans l'autre; et la Cour de Cassation elle-même, après avoir proscrit toute espèce de cumul, par son fameux arrêt *Laroque de Mons*, a sanctionné ensuite l'opinion contraire, par plusieurs décisions consécutives. Nous n'avons pas, certes, la prétention de discuter ici un point de doctrine qui a donné lieu à tant d'arrêts, qui a exercé la science et la logique de tant de jurisconsultes, et qui a été l'objet de diverses monographies remarquables. Nous nous bornerons donc à indiquer les systèmes qui se sont produits, et les autorités qui leur prêtent appui; et à faire connaître, mais avec toute la défiance que nous devons avoir en nous-même, quelle est l'opinion qui nous semble la plus conforme à l'esprit et au texte du Code Napoléon.

Chabot avait d'abord soutenu, d'une manière générale et absolue, que le droit à la réserve est tout-à-fait indépendant de la qualité d'héritier; qu'il est attaché, par la nature et par la loi, à la seule qualité de descendant ou d'ascendant; que, par suite, il est permis à l'héritier renonçant non seulement de retenir, mais encore de réclamer le don qui lui a été fait, jusqu'à concurrence de la réserve et de la portion disponible cumulées. Ce système, qui a été soutenu par Proudhon dans une consultation rapportée par Sirey (tom. 18, 1re partie, pag. 104 et suiv.), a été reproduit dernièrement par M. Gabriel Demante, dans la *Rev. Crit. de Jurisp.* de 1852, pag. 81, 148 et 729. Cependant il est repoussé par la généralité des auteurs, aussi bien que par l'ancien et le nouvel état de la jurisprudence de la Cour de Cassation. Nous dirons même que Chabot semble l'avoir abandonné, dans les éditions postérieures de son ouvrage, où il se borne au rôle d'un simple rapporteur (art. 845, n° 9).

Les autres partisans du cumul reconnaissent que le descendant ou l'ascendant qui renonce ne peut pas être admis à réclamer, par voie d'action, sa part dans la réserve; mais ils soutiennent que rien ne s'oppose à ce qu'il la retienne par voie d'exception. En conséquence, ils prétendent que, si le descendant ou l'ascendant renonce à la succession pour s'en tenir à la libéralité dont il a été l'objet, il est autorisé à retenir cumulativement, sur les biens à lui donnés, la portion disponible en même temps que sa part dans la réserve. C'est dans ce sens que la Cour de Cassation s'est prononcée par plusieurs arrêts consécutifs, modificatifs de sa première jurisprudence, et dont le plus récent a cassé celui que la Cour de Bastia a rendu

Galeazzi C. Maurice.

ARRÊT.

Après délibération en la Chambre du Conseil,

La Cour; — sur les conclusions conformes de M. Tamiet, Premier Avocat Général;

Vu l'acte passé devant les notaires Vincent Guasco et Antoine Joseph Licciardi, le 17 avril 1817, par lequel feu dame Marie-Joséphine

---

le 23 janvier 1855, qui a été, à juste titre, signalé comme fort remarquable par la gravité et la lucidité de ses motifs, et qui nous semble en effet battre en brèche et renverser les arguments divers sur lesquels ce second système se trouve fondé.

Enfin, suivant une troisième opinion vers laquelle nous inclinerions, malgré la dernière jurisprudence de la Cour de Cassation, parce que nous la croyons conforme au texte de la loi et en parfaite harmonie avec son esprit, le droit à la réserve est, dans tous les cas, attaché à la qualité d'héritier, d'où il suit nécessairement et forcément que le descendant ou l'ascendant qui renonce à la succession est mal venu à prétendre qu'il peut retenir, par voie d'exception, ou réclamer, par voie d'action, une part quelconque dans la réserve.

Nous pensons en effet, avec la plupart des auteurs, et conformément à un grand nombre de décisions judiciaires, qu'il ne faut chercher la solution de la question qui nous occupe, ni dans les principes des Lois romaines, ni dans ceux des coutumes; mais bien dans les dispositions du Code Napoléon, qui a changé les législations antérieures, et créé, sur la réserve, un système nouveau dont toutes les parties sont coordonnées entre elles, et doivent être interprétées les unes par les autres. La réserve, telle qu'elle a été établie par le Code, ne doit être confondue ni avec la légitime des Romains, ni avec la légitime des pays coutumiers. C'est une portion indisponible de la succession, ou plutôt de l'hérédité elle-même, et non pas une portion des biens, une délibation de l'hérédité : elle est attachée non à chacun des réservataires en particulier, mais à tous *in solidum*, *in globo* : elle forme une masse qui passe indivise à tous les héritiers et dont ils sont tous ensemble saisis de plein droit. En conséquence, si l'un des réservataires renonce, sa part dans la réserve accroît aux autres; car celui qui renonce étant censé n'avoir jamais été héritier, ne peut être admis au partage de la quotité indisponible, qui constitue réellement la succession, et se trouve toujours déterminée par le nombre des enfants existants au décès du testateur, quoique l'un puisse ensuite ne pas accepter la succession. Nous ne comprenons pas la distinction que l'on veut faire entre la portion disponible qui peut être donnée à un étranger, et celle dont les réservataires seraient appelés à profiter, et qui se composerait non seulement de la portion dont parle l'article 913 du Code Napoléon, mais encore de la part afférente à ces réservataires dans la réserve elle-même. Nous ne connaissons, en effet, aucun article du Code qui

Morelli, veuve Galeazzi, mère des parties, donne en dot à sa fille Marie-Catherine Maurice la somme de trois mille francs, en avancement de sa succession future, payables en immeubles, à compter du jour de la célébration du mariage projeté entre sadite fille et le sieur Maurice;

Considérant que les immeubles dont la dame Maurice est entrée en jouissance, à compter de l'époque de son mariage, n'offrent qu'une valeur de deux mille sept cent cinquante-sept francs, dix-huit centimes; — Que la somme de deux cent quarante-deux francs, quatre-vingt-deux centimes, partie de la dot promise, n'a été payée que dernièrement, et que, par conséquent, les intérêts de cette dernière somme,

---

établisse expressément ou même implicitement une quotité disponible plus forte, l'autre plus faible, une privilégiée, l'autre dépouillée de tout privilége. Il nous semble, au contraire, que l'*unité* de la quotité disponible ressort de toutes les dispositions du Code Napoléon et notamment des termes mêmes de l'article 845, qui n'autorise l'héritier renonçant qu'à retenir le don ou à réclamer le legs que jusqu'à concurrence de la portion disponible. D'ailleurs peut-on dire que le fils tient réellement de la libéralité de son père une partie quelconque de cette réserve dont celui-ci ne peut en aucune manière le priver? Ne faut-il pas nécessairement reconnaître que c'est la loi et non le père qui fait la donation; et que, dans tous les cas, cette donation ne peut avoir lieu que sous les conditions exigées par la loi elle-même? Enfin, s'il est vrai, comme l'admettent même presque tous les partisans du cumul, que le réservataire renonçant n'a pas d'action pour réclamer une part dans la réserve; et si la réserve, n'étant autre chose que la succession *ab intestat*, est due non à l'enfant, mais à l'héritier, *Non habet legitimam nisi heres*, il nous semble impossible de pouvoir autoriser celui qui par sa renonciation est censé n'avoir jamais été héritier, à retenir une part quelconque dans ce qu'il ne peut demander, et qui ne lui est accordé qu'à titre d'héritier et non autrement. Ce serait en effet, comme le disait avec beaucoup de force et de vérité M. Poriquet, dans son rapport à la Cour de Cassation, lors de l'arrêt du 18 février 1818, « Ce » serait distinguer où le Code n'a pas distingué, donner à l'enfant qui répudie la qualité » d'héritier, ce qu'il aurait eu comme héritier; dire que les libéralités peuvent excéder la » quotité dont il est permis de disposer; qu'on est saisi d'une partie de la succession sans » être héritier; que les héritiers ne sont pas saisis de plein droit de tous les biens, droits et » actions du défunt, et que la part du renonçant ne leur accroît pas. Ce serait, en un » mot, contrevenir à toutes les dispositions fondamentales du Code sur la matière. »

Tel est le sommaire de quelques uns des arguments principaux qui nous portent à repousser le système du cumul, tant par voie d'action que par voie d'exception, malgré l'autorité imposante de la Cour de Cassation, dont la jurisprudence paraît maintenant établie par de nombreux arrêts; et malgré la discussion profonde à laquelle s'est livré M. le Premier Président Troplong dans son traité *Des Donations* et *Testaments*. Nous devons nécessairement renvoyer, pour les développements, aux arrêts et aux auteurs cités ci-après sous le mot *Pour*. Nous ferons toutefois remarquer que, d'après nous, la jurisprudence

d'après l'article 1548 du Code Civil, sont dus à la dotée à compter du jour de la célébration du mariage, jusqu'à celui de la demande en réduction de la donation faite par les héritiers légitimes de la donatrice;

Considérant que, d'après l'article 845 du Code Civil, la dame Mau-

---

relative à l'imputation du don fait par avancement d'hoirie ne saurait influer sur la solution de la question qui est l'objet de cette note. Toutes les difficultés relatives à cette imputation n'intéressent pas le donataire, et elles s'agitent presque toujours en son absence, entre les différents réservataires qui ont accepté la succession et doivent la partager entre eux. Sans doute l'imputation doit avoir lieu d'abord sur la réserve et subsidiairement sur la portion disponible, afin de ne pas anéantir, entre les mains du père de famille, la faculté d'avantager un de ses enfants postérieurement à l'avancement d'hoirie par lui consenti sans aucune dispense de rapport; mais, cela admis, il ne s'ensuit nullement que celui qui, pour conserver le don à lui fait, renonce à la succession, puisse retenir cumulativement la portion disponible et la réserve. Les deux systèmes peuvent fort bien subsister en même temps, puisque l'un n'exclut pas nécessairement l'autre.

Voici maintenant l'indication des principaux arrêts qui se sont prononcés soit pour, soit contre la décision de la Cour de Bastia, ainsi que de la plupart des auteurs qui ont embrassé l'une ou l'autre opinion.

Pour : Bordeaux, 30 janv. 1816 (S. 16. 2. 73); — Rej., 18 févr. 1818 (D. A. 5. 429; — S. 18. 1. 98; — ROGRON, sur l'article 845; — Toulouse, 27 juin 1821 et 11 juin 1829 (D. A. 5. 432 et D. P. 29. 2. 269; — S. 22. 2. 102; — 30. 2. 15); — Grenoble, 30 juin 1826, 22 janv. et 22 févr. 1827, 20 juillet 1832 et 15 déc. 1849 (D. P. 27. 2. 158 et 159; — 50. 2. 77; — S. V. 27. 2. 94. 95 et 97; — 32. 2. 531; — 50. 2. 65); — Agen, 21 août 1826 et 6 juin 1829 (D. P. 29. 2. 264; — S. 29. 2. 44 et 311); — Bastia, 24 juillet 1827 et 23 janv. 1855 (ci-après à cette date, et tom. 4ᵉ, pag. 108 et suiv.); — Limoges, 14 déc. 1831 et 4 déc. 1835 (S. V. 32. 2. 193; — 36. 2. 95); — Poitiers, 7 août 1833 (D. P. 34. 2. 135; — S. V. 34. 2. 166); — Aix, 13 févr. 1835 (D. P. 35. 2. 99; — S. V. 35. 2. 265); — Orléans, 5 déc. 1842 (D. P. 43. 4. 398; — S. V. 46. 2. 1); — Rouen, 10 mars 1844 (D. P. 45. 2. 95; — S. V. 45. 2. 242); — Riom, 25 avril 1845 (D. P. 46. 2. 234; — S. V. 45. 2. 289); — Caen, 4 août 1845 (D. P. 46. 1. 383; — S. V. 46. 2. 59); — Dijon, 20 déc. 1845 (D. P. 46. 2. 234; — S. V. 46. 2. 59 et suiv.); — Nancy, 13 juillet 1849 (D. P. 50. 2. 208; — S. V. 51. 2. 394); — Amiens, 7 déc. 1852 et 17 mars 1853 (D. P. 53. 2. 128 et 240; — S. V. 54. 1. 515; — 55. 2. 97). — *Sic* : TOULLIER, tom. 5, nº 110; — MERLIN, *Quest.* Vº *Réserve*, § 2; — GRENIER, tom. 2, nº 566 *bis*, cet auteur dans ses premières éditions avait adopté le système du cumul, nºˢ 566 et 594; — DURANTON, tom. 7, nºˢ 252 et suiv; — POUJOL, art. 845, nº 4; — SOUQUET, *Des temps légaux*, Vº *Quot. disp.*, tabl. 572; — MARCADÉ, art. 845, nº 2, et art. 914, nº 3; — SAINTESPÈS-LESCOT, tom. 2, nºˢ 313, 315 et suiv,; — VALETTE, *Journ. le Droit*, du 17 déc. 1845; — COIN-DELISLE, Dissert. publiée en 1852 sous le titre de *Limites du droit de rétention par l'enfant renonçant;* — DALLOZ, *Jur. Gén.*, 2ᵉ édit., qui aux nºˢ 1028, 1029, 1030 et 1031, tom. 41, envisage la question sous toutes ses faces et ajoute différentes autorités, soit pour, soit contre, à celles que nous indiquons; — DEVILLENEUVE et CARETTE, dans différentes notes sous plusieurs des arrêts ci-dessus et ci-après, et notamment dans leur collection nouvelle tom. 5, 1ʳᵉ partie, pag. 472.

rice ayant renoncé à la succession maternelle pour s'en tenir à sa dot ou donation à elle faite, elle ne peut retenir ledit don entre-vifs que jusqu'à concurrence de la portion disponible de la défunte ; — Que le montant de toute la succession de la défunte donatrice, y compris même

---

Contrà : Outre Chabot, Proudhon, Gabriel Demante, mentionnés au 2e paragraphe de cette note, et Grenier qui, comme nous l'avons dit, avait d'abord été un des partisans du cumul, on peut voir les arrêts et les auteurs suivants : Riom, 28 janv. 1820 (S. 20. 2. 140) ; — Toulouse, 7 août 1820 (S. 20. 2. 296) ; — *Idem*, 17 août 1821 (S. 22. 2. 141) ; — Bastia, 27 août 1832 (Notre Rec. tom. 1er, à cette date) ; — Montpellier, 18 déc. 1835 (D. P. 32. 2. 130 ; — S. V. 37. 2. 433) ; — Bastia, 27 nov. 1838 (Notre Rec. tom. 2e, à cette date) ; — Bordeaux, 14 juillet 1837 (D. P. 38. 2. 130 ; — S. V. 37. 2. 433) ; — Paris, 7 avril 1838 et 3 févr. 1846 ; — Rouen, 23 déc. 1841, 29 avril 1847 et 22 juin 1849 (Dalloz, *Jur. Gén.*, 2e édit. *ubi suprà* ; — D. P. 46. 2. 235 ; — 47. 2. 197 ; — 50. 2. 78) ; — Orléans, 5 déc. 1842 (S. V. 46. 2. 1) ; — Montpellier, 14 mai 1845 (D. P. 45. 2. 184) ; — Toulouse, 9 août 1845 (D. P. 46. 2. 235) ; — Trib. de Figeac, 4 déc. 1845 (D. P. 46. 3. 167) ; — Montpellier, 7 janv. 1846 (D. P. 47. 2. 6) ; — Aix, 27 juin 1853 (D. P. 53. 2. 241) ; — Amiens, 17 mars 1853 (D. P. 53. 2. 240) ; — Cass., 17 mai 1843 (Dalloz, *loc. cit.* ; — S. V. 43. 1. 689) ; — Cass., 21 juillet 1846 (D. P. 46. 1. 383 ; — S. V. 46. 1. 826) ; — Rej., 6 avril 1847 (D. P. 47. 1. 155 ; — S. V. 54. 1. 514) ; — Cass., 27 avril 1847 (D. P. 47. 1. 156) ; — Cass., 21 juin 1848 (D. P. 50. 1. 356 ; — S. V. 49. 1. 172) ; — Cass., 17 juillet 1854 (D. P. 54. 1. 271 ; — S. V. 54. 1. 514) ; — Req., 5 Mars 1856 (D. P. 56. 1. 97) ; — Cass., 23 juillet 1856 (D. P. 56. 1. 273 ; — S. V. 57. 1. 9). — *Sic* : Merlin, *Répert.* Vo *Légitime*, quoiqu'il ait reconnu ensuite l'autorité de l'arrêt *Laroque de Mons* ; — Charlet-Durieu, Avocat Général devant la Cour de Toulouse ; — Rolland de Villargues, Dissert. insérée au Rec. de Sirey, tom. 13. 2. 201 ; — Delvincourt, tom. 2e, pag. 69, note 9 ; — Troplong, *Des Donations et Testaments*, nos 786 à 793 inclus.

Nous croyons devoir terminer cette longue note par une remarque que nous empruntons à M. Devilleneuve, lequel, sous un arrêt rendu par la Cour de Cassation, le 25 mars 1856 (S. V. 56. 1. 386) ainsi que sous celui du 23 juillet 1856 ci-dessus cité, fait observer que : « La Cour de Cassation, semblant faire un pas en arrière vers son ancienne jurisprudence, » a jugé que l'enfant donataire en avancement d'hoirie, qui renonce à la succession pour » s'en tenir à la donation qui lui a été faite, abdiquant ainsi la qualité d'héritier, ne peut » plus prétendre aucun droit à la réserve, et par suite, ne peut demander aux autres héri- » tiers le rapport de ce qu'ils ont reçu à l'effet de parfaire sa réserve et d'obtenir ainsi » l'exécution des donations à lui faites en avancement d'hoirie. Par cette décision nous a » paru plus ou moins entamé ce principe fondamental du système du cumul, à savoir, que » le droit à la réserve est attaché à la qualité d'enfant et non à la qualité d'héritier ; qu'en » d'autres termes, il n'est pas besoin d'être héritier pour avoir droit à la réserve. »

Il est certainement à désirer que la Cour de Cassation soit enfin appelée à dire son dernier mot sur cette grave question, dans un arrêt *Consultis Classibus*, qui servirait sans doute à fixer définitivement la jurisprudence si longtemps incertaine. Espérons que cette occasion ne tardera pas à se présenter............

les meubles, n'est que de onze mille trois cent trente-trois francs, dix-huit centimes, et, par conséquent, la portion disponible, d'après l'article 913 du Code Civil, ou soit le quart, n'est que de deux mille huit cent quatre-vingt-trois francs, soixante-dix-neuf centimes, la donatrice ayant laissé à son décès quatre enfants ;

A mis et met les appellations et ce dont est appel au néant ;

Émendant, déclare que la donation entre-vifs de la somme de trois mille francs, faite à la dame Maurice par feu sa mère, est réduite à la somme de deux mille huit cent quatre-vingt-trois francs, soixante-dix-neuf centimes............

Chambre Civile. — M. le Cte COLONNA D'ISTRIA, *Premier Président.*

MM. Romani, Mari, } *Avocats.*

DU 10 AVRIL 1826.

TRAITÉ DE RÉCIPROCITÉ. — LETTRES ROGATOIRES. — ÉTRANGER.

Le traité de 1760, passé entre la France et la Sardaigne, et qui, entre autres dispositions, autorise l'exécution des Jugements rendus par les deux puissances dans leurs États respectifs, est encore en vigueur.

En conséquence, *les Cours Royales de France peuvent adresser des lettres rogatoires aux Autorités Sardes, pour les inviter à assurer l'exécution des Jugements émanés des Tribunaux Français* (1).

Lottero et Bertarelli C. **Linaro.**

Par requête du 21 Mars 1826, les sieurs Lottero et Bertarelli ont exposé à la Cour, qu'ils étaient créanciers d'une somme de douze mille francs du sieur Linaro, génois, et qu'ils avaient obtenu un jugement par défaut, passé en force de chose jugée, du Tribunal de commerce de Bastia, par lequel le sieur Linaro avait été condamné au paiement de cette somme. En conséquence, ils suppliaient la Cour, attendu les dispositions du traité intervenu le 24 Mars 1760, entre LL. MM. les Rois de France et de Sardaigne, de requérir le Sénat de Gênes d'ordonner l'exécution dudit jugement suivant sa forme et teneur.

ARRÊT.

Après délibération en la Chambre du Conseil,

La Cour; — sur les conclusions conformes de M. Billot, Procureur Général;

Attendu que, d'après les renseignements transmis à M. le Procureur Général par la dépêche de Sa Grandeur Monseigneur le Garde des

(1) Il est à remarquer que les dispositions du traité de 1760 soumettent les jugements rendus à l'étranger, non seulement à l'autorisation des tribunaux français, quant à l'exécution, mais encore au droit d'examen et de révision. — V. Rej., 14 juillet 1825 (S. 26. 1. 378); — Grenoble, 9 janv. 1826. (S. 27. 2. 56).

Sceaux, Ministre Secrétaire d'État au Département de la Justice, en date du 21 Février 1826, il conste, que le Traité de 1760 entre la France et la Sardaigne a été maintenu par le Congrès de Vienne, le 9 Juin 1815; — Que, par conséquent, tout doute ayant cessé à cet égard, il y a lieu d'accorder les lettres rogatoires demandées par Lottero et Bertarelli;

Conformément à l'article 22 du Traité de 1760,

La Cour prie le Sénat de Gênes de favoriser l'exécution du jugement rendu par le Tribunal de Commerce de Bastia, le 28 Octobre 1817, en faveur de Lottero et Bertarelli, négociants à Bastia, contre Thomas Linaro, commerçant, actuellement résidant à Gênes.

Chambre Civile. — M. le Cte COLONNA D'ISTRIA, *Premier Président.*

DU 21 JUIN 1826.

TUTEUR. — ASSIGNATION. — DISTANCES. — DÉLAI.
CONVOL. — CONDITION. — DÉCHÉANCE. — INCAPACITÉ. — PROCÈS. — ORDRE PUBLIC.

Le délai des distances déterminé par l'article 411 du Code Civil n'est pas applicable au cas d'une assignation donnée au domicile du tuteur, pendant son absence momentanée, non nécessaire et non autorisée.

La mère à qui, lors de son convol à de secondes noces, le Conseil de famille n'a conservé la tutelle de ses enfants mineurs qu'à la condition, stipulée sous peine de déchéance et par elle formellement acceptée, de rendre annuellement compte de sa gestion, a pu être remplacée si elle a négligé son engagement.... Elle ne peut se soustraire à la déchéance qu'elle a encourue sous le prétexte que sa qualité de tutrice légale la dispense de rendre compte [Cod. Civ. Art. 386 et 470] (1).

Les incapacités créées par l'article 442 du Code Civil sont d'ordre public et ne peuvent être couvertes.

En conséquence, *doit être exclue de la tutelle de ses enfants mineurs, la mère qui se trouve engagée dans une instance introduite à l'effet de faire déclarer qu'elle n'était pas commune en biens avec son premier mari, dont la succession se compose, en plus grande partie, d'effets mobiliers et d'acquêts faits pendant le mariage; — ce qui donne au procès un intérêt majeur pour les mineurs.*

La circonstance, à supposer qu'elle fût vraie, que le procès avait commencé avant la collation de la tutelle, ne saurait changer le principe d'incapacité, s'agissant de matière d'ordre public.

Dame Durazzo C. le sieur Leca.

En 1819, la dame Gaeti, veuve du lieutenant général Cte Fiorella, convolait à de secondes noces avec M. le capitaine Durazzo. Désirant conserver la tutelle de ses filles

---

(1) Conf. : Rouen, 8 août 1827 (D. P. 30. 2. 11; — S. 30. 2. 84); — Agen, 14 déc. 1830 (D. P. 31. 2. 130; — S. 31. 2. 291); — CHARDON, *Puiss. Tut.*, n° 25.
Contrà : Grenoble, 28 juillet 1832 (D. P. 33. 2. 29; — S. V. 33. 2. 76); — Rouen, 30 nov. 1840 (D. P. 41. 2. 140; — S. V. 41. 2 137); — MAGNIN, *Des Minor.*, tom. 1er, n° 455.

mineures, elle prit envers le Conseil de famille l'engagement, sous peine de déchéance, de rendre compte de sa gestion, chaque année, au mois de Mars.

On était en 1822, et la dame Durazzo ne s'était pas encore soumise à l'obligation qu'elle s'était elle-même imposée.

A cette époque, elle rendit compte de la moitié des revenus des biens du général Cte Fiorella, son premier mari, prétendant que l'autre moitié lui était dévolue, aux termes de son contrat de mariage dans lequel le régime de la communauté avait été adopté.

Traduite devant le Tribunal d'Ajaccio par le subrogé-tuteur, d'ordre du Conseil de famille, pour voir statuer sur sa prétention, la dame Durazzo fournit des défenses dans lesquelles sa prétention fut reproduite.

Sur ces entrefaites, un sieur Robaglia, d'Ajaccio, témoigna le désir de rendre le dépôt qui avait été fait entre ses mains d'une somme appartenant au général Cte Fiorella.

Les conjoints Durazzo demandèrent et obtinrent du Conseil de famille l'ordre de retirer cette somme par devers eux, en même temps que l'autorisation de vendre la maison de campagne et ses dépendances, acquise par le général Cte Fiorella sur le lac *Salò*.

Cependant les conjoints Durazzo ne rendent aucun compte....

La demoiselle Madeleine, mineure Fiorella, ayant fait à ce sujet de vives remontrances, le Juge de Paix convoqua le Conseil de famille, et assigna les conjoints Durazzo pour être présents à la réunion. — Sur la déclaration, recueillie à leur domicile, qu'ils avaient quitté le département, l'huissier laissa copie de l'assignation au Maire.

Le 17 Avril 1826, le Conseil de famille prit une délibération qui prononçait la destitution de la tutelle des conjoints Durazzo, et donnait aux mineures Fiorella un nouveau tuteur dans la personne du sieur Guitera. — En l'absence des conjoints Durazzo, cette délibération fut signifiée au Maire, à la requête du sieur Leca, subrogé tuteur.

Les conjoints Durazzo, de retour à Ajaccio, formèrent le 1er Mai opposition à la délibération du Conseil de famille.

Le 19 du même mois, le Tribunal, statuant sur l'opposition, homologua la délibération.

Appel de la part des conjoints Durazzo.

ARRÊT.

Après délibération en la Chambre du Conseil,

LA COUR; — Sur les conclusions de M. TAMET, Premier Avocat Général;

Attendu que la délibération du Conseil de famille, qui révoque les conjoints Durazzo de la tutelle des enfants mineurs Fiorella, est intervenue à la suite d'une citation régulièrement notifiée auxdits conjoints Durazzo, dans le délai de l'article 411 du Code Civil, lequel délai ne devait pas être augmenté par l'effet de l'absence momentanée, non nécessaire et non autorisée, des conjoints Durazzo, vu qu'ils n'avaient pas cessé d'avoir leur domicile dans leur maison d'habitation à Ajaccio;

Attendu que le Conseil de famille, en conservant à la dame Durazzo, lors de son convol, la tutelle des demoiselles Fiorella ses filles, l'a assujettie, d'après même l'offre formelle par elle faite, à des conditions, dont la première était qu'elle rendrait chaque année, au mois de Mars, le compte de sa gestion comme tutrice, sous peine de déchéance de la tutelle à elle conservée, et avec réserve expresse, à défaut de l'accomplissement de chacune des conditions, de procéder à une autre nomination de tuteur; — Que c'est en vue de ces diverses conditions, que la délibération prise à cet effet, le 26 Juin 1819, par le Conseil de famille, a été homologuée par la Justice; — Que depuis ladite délibération, jusqu'au 17 Avril 1826, époque de la nomination du nouveau tuteur qui a donné lieu au procès actuel, la dame Durazzo ne disconvient pas de n'avoir rendu qu'un seul compte de sa gestion en 1822; — Que, dès lors, le Conseil de famille, en remplaçant la dame Durazzo dans la tutelle de ses filles, n'a fait qu'user d'un droit à lui compétant, et qu'il s'était expressément réservé, lorsqu'il conserva la tutelle à la mère des mineurs, pour le cas, qui s'est vérifié, de la non reddition annuelle des comptes, et ce, sans que la dame Durazzo puisse se prévaloir de sa qualité de mère, ne s'agissant plus, à son égard, que d'une TUTELLE DATIVE, susceptible de conditions, la tutelle légale ayant cessé par l'effet de son convol;

Attendu que l'article 442 du Code Civil déclare incapables d'être tuteurs tous ceux qui ont avec le mineur un procès dans lequel son état, sa fortune ou une partie notable de ses biens sont compromis; — Qu'il existe entre les mineurs Fiorella et la dame Durazzo, leur mère et tutrice, un procès à l'effet de faire déclarer que ladite dame Durazzo n'était pas commune en biens avec son premier époux, feu Général Fiorella, dont la succession se compose, dans la plus grande partie, d'effets mobiliers et d'acquêts faits pendant le mariage; d'où il suit qu'il s'agit dans ce procès d'un intérêt considérable pour les mineurs Fiorella; — Que la dame Durazzo ne saurait s'étayer de la considération que la cause de ce procès existant au moment où la tutelle lui a été conservée par le Conseil de famille, il n'y a plus lieu à l'exclure de ladite tutelle; — 1° parce qu'il n'y a rien d'irrévocable dans une pareille matière qui est d'ordre public, et par conséquent les incapacités établies ne peuvent être couvertes; — 2° parce que le procès n'a réellement été entamé et porté devant les Tribunaux que postérieurement à ladite époque, et lorsqu'en 1822, la dame Durazzo a prétendu ne devoir faire figurer en recette que la moitié des revenus des biens laissés à son décès par le père des mineurs Fiorella, sous le fondement de la communauté de biens, dans laquelle prétention la dame Durazzo a persisté dans ses défenses à la demande introductive d'instance; — Que l'on ne peut non plus prétendre que le procès est éteint par cela seul que les conjoints Durazzo, postérieurement à la délibération qui les révoque de la tutelle, ont demandé la péremption de l'instance, sur quoi il n'est intervenu aucun jugement;

Attendu que des considérations qui précèdent il résulte qu'il y avait lieu à la nomination d'un nouveau tuteur des demoiselles Fiorella, en remplacement des conjoints Durazzo déchus et incapables de ladite tutelle;.......

Confirme.

Chambre Civile. — M. le Cte COLONNA D'ISTRIA, *Premier Président.*

MM. Vidau,
Bertora,
Mari, } *Avocats.*

DU 28 JUIN 1826.

DEGRÈS DE JURIDICTION. — SOMME RÉDUITE. — DEMANDE INCIDENTE. QUALITÉ D'HÉRITIER PUR ET SIMPLE. — ACQUIESCEMENT.

L'appel n'est pas recevable lorsque la somme originairement demandée a été réduite, pendant l'instance, à un taux inférieur à celui du premier ressort (1).

L'exception de non recevabilité de l'appel, tenant à l'ordre des juridictions, est de droit public, et ne se trouve pas couverte par les conclusions au fond (2).

*Les questions incidentes, même celles relatives à la qualité d'héritier pur et simple, ne peuvent pas changer la compétence, d'après la règle que l'*ACCESSOIRE SUIT LE SORT DU PRINCIPAL (3).

---

(1) Ce point ne fait plus difficulté; la jurisprudence est constante, et les auteurs se prononcent unanimement pour cette opinion.

(2) La jurisprudence de la Cour de Cassation paraît fixée définitivement dans ce sens : Cass., 29 mai 1850 (S. V. 50. 1. 436); — Rejet, Ch. Civ., 10 janv. 1854 (S. V. 54. 1. 135).

(3) Cette question se lie d'une manière intime à celle de savoir si un jugement passé en force de chose jugée, et portant condamnation contre un successible, en qualité d'héritier pur et simple, peut être invoqué par d'autres que celui au profit duquel il a été rendu. Toutes deux, pendant quelque temps, ont partagé les tribunaux et les auteurs. Toutefois nous aimons à constater que l'arrêt de la Cour de Bastia est conforme à l'opinion qui prédomine, avec raison, dans la jurisprudence et dans la doctrine. — V. Entr'autres autorités, dans le sens de la décision ci-dessus : Rejet, 24 mars 1812 (S. 12. 1. 325); — Bordeaux, 22 nov. 1844 (S. V. 45. 2. 462); — Toulouse, 11 mars 1852 (D. P. 52. 2. 214; — S. V. 52. 2. 49); — Montpellier, 13 juillet 1853 et 8 janv. 1855 (D. P. 55. 2. 193; — 55. 5. 145; — S. V. 53. 2. 476); — CHABOT, art. 800, n° 3, qui avait d'abord émis une opinion contraire; — TOULLIER, tom. 4, n° 334 et tom. 10, n°s 236 et suiv.; — DURANTON, tom. 7, n° 25; — CHAUVEAU sur CARRÉ, *Quest.* 763. — En sens contraire : Douai, 29 juillet 1816 (S. 17. 2. 168); — Riom, 18 avril 1825 et 17 nov. 1841 (S. V. 26. 2. 75; — 42. 2. 215); — MERLIN, *Quest. de droit*, V° *Héritier*, § 8; — MARCADÉ, sur l'art. 800. — Quelques auteurs, tels que FAVARD DE LANGLADE, V° *Exception*, § 4, n° 2, et BELOST-JOLYMONT sur CHABOT, 2e observation, distinguent entre le cas où la qualité d'héritier a été l'objet principal du procès et celui où la question n'a été soulevée qu'incidemment, et ils n'admettent l'autorité de la chose jugée que dans la première hypothèse seulement : tandis que, dans l'espèce jugée par l'arrêt que nous recueillons, la contestation relative à la qualité d'héritier n'a formé qu'un incident à l'instance principale. Il est à remarquer, que si CHABOT a été amené, *par de mûres réflexions*, à modifier son premier avis, CARRÉ, *Compétence*, art. 286, n° 324, soutient l'opinion contraire à celle qu'il enseigne, *Lois de la Procédure*, Quest. 763.

Lorsqu'après le jugement qui l'a déclaré héritier pur et simple, l'appelant discute le fond, il y a de sa part acquiescement.

Costa C. veuve Costa.

La dame Jéronyme Gonzaga, veuve Costa, avait traduit le sieur Étienne Costa devant le Tribunal civil d'Ajaccio pour le faire condamner, en qualité d'héritier pur et simple de feu sieur Antoine Costa, son père, au paiement de la somme de mille cinq cents francs, fond dotal de ladite veuve, reçu par ledit feu sieur Antoine Costa, ainsi qu'il résultait d'un acte public du 7 Janvier 1817.

Le sieur Étienne Costa ayant excipé de l'existence de trois autres cohéritiers, le Tribunal, par jugement en date du 26 Juillet 1825, ordonna à la dame Gonzaga, veuve Costa, de réduire sa demande à la portion due par le défendeur.

La veuve Costa fit signifier ce jugement au sieur Étienne Costa. Elle ne lui réclamait plus que la somme de trois cent soixante-quinze francs, montant de sa quote-part, les intérêts de ladite somme, ainsi que sa part des habits de deuil, aliments et loyers dus pendant l'année de deuil, fixés à quatre cents francs.

Le sieur Étienne Costa défendit sur cette demande ainsi réduite, et soutint que les conjoints Costa s'étaient mariés sous le régime de la communauté.

10 Février 1826, Jugement qui condamne Étienne Costa au paiement de la somme réclamée par la dame veuve Costa.

Appel de la part du sieur Étienne Costa.

ARRÊT.

Après délibération en la Chambre du Conseil,

La Cour; — sur les conclusions contraires de M. Tamiet, Premier Avocat Général;

Attendu que, la demande originaire a été restreinte à une somme moindre de mille francs, et que c'est sur la demande ainsi modifiée qu'est intervenu le jugement dont est appel; — Que, dès lors, ledit jugement a été rendu en dernier ressort;

Attendu que, s'agissant d'une exception relative à l'ordre des juridictions, et, par conséquent, de droit public, elle ne peut être censée couverte par les conclusions prises au fond par l'intimé;

Attendu, aussi, que la compétence se règle seulement d'après la somme demandée, quelles que soient les questions incidentes qui se présentent, et qui sont discutées à l'occasion de la demande, dont elles ne sont jamais que L'ACCESSOIRE;

Attendu que l'appel n'étant pas recevable, à l'égard du jugement qui a condamné au paiement de la somme réclamée, on ne saurait l'admettre relativement au jugement précédent, qui a reconnu dans l'appelant la qualité d'héritier pur et simple de son père, parce que cette qualité n'a été contestée qu'INCIDEMMENT à la demande principale dirigée contre l'appelant, pour le paiement d'une somme n'excédant pas le taux du dernier ressort;

Attendu, au surplus, qu'en discutant sur le fond de ladite demande, postérieurement au jugement qui lui a attribué la qualité d'héritier pur et simple, l'appelant a tacitement acquiescé audit jugement et s'est, par là, interdit le droit d'en appeler;

DÉCLARE l'appel non recevable;

Chambre civile. — M. LE Cte COLONNA D'ISTRIA, *Premier Président.*

MM. BERTORA, BRADI. } *Avocats.*

DU 5 JUILLET 1826.

FILIATION NATURELLE. — RECONNAISSANCE. — IRRÉVOCABILITÉ. — TESTAMENT. — SECRET.

La reconnaissance d'un enfant naturel ne peut être révoquée, quelle que soit la nature de l'acte authentique qui la contient. — Ainsi la reconnaissance faite dans un testament public est irrévocable [Cod. Civ. Art. 334] (1).

La reconnaissance d'un enfant naturel est indépendante des dispositions testamentaires. — Ainsi les Tribunaux peuvent, sans violer le principe que les dispositions de dernière volonté doivent demeurer secrètes jusqu'à la mort du testateur, ordonner, avant cette époque, la délivrance de l'extrait d'un testament qui renferme la reconnaissance d'un enfant naturel, dans la partie seulement relative à cette reconnaissance [Cod. Civ. Art. 334] (2).

G..... C. **dame S.......**

ARRÊT.

Après délibération en la Chambre du Conseil,

La Cour; — sur les conclusions conformes de M. Pierangeli, Conseiller Auditeur, attaché au Parquet;

Attendu qu'un testament reçu par un notaire est un acte authentique, et que, dès lors, une reconnaissance d'enfant naturel faite dans un pareil testament est valable, aux termes de l'article 334 du Code Civil;

Attendu que la reconnaissance d'un enfant naturel étant un acte de l'état civil, ne peut être révoquée par le père qui l'a reconnu, quel que soit le notaire rédacteur de l'acte authentique qui renferme ladite reconnaissance;

. . . .

(1-2) Voir ci-après l'arrêt du 17 août 1829 et la note qui l'accompagne, dans laquelle sont indiquées les autorités pour ou contre les deux solutions ci-dessus.

Attendu que les premiers Juges, en ordonnant la délivrance de l'extrait du testament de Félix G...., dans la partie seulement relative à la reconnaissance de Maria-Pietra, comme sa fille naturelle, ont respecté le principe que les dispositions de dernière volonté doivent demeurer secrètes jusqu'à la mort du testateur, parce que la reconnaissance d'un enfant naturel est indépendante desdites dispositions; — Qu'ils ont pu le faire avec d'autant plus de raison que, s'agissant d'une demande d'aliments dus aux enfants naturels reconnus, il importe d'y statuer promptement;

A mis les appellations au néant;

Ordonne de plus fort l'exécution du Jugement attaqué..........

Chambre Civile. — M. le Cte COLONNA D'ISTRIA, *Premier Président.*

MM. Casella, Saettoni, } *Avocats.*

DU 10 JUILLET 1826.

CONTRAT DE MARIAGE. — DONATION ENTRE-VIFS. — INSTITUTION CONTRACTUELLE. STATUT-CORSE. — ORDONNANCE DE 1731. SUCCESSION *ab intestat*. — DISPENSE DE RAPPORT. — RENONCIATION.

La clause d'un contrat de mariage par laquelle un père fait donation entre-vifs et irrévocable à sa fille aînée de la moitié de tout son patrimoine, et, en même temps, lui lègue l'autre moitié TELLE QU'ELLE SE TROUVERA DANS SA SUCCESSION A SON DÉCÈS, *contient, dans cette dernière partie, une institution contractuelle, proscrite par le Statut Corse, Chapitre* XLII, *et par la Loi* V *au Code*, De Pactis Conventis, *non abrogés par l'Ordonnance de 1731, qui n'a jamais eu force de loi en Corse* (1).

..... *Mais les biens compris dans la donation sont dispensés du rapport, si telle a été l'intention du donateur, quelle que soit la législation en vigueur au moment du décès de celui-ci.*

La femme qui n'a pas été présente à l'acte de son contrat de mariage, lors duquel son mari a renoncé en son nom aux droits qui pourraient lui compéter sur la succession de sa mère, n'est pas privée, ni ses héritiers pour elle, du droit de répéter la part qui lui était afférente dans cette succession.

Agostini C. **Morelli.**

Par acte public du 30 Décembre 1778, feu François-Marie Dominici, constitua à sa fille aînée Marie-Françoise, devenue femme Agostini, la moitié de tous ses biens, déduction néanmoins faite de 1,000 livres, qu'il constituait, dès ce moment, en dot à sa fille mineure Claire-Marie, devenue ensuite femme Morelli. — Quant à l'autre moitié des biens, il est dit dans le contrat que le donateur se la réserve pour ses besoins, et qu'à son décès, tout ce dont il n'aurait pas disposé se serait réuni à l'autre moitié donnée en dot à sa fille aînée.

Par autre acte du 21 Décembre 1791, le même François-Marie Dominici constitua

(1) V. l'arrêt de la Cour de Bastia du 28 déc. 1824 et la note qui l'accompagne, ci-dessus à cette date.

en dot à sadite fille cadette, différents immeubles. — La dotée n'était pas présente à l'acte, dans lequel son futur époux renonce pour elle aux droits qui pourraient lui compéter sur la succession de feu Lucie Dominici, sa mère.

Le 21 Mai 1794, François-Marie Dominici décéda sans avoir disposé de la moitié des biens qu'il s'était réservée par l'acte de 1778.

En l'an XI, et le 1er Fructidor, Claire-Marie Morelli, demanda le partage des successions paternelle et maternelle.

Le Tribunal civil de Bastia, par jugement du 2 février 1826, débouta les hoirs Morelli de leur demande en partage de la succession paternelle; — Et quant à la succession maternelle: « Attendu qu'aucun contrat, ni autre document, propre à faire con- » naître quels sont les biens appartenant à feu Lucie, n'a été produit, *fixe* à 600 fr. » ladite succession maternelle, et *condamne* les frères et sœurs Agostini à en payer la » moitié aux hoirs Morelli, ainsi que les intérêts à partir de l'année postérieure au » décès de la femme Dominici, à moins que les parties ne produisent, dans le délai » d'un mois, le contrat de mariage, ou autres documents, attestant quels étaient les » biens appartenant à la femme Dominici au moment de son décès, auquel cas lesdits » biens seront partagés en deux lots égaux, et les hoirs Agostini payeront les fruits de » la portion afférente à feu Claire-Marie Morelli...... »

Appel de la part des hoirs Agostini;

Appel incident de la part des hoirs Morelli.

Pendant l'instance d'appel, les frères et sœurs Agostini produisirent un acte public, en date du 30 juin 1748, duquel il résulte que feu Maëstro Angelo, *quondam* Marco, di Magna Sottana di Rogliano, oncle germain de feu Lucie, avait fait donation à cette dernière et à François-Marie Dominici, son futur époux, de l'universalité de ses biens meubles et immeubles, à la condition qu'ils se marieraient ensemble.

Le donateur se réservait cependant, pour lui et pour sa femme, l'usufruit de tous lesdits biens. Ce même usufruit devait servir à l'entretien des donataires, qui étaient tenus d'aller habiter avec le donateur.

ARRÊT.

Après délibération en la Chambre du Conseil,

La Cour; — sur les conclusions de M. Pierangeli, Conseiller Auditeur, attaché au Parquet;

Considérant que l'acte de contrat de mariage passé entre Jules Agostini et Marie-Françoise Dominici, le 30 Décembre 1778, contient, de la part de Dominici, père de la dotée, deux dispositions distinctes et séparées; — Que, par la première, il fait donation entre-vifs et irrévocable à sa fille aînée de la moitié de tout son patrimoine, prélèvement fait d'une somme de mille livres pour la dot de son autre fille ; et que par la seconde disposition, il lègue à sa même fille Marie-Françoise l'autre moitié de ses biens telle qu'elle se trouvera dans sa succession à son décès ; — Que, d'après la lettre et l'esprit de cet acte, cette seconde disposition doit être considérée comme une véritable INSTITUTION CONTRACTUELLE, proscrite par les Statuts Corses, chapitre XLII, et par le Droit Romain, notamment par la Loi 5, Cod. *De pactis conventis tam super dote quam super donatione ante nuptias ;*

Considérant qu'en vain on opposerait à ces principes les dispositions de l'Ordonnance de 1731, qui n'ayant jamais eu force de loi en Corse ne saurait régler le sort de l'acte de 1778 ; — Qu'ainsi, et quelle que soit la Législation ultérieure qui ait dû régler la succession de Dominici en 1794, époque de son décès, ses héritiers étaient appelés à recueillir *ab intestat* tous les biens qui se sont trouvés dans son hérédité, autres que ceux constitués en dot à ses filles, par les actes de Décembre 1778 et 1791 ; — Que, quant à ces donations, les parties se trouvent respectivement dispensées d'en faire le rapport, telle étant l'intention suffisamment manifestée par le donateur dans les deux actes précités ;

Considérant, sur la succession de Marie-Lucie Dominici, qu'il résulte de l'acte de 1748, produit en appel, que feu Maestro Angelo fit donation irrévocable de tous ses biens à ladite Marie-Lucie et à Dominici son époux ; — Qu'ainsi, cette même Lucie a transmis à ses deux filles un droit égal à sa succession, qui ne se composait que de la moitié de celle de Maestro Angelo, l'autre moitié s'étant confondue avec les biens de Dominici, auteur des parties, en vertu de ladite donation ; — Que les héritiers Morelli n'ont pu perdre leur droit à la succession de Lucie, sous le prétexte que leur mère avait renoncé à cette même succession, puisque Claire-Marie Morelli n'étant point présente à l'acte de 1791, nulle renonciation n'a pu être valablement faite en son nom ;

A MIS et met les appellations et ce dont est appel au néant ;

ÉMENDANT et faisant ce qui aurait dû être fait ;

ORDONNE que, sur l'état de consistance des successions paternelle et maternelle, qui sera fait par les parties et dans les formes de droit, celles-ci partageront par égales portions les biens composant les deux successions susdites, avec droit pour chacune d'elles de prélever et retenir, savoir : les héritiers de Claire-Marie Morelli tous les biens assignés à leur mère par feu Dominici, à titre de dot, par l'acte de 1791; — Et les héritiers de feu Françoise-Marie Agostini la moitié de toute la succession paternelle, en exécution de l'acte de constitution de dot de cette dernière, en date de 1778;

Ordonne aux héritiers Agostini de tenir compte aux héritiers Morelli des fruits de la portion des biens qui reviendra en définitive à ces derniers, et ce à partir du jour du décès de feu Dominici..........

Chambre Civile. — M. LE Cte COLONNA D'ISTRIA, *Premier Président.*

MM. Mari, Graziani, } *Avocats.*

DU 12 JUILLET 1826.

LÉGISLATION ANTÉRIEURE. — INTÉRÊTS. — TAUX.
ARRÉRAGES. — RENTES CONSTITUÉES. — RACHAT.

La loi qui a déclaré l'argent MARCHANDISE, *a autorisé, par voie de conséquence, la stipulation des intérêts à un taux supérieur à celui du cinq pour cent* (1).

Les contrats antérieurs à la publication de la loi du 3 Septembre 1807, restent régis, quant à la stipulation du taux des intérêts, par la législation sous l'empire de laquelle ils ont été passés (2).

L'article 1912 du Code Civil est applicable aux arrérages des anciennes rentes constituées, échus postérieurement à la publication du Code Civil (3).

(1) Cette décision est conforme à la jurisprudence de la Cour de Cassation. — V. Cass., 20 févr. et 11 avril 1810 (D. A. 9. 854; — S. 10.1. 205); — 29 janv. 1812 (D. A. *eodem*; — S. 12. 1. 209); — 5 oct. 1813 (S. 13. 1. 76). Cependant TROPLONG, *Du Prêt*, n° 350, soutient l'opinion contraire; il invoque deux arrêts rendus par les Cours de Dijon et de Limoges, le 11 nivôse an XI, et 10 mars 1808, et il décide que la Loi du 3 oct. 1789 doit servir de règle en cette matière.

(2) C'est encore un point qui nous semble constant en jurisprudence et en doctrine : Rejet, 21 juin 1825 (D. P. 25. 1. 225; — S. 26. 1. 301); — Cass., 5 mars 1834 (D. P. 34. 1. 155; — S. V. 34. 1. 597); — Rejet, 15 nov. 1836 (D. P. 37. 1. 46; — S. V. 36. 1. 939); — CHABOT, *Quest. Trans.*, V° *Contrat.*; — MERLIN, *Répert.*, V° *Intérêts*, § 6; — DURANTON, tom. 1er, n° 65, et tom. 17, n° 602; — TROPLONG, *ubi suprà*, n° 357. Cependant FAVARD DE LANGLADE, V° *Intérêts*, § 6, émet un avis contraire, et la Cour de Cassation semble avoir décidé, que la stipulation d'intérêts, dans un contrat antérieur à la loi de 1807, peut être considérée comme ne devant produire effet que jusqu'à l'époque fixée par le contrat. — V. Rejet, 13 juillet 1829 (D. P. 29. 1 298; — S. 29. 1. 257).

(3) La Cour de Cassation, et un grand nombre de Cours, ont constamment jugé dans le même sens. — V. Cass., 6 juillet 1812 (S. 12. 1. 281); — Rejet, 10 nov. 1818 (D. A. 9. 857; — S. 19. 1. 273); — Rej., 25 nov. 1839 (D. P. 40. 1. 27; — S. V. 40. 1. 252); mais les auteurs se sont partagés sur cette question qui nous paraît cependant avoir été résolue conformément aux vrais principes par l'arrêt ci-dessus. — V. Conf. : MERLIN, *Répert.*, V° *Rente constituée*, § 12, n° 13, et *effet rétroact.*, tom. 16, pag. 260 et 261; — TOULLIER, tom. 6, n° 250; — DELVINCOURT, tom. 3, pag. 415; — TROPLONG, *idem*, n° 485. — Contr. : PROUDHON, *Des person.*, tom. 1er, pag. 64 et 65; — CHABOT, *Quest. Trans.*, V° *Rente constituée*, § 3; — DURANTON, tom. 17, n° 615; — DEMOLOMBE tom. 1er, n° 55.

Poli C. Renucci.

ARRÊT.

Après délibération en la Chambre du Conseil,

La Cour; — sur les conclusions conformes de M. Pierangeli, Conseiller Auditeur, attaché au Parquet;

Attendu que le contrat du 19 Septembre 1794, qui a donné lieu à la contestation entre les parties, est intervenu après la loi qui avait déclaré l'argent *marchandise*, et dont une des conséquences a été la faculté de stipuler les intérêts à un taux supérieur à celui du cinq pour cent;

Que la loi du 3 Septembre 1807, a expressément déclaré en l'article 5, ne rien innover à l'égard des stipulations d'intérêts par contrats antérieurs à sa publication;

Attendu qu'aucune prescription ne peut avoir couru à l'égard des arrérages échus avant 1820, puisqu'une partie des arrérages a été partagée en numéraire, et que, pour l'autre partie, l'intimé s'en est reconnu débiteur, au moyen d'un billet d'obligation par lui souscrit; — Qu'à l'égard des arrérages postérieurs à 1820, la demande est venue avant l'expiration de cinq ans;

Attendu que les débiteurs des rentes, en retard depuis deux ans, peuvent être contraints au rachat, aux termes de l'article 1912 du Code Civil; — Que ce principe s'applique même aux rentes constituées avant le Code pourvu qu'il s'agisse d'arrérages échus postérieurement à la publication dudit Code, parce que, toutes les fois que, comme dans l'espèce, il s'agit de contrats dont les actes sont successifs, il appartient à la loi de régir ceux de ces actes qui ont lieu sous son empire, et de régler les conséquences que leur omission doit avoir sur les droits respectifs des parties;

Confirme son arrêt de défaut en date du 27 février 1826.

Chambre Civile. — M. le Cte COLONNA D'ISTRIA, *Premier Président.*

MM. Biadelli, Mari, } *Avocats.*

DU 25 JUILLET 1826.

AFFAIRES ORDINAIRES. — CHAMBRE DES VACATIONS. — COMPÉTENCE.

Les parties qui ont consenti, soit expressément, soit tacitement, à faire juger une cause ordinaire par la Chambre des vacations, ne peuvent attaquer le jugement qui intervient, sous prétexte qu'il a été incompétemment rendu (1).

Poli C. Cauro.

ARRÊT.

Après délibération en la Chambre du Conseil,

LA COUR; — sur les conclusions de M. PIERANGELI, Conseiller Auditeur, attaché au Parquet;

Attendu que la loi ne défend pas aux Juges de s'occuper d'affaires ordinaires pendant les vacances, lorsque les parties y consentent, soit expressément, soit, comme dans l'espèce, en comparaissant et plaidant lors du jugement, sans opposition ni réserve;

REJETTE le moyen de nullité contre le jugement attaqué.

Chambre Civile. — M. LE Cte COLONNA D'ISTRIA, *Premier Président.*

MM. BIADELLI, BRADI, } *Avocats.*

---

(1) V. ci-après pag. 191, arrêt identique, et Conf : Cass., 22 janv. 1806 (D. A. 12. 829; — S. 6. 2. 90); — Rej., 19 avril 1820 (D. A. *ubi suprà*; — S. 20. 1. 333); — CARRÉ, *Compét.* sous l'art. 364, pag. 475. — Cependant il a été décidé, que l'incompétence de la Chambre des vacations pour connaître des affaires, qui ne seraient pas purement sommaires ou urgentes de leur nature, est absolue et ne peut être couverte par le silence des parties. — Cass., 14 juillet 1830 (S. 30. 1. 247); — MERLIN, *Quest.* V° *Saisie imm.*, § 8, n° 4.

DU 25 JUILLET 1826.

APPEL. — NULLITÉ COUVERTE. — CHAMBRE DES VACATIONS. — COMPÉTENCE.

La nullité de l'acte d'appel est couverte par les conclusions au fond prises par l'intimé [*Cod. Proc. Civ. Art. 173 et 470*] (1).

La Chambre des vacations peut s'occuper d'affaires ordinaires si les parties y consentent (2).

Poli C. **Cauro.**

ARRÊT.

Après délibération en la Chambre du Conseil,

LA COUR; — sur les conclusions de M. PIERANGELI, Conseiller Auditeur, attaché au Parquet;

Attendu que l'intimé, en concluant au fond, à l'audience du 3 de ce mois, s'est interdit le droit d'exciper de la nullité, quand même elle existerait, de l'exploit d'appel;

Attendu que la loi ne défend pas aux juges de s'occuper d'affaires ordinaires pendant les vacances, lorsque les parties y consentent soit expressément, soit, comme dans l'espèce, en comparaissant et plaidant, lors du jugement, sans opposition ni réserve;

Attendu que l'expertise des terres dites *Roseto* vendues à l'appelant par l'administration, par procès-verbal d'adjudication, en date du 20

(1) On ne peut pas douter, selon nous, que l'article 173 du Cod. Proc. Civ. ne soit applicable en matière d'appel. Il faut donc conclure nécessairement que la nullité de l'acte d'appel est couverte, si elle n'est pas proposée avant toute défense au fond. Aussi la jurisprudence et les auteurs se sont-ils prononcés dans ce sens. — V. Cass., 14 janv. 1807 (D. A. 7. 611; S. 7. 2. 61); — Rej., 10 janv. 1810 (S. 10. 1. 122); — Rennes, 17 juillet 1820 (S. C. N. 6. 2. 289); — TALLANDIER, pag. 160; — CHAUVEAU sur CARRÉ, *Quest.* 1646 *bis*.

(2) Voir l'arrêt de la Cour de Bastia qui précède et la note qui l'accompagne.

Décembre 1791, peut fournir des éclaircissements pour bien apprécier les autres moyens des parties;

SANS S'ARRÊTER à l'exception de nullité d'appel, ni à celle de nullité du jugement, dont les parties sont DÉMISES et DÉBOUTÉES, sauf leurs autres droits;

Et pour y statuer RENVOIE la cause à l'audience du 14 Août prochain, à laquelle l'appelant sera tenu de présenter l'expertise qui a précédé la vente des terres dites *Roseto*, etc..........

Chambre Civile. — M. LE Cte COLONNA D'ISTRIA, *Premier Président.*

MM. BIADELLI, BRADI, } *Avocats.*

DU 26 AOUT 1826.

CONTRAINTE PAR CORPS. — ARRESTATION. — HEURE.
NAVIRE. — PROCÈS-VERBAL. — SIGNIFICATION.

L'huissier établit suffisamment que l'arrestation a eu lieu avant le coucher du soleil lorsque, dans son procès-verbal, à la date du 28 Juillet, il constate qu'elle a été effectuée vers les six heures environ du soir.

Un navire (revenant de voyage et entré dans le port) ne peut être assimilé à une maison dans le sens de l'article 781; et, dès lors, l'arrestation d'un débiteur peut y être effectuée sans l'intervention du Juge de Paix.

L'huissier doit dresser et signifier le procès-verbal d'emprisonnement et d'écrou, le jour même de l'arrestation, et il ne peut scinder cette opération. — Ainsi, est nul l'emprisonnement si l'huissier s'est borné à signifier le lendemain ces actes qu'il a commencés la veille, jour de l'arrestation. [*Cod. Proc. Civ. Art. 789 et 794*] (1).

Anziani C. **Orenga.**

ARRÊT.

Après délibération en la Chambre du Conseil,

La Cour; — sur les conclusions de M. Tamiet, Premier Avocat Général;

Attendu que l'huissier Zulesi, dans son procès verbal d'arrestation de Bonaventure Anziani, en date du 28 Juillet dernier, a constaté que la-

(1) Cette doctrine est enseignée par Thomine Desmazures, n° 921, ainsi que par Chauveau et Carré, *Quest.* 2690. — Il a même été décidé par la Cour de Cassation, le 16 déc. 1839 (D. P. 40. 1. 64; — S. V. 40. 1. 145), que l'emprisonnement est nul encore bien que la remise des copies ait été retardée par un référé; et par la Cour de Lyon, le 9 févr. 1853 (D. P. 54. 5. 188; — S. V. 53. 2. 399), que la nullité doit être prononcée également lorsque l'huissier n'a pas laissé copie de l'écrou au débiteur, au moment même de l'emprisonnement, et avant de sortir de prison. Dans l'espèce de ce dernier arrêt, l'huissier avait eu soin de revenir à la prison, peu d'instants après sa sortie, et de réparer son omission; mais la Cour, malgré cette circonstance, a confirmé le jugement dont était appel et qui n'avait point eu égard au peu de temps écoulé entre le départ de l'officier ministériel et son retour à la prison.

dite arrestation a eu lieu à six heures environ du soir, et que cette indication établit suffisamment que le soleil n'était pas couché;

Attendu que le bâtiment sur lequel ledit Anziani a été arrêté se trouvait dans le port de Bastia, revenant d'un voyage et admis à l'entrée : que l'intervention du Juge de Paix n'était nullement nécessaire, ne s'agissant pas d'une maison;

Mais attendu que les procès verbaux d'emprisonnement et d'écrou dudit Anziani constatent que copie n'en a été remise au débiteur arrêté que le lendemain de son arrestation; — Que du contexte desdits procès verbaux, il appert que c'est la veille que l'un et l'autre avaient été dressés, et que c'est sur le fondement de l'heure avancée, sans toutefois l'indiquer, que l'huissier a renvoyé la continuation de l'opération à laquelle il procédait à l'effet de pouvoir (est-il dit dans les procès verbaux) achever l'acte d'écrou et donner les copies; — Que ce motif ne pouvait faire renvoyer à un autre jour la remise desdites copies, parce que rien n'empêchait que l'huissier ne continuât l'opération qu'il avait commencée en temps utile, opération qui d'ailleurs ne pouvait être scindée, soit pour rendre régulier l'emprisonnement déjà effectué du débiteur, soit pour mettre celui-ci en état de pouvoir, sans délai, réclamer, s'il y était fondé, son élargissement;

Vu les articles 789, 794 du Code de Procédure Civile,

Réformant, déclare nul l'emprisonnement de Bonaventure Anziani....

Chambre Civile. — M. le Cte COLONNA D'ISTRIA, *Premier Président.*

MM. Graziani, Mari, } *Avocats.*

DU 31 AOUT 1826.

TUTELLE. — CONTRAINTE PAR CORPS. — PARENTS.
DOMICILE. — MINEURS.

Le tuteur destitué, qui reconnaît avoir perçu des capitaux mobiliers pour ses pupilles, peut être contraint par corps au paiement de ces sommes, quoiqu'il n'ait pas encore rendu son compte [Cod. Proc. Civ. Art. 126] (1).

La femme qui, en convolant à de secondes noces, conserve la tutelle de ses enfants mineurs concurremment avec son nouveau mari, n'est pas soumise à la contrainte par corps pour le reliquat du compte de la tutelle, soit parce qu'elle est censée avoir agi sous l'influence de son mari, soit parce que l'article 2066 du Code Civil, portant que la contrainte par corps ne peut être prononcée contre les femmes, hors le cas de stellionat, n'a pas été abrogé par l'article 126 du Code de Procédure Civile, qui l'ordonne pour reliquat de compte de tutelle (2).

Le respect filial s'oppose à ce que la contrainte par corps soit exercée par les enfants contre leurs père ou mère. — Ainsi, lorsque ceux-ci, en leur qualité de tuteur, sont restés reliquataires de sommes envers le mineur, il n'y a pas lieu d'ordonner contre eux la contrainte par corps, pour les obliger au paiement (3).

(1-2-3) Si la solution de la première question peut présenter quelque difficulté, c'est plutôt dans l'interprétation du fait que dans l'application du droit. Il est, en effet, incontestable que, si l'on reconnaît en fait, comme l'établit l'arrêt de la Cour de Bastia, que les sommes et effets mobiliers réclamés constituent nécessairement un reliquat de compte de tutelle, les juges peuvent, aux termes de l'article 126 du Cod. de Proc. Civ., prononcer la contrainte par corps contre le tuteur reliquataire. Or, dans l'espèce, tout concourait à prouver que le résultat du compte à rendre ne pouvait jamais diminuer la dette, et les conjoints Durazzo reconnaissaient eux-mêmes cette vérité.

La jurisprudence et la doctrine sont d'accord pour décider que, dans les matières civiles, les femmes ne sont soumises à la contrainte par corps que pour cause de stellionat, et que

Pour déterminer à qui du tuteur ou de la mère destituée de la tutelle doit appartenir la garde du mineur, on doit considérer le plus grand intérêt de ce dernier.

L'article 108 du Code Civil, qui fixe chez le tuteur le domicile du mineur, n'est qu'indicatif du domicile de DROIT *du mineur, c'est-à-dire du domicile où il est représenté.* — En conséquence *le tuteur (autre que le père ou la mère) n'est pas le maître de déterminer le domicile de* FAIT *du pupille.*

Lorsqu'il s'agit des intérêts directs du mineur, par exemple, de savoir si on doit le contraindre à cesser d'habiter avec sa mère, pour venir habiter chez son nouveau tuteur, l'intervention en cause de sa part doit être admise, quoiqu'il ne soit assisté ni de son tuteur, ni de son subrogé tuteur.

De ce que les jugements doivent être exécutés, il s'ensuit que tous les moyens, même celui de l'intervention de la force publique, peuvent être employés pour parvenir à l'exécution. — Ainsi le tuteur peut employer les moyens coërcitifs pour obliger le mineur à venir habiter avec lui, sans que toutefois aucun emprisonnement puisse avoir lieu (1).

Guitera C. époux Durazzo.

Décès du Cte Fiorella laissant deux filles mineures, Marie-Félicité et Madeleine. — Sa veuve se remarie avec le sieur Durazzo. La tutelle de ses filles lui est conservée, conjointement avec son nouvel époux.

---

l'article 126 du Code de Proc. Civ. ne déroge pas à l'art. 2066 du Cod. Nap. — *Sic*, Cass., 26 déc. 1827; — 17 janv. 1832; — 15 avril 1855 (D. P. 28. 1. 75; — 32. 1. 17; — S. V. 28. 1. 166; — 32. 1. 687; — 55. 1. 628); — DURANTON, tom. 18, n° 469; — CARRÉ et CHAUVEAU, *Quest.* 531; — TROPLONG, *Contr. par corps*, nos 300 et suiv. — Ce dernier auteur cite même, en l'approuvant, l'arrêt que nous rapportons.

Il est au moins douteux que le respect filial s'opposât réellement à l'exercice de la contrainte par corps sous l'empire du Code Civil et du Code de Procédure, qui avaient gardé le silence sur cette fin de non-recevoir tirée de l'affection et des égards de famille. Mais la loi du 17 avril 1832, dans son art. 19, et celle du 13 décembre 1848, art. 10, ont comblé cette lacune et désigné d'une manière limitative les parents et alliés entre lesquels l'exercice de la contrainte par corps est prohibé. — V. TROPLONG, *ubi suprà*, n° 536, et les lois citées.

(1) Conf. : Paris, 12 juillet 1825 (D. P. 26. 2. 134; — S. 28. 2. 124); — COIN-DELISLE, article 2063, n° 3; — TROPLONG, *eodem* n° 259.

En 1826, les époux Durazzo furent destitués de la tutelle, et remplacés par le sieur Guitera qui les traduisit devant le Tribunal pour les faire condamner à restituer, au moyen même de la contrainte par corps, les sommes à elles appartenant, à rendre compte, etc.

Jugement qui accueille cette prétention. — Ce Jugement était exécutoire par provision. Après sa signification, le tuteur, assisté d'un huissier et de deux gendarmes recors qui restèrent sur l'escalier, se présente, en compagnie de deux parents des demoiselles Fiorella, chez la dame Durazzo, leur mère, pour engager Marie-Félicité à le suivre, conformément aux dispositions du Jugement; celle-ci refuse d'obtempérer. Alors le tuteur se pourvoit devant le Président du Tribunal civil de Bastia, où la mineure était venue habiter depuis peu avec sa mère, pour obtenir l'autorisation de retirer cette mineure de tous les lieux où elle pourrait s'être réfugiée.

Ordonnance du 10 Août 1826, par laquelle ce Magistrat déclare n'y avoir lieu à accorder cette autorisation.

Appel, par le tuteur, de cette ordonnance. Les conjoints Durazzo appelèrent, à leur tour, du Jugement du Tribunal d'Ajaccio aux chefs qui leur étaient préjudiciables; le tuteur forma aussi un appel incident contre ce Jugement.

A l'audience, Me Varese, avoué, a demandé à intervenir au nom de la mineure Marie-Félicité. Cette intervention est-elle recevable? Après de longues discussions sur toutes les questions que cette cause présentait, la Cour a rendu l'arrêt suivant :

ARRÊT.

Après délibération en la Chambre du Conseil,

La Cour; — sur les conclusions conformes de M. Tamiet, Premier Avocat Général;

Attendu que, d'après l'article 126 du Code de Procédure Civile, la contrainte par corps peut être prononcée pour reliquats de comptes de tutelle et restitutions à faire par suite desdits comptes; — Que cette disposition, qui s'applique à un excédant quelconque de revenu, dont un tuteur se trouverait reliquataire par suite de sa gestion, doit nécessairement s'appliquer aux capitaux mobiliers, dont le tuteur se reconnaissait redevable, et qui, souvent, comme dans l'espèce, constituent en grande partie le patrimoine des mineurs;

Attendu que les conjoints Durazzo reconnaissent avoir recouvré, par suite d'une délibération du Conseil de famille qui les y autorisait, un capital considérable placé sur des banquiers à Milan, et avoir auprès d'eux une partie du mobilier, le tout provenant de la succession de feu lieutenant général Cte Fiorella ; — Qu'ils ont même offert, par des conclusions formelles, quoiqu'à des conditions nullement admissibles, de remettre sur le champ au nouveau tuteur qui les a remplacés dans la tutelle des mineurs Fiorella, la moitié de ce capital et de tout le mobilier dont ils se sont chargés, lors de l'inventaire dressé au décès de feu Cte Fiorella ; — Qu'il a déjà été établi qu'ils ne peuvent conserver dès à présent l'autre moitié desdits capital et mobilier, malgré leur prétention de communauté, tous leurs droits leur demeurant réservés à cet égard ; — Qu'aussitôt que, du propre aveu des conjoints Durazzo, lesdits capital et mobilier se trouvent entre leurs mains, rien ne saurait en suspendre la remise, tout compte se trouvant apuré quant à ces objets, qui font nécessairement partie du reliquat du compte de tutelle que doivent rendre lesdits conjoints Durazzo ; — Que rien donc ne peut empêcher que la remise et le dépôt ordonnés par le présent arrêt soient poursuivis contre le sieur Durazzo, co-tuteur, par la voie de la contrainte par corps, pour en assurer l'exécution dans l'intérêt des mineurs ;

Attendu que cette voie de rigueur ne saurait être étendue à la dame Durazzo, soit parce qu'étant sous la puissance maritale, elle n'est censée agir que sous l'influence de son mari, soit parce que le respect filial ne comporte pas une pareille mesure contre les mères, et que les droits de la nature et l'intérêt des bonnes mœurs doivent l'emporter sur l'intérêt privé, d'après les maximes : *Jura sanguinis nullo jure civili dirimi possunt*, *L.* 8, *ff. de reg. juris ;* Et, *Quod legibus omissum est, non omittetur religione judicantium*, *L.* 13, *ff. de Testibus ;* soit parce que la contrainte par corps, aux termes de l'article 2066 du Code Civil, ne peut être prononcée, en matière civile, contre des femmes, hors le cas de stellionat, principe qui n'est nullement abrogé par l'article 126 du Code de Procédure Civile ;

Attendu, cependant, que les relations qui existent entre les parties méritent quelques égards, et qu'une mesure de rigueur ne doit être employée, dans le cas particulier, qu'après un certain délai, qui donne lieu à présumer que le sieur Durazzo ne veut pas satisfaire aux ordres de justice;

Attendu que, d'après le Code Civil, et conformément à l'ancienne jurisprudence, il n'y a pas de règle tellement absolue, relativement à l'éducation des mineurs, que le tuteur ou la mère puissent en réclamer exclusivement le droit; — Que l'article 108 dudit Code, qui fixe le domicile du mineur chez le tuteur, est corrélatif avec l'article 450 du même Code, qui charge le tuteur de représenter le mineur dans tous les actes civils, puisque, pour remplir cette obligation, le tuteur a besoin de recevoir à son domicile tous les actes signifiés à son pupille; d'où il suit que l'article 108 ne parle que d'un domicile de droit, et que, par conséquent, le tuteur n'est pas maître de déterminer, par sa seule volonté, la résidence de fait de son pupille; — Que, quoiqu'il soit vrai que le soin de la personne du mineur, attribué au tuteur par l'article 450, emporte l'obligation de pourvoir à son entretien et à son éducation, il résulte aussi des articles 302 et 303, que, tant que le père ou la mère subsistent, ils ont droit de surveiller l'éducation et l'entretien de leurs enfants, en vertu de la puissance paternelle; — Que l'exercice de ces droits respectifs peut avoir lieu, quelle que soit la résidence du mineur, et que, pour la fixer, la seule chose à considérer est le plus grand avantage des enfants;

Attendu qu'il ne s'élève aucune difficulté à l'égard de la demoiselle Marie-Madeleine, une des mineures Fiorella; — Que la dame Durazzo sa mère, n'a point réclamé contre la décision qui la confie au tuteur;

Attendu que rien jusqu'ici ne démontre la nécessité de prendre la même détermination relativement à l'autre fille de la dame Durazzo, la demoiselle Marie-Félicité Fiorella, qui demande à rester auprès de sa mère; — Qu'on ne saurait écarter l'intervention en cause de ladite demoiselle, sur le fondement qu'elle n'est pas assistée de son tuteur, parce que, s'agissant de fixer le lieu de sa demeure dans le domicile de son tuteur, et d'employer les moyens coërcitifs pour l'y contraindre, elle a droit, par la nature et l'importance du fait, de réclamer directement l'autorité de la justice;

Attendu qu'en principe tous les jugements doivent être exécutés, et que tous les moyens propres à faire cesser les obstacles qui s'opposent à leur exécution, peuvent être employés, y compris celui autorisé par le droit commun de l'intervention de la force publique, si les autres sont inefficaces; car il ne s'agit pas, dans ce cas, de la voie de la contrainte par corps, aucun emprisonnement ne devant s'ensuivre;

Par ces motifs, etc.

Chambre Civile. — M. LE Cte COLONNA D'ISTRIA, *Premier Président.*

MM. MARI,
VIDAU,
BERTORA, } *Avocats.*

DU 7 SEPTEMBRE 1826.

CONTRAINTE PAR CORPS. — ÉLARGISSEMENT. — ÉTRANGER.

La loi du 15 Germinal an VI, dans la disposition par laquelle elle prononce l'élargissement du débiteur incarcéré pour dettes commerciales, après cinq années de détention, n'a pas été abrogée par les dispositions du Code de Procédure Civile relatives à l'emprisonnement (1).

Mais le bénéfice de cette loi ne peut être invoqué par les étrangers : — Il n'est accordé qu'aux régnicoles (2).

La loi n'ayant pas déterminé le temps durant lequel le débiteur incarcéré doit attaquer les actes de son arrestation, il s'ensuit qu'il peut en faire valoir les nullités, même plusieurs années après son arrestation.

Bringuier C. **Foresi.**

ARRÊT.

Après délibération en la Chambre du Conseil,

La Cour ; — sur les conclusions de M. Pierangeli, Conseiller Auditeur, attaché au Parquet ;

Considérant que, si l'on peut soutenir avec fondement que les dispositions du Code de Procédure Civile sur la contrainte par corps n'ont

---

(1-2) Ces points controversés avant la loi du 17 avril 1832, ne sont plus susceptibles de difficulté aujourd'hui que, par son article 32, la loi précitée déclare que : « les dispositions » du Cod. de Proc. Civ. sur l'emprisonnement auxquelles il n'a pas été dérogé par la pré- » sente loi, sont applicables à l'exercice de toutes contraintes par corps, soit pour dettes » commerciales, soit pour dettes civiles, même pour celles qui sont énoncées à la 2e sect. » du tit. 2 ci-dessus, et enfin à la contrainte par corps qui est exercée contre les étrangers. » — Néanmoins, pour les cas d'arrestation provisoire, le créancier ne sera pas tenu de se » conformer à l'article 780 du Cod. de Proc. Civ., qui prescrit une signification et un com- » mandement préalable. »

Nous croyons donc inutile de reproduire ici les décisions intervenues antérieurement à cette loi. Nous dirons seulement que l'opinion consacrée par l'arrêt que nous recueillons, était la plus généralement admise. — Voyez le nouveau Répertoire de M. Dalloz, V° *Contrainte par corps*, nos 599 et 600, et M. Troplong, *cod.*, n° 523.

pas abrogé le bénéfice de la loi du 15 Germinal an VI, qui prononce l'élargissement du débiteur incarcéré pour dettes commerciales, après cinq années de détention, il est hors de doute que cette faveur ne peut être invoquée par les étrangers ; — Que, d'après le texte du Code Civil qui leur refuse la cession de biens, et suivant la loi du 10 Septembre 1807, ils sont soumis au régime de la contrainte par corps plus rigoureusement que les régnicoles ;

En ce qui touche les formalités qui ont du être observées pour l'arrestation, en vertu du jugement prononcé contre Foresi :

Considérant qu'aucune décision n'est intervenue sur la validité dudit emprisonnement, et que la loi n'a point borné le laps de temps durant lequel le débiteur emprisonné peut attaquer les actes de son arrestation ;

Considérant qu'autant que le créancier détient le débiteur, il doit justifier de la légalité de la séquestration ;

Adoptant en outre les motifs du jugement dont est appel,

Confirme...........

Chambre des Vacations. — M. DALIGNY, *Président.*

MM. Gavini, Biadelli, } *Avocats.*

DU 15 NOVEMBRE 1826.

CONTRAT DE LOUAGE. — CONGÉ. — PREUVE TESTIMONIALE.

Les congés doivent être signifiés par exploit d'huissier (1).

La preuve testimoniale que le congé a été verbalement donné par le propriétaire au locataire qui le nie, ne peut être admise [*Cod. Civ. Art. 1715 et 1739*] (2).

Stagnaro C. **Portafax.**

ARRÊT.

Après délibération en la Chambre du Conseil,

La Cour ; — sur les conclusions de M. Murati, Conseiller Auditeur, attaché au Parquet ;

Attendu que le congé verbal dont s'étaye l'appelant est nié par les intimés ;

Attendu qu'il résulte de l'article 1739 du Code civil, que le congé doit être signifié, ce qui ne peut s'entendre que par exploit ; — Que même,

(1-2) Il semble résulter de cet arrêt que le congé doit être nécessairement signifié par main d'huissier; mais ne serait-il pas par trop rigoureux d'imposer l'accomplissement d'une formalité que la loi ne nous paraît pas avoir voulu exiger? Le Code Napoléon a bien ordonné que l'une ou l'autre des parties ferait connaître son intention de mettre fin au bail, par un avertissement qu'il appelle congé; mais il n'a nullement réglé les formes dans lesquelles cet avertissement doit être donné. Ce serait vainement, selon nous, que l'on contesterait la validité d'un congé que la correspondance ou l'aveu des parties établirait d'une manière évidente. Tout ce que la loi exige c'est un congé dont l'existence soit reconnue, ou prouvée par écrit. Telle est l'opinion de Curasson, *Compétence des Juges de Paix*, tom. 1er, pag. 289, n° 29; — Duranton, tom. 17, n° 122; — Troplong, *Du Louage*, tom. 2, nos 402, 422 et suiv. — Nous ne pouvons, au contraire, qu'approuver la décision de la Cour de Bastia en ce qu'elle a déclaré non admissible la preuve testimoniale d'un congé verbal, donné par le propriétaire et nié par le locataire. Voir dans ce sens, les trois auteurs cités. — *Adde*: Toullier, tom. 9, n° 34 ; — Merlin, *Quest. de Droit*, V° *Preuve*, § 5, n° 2; et un arrêt de la Cour de Cassation du 12 mars 1816 (D. A. 9. 695; — S. 16. 1. 167).

par un argument tiré de l'article 1715 du Code Civil, la preuve par témoins ne peut être reçue en pareil cas;

Sans s'arrêter à l'opposition de la partie de Benedetti;

Ordonne de plus fort l'exécution de son arrêt de congé défaut, en date du 28 octobre 1826............

Chambre Civile. — M. Le Cte COLONNA D'ISTRIA, *Premier Président.*

MM. Milanta, père, Mari, } *Avocats.*

DU 6 DÉCEMBRE 1826.

ACTE. — NATURE. — LÉSION. — RESCISION.

Il faut toujours apprécier les actes d'après leur véritable nature......

Comme conséquence de ce principe, l'acte portant renonciation par un cohéritier aux droits qui peuvent lui compéter dans une succession ouverte, doit être apprécié comme acte de partage (1).

Par suite, *la renonciation faite par un tel acte est susceptible de rescision pour cause de lésion, si elle ne porte pas la mention expresse qu'elle est faite aux* RISQUES ET PÉRILS *du cessionnaire* [*Cod. Civ. Art. 888 et 889*] (2).

.... *Et l'action en rescision, dans ce cas, peut être exercée pendant dix ans (Cod. Civ. Art. 1304).*

(1-2) Si l'on pose en fait que l'acte soumis à l'appréciation de la Cour est réellement un acte de partage, les conséquences tirées par l'arrêt que nous rapportons ne sauraient être contestées. Mais dès qu'on se demande si une cession de droits successifs, faite par un héritier à son cohéritier, doit être considérée comme un partage, et si, par suite, elle est susceptible de rescision pour lésion de plus du quart, quoiqu'elle ne fasse pas cesser l'indivision d'une manière absolue, on pourrait hésiter à embrasser l'opinion consacrée par la Cour de Bastia. La jurisprudence, en effet, est loin d'être fixée. — V. Conf. : Toulouse, 6 déc. 1834 et 23 janv. 1841 (S. V. 35. 2. 285; — 41. 2. 545); — Rejet, 20 mars 1844 (D. P. 44. 1. 217; — S. V. 44. 1. 307); — Limoges, 1er juillet 1844 (D. P. 45. 2. 160; — S. V. 45. 2. 221). — *Contrà* : Montpellier, 6 mai 1831 (D. P. 31. 2. 214; — S. V. 31. 2. 278); — Rejet, 15 déc. 1832 (S. V. 33. 1. 394). — Nous préfèrerions cependant l'interprétation donnée par les Cours de Toulouse, Limoges et Bastia, parce qu'elle nous semble plus conforme au texte de l'article 888 du Code Nap., qui ne contient aucun mot de nature à faire accueillir la distinction de ceux qui prétendent, que la rescision doit être admise si l'indivision cesse entre tous les cohéritiers, et qu'elle doit être repoussée si l'acte attaqué ne produit cet effet qu'entre les parties contractantes seulement.

Fondacci de Paoli C. Dame Santini.

ARRÊT.

Après délibération en la Chambre du Conseil,

La Cour; — sur les conclusions de M. Murati, Conseiller Auditeur, attaché au Parquet;

Attendu que le testament de feu Général Pascal de Paoli n'étant pas représenté en due forme, on ne peut, en l'état, en apprécier les dispositions, sauf aux parties à en implorer le bénéfice dans une autre instance, si elles s'y croient fondées;

Attendu que, par l'acte de transaction dont s'étaye l'appelant, la dame Santini, sa sœur, a renoncé par l'intermédiaire du sieur Pietri, son mandataire, à tous les droits à elle compétant dans la succession du Général de Paoli, à laquelle succession elle avait, en vertu de la loi, un droit égal à celui de son frère cessionnaire, s'agissant de leur commun grand-oncle;

Attendu que, quelle que soit la dénomination donnée audit acte, contenant renonciation aux droits de la dame Santini, il est évident qu'il a eu pour objet de faire cesser l'indivision entre les parties; — Que, par conséquent, ledit acte devant être réputé partage, il est, aux termes des articles 888 et 889 du Code Civil, susceptible de rescision pour cause de lésion de plus du *quart*, l'acte dont il s'agit ne contenant pas la mention expresse que la cession a été faite AUX RISQUES ET PÉRILS du cohéritier cessionnaire;

Attendu qu'il est de notoriété publique non contestée, que la portion héréditaire revenant à la dame Santini dans la succession du Général de Paoli, si elle n'en est pas écartée par le testament de ce dernier, excéderait, bien au delà du *quart*, les sommes adjugées par la prétendue transaction à ladite dame Santini, quand même on pourrait prendre en considération le capital, représentant la rente viagère constituée en sa faveur; — Que l'article 891 ne peut recevoir son application au cas dont est procès;

Attendu que l'action en rescision, dans le cas de partage, rentrant dans les dispositions de l'article 1304 du Code Civil, peut être exercée pendant dix ans;

Attendu, enfin, que ladite action ne peut être repoussée sous le fondement que la lésion n'est point admissible dans le contrat de rente viagère, parce que l'acte dont il s'agit doit être apprécié moins par son nom, que d'après sa véritable nature, et conformément à la règle établie en l'article 888 du Code Civil, le seul applicable à l'espèce;

Sans s'arrêter à l'acte de transaction passé à Londres, le 30 Avril 1822, que la Cour déclare nul et comme non avenu, sauf et réservé les droits de toutes les parties résultant du testament de feu Général de Paoli, à faire valoir ainsi qu'elles aviseront bon être;

Ordonne que son arrêt de congé de défaut, en date du 13 Septembre dernier, sortira son plein et entier effet..........

Chambre Civile. — M. le Cte COLONNA D'ISTRIA, *Premier Président.*

MM. Bertora, Mari, } *Avocats.*

DU 21 DÉCEMBRE 1826.

ASCENDANTS. — RÉSERVE. — PORTION HÉRÉDITAIRE. — CUMUL.

Les ascendants qui ont droit à une réserve, ne peuvent cumuler la réserve et la portion héréditaire.

En d'autres termes : *Lorsque l'ascendant ayant droit à une réserve se trouve être le seul héritier d'une ligne, il est obligé d'imputer ce qu'il reçoit à titre de réserve, sur la portion qu'il est appelé à recueillir en sa qualité d'héritier représentant l'une des lignes du défunt* (1).

Battistini C. Tiberj.

Ange Pescetti, mineur âgé de plus de 16 ans, est décédé en laissant pour héritiers, dans la ligne maternelle, Joséphine Tiberj, son aïeule, et dans la ligne paternelle, la femme Battistini Claire et autres, ses tantes.

Pescetti avait fait un testament dans lequel il avait disposé de tous ses biens.

Des contestations se sont élevées sur l'exécution de ce testament.

Les parties convenaient que la première opération du partage devait consister dans le prélèvement de la réserve; qu'ensuite il fallait livrer la moitié de ce qui restait aux

(1) Conf. : Angers, 16 juin 1825 (D. P. 26. 2. 67; — S. 26. 2. 110). — C'est l'opinion soutenue par la généralité des auteurs. — V. TOULLIER, tom. 5, n° 117; — SAINTESPÈS-LESCOT, *Des Donat.*, tom. 2, n°s 354 et suiv.;— TROPLONG, *Des Donat.* et *Test.*, tom. 2, n°s 819 et 820; — GRENIER lui-même, qui avait, dans la première édition de son ouvrage, enseigné le contraire, s'est rétracté dans la seconde, tom. 2, n°s 583 *bis* et *ter*. — Cependant DELVINCOURT, tom. 2, pag. 409 (édit. de 1819) et POUJOL, art. 915, n° 10, sont d'avis que, dans le cas d'une disposition faite par un mineur, la réserve des ascendants se compose de la partie indisponible par rapport au majeur, augmentée de la moitié de ce dont le majeur aurait pu disposer à leur préjudice sur leur portion héréditaire; et que les collatéraux, dans ce cas particulier, auraient la moitié de leur part héréditaire. Le système de l'arrêt que nous rapportons nous semble plus conforme au texte et à l'esprit de la loi, qui a fixé d'une manière invariable la quotité de la réserve des ascendants, et n'a pas voulu la faire dépendre de la capacité plus ou moins étendue du testateur. Nous n'hésitons donc pas à l'adopter sans réserve.

légataires, et partager l'autre moitié entre les lignes paternelle et maternelle. — Mais les héritiers de la ligne paternelle soutenaient que l'aïeule maternelle venant au partage comme héritier représentant l'autre ligne, devait rapporter à la masse ce qu'elle avait reçu à titre d'héritier à réserve.

Jugement du Tribunal civil de Bastia qui repousse ce système, et adjuge, en conséquence, à l'aïeule maternelle la réserve et sa portion dans le restant de la succession.

Appel de la part de la dame Battistini et autres.

ARRÊT.

Après délibération en la Chambre du Conseil,

La Cour; — sur les conclusions de M. Murati, Conseiller Auditeur attaché au Parquet;

En ce qui touche l'appel principal :

Attendu que ce n'est que contre les légataires ou donataires du défunt que l'article 915 du Code Civil accorde une réserve aux ascendants, et qu'aux termes du même article ils ont seuls droit à cette réserve lorsque, concourant à un partage avec des collatéraux, il ne leur reviendrait qu'une quotité égale à la réserve; que, dès lors, les ascendants ne peuvent prétendre, outre ladite réserve, la portion héréditaire attribuée à leur ligne dans le surplus de la succession;

Attendu qu'au mépris de ces principes, généralement reconnus par les auteurs, et établis par la jurisprudence, les premiers Juges ont autorisé Marie-Joséphine Tiberj à cumuler la réserve et la portion héréditaire;

Par ces motifs, et par ceux des premiers Juges en ce qui concerne l'appel incident;

Faisant droit à l'appel principal,

Réforme le jugement attaqué, dans la disposition par laquelle il a été alloué à Marie-Joséphine Tiberj la réserve et la portion héréditaire;

Émendant, quant à ce seulement, ordonne que le partage de la succession de feu Ange Pescetti aura lieu de la manière suivante : après le prélèvement du quart, montant de la réserve de l'aïeule, le restant sera divisé en deux portions égales, dont une sera dévolue aux légataires dudit Ange Pescetti, et l'autre moitié ensemble au quart de ladite réserve seront partagés en deux portions égales, dont une pour Marie Joséphine Tiberj, aïeule du défunt, et l'autre pour ses tantes Laudangela, Claire-Catherine et Marie-Françoise, à moins que ladite aïeule Marie-Joséphine ne préfère s'en tenir à sa réserve, et dans ce cas elle lui sera allouée exclusivement;

ORDONNE que, pour le surplus, le jugement sera exécuté selon sa forme et teneur.

Chambre Civile. — M. LE Cte COLONNA D'ISTRIA, *Premier Président.*

MM. SUZZONI, VASTAPANI, } *Avocats.*

ANNÉE 1827.

DU 8 JANVIER 1827.

VÉRIFICATION D'ÉCRITURE. — OPTION. — PREUVE.

Le Tribunal qui, sur la demande d'une partie, a ordonné une vérification d'écriture par l'un des modes autorisés par l'article 195 du Code de Procédure Civile, ne s'interdit pas le droit d'ordonner postérieurement une autre vérification par les autres modes indiqués par cet article (1).

Spécialement : *Lorsqu'un Tribunal a ordonné la vérification d'écriture par experts, il peut, sur la demande d'une partie, ordonner la même vérification au moyen de la preuve testimoniale.*

Pianelli C. Pianelli.

Il résultait d'un acte privé, passé en 1802, et portant la signature du sieur Jourdain, que celui-ci était débiteur envers le sieur Charles Pianelli de vingt-quatre mesures de blé. A l'échéance le billet ne fut pas payé. Il paraît que Charles Pianelli reçut de Jourdain, en paiement de son billet, un champ complanté à oliviers; du moins, est-il vrai, que le premier a joui de ce champ depuis lors; et il soutenait en outre qu'il avait eu cette jouissance en vertu d'une vente verbale qui lui en avait été faite par Jourdain, avec promesse d'en passer plus tard acte public.

En 1813, Charles Pianelli fit un nouveau prêt de denrées au sieur Jourdain; et celui-ci souscrivit un billet pour la valeur de ces denrées.

En 1819, et après avoir inutilement essayé d'obtenir cet acte de vente, le sieur Charles Pianelli actionna en justice le sieur Jourdain pour le faire condamner à le passer. Ce dernier dénia la signature du billet de 1802, et ne se reconnut débiteur que du montant du billet souscrit en 1813; mais il soutint que la valeur de ce dernier billet avait été compensée avec la jouissance que Charles Pianelli avait eue de ses oliviers.

Le sieur Charles Pianelli demanda alors la vérification de la signature déniée : elle fut ordonnée par le Tribunal. — Les experts déclarèrent qu'il leur semblait que la signature n'était pas de la main de Jourdain. — Le sieur Pianelli demanda une nouvelle vérification par témoins, et offrit de faire entendre les personnes qui avaient vu Jourdain apposer sa signature au bas du billet de 1802. — Jourdain répondit que cette

(1) Conf. : Toulouse, 1er mai 1817 (D. A. 5. 665; — S. 23. 2. 16). — V. Anal. : Angers, 3 juillet 1820. (D. A. *ubi suprà*; — S. 23. 2. 17).

nouvelle vérification était inadmissible, que le droit du sieur Pianelli était épuisé, et que le Tribunal, qui avait mis en usage l'un des modes de preuves autorisé par l'article 195 du Code de Procédure Civile, n'avait plus la faculté d'employer les autres modes pour la même vérification.

Jugement du Tribunal d'Ajaccio qui adopte ce système.

Appel de la part du sieur Charles Pianelli.

ARRÊT.

Après délibération en la Chambre du Conseil,

La Cour; — sur les conclusions de M. Murati, Conseiller Auditeur, attaché au Parquet;

Attendu que, d'après l'article 195 du Code de Procédure Civile, la vérification des écritures peut être faite tant par titres que par experts et par témoins;

Attendu que l'admission d'un de ces genres de preuves n'exclut pas le droit qu'ont les parties de demander, et le Tribunal d'ordonner postérieurement les autres preuves autorisées par la loi, lorsque, comme dans l'espèce, il n'y a pas de jugement passé en force de chose jugée qui les ait rejetées;

Avant dire droit, sauf et sans préjudice des droits et moyens des parties;

Ordonne que Charles-Michel Pianelli prouvera par témoins, etc......

Chambre Civile. — M. le Cte COLONNA D'ISTRIA, *Premier Président.*

MM. Bradi, Biadelli, } *Avocats.*

DU 10 JANVIER 1827.

DEGRÉS DE JURIDICTION. — DEMANDE INCIDENTE. — SOCIÉTÉ EN PARTICIPATION. INCOMPÉTENCE. — APPEL.

Lorsqu'il s'élève, incidemment à une demande qui n'excède pas les limites du dernier ressort, la question de savoir s'il existe une société entre les parties, le jugement qui intervient n'est pas susceptible d'appel (1).

Mais l'appel d'un jugement pour cause d'incompétence est toujours recevable, quoique l'objet de la contestation, au principal, soit inférieur au taux du dernier ressort [*Cod. Proc. Civ. Art. 454*] (2).

De la recevabilité de l'appel principal, fondé sur l'incompétence, on ne peut pas induire la recevabilité de l'appel incident sur le fond, incompétemment jugé par les premiers Juges [*Cod. Proc. Civ. Art. 172, 425 et 454 combinés*] (3).

---

(1) C'est en effet par la valeur de l'objet de la demande, et non par l'importance des questions qui sont soulevées accessoirement, que se détermine le dernier ressort. — Rej., 25 avril 1827 (D. P. 27. 1. 217; — S. 28. 1. 83); — Limoges, 16 juin 1838 (D. P. 39. 2. 9; — S. V. 38. 2. 525); — Toulouse, 11 mars 1852 (D. P. 52. 2. 214; — S. V. 52. 2. 491); — Montpellier, 12 et 13 juillet 1853 (S. V. 53. 2. 476). — Ce point nous paraît aujourd'hui constant en jurisprudence et en doctrine. — V. TOULLIER, tom. 4, n° 334, et tom. 10, n° 256; — CHABOT, art. 800, n° 3; — CARRÉ, *Comp.*, art. 285 et 286, Quest. 323; — BENECH, *Des Just. de paix* et des *Trib. Civ.*, 2e partie, pag. 95 et suiv. — On peut consulter cependant pour l'opinion contraire : Riom, 18 avril 1825 (S. 26. 2. 75), ainsi que FAVARD DE LANGLADE, V° *Exception*, § 4, n° 2, et VAZEILLE, sur l'art. 800. — MERLIN qui, dans son *Répertoire*, V° *Dernier ressort*, § 12, pag. 570, se prononce dans le sens de l'arrêt que nous rapportons, embrasse l'opinion contraire dans ses *Quest. de Droit*, V° *Héritier*, § 8.

(2-3) Cela ne saurait plus faire difficulté aujourd'hui, quoique l'on ait voulu prétendre, pendant quelque temps, que l'article 454 du Code de Procédure Civile s'appliquait au cas seulement où le jugement avait été, à tort, qualifié en dernier ressort; mais la jurisprudence et les auteurs ont condamné cette fausse interprétation de la loi. — Cass., 16 juin 1810 et 22 avril 1811 (D. A. 1. 436 et 4. 618; — S. 11. 1. 162 et 164); — CARRÉ et CHAUVEAU, *Quest.*, 1635; — BOITARD, tom. 3, pag. 98.

Roland C. Bonelli.

ARRÊT.

Après délibération en la Chambre du Conseil,

La Cour; — sur les conclusions conformes de M. Murati, Conseiller Auditeur, attaché au Parquet;

Attendu que le jugement attaqué est intervenu sur une instance tendant à obtenir paiement d'une somme moindre de mille francs, et, par conséquent, non susceptible des deux degrés de juridiction; — Que la compétence en dernier ressort des premiers Juges, n'a pu être changée par l'exception du défendeur, fondée sur l'existence entre les parties d'une société en participation; — Que cette exception incidente doit suivre le sort de la demande principale, dont elle est l'accessoire;

Attendu, néanmoins, que l'appel principal est basé sur l'incompétence du Tribunal de Commerce de Bastia, et qu'aux termes de l'article 454 du Code de Procédure Civile, tout jugement, encore qu'il soit qualifié en dernier ressort, est susceptible d'appel lorsqu'il s'agit d'incompétence;

Attendu que les premiers Juges ayant reconnu, par le jugement dont est appel, qu'il existait entre les parties une société en participation, auraient dû s'abstenir de connaître de la contestation qui s'était élevée entr'elles, et les renvoyer devant les arbitres, conformément à l'article 51 du Code de Commerce; — Que, s'agissant d'incompétence absolue, cette obligation leur incombait d'office; et que, d'ailleurs, l'appelant, par ses conclusions insérées au jugement, avait suffisamment excipé du déclinatoire;

Attendu que, d'après les faits et les principes ci-dessus établis, l'appel incident de l'intimé ne peut pas être reçu, vu qu'il porte sur le fond du jugement, en ce qu'il a reconnu l'existence de la société en participation, et que cette disposition tout-à-fait dépendante de la demande principale, est, comme elle, en dernier ressort;

Attendu que de la recevabilité de l'appel principal on ne peut pas déduire la recevabilité de l'appel incident; — Que le premier, fondé sur l'incompétence du Tribunal, est censé être intervenu sur un jugement autre que celui du fond; — Qu'en effet, l'esprit de la loi, tel qu'il ressort des articles 172, 425 et 454 du Code de Procédure Civile, est qu'il soit statué sur la compétence par un jugement séparé, ou par une disposition distincte; — Qu'enfin, c'est une conséquence nécessaire de la disposition qui admet, dans les matières en dernier ressort, l'appel pour cause d'incompétence, que le Tribunal saisi de cet appel ne peut connaître que des moyens d'incompétence, puisque ce n'est que sous ce point de vue que l'appel est recevable, et qu'à cela seul doit se borner l'examen des Juges d'appel;

Sans avoir égard à l'opposition de la partie de Me Benedetti, ni à son appel incident, qui est déclaré non recevable;

Ordonne de plus fort l'exécution de son arrêt de défaut, en date du 13 septembre 1826.............

Chambre Civile. — M. le Cte COLONNA D'ISTRIA, *Premier Président.*

MM. Camoin-Vence, Bradi, } *Avocats.*

DU 29 JANVIER 1827.

LOI GÉNÉRALE. — LOI SPÉCIALE. — ABROGATION. — EXÉCUTION. — COLONIE.

Lorsque, dans un État régi par une législation uniforme, il vient s'établir une colonie soumise à des lois différentes, cette dernière législation doit disparaître devant la première, et les colons doivent être régis par la loi générale, si par les mariages et depuis un long intervalle de temps, les colons ont été tellement identifiés avec les naturels du pays, que les uns et les autres ont dû en être considérés comme les habitants, jouissant des mêmes droits et soumis, en conséquence, aux mêmes règles.

Une législation particulière qui n'a été exécutée ni lors de sa promulgation, ni depuis, ne peut avoir aucune force..... les choses sur lesquelles elle statuait continuant à être régies par la loi générale.

Gonnellacci C. Frangolacci.

En 1675, une partie de la population de Maïna, près l'ancienne Sparte, obligée de s'expatrier pour se soustraire à la domination sanglante des Turcs, implorait, dans sa détresse, asile et secours des Princes Chrétiens. Soit politique, soit pitié pour le malheur, la République de Gênes, qui exerçait alors un empire non moins sanglant en Corse, fit concession à ces Grecs d'une étendue assez considérable de terrains, connus dans l'île sous le nom de *Paomia*. Lors de cette concession, le Sénat de Gênes fit un Statut qui en contenait les conditions. L'article 7 de ce Statut portait : « La Républi- » que de Gênes assigne aux dits Grecs à titre d'emphytéose trois pays, c'est-à-dire, » *Paomia, Hevida* et *Salogna* pour eux et pour leurs successeurs, à condition que » les portions de terrain qui seront assignées à chacun d'eux soient également parta- » gées entre leurs enfants ou héritiers, sans distinction de sexe. »

Il paraît que cet article n'a jamais été exécuté, et que les partages des successions ont été faits dans la Colonie, d'après le Statut Corse, qui excluait les filles du partage de l'hérédité.

Cependant ce fut en se fondant sur cet article que les frères Gonnellacci intentèrent le procès dont voici les faits.

En 1787, Théodore Frangolacci décède à *Paomia*, en laissant deux enfants, Nicolas et Anne. — Nicolas recueille en vertu du Statut Corse toute l'hérédité à l'exclusion de sa sœur.

En 1823 seulement, les frères Gonnellacci, fils d'Anne, assignèrent le sieur Georges Frangolacci, fils de Nicolas, et demandèrent le partage égal de la succession de leur aïeul Théodore, conformément à l'article 7 du Statut donné par le Sénat de Gênes.

Jugement du Tribunal d'Ajaccio, du 4 Juillet 1826, qui rejette leur demande sur le fondement qu'en 1787, époque du décès de Théodore, la Corse était régie par le Statut qui excluait les filles de la succession, et que les conventions passées entre le Sénat de Gênes et la Colonie avaient cessé d'être en vigueur au moment de l'évacuation forcée de la Corse par les Génois.

Appel de la part des frères Gonnellacci.

ARRÊT.

Après délibération en la Chambre du Conseil,

La Cour ; — sur les conclusions conformes de M. Tamiet, Premier Avocat Général ;

Attendu que, quelles que puissent avoir été les conventions entre le gouvernement de Gênes et la colonie grecque relativement aux successions des Grecs, on ne saurait y avoir égard, depuis que, par la longueur du temps et par les mariages, les colons ont été tellement identifiés avec les naturels du pays, que les uns et les autres ont dû être considérés comme les habitants du même pays, jouissant des mêmes droits et soumis, par conséquent, aux mêmes règles ;

Attendu que l'on ne justifie par aucun acte ou jugement que lesdites conventions aient reçu une exécution quelconque, ni avant ni postérieurement à la réunion de la Corse à la France, événement qui a nécessairement fait disparaître, même sous le rapport du Droit Civil, entre les colons et les naturels, toute différence qui aurait pu exister précédemment, aucune différence n'ayant été maintenue par le nouveau souverain ;

Attendu que la succession dont il s'agit s'est ouverte après la cessation de la domination de la république de Gènes, et que le jugement attaqué est fondé sur les dispositions du Statut Corse alors en vigueur, en vertu même d'Édits du Roi qui n'ont établi aucune exception;

ADOPTANT au surplus les motifs des premiers Juges;
A MIS l'appellation au néant;
ORDONNE l'exécution du jugement dont est appel.

Chambre Civile. — M. LE Cte COLONNA D'ISTRIA, *Premier Président.*

MM. MARI, } *Avocats.*
BRADI, }

DU 31 JANVIER 1827.

JUGEMENT DE DÉFAUT. — OPPOSITION. — PARTIE PRÉSENTE.

Un arrêt de défaut doit être considéré comme contradictoire, et, partant, il est irrévocable, relativement à la partie qui l'a provoqué et obtenu.

L'opposition n'est recevable que lorsqu'elle est faite par la partie défaillante.

En conséquence, *sur l'opposition formée par celle-ci, la partie qui a été présente ne peut demander la rétractation des chefs de l'arrêt qui lui sont préjudiciables* (1).

Serpentini C. **Ettori.**

ARRÊT.

Après délibération en la Chambre du Conseil,

LA COUR; — sur les conclusions conformes de M. TAMIET, Premier Avocat Général;

Attendu, en ce qui touche l'opposition incidente de la partie de Me Progher, qu'elle n'est autorisée par aucune loi; — Qu'au contraire, les dispositions de l'arrêt de défaut par lesquelles elle a été déboutée de son appel incident sont irrévocables, ledit arrêt étant contradictoire quant à ce, et l'opposition n'étant recevable qu'à l'égard des parties défaillantes et qui n'ont pas été entendues;

(1) Conf. : Bastia, 13 avril et 1er juin 1824 (V. *suprà* à ces dates), ainsi que les autorités citées en note, sous ce dernier arrêt; — Paris, 16 février 1850 (D. P. 51. 2. 229; — S. V. 52. 2. 32).

Déclare mal fondée l'opposition des parties de Me Saladini, et non recevable celle de la partie de Me Progher;

Ordonne de plus fort l'exécution de son arrêt de défaut, en date du 2 mai 1826............

Chambre Civile. — M. le Cte COLONNA D'ISTRIA, *Premier Président.*

MM. Biadelli, Bertora, Mari, } *Avocats.*

DU 15 FÉVRIER 1827.

SOCIÉTÉ. — DISSOLUTION. — COMPÉTENCE. — ARBITRES.

Les arbitres forcés sont incompétents pour prononcer sur la demande en dissolution d'une société, formée pour cause d'inexécution des clauses du contrat [*Cod. Comm. Art. 51*] (1).

Mariani C. Campana.

Le Sous-Intendant militaire de Bastia avait fait un marché d'urgence avec le sieur Mariani, pour la fourniture du chauffage dans la 17e Division Militaire (Corse). — Mariani s'était associé le sieur Campana, qui s'était présenté comme sa caution vis-à-vis de l'autorité militaire.

Des différends étant survenus entre les associés, Campana assigna Mariani devant le Tribunal de Commerce pour rendre compte de sa gestion.

Le Tribunal les renvoya devant des arbitres.

Là, Mariani a demandé reconventionnellement la dissolution de la société contre Campana, en se fondant sur ce que celui-ci n'avait pas exécuté les clauses du contrat.

Les arbitres se déclarèrent incompétents, par le motif que c'est aux Tribunaux seuls à décider quand il y a ou non société, et quand elle doit être dissoute; et que les arbitres n'ont qu'à s'occuper de la liquidation.

Appel de la part de Mariani.

---

(1) Conf. Lyon, 18 mai 1823 (D. A. 12. 121; — S. 24. 1. 221); — Lyon, 22 août 1825 (D. P. 26. 2. 66); — Rej., 16 nov. 1835 et 3 août 1836 (D. P. 35. 1. 447; — 36. 1. 437; — S. V. 36. 1. 387 et 629).

Contrà: Lyon, 21 avril 1823 (Dalloz, *Répert.*, 2e édit., tom. 4, pag. 424, note 4); — Rej. 30 nov. 1825 (D. P. 26. 1. 27); — Rej., 21 août 1828 (Dalloz, *Répert.*, 2e édit., tom. 4, pag. 424, note 2); — Paris, 28 févr. 1829 et 13 févr. 1839 (D. P. 29. 2. 136; — *Répert.*, 2e édit., tom. 4, pag. 425, note 1); — Rej., 6 juillet 1829 (D. P. 29. 1. 288; — S. 30. 1. 307); — Caen, 19 mars 1839 (Dalloz, *Répert.*, 2e édit., tom. 5, pag. 176, note 2); — Req., 1er août 1839 (D. P. 39. 1. 351; — S. V. 39. 1. 965); — Poitiers, 5 févr. 1854 (D. P. 54. 2. 134; — S. V. 54. 2. 439). — V. Nouguier, *Des Trib. de Comm.*, tom. 2, pag. 226, qui cite différents auteurs et d'autres arrêts.

ARRÊT.

Après délibération en la Chambre du Conseil,

La Cour; — sur les conclusions conformes de M. Tamiet, Premier Avocat Général;

Considérant que les Tribunaux de Commerce sont seuls compétents pour connaître de la dissolution, comme de l'existence d'une société, entre commerçants;

Confirme............

Chambre Civile. — M. le Cte COLONNA D'ISTRIA, *Premier Président.*

MM. Mari,
Milanta, Père. } *Avocats.*

DU 22 FÉVRIER 1827.

LIBERTÉ PROVISOIRE. — DÉCHÉANCE. — CAUTION. — COMPÉTENCE.

Le prévenu qui a obtenu sa liberté provisoire sous caution, et qui, ne s'étant pas représenté à l'un des actes de la procédure, a été écroué, mais sans que sa caution ait été poursuivie, peut encore, après le jugement, et sur l'appel interjeté par le Ministère Public, demander sa liberté sous caution [Cod. Instr. Crim. Art. 114 et 126] (1).

Dans ce cas, la Cour, saisie de l'appel, est compétente et ne doit pas renvoyer devant le Tribunal correctionnel pour statuer sur cette demande.

Ministère Public C. **dame N...**

ARRÊT.

Après délibération en la Chambre du Conseil,

La Cour; — Considérant que l'article 114 du Code d'Instruction Criminelle donne à tout prévenu de faits emportant une peine correctionnelle, la faculté de demander, en tout état de cause, à être mis en liberté provisoire, en donnant caution; et que l'article 115 n'exclut de ce bénéfice que les vagabonds et repris de Justice;

---

(1) Conf. : Cass., 24 août 1811 (D. A. 9. 786; — S. 12. 1. 212). — Il est, en effet, généralement reconnu en jurisprudence que la mise en liberté provisoire peut être demandée devant tout Tribunal saisi de la cause, et pendant tout le temps qu'il en est réellement saisi; — Cass., 27 mars 1823 (D. A. 9. 787; — S. 23. 1. 251). — La Cour de Cassation a même jugé, par arrêts du 17 mars 1830 et 17 juillet 1841 (D. P. 30. 1. 196 et 41. 1. 424; — S. V. 30. 1. 221 et 41. 1. 779), que les juges d'appel doivent connaître des demandes de cette nature formées pendant l'instance du pourvoi en Cassation. — Dans son Traité de l'Instruction Criminelle, tom. 5, chap. 25, § 387, pag. 847, M. Faustin Hélie cite, en l'approuvant, l'arrêt que nous rapportons.

Considérant que, si l'article 126 du même Code interdit aux Juges d'accorder la liberté provisoire à celui qui, l'ayant déjà obtenue, a laissé contraindre sa caution au paiement des sommes pour lesquelles elle s'était obligée, cette disposition exceptionnelle devant être renfermée dans son objet, ne saurait être appliquée à la requérante, parce qu'elle a manqué de se représenter sur la citation à elle donnée ; — Ce défaut de comparaître n'a pas entraîné de contrainte, ni même de poursuites contre la caution par elle fournie, mais seulement la réintégration de la prévenue dans la maison d'arrêt ;

Considérant, d'ailleurs, qu'aucun motif particulier ne peut déterminer, dans l'espèce, à refuser le bénéfice imploré ;

ORDONNE que la dame N.... sera mise en liberté, moyennant caution solvable de se représenter.

Chambre d'accusation. — M. LE Cte COLONNA D'ISTRIA, *Premier Président.*

DU 6 MARS 1827.

BIENS NATIONAUX. — CESSIONNAIRES. — COMPÉTENCE. — ÉVOCATION.

La question de savoir auquel des cessionnaires de biens nationaux est due la préférence, est de la compétence de l'autorité judiciaire.

Quand un jugement de défaut profit-joint a été prononcé contre l'une des parties, et qu'ensuite elles ont conclu au fond, la cause peut être évoquée et jugée au fond, si le jugement appelé est infirmé, et si la matière est disposée à recevoir une solution définitive.

Arrighi de Casanova, Duc de Padoue C. les sieurs Montera, Arrighi et Giulj.

Il résultait d'un procès-verbal qu'à la date du 14 Mai 1791, feu sieur Biaggini-Giannettini s'était rendu acquéreur, pour la somme de 14,500 livres, en assignats, de l'immeuble national, connu sous la dénomination de ***Jardin de Saint-François***, sis à Corte. Il résultait également qu'il avait payé sur ladite somme un à-compte de 1,740 livres.

Le 21 Octobre suivant, Biaggini-Giannettini associa à son achat feu le docteur Montera pour la moitié, et Vincent-Louis Arrighi pour le quart.

Biaggini-Giannettini et Arrighi émigrèrent, et aucun autre à-compte ne fut payé ni par eux, ni par le docteur Montera.

Rentré en Corse à la suite de l'amnistie, Biaggini-Giannettini céda au Duc de Padoue, par acte sous-seing privé, enregistré, tous les droits qui pouvaient lui compéter, en vertu dudit procès-verbal, à la charge par lui de payer tout ce qui serait encore dû au Gouvernement sur le prix de la vente.

Par arrêté du Préfet du Golo, sous la date du 10 novembre 1802, le Duc de Padoue fut subrogé aux droits dudit Biaggini-Giannettini, et obtint une réduction de 7,500 fr. sur le prix de la vente, à cause des dégradations que l'immeuble avait souffertes, par suite des dévastations commises par les bandes de la révolution, et précédemment constatées par experts. — Le Duc de Padoue acquitta alors (1803) le complément du prix en la somme de 3,346 livres en numéraire, et en retira quittance du directeur des Domaines.

Le Gouvernement ayant approuvé l'Arrêté du Préfet, l'administration des Domaines mit le Duc de Padoue en possession dudit immeuble, et il en a joui jusqu'au 5 Août 1814. A cette époque Vincent-Louis Arrighi l'en dépossédа à main armée, et s'empara de toute la récolte.

Dans l'année du trouble, le Baron Arrighi, père du Duc de Padoue, intenta, en son nom personnel et en celui de son fils, une action en réintégrande contre Vincent-Louis Arrighi. Il eut gain de cause par sentence du Juge de Paix de Corte, en date du 8 Juillet 1815; mais, sur l'appel, cette sentence fut infirmée le 1er Juillet 1816, par jugement du Tribunal de première instance de la même ville.

Le Baron Arrighi acquitta toutes les condamnations prononcées par ce Jugement; et le 15 Octobre même année, il interjeta appel. — Cet appel n'eut aucune suite, et Vincent-Louis Arrighi demeura en possession de la totalité de l'immeuble.

Cependant le docteur Montera décéda : l'ex-vicaire son frère, et l'un de ses héritiers, vendit au sieur Giulj un enclos dénommé *Porette*, et dans l'acte de vente on lit la clause suivante : « *Partecipando al medesimo di quei dritti d'acqua che possono competermi sul bene dell'antico Convento di San Francesco, del quale sono comproprietario, come da atto pubblico, rogato dal notaro Antonio Gaffori. — In fede, ecc., ecc.....* »

Mais comme le docteur Montera avait transmis au président Montera, son neveu, les droits qu'il prétendait avoir encore sur ledit immeuble *Saint-François*, celui-ci convint avec le Duc de Padoue que les sieurs Stefanini et Gransault seraient chargés de vider leur différend.

Le 13 février 1822, les sieurs Stefanini et Gransault donnèrent leur avis en forme de sentence arbitrale. Cet avis portait que le Duc de Padoue paierait au président Montera la somme de 2,756 fr. pour le remplir de tout ce à quoi il pouvait prétendre, sauf cependant aux parties « 1° A recourir, si elles le jugent à propos, à une » expertise ou à tout autre moyen pour déterminer la valeur réelle de la propriété ; — » 2° A faire redresser les erreurs de calcul ; — 3° Enfin, à faire régler le chiffre des » intérêts dus de part et d'autre, depuis le 20 janvier 1822, jusqu'au jour de la rédac- » tion d'une transaction entr'elles. »

Par exploits des 24 Novembre et 26 Décembre 1823, le Duc de Padoue traduisit devant le Tribunal de Corte Vincent-Louis Arrighi, l'ex-vicaire, le président Montera, et Giulj, afin d'obtenir l'abandon de l'immeuble *Saint-François*, y compris l'eau servant à son arrosement, le paiement des fruits à partir du jour de l'indue occupation de Vincent-Louis Arrighi, les intérêts desdits fruits, des dommages-intérêts et les dépens. — En même temps, il déclara se désister de l'appel du 15 Octobre 1816, dont il reconnaissait l'irrecevabilité; il offrit à Vincent-Louis Arrighi de lui tenir compte de la portion à lui afférente sur la somme de 1,746 livres, versée par Biaggini-Giannettini en à-compte du prix de l'immeuble; et au président Montera, de prendre l'avis émis par les sieurs Stefanini et Gransault pour base d'un arrangement entr'eux.

Sur cette demande, le Tribunal de Corte a rendu seize jugements, dont un, du 4 Mars 1824, porte défaut profit-joint, contre Vincent-Louis Arrighi; un autre, du 3 Février 1825, déboute Vincent-Louis Arrighi de ses fins de non-recevoir, et ordonne à toutes les parties de plaider au fond à l'audience du 17 même mois; un autre encore, du 15 Décembre même année, qui, sans préjudice des moyens de toutes les parties, leur ordonne de justifier par l'exhibition de leurs titres, ou autrement, de l'origine et de la nature des droits qu'elles ont acquis sur le bien contesté, sinon il sera fait droit... ; un dernier enfin, du 9 Février 1827, par lequel, après que toutes les parties, à l'exception de Vincent-Louis Arrighi, avaient conclu et plaidé au fond, le Tribunal se déclare incompétent, *attendu que l'affaire était du ressort de l'autorité administrative*;

Sur l'appel du Duc de Padoue, arrêt de défaut profit-joint du 13 Novembre 1826, contre les sieurs Vincent-Louis Arrighi et Giulj, faute par eux d'avoir constitué avoué.

Toutes les parties ayant comparu, sur nouvelle assignation, et plaidé au fond, conformément à l'arrêt de la Cour du 31 Janvier 1827, la Cour a statué en ces termes :

ARRÊT.

Après délibération en la Chambre du Conseil,

La Cour ; — sur les conclusions de M. Tamiet, Premier Avocat Général ;

Sur l'Incompétence :

Attendu que Biaggini-Giannettini ayant acheté de l'État l'immeuble dont est procès, pour la somme de quatorze mille francs, ne paya qu'un à-compte, et ensuite céda, par acte authentique du 21 Décembre 1791, reçu par Me Gaffori, notaire, la moitié dudit immeuble à feu le docteur Montera, représenté par le président Montera, et le quart à Vincent-Louis Arrighi ; — Que n'ayant plus rien été payé sur le prix dudit immeuble, soit par Biaggini-Giannettini, soit par ses cessionnaires, le même Biaggini-Giannettini voulut se soustraire à la revente, en cédant tous ses droits au Duc de Padoue ; — Que, devenu cessionnaire de Biaggini-Giannettini, au moyen d'un sous-seing privé du 22 Septembre 1802, enregistré, le Duc de Padoue fut reconnu en cette qualité par le Gouvernement, obtint une diminution sur le prix de la vente, à cause des dévastations que l'immeuble vendu avait souffertes pendant la Révolution, fut mis en possession dudit immeuble par l'administration des Domaines, et continua en cette possession jusqu'au mois d'Août 1814, époque où Vincent-Louis Arrighi l'en déposséda ;

Attendu que le seul acquéreur direct du Gouvernement était ledit

Biaggini-Giannettini, et que la question de savoir, quel est celui des cessionnaires qui doit être préféré, est entièrement dans les attributions de l'autorité judiciaire; — D'où il suit que le jugement dont est appel doit être réformé;

Sur l'Évocation :

Attendu que, par jugement du 3 Février 1825, il a été ordonné aux parties de plaider au fond, et que les sieurs Arrighi, Duc de Padoue, Hyacinthe et Joseph-Marie Montera, et André Giulj, ont conclu et plaidé au fond, tant en première instance que par devant la Cour; — Que Vincent-Louis Arrighi peut d'autant moins s'étayer de sa désobéissance audit jugement, qu'il y a eu défaut profit-joint contre lui, tant en première instance qu'en appel; — D'où la conséquence, que Vincent-Louis Arrighi doit suivre le sort des autres parties, et qu'au surplus sa réponse même doit être regardée comme une réponse au fond;

Attendu, enfin, que la cause est parfaitement en état de recevoir une décision définitive;

Sur la demande du Duc de Padoue contre Vincent-Louis Arrighi :

Attendu que Vincent-Louis Arrighi, cessionnaire primitivement de Biaggini-Giannettini pour un quart seulement, quoique déchu de tous droits, d'après les articles 5 et 6 de l'instruction en forme de loi du 3 Juillet 1791, 1, 2, 3 et 10 de la Loi du 11 Frimaire an VIII, a profité des troubles de 1814 pour déposséder le Duc de Padoue, et que, depuis lors, il s'est approprié les fruits de l'immeuble dont s'agit; — Qu'il ne peut renvoyer le Duc de Padoue à se pourvoir contre l'avocat Gaffori auquel il allègue avoir cédé le même immeuble, vu qu'il est en cause pour les fruits par lui perçus, pour les intérêts de ces fruits et pour les dommages-intérêts réclamés par le Duc de Padoue;

Attendu que, d'après lesdites lois des 3 Juillet 1791 et 11 Frimaire an VIII, combinées avec la cession de Biaggini-Giannettini du 22 Septembre 1802, et avec l'Arrêté du Préfet du Golo, en date du 10 Novembre 1802, le Duc de Padoue est le seul et véritable propriétaire de l'immeuble en contestation;

Attendu, néanmoins, que le Duc de Padoue a offert de tenir compte à Vincent-Louis Arrighi du quart de l'à-compte payé au Gouvernement par Biaggini-Giannettini; et que sa demande, en ce qui a trait aux dommages-intérêts, n'est pas suffisamment justifiée;

Attendu, en outre, que la contrainte par corps ne peut pas être prononcée, l'article 2060 du Code Civil n'étant point applicable à l'espèce;

Sur la demande du Duc de Padoue contre les sieurs Montera :

Attendu que l'ex-vicaire Montera se reconnaît sans droit et sans qualité pour contester la même demande; — Que le président Montera a fait des offres au Duc de Padoue, qui les a acceptées;

Sur la demande du Duc de Padoue contre André Giulj :

Attendu qu'André Giulj ne peut avoir plus de droits que l'ex-vicaire Montera, son vendeur, et qu'il se borne à la garantie contre ce dernier;

Sur cette demande en garantie :

Attendu qu'elle est connexe à la cause déjà pendante par devant les Tribunaux, entre André Giulj et les héritiers Montera, relativement à la validité de l'acte du 1er Juillet 1817, qui sert de base à la demande en garantie;

Met le jugement dont est appel au néant;

Évoque le fond, et y statuant;

Condamne Vincent-Louis Arrighi à abandonner au Duc de Padoue l'immeuble désigné en demande, à lui payer les fruits en icelui perçus depuis le 5 Août 1814, jusqu'au jour de l'abandon, selon l'évaluation qui en sera faite..........

Condamne également Vincent-Louis Arrighi au paiement des intérêts desdits fruits à partir du jour de la demande;

Ordonne, néanmoins, que sur le montant desdites condamnations il sera tenu compte à Vincent-Louis Arrighi de la somme de quatre cent trente-deux francs, cinquante centimes montant du quart de l'à-compte payé au Gouvernement par Biaggini-Giannettini, le tout conformément aux offres du Duc de Padoue;

DONNE ACTE à ce dernier, ainsi qu'au président Montera, de ce qu'ils consentent à exécuter le jugement arbitral du 13 Février 1822;

DIT, par conséquent, que du moment où le Duc de Padoue sera réintégré dans la jouissance de l'immeuble, il paiera, conformément audit jugement arbitral, la moitié de la valeur d'icelui au président Montera à dire d'experts, nommés d'accord, sinon par.........;

DÉCLARE que l'ex-vicaire Montera n'a pu transmettre à Giulj aucun droit relativement à l'eau servant à l'arrosement de l'immeuble dont s'agit;

Et quant à la demande en garantie de Giulj contre ledit Montera,

JOINT cette demande, pour le principal et les frais, à l'instance existant entre ces deux parties;

CONDAMNE Vincent-Louis Arrighi et Giulj, chacun en ce qui le concerne, aux dépens envers le Duc de Padoue;

RÉSERVE néanmoins à Giulj, s'il y a lieu, son recours contre son prétendu garant;

Sur le surplus des conclusions, MET les parties hors de Cour et de procès.

Chambre Civile. — M. LE Cte COLONNA D'ISTRIA, *Premier Président.*

MM. BIADELLI, ARRIGHI, GRAZIANI, CASELLA, *Avocats.*

DU 12 MARS 1827.

ÉTRANGER. — SUCCESSION. — RÉCIPROCITÉ.

L'article 726 du Code Civil, d'après lequel un étranger ne peut succéder en France que DANS LE CAS ET DE LA MANIÈRE *dont un Français succède dans le pays auquel appartient cet étranger, s'entend d'une réciprocité parfaite d'individu à individu; de telle sorte que, si un individu laisse en mourant des biens en France et à l'étranger, un héritier français et un héritier étranger, et que, d'après les lois civiles du pays étranger, le Français ne puisse prendre aucune part dans les biens situés à l'étranger, l'héritier étranger ne pourra venir prendre aucune part dans les biens situés en France, lors même que les lois civiles françaises ne s'y opposeraient pas* (1).

Ces principes s'appliquent aux meubles comme aux immeubles, malgré la règle que les meubles sont régis par la loi du domicile (2).

(1-2) La Loi du 14 juillet 1819, qui a abrogé les articles 726 et 912 du Code Napoléon, a tari la source de toute difficulté semblable à celle dont la Cour de Bastia d'abord, et la Cour de Cassation ensuite ont eu à s'occuper. Cependant l'arrêt ci-dessus mérite encore d'être recueilli et consulté par ceux qui se livrent à l'étude des lois et de la jurisprudence, car les principes sur lesquels repose la solution que nous rapportons, devraient être appliqués à toutes les successions dont l'ouverture serait antérieure à la promulgation de la loi de 1819, et pourraient même être invoqués dans tous les cas pour lesquels le législateur aurait exigé la réciprocité entre les Français et les étrangers. Avant même que, par son arrêt du 9 février 1831 (ci-après pag. 242), elle eût rejeté le pourvoi dirigé contre la décision de la Cour de Bastia, la Cour de Cassation s'était déjà prononcée, dans le même sens, les 24 août 1808 et 1er févr. 1813 (D. A. 12. 271; — 9. 895; — S. 9. 1. 332; — 13. 1. 113); et cette opinion a été adoptée par CHABOT, *Des Successions*, sur l'article 726, n° 3; — MERLIN, *Répert.*, V° *Success.* sect. 1re, § 2, art. 2; — DURANTON, tom. 6, n° 82.

Cependant le 31 déc. 1850 (D. P. 51. 1. 32; —S. V. 51. 1. 26), en maintenant un autre arrêt de la Cour de Bastia à la date du 13 août 1849 (V. notre Rec., tom. 3, à cette date), la Cour de Cassation a décidé que la réciprocité d'individu à individu n'était exigée que dans le cas où la succession à partager se composait de biens situés en France et de biens situés en pays étranger. Nous devons avouer que nous conservons quelques doutes sur la parfaite légalité de cette dernière solution, et que nous sommes portés à ne pas admettre d'ex-

Raggio C. Cecconi.

En 1816, décès de Jean Raggio à Sestri, dans le pays de Gênes, laissant pour héritiers deux enfants, Lazare Raggio, sujet de la Sardaigne, comme son père, et Louise Raggio, devenue Française par son mariage avec Cecconi, habitant de la Corse. — Il laissait des biens en France et dans le pays de Gênes.

Lazare Raggio s'empara de tous les biens situés dans le pays de Gênes, à l'exclusion de sa sœur, conformément aux lois de ce pays, qui accordent les biens du père aux agnats. Il prétendit ensuite qu'il devait avoir sa part dans les biens situés en France. Ce fut là l'objet du procès.

Le Tribunal de Bastia, par jugement du 18 mai 1826, le débouta de sa prétention, à moins qu'il ne consentît à admettre ses neveux (sa sœur étant morte en 1823) à prendre part dans les biens situés dans le pays de Gênes.

Appel.

ARRÊT.

Après délibération en la Chambre du Conseil,

La Cour; — sur les conclusions de M. Benedetti, Conseiller Auditeur, attaché au Parquet;

Vu l'article 21 du traité du 24 Mars 1760 entre le Roi de France et le Roi de Sardaigne, ainsi conçu :

« Pour cimenter toujours plus l'union et la correspondance intimes » que l'on désire de perpétuer entre les sujets des deux Cours, le droit » d'aubaine et tous autres qui pourraient être contraires à la liberté des » successions et des dispositions réciproques, restent désormais supprimés et abolis pour tous les États des deux puissances, y compris les » duchés de Lorraine et de Bar; »

Considérant que quand même, aux termes de l'article précité, La-

ception au principe général posé dans les arrêts de 1808, 1813 et 1831, ainsi que par les auteurs que nous avons cités et auxquels on peut ajouter Dalloz, *Jur. Gén.*, 2e édit., tom. 41, n° 111).

zare de feu Jean Raggio, sujet sarde, pourrait être regardé comme capable de succéder en France, l'article 726 du Code Civil n'admet l'étranger à succéder aux biens que son parent étranger ou français possède dans le territoire du royaume, que DANS LES CAS ET DE LA MÊME MANIÈRE dont un français succède à son parent possédant des biens dans le pays de cet étranger, conformément aux dispositions de l'article 11 au titre *De la Jouissance et de la Privation des Droits Civils*; — Que, de la combinaison de ces deux articles, il résulte évidemment que le législateur ne s'est pas borné à exiger, dans l'ordre des successions, une réciprocité générale d'État à État, ou de nation à nation, mais qu'il l'a voulue d'une manière expresse, d'individu à individu, en ce sens que l'étranger ne peut jouir en France du droit de succéder si le français n'en jouit pas dans le pays de l'étranger; — Or, il est constant, et les parties elles-mêmes en sont convenues, que par les Statuts du Duché de Gênes les hoirs de la dame Cecconi seraient exclus à Sestri de la succession de Jean Raggio, en faveur de Lazare fils de ce dernier, attendu la qualité de fille en la personne de ladite dame qu'ils représentent; et, dès lors, Lazare lui-même doit être exclu des biens que leur père commun a délaissés en Corse, sans quoi il n'y aurait pas eu la réciprocité parfaite d'individu à individu, que les auteurs du Code Civil ont eu soin d'établir; — Que la différence du sexe ne doit pas faire cesser les effets de la réciprocité individuelle, ainsi que l'a prétendu Lazare de feu Jean; d'abord, parce que la loi ne distingue pas, et, ensuite, parce qu'une pareille différence renverserait le système de l'égalité dans les partages entre cohéritiers, que la sagesse du législateur a proclamé;

EN CE QUI TOUCHE LES MEUBLES :

Considérant que toute succession se compose tant des biens meubles que des immeubles, et qu'en vertu de l'article 724 du Code Civil les héritiers légitimes sont saisis de plein droit des biens, droits et actions du défunt; — Que Lazare de feu Raggio, n'étant pas successible dans le royaume, non seulement il ne peut pas invoquer l'ancienne maxime *Mobilia sequuntur domicilium personæ;* mais il n'a même aucun droit à prétendre sur les meubles qui existent en France, ni d'après les lois du domicile du père défunt, ni d'après celles du lieu où ils sont situés; — La maxime invoquée, et la doctrine de Voet, liv. 1er, titre 4, part. 2, *De Statutis*, n'est applicable qu'au cas où les meubles sont situés dans divers lieux, sous la même souveraineté, et où la capacité des parties est la même, si la loi territoriale ne s'y oppose pas; telle est aussi l'opinion de Merlin, *Répertoire*, au mot *Jugement*, adoptée par la Cour de Cassation; — Or, dans l'espèce, Lazare de feu Jean est inhabile à recueillir en France, et la loi française accordant à l'héritier légitime la saisine de tous les biens du défunt, il s'ensuit nécessairement que les meubles et les immeubles dont est procès doivent être régis par la loi du lieu de leur situation;

En ce qui touche la demande en reddition de comptes contre les frères Raggio de feu Pascal :

Considérant qu'il n'appert pas que depuis l'acte authentique passé à Sestri, entre les associés Jean et Pascal Raggio, le 11 Octobre 1797, devant le notaire Charles de Ferrari, dûment enregistré, le dernier des dits associés ait rendu compte à l'autre de la gestion dont il était chargé, relativement à toutes leurs affaires de Corse, à moins qu'on ne veuille considérer comme reddition de comptes, ce qui n'est pas, l'inventaire que le gérant Pascal Raggio fit signer par Jean son frère à Sestri, le 5 Juin 1816, quatre jours avant son décès; — Dans cet inventaire que ledit Pascal signa lui-même à Bastia le 22 Mai précédent, il ne fait figurer dans la caisse commune que la somme de deux cent soixante-onze francs, cinquante centimes, tandis qu'il résulte d'un acte passé devant Guasco (Vincent), notaire à Bastia, dûment enregistré, que le 18 du même mois de Mai il avait retiré du sieur Giraud, chirurgien-major de l'hôpital militaire de cette ville, cinq mille cinq cents francs en numéraire, pour prix d'un étage de maison par lui vendu audit sieur Giraud, sans qu'il en ait fait connaître l'emploi; — Qu'une pareille omission et plusieurs autres dont se plaignent les intimés, ne sauraient être réparées que par la reddition d'un compte formel, appuyé de pièces justificatives conformément à la loi;

Considérant, enfin, que les fils de Pascal Raggio, administrateurs de la société universelle qui existait en Corse entre Jean et ledit Pascal, leur père, doivent compte, en qualité d'héritiers de ce dernier, aux hoirs de la dame Louise Cecconi de l'administration dont il s'agit;

CONFIRME.

Chambre Civile. — M. SUZZONI, *Président.*

MM. MARI, GRAZIANI, CECCONI, *Avocats.*

Pourvoi de Raggio.

Violation du Traité de 1760 et de l'article 726 du Code Civil.

Un second moyen était dirigé contre la disposition de l'arrêt qui refuse à Raggio la totalité du mobilier que son père avait en Corse.

ARRÊT.

Après délibération en la Chambre du Conseil,

SUR LE PREMIER MOYEN ;

LA COUR ; — Considérant qu'aux termes de l'article 726 du Code Civil, un étranger ne peut succéder en France que dans les cas et de la manière dont un Français succède en pays étranger ; — Que de ces mots, DANS LES CAS ET DE LA MANIÈRE, il résulte que la réciprocité établie par l'article n'est pas, comme le prétend le demandeur, une réciprocité d'État à État, laquelle, dans son système, aurait l'effet de favoriser un héritier étranger au préjudice de l'héritier français ; mais que cette réciprocité a été établie, comme le dit l'arrêt attaqué, d'individu à individu, autrement de cohéritier à cohéritier, et a pour effet nécessaire d'exclure l'étranger d'une succession ouverte en France, DANS LES CAS ET DE LA MANIÈRE dont le Français est exclu dans le pays de cet étranger ; — Qu'il suit de ce principe que la dame Cecconi ayant été privée du droit de succéder, concurremment avec Lazare Raggio, son frère, aux biens que leur père a laissés dans le Duché de Gênes, réciproquement Lazare Raggio doit être privé du droit de succéder, concurremment avec sa sœur, aux biens que leur père avait en Corse ;

Considérant que le Traité du 24 Mars 1760, ne renferme aucune stipulation contraire au principe de réciprocité individuelle, établi par l'article 726 du Code Civil ;

Sur le deuxième moyen :

Considérant que l'arrêt attaqué ayant justement décidé que Raggio n'était pas successible en France, la Cour Royale a dû, comme elle l'a fait, lui refuser les meubles qu'il demandait à titre d'héritier ;

Rejette.

Du 9 Février 1831. — *Ch. Civ. Rej.* — M. BOYER, *Prés.* — M. Zangiacomi, *Rapp.* — M. Joubert, 1er *Av. Gén.*, *Concl. Conf.* — MM. Godart de Saponay et Lagarde, *Avocats.*

DU 19 MARS 1827.

TRANSPORT. — BILLET A ORDRE. — ENDOSSEMENT. — EXCEPTIONS.— BONNE FOI. — TIERS. OBLIGATION. — BON OU APPROUVÉ. — NULLITÉ. — SOLIDARITÉ.— SERMENT DÉCISOIRE.

Le transport d'un billet à ordre peut avoir lieu par voie d'endossement (Cod. de Comm. Art. 136 et 187).

Le débiteur est non recevable, à l'encontre du porteur de bonne foi dans les exceptions qu'il aurait eu le droit d'opposer au créancier originaire (1).

L'obligation contractée par le signataire d'un billet à ordre dont la signature n'est précédée que de ces mots : BON COMME CI-DESSUS, *ne produit aucun lien de droit (Cod. Civ. Art. 1326).*

La règle de l'article 1326 du Code Civil ne reçoit aucune modification de la circonstance que l'obligation serait solidaire entre les divers signataires (2).

Mais la solidarité entre codébiteurs solidaires subsiste malgré la nullité de l'engagement de l'un des codébiteurs.

La délation du serment décisoire peut être refusée, lorsque ce serment doit porter non sur le fait certain de la vérité de la dette et de la somme payée,

(1) Cette solution est incontestable, lorsque l'endossement est antérieur à l'échéance; mais la controverse commence lorsque le transport, par voie d'endossement, n'a eu lieu que postérieurement. C'est avec raison, selon nous, que la jurisprudence et la doctrine se prononcent en général pour l'admission des mêmes principes dans les deux cas, et repoussent une distinction que la loi ne nous paraît pas avoir faite. — V. dans ce sens : Rejet, 28 nov. 1821 (S. 22. 1. 170); — Cass., 5 avril 1826 (S. 26. 1. 333) — Rejet, 26 janvier 1833 (S. V. 33. 1. 100); — *Idem*, 28 janv. 1834 (S. V. 34. 1. 115); — Cass., 22 mars 1853 (D. P. 54. 1. 287; — S. V. 53. 1. 469); — Ch. Civ. Rejet, 29 août 1854 (D. P. 55. 1. 288; — S. V. 55. 1. 191); — Il est vrai cependant que les Cours Impériales sont assez partagées. Celles de Lyon, Bordeaux et Toulouse se sont conformées aux décisions de la Cour de Cassation, tandis que celles de Rennes et de Limoges ont adopté l'opinion contraire. La Cour de Paris s'est prononcée tantôt dans un sens tantôt dans l'autre. Voir, enfin, un arrêt de la Cour de Bastia du 28 août 1854, (Notre recueil, tom. 4, à cette date et la note 1re), lequel vient à l'appui de celui que nous rapportons ici.

(2) La jurisprudence est constante. On peut consulter, outre les arrêts cités par la Cour de Bastia, Cass., 22 avril 1818 (D. A. 10. 697; — S. 19. 1. 195); — Lyon, 31 août 1818 (D. A. 9. 696; — S. 19. 2. 151); — Caen, 3 janv. 1827 (D. P. 28. 2. 59; — S. 28. 2. 84); — MERLIN, *Répert.*, V° *Billet*, § 1, n° 2 et suiv.; — DURANTON, tom. 13, n° 179 et suiv.; — TOULLIER, tom. 8, n° 300.

mais sur l'intention qu'aurait eue le signataire de s'engager solidairement au paiement d'une certaine somme.

Santelli C. Cecconi.

ARRÊT.

Après délibération en la Chambre du Conseil,

La Cour; — sur les conclusions de M. Murati, Conseiller Auditeur, attaché au Parquet;

Attendu que, s'agissant d'un billet à ordre, le transport pouvait en être fait au moyen de l'endossement; — Que cet endossement étant régulier en la forme, sans qu'il conste qu'il soit entaché de simulation, on ne saurait en arrêter l'exécution, quelles que puissent être les prétentions du débiteur contre le créancier originaire, lesquelles, d'ailleurs, n'ont pas été soulevées en temps utile, pour pouvoir y être statué en la présente instance;

Attendu que Joseph Cecconi, un des signataires du billet dont est procès, a simplement fait précéder sa signature de ces mots Bon comme ci-dessus; — Qu'aux termes de l'article 1326 du Code Civil, tout billet ou promesse, pour être valable, doit être écrit en entier par celui qui le souscrit, ou du moins, il faut qu'outre la signature, le débiteur ait écrit de sa main, un Bon ou un Approuvé portant en toutes lettres la somme; — Que Joseph Cecconi ne se trouve pas dans la classe des personnes expressément exceptées de ladite règle; — Que, quoique ledit article se serve des mots une seule partie, ces mots désignent les promesses unilatérales quelconques, par opposition aux actes synallagmatiques visés dans l'article précédent, ainsi que l'a établi la jurisprudence de la Cour de Cassation, fixée par arrêts des 8 Août 1815 et 6 Mai 1816(1), sans que ce principe puisse recevoir une modification de la solidarité contractée par les divers signataires, parce que, étant question de savoir si celui qui n'a pas approuvé l'acte de la manière indiquée en

(1) V. D. A. 10. 696; — S. 16. 1. 97 et 227.

l'article 1326, est ou non obligé, ce serait résoudre la question par la question, en supposant qu'il est obligé solidairement, pour en inférer que la solidarité rend commun à l'un ce qu'a fait l'autre;

Attendu que si, en principe et par application de l'article 1358 du Code Civil, le serment décisoire peut être déféré à celui dont l'obligation est nulle, à défaut du BON OU APPROUVÉ, tel qu'il est prescrit par l'article 1326, il faut que le serment donné porte sur le fait certain de la vérité de la dette et de la somme reçue, et non pas seulement, comme l'a proposé l'appelant, sur L'INTENTION QU'A EUE LE SIGNATAIRE DE S'OBLIGER SOLIDAIREMENT A PAYER LA SOMME PORTÉE AU BILLET, parce que, pour être obligé, il ne suffit pas qu'on ait contracté un engagement, mais il faut de plus le concours des formalités exigées par la loi pour la validité de l'engagement;

Attendu, néanmoins, que l'effet d'une obligation solidaire relativement aux débiteurs, est de les obliger tous de manière que celui dont l'engagement est régulier, puisse être contraint par le créancier pour la totalité du paiement, quand même l'engagement d'un des codébiteurs se trouverait nul;

SANS S'ARRÊTER aux appels principal et incident des parties de Me Progher, dont elles sont démises et déboutées;

Et DISANT DROIT à l'appel de la partie de Me Benedetti,

A MIS au néant le jugement attaqué, en ce qui touche la disposition qui a divisé la dette réclamée contre les frères Cecconi;

ÉMENDANT, quant à ce,

CONDAMNE Jean Cecconi à payer aux porteurs du billet dont il s'agit la totalité de la somme portée audit billet, ensemble aux intérêts d'icelle............

Chambre Civile. — M. LE Cte COLONNA D'ISTRIA, *Premier Président.*

MM. MILANTA, Père,
CECCONI,
CASELLA,
} *Avocats.*

DU 28 MARS 1827.

VENTE. — PROMESSE. — PACTE. — INTERPRÉTATION.

Il n'en est pas de la promesse de vente comme de la vente elle-même : Si celle-ci ne peut être résiliée que par le Tribunal en cas d'inexécution des conditions, la promesse de vente ne forme un contrat qu'autant qu'elle est pure et simple; si des conditions y ont été apposées, et si l'une des parties ne les a pas remplies, l'autre partie est dégagée de toute obligation, sans qu'il soit besoin de recourir aux Tribunaux.

Spécialement : *Celui qui a promis de vendre un immeuble, avec la condition que l'acquéreur lui en payerait intégralement le prix, au moment de la passation de l'acte, peut, après avoir inutilement sommé l'acquéreur de payer, revendre valablement le même immeuble à un tiers, alors même qu'il aurait touché un à-compte sur ce prix (Cod. Civ. Art. 1656).*

Le principe que tout pacte obscur ou ambigu s'interprète contre le vendeur, n'est applicable qu'aux contrats parfaits : — Dans les projets de contrat, ou lorsque la convention imparfaite n'est que conditionnelle, on doit dire, au contraire, que la convention s'interprète en faveur de celui qui s'est obligé.

Belgodere C. **Marcaggi.**

Le 25 Octobre 1825, le sieur Belgodere donne au sieur Marcaggi une quittance ainsi conçue : « *J'ai reçu de Marcaggi la somme de 270 fr., à-compte des 900 fr. qu'il me doit sur la vente de l'enclos* QUI DOIT S'EFFECTUER ENTRE NOUS. »

Le 23 Mars suivant, Belgodere fait sommation à Marcaggi de passer acte par devant notaire de leurs conventions verbales concernant la vente de l'enclos, de lui payer la somme de 600 fr. avec intérêts, lui déclarant que, faute par lui de se présenter dans la huitaine par devant le notaire désigné aux fins ci-dessus, il serait déchu de tout droit, que leurs conventions verbales resteraient comme nulles et d'aucun effet, et qu'il serait libre au requérant de passer vente de l'immeuble à tout autre personne; déclarant encore que la somme de 270 fr. donnée par Marcaggi resterait à Belgodere à titre de dommages-intérêts pour inexécution des conventions.

Marcaggi ne répondit pas à cette sommation.

Le 12 Août 1826, Belgodere vend, par acte authentique, pour la somme de 1,000 fr., l'immeuble en question au sieur Andrei.

Le 18 du même mois, Marcaggi fait des offres réelles à Belgodere pour le restant du prix, et l'assigne pour faire déclarer les offres valables, et pour le faire condamner à lui passer acte de vente de l'immeuble.

Le 9 décembre 1826, Jugement du Tribunal Civil de Bastia, par lequel : « Considé-» rant qu'il s'agissait d'un contrat consensuel où l'écriture n'est requise que pour la » preuve et non pour la validité ; — Que la convention n'étant point déniée par Belgo-» dere, le contrat n'en était pas moins parfait entre les parties ; — Que la clause réso-» lutoire de plein droit invoquée par le vendeur était autorisée par la loi, mais qu'elle » devait être prouvée dans les formes légales ; — Que cette preuve ne résultait pas, » dans l'espèce, de l'aveu des parties, et que ne pouvant être suppléée par la voie de la » preuve testimoniale, le vendeur n'avait pu, au moyen de sa sommation du 23 Mai, » créer à sa fantaisie une clause de rigueur qui ne pouvait résulter en sa faveur que » d'une stipulation expresse, étant surtout de principe, en cette matière, que les clauses » obscures doivent toujours être interprétées contre le vendeur ;

» Le Tribunal, DÉCLARE parfaite la promesse de vente passée entre les parties, les » offres valables ;

» ORDONNE que Belgodere délaissera l'immeuble........ »

Appel de la part de Belgodere.

ARRÊT.

Après délibération en la Chambre du Conseil,

LA COUR ; — sur les conclusions de M. MURATI, Conseiller Auditeur, attaché au Parquet ;

Considérant qu'il résulte de la quittance du 25 Octobre 1825 et de la sommation du 23 Mai 1826, qu'une promesse de vente avait été faite et acceptée entre les parties ; mais qu'il est facile d'en induire que l'exécution de cette promesse était subordonnée à la condition de l'entier payement du prix de vente, antérieurement à la passation de l'acte qui devait servir de complément aux conventions ;

Considérant que, si, comme l'ont dit les premiers Juges, tout pacte obscur ou ambigu s'interprète contre le vendeur, le principe n'est applicable qu'au contrat parfait ; — Que la simple promesse de vente ne forme un contrat qu'autant qu'elle est pure et simple ; — Que quand il s'élève la question de savoir si elle est devenue obligatoire, si celui qui veut acquérir a rempli les conditions sous lesquelles elle lui a été faite, les mêmes éléments qui servent aux juges à se convaincre de l'existence de la promesse purement verbale, comme dans la cause, doivent également servir dans l'interprétation des clauses et conditions qui l'ont accompagnée; — Que, même dans ce cas, l'on rentre dans l'application de la règle générale, que dans le doute la convention s'interprète en faveur de celui qui s'est obligé; — Que, dans l'espèce, tout doute se dissipe par le rapprochement de la quittance du 25 Octobre 1825, qui ne parle que d'une vente à faire, et de la sommation du 23 Mai suivant, qui aurait été sans objet si l'on n'admet pas l'existence de la convention articulée par Belgodere;

Considérant qu'avant de passer un acte de vente à un tiers, Belgodere a régulièrement mis Marcaggi en demeure, par la sommation ci-dessus, d'exécuter les clauses de la promesse de vente stipulée entre eux, et que les offres qu'il a faites quatre mois après ne peuvent le relever de la déchéance qu'il a encourue, aux termes des conventions des parties et de l'article 1656 du Code Civil;

DÉCLARE les offres de Marcaggi tardives et de nul effet, et la promesse de vente faite par Belgodere résiliée.

Chambre Civile. — M. LE Cte COLONNA D'ISTRIA, *Premier Président.*

MM. BERTORA, GRAZIANI, *Avocats.*

DU 2 AVRIL 1827.

APPEL. — DERNIER RESSORT. — FIN DE NON-RECEVOIR. — DÉFENSE AU FOND. — RENONCIATION.

La fin de non-recevoir contre l'appel, tirée de ce que le jugement est en dernier ressort, peut être opposée en tout état de cause, même après les défenses au fond (Cod. Proc. Civ. Art. 173 et 453) (1).

. . . .

(1) La Cour de Cassation avait décidé, le 16 déc. 1846 (S. V. 47. 1. 194), que l'on ne peut pas se faire un moyen de cassation de ce qu'une Cour Impériale a statué sur l'appel d'un jugement en dernier ressort, si la fin de non-recevoir n'a pas été proposée devant les juges d'appel; et le 7 mai 1829, dans un motif de son arrêt, elle avait été encore plus loin en disant, que l'exception pouvait être couverte par les défenses au fond (D. P. 29. 1. 140; — S. 29. 1. 170). Mais la Cour suprême a abandonné ensuite cette jurisprudence, qui était combattue par un grand nombre d'arrêts, ainsi que par la généralité des auteurs; et elle a proclamé, avec raison selon nous, que la fin de non-recevoir contre l'appel, tirée de ce que le jugement est en dernier ressort, peut être opposée en tout état de cause, même après les défenses au fond, et qu'elle tient tellement à l'ordre public qu'elle doit être prononcée d'office par les juges, lorsque les parties ne la proposent pas elles-mêmes. Voir dans ce sens : Toulouse, 24 nov. 1825, 21 nov. 1828 et 18 déc. 1835 (D. A. 4. 696; — D. P. 29. 2. 186; — 37. 2. 61; — S. V. 24. 2. 92; — 29. 2. 148; — 36. 2. 490); — Lyon, 13 mai 1828 et 7 févr. 1834 (D. P. 34. 2. 128; — S. 28. 2. 333); — Bastia, 9 juin 1830 (*infrà* à cette date); — Bourges, 25 mai 1842 (D. P. 44. 2. 129; — S. V. 44. 2. 1); — Cass., 29 mai 1850 (D. P. 50. 1. 237; — S. V. 50. 1. 436); — Douai, 23 juillet 1851 (D. P. 54. 2. 333); — Cass., 10 janv. 1854 (S. V. 54. 1. 135). — MERLIN, *Quest.*, V° *Appel*, § 7; — CARRÉ, *De la Compét.*, Quest. 313; — CHAUVEAU sur CARRÉ n°s 739 *bis*, et 1633; — DALLOZ, *Jur. Gén.*, 2° édit. V° *Exception*. — Ces mêmes principes ont été appliqués, par une jurisprudence assez constante, à la déchéance encourue dans le cas où l'appel a été tardivement relevé; et l'on peut consulter surtout deux arrêts rendus par la Cour de Cassation, les 7 août 1849 et 2 avril 1850 (D. P. 50. 1. 81 et 83; — S. V. 50. 1. 417). Nous croyons devoir faire remarquer que l'arrêt du 2 avril prononce par voie de cassation, après partage, et malgré les conclusions fort remarquables de M. Nicias-Gaillard, qui avait fait valoir, à l'appui de l'opinion contraire, tous les moyens que sa longue expérience et son talent bien connu avaient pu lui suggérer. Nous avons regret de ne pouvoir transcrire ici ce beau réquisitoire que nous considérons comme un véritable traité sur la matière, et que l'on trouvera, avec tous ses développements, dans le recueil de M. DALLOZ (50. 1. 237), et dans celui de M. DEVILLENEUVE (50. 1. 421 et suiv.).

Dans un acte de société commerciale, en stipulant que les contestations à naître entre associés seront soumises à des arbitres, on peut renoncer d'avance à l'appel (Cod. Proc. Civ. Art. 443 et 1010) (2).

Trésor Royal C. **Orto.**

Dans cette affaire, toutes les parties avaient déjà pris ou signifié leurs conclusions : on allait plaider, quand la fin de non-recevoir a été proposée.

ARRÊT.

Après délibération en la Chambre du Conseil.

LA COUR ; — sur les conclusions conformes de M. MURATI, Conseiller Auditeur, attaché au Parquet ;

Considérant que tout moyen qui tend à l'extinction de l'action est péremptoire et proposable en tout état de cause ;

Considérant que la fin de non-recevoir tirée par les parties de Saladini de la chose jugée en dernier ressort, par suite des conventions des parties, est un moyen péremptoire qu'elles pouvaient opposer, nonobstant toutes conclusions au fond, tendant au bien jugé ;

Considérant que, par l'article vingt du contrat de société, les associés, en soumettant à des arbitres la décision des différends qui s'élevaient

(2) Conf. : Amiens, 20 mars 1844 (S. V. 47. 2. 257) ; — Rej., 27 janv. 1845 (D. P. 45. 1. 145 ; — S. V. 48. 1. 196) ; — Rouen, 8 févr. 1845 et 19 août 1846 (S. V. 47. 2. 257) ; — Lyon, 27 mai 1845 et 30 juin 1847 (D. P. 47. 2. 115 ; — S. V. 47. 2. 242) ; — Rennes, 27 déc. 1847 (D. P. 49. 2. 200 ; — S. V. 49. 2. 480) ; — Rej., 7 févr. 1848 (D. P. 48. 5. 521 ; — S.V. 48. 1. 314) ; — Angers, 5 avril 1848 (D. P. 48. 2. 205 ; — S. V. 48. 2. 284) ; — Rej., 10 janv. 1849 (D. P. 49. 1. 48 ; — S. V. 49. 1. 286) ; — Caen, 24 janv. 1849 (S. V. 52. 2. 225) ; Riom et Angers, 20 et 23 nov. 1854 (S. V. 55. 2. 41) ; — Rej., 26 juin 1855 (S. V. 55. 1. 708).

Contrà : Rouen, 8 déc. 1846 (S. V. 47. 2. 257) ; — M. DEVILLENEUVE, notes sur le rejet du 27 janv. 1845, ainsi que sur les différents arrêts ci-dessus, et conclusions de M. l'Avocat Général RIEFF, lors de l'arrêt rendu par la Cour de Rouen, le 19 août 1846.

entre eux, ont expressément stipulé que le jugement qui interviendrait serait souverain et ne pourrait être soumis à aucun recours ni cassation; — Qu'une pareille stipulation, autorisée par l'article 1010 du Code de Procédure Civile, et l'article 52 du Code de Commerce, tient lieu de loi entre les parties;

DÉCLARE l'appel non recevable............

Chambre Civile. — M. SUZZONI, *Président.*

MM. MILANTA (père), BRADI, *Avocats.*

DU 23 AVRIL 1827.

EFFETS RETIRÉS DE LA MER. — PÊCHEURS. — ACTION EN RESTITUTION. — COMPÉTENCE.

Les Tribunaux de Commerce ne sont pas compétents pour connaître des actions formées contre des pêcheurs, en revendication d'effets retirés de la mer, et qui appartiennent à des commerçants [*Cod. Comm. Art. 631*] (1).

Farinole C. Giordani.

Trois barriques de liquides appartenant au sieur Giordani, commerçant, avaient été jetées dans un bas-fond de la mer, près Bastia, pour les soustraire probablement aux recherches des douaniers.

Les pêcheurs Farinole, ayant tendu leurs filets dans ce bas-fond, en retirèrent ces barriques. Ignorant quels en étaient les propriétaires, ils les déposèrent d'abord dans leurs magasins, et ensuite dans les bureaux de l'Octroi.

Giordani, ayant appris que ses barriques étaient en leur possession, les assigna en restitution devant le Tribunal de Commerce.

Les frères Farinole excipèrent de l'incompétence du Tribunal, qui, se déclarant compétent, ordonna la restitution des barriques.

Appel de la part des frères Farinole.

(1) Cette décision rentre dans la doctrine générale consacrée par la jurisprudence, et d'après laquelle les Tribunaux de Commerce ne connaissent, même entre commerçants, que des contestations relatives à des faits ou à des actes ayant eux-mêmes un caractère commercial. D'ailleurs la question de savoir, si la juridiction consulaire peut être saisie de l'action formée par un commerçant contre un autre commerçant, en restitution ou remise d'objets mobiliers, a été résolue, dans le sens de l'arrêt ci-dessus, non seulement par l'arrêt cité par la Cour de Bastia, mais encore par la Cour de Cassation, le 13 oct. 1806 (S. 6. 1. 471; par la Cour de Douai, le 1er juillet 1846 (S. V. 46. 2. 376) et par la Cour de Paris, le 10 mars 1854 (S. V. 55. 2. 534).

ARRÊT.

Après délibération en la Chambre du Conseil,

La Cour; — sur les conclusions conformes de M. Tamiet, Premier Avocat Général;

Attendu que les Tribunaux de Commerce, étant des Tribunaux d'exception, ne sont compétents que dans les cas expressément spécifiés par la loi;

Attendu qu'il ne suffit pas que les parties soient commerçantes pour que toutes leurs contestations doivent être portées devant le Tribunal de commerce; qu'il faut en outre qu'il s'agisse d'un engagement ou d'une transaction stipulés entre elles (Art. 631 du Code de Comm.);

Attendu que quand même les appelants pourraient être regardés comme des commerçants, le fait dont il s'agit étant l'enlèvement du fond de la mer de trois barils *esprit*, dont l'intimé se dit propriétaire, et ledit fait ne se rapportant à aucun engagement, la contestation ne peut donner lieu qu'à une action correctionnelle ou purement civile, ainsi qu'il a été jugé, dans une espèce analogue, par arrêt de la Cour de Cassation, en date du 13 Vendémiaire an XIII;

Annulle, comme incompétemment rendu, le jugement attaqué......

Chambre civile. — M. le Cte COLONNA D'ISTRIA, *Premier Président.*

MM. Casella, Camoin-Vence, } *Avocats.*

DU 2 MAI 1827.

CHOSE JUGÉE. — CRIMINEL. — CIVIL. — INTERDICTION.

De ce qu'un arrêt de la Cour Criminelle qui a acquitté le prévenu d'un délit, en se fondant sur ce qu'il était dans un état de démence et de fureur, et qui l'a mis à la disposition du Ministère Public pour faire prononcer son interdiction, est déjà passé en force de chose jugée, il ne s'ensuit pas que le Juge civil, chargé de prononcer sur l'interdiction, soit lié par cet arrêt: — Il peut refuser l'interdiction provoquée par le Ministère Public, s'il pense que le défendeur n'est pas dans un état habituel de démence et de fureur (1).

Ministère Public C. Lanfranchi.

Thomas Lanfranchi était sujet, depuis son enfance, à des attaques d'épilepsie. — En 1825, un de ses voisins entre dans sa maison dans un état complet d'ivresse et menace de frapper la mère de Lanfranchi. Celui-ci saisit un couteau avec lequel il tue l'assaillant. — Poursuivi pour meurtre, Lanfranchi est acquitté par la Cour de Justice criminelle, sur le motif que, bien qu'il pût actuellement être soumis aux débats, il était en état de démence au moment de l'action; mais considérant que Lanfranchi est depuis son enfance sujet à des accès de fureur et de frénesie; que, s'il était remis en liberté, il pourrait compromettre de nouveau la sûreté des citoyens; — La Cour le met à la disposition du Procureur du Roi pour qu'il ait à provoquer son interdiction.

Cet arrêt passe en force de chose jugée......

---

(1) Il ne faut pas croire que la solution ci-dessus soit en opposition avec le principe généralement admis par la doctrine et la jurisprudence, et d'après lequel la chose jugée au criminel doit avoir autorité sur le civil, selon certaines distinctions faites par les auteurs et par les arrêts. Il suffit, pour s'en convaincre, de lire ce que dit MANGIN, dans son traité *De l'action publique et de l'action civile*, n° 436, où il s'exprime en ces termes : « L'absolution » d'un accusé, fondée sur son état de démence, oblige-t-elle le Tribunal Civil à prononcer » son interdiction? Non, car cette absolution n'est que la preuve légale de la démence de » l'accusé *au temps de l'action* (Art. 64 Cod. Pén.), et non de sa démence *habituelle* exigée » par l'article 489 Cod. Civ. pour autoriser l'interdiction d'un individu. Or les effets de la » chose jugée au criminel sur l'action civile, ne peuvent s'étendre au delà de ce qui a été » formellement décidé. »

Depuis, le Ministère Public requit l'interdiction de Lanfranchi : — Le conseil de famille estima qu'il n'y avait pas lieu à interdiction.

Saisi de l'affaire, le Tribunal de Sartene rendit, à la date du 23 Janvier 1827, le Jugement suivant :

« LE TRIBUNAL ; — sur les conclusions contraires de M. BRADI, Substitut du Procu-» reur du Roi ;

» Considérant que, loin de résulter de l'enquête et des autres pièces produites que » Thomas Lanfranchi soit dans un état habituel de fureur, il appert seulement des dé-» positions des témoins et de l'avis du conseil de famille de cet individu, que s'il est » dans un état habituel d'imbécillité, il n'a jamais donné des indices de fureur, si ce » n'est à l'époque du meurtre pour lequel il a été jugé par la Cour de Justice crimi-» nelle ; — Qu'un des témoins de l'enquête a parlé, il est vrai, d'un autre coup de » couteau que Lanfranchi aurait donné à un certain Benedetti ; mais, outre que ce » fait n'est indiqué que vaguement, il aurait été provoqué par des coups, et ne serait » pas suffisant, par suite, pour établir la fureur habituelle, qui suppose un état perma-» nent, et non quelques faits isolés dont peut même être susceptible l'homme doué de » bon sens ;

» DÉBOUTE M. le Procureur du Roi de sa demande en interdiction, sans dépens. »

ARRÊT.

Après délibération en la Chambre du Conseil,

LA COUR ; — sur les conclusions contraires de M. TAMET, Premier Avocat Général ;

PAR LES MOTIFS QUI ONT DÉTERMINÉ LES PREMIERS JUGES,

Et attendu que l'arrêt de la Cour de Justice criminelle, en date du 24 Juillet 1826, ne constitue pas la chose jugée, capable de lier les Juges, lesquels ne peuvent se déterminer que d'après les actes et justifications faits de leur autorité ;

CONFIRME.

Audience solennelle. — M. LE Cte COLONNA D'ISTRIA, *Premier Président.*

M. CASABIANCA, *Avocat.*

DU 7 MAI 1827.

ENQUÊTE. — PROROGATION. — RÉCIPROCITÉ.

La prorogation de délai accordée à une partie, pour une enquête, profite à la partie adverse, qui peut, dans le même délai, faire procéder à la contre-enquête [Cod. Proc. Civ. Art. 256, 278 et 279] (1).

Fondacci C. Vincenti.

ARRÊT.

Après délibération en la Chambre du Conseil,

La Cour; — sur les conclusions de M. Tamiet, Premier Avocat Général;

Vu les articles 256, 278 et 279 du Code de Procédure Civile;

Attendu qu'en matière d'enquête la preuve contraire est de droit, sans qu'il soit nécessaire de l'ordonner par jugement; — Que, pendant la durée du délai pour la preuve du demandeur, il peut être procédé à la preuve contraire; — Que, pour l'application de ce principe, on ne saurait distinguer le délai ordinaire de celui qui a été prorogé;

Attendu que la prorogation du délai, une fois accordée sur la demande d'une des parties, doit profiter à l'autre partie, parce que le principe de la preuve contraire étant fondé sur le droit de défense, ce

(1) Conf. : Bourges, 13 févr. 1827 (D. P. 27. 2. 149; — S. 27. 2. 143); — Rejet, 15 déc. 1830 (D. P. 31. 1. 22; — S. V. 32. 1. 516); — *Sic* : Chauveau sur Carré, *Quest.* 1089, et Rodière, pag. 147.

serait violer ce droit que d'interdire à une partie la continuation de la preuve contraire, pendant que l'autre continue à faire entendre ses témoins........;

Autorise la partie de Pellegrini à faire entendre, dans le délai d'un mois, ses témoins etc............

Chambre Civile. — M. le Cte COLONNA D'ISTRIA, *Premier Président.*

MM. Biadelli, Mari, } *Avocats.*

DU 14 MAI 1827.

PRESCRIPTION. — PRIX D'IMMEUBLE. — INTÉRÊTS.

Les intérêts du prix de vente d'immeubles ne sont pas soumis à la prescription de cinq ans, établie par l'article 2277 du Code Civil, parce qu'ils représentent des fruits ou revenus de la chose vendue.

Ils sont dus jusqu'à parfait paiement [*Cod. Civ. Art. 1652 et 2277*] (1).

---

(1) Cette question a été fort controversée pendant longtemps, mais aujourd'hui il paraît qu'elle ne fait plus difficulté, et que la solution contraire à celle que nous rapportons a définitivement prévalu en jurisprudence. Il nous semble, en effet, que la généralité des termes de l'art. 2277 du Code Napoléon justifie entièrement cette doctrine, qui ne saurait, selon nous, être ébranlée par des arguments tirés de l'art. 1652 du même Code, dont les dispositions ne sont pas applicables à la prescription. Quoi qu'il en soit, voici l'indication des autorités qui peuvent être invoquées pour soutenir ou combattre le système adopté par la Cour de Bastia.

Pour: Caen, 19 juin 1816 (D. A. 11. 300; — S. 25. 2. 214); — Paris, 31 janv. 1818 (S. 18. 2. 255); — Metz, 15 févr. 1822 (D. A. *ubi suprà*; — S. 23. 2. 156); — Paris, 12 déc. 1823 (D. P. 28. 2. 46; — S. 24. 2. 375); — Agen, 10 mai 1824 (S. 24. 2. 377); — Paris, 28 févr. 1825 (D. P. 26. 2. 60; — S. 26. 2. 275); — Poitiers, 22 juin 1825 (D. P. 25. 2. 253); — Paris, 7 déc. 1831 (D. P. 32. 2. 77; — S. V. 32. 2. 129); — Paris, 23 mars 1833 (D. P. 33. 2. 203; — S. V. 33. 2. 333); — *Sic*, Vazeille, *De la Prescript.*, n° 577, édit. de 1822; — Duranton, tom. 16, nos 342 et 343, tom. 19, n° 161, tom. 21, n° 433.

Contrà : Metz, 29 mai 1818 (D. P. 20. 2. 253; — S. 19. 2. 110); — Colmar, 26 juin 1820 (D. P. 22. 2. 109; — S. 22. 2. 148); — Limoges, 17 juillet 1822 (D. P. 23. 2. 4; — S. 22. 2. 293); — Nancy, 20 juin 1825 (D. P. 26. 2. 128; — S. 25. 2. 364); — Rej. 7 févr. 1826 (D. P. 27. 1. 162; — S. 27. 1. 368); — Toulouse, 14 févr. 1826 (S. 27. 2. 248); — Paris, 4 déc. 1826 (D. P. 27. 2. 69; — S. 27. 2. 69); — Nîmes, 23 janv. 1827 (D. P. 27. 2. 171; — S. 28. 2. 189); — Bourges, 30 avril 1827 (S. 29. 2. 114); — Grenoble, 6 juin 1829 (D. P. 29. 2. 260; — S. 29. 2. 275); — Rej. 9 juin 1829 (D. P. 29. 1. 267; — S. 30. 1. 346); — Cass. 14 juillet 1830 (S. 30. 1. 246); — Douai, 3 juillet 1834 (S. V. 34. 2. 369); — Paris, 5 août 1832 (S. V. 32. 2. 601); — Rej. 16 août 1833 (S. V. 33. 1. 573; — D. P. 34. 1. 390); — Bousquet, *Dict. des Prescript.*, V° *Intérêts*, pag. 363 et 364; — Troplong, *De la Prescript.*, tom. 2, n° 1023; — Dalloz, *Jur. Gén.*, 2e édit., V° *Prescription*, tom. 36, pag. 298, n° 1083).

Bolasco C. Scasso.

ARRÊT.

Après délibération en la Chambre du Conseil,

La Cour; — sur les conclusions de M. Tamiet, Premier Avocat Général;

. . . .

Attendu que la somme due par Scasso représente le prix de la maison de la succession Bolasco, achetée pour son compte; — Que les intérêts de cette somme représentant les fruits ou revenus de la chose vendue, sont dus jusqu'au parfait paiement du capital, parce que différemment l'acheteur aurait tout à la fois la chose et le prix, ce qui serait injuste; — Que, d'ailleurs, telle est la disposition expresse de l'article 1652 du Code Civil, et qu'on ne saurait appliquer à l'espèce la prescription quinquennale établie par l'article 2277 du même Code;

. . . .

Condamne Scasso à payer le capital, ainsi que les intérêts de ladite somme, à partir du 4 Janvier 1798..........

Chambre Civile. — M. le Cte COLONNA D'ISTRIA, *Premier Président.*

MM. Bertora, Romani, } *Avocats.*

DU 16 MAI 1827.

FAILLITE. — CESSATION DE PAIEMENT. — PROTÊT.

Le commerçant qui s'étant engagé à payer des billets, dans un lieu désigné, ne s'y présente pas, ou ne s'y fait pas représenter par un mandataire, doit être considéré comme ayant cessé ses paiements. — Par suite il tombe en faillite du jour de l'échéance des billets [Cod. Comm. Anc. Art. 441] (1).

Pour constituer un commerçant en faillite, il n'est pas indispensable que la cessation des paiements ait été constatée par des protêts ou par un acte de perquisition; — Le Juge peut se déterminer par d'autres circonstances qui établissent la cessation des paiements [Rés. Implic.] (2).

(1-2) Il est hors de doute, selon nous, que d'après la loi du 28 mai, 8 juin 1838, modificative des dispositions du Code de Commerce sur les faillites, il appartient aux juges de décider, d'après les circonstances, si un commerçant a cessé réellement ses paiements, et si, par conséquent, il doit être déclaré en état de faillite. Cette vérité nous semble résulter de ce que la loi nouvelle a supprimé l'énumération de certains actes qui, d'après l'ancien art. 441, devaient servir à fixer l'époque de la faillite, et qui pouvaient faire naître quelques doutes, sur la solution de l'arrêt que nous rapportons. C'est ce qu'a décidé la Cour de Paris, par un arrêt du 29 juin 1844, inséré au journal le *Droit* du 30 juin de la même année; et telle est en outre la conclusion que l'on peut tirer d'un arrêt de la Cour de Cassation du 12 mai 1841 (D. P. 41. 1. 264; — S. V. 41. 1. 663), lequel porte : « que la décision » des juges sur l'époque précise de la cessation des paiements est plus de fait que de droit, » et que, par suite, elle échappe à toute censure. » — Voyez dans ce sens RENOUARD, *Des Faillites*, tom. 1er, pag. 225 et BÉDARRIDE, *cod.*, nos 15 et 16. Nous sommes d'avis que la solution ne pouvait pas être différente, sous l'empire de la législation antérieure à la loi de 1838, puisque l'art. 441 se terminait par ces mots : « Tous les actes ci-dessus mentionnés ne constateront néanmoins l'ouverture de la faillite que lorsqu'il y aura cessa- » tion de paiement ou déclaration du failli »; et que l'article 449 autorisait le Tribunal de Commerce à ordonner l'apposition des scellés dès qu'il aurait appris la faillite par la notoriété publique. Nous ne croyons pas nous tromper en disant que l'ensemble de la jurisprudence et de la doctrine confirme ce que nous avançons ici.

Ces principes admis, il nous semble que la solution ci-dessus, quoiqu'un peu rigoureuse peut-être, est parfaitement légale, et que la Cour de Bastia a fait une saine appréciation des faits de la cause.

Cipriani et Lera C. les Syndics de la faillite Rinesi.

Le sieur Rinesi, commerçant, fit, dans les premiers jours de 1819, une spéculation assez considérable. Il emprunta une somme de 5,300 fr. au sieur Multedo, et avec les sommes qu'il aurait dû employer à acquitter des dettes échues, il acheta une cargaison de châtaignes et de légumes qu'il se proposait de revendre à Marseille.

Le billet souscrit au sieur Multedo était payable à Marseille; il était ainsi conçu :

« Bastia, 31 Janvier 1819. — Je soussigné Antoine Rinesi déclare avoir reçu du sieur » Paul Multedo la somme de cinq mille trois cents francs, pour l'employer aux besoins » de mon commerce dans le voyage que j'entreprends de ce port à Marseille. — Je » m'oblige et promets de payer à l'ordre du susdit sieur Multedo, quinze jours après » mon arrivée à Marseille, ladite somme avec les intérêts maritimes, etc.... »

Au lieu d'aller directement à Marseille, Rinesi se rendit au golfe Juan, où il arriva dans les derniers jours du mois de Février de la même année, et où il vendit la presque totalité de son chargement. — De là il partit pour Toulon, où il arriva le 12 mars et y séjourna environ quarante jours. Dans cet intervalle, et le 25 Mars, il envoya à son beau-frère Romieu une procuration pour vendre tous ses biens meubles et immeubles; ce qui fut effectué par ce dernier.

Le 24 Avril, et aussitôt que les créanciers de Rinesi eurent connaissance de ces ventes, par leur enregistrement, requête fut présentée par ceux-ci au Tribunal de Commerce, pour qu'il eût à déclarer la faillite fondée sur le non paiement de nombreux billets échus.

25 Avril 1819, Jugement qui déclare la faillite et en fixe l'ouverture au 1er Janvier précédent.

Le sieur Cipriani porteur d'un acte sous seing-privé, daté du mois de Janvier 1819, mais enregistré seulement le 10 Avril suivant, par lequel Rinesi lui aurait vendu une partie de maison, et le sieur Lera s'appuyant également sur un prétendu acte de vente, passé le 21 Avril de la même année par Romieu, ont formé opposition à ce jugement. — Ils ont soutenu que la cessation des paiements de Rinesi n'ayant pas été constatée par protêts, soit à Bastia, soit à Marseille, antérieurement à leurs actes de vente, la faillite devait être fixée après le 21 Avril 1819.

Les syndics de la faillite ont répondu, que des poursuites avaient été déjà dirigées contre Rinesi avant son départ pour Marseille; que s'étant obligé d'acquitter des effets à Marseille quinze jours après son arrivée, le fait de ne s'être pas présenté dans cette ville — fait non contesté d'ailleurs — devait être considéré comme un refus de paiement; qu'il se trouvait le 15 mars à Toulon; que le délai de quinzaine devait courir au moins depuis cette époque; qu'en conséquence, il était en faillite le 1er Avril suivant....

6 Février, Jugement du Tribunal de Commerce de Bastia, ainsi conçu :

« Attendu qu'aux termes de l'article 441 du Code de Commerce, l'époque de la fail- » lite peut être fixée par le Tribunal, soit par la retraite du débiteur, soit par la clô-

» ture de ses magasins, soit par la date de tous actes constatant le refus d'acquitter » des engagements de commerce; et que ces actes ne constatent l'ouverture de la » faillite que lorsqu'il y a cessation de paiement ou déclaration du failli;

» Attendu que, dans l'espèce, il y a eu retraite de Rinesi, et cessation de paiement » de sa part; — Que, pour fixer l'époque de la faillite, il est nécessaire d'examiner » quand la cessation des paiements et la retraite ont eu lieu;

» Attendu qu'il est constant que Rinesi, qui avait promis d'acquitter des effets de » commerce à Marseille, quinze jours après son arrivée, qui aurait dû s'effectuer en » ladite ville dans les premiers jours de Mars 1819, n'y est pas même allé; — Que » cependant il est constant qu'il se trouvait à Toulon au moins vers le 15 du même » mois de Mars; — Que la circonstance de n'avoir pas été à Marseille pour y acquitter » ces effets, ou de n'avoir indiqué aucune personne qui dût payer pour lui, doit être » considérée comme un refus de paiement, puisqu'il a privé, par son fait, les créan- » ciers du moyen de faire constater ce refus par protêts ou autrement;

» Attendu, d'ailleurs, que, par une citation du sieur Gesta contre Rinesi, il conste » qu'il avait cessé ses paiements même avant son départ pour Marseille; — Que d'au- » tres billets échus avant 1819 n'ont pas été payés à leur échéance;....

» Le Tribunal; — Fixe l'ouverture de la faillite de Rinesi au 1er Avril 1819....

Appel de la part du sieur Cipriani : le sieur Lera est intervenu en cause. — Ils soutenaient qu'on devait écarter tout ce qui était antérieur au départ de Rinesi de Bastia, parce qu'il avait pris des arrangements avec ses créanciers, ou qu'il n'avait pas été mis en demeure par des protêts. — Quant au paiement du billet qui devait s'effectuer à Marseille, ils disaient aussi que la cessation de paiement devait être nécessairement constatée par des protêts; que, si Rinesi n'avait indiqué à Marseille aucun domicile où le paiement dût s'effectuer, on devait faire une perquisition, comme le législateur l'a prescrit pour les lettres de change (Art. 173 Cod. Comm.); que cette perquisition n'ayant pas été faite, il n'y avait point de cessation de paiement légalement établie, et qu'en conséquence l'ouverture de la faillite ne devait pas être fixée antérieurement au 24 Avril 1819, jour où les créanciers en ont provoqué la déclaration.

On répondait pour les syndics : — le fait de n'avoir pas été à Marseille pour y acquitter le billet du sieur Multedo, ou de ne pas y avoir envoyé de fonds, constitue de la part de Rinesi une véritable cessation de paiement. Veut-on en effet une preuve plus irréfragable d'un refus formel que celle de ne pas se présenter dans le lieu désigné, ou de n'y pas s'y faire représenter par un mandataire, afin d'y effectuer le paiement? Impossible. — La cessation de paiement qui constitue la faillite, alors même que des événements de force majeure l'ont occasionnée, doit, à plus forte raison, être une cause de faillite, lorsqu'elle dérive du fait volontaire du débiteur. Dans le commerce, le public ne doit pas demander compte des causes plus ou moins imputables de la cessation de paiement; il suffit qu'elle soit constante pour motiver la déclaration de faillite.

Le protêt est-il indispensable pour constituer un commerçant en faillite? Non sans doute. — Parce qu'en matière de lettres de change et de billets à ordre, cette formalité a paru nécessaire à cause de l'éloignement et des intérêts divers de tous ceux qui participent à la négociation des traites, le législateur s'en est expliqué d'une manière formelle (Art. 162 et 163 Cod. Comm.). Mais, au titre des faillites, une pareille disposition n'a pas été renouvelée : on rentre donc dans le droit commun commercial, qui admet la preuve testimoniale, les présomptions, et qui enfin donne aux Juges la faculté de se décider d'après la conviction qu'ils auront puisée dans les débats et dans les circonstances de la cause.

L'article 441 du Code de Commerce détermine bien, dans sa première partie, toutes les causes de faillite. C'est : 1° la retraite du débiteur; — 2° la clôture de ses magasins ; — 3° la date de tous actes constatant le refus d'acquitter ou de payer des engagements de commerce. « Tous les actes ci-dessus, ajoute l'article, ne constateront » néanmoins l'ouverture de la faillite que lorsqu'il y aura cessation de paiement ou » déclaration du failli. » Or la cessation de paiement, comme tous les faits, et surtout les faits de commerce, peut être établie par témoins et par tous les autres genres de preuve.

Cela est d'autant plus vrai que la notoriété publique, c'est-à-dire des bruits vagues et quelquefois mal fondés, peut cependant déterminer le Tribunal de Commerce à prononcer l'ouverture de la faillite (Art. 449, Cod. Comm.).

Il serait d'ailleurs dérisoire, de la part des appelants, de prétendre que cette obligation de faire protester le billet était rigoureusement imposée au sieur Multedo ; car, s'il ne l'a pas fait, c'est que Rinesi l'a placé lui-même dans l'impossibilité de le faire, en ne se rendant pas à Marseille, et en n'indiquant pas un domicile où le billet fût payable.

ARRÊT.

Après délibération en la Chambre du Conseil,

La Cour ; — sur les conclusions de M. Tamiet, Premier Avocat Général ;

Adoptant les motifs des premiers juges ;

Confirme.

Chambre Civile. — M. Le Cte COLONNA D'ISTRIA, *Premier Président.*

MM. Graziani et Bertora, Romani et Semidei, } *Avocats.*

DU 21 MAI 1827.

DATE. — ACTE D'APPEL. — JOUR. — OMISSION.

L'omission du jour de la signification, dans la date d'un acte d'appel, entraîne la nullité de cet acte, encore bien qu'il soit constant que la signification a été faite dans le délai de trois mois, en ce que, par exemple, le délai n'aurait expiré qu'après le mois tout entier dans lequel la signification a eu lieu, et qui est mentionné dans la date incomplète de l'exploit [Cod. Proc. Civ. Art. 61 et 456] (1).

Lambert C. Chocarne.

ARRÊT.

Après délibération en la Chambre du Conseil,

LA COUR; — sur les conclusions de M. MORATI, Conseiller Auditeur, attaché au Parquet;

Attendu que l'acte d'appel devant contenir assignation dans les délais de la loi, est assujetti aux formalités de l'ajournement; — Qu'aux termes de l'article 61 du Code de Procédure Civile, tout ajournement doit porter, sous peine de nullité, la date des jour, mois et an; — Que la copie de l'appel, signifiée au sieur Lambert, et qui lui tient lieu d'original, ne porte aucune date; — Que peu importe qu'en considérant tout le mois dans lequel l'acte a été notifié, l'appel se trouvât interjeté dans le délai utile de trois mois; — Que la date du jour a été exigée par la loi pour que la partie puisse s'assurer si l'officier

---

(1) Conf. : Metz, 18 juin 1819 (D. A. 7. 728; — S. 20. 2. 62); — Rennes, 20 févr. 1828 (D. P. 28. 2. 143; — S. 28. 2. 161); — Bastia, 31 mars 1833 (V. tom. 2e de notre Rec. à cette date).

Contrà : Anal. Cass., 19 juillet 1848 (S. V. 48. 1. 329).

ministériel a instrumenté dans un jour où cela est permis, et s'il était réellement, ce même jour, dans le lieu indiqué par l'acte, pour qu'il ait pu en faire la signification; — Qu'il ne s'agit pas, dans l'espèce, d'une date erronée ou incomplète, mais de l'absence entière d'une partie essentielle de la date, la loi ayant prescrit, sous la même peine de nullité, tant la date du jour que celle du mois et de l'année; — Qu'enfin la véritable date du jour ne peut être reconnue par aucune des indications de l'acte lui-même;

DÉCLARE l'appel non recevable.

Chambre Civile. — M. LE Cte COLONNA D'ISTRIA, *Premier President.*

MM. BIADELLI, } *Avocats.*
MARI, }

DU 5 JUIN 1827.

SÉQUESTRE JUDICIAIRE. — MISE EN POSSESSION.

L'administration du séquestre judiciaire ne commence que du jour de sa mise en possession des objets litigieux.

Le séquestre judiciaire ne peut se mettre lui-même en possession des objets en litige, en faisant les actes nécessaires à cet effet : — Ces actes doivent être faits à la requête de la partie la plus diligente.

Franceschini C. Blasini.

Le sieur Blasini avait vendu au sieur Catoni une maison, que celui-ci avait revendue au sieur Piccioni. Blasini continuait cependant à habiter cette maison, en vertu d'un acte de bail passé avec Catoni au moment de la vente. Le dernier acquéreur lui donna congé et voulut le forcer à quitter les lieux. Blasini attaqua alors la vente qu'il avait consentie au sieur Catoni, sur le fondement que cette vente n'était en réalité qu'un contrat pignoratif, fait uniquement pour donner des sûretés au sieur Catoni qui était son créancier.

Cette instance paraissant devoir traîner en longueur, Piccioni demanda que la maison fût placée sous un séquestre judiciaire. — Le Tribunal de Calvi nomma le sieur Franceschini séquestre. Celui-ci, après avoir prêté serment, fit procéder à sa mise en possession, par des actes faits à sa requête, et expulsa Blasini de la maison par lui habitée. — Blasini attaqua ces actes comme nuls, parce qu'ils avaient été faits à la requête du séquestre, tandis qu'ils auraient dû l'être à la requête de l'une des parties.

Jugement qui accueille ces conclusions et annulle, en conséquence, tous les actes faits par le séquestre pour parvenir à sa mise en possession de la maison.

Appel de la part de Franceschini.

ARRÊT.

Après délibération en la Chambre du Conseil,

LA COUR ; — sur les conclusions de M. MURATI, Conseiller Auditeur, attaché au Parquet ;

Attendu que l'administration du séquestre judiciaire ne peut commencer que du jour de sa mise en possession des objets litigieux ; —

Que, jusqu'à ladite mise en possession, le séquestre est sans qualité pour faire procéder aux actes nécessaires pour y parvenir, et que lesdits actes ne peuvent avoir lieu qu'à la requête des parties qui figurent dans le procès, où est intervenu le jugement de nomination de séquestre;

Attendu que les procès-verbaux des 11 et 12 Avril dernier, dressés pour la mise en possession du séquestre Franceschini, l'ont été à sa seule requête, sans le concours des parties en cause;

CONFIRME.

Chambre Civile. — M. LE Cte COLONNA D'ISTRIA, *Premier Président.*

MM. CASABIANCA, BERTORA, MARI, *Avocats.*

DU 8 JUIN 1827.

VENTE A RÉMÉRÉ. — PAPIER MONNAIE. — CONSIGNATION. — DÉLAI. — SUSPENSION. — FRUITS.

La loi du 12 Frimaire an IV, qui donnait aux créanciers le droit de refuser le paiement en assignats, s'applique non seulement aux remboursements postérieurs à cette loi, mais encore à ceux offerts et consignés antérieurement, lorsqu'il y avait litige sur la validité de la consignation.

Les actes judiciaires faits par le vendeur à réméré qui a consigné, quoique d'une manière irrégulière, le prix de la vente avant l'expiration du terme convenu, ont pour effet de suspendre le délai du rachat pendant la durée du procès (1).

Les fruits du bien vendu avec pacte de réméré appartiennent de droit à l'acheteur jusqu'au remboursement (2).

(1-2) La première des deux solutions ci-dessus ne saurait, selon nous, être contestée, puisque le vendeur avait non seulement consigné le prix qu'il avait d'abord verbalement offert, mais encore introduit une instance en délaissement des biens vendus avec faculté de rachat. Cela nous paraît d'autant plus vrai, qu'il résulte de l'ensemble de la jurisprudence et de la doctrine : que les offres réelles ne sont pas rigoureusement nécessaires; que l'insuffisance ou l'irrégularité des offres faites n'emporte pas déchéance; et qu'il suffit que le vendeur fasse connaître à l'acquéreur son intention formelle d'exercer l'action en réméré, pour que la prescription ne puisse pas courir contre lui. Voyez entr'autres autorités : Rej., 25 avril 1812 (D. A. 12. 902; — S. 13. 1. 230); — Douai, 17 déc. 1814 (D. A. 12. 905; — S. 16. 2. 36); — Besançon, 20 mars 1819 (D. A. 12. 905); — Nîmes, 31 mars 1840 (D. P. 40. 2. 134; — S. V. 40. 2. 319); — Bastia, 10 janv. 1838, (tom. 2e de notre Rec. à cette date). — *Sic*: MERLIN, *Répert.* V° *Retrait Convent.*, n° 7; — DURANTON, tom. 16, n° 403; — VAZEILLE, *Des Prescript.*, tom. 2e, n° 625; — TROPLONG, *Vente*, tom. 2e, nos 718 à 723.

Quant à la solution contenue dans le sommaire final, on ne peut s'empêcher de reconnaître que c'est une conséquence nécessaire et forcée de ce principe incontestable que la propriété du bien vendu repose sur la tête de l'acheteur tant que le rachat n'a pas été opéré, et que, par suite, les fruits doivent lui appartenir de droit jusqu'au remboursement du prix de la vente.

Giuseppi C. Grimaldi.

En 1792, la dame Giuseppi avait vendu au sieur Grimaldi deux immeubles dénommés *Farinole* et *Costa*, pour le prix de 2,900 livres. — Cette vente avait eu lieu sous faculté de rachat pendant quatre ans.

Il paraît qu'en 1793, la venderesse fit offre verbale au sieur Grimaldi de son prix en autant d'assignats que Grimaldi refusa d'accepter. La dame Giuseppi déposa alors au greffe du tribunal les 2,900 livres en papier monnaie, et quelque temps après elle cita l'acquéreur pour qu'il eût à retirer son prix et à délaisser les biens qu'il détenait.

Cette procédure était restée impoursuivie depuis lors, jusqu'au commencement de 1826, époque à laquelle l'héritier de la venderesse a repris l'instance.

Il disait qu'il n'avait pas été loisible au sieur Grimaldi de refuser, en 1793, le remboursement en assignats; que le papier monnaie avait eu cours forcé en France jusqu'à la loi du 16 Nivôse an V; et que précédemment la loi du 11 Avril 1793 défendait toute espèce de contrats qui n'auraient pas été faits avec des assignats. (V. MERLIN, *Quest. de Droit*, V° *Papier-monnaie*).

Le défendeur répondait que le dépôt de 1793 était nul, — 1° parce qu'il n'avait pas été précédé d'offres; — 2° parce que les assignats ayant éprouvé une forte dépréciation, le payement n'avait pas été intégral.

A cela le demandeur répliquait que le Statut Corse, chapitre XXXe, n'obligeait qu'à déposer réellement au greffe le prix de la vente, et qu'il n'exigeait pas d'offre préalable; qu'il ne fallait donc pas créer des formalités non exigées par la loi, et surtout des formalités à peine de nullité. — Il disait encore subsidiairement, que dans le cas où le dépôt ne serait pas légal, il était du moins suffisant pour interrompre la prescription du rachat; que les articles 2244 et 2246 du Code Civil, et la loi 7, § 5, Cod. *De præscriptionibus*, ainsi que la loi 3, Cod. *De annal. except.*, décident positivement que toute citation en justice, et même par devant un juge incompétent, interrompt la prescription.....

ARRÊT.

Après délibération en la Chambre du Conseil,

LA COUR; — sur les conclusions de M. TAMIET, Premier Avocat Général;

Attendu que, par la loi du 12 Frimaire an IV (3 décembre 1795), tout créancier qui se croyait lésé par le paiement ou remboursement à lui offert était libre de le refuser, et que toute procédure commencée à raison desdits paiement et remboursement demeurait suspendue; —

Que cette loi générale dans ses dispositions, ayant pour but de garantir les créanciers contre la mauvaise foi des débiteurs, s'appliquait non seulement aux remboursements à offrir, mais encore à ceux déjà offerts et consignés, lorsqu'il n'avait pas été définitivement statué sur la consignation;

Attendu que, si on pouvait révoquer en doute la nullité de la consignation des assignats dont il s'agit, faute d'avoir été précédée par des offres réelles, ladite consignation se trouverait comme non avenue par l'effet de ladite loi du 12 Frimaire an IV, vu qu'à l'époque de sa promulgation l'instance engagée à cet égard entre les parties n'était pas encore terminée;

Attendu, néanmoins, que les actes judiciaires faits pour l'exercice du droit de réméré stipulé entre les parties, ont eu lieu longtemps avant l'expiration du délai convenu pour le rachat; — Que ce délai s'est trouvé suspendu pendant la durée du procès; — Que la prescription ayant été ainsi interrompue, il doit être encore loisible au vendeur ou à ses ayant cause d'effectuer le rachat; — Qu'enfin les fruits du bien vendu avec pacte de réméré appartiennent de droit à l'acheteur jusqu'au remboursement;

CONFIRME.

Chambre Civile. — M. LE Cte COLONNA D'ISTRIA, *Premier Président.*

MM. GAVINI (de Campile), DE VIDAU, } *Avocats.*

DU 13 JUIN 1827.

CONTRAINTE PAR CORPS. — COMPTABLE. — SOMME DUE.

La contrainte par corps ne peut être prononcée contre les administrateurs pour reliquat de compte, lorsque la somme est au-dessous de trois cents francs; — Il n'a pas été fait exception à l'article 2065 du Code Civil par l'article 126 du Code de Procédure Civile (1).

Cesari C. **Quilichini.**

Quilichini, qui avait rempli les fonctions de prieur à Sainte-Lucie, était resté reliquataire d'une somme moindre de 300 fr. — Cesari, pour arriver au paiement, réclama la contrainte par corps contre Quilichini.

Jugement qui rejette cette demande.

Appel par Cesari; il soutient qu'il a été dérogé, par l'article 126, § 2, du Code de Procédure civile, à l'article 2065 du Code Civil.

ARRÊT.

Après délibération en la Chambre du Conseil,

La Cour;

Considérant que, d'après l'article 2065 du Code Civil, la contrainte par corps ne peut être prononcée contre Quilichini pour reliquat de compte, s'agissant d'une somme moindre de trois cents francs;

Confirme.

Chambre Civile. — M. le Cte COLONNA D'ISTRIA, *Premier Président.*

MM. Bradi, Bertora, } *Avocats.*

(1) Voyez *suprà* pag. 195, l'arrêt du 31 août 1826 et les indications qui ont été faites en note.

DU 15 JUIN 1827.

ENQUÊTE. — TÉMOIN NÉCESSAIRE. — PARENTÉ. — INTERPELLATION. — OMISSION. — ÉQUIPOLLENTS. — TESTAMENT. — SIGNATURE. — MENTION. — ACTE NOTARIÉ. — DISPOSITION TESTAMENTAIRE. — DROIT ROMAIN. — LIBÉRALITÉ. — PREUVE CONTRAIRE. — PROPRIÉTÉ NATIONALE. — ACQUÉREURS. — DROITS RESPECTIFS. — TITRES. — COMPÉTENCE. — BIEN EMPHYTÉOTIQUE. — JOUISSANCE ANTÉRIEURE INDIVISE. — DROITS. — PROPORTION.

En supposant qu'il y ait, en matière civile, des témoins nécessaires, cette qualification ne peut appartenir à un témoin par la seule admission des faits sur lesquels sa déposition devra porter.

.... Mais le témoin, parent au degré prohibé de l'une des parties, n'est pas un témoin nécessaire, son témoignage ne pouvant, hors les cas prévus par la loi, être recueilli aux termes de l'article 283 du Code de Procédure Civile.

Il peut être suppléé, par des équipollents, au défaut de mention EXPRESSE *que le Juge a demandé au témoin s'il persiste dans sa déposition.*

La mention que le testateur n'a pu signer n'équivaut pas à la mention EXPRESSE, *exigée par l'Ordonnance de 1735 et par la Loi du 8 Septembre 1791, que le testateur a déclaré ne pouvoir signer. — En conséquence, est nul l'acte qualifié de testament qui renferme seulement l'énonciation par le notaire, que le testateur n'a pu signer, pour cause de maladie* (1).

Mais un pareil testament est valable comme acte notarié : l'Édit du mois de Juin 1771 (Tit. 3, Art. 4) autorisant les notaires à certifier par eux-mêmes les cas où les parties ne pouvaient ou ne savaient signer.

Dès lors, cet acte peut faire preuve de la déclaration du testateur conte-

---

(1) Il a été décidé de même, sous l'empire du Code Napoléon, que la mention par le notaire, que le testateur N'A PU SIGNER ne suffit pas, et que le testament doit contenir la mention que le testateur a DÉCLARÉ ne pouvoir signer. — Limoges, 17 juin 1808 (D. A. 5. 781 ; — S. 8. 2. 218) ; — *Id.*, 4 déc. 1821 (D. A. 5. 782 ; — S. 22. 2. 167) ; — Caen, 11 déc. 1822 (D. A. 5. 779 ; — S. 23. 2. 128) ; — Cass., 15 avril 1835 (D. P. 35. 1. 221 ; — S. V. 35. 1. 359).

nant aveu d'une dette ou reconnaissance des droits d'un tiers sur un bien indivis avec celui-ci.

Quoiqu'en Droit Romain une disposition testamentaire soit présumée être une libéralité, cette présomption tombe devant la preuve contraire même verbale.

.... Et cette preuve est administrée, lorsque, comme dans l'espèce, la cause de la libéralité dont le légataire a été l'objet de la part du testateur est une obligation de celui-ci, résultant d'un acte de partage ou d'un acte d'emphytéose.

L'autorité administrative est incompétente pour connaître des contestations entre acquéreurs d'une propriété nationale, relatives à l'étendue de leurs droits respectifs, lorsque ces droits doivent être réglés au moyen d'actes émanés d'eux-mêmes ou de leurs auteurs.

L'acquisition d'un bien emphytéotique faite par des personnes qui jusque là en avaient eu la jouissance indivise, est censée avoir eu lieu dans la proportion de leurs droits antérieurs, à moins de stipulation contraire.

Paganacce C. Cermolacce.

Jean Cermolacce, père de Jules-Mathieu, intimé, avait reçu le 10 Août 1761, à titre d'emphytéose, un immeuble de l'église d'Oletta. Il y construisit un moulin et y fit des améliorations considérables. Maurice, son frère, était alors mineur, et vivait avec lui.

Le 17 Août 1771, Jean passa avec la Fabrique un nouveau contrat par lequel il rendit perpétuelle l'emphytéose qui n'avait été concédée que temporairement.

Des contestations s'étant élevées entre les deux frères, relativement à leur part respective dans cet immeuble, ils procédèrent, en 1773, au partage de tous les biens composant les successions de leurs auteurs communs, ainsi qu'au partage de l'immeuble emphytéotique. — Maurice n'eut que le quart du moulin.

En 1792, la Nation, qui s'était approprié tous les biens de l'Église, et qui, par la loi du 17 Avril 1791, avait déclaré aliénables les rentes emphytéotiques, procéda à la vente de l'emphytéose passée avec Jean Cermolacce. Celui-ci était alors décédé. Maurice s'en rendit adjudicataire, et associa Jules-Mathieu, fils de Jean son frère, à cette acquisition. Maurice décéda aussi, presque subitement, cinq années après l'adjudication, laissant une fille, la dame Paganacce. Jules-Mathieu a joui, depuis lors, du moulin et des terrains qui en dépendaient, jusqu'en 1822, époque à laquelle la dame Paganacce en demanda le partage par égales portions.

Jules-Mathieu a opposé à cette demande l'acte d'emphytéose de 1771, l'acte de partage de 1773, et enfin un testament de feu Maurice Cermolacce, sous la date du 8

Septembre 1792, dans lequel le testateur déclarait n'avoir droit, sur le bien emphytéotique, qu'au quart du moulin.

La dame Paganacce déclara s'inscrire en faux contre ce testament. — L'inscription fut admise; et lorsque la procédure sur le faux incident fut terminée, le Tribunal de Bastia, par Jugement du 9 Juillet 1824, prononça la nullité du testament, parce qu'il n'avait pas été signé par le testateur, et que le notaire, au lieu de l'interpeller s'il savait ou pouvait signer, s'était borné à certifier, de son chef, que le testateur ne pouvait signer; — Le Tribunal dit ensuite qu'il était inutile de s'occuper de l'inscription de faux, et renvoya les parties devant l'autorité administrative, pour qu'elle eût à interpréter l'acte d'adjudication de 1792, et fixer la part du bien national afférente à chacune des parties.

Appel de la part de la dame Paganacce.

ARRÊT.

Après délibération en la Chambre du Conseil,

La Cour; — sur les conclusions de M. Tamiet, Premier Avocat Général;

Considérant que le cinquième et le septième témoin sont parents des parties au degré prohibé; — Qu'en conséquence leurs dépositions doivent être écartées, aux termes de l'article 283 du Code de Procédure Civile; — Qu'en admettant qu'il puisse y avoir, en matière civile, des témoins nécessaires, en l'espèce, l'admission du cinquième fait ne les rangeait pas dans cette catégorie;

Considérant qu'il résulte suffisamment du procès-verbal, que les formalités prescrites par les articles 271 et 273 du Code de Procédure Civile ont été observées; — Qu'une mention expresse de la demande du juge, si le témoin persiste, n'étant pas requise par la loi, elle peut être valablement suppléée par des équipollents;

Considérant, sur la nullité du testament, que tant l'Ordonnance de 1735, publiée en Corse, que la loi du 8 Septembre 1791, exigeaient que la déclaration de ne pouvoir ou de ne savoir signer fut faite par le testateur, et que le notaire ne fit que recevoir cette déclaration; — Que dans le testament du 8 Septembre 1792, c'est le notaire, de son chef, qui certifie que le testateur n'a pu signer, à cause de sa maladie; —

Qu'en conséquence ledit testament est nul, pour défaut d'accomplissement d'une formalité prescrite par les lois à peine de nullité;

Considérant que, si le testament est nul comme non revêtu de toutes les formes voulues par ces sortes d'actes, il est valable comme acte notarié, l'Édit du mois de Juin 1771 ayant autorisé les notaires à certifier par eux-mêmes les cas où les parties ne savaient ou ne pouvaient signer (Art. 4, § 13 de l'Édit cité ci-dessus);

Considérant que, si aux termes des Loi 88, § 10, ff. *De Legatis* et 28, § 13, ff. *De Liber. legat.*, et dans la pureté des principes du Droit Romain, toute disposition testamentaire est présumée être une libéralité, cette présomption cesse devant la preuve contraire même verbale; — Que, dans l'espèce, la preuve que la déclaration faite par Maurice en faveur de Jules-Mathieu n'est point une simple libéralité, résulte tant de l'acte du 3 Septembre 1773 que des circonstances de la cause; — Qu'en conséquence, la nullité de l'acte du 8 Septembre 1792, considéré comme testament, ne peut influer sur la déclaration invoquée au procès par Jules-Mathieu, ainsi qu'il a été de tout temps reconnu par les auteurs et par une jurisprudence universelle, tant dans les pays où le Droit Romain était en vigueur, que dans les pays de coutume;

Considérant, sur l'inscription en faux dirigée contre l'acte du 8 Septembre 1792, que les seuls indices qui résulteraient contre ledit acte se déduiraient des registres de l'état civil, et de la prétendue non identité de signature du témoin François-Xavier Costa; — Que l'inexactitude dans la tenue des registres et l'incertitude d'une vérification d'écriture, surtout quand il s'agit d'une signature, qui dans toutes les pièces de comparaison présente des variations importantes, tant dans le caractère des lettres principales que dans l'addition ou l'omission d'un des prénoms du témoin, ne permettent pas d'attacher trop d'importance à ces indices; — Que, d'un autre côté, bien des circonstances se réunissent en faveur de la sincérité du testament, la bonne réputation du notaire, le contexte du testament dont toutes les dispositions se justifient par les intentions présumées du testateur, la déclaration elle-même qui fait l'objet de l'attaque en faux, et qui est conforme aux actes passés entre les auteurs des parties, le peu d'intérêt de Jules-Mathieu à fabriquer un testament à l'appui de droits déjà suffisamment justifiés par l'acte du 3 Septembre 1773 et par l'adjudication du 6 Mai 1792 sainement entendue, et le fait même de l'appelante qui exécute annuellement un des vœux du testateur, la signature de quatre des témoins, tout concorde à faire repousser l'inscription de faux;

Considérant qu'en admettant, dans la cause, la déclaration de Maurice, consignée dans l'acte du 8 Septembre 1792, et tout doute cessant entre les parties sur les conséquences de l'adjudication du 6 Mai même année, il est entièrement inutile de recourir à l'administration pour l'interprétation de cet acte; — Que même, en l'état, l'autorité administrative est incompétente pour statuer sur le différend des parties, puisqu'il s'agit de régler leurs intérêts respectifs, non d'après l'interprétation dudit acte, mais par l'examen et l'appréciation des titres et d'actes émanés des parties elles-mêmes ou de leurs auteurs;

Considérant que, tant par l'acte du 3 Septembre 1773 que par l'adjudication du 6 Mai 1792 et par la déclaration de Maurice auteur de l'appelante, consignée dans l'acte du 8 Septembre même année, il est prouvé que la demanderesse n'a droit qu'à la propriété libre et entière du quart du moulin, et que cette propriété ne lui est pas, et ne lui a jamais été contestée;

Considérant, au surplus, que l'adjudication de l'emphytéose ayant été faite aux preneurs eux-mêmes, ils sont devenus par là tout à la fois créanciers et débiteurs de la rente emphytéotique; — Que, par la réunion sur les mêmes têtes des qualités de bailleurs et de preneurs, de créanciers et de débiteurs, il s'est opéré une confusion dont l'effet a été de consolider en leurs mains la propriété entière des immeubles contestés, quitte et franche de toute redevance, et que cette consolidation n'a pu avoir lieu que dans la proportion de leurs droits antérieurs; — Qu'en effet, il est raisonnablement impossible d'interpréter autrement le silence des parties sur la part de chacune d'elles dans l'adjudication, qu'en disant qu'elles ont entendu s'en rapporter aux actes antérieurs qui égalisaient leurs droits: ce qui confirme de plus en plus la sincérité de la déclaration contenue dans le testament du père de l'appelante;

Se déclare compétente;

Et faisant droit aux appels respectifs des parties;

Émendant et faisant ce que les premiers Juges auraient dû faire,

Sans s'arrêter aux moyens de nullité proposés contre le deuxième, le troisième, le quatrième et le cinquième témoin de l'enquête;

Déclare admissibles les reproches proposés contre le cinquième et le septième témoin;

Rejette l'inscription de faux;

Et déboute l'appelante de sa demande..........

Chambre Civile. — M. le Cte COLONNA D'ISTRIA, *Premier Président.*

MM. Graziani, Saliceti, } *Avocats.*

DU 9 JUILLET 1827.

VENTE. — FRAUDE. — CRÉANCIER. — ACTION EN RESCISION. — DÉLAI. ACQUÉREUR. — BÉNÉFICE DE DISCUSSION. — VENDEUR. — INSOLVABILITÉ.

L'action révocatoire, autorisée par l'article 1167 du Code Civil contre les actes faits par le débiteur en fraude des droits de ses créanciers, n'étant pas limitée à un délai particulier, peut être exercée pendant dix ans, aux termes de l'article 1304 du même Code (1).

L'acquéreur des immeubles aliénés par le débiteur d'un créancier, qui demande la nullité de la vente, est non recevable à proposer le bénéfice de discussion des biens restants du débiteur dont la solvabilité n'est pas justifiée (2).

Il y a fraude toutes les fois que le débiteur a causé sciemment un préjudice à son créancier.

La collusion se présume facilement entre parents, et entre personnes qui cohabitent dans la même maison.

Cependant, si l'acquéreur des biens d'une personne qui a des dettes, est lui-même créancier de celle-ci en vertu d'actes légaux et sincères, la vente ne devrait pas être annulée, lors même que les parties contractantes auraient eu l'intention de faire et d'accepter un paiement au préjudice des autres créanciers.

Portafax C. Maestroni.

Le sieur Maestroni, avocat, créancier du sieur Jean-Baptiste Portafax d'une somme de 1,800 fr. résultant d'un billet sous la date du 2 Juin 1809, le fit assigner, et obtint, le 29 Janvier 1824, un jugement de condamnation.

---

(1) Conf. : Colmar, 17 févr. 1830 (D. P. 31. 2. 93; — S. V. 31. 2. 86); — DURANTON, tom. 10, n° 585. Quelques arrêts et quelques auteurs vont même plus loin et décident que l'action dont il s'agit n'est soumise qu'à la prescription trentenaire. V. Paris, 11 juillet 1829 (D. P. 30. 2. 180 ; — S. 30. 2. 16); — Toulouse, 15 janv. 1834 (D. P. 34. 2. 189; — S. V. 34. 2. 298); — Riom, 3 août 1840 (S. V. 41. 2. 16); — PROUDHON, *Usufr.*, tom. 4, n° 2401; — MARCADÉ, tom. 4, pag. 491.

(2) V. TOULLIER, tom. 6, n° 347; — PROUDHON, *Usufr.*, tom. 4, n° 2400.

Le 21 Octobre 1823, Jean-Baptiste Portafax aliéna, par acte sous-seing privé, la majeure partie de ses immeubles en faveur du prêtre Dominique Portafax, son frère, qui s'empressa de faire enregistrer l'acte de vente le 1er Novembre suivant, et le fit transcrire au bureau des hypothèques le 13 du même mois.

Le 17 Janvier 1826, l'avocat Maestroni a intenté l'action Paulienne pour faire déclarer nul, collusif et fait en fraude de ses droits l'acte de vente consenti au sieur Dominique Portafax.

Celui-ci opposa la prescription, sur le motif que l'action n'avait pas été intentée dans l'année, suivant les Lois Romaines. Au surplus, il soutenait la bonne foi de son acquisition, et demandait des dommages-intérêts.

Jugement du Tribunal de Sartene, qui, sans s'arrêter à la fin de non-recevoir proposée contre Maestroni, déclare simulé, frauduleux, et conséquemment nul et de nul effet dans l'intérêt du demandeur, le prétendu acte de vente passé entre les frères Portafax.

Appel du sieur Dominique Portafax.

ARRÊT.

Après délibération en la Chambre du Conseil,

La Cour; — sur les conclusions de M. Tamiet, Premier Avocat Général;

Attendu que l'action révocatoire, autorisée par l'article 1167 du Code Civil contre les actes faits par les débiteurs en fraude des droits de leurs créanciers, n'étant pas limitée à un délai particulier, peut être exercée utilement pendant dix ans, aux termes de l'article 1304 dudit Code, dont la disposition a fait cesser l'action annale introduite par l'Édit du Préteur, dans la Loi première ff. *Quæ in fraud. credit. facta sunt, etc.*;

Attendu que l'exception de la discussion des autres biens du débiteur, quoique non formellement proposée par l'abbé Portafax, défendeur en révocation, peut s'induire des moyens par lui employés; mais qu'une telle exception n'est admissible qu'autant que le débiteur reste solvable après l'aliénation, et que le même débiteur justifie de biens suffisants pour le paiement. Voet, *Lib.* 42, *Tit.* 8, *n°* 14 *in fin.*; — *Arg. de l'Art.* 2209 *du Code Civil et Arrêt de la Cour de Cassation du* 7 *Octobre* 1807, *rapporté par Sirey*, 1808, *part.* 1re, *pag.* 81; — Qu'en l'état de notre législation et dans le silence du Code Civil, on ne saurait assujettir le créancier au même mode de procéder prescrit par le Droit Romain, lequel exigeait que le créancier fût d'abord mis en possession par le juge des biens restant au débiteur;

Attendu que les actes versés au procès prouvent que Jean-Baptiste Portafax, débiteur, n'a aucun meuble, et que les immeubles qui lui restent encore, ont, d'après la matrice des rôles, la modique valeur de deux cent vingt-quatre francs, tandis que la somme par lui due à Maestroni est d'environ deux mille sept cents francs; — Que son insolvabilité n'en serait pas moins certaine en admettant comme réelle la valeur qu'il attribue auxdits biens, et ayant aussi égard à sa prétendue créance sur la succession Roux; — Que ces sommes réunies, correspondant à peu près à la moitié de sa dette, seraient en outre réduites à bien peu de chose, par les frais que le créancier serait obligé de faire pour l'expropriation des biens propres du débiteur, et de ceux hypothéqués à sa créance sur Roux; — Qu'étant ainsi constant que les affaires du débiteur de Maestroni ne sont pas en bon ordre, et qu'il est hors d'état de remplir ses engagements, l'action révocatoire du créancier a pu être intentée directement et sans aucun préalable;

Attendu que, pour annuler une vente pour cause de fraude, deux choses sont nécessaires, le dessein du débiteur de frauder, et l'événement, c'est-à-dire la perte effective du créancier, ce que les Lois Romaines appelaient *consilium et eventus*. (*L.* 79, *ff. De reg. jur. LL.* 10, § 1 *et* 15, *ff. Quæ in fraud. credit. facta sunt.*)

Attendu que la vente dont est procès a causé un préjudice réel à Maestroni, créancier non contesté du vendeur Portafax, puisqu'avec les biens restants à son débiteur, il ne peut être satisfait de sa créance, et que le dessein de frauder ledit créancier est évident par tous les faits et circonstances de la cause; — Qu'en effet, Jean-Baptiste Portafax, débiteur, qui a aliéné par ledit acte de vente la majeure partie de ses biens, connaissait sa dette et l'insolvabilité à laquelle il allait être réduit par suite de ladite aliénation; — Que rien ne peut faire douter non plus de cette double connaissance dans la personne de l'acheteur, frère du vendeur, et vivant ensemble dans la plus grande intimité;

Attendu que la collusion est facilement présumée entre parents :

Arg. de la L. 27, Cod. *De Donat.*; — Qu'elle l'est encore davantage, dans l'espèce, par la circonstance de la cohabitation des deux frères dans la maison de l'acheteur immédiatement après l'acte de vente, et par la disparition de tous les meubles appartenant au vendeur; — Qu'elle résulte aussi : 1° de la proximité de la prétendue vente, faite par acte sous-seing privé portant la date du 21 Octobre 1823, et de la demande de Maestroni, en paiement de la somme à lui due, introduite par exploit du 6 Novembre suivant; — 2° de la coïncidence de l'enregistrement de ladite prétendue vente avec l'enregistrement du billet en faveur de Maestroni, faits tous les deux le même jour, 1er Novembre susdit, avec cette remarquable circonstance que la vente est enregistrée à la suite du billet; — 3° du défaut de nécessité dans le vendeur d'aliéner les biens qui étaient sa principale ressource pour vivre; — 4° enfin, de ce que le prix stipulé n'a pas été compté au moment de la passation de l'acte, et qu'on l'a fait consister, pour la majeure partie, dans des prétendues avances faites au vendeur dix-huit ans environ avant, et pour le reste dans la cession d'une créance aussi ancienne sur la succession Boulet;

Attendu que le long silence de l'acheteur à l'égard desdites avances, et son retard à exiger après l'échéance la créance cédée au vendeur, font justement douter de la réalité des unes et de l'exigibilité de l'autre; — Qu'à l'égard de ladite cession peu importait, en outre, que la créance Boulet figurât sous le nom d'un frère plutôt que sous celui de l'autre puisque tout annonce leur accord; — Qu'il n'est pas établi, d'ailleurs, que l'acheteur, cessionnaire de ladite créance, fût réellement débiteur de la même succession Boulet, et que, par conséquent, il y avait pour lui intérêt d'accepter ladite cession pour faire opérer la compensation d'une partie de la prétendue dette, dont il n'a pas même été question devant les premiers Juges;

Attendu que les faits et circonstances ci-dessus constituent des présomptions graves, précises et concordantes, qui établissent que l'acte de vente, fait par don Jean-Baptiste Portafax en faveur de son frère, est simulé et fait en fraude des droits de Maestroni, son créancier;

Attendu que le seul moyen légitime de repousser une telle conséquence aurait été de prouver légalement l'existence des deux prétendues dettes du vendeur envers l'acheteur et envers la succession Boulet, parce qu'alors l'acte de vente n'aurait présenté rien de contraire à la loi, en le supposant même fait dans le dessein de nuire au créancier Maestroni, puisqu'il est permis de se libérer des dettes réelles, et d'en recevoir le paiement, malgré le préjudice des droits d'autres créanciers moins vigilants, *Sibi enim vigilavit*, dit à ce propos la loi 6, § 6, et 7, ff., *quæ in fraudem creditorum facta sunt, etc.*; mais qu'en l'absence de titres constatant d'une manière légale la réalité des dettes dont il s'agit, on ne saurait en admettre la preuve par témoins, laquelle est formellement défendue par la loi, s'agissant de sommes excédant cent cinquante francs;

Attendu que, des considérations qui précèdent, il suit que les faits articulés par l'abbé Portafax sont tous inconcluants et inadmissibles;

Adoptant au surplus les motifs des premiers juges;

CONFIRME..........

Chambre Civile. — M. LE Cte COLONNA D'ISTRIA, *Premier Président.*

MM. MARI, BRADI, BERTORA, } *Avocats.*

DU 9 JUILLET 1827.

PROMESSE DE VENTE. — RÉCOLTE. — ACTE DE COMMERCE.

La promesse, faite par un propriétaire, de vendre une quantité déterminée de denrées (des lupins) qu'il récoltera sur ses terres, constitue de sa part un acte de commerce, si, pour combler la différence entre la quantité récoltée et la quantité promise, il a dû recourir à des achats [*Cod. Comm. Art. 632*] (1).

Leandri C. Camugli.

Dans le courant du mois de Juillet 1826, Leandri s'obligea à fournir au patron Camugli, en Septembre suivant, trente *stare* de lupins. Leandri reçut à titre d'arrhes une somme de 58 fr., mais n'ayant pas rempli ses engagements, Camugli le fit assi-

---

(1) Il ne faudrait pas donner à la solution ci-dessus une portée plus générale que les motifs sur lesquels elle repose ne nous paraissent le comporter. — Un principe sûr, en cette matière, est que le caractère commercial d'un acte résulte le plus ordinairement de l'intention qui y a présidé. L'arrêt que nous recueillons est la sanction de ce principe. En effet, la Cour, en déclarant que dans l'espèce le propriétaire ayant vendu une quantité de lupins supérieure à celle que son champ pouvait produire avait opéré dans un esprit de lucre, n'a fait qu'apprécier son intention. Or dans ces circonstances, le fait du propriétaire étant incontestablement empreint du caractère dominant de l'acte de commerce, la spéculation, c'est avec raison qu'elle en a attribué la connaissance à la juridiction consulaire. — Voyez parmi les espèces diverses dans lesquelles le propriétaire peut être considéré comme faisant ou ne faisant pas acte de commerce : Bastia, 17 déc. 1839, (tom. 2 de notre Rec. à cette date) ; — Rej., 2 Brum. an V; — Colmar, 17 juin 1809 ; — Liège, 21 janv. 1813 (Dalloz, *Jur. Gén.*, 2e édit. V° *Acte de Commerce*, nos 136-137 et 138) ; — Req. 24 janv. 1820 (D. A. 2. 727; — S. 20. 1. 190) ; — Douai, 22 juillet 1830 (Dalloz, *eod. Verb.*, n° 161 ; — S. V. 31. 2. 172) ; — Bourges, 14 févr. 1840 (D. P. 41. 2. 77; — S. V. 41. 2. 99) ; — Rouen, 30 juin 1840 (D. P. 40. 2. 232 ; — S. V. 40. 2. 388) ; — Dijon, 15 févr. 1847 (S. V. 49. 2. 409) ; — Bordeaux, 12 juillet 1848 (S. V. 49. 2. 16) ; — Voyez également Gilbert, Codes annotés, sur les articles 1 et 2, Cod. de Comm. ; — Pardessus, *Droit Comm.*, n° 14; — Despréaux, *Comp. des Trib. de Comm.*, n° 354; — Devilleneuve et Massé, *Dict. du Cont. Comm.*, V° *Acte de Commerce*, n° 14 ; — Dalloz, *ubi suprà*.

gner devant le Tribunal de Commerce, en restitution du double des arrhes, conformément à l'article 1590 du Code Civil.

Leandri excipa de l'incompétence du Tribunal, sur le motif qu'étant propriétaire d'un champ ensemencé à lupins, il n'avait vendu que le produit de ses récoltes, et n'était pas, en conséquence, justiciable des Tribunaux consulaires.

Le Tribunal ordonna une enquête, afin de constater quelle quantité de lupins aurait pu produire le champ du défendeur. Il en résulta qu'effectivement Leandri était propriétaire d'un champ ensemencé à lupins, mais que ce champ aurait pu produire au plus dix à douze *stare* de lupins.

Sur ce, Jugement ainsi conçu :

« Considérant qu'il n'a pas été disconvenu, par Leandri, d'avoir reçu de Camugli la » somme de cinquante-huit francs à titres d'arrhes, sur la quantité de trente *stare* de » lupins qu'il lui a vendus le 27 juillet 1826, à raison de trois francs, cinquante cen- » times le *staro*, pour être livrés à Bastia; — Que Leandri a seulement prétendu que » ces lupins provenant de son enclos, le Tribunal doit se déclarer incompétent;

» Considérant, quant à ce, que Camugli a justifié, par l'enquête, que le défendeur » n'a eu de son cru que onze *stare* de lupins; que presque tous les témoins que Lean- » dri a fait entendre à sa requête fixent à onze *stare* la portion de lupins qui lui est » afférente; — Que de ce que le bien où ces lupins ont été récoltés est susceptible d'en » produire cinquante ou soixante *stare*, dans les années abondantes, on ne peut pas » en induire la conséquence que Leandri ait cru pouvoir fournir la quantité promise à » Camugli : — 1° parce que, même dans cette hypothèse, son tiers ne se serait jamais » élevé à trente *stare*; — 2° parce qu'il n'ignorait pas qu'une partie seulement de » l'immeuble était ensemencée, ainsi qu'il a été attesté par les témoins; — 3° parce » qu'enfin, au 27 Juillet, époque de la promesse, les lupins étant déjà mûrs, il lui était » facile de s'assurer de quelle quantité il aurait pu disposer; — Que, dès lors, il est » évident que Leandri, en contractant avec Camugli, a fait un acte de commerce, ne » pouvant exécuter sa promesse qu'en achetant lui-même les denrées, ou du moins la » plus grande partie d'icelles;

» Considérant que, si l'on admettait en principe que des conventions pareilles ne » doivent pas constituer des actes de commerce dans le sens de la loi, lorsque, parmi » les denrées faisant l'objet de la vente, il s'en trouve qui proviennent du cru du » vendeur, presque tous les achats de lupins et autres légumes qui s'effectuent en » Corse ne seraient pas des actes de commerce; ce qui gênerait et entraverait d'une » manière très-préjudiciable ces sortes de spéculations commerciales, très-communes » dans ce pays, puisque tous les habitants de l'intérieur qui s'y livrent sont, pour » l'ordinaire, propriétaires d'une partie desdites denrées...... ;

» Le Tribunal *déboute* Leandri de son exception, et se *déclarant* compétent, etc.... »

Appel du sieur Leandri.

ARRÊT.

Après délibération en la Chambre du Conseil,

La Cour ; — adoptant les motifs des premiers juges ;

Confirme.........

Chambre Civile. — M. le Cte COLONNA D'ISTRIA, *Premier Président.*

MM. Gavini (de Campile), } *Avocats.*
Milanta, Père, }

DU 12 JUILLET 1827.

ENQUÊTE. — PARTIE. — CITATION. — DÉLAI. — DISTANCES.

Le délai de trois jours accordé à la partie, pour assister à l'enquête, doit être franc. — En conséquence, ne sont pas comptés le jour de l'assignation et celui de l'échéance [*Cod. Proc. Civ. Art. 261, 1033*] (1).

Ce délai doit être augmenté, comme en cas d'assignation ordinaire, d'un jour par trois myriamètres de distance entre le domicile de la partie et celui de son avoué (2).

Cette augmentation doit être double parce qu'il y a lieu à envoi et retour (3).

---

(1) Conf. : Trèves, 20 mars 1811 (Dalloz, *Répertoire*, 2e édit. V. *Exception*); — Bruxelles, 10 déc. 1811 ; — Liège, 7 avril 1821 (Dalloz, *Rép.*, 2e édit. V. *Enquête*, pag. 571, note 3) ; — Bruxelles, 27 juillet 1825. (Jour. de cette Cour, 1825. 2. 175).

(2) Conf. : Paris, 29 sept. 1808; — Cass., 11 janv. 1815; 23 juillet 1823; 28 janv. 1826, Ch. réun.; — Rouen, 6 mars 1828; — Riom, 28 nov. 1828; — Paris, 10 févr. 1830 ; — Rennes, 9 févr. 1833; — Req., 28 mai 1834; — Nancy, 14 mars 1839; — Liège, 3 mai 1844 (V. Dalloz, *Répertoire*, 2e édit. Vo *Enquête*, nos 227 et suiv. notes).

Contrà : Bruxelles, 23 févr. 1809 et 1er mars 1812; — Liège, 11 avril 1812 (Dalloz, *loc. cit.*, pag. 676, note 1).

(3) Conf. : Paris, 29 sept. 1808; — Rouen, 6 mars 1828; — Limoges, 22 juillet 1837 ; — Nîmes, 18 juillet 1838 (Dalloz, *Répertoire*, 2e édit. Vo *Enquête*, nos 231, 233 et 606; D. P. 38. 2. 144; — 39. 2. 178).

Contrà : Poitiers, 9 mars 1842 (D. P. 42. 2. 245); — Ch. Civ. rej., 23 juin 1852 (S. V 52. 1. 721).

Les auteurs reconnaissent, en général, non seulement que le délai accordé à la partie pour assister à l'enquête doit être franc, mais encore qu'il doit être augmenté à raison de la distance entre le domicile de la partie assignée et le lieu où se fait l'enquête. V. Merlin, *Questions*, Vo *Enquête*, § 3; — Boncenne, tom. 4, pag. 275; — Carré et Chauveau, nos 1019, 1020; — Favard de Langlade, tom. 2, pag. 356, no 5 ; — Pigeau, tom. 1, pag. 511 ; — Thomine-Desmazures, tom. 1, pag. 453 ; — Bonnier, *Des Preuves*, no 172; — Rodière, tom. 2, pag. 131 ; — Dalloz, *Répertoire*, 2e édit. V. *Délai*, no 77. — Quant à la question de savoir si cette augmentation doit être simple ou double, Chauveau, *ubi suprà*, ne fait que la poser sans la résoudre, mais Boncenne, tom. 4, pag. 280, se prononce formellement dans le sens de notre arrêt, et Souquet, *Diction. des Temps Légaux*, 149e tableau, partage cette opinion. — V. aussi Thomine-Desmazures, tom. 1, pag. 453, ainsi que Carré et Chauveau, Quest. 3413.

Poggi C. **Graziani.**

ARRÊT.

Après délibération en la Chambre du Conseil,

La Cour; — sur les conclusions conformes de M. Murati, Conseiller Auditeur, attaché au Parquet;

Attendu que la contre-enquête faite à Bastia à la diligence des hoirs Poggi, l'a été sur l'assignation donnée à Graziani, au domicile de son avoué, sans observer le délai exigé, pour les distances, par l'article 1033 du Code de Procédure Civile;

Attendu que les dispositions de cet article s'appliquent, sans contredit, à l'article 261 du même Code, parce que différemment les parties citées au domicile de leurs avoués, pour être présentes aux enquêtes, ne pourraient user du droit qui leur est accordé, par les articles 270 et 273, de fournir des reproches contre les témoins, et de leur faire des interpellations, lorsque le délai ordinaire de trois jours, fixé audit article 261, est insuffisant pour que la partie puisse avoir connaissance de la citation, et se rendre en temps utile sur le lieu de l'enquête; — Que, dans l'espèce, il n'a été accordé, outre le délai de trois jours, que cinq autres jours, tandis qu'il en fallait huit au moins, eu égard à la distance pour l'aller et le retour entre Bastia, lieu de la citation et de l'enquête, et Ajaccio, lieu du domicile de Graziani partie assignée;

Annulle la contre-enquête..........

Chambre Civile. — M. le Cte COLONNA D'ISTRIA, *Premier Président.*

MM. Biadelli, Bertora, } *Avocats.*

DU 16 JUILLET 1827.

ALIMENTS CORPORELS. — ALIMENTS *ad litem*. — FEMME MARIÉE.

La femme mariée devant être pourvue du nécessaire dans la maison conjugale, n'a pas droit à des aliments corporels de la part de ses cohéritiers, contre lesquels elle demande le partage de la succession paternelle, si elle ne justifie pas que son mari est hors d'état de l'entretenir.

Il n'en est pas de même des aliments ad litem : *il suffit que la dot soit insuffisante pour pourvoir aux frais du procès, pour que la femme mariée ait le droit de les demander et de les obtenir de ses cohéritiers, qui détiennent la majeure partie des biens de la succession, dont elle provoque le partage.*

Massoni C. dames Orsini et Vittori.

Les dames Orsini et Vittori, sœurs du sieur Massoni, n'avaient eu, lors de leur mariage, qu'une très-modique dot composée d'un bien qui pouvait rapporter à chacune d'elles 25 à 30 fr. par an. Après le décès de leur père, elles ont demandé contre leur frère le partage de la succession, et provisoirement une pension alimentaire pour vivre et pour plaider.

Jugement qui leur accorde cette double pension.

Appel de la part du sieur Massoni.

ARRÊT.

Après délibération en la Chambre du Conseil,

La Cour ; — sur les conclusions de M. Murati, Conseiller Auditeur, attaché au Parquet ;

Attendu que les intimées, Antoinette Orsini et Mattea Vittori, étant mariées, doivent être pourvues du nécessaire dans la maison conjugale, et n'ont pas justifié que leurs maris respectifs sont hors d'état de subvenir, comme par le passé, à leur subsistance ; ce qui aurait été indispensable à l'appui de leur demande d'aliments corporels ;

Attendu qu'il n'en est pas de même à l'égard des aliments *ad litem* réclamés par lesdites intimées ; — Qu'il suffit, quant à ce, qu'elles aient droit au partage de la succession paternelle, et que leurs dots soient insuffisantes pour pourvoir aux frais du procès ; — Que, d'ailleurs, il s'agit de partager une succession qui paraît importante, et dont la majeure partie des biens est possédée par les appelants ;

RÉFORME...... ;

DÉCLARE n'y avoir lieu à accorder aux dames Orsini et Vittori aucune somme à titre d'aliments corporels ;

Et AYANT ÉGARD à leur demande d'une provision alimentaire *ad litem* ;

CONDAMNE les parties de Me Benedetti à payer à celles de Me Saladini la somme de deux cents francs, sauf imputation en définitif.

Chambre Civile. — M. LE Cte COLONNA D'ISTRIA, *Premier Président.*

MM. SALICETI, GAVINI (de Campile), } *Avocats.*

DU 24 JUILLET 1827.

AVANCEMENT D'HOIRIE. — QUOTITÉ DISPONIBLE. — RENONCIATION.

Le don en avancement d'hoirie, sans clause de préciput ni dispense de rapport, n'enlevant pas au père de famille la faculté de disposer de sa quotité disponible, il en résulte que si, depuis ce don, le père a légué sa quotité disponible par préciput à un autre enfant, le donataire en avancement d'hoirie, encore bien qu'il ait déclaré renoncer à la succession pour s'en tenir à son don, n'a pas le droit de retenir ce don jusqu'à concurrence de la quotité disponible; il peut seulement retenir, sur les biens donnés, la valeur de la portion qui lui appartient comme héritier, sa renonciation devant, dans ce cas, être regardée comme non avenue [Cod. Civ. Art. 845] (1).

Lota C. Dané et consorts.

Le sieur et la dame Lota donnent à leur fille, en la mariant au sieur Arena, une somme de 1,200 francs, sans dispense de rapport. Lota père meurt après avoir fait à son fils François, par testament, et à titre de préciput, un legs de la portion disponible. Une

(1) Voir ci-dessus pag. 165 la note qui accompagne l'arrêt du 16 janv. 1826 relative au cumul de la quotité disponible et de la réserve. Pour ce qui est des questions spéciales décidées par l'arrêt ci-dessus, Voir Conf. : Grenoble, 30 juin 1826, 22 janv. et 22 févr. 1827 (D. P. 27. 157 et suiv. ; — S. 27. 2. 94 et suiv.) ; — Nîmes, 30 janv. 1827 ; — Montpellier, 13 févr. 1827 (D. P. 27. 2. 127 et 33. 2. 148 ; — S. 27. 2. 172 et 224) ; — Limoges, 14 déc. 1831 (S. V. 32. 2. 193). *Sic* Toullier, tom. 4, n° 351 ; — Vazeille, art. 845, n° 3 ; — Dalloz, *Jur. Gén.*, 2e édit. V° *Succession*, n° 1034 et les autorités y indiquées. Il a été cependant jugé que la renonciation pour s'en tenir au don reçu en avancement d'hoirie ne peut pas être conditionnelle et par suite rétractée : Nîmes, 6 févr. 1824 (D. A. 12. 363; — S. 24. 2. 117); — Rejet, 20 févr. 1830 (D. P. 30. 1. 103; — S. 30. 1. 237); — Poitiers, 7 août 1833 (D. P. 34. 2. 135; — S. V. 34. 2. 166). *Sic* Marcadé, art. 845 à la note de la page 284. Ce dernier auteur adopte et approuve l'arrêt que nous rapportons en ce qui a trait à la faculté, pour le père de famille, de disposer de sa quotité disponible, lors même que le donataire en avancement d'hoirie renoncerait à la succession.

demande en partage est formée. La dame Arena renonce à la succession pour s'en tenir à son don jusqu'à concurrence de la quotité disponible. François Lota soutient que la dame Arena ne peut retenir la quotité disponible sur le don qu'elle a reçu en avancement d'hoirie.

30 Novembre 1826, Jugement du Tribunal de Bastia, qui porte que la portion disponible est due à François Lota, et que cette portion sera calculée, eu égard aux biens que Lota père possédait à son décès, et parmi lesquels seront compris fictivement les biens donnés à la dame Arena.

Appel.

ARRÊT.

Après délibération en la Chambre du Conseil,

La Cour; — sur les conclusions de M. Murati, Conseiller Auditeur, attaché au Parquet;

Attendu que toute succession se divise en deux portions distinctes, dont l'une réservée aux enfants, et l'autre abandonnée à la libre disposition des parents; — Que, comme il n'est pas au pouvoir du disposant de diminuer par des donations ou testaments la réserve des enfants, sa volonté seule doit régler le sort de la quotité disponible, à laquelle les enfants ne peuvent, de leur côté, porter aucune atteinte; — Que sur cette distinction repose la garantie des droits qui émanent de la nature même en faveur des enfants, et de ceux non moins sacrés de la puissance paternelle, et que, par conséquent, tout ce qui pourrait blesser cette règle de morale, d'équité et de justice, doit être repoussé;

Attendu que l'argument tiré de l'article 845 du Code Civil pour rendre nulle la disposition de la quotité disponible, lorsqu'un héritier déclare renoncer à la succession et s'en tenir au don à lui fait, est destructif des principes ci-dessus établis, et tend à sanctionner les plus grands inconvénients; — Que ledit article ne dit pas et n'a pas pu dire que, dans le cas prévu, la portion disponible serait acquise à l'héritier renonçant; il ne l'a pas dit, parce que l'article porte seulement que le don sera retenu jusqu'à concurrence de la portion disponible, ce qui n'est que la mesure de la quotité des biens à retenir, et non la quotité disponible elle-même; il n'a pas pu le dire, parce que la loi (Art. 913 et 917 Cod. Civ.) ayant laissé aux parents la libre disposition de la portion disponible, et n'ayant dispensé du rapport à la masse les successibles donataires que lorsque le don a été fait à titre de préciput et hors part, il est impossible que, par une autre disposition, la loi se soit détruite elle-même, en convertissant en quotité disponible le don fait à un successible sans dispense de rapport, et en faisant dépendre de la volonté d'un enfant, et contre la volonté du père, la nature et l'existence de la portion disponible;

Attendu que tout don fait à un successible sans dispense de rapport n'est qu'un avancement d'hoirie, c'est-à-dire une remise anticipée de la part que le donataire doit recueillir un jour dans la succession; — Que c'est seulement à ce titre que le don a été fait et accepté, et que, pour en changer la nature, il faut nécessairement le concours de la volonté du donateur, laquelle doit, ou résulter d'une déclaration expresse postérieure que le don sera par préciput et hors part, ou s'induire de la circonstance que le donateur n'ayant pas autrement disposé de la quotité disponible, il est censé avoir voulu qu'une somme correspondante à ladite portion fût dévolue à l'héritier donataire qui renoncerait à la succession, pour conserver le don;

Attendu que cet esprit, résultant de l'ensemble de la loi sur les successions, a dû dominer la pensée du législateur dans la rédaction de l'article 845; — Qu'ainsi le droit accordé par ledit article à l'héritier de renoncer à la succession, en retenant le don jusqu'à concurrence de la portion disponible, doit être restreint au cas où il n'a pas été disposé de ladite portion, et que, par conséquent, il y a obligation de la part du donataire en avancement d'hoirie de rester héritier, lorsqu'il y a concours de dons à titre de préciput; — Que, dans ce cas, le donataire en avancement d'hoirie doit garder sa réserve, parce que sa renonciation conditionnelle ne pouvant sortir à effet, à cause du concours du donataire préciputaire, il continue à être héritier et doit prendre part à la succession en cette qualité; mais, dans le premier cas, sa renonciation tenant parce que la quotité disponible est restée dans la succession, il peut retenir le don jusqu'à concurrence de ladite portion, sans toutefois y faire figurer la réserve proprement dite, parce que l'effet de la renonciation étant d'accroître aux autres héritiers la part du renonçant, qui est censé n'avoir jamais été héritier, celui-ci ne peut rien conserver à titre de réserve (Art. 785 et 786 Cod. Civ.);

Attendu que, de cette manière, en conciliant les différents articles du Code Civil, tous les droits et tous les intérêts se trouvent également conciliés; ceux des parents, qui demeurent libres d'avantager qui bon leur semble de la portion disponible, malgré les simples dons par eux faits en avancement d'hoirie; ceux des enfants, dont l'établissement ne peut être gêné par la crainte qu'ils n'en profitent au préjudice des dons préciputaires faits par les parents, et dont la réserve reste toujours intacte, parce qu'il n'y a jamais qu'une seule portion disponible à prélever; ceux de l'enfant donataire en avancement d'hoirie, qui a toujours sa réserve, laquelle peut être même augmentée si elle est moindre de la portion disponible, lorsque son don ne se trouve pas en concours avec un don préciputaire; — Que, de cette manière aussi, l'autorité paternelle conserve sa force; la fraude n'est plus possible entre enfants pour rendre inutile le don de la quotité disponible par une renonciation concertée : on prévient les difficultés qui s'élèveraient, si plusieurs enfants donataires renonçaient à la fois à la succession, et on arrive enfin à l'interprétation la plus juste et la plus rassurante de la loi;

Attendu que les premiers juges ont fait une juste application des principes en accordant à François Lota la portion disponible à lui léguée par son père, à titre de préciput, malgré la renonciation à la succession faite par sa sœur Catherine Lota, femme Arena, avec déclaration de vouloir conserver les dons à elle faits par le père commun à l'époque de son mariage; — Qu'ils ont aussi justement autorisé ladite femme Arena à garder, à titre de portion virile, les dons par elle reçus; qu'enfin ils n'ont rien décidé de contraire aux règles du droit, en matière de prélèvement de la quotité disponible, laquelle, quoique fixée sur la masse générale des biens, y compris la réunion fictive des dons en avancement d'hoirie, ne peut se prendre, en réalité, que sur les biens possédés par le père commun, au moment de son décès, ce qui ne peut nullement préjudicier les droits des enfants, dont la réserve est, dans tous les cas, assurée, soit au moyen des biens existants, s'ils sont suffisants, soit au moyen de la réduction des dispositions entre-vifs autorisée par l'article 921 du Code Civil;

ADOPTANT au surplus les motifs des premiers juges;

CONFIRME............

Chambre Civile. — M. LE Cte COLONNA D'ISTRIA, *Premier Président.*

MM. ROMANI, MARI, } *Avocats.*

DU 31 JUILLET 1827.

ACTES ADMINISTRATIFS. — SAISIE-EXÉCUTION. — NULLITÉ. — COMPÉTENCE.

C'est aux Tribunaux, et non à l'autorité administrative, qu'il appartient de connaître de la validité d'une saisie ou de toute autre exécution faite en vertu d'actes émanés de l'administration (1).

Albertini C. Albertini.

ARRÊT.

Après délibération en la Chambre du Conseil,

LA COUR; — sur les conclusions conformes de M. MURATI, Conseiller Auditeur, attaché au Parquet;

Attendu qu'il ne s'agit pas, dans l'espèce, d'examiner le mérite et la légalité de l'acte administratif qui a donné lieu à l'exécution dont les intimés se sont plaints, mais seulement de prononcer sur la nullité, à raison du non accomplissement des formalités prescrites par la loi, de la saisie-exécution à laquelle il a été procédé contre eux, pour le recouvrement de leur part de la taxe imposée pour la jouissance de biens communaux;

(1) Conf. : Bruxelles, 13 févr. 1811; — Colmar, 23 déc. 1815 (DALLOZ, *Jur. Gén.*, tom. 11, V° *Compétence*, pag. 214 et suiv.); — Bordeaux, 5 juin 1832 (D. P. 32. 2. 175; — S. V. 32. 2. 487). La jurisprudence du Conseil d'État est conforme. Voyez une des décisions les plus récentes du 17 févr. 1853 (S. V. 53. 2. 735). Les auteurs reconnaissent généralement que, jusqu'au commandement, tous les actes de l'administration ne constituent que des poursuites administratives, et que les réclamations auxquelles ces actes donnent lieu rentrent dans la compétence de la juridiction administrative; mais que les tribunaux doivent connaître de toutes les oppositions faites aux poursuites pour vice de forme, illégalité ou tout autre motif, qui ne peut être apprécié que d'après les règles du droit commun.—V. DUFOUR, *Droit administ.*, tom. 2, n°s 1067 et 1071; — FOUCART, *eodem*, tom. 2, n° 115; — CHAUVEAU, *Comp. adm.*, tom. 3, n° 735; — SOLON, *Rép. administ.*, V° *Contrib.*, § 3, n° 31.

Attendu que toute question relative à l'exercice d'une mesure coërcitive et à la validité des actes de procédure est purement civile ;— Que la solution en appartient de droit aux Tribunaux ordinaires investis de la plénitude de juridiction, et, par conséquent, appelés à prononcer même sur l'exécution des décisions de l'autorité administrative, qui, n'ayant qu'une juridiction exceptionnelle, ne peut connaître que de ce qui lui a été spécialement attribué par la loi ;

MET l'appellation au néant ;
DIT que les Tribunaux sont compétents pour décider la question....

Chambre Civile. — M. LE Cte COLONNA D'ISTRIA, *Premier Président.*

MM. CAMOIN-VENCE, } *Avocats.*
MARI, }

DU 31 JUILLET 1827.

TESTAMENT. — RÉVOCATION. — ACTE AUTHENTIQUE. — DÉLAI. LECTURE. — TÉMOINS. — MENTION. — DROIT ROMAIN. — ÉDIT DE 1771. FRUITS. — COMPENSATION.

Sous l'empire du Droit Romain, la révocation d'un testament a pu se faire sous la forme d'un acte authentique.

Le laps de dix ans nécessaire, aux termes de la loi XXVII, *au Code* De Testamentis, *pour que la révocation d'un testament pût produire son effet, se compte à partir du jour de la date du testament et non de celui de l'acte révocatoire* (1).

La mention que lecture du testament a été faite au testateur, et l'indication de la profession des témoins, n'étaient pas prescrites à peine de nullité par l'édit du Roi de 1771.

La compensation a lieu de plein droit au profit du débiteur qui a été condamné à restituer les fruits d'une succession, et qui est en même temps créancier, en vertu d'un jugement, du cohéritier en faveur duquel la restitution est ordonnée.

Dame Pozzo di Borgo C. **Colonna d'Ornano.**

ARRÊT.

Après délibération en la Chambre du Conseil,

La Cour ; — sur les conclusions de M. Murati, Conseiller Auditeur, attaché au Parquet ;

Attendu que, d'après le droit introduit par l'Empereur Justinien dans la loi XXVII, Cod. *De Testamentis*, la révocation d'un testament valable

(1) V. Dans ce sens, Julius Clarus, Lib. 3, § *Testamentum*, Quest. XCI. Il termine sa discussion en disant : *Et hanc opinionem communiter teneri attestatur Ruin. in dicto consil.* 6, *num.* 2. *Illam etiam dicit esse magis communem Gul. de Bened. in* 1ª *parte repet.* etc. etc.

pouvait être faite, soit par un testament postérieur régulier, soit au moyen d'une déclaration de changement de volonté faite par le testateur en présence de trois témoins au moins, ou aux actes, *inter acta*, mais avec le concours du laps de dix ans; — Que, par suite des lois postérieures qui ont exigé l'intervention d'un notaire et d'un certain nombre de témoins pour la constatation des actes et conventions, la révocation d'un testament a pu se faire dans la forme d'un acte authentique; — Que quand même, après l'introduction de ce nouveau mode de constater la volonté des parties, il eût été encore nécessaire, pour la validité de la révocation d'un testament, que les dix ans fussent aussi écoulés, il serait vrai de dire que le concours de ces deux conditions se rencontre dans le procès actuel. En effet, Vannina Colonna d'Ornano a fait son testament le 17 Août 1787; elle l'a ensuite révoqué par acte authentique le 5 Mars 1791; et enfin, elle est décédée en 1818; — Que, d'après l'opinion la plus commune et la plus conforme au texte de ladite loi 27ᵉ, les dix ans doivent être comptés à partir du jour du testament et non de celui de la révocation, jusqu'au jour du décès du testateur; mais que, du rapprochement des différentes dates ci-dessus rapportées, il résulte même que le décès de Vannina Colonna, testatrice, a eu lieu plus de dix ans après l'acte révocatoire de son testament, lequel acte est en outre intervenu dans le cours des dix ans, *fluente decennio*, quoiqu'il dût être indifférent que la révocation fût faite pendant ou après les dix ans, la loi exigeant seulement le laps dudit temps pour la manifestation du changement de volonté, sans indiquer l'époque de ce changement;

Attendu qu'on ne saurait déclarer nul l'acte contenant révocation du testament de Vannina Colonna, ainsi que le testament de Sébastien Colonna, par le motif que les notaires qui ont reçu lesdits actes ont omis d'en constater la lecture; — Que l'Édit du Roi du mois de Juin 1771, dont on s'étaye, ne prescrivait pas la lecture des actes sous peine de nullité, et n'ordonnait pas même la mention de ladite lecture; — Que la nullité du testament de Sébastien Colonna ne peut non plus s'induire de la non indication de la profession des témoins, par la double raison que ladite indication n'est point prescrite sous peine de nullité, et qu'elle ne constitue pas une formalité substantielle, d'autant plus qu'il ne s'élève aucun doute sur l'identité des témoins intervenus audit testament;

Attendu que, tout en reconnaissant non admissibles les faits articulés par l'appelante, les premiers Juges auraient dû imposer à l'intimé l'obligation de déclarer quels étaient les effets mobiliers appartenant à feu Sébastien Colonna et restés en son pouvoir au décès dudit Sébastien, sauf à l'appelante à combattre ladite déclaration par tous les moyens de droit, sans en excepter la preuve par témoins, à l'égard de ceux desdits effets, qui seraient par elle spécifiés comme ayant été soustraits ou recélés;

Attendu qu'aux termes de l'article 816 du Code Civil, le partage des biens d'une succession peut être demandé, malgré la jouissance séparée des biens par les cohéritiers, lorsque, comme dans l'espèce, il n'y a ni acte de partage ni possession suffisante pour acquérir la prescription; — Que, d'ailleurs, l'intimé ne s'oppose pas au nouveau partage de la succession de Vannina Colonna;

Attendu que l'appelante n'établit pas qu'il y ait un enclos attigu au jardin dit *alle Canne*, faisant partie de la succession de Sébastien Colonna, autre que ceux que les premiers Juges ont adjugés à l'intimé;

Attendu que les parties n'ont pas mis les premiers Juges en état de se prononcer actuellement sur la créance réclamée par l'intimé, contre la succession de Vannina Colonna, mais que, sans renvoyer ledit intimé à faire valoir ses droits, quant à ce, dans une autre instance, il y a lieu de déclarer qu'il pourra la réclamer au moment du partage, sauf à l'appelante à employer tous moyens et exceptions qui peuvent à elle compéter pour combattre ladite créance;

Attendu que l'appelante est sans droit pour opposer à l'intimé la prescription de sa créance sur la succession de Sébastien Colonna résultant de l'acte public du 25 Avril 1788; — Que cette créance n'était exigible que trois ans après la séparation des deux frères; — Que la durée de cette séparation ne peut être calculée qu'à partir du 11 Octobre 1792, époque du partage fait entre lesdits frères de leur maison d'habitation; — Qu'ainsi les trois ans de délai accordés au débiteur n'étant expirés que le 11 Octobre 1795, il s'est écoulé environ trente ans à partir dudit jour, jusqu'au 17 mai 1824, date des défenses de l'intimé dans lesquelles il a expressément réclamé ladite créance; — Qu'en outre Sébastien Colonna ayant, par son testament en date du 9 Août 1802, ordonné le paiement sur ses biens, au choix du créancier, de ses dettes envers l'intimé son frère, et celui-ci ayant joui et possédé tous les biens délaissés par le testateur, la prescription n'a pu courir pendant sa jouissance;

Attendu que les premiers Juges ont, avec raison, condamné l'intimé au paiement des fruits de la part des biens de la succession de Sébastien Colonna revenant à l'appelante; et que, par cette disposition, il n'a nullement été préjudicié aux droits de l'intimé d'opposer, au moment du réglement de leurs comptes, la compensation qui, d'après la loi, peut lui compéter de sa part, en capital et intérêts et selon les règles de droit, de la créance envers Sébastien Colonna, laquelle doit être supportée par l'appelante en sa qualité d'héritière dudit Sébastien;

Attendu que les droits que l'intimé prétend avoir sur la maison sise dans la rue Sainte-Claire ne sont pas de nature a faire distraire ladite maison des biens à partager, et que seulement l'intimé pourra réclamer, au moment du partage, les impenses et améliorations qu'il justifiera avoir faites sur ladite maison, comme il le pourra à l'égard des autres biens, s'il y en a, en tenant compte aussi des détériorations survenues par son fait;

ADOPTANT au surplus les motifs des premiers Juges,

AUTORISE, en tant que de besoin, Catherine Pozzo di Borgo, appelante, à ester en jugement;

MET au néant les appellations principale et incidente,

Et AYANT tel égard que de raison aux conclusions des parties,

DÉCLARE : — 1° Qu'il sera procédé au partage entre les parties de la succession de feu Vannina Colonna, conformément à la loi, et sans avoir égard au testament par elle fait, lequel a été valablement révoqué; — 2° Que Sylvestre Colonna, intimé, devra déclarer par acte signifié à l'appelante quels sont les meubles et effets mobiliers délaissés à son décès par Sébastien Colonna, son frère, lesquels meubles et effets, ainsi que tous autres que l'appelante pourra justifier avoir existé au décès dudit Sébastien et lui avoir appartenu, seront partagés entre les parties de la même manière que les immeubles portés au jugement dont est appel, et ce d'après les bases du testament dudit Sébastien Colonna, que la Cour déclare bon et valable ; — 3° Qu'il sera tenu compte à Sylvestre Colonna des impenses et améliorations par lui faites sur la maison de la rue Sainte-Claire ; — 4° Que les parties se tiendront compte respectivement des améliorations et détériorations existantes dans les biens à partager et par elles jouis séparément des successions de Vannina et de Sébastien ;

Relativement à la créance prétendue par l'intimé sur la succession de Vannina Colonna et sous la réserve expresse de tous moyens et exceptions qui compètent à l'appelante,

Renvoie les parties par devant le commissaire délégué pour les opérations du partage, et, en cas de contestation, par devant le Tribunal de première instance d'Ajaccio ;

Pour le surplus, confirme.

Chambre Civile. — M. le Cte COLONNA D'ISTRIA, *Premier Président.*

MM. Bradi, Biadelli, — *Avocats.*

DU 14 AOUT 1827.

PRÊT CIVIL. — OPÉRATION COMMERCIALE. — COMPÉTENCE. — ORDRE PUBLIC.

L'incompétence des Tribunaux de Commerce, en matière civile, peut être valablement opposée pour la première fois en Appel (1).

La reconnaissance PURE ET SIMPLE *de la dette faite en justice n'enlève pas au débiteur le droit d'attaquer le jugement, pour chef d'incompétence* Ratione materiæ, *et de se plaindre à l'égard de la contrainte par corps si elle a été prononcée.*

Le prêt fait, par acte public, par un commerçant à un individu non commerçant, ne rend pas l'emprunteur justiciable du Tribunal de Commerce, quand même il serait dit dans l'acte d'obligation que la somme prêtée doit servir à l'emprunteur pour une opération commerciale [*Cod. Comm., Art. 632*] (2).

Forcioli C. Forcioli.

ARRÊT.

Après délibération en la Chambre du Conseil,

LA COUR ; — sur les conclusions conformes de M. MURATI, Conseiller Auditeur, attaché au Parquet ;

Attendu que la fin de non-recevoir contre l'appel, portant sur un prétendu acquiescement, pouvait être proposée en tout état de cause ;

(1) C'est là un point constant en jurisprudence. V. entre autres arrêts, Riom, 3 janv. 1846 (S. V. 46. 2. 264) ; — Douai, 16 déc. 1848 et 21 mars 1849 (S. V. 48. 2. 709 ; — 49. 2. 340) ; — Rej., 15 avril 1850 (D. P. 50. 1. 120 ; — S. V. 50. 1. 348) ; — Cass., 6 juillet 1853 (S. V. 54. 1. 33). — On peut consulter NOUGUIER, *Des Trib. de Comm.*, tom. 1er, pag. 308, n° 2 ; tom. 2, pag. 70, n° 4 ; tom. 3, pag. 46, n° 4.

(2) Conf. : Bastia, 29 janv. 1833. (V. ci-après à cette date) ; — NOUGUIER, *ubi suprà*, tom. 2, p. 199, approuve cette décision. Aux raisons sur lesquelles il s'appuie on pourrait ajouter que, si une pareille déclaration pouvait entraîner soumission à une juridiction exceptionnelle, il faudrait nécessairement admettre que l'on peut, par des conventions particulières, déroger à l'ordre des juridictions et renoncer au droit de se prévaloir d'une incompétence à raison de la matière ; ce qui nous semble une hérésie en jurisprudence.

Mais attendu que l'incompétence que fait valoir l'appelant est fondée sur la matière du litige; — Que cette exception, tenant à l'ordre des juridictions, est de droit public, doit être relevée d'office par le juge, et peut être valablement proposée même en appel; — Que l'exception à cette règle, tirée de l'article 636 du Code de Commerce, n'est point applicable à l'espèce, où il ne s'agit ni de lettre de change réputée simple promesse, ni de billet à ordre, mais d'une dette contractée par acte authentique;

Attendu que la reconnaissance PURE ET SIMPLE de la dette, faite en justice, ne peut enlever au débiteur le droit d'attaquer le jugement, pour chef d'incompétence *ratione materiæ*, et de se plaindre de la condamnation par corps, si elle a été prononcée hors les termes de la loi, et, par conséquent, dans un cas où la partie n'aurait pu s'y soumettre même d'une manière expresse; — Que, dans les matières qui tiennent à l'ordre public, il ne peut y avoir d'acquiescement valable qu'après l'expiration des délais fixés pour l'appel;

Attendu que l'appelant n'est point commerçant; — Que le titre sur lequel est basée la demande de l'intimé est un prêt revêtu des formes et garanties purement civiles, assujetti de droit à la juridiction ordinaire; — Que quoique il soit dit dans l'acte d'obligation que l'argent prêté a servi à l'emprunteur pour UNE OPÉRATION DE COMMERCE, et quand même une telle obligation serait sincère, il n'en résulte pas moins l'incompétence absolue du tribunal de commerce, parce que, aux termes de l'article 632 dudit Code, le prêt fait à un non négociant, pour une opération commerciale, n'est pas moins un prêt, et non pas un acte de commerce entre le prêteur et l'emprunteur, ce qui est seul à considérer pour établir la compétence;

Attendu que l'affaire n'étant pas de la compétence de la juridiction commerciale, la contrainte par corps ne pouvait être prononcée; — Qu'elle ne pouvait non plus l'être, dans l'espèce, puisqu'il ne s'agissait d'aucun des cas où elle est autorisée par la loi du 15 Germinal an VI;

Attendu que la dette est légalement constatée et avouée par le débiteur;

Vu l'article 473 du Code de Procédure Civile, et attendu que la matière est disposée à recevoir une décision définitive;

Sans s'arrêter à la fin de non-recevoir proposée par la partie de Me Pellegrini,

Et faisant droit à l'appel de la partie de Me Saladini,

Annulle, comme incompétemment rendu, le jugement du Tribunal de Commerce d'Ajaccio, en date du 27 Mars 1827;

Évoquant le fond, et par nouveau jugé,

Condamne l'appelant à payer à l'intimé la somme de trois mille francs, portée en l'acte public reçu par le notaire Rusterucci d'Ajaccio, le 22 Octobre 1826, enregistré, ensemble aux intérêts, au cinq pour cent, à partir du jour de la demande.

Chambre Civile. — M. le Cte COLONNA D'ISTRIA, *Premier Président.*

MM. Bradi, Biadelli, } *Avocats.*

DU 10 NOVEMBRE 1827.

FEMME MARIÉE. — AUTORISATION. — HYPOTHÈQUE LÉGALE. INSCRIPTION. — ORDRE. — COLLOCATION. — DROIT ANCIEN. MEUBLES. — RESTITUTION. — STATUT CORSE.

L'autorisation du mari n'est pas indispensable à la femme, lorsqu'elle agit dans le cas d'une mesure conservatoire de ses droits dotaux; — Comme aussi, lorsque le mari a un intérêt opposé à celui de sa femme (1).

La femme mariée sous l'empire du Droit Romain, n'a pu conserver son hypothèque légale sur les biens de son beau-père, qui avait reçu la dot et promis de la restituer, ni la maintenir au rang que cette législation lui assignait, qu'autant qu'elle s'est conformée aux dispositions de la loi du 11 Brumaire an VII *(Art. 37, 38 et 39).*

Le principe établi par la loi de Brumaire an VII *et par les articles 2134 et 2135 du Code Civil, ne reçoit d'exception qu'au cas où les biens affectés à l'hypothèque légale de la femme sont ceux du mari.*

L'inscription de l'hypothèque légale de la femme peut avoir lieu, dans le cas de saisie immobilière du mari, tant que le prix n'a pas été distribué aux autres créanciers.

Les formalités de l'article 2194 du Code Civil, pour la purge des hypothèques légales, s'appliquent aussi bien aux ventes volontaires qu'aux ventes sur saisie immobilière (2).

---

(1) V. Paris, 31 août 1810 (D. A. 9. 105; — S. 17. 2. 397); — PARDESSUS, *Droit Commerc.*, tom. 1er, no 70; — DURANTON, tom. 2, no 469; — MARCADÉ, sur l'art. 215, no 2. — V., par analogie, l'art. 55 de la loi du 18-22 juillet 1837 sur l'administration municipale, lequel porte que le maire peut, sans autorisation préalable, intenter toute action possessoire, ou y défendre, et faire tous autres actes conservatoires ou interruptifs des déchéances.

(2) Il ne saurait s'élever le moindre doute sur les solutions contenues aux deux premiers paragraphes de ce sommaire, parce qu'elles découlent des termes mêmes dans lesquels sont conçus les art. 37, 38 et 39 de la loi du 11 Brumaire an VII, ainsi que des art. 2134 et 2135 du Cod. Nap. Mais il n'en est pas ainsi relativement à ce qui est décidé dans les deux derniers paragraphes. Il serait impossible de discuter convenablement, dans une simple note, les deux questions que la Cour de Bastia a résolues dans cette partie de son arrêt, et qui peuvent être rangées parmi les plus importantes et les plus controversées du régime hypothécaire. Nous nous contenterons donc de renvoyer au traité des hypothèques de M. Trop-

D'après le chapitre XLVII *du Statut Corse les meubles constitués en dot, sans estimation, sont censés donnés au mari et à ses héritiers, sauf à rendre en nature et en l'état où ils se trouvent ceux qui existent à l'époque où doit avoir lieu la restitution, si elle a été stipulée dans le contrat dotal.*

Ottavi C. **Salini et autres.**

ARRÊT.

Après délibération en la Chambre du Conseil,

La Cour ; — sur les conclusions de M. Tamiet, Premier Avocat Général ;

Sur la jonction des appels :

Attendu que toutes les parties demandant à être colloquées dans le même ordre, il y a connexité entre les appels séparément interjetés ;

. . . .

long, qui les examine, avec toute la puissance de son talent et de son érudition, sous les nos 984 et suiv. 996. Nous nous dispenserons même de citer ici les différentes autorités qui ont embrassé l'une ou l'autre opinion, parce qu'elles sont indiquées dans le texte de M. Troplong ou dans les notes qui accompagnent sa discussion. Toutefois qu'il nous soit permis de dire que, si nous pensons, avec M. le Premier Président de la Cour de Cassation et avec l'arrêt que nous rapportons, que la femme mariée peut se présenter à l'ordre et demander à y être colloquée tant que l'ordre n'est pas clos, nous sommes portés à croire, comme la Cour de Bastia, mais contrairement à l'avis du savant auteur dont nous parlons, que l'expropriation forcée ne purge pas, de plein droit, l'hypothèque légale non inscrite de la femme mariée, et que l'adjudicataire, de même que l'acquéreur, est tenu de remplir les formalités prescrites par l'art. 2194 Cod. Nap. Ce qui surtout nous porte à adopter l'opinion proclamée dans l'arrêt solennel que la Cour de Cassation a rendu le 22 juin 1833 (D. P. 33. 1. 234; — S. V. 33. 1. 449), c'est le rejet que la Chambre des Députés prononça, lors de la discussion de la loi du 2 juin 1841 sur les ventes judiciaires, relativement à un amendement qui avait pour objet de faire produire à l'adjudication l'effet de purger les hypothèques légales. V. dans ce sens, Cass., 30 juillet 1834 (D. P. 34. 1. 358; — S. V. 34. 1. 625); — *Id.*, 18 déc. 1839 (D. P. 40. 1. 71; — S. V. 40. 1. 137); — *Id.*, 27 mars 1844 (D. P. 44. 1. 343; — S. V. 45. 1. 20); — On peut aussi consulter Duranton, tom. 20, n° 358, et Chauveau sur Carré, *Quest.* 2403.

Il ne sera pas inutile, d'ailleurs, de faire remarquer, que la modification introduite, par la loi du 21 mai 1858, dans le texte de l'art. 692 Cod. Proc. Civ. vient de trancher la difficulté en faveur du système suivi par l'arrêt de la Cour de Bastia, en exigeant, pour que la purge ait lieu, que sommation soit faite à la femme, à peine de déchéance.

SUR L'APPEL DE LA DAME SALINI, NÉE OTTAVI :

Attendu que, s'agissant de se faire colloquer dans l'ordre ouvert pour la distribution du prix d'immeubles que la dame Salini prétend être hypothéqués à sa dot, on doit considérer ses diligences, à ce sujet, comme une mesure conservatoire, à l'égard de laquelle l'autorisation de son mari n'était pas indispensable, d'autant plus que le mari, héritier du débiteur de la dot, a, sous ce rapport, un intérêt opposé à celui de sa femme; — Que, d'ailleurs, cette autorisation ayant été demandée par la sommation de produire, signifiée le 28 Mai 1827, à la requête de Lombardi poursuivant l'ordre, elle devait être accordée par la justice sur le silence du mari; — Que la procédure, quant à ce, peut être régularisée en appel, et qu'on ne saurait trouver un obstacle dans la circonstance que le mariage de la dame Salini subsistant, elle ne peut réclamer sa dot, puisque rien n'empêche qu'elle soit colloquée, si elle y a droit, et que cependant elle ne soit point autorisée à recevoir, sauf à prendre les mesures convenables pour mettre en sûreté sa créance, jusqu'au moment de l'exigibilité;

Attendu que la collocation de la dame Salini ne peut avoir lieu qu'autant qu'elle a acquis et conservé, pour sa dot, l'hypothèque légale sur les biens de feu Dominique Salini, son beau-père;

Attendu qu'aux termes de la loi unique § *Et ut plenius*, Cod. *De Rei uxoriæ actione*, et de la loi XXII, § 12 ff. *Sol. matr. dos. quemad. pet.*, sous l'empire desquelles la dame Salini a été mariée, elle avait l'hypothèque légale sur les biens de son dit beau-père, qui avait reçu sa dot et promis de la restituer; mais que la loi du 11 Brumaire an VII, sur le système hypothécaire, étant intervenue, la dame Salini, conformément aux articles 37, 38 et 39 de ladite loi, pour conserver l'hypothèque et le rang que lui assignaient les lois antérieures, devait prendre inscription dans le délai de trois mois, sous peine de ne pouvoir les faire valoir qu'à compter du jour de l'inscription requise postérieurement audit délai; — Qu'au lieu de se conformer à ces dispositions, la dame Salini n'a fait inscrire sa créance qu'en Janvier 1822, postérieurement à celle prise en 1818 par Lombardi, qui doit, par conséquent, la primer comme antérieure, soit par l'effet de ladite loi de

Brumaire an VII, soit parce que le Code Civil, articles 2134 et 2135, ayant établi en principe qu'entre créanciers l'hypothèque quelle qu'elle soit n'a de rang que du jour de l'inscription, n'a fait d'exception au profit des femmes, à raison de leurs dots et conventions matrimoniales, que pour les immeubles de leur mari; — Qu'en appliquant ainsi à la dame Salini le Code Civil, ce n'est pas donner à ses dispositions un effet rétroactif, parce qu'il ne s'agit pas de contester à ladite dame l'hypothèque et le rang, résultant en sa faveur des lois en vigueur à l'époque de son mariage, mais de la déclarer déchue desdits droits, faute par elle d'avoir rempli les formalités prescrites, pour la conservation des mêmes droits, par la loi du 11 Brumaire an VII, et par le Code Civil, ce qui était incontestablement dans le domaine des lois nouvelles;

Attendu que la dame Salini ne pouvant avoir d'autre rang que celui que lui donne son inscription, et à partir du jour où elle a été prise, il en résulte que sa créance ne peut être colloquée avant celle de Lombardi, qui a été inscrite plus de quatre ans avant; mais qu'on ne saurait contester à la dame Salini le droit de figurer au rang de son inscription pour la totalité de sa dot, parce que la promesse en ayant été faite à son beau-père, qui s'est obligé à la restituer, celui-ci est, d'après la loi, débiteur de la dot qu'il a d'ailleurs reçue en entier, ainsi qu'il conste de l'acte authentique, dûment enregistré, passé le 24 Janvier 1822 par devant le notaire Rusterucci d'Ajaccio, à l'égard duquel acte il ne s'élève aucun indice de fraude, étant le complément naturel de l'acte de constitution de dot reçu, par le notaire Casalonga, le 19 Octobre 1794;

Sur l'appel de Lombardi contre les héritiers de la dame Sborlati, femme Salini :

Attendu que les qualités du jugement attaqué constatent que les intimés ne sont pas héritiers de Dominique Salini;

Attendu que les Lois Romaines établissaient, comme le Code Civil, l'hypothèque légale au profit des femmes sur les biens de leurs maris; — Qu'aux termes de l'article 2135 cette hypothèque existe indépendamment de toute inscription; — Que, si l'inscription peut devenir nécessaire lorsqu'il s'agit de régler définitivement les droits de la femme sur le prix des biens du mari, elle peut avoir lieu tant que le prix n'a pas été distribué aux autres créanciers, parce que la loi n'ayant fixé aucun délai pour l'inscription, il est évident qu'elle peut être faite utilement tant que tout n'est pas consommé; — Qu'il n'est pas exact de dire que, pour la conservation des droits de la femme, dans le cas de saisie immobilière des biens du mari, elle doit faire inscrire son hypothèque légale avant l'adjudication définitive; — Que la loi n'attribue pas cet effet à l'adjudication, et qu'on ne saurait ajouter à la loi, en admettant une déchéance qui n'est pas expressément prononcée, parce que les déchéances sont de droit étroit, et ne peuvent être étendues d'un cas à l'autre sous le fondement de l'analogie; — Qu'il n'existe, au surplus, aucune raison plausible de penser que les formalités exigées par l'article 2194 du Code Civil, pour purger les hypothèques légales, ne soient nécessaires que dans le seul cas de vente volontaire, que cet article, général dans ses dispositions, doit recevoir aussi son application au cas d'adjudication par suite de saisie immobilière, parce que parmi toutes les formalités en matière d'expropriation forcée il n'y en a aucune qui soit dirigée contre la femme du débiteur saisi et qui puisse tenir lieu de la signification à faire à ladite femme d'après ledit article 2194; — Qu'en outre l'article 2180 déclarant éteints les priviléges et hypothèques par l'accomplissement des formalités et conditions prescrites aux tiers détenteurs, pour purger les biens par eux acquis, sans attribuer le même effet à l'adjudication sur saisie immobilière, il est évident que, dans l'intention du législateur, la purge des hypothèques ne peut avoir lieu tant en matière de vente volontaire qu'en matière de vente forcée qu'au moyen des formalités de l'article 2194; — Que, si quelque doute fondé pouvait encore subsister à cet égard, et si l'on devait penser que ledit article ne concerne que les acquéreurs sur aliénation volontaire, il faudrait alors convenir que la déchéance des droits de la femme résultant de l'article 2195 ne doit pas recevoir d'application dans le cas de vente forcée, par la raison que ledit article ne peut concerner que les ventes volontaires contemplées par l'article 2194, dont il est le corollaire et le complément; — Qu'enfin, s'agissant dans l'espèce des suites d'une expropriation forcée, sans qu'on ait rempli les formalités pour la purge des hypothèques légales, les hoirs de la dame Sborlati, quoique leur inscription soit postérieure à l'adjudication, ont pu se présenter à l'ordre pour réclamer les effets de l'hypothèque légale qui appartient à leur auteur, laquelle hypothèque remontant au jour du mariage de ladite dame, d'après les lois anciennes et nouvelles, la créance dont il s'agit devait être colloquée, comme l'ont fait les premiers Juges, antérieurement à la créance de Lombardi, laquelle est postérieure de quarante-huit ans audit mariage;

Attendu, en ce qui touche les meubles qui ont été constitués à la dame Sborlati, qu'il ne conste pas qu'ils aient été estimés au moment de leur remise, et que devant, par le défaut d'estimation, être censés donnés au mari ou à ses héritiers sans obligation de restitution, aux termes du chapitre XLVII du Statut Corse, les premiers Juges ne pouvaient ordonner la collocation des hoirs Sborlati pour la valeur desdits meubles; — Que la clause de restitution, insérée dans l'acte public du 11 Octobre 1771, ne peut conférer aux hoirs de la dotée d'autres droits que ceux de répéter les meubles en nature, s'il en existe, et dans l'état où ils se trouvent;

Attendu que, d'après l'article 767 du Code de Procédure Civile, les intérêts et les arrérages des créances utilement colloquées ne cessent que quinzaine après la signification du jugement ou de l'arrêt qui a terminé toutes les contestations; — Que, dès lors, Lombardi a droit aux intérêts de sa créance jusqu'à ladite époque; mais qu'il ne peut pas prétendre qu'ils soient mis à la charge des hoirs Sborlati jusqu'à leur production, parce que cette production ne saurait être qualifiée de tardive, vu qu'ils n'ont été mis en demeure par aucune sommation, et qu'ils n'ont pu la faire utilement avant la clôture de l'ordre;

Attendu que lesdits hoirs Sborlati ne s'étant pas plaints de la disposition qui les a rendus garants d'une parties desdits intérêts, le jugement ne peut être infirmé quant à ce;

Joint les appels,

Et statuant sur iceux par un seul et même arrêt,

Ayant tel égard que de raison aux conclusions respectives des parties,

A mis les appellations au néant;

Et réformant, quant à ce, le jugement attaqué, par nouveau jugé,

Déclare que la dame Salini née Ottavi avait qualité pour se présenter à l'ordre sans l'autorisation expresse de son mari, et en tant que de besoin l'*autorise* d'office;

Dit, néanmoins, que la créance de Lombardi doit être colloquée avant celle de ladite dame Salini, laquelle créance figurera dans l'ordre au rang que lui assigne la date de son inscription, pour la totalité de sa constitution dotale en principal et intérêts; et dans le cas où par son placement dans l'ordre elle pourrait toucher tout ou partie de sa créance dotale, la somme lui revenant demeurera, jusqu'au moment où elle pourra donner quittance valable, entre les mains de l'adjudicataire, s'il consent à la garder à intérêt et avec hypothèque, et à défaut il y sera pourvu comme de droit;

Maintient de plus fort, au rang qui lui est assigné par le jugement attaqué, la collocation de la créance des héritiers de la dame Sborlati, femme Salini;

Réduit néanmoins la collocation de la somme de neuf cents francs, valeur donnée aux meubles compris sans estimation dans l'acte dotal de ladite dame;

Déclare que Lombardi sera colloqué, en outre, pour les intérêts de sa créance jusqu'à quinzaine après la signification du présent arrêt;

Ordonne que, pour le surplus, le jugement attaqué sortira son plein et entier effet; ....

Chambre Civile. — M. le Cte COLONNA D'ISTRIA, *Premier Président.*

MM. Bertora, Biadelli, Mari, } *Avocats.*

DU 28 NOVEMBRE 1827.

FABRIQUE. — PROPRIÉTÉ. — RESTITUTION. — ENVOI EN POSSESSION. COMPÉTENCE. — ORDRE PUBLIC.

Est nul, comme incompétemment rendu, le jugement qui a investi de la propriété des biens et rentes restitués par l'Arrêté de Thermidor an XI la Fabrique, qui ne justifie pas qu'elle a été préalablement mise en possession par l'État des droits par elle réclamés [Avis du Conseil d'État du 30 Janvier 1807] (1).

Le Préfet C. **la Fabrique de Belgodere.**

La Fabrique de Saint-Thomas de Belgodere, croyant avoir le droit de revendiquer les biens composant la dotation du bénéfice de Saint-Gavin et Saint-Marcel, possédée par l'État, s'adressa au Conseil de Préfecture pour obtenir l'autorisation de plaider.

Par arrêté du 29 Août 1823, cette autorisation lui fut accordée, mais avec cette restriction, que l'action qu'elle se proposait d'intenter ne porterait que sur les redevances.

---

(1) La Cour de Bastia a rendu divers autres arrêts, à la date des 2 déc. 1834, 2 mai 1837 et 18 avril 1855, (V. Notre Recueil, tom. 2 et tom. 4, à ces dates) par lesquels elle a décidé, comme dans l'espèce actuelle, que les fabriques des églises ne sont réellement investies des biens à elles restitués, par l'arrêté du 7 therm. an XI, qu'après s'être fait envoyer en possession, conformément à l'avis du Conseil d'État du 30 avril (janvier) 1807. La jurisprudence de la Cour de Cassation conforme, d'ailleurs, à celle du Conseil d'État, nous semble définitivement fixée dans ce sens, par les arrêts des 23 janv. 1843 (Notre Rec., tom. 2° à la suite de l'arrêt du 2 mai 1837), 26 juin et 3 avril 1850 (D. P. 50. 1. 200; — 54. 1. 148; — S.V. 50. 1. 519; — 54. 1. 633) dont le premier rejette le pourvoi dirigé contre l'arrêt du 2 mai 1837 ci-dessus visé. Cependant on pourrait élever quelques doutes sur le point de savoir, si la fabrique de Saint-Thomas de Belgodere ne devait pas succomber dans le procès par elle intenté, parce qu'elle n'avait pas été envoyée en possession par un arrêté préfectoral, et non pas parce qu'elle avait saisi du litige une juridiction incompétente. Quant à nous, nous serions porté à trouver, dans le défaut d'accomplissement des formalités prescrites pour l'envoi en possession préalable, une fin de non-recevoir à opposer, plutôt qu'un vice d'incompétence dont on puisse exciper. C'est en effet sous ce point de vue que la question a été envisagée par les différents arrêts qui ont été rendus sur la matière et dont quelques-uns sont indiqués dans cette note.

Assignation au Préfet pour voir ordonner, par le Tribunal de première instance de Calvi, le délaissement à la Fabrique de Saint-Thomas de Belgodere, des biens composant ladite dotation de bénéfice.

Le Préfet excipa devant le Tribunal de l'incapacité de la Fabrique, en l'état : au fond, il conclut au débouté de la demande.

19 Avril 1825, Jugement qui accueille en entier les Conclusions de la Fabrique.

Appel de la part du Préfet, au nom de l'État.

ARRÊT.

Après délibération en la Chambre du Conseil.

La Cour; — sur les conclusions conformes de M. Tamiet, Premier Avocat Général;

Attendu que si, par l'article 1er de l'arrêté du 7 Thermidor an XI, les biens des Fabriques non aliénés, ainsi que les rentes dont elles jouissaient et dont le transfert n'a pas été fait, ont été rendus à leur destination, les Fabriques ne se sont pas trouvées saisies immédiatement de la propriété de ces biens, par le seul effet de la loi; — Qu'un avis du Conseil d'État du 30 janvier 1807, réglant le mode à suivre pour l'envoi en possession des Fabriques, a ordonné : « Qu'à l'avenir les Fabriques » ne se mettraient en possession d'aucun objet qu'en vertu d'arrêtés » spéciaux des Préfets, rendus par eux, après avoir pris l'avis des Di- » recteurs des Domaines, et après qu'ils auraient été revêtus de l'appro- » bation du Ministre des Finances; » — Que cet avis du Conseil d'État établit nettement la nécessité de l'envoi en possession, et que, par conséquent, avant d'avoir obtenu cet envoi, qui est le véritable titre des fabriques, elles sont sans droit pour réclamer, surtout du Domaine, par la voie des Tribunaux, les biens et rentes qui, d'après ledit arrêté du 7 Thermidor an XI, doivent leur être restitués; — Que c'est ainsi que l'application en a été faite par différents actes du Gouvernement, et que la jurisprudence, sur la nécessité de l'envoi en possession, se trouve fixée par un décret du 7 Octobre 1812, par une ordonnance du 8 Septembre 1819 et notamment par une seconde ordonnance du 18 Juillet 1821, laquelle porte expressément QUE LES FABRIQUES NE SONT

INVESTIES DE LA PROPRIÉTÉ DES BIENS A ELLES RENDUS QUE PAR L'ENVOI EN POSSESSION ;

Attendu que la Fabrique de Belgodere ne s'étant pas pourvue, conformément à l'avis du Conseil d'État du 30 Janvier 1807, pour obtenir l'envoi en possession des biens qu'elle prétend devoir lui être rendus, manquait du titre nécessaire pour pouvoir introduire l'action qu'elle a intentée contre le Domaine ; — Qu'en outre les Tribunaux sont incompétents pour accorder l'envoi en possession des fabriques, à quoi la demande dont il s'agit tendait par voie indirecte ;

Attendu que l'incompétence *ratione materiæ*, étant une exception d'ordre public, peut être proposée en tout état de cause, et devrait être même relevée d'office ;

ANNULLE, comme incompétemment rendu, le jugement du Tribunal civil de Calvi en date du 19 Avril 1825, etc.

Chambre civile. — M. LE Cte COLONNA D'ISTRIA, *Premier Président.*

M. GRAZIANI, *Avocat.*

DU 12 DÉCEMBRE 1827.

COMPÉTENCE COMMERCIALE. — HUISSIER COMMIS. — COMMANDEMENT. EMPRISONNEMENT. — NULLITÉ.

La commission donnée à un huissier, pour la signification d'un jugement portant contrainte par corps, n'est pas un acte d'exécution interdit aux Tribunaux de Commerce [*Cod. Proc. Civ., Art. 442 et 780*] (1).

Et cet huissier a pu valablement faire commandement au débiteur, sans délégation ultérieure (2).

Il y a violation de l'article 788 du Code de Procédure Civile, et l'élargissement du détenu pour dettes doit être ordonné, lorsque l'huissier, forcé de séjourner dans une commune où il n'existe aucun lieu légal de détention, a retenu le débiteur en charte privée, dans une maison particulière, sans s'être muni à cet effet de l'autorisation du maire (3).

(1-2) La jurisprudence et les auteurs se sont généralement prononcés pour la solution que consacre ici la Cour de Bastia. — V. entre autres arrêts : Toulouse, 28 juillet 1824 (D. P. 26. 2. 47 ; — S. 26. 2. 210); — Lyon, 22 août 1826 et 25 mai 1827 (D. P. 27. 2. 26 et 145; — S. 27. 2. 25 et 168); — Aix, 25 août 1826 et 6 déc. 1834 (D. P. 27. 2. 145 ; — S. 27. 2. 78 et 35. 2. 127); — Douai, 25 nov. 1839 (D. P. 40. 2. 115; — S. V. 40. 2. 106); — Nancy, 25 mars 1843 (D. P. 43. 4. 111 ; — S. V. 43. 2. 463); — Rej., 30 sept. 1853 (S. V. 55. 1. 831); — *Sic*, COIN-DELISLE, art. 2069, n° 10; — CHAUVEAU sur CARRÉ, n° 2631; — BOITARD, tom. 2, pag. 535 ; — NOUGUIER, *Des Trib. de Commerce*, tom. 3, pag. 115; — SOUQUET, *Des Temps légaux*, V° *Emprisonnement*, Tableau 139. — V. cependant, en sens contraire, Toulouse, 21 mai 1824 et Lyon, 10 avril 1826 (S. 26. 2. 211). *Sic*, CARRÉ, *ubi suprà*.

(3) Conf. : Toulouse, 1er sept. 1824 (D. P. 25. 2. 133; — S. 25. 2. 158). — La Cour de Bordeaux, par son arrêt du 17 juill. 1811 (D. A. 3. 801 ; — S. 11. 2. 482) a déclaré qu'il doit en être ainsi lors même que le débiteur aurait consenti à être conduit dans une maison particulière. — *Sic*, CARRÉ, n° 2682. — *Contrà* : CHAUVEAU au même numéro.

Poli C. **Bellour.**

ARRÊT.

Après délibération en la Chambre du Conseil,

La Cour; — sur les conclusions de M. Tamiet, Premier Avocat Général;

Attendu que, s'il est vrai que les Tribunaux de Commerce ne peuvent connaître de l'exécution de leurs jugements, on ne saurait, néanmoins, envisager comme acte d'exécution la commission donnée à un huissier de signifier un jugement, cette signification n'étant qu'un préalable pour pouvoir commencer l'exécution; — Qu'en effet la signification d'un jugement est si peu un acte d'exécution, dans le sens de l'article 442 du Code de Procédure Civile, que malgré la défense faite par ledit article aux Tribunaux de Commerce de connaître de l'exécution de leurs jugements, ces mêmes Tribunaux sont obligés de commettre un huissier pour la signification de leurs jugements de défaut; — Qu'il suit de là que l'huissier Sari, à ce délégué, a pu procéder à la signification du jugement portant contrainte par corps contre Bellour, intimé; qu'il a pu, de même, faire le commandement qui a précédé la capture dudit Bellour, sans une délégation ultérieure, parce que l'huissier commis pour la signification du jugement portant condamnation par corps, l'est virtuellement pour la faire avec commandement, ainsi qu'il est dit en l'article 780 du Code de Procédure Civile, avec d'autant plus de raison, dans l'espèce, que le jugement dont il s'agit porte expressément que l'huissier était délégué aux termes des articles 435 et 780;

Attendu que depuis le moment de l'arrestation jusqu'à celui de l'écrou de l'intimé Bellour, il s'est écoulé quarante-sept heures, sans que le procès-verbal d'emprisonnement constate les motifs d'un retard aussi extraordinaire, en raison de la distance qui existe du port de Sagone à Ajaccio et qui n'est que de six lieues; — Qu'il ne résulte pas non plus dudit procès-verbal dans quel lieu le débiteur arrêté a été enfermé, pendant les deux nuits écoulées entre l'arrestation et l'écrou; — Qu'à cet égard, il appert des faits de la cause et des aveux même de l'appelant, que la première nuit a été passée à Vico et la seconde à Calcatoggio, dans des maisons particulières; — Qu'aucune de ces maisons n'étant un lieu destiné à la détention des prisonniers pour dettes, il est évident que le débiteur Bellour y a été tenu en charte privée; — Que, quand même il serait vrai que le transport du prisonnier dans les prisons d'Ajaccio n'a pu avoir lieu plus tôt, à cause des difficultés du passage de la rivière de Liamone, et quoiqu'il n'existe dans les communes de Vico et de Calcatoggio aucun lieu légal de détention, l'huissier n'était pas autorisé à séquestrer le prisonnier dans des maisons particulières; — Que, pour procéder régulièrement et avec le respect dû à la liberté individuelle, il aurait dû s'adresser aux maires desdites communes, pour faire désigner par ces fonctionnaires la maison où il aurait gardé à vue ledit Bellour; — Que telle est la règle établie par les auteurs et par la jurisprudence; et qu'en procédant autrement l'huissier a formellement contrevenu à l'article 788 du Code de Procédure, et par là donné lieu à la nullité de l'emprisonnement, conformément à l'article 794 du même Code;

Attendu que l'emprisonnement étant nul pour ce motif, il devient inutile d'examiner les autres moyens de l'intimé;

Attendu que l'opposition de l'appelant est fondée, en ce qui touche les dommages-intérêts contre lui adjugés par l'arrêt de défaut, en date du 27 novembre dernier, dûment enregistré;

Confirme son dit arrêt de défaut;

Rétracte, néanmoins, la disposition dudit arrêt relative aux dommages-intérêts, et pour tenir lieu d'iceux à l'intimé,

Condamne l'appelant aux dépens.

Chambre Civile. — M. Le Cte COLONNA D'ISTRIA, *Premier Président.*

MM. Biadelli, } *Avocats.*
Bertora, }

ANNÉE 1828.

DU 16 JANVIER 1828.

COMMUNAUTÉ. — ACQUÊTS. — POSSESSION LÉGALE. — PREUVE TESTIMONIALE.

La preuve testimoniale peut être admise pour établir ou combattre la possession légale dont parle l'article 1402 du Code Civil, d'après lequel tout immeuble est RÉPUTÉ *acquêt de communauté* (1).

Grimaldi C. Ambroselli.

ARRÊT.

Après délibération en la Chambre du Conseil,

La Cour; — sur les conclusions conformes de M. Tamiet, Premier Avocat Général;

Attendu que l'article 1402 du Code Civil, tout en réputant acquêts de communauté les immeubles des époux communs en biens, admet l'exception à cette règle résultant de la preuve que l'un des époux avait la PROPRIÉTÉ ou POSSESSION LÉGALE desdits immeubles antérieurement au mariage, ou qu'ils lui sont échus depuis à titre de succession ou donation; — Que, s'agissant de prouver ainsi la POSSESSION LÉGALE, il est évident que, sous ce point de vue, il n'a pas été dans l'intention du légis-

(1) C'est ce qu'enseignent Pothier, *De la Comm.*, n° 203; — Bugnet sur Pothier, tom. 7, pag. 138; — Rodière et Pont, *Contr. de mariage*, tom. 1er, n° 416; — Troplong, *Contr. de mariage*, tom. 1er, n° 555.

La Cour de Cassation a décidé le 29 déc. 1836 (D. P. 37. 1. 93; — S. V. 37. 1. 437), que l'aveu de l'un des époux prouve suffisamment, contre cet époux ou contre ses héritiers, que l'immeuble réclamé par son conjoint est un propre de ce conjoint; un arrêt de la Cour de Riom, à la date du 10 nov. 1851 (S. V. 52. 2. 774), a déclaré que la présomption légale qui résulte de l'article 1402 Cod. Nap., peut être détruite par les présomptions de fait tirées des circonstances de la cause.

lateur d'interdire la preuve vocale, qui est d'ordinaire le seul moyen possible d'établir le fait de la possession ; — Que, dès lors, les premiers Juges, en bornant l'appelant à la preuve écrite, lui ont fait grief ;

ADOPTANT, au surplus, les motifs des premiers Juges,

AUTORISE l'appelant à faire, tant par titres que par témoins, la preuve ordonnée par le jugement attaqué, etc..........

Chambre Civile. — M. LE Cte COLONNA D'ISTRIA, *Premier Président.*

MM. MARI, GRAZIANI, } *Avocats.*

DU 5 FÉVRIER 1828.

RENVOI. — JUGE. — PARENTÉ.

Lorsqu'il se trouve, dans une Cour Royale, plusieurs Magistrats parents ou alliés de différentes parties au degré prohibé, il faut, pour que le renvoi demandé soit ordonné, que ces Magistrats puissent être considérés CONJOINTEMENT, *pour former le nombre prescrit par l'article 368 du Code de Procédure Civile, et que les parties aient un* INTÉRÊT COMMUN.

Le membre d'une Cour, qui n'est que l'allié de l'allié de l'une des parties, ne doit pas être compté dans ce nombre.

Rigo C. **Rigo.**

ARRÊT.

Après délibération en la Chambre du Conseil,

LA COUR; — sur les conclusions conformes de M. SUSINI, Conseiller Auditeur, attaché au Parquet;

Vu la demande en renvoi à une autre Cour pour parenté et alliance, formée par la dame Lucie Viale, veuve Rigo, par acte reçu au greffe le 28 Janvier dernier, dûment enregistré, l'arrêt et les déclarations qui l'ont suivie;

Attendu que M. le Conseiller Fretel n'est parent ni allié d'aucune des parties en cause; — Que son alliance avec Lambruschini ne peut donner lieu au renvoi, l'article 368 du Code de Procédure Civile n'ayant pas considéré les alliés des alliés, et ledit Lambruschini ne figurant dans l'instance que pour autoriser sa femme, qui ne plaide pas pour sa dot;

Attendu que les Conseillers Auditeurs sont membres des Cours royales, ayant des fonctions habituelles, et par conséquent Juges, dans le sens dudit article 368;

Attendu que MM. les Présidents Pasqualini et Suzzoni, ainsi que M. Murati, Conseiller Auditeur, sont alliés, savoir : M. Pasqualini, au degré de cousin germain de la dame Lambruschini, M. Suzzoni, au degré de beau-frère et d'oncle de la dame Casabianca, veuve Rigo, et de ses enfants mineurs, et M. Murati, au degré de cousin issu de germain, de la dame Piazza;

Attendu que, si l'alliance de ces Magistrats est aux degrés prévus par la loi, il ne s'ensuit pas qu'ils puissent être considérés CONJOINTEMENT, pour former le nombre prescrit par l'article 368, afin de pouvoir demander le renvoi; — Que, pour cela, il faudrait que les diverses parties auxquelles ils sont alliés eussent un intérêt commun; — Qu'au contraire, les intérêts de la dame Casabianca, veuve Rigo, sont tout-à-fait distincts et séparés des intérêts des dames Lambruschini et Piazza; — Qu'en effet, lesdites dames ont séparément procédé en première instance, et formé de même des appels séparés; — Que, si l'une et les deux autres ont demandé des aliments, elles se sont fondées sur des causes et sur des titres différents, et ont été diversement considérées par les premiers Juges; — Que la dame Casabianca, veuve Rigo, a demandé des aliments *ex contractu*, et a obtenu à ce titre une somme provisionnelle, tandis que les dames Lambruschini et Piazza réclamant les aliments, comme filles, ont été déboutées sous le fondement qu'elles ont été pourvues d'une dot; — D'où il suit que les parents et alliés des dames Lambruschini et Piazza ne peuvent pas être opposés à la dame Casabianca, veuve Rigo, et *vice versa*;

Attendu que la demande en garantie dirigée en première instance par la dame Viale, veuve Rigo, contre toutes les parties, ne saurait être prise en considération pour le renvoi demandé; — Que les conclusions de la dame Casabianca, veuve Rigo, insérées au jugement attaqué, ne portent, à ce sujet, qu'une réserve de ses droits; — Que le jugement n'ayant rien statué quant à la garantie, la Cour n'a pas encore à s'en occuper;

Attendu, enfin, que tous les faits et circonstances de la cause établissant l'accord et la parfaite intelligence des dames Lambruschini et Piazza avec la dame Viale, veuve Rigo, il est évident que jusqu'ici l'opposition des premières à la demande en garantie de leur mère n'est point sérieuse, et que, dès lors, ladite prétendue opposition ne saurait établir un intérêt commun entre les dames Lambruschini et Piazza, et la dame Casabianca, veuve Rigo, et priver par là de ses Juges naturels cette dernière, ainsi que la dame Corbara, qui n'a aucun parent ni allié dans la Cour; — Que cette considération puisée dans les principes généraux de justice, se trouve étayée par un argument tiré de l'article 181 du Code de Procédure Civile;

DÉCLARE mal fondée la demande en renvoi;

En conséquence, CONDAMNE la dame Lucie Viale, veuve Rigo, en l'amende de cinquante francs, ainsi qu'aux dépens de l'incident, pour tous dommages-intérêts.

Chambre Civile. — M. LE Cte COLONNA D'ISTRIA, *Premier Président.*

MM. GRAZIANI, BIADELLI, CASABIANCA, FERRARI, } *Avocats.*

DU 10 MARS 1828.

DEGRÉS DE JURIDICTION. — SAISIE-ARRÊT. — INTERVENTION. — SOCIÉTÉ. — RECONVENTION. — DOMMAGES-INTÉRÊTS.

Ne doivent pas être pris en considération pour déterminer le degré de juridiction :

1° La demande de l'intervenant dans une instance engagée au sujet d'une saisie-arrêt opérée pour une somme inférieure au taux du dernier ressort, et tendante à être autorisé à retirer des mains du tiers saisi la somme, QUELLE QU'ELLE SOIT, *sur laquelle a porté la saisie* (1)*;*

2° La demande que l'intervenant forme dans cette même instance, pour faire reconnaître qu'une société a existé entre lui et le débiteur saisi (2)*;*

3° Les dommages-intérêts réclamés reconventionnellement par le saisi contre le saisissant pour préjudice causé par la saisie (3).

Durazzo C. **Delacroix**.

ARRÊT.

Après délibération en la Chambre du Conseil,

La Cour ; — sur les conclusions de M. Tamiet, Premier Avocat Général ;

Attendu que le procès s'est engagé entre les parties relativement à une saisie-arrêt, pour une somme de quatre cent quarante-deux francs,

---

(1-2-3) Les deux premières solutions sont une conséquence du principe que les demandes formées incidemment n'ont aucune influence sur la détermination du degré de juridiction. Voir ci-dessus, pag. 217, l'arrêt du 10 janv. 1827 et la note 1. — Quant à la troisième, elle est conforme à une jurisprudence généralement établie, même avant la loi du 11 avril 1838, qui, dans son article 2, a adopté l'interprétation des Tribunaux, en s'exprimant ainsi, au § dernier : « Néanmoins il sera statué en dernier ressort sur les demandes en dommages-» intérêts, lorsqu'elles seront fondées exclusivement sur la demande principale. » Voir anal. Bastia, 13 août 1855 (notre Rec., tom. 4, à cette date) ainsi que la note 4me qui accompagne cet arrêt.

dont l'appelant est créancier du sieur Marinetti, débiteur saisi; — Que, sous ce point de vue, les jugements intervenus dans la cause sont en dernier ressort, s'agissant d'une somme moindre de mille francs; — Que la compétence n'a pu être changée par l'intervention en cause de l'intimé; — Que l'intervenant dans une instance de saisie-arrêt pour réclamer la propriété de la somme saisie, n'est qu'un défendeur du saisissant;

Attendu que la demande de l'intervenant, tendant à être autorisé à retirer, des mains du tiers saisi, la somme QUELLE QU'ELLE SOIT, sur laquelle a porté la saisie-arrêt, ne peut augmenter en aucune manière la somme réclamée par le saisissant, les parties n'étant en contestation que pour cette somme; — Que, quoique par l'intervention, les Juges aient été appelés à apprécier le moyen fondé sur l'existence d'une société, alléguée par l'intervenant, entre lui et le débiteur saisi, outre que cette contestation était incidente à la saisie-arrêt, et devait par conséquent en suivre le sort, il est à considérer que ladite contestation sur la société ne pouvait jamais avoir d'effet, entre les parties, que pour la somme de quatre cent quarante-deux francs, qui avait donné lieu à la saisie;

Attendu que de même, pour rendre la cause susceptible de deux degrés de juridiction, on ne saurait s'arrêter aux demandes reconventionnelles en dommages-intérêts réclamés contre le saisissant, par suite du préjudice prétendu causé par la saisie; — Que ces demandes sont venues postérieurement à la saisie-arrêt, qui est la demande principale, et n'en sont que l'accessoire, et que, dès lors, elles ne peuvent entrer en ligne de compte pour augmenter la valeur du litige;

DÉCLARE l'appel non recevable.

Chambre Civile. — M. LE Cte COLONNA D'ISTRIA, *Premier Président.*

MM. BERTORA, MILANTA, Père, } *Avocats.*

DU 19 MARS 1828.

ALIMENTS. — DISJONCTION. — GARANTIE. — RECONVENTION. — OBLIGATION SOLIDAIRE. — RÉDUCTION.

Il y a lieu à disjonction d'instances, toutes les fois qu'un Tribunal a réuni à des contestations compliquées entre cohéritiers des demandes de leur nature urgentes et d'une appréciation facile, telle qu'est, par exemple, une demande d'aliments.

Il peut être formé, contre le demandeur en garantie, des reconventions qui, sans être la défense naturelle à la demande principale en garantie, tendent, comme elle, à une condamnation pécuniaire.

La promesse d'aliments conjointement stipulée par des époux au profit de leur belle-fille, veuve, et de ses enfants, constitue, aux termes des articles 1220 et 1222 du Code Civil, une obligation solidaire et indivisible. En conséquence, la veuve et ses enfants, créanciers, peuvent réclamer la totalité de la somme due pour aliments, de l'un ou de l'autre époux indistinctement (1).

(1) C'est une question depuis longtemps controversée en jurisprudence et parmi les auteurs les plus recommandables, que celle de savoir si l'obligation de fournir des aliments est solidaire et indivisible. Nous ne saurions mieux faire, pour signaler les différents systèmes qui ont été soutenus de part et d'autre, que de renvoyer à une note fort détaillée de MM. DEVILLENEUVE et CARETTE, laquelle se trouve placée, dans leur Recueil, sous un arrêt de la Cour de Douai, entièrement conforme à celui que nous rapportons, et en date du 9 mai 1853 (S. V. 54. 2. 161). Nous devons déclarer, cependant, que nous inclinerions pour l'opinion embrassée par les Cours de Bastia et de Douai.

Cette note est ainsi conçue :

Sous l'ancienne législation, l'obligation naturelle des enfants de fournir des aliments à leurs parents dans le besoin, était à peu près unanimement regardée comme solidaire et indivisible, et l'on faisait ressortir ce double caractère de la nature même de l'obligation, de son but, de sa fin, qui n'admettent pas de division. V. VOET, sur le *Digeste*, liv. 34, tit. 1er, n° 5; — ROUSSEAU DE LACOMBE, V° *Aliments*, sect. 1re, n° 2; — DÉNISARD, *Eod. verb.*, n° 8; — POTHIER, *Du Mariage*, n° 391. — Mais sous l'empire du Code Civil, la question s'est com-

Lorsque des époux se sont engagés par acte à payer, à titre d'aliments, une somme déterminée à leur belle-fille, veuve, et à ses enfants, et qu'il appert que cette obligation a été contractée en vue de la durée de la vie des

---

pliquée d'un nouvel élément, par la raison que le législateur ayant retiré cette obligation de la classe de simples obligations naturelles, pour la placer parmi celles qu'il entendait revêtir de la sanction de la loi, il faut dès lors, pour savoir si elle peut encore aujourd'hui être qualifiée de solidaire et indivisible, la considérer non plus seulement dans sa nature propre, mais encore dans ses rapports avec les dispositions du Code. Aussi, au lieu de l'unanimité qui régnait sur les caractères de cette action, parmi les anciens auteurs, nous nous trouvons maintenant en présence de plusieurs systèmes très-divers d'interprétation des dispositions du Code applicables en cette matière.

D'abord, sont venus TOULLIER, tom. 2, n° 613; — PROUDHON, tom. 1, pag. 245, et DELVINCOURT, tom. 1, pag. 378, qui, qualifiant l'obligation des enfants de *solidaire*, ont enseigné, par suite, que les père et mère ne sont pas obligés de diviser leur action entre tous leurs enfants, soit en agissant contre chacun d'eux séparément, soit en agissant contre tous à la fois, mais pour la part de chacun d'eux; soutenant, qu'au contraire, les père et mère peuvent former une seule demande pour la totalité des aliments auxquels ils ont droit, contre un seul de leurs enfants, à leur choix, pourvu que celui-là soit de ceux qui sont en état de contribuer au paiement de la dette alimentaire, et que ce sera ensuite à cet enfant à recourir contre ses frères et sœurs, pour faire régler leurs parts respectives dans la dette commune, et se faire rembourser par eux l'excédant de sa part personnelle dans ce qu'il aura payé. On peut citer comme consacrant ce premier système, d'une manière plus ou moins formelle, les arrêts suivants: Paris, 30 fruct. an XI (S. 7. 2. 775, Collect. nouv., 1. 2. 162); — Colmar, 24 juin 1812 (S. 13. 2. 16, Collect. nouv., 4. 2. 141); — *Idem*, 23 févr. 1813 (S. 14. 2. 3; — Collect. nouv., 4. 2. 262); — Riom, 15 mars 1830 (Vol. 1833. 2. 374; — Collect. nouv., 9. 2. 413).

Mais, on le remarque tout d'abord, cette doctrine de la solidarité de la dette alimentaire vient heurter une règle générale posée dans l'art. 1202, Cod. Nap., d'après laquelle la solidarité n'a lieu que dans les cas où elle a été stipulée par les parties, ou pour les obligations auxquelles la loi a attaché ce caractère par une disposition expresse. Aussi M. CURASSON, *Compét. des Juges de paix*, tom. 2, pag. 519, qui qualifie, comme TOULLIER et DELVINCOURT, la dette alimentaire de *solidaire*, en y ajoutant la qualification d'*indivisible*, essaie-t-il d'échapper à l'objection tirée de l'art. 1202, en disant qu'il ne s'agit pas ici de la solidarité proprement dite, c'est-à-dire d'une solidarité dont l'existence dépend ou de la volonté des parties, ou d'une disposition de la loi, mais d'une solidarité nécessaire et qui résulte du caractère d'indivisibilité qu'il attribue à l'obligation, au point de vue de son exécution. Voici comment il s'exprime à cet égard : « .... Nous croyons devoir adopter le principe de la » solidarité résultant de l'indivisibilité.... La solidarité ne se présume pas, il est vrai, elle » ne peut résulter que d'une stipulation ou disposition de la loi; mais ne peut-on pas ranger » l'obligation de fournir des aliments dans la classe de celles que l'art. 1218, Cod. Civ., » déclare indivisibles, quoique la chose ou le fait qui en est l'objet soit divisible de sa na- » ture?... » Cette opinion paraît avoir été admise dans un arrêt de la Cour de Grenoble, du

promettants, les aliments se trouvent réduits ipso jure *à la mort de celui d'entre eux, dont la succession est échue en partie à ses petits enfants : ceux-ci ne peuvent plus réclamer que la moitié des aliments promis.*

---

19 avril 1831 (vol. 1832. 2. 495). — Mais, quant à nous, le raisonnement de M. CURASSON nous semble impliquer une confusion. En effet, si l'on admet avec lui que la dette est indivisible, il est impossible qu'elle soit en même temps solidaire ; car si l'indivisibilité et la solidarité ont des effets semblables, elles en ont aussi de contraires, et qui ne peuvent coexister. Ainsi, par exemple, le créancier pourra bien agir contre un seul des débiteurs, sans attaquer les autres, tant en vertu de la solidarité, que par suite de l'indivisibilité; mais ensuite, la règle qui régit le cas d'indivisibilité permettra au débiteur attaqué d'appeler lui-même en cause ses codébiteurs, pour que le jugement à intervenir soit déclaré commun avec eux, tandis qu'au contraire, le principe de la solidarité s'opposerait à cette mise en cause et ne laisserait au débiteur attaqué qu'un recours contre ses codébiteurs, après qu'il aurait acquitté la dette intégralement. V. POTHIER, *Oblig.*, n° 331, et *Mariage*, n° 391 ; — DURANTON, tom. 2, n° 424, note; — MARCADÉ, tom. 4, sur l'art. 1225, n° 1er.

On voit par ce qui précède que, si l'on adopte en principe le système de l'indivisibilité de la dette alimentaire, toujours faut-il bien se garder de la qualifier de solidaire. Et c'est ce qu'a très-bien compris M. DURANTON, qui enseigne (tom. 2, nos 424, 425) que la dette n'est point solidaire, mais qu'elle est indivisible. Toutefois, M. DURANTON entend ici l'indivisibilité en un sens tout particulier, et qui constitue, en définitive, un système à part. En effet, il n'en tire pas la conséquence que les père et mère pourront demander à celui de leurs enfants contre lequel ils agiront, autant qu'ils auraient le droit de réclamer de tous leurs enfants ensemble, ce qui est la conclusion généralement adoptée par les partisans du système de l'indivisibilité ou de la solidarité de la dette alimentaire : il enseigne que l'enfant attaqué doit être considéré comme seul débiteur des aliments, dont la quotité sera déterminée en conséquence, c'est-à-dire qu'elle sera fixée à un taux moins élevé que si l'on avait égard à l'existence des autres enfants. C'est aussi la solution qui semble résulter d'un arrêt de la Cour de Pau du 30 mai 1837 (Vol. 1838. 2. 218).

Enfin, vient le système le plus accrédité, suivant lequel la dette alimentaire n'est ni *solidaire* ni *indivisible*. Il est enseigné par ZACHARIÆ, tom. 3, § 552 ; — VALETTE sur PROUDHON, *Des Personnes*, tom. 1er, pag. 448; — MARCADÉ, tom. 1er, sur l'art. 207, n° 4; — DEMOLOMBE, tom. 4, n° 63 ; — DUVERGIER sur TOULLIER, tom. 2, n° 613, note; et il a été consacré par les arrêts suivants : Metz, 5 juillet 1823 (S. 24. 2. 11 ; — Collect. nouv., 7. 2. 238) ; — Nancy, 20 avril 1826 (S. 26. 2. 290 ; — Collect. nouv., 8. 2. 224) ; — Rouen, 14 juillet 1827 (S. 28. 2. 11 ; — Collect. nouv., 8. 2. 392); — Lyon, 3 janv. 1832 (Vol. 1832. 2. 549); — Toulouse, 14 déc. 1833 (Vol. 1834. 2. 285); — Limoges, 19 févr. 1846 (Vol. 1847. 2. 92). — Ce système est généralement entendu en ce sens, que la dette alimentaire se divise de plein droit entre tous les enfants qui sont en état d'en payer une part, et que les père et mère ne peuvent exiger de chacun d'eux que la portion dont il est personnellement tenu. On dit à l'appui de cette doctrine: D'abord, la dette alimentaire n'est pas solidaire, la loi ne lui ayant pas attaché ce caractère par une disposition formelle; ensuite, ajoute-t-on, elle n'est pas indivisible ; et ce serait à tort qu'on prétendrait trouver la raison d'une telle indivisi-

Rigo C. Rigo.

ARRÊT.

Après délibération en la Chambre du Conseil,

La Cour ; — sur les conclusions de M. Susini, Conseiller Auditeur, attaché au Parquet;

Sur la fin de non-recevoir proposée contre les appels des parties de Mes Pellegrini et Varese :

Attendu qu'en joignant aux autres instances pendantes entre les parties celles dirigées par la dame Lucie Viale-Rigo contre ses enfants, pour la garantie des sommes réclamées d'elle comme obligée conjointement avec feu son mari, et par la dame Félicité de Casabianca-Rigo, pour les aliments dus à elle et à ses enfants, et pour sa dot et son extradot, les premiers Juges ont évidemment fait grief auxdites dames, puisqu'ils ont par là retardé l'exercice de droits par elles prétendus comme créancières, et réuni à des contestations compliquées entre cohéritiers une demande

bilité dans cette considération que l'existence, à laquelle les aliments sont destinés à pourvoir, est elle-même indivisible, et que *nemo pro parte vivit;* car à cela on peut répondre qu'autre chose est la vie, autre chose les aliments; qu'aucun principe ne s'oppose à ce que les aliments qui, dans tous les cas, ne peuvent être exigés que par portions et à divers termes, ne soient dus aussi que par portions et par diverses personnes. C'est ce qu'observe Dumoulin, *Extricatio labyrinthi*, 2e partie, no 238, dans les termes suivants : « *Quamvis quis pro parte vivere non possit, tamen alimenta dividua sunt : id est res quibus alemur, pro parte sive ab uno sive a pluribus præstari possunt, ut natura et experientia docent.* »

En dernier lieu est venu M. Rodière, qui, dans son *Traité de la Solidarité*, no 178, admet aussi en principe que la dette n'est ni solidaire ni indivisible, mais se refuse à en tirer la conséquence qu'elle se divise d'une manière absolue entre les enfants. Trop souvent, dit-il, une telle division produirait des résultats que le caractère d'urgence et de piété qui distingue la dette dont il s'agit ne permet pas de tolérer. Trop souvent, les père et mère se verraient exposés, par suite du mauvais vouloir de quelques-uns de leurs enfants, aux souffrances que la nature et la loi ont eu pour but de prévenir en posant le principe de la dette alimentaire; et résumant ces idées, M. Rodière continue ainsi : « Que conclure de tout

en aliments, de sa nature sommaire, urgente et non susceptible de délais; — Qu'il suit delà qu'il y a lieu de recevoir l'appel, et de prononcer la disjonction desdites instances;

Sur la fin de non-recevoir contre la demande reconventionnelle en aliments corporels de la part de la dame Félicité de Casabianca, veuve Rigo :

Attendu que celui qui réclame la garantie est un demandeur, et que, dès lors, il peut être dirigé contre lui des demandes reconventionnelles; — Que, pour l'admission de la reconvention, il n'est point nécessaire, soit d'après la loi 14e au Code *De Sententiis et Interlocutionibus*, soit d'après la nouvelle jurisprudence, qu'elle soit la défense naturelle à la demande principale; — Que, dans l'espèce, la reconvention se reportant à une action personnelle et tendant à une condamnation pécuniaire, comme la demande en garantie, on ne saurait la repousser par la différence de l'action, l'une et l'autre étant du même genre; — Qu'enfin la compensation pouvant même s'établir entre les parties, dans le cas où la convention et la reconvention se seraient trouvées également établies et en état de recevoir une décision simultanée, il est évident que l'ex-

» cela? C'est que l'obligation de fournir des aliments n'est, il est vrai, ni une obligation
» solidaire proprement dite, ni une obligation indivisible, mais que c'est une obligation *in*
» *solidum*, c'est-à-dire que chacun des débiteurs, bien entendu dans la mesure de son pou-
» voir, doit les aliments en totalité, qu'il les doit non-seulement quand ses co-obligés ne
» peuvent y concourir, mais encore quand, le pouvant, ils sont en retard, ou même qu'ils
» refusent absolument de le faire. »

Du reste, cette opinion de M. Rodière semble, comme il le fait remarquer lui-même, concorder, du moins quant au résultat, avec celle de M. Demolombe. En effet, ce dernier auteur, tom. 4, n° 65, pense aussi que les graves considérations qui viennent d'être rappelées commandent ici un tempérament dans les conséquences de la doctrine de la non-solidarité et de la divisibilité de la dette alimentaire; et ce tempérament, il le trouve dans un pouvoir que l'on doit reconnaître aux juges de prononcer une condamnation solidaire contre les enfants, suivant les circonstances, ce qui revient à dire, comme M. Rodière, que les enfants sont tenus de la dette *in solidum*. On peut citer, comme rendus dans ce sens, les arrêts suivants : Cass., 3 août 1837 (Vol. 1838. 1. 412); — Bordeaux, 24 juin 1846 (Vol. 1846. 2. 655). — V. aussi MM. Gilbert, Cod. Nap. annoté, art. 205, n° 18; — Massé et Vergé sur Zachariæ, tom. 1, pag. 225, note 20.

ception de non-recevabilité de la reconvention se trouve dénuée de fondement;

SUR L'ÉVOCATION DEMANDÉE PAR LES PARTIES DE Me VARESE ET DE Me PELLEGRINI :

Attendu que, sur la demande en garantie, les parties ne se sont expliquées ni en première instance ni en appel, et que, dès lors, on ne saurait y statuer en l'état, et en l'absence d'un premier jugement, sans violer la règle établie par l'article 473 du Code de Procédure, et le principe des deux degrés de juridiction;

Attendu qu'il n'en est pas de même à l'égard de la demande en aliments formée par la dame Félicité de Casabianca-Rigo; — Que cette demande est fondée sur un titre non contesté sous le rapport de sa véracité, et dont l'appréciation était aisée de la part des premiers Juges, lesquels, en retardant le jugement sur ce chef, ont causé un préjudice réel à la partie de Pellegrini;

Attendu qu'en l'état, le sieur Sébastien Viale-Rigo est sans droit comme sans intérêt pour contester le contenu de l'acte du 1er Octobre 1819, et pour en arrêter l'exécution à l'encontre de sa mère, dont il n'est ni le défenseur ni l'ayant droit;

SUR LE FOND DE LA DEMANDE EN ALIMENTS DE LA DAME FÉLICITÉ DE CASABIANCA-RIGO :

Attendu que, par ledit acte sous-seing privé, en date du 1er Octobre 1819, la dame Lucie Viale-Rigo, conjointement avec son mari, feu Antoine-Vincent, s'est obligée à payer la somme de deux cents francs par mois pour les aliments de leur belle-fille, ladite dame Félicité de Casabianca-Rigo, et des enfants de cette dernière; — Que cette obligation étant indivisible et solidaire, d'après les articles 1220 et 1222 du Code Civil, et d'ailleurs parce qu'il s'agit d'aliments, qui par leur destination doivent être payés en entier, la dame Lucie Viale-Rigo est tenue à la totalité de la somme promise comme dessus;

Attendu, néanmoins, qu'il est évident que lorsque feu Antoine-Vincent Rigo et la dame Lucie, son épouse, signèrent ladite obligation, ils eurent en vue la durée de leur vie, ainsi que leur fortune respective, et le concours de chacun d'eux au paiement de la moitié des aliments promis, d'où il suit : — 1° Que, pour le temps postérieur au décès dudit feu Antoine-Vincent Rigo, les aliments se sont trouvés réduits, de plein droit, à la moitié de la somme stipulée conjointement par les deux époux, parce que les mineurs Rigo, leurs petits-fils, prenant part dans la succession de leur grand-père, ne peuvent réclamer de leur grand'mère que la moitié desdits aliments, c'est-à-dire cent francs par mois ; — 2° Que, pour le temps antérieur au décès de son mari, la dame Lucie Viale-Rigo est en droit de répéter des héritiers de son dit mari la moitié de l'entière pension qu'elle est obligée de payer en vertu de la solidarité, pour les mois échus et non payés avant le décès, et que, dès lors, il y a lieu de réduire, sur ladite moitié, la part à laquelle sont tenus les enfants de la dame Félicité de Casabianca-Rigo en leur qualité d'héritiers de leur grand-père ;

Attendu que les successions de ses père et mère survenues à la dame Félicité de Casabianca-Rigo, après la passation de l'acte du 1er Octobre 1819, n'ont pas tellement amélioré sa position qu'elle puisse se passer des aliments stipulés en faveur d'elle et de ses enfants, dont l'entretien est devenu beaucoup plus coûteux, à mesure qu'ils ont avancé en âge et qu'il a fallu songer à leur éducation ; — Que cette considération se trouve appuyée par le fait de ses beau-père et belle-mère, puisqu'ils ont continué à fournir des aliments en la somme promise, après l'ouverture desdites successions ;

Attendu que la fortune de la dame Lucie Viale-Rigo n'est point diminuée ; — Que feu son mari lui a légué l'usufruit du quart de ses biens ; — Qu'en outre elle prétend avoir droit à des reprises considérables sur la succession de son mari ; — Qu'il est douteux que les mineurs Rigo, ses petits-fils, puissent trouver, dans la part qui leur reviendra sur la succession de leur grand-père, un revenu égal à la somme de plus de cent francs par mois, qui leur était assurée pendant la vie de leur dit grand-père ; — Qu'enfin, jusqu'ici, la dame Lucie Viale-Rigo n'a rien justifié qui puisse donner lieu à la réduction de la pension alimentaire dont il s'agit ;

Sur les autres demandes en aliments :

Attendu que les dames Lambruschini et Piazza ayant été dotées, lors de leur mariage, ne sont pas en droit de réclamer des aliments de leur mère, et que l'état de leurs familles peut leur permettre de pourvoir aux frais que peuvent occasionner les actions intentées par leur dite mère, dans le cas où elles croiraient devoir les contester ; — Que la dame Félicité de Casabianca-Rigo, ayant obtenu le complément de sa demande en aliments corporels, est sans droit pour obtenir des aliments *ad litem* dans cette instance qui est terminée ; — Qu'à l'égard des autres instances, ses droits, si elle en a, pour une provision alimentaire, lui demeurent réservés ; — Que relativement à la dame Antoinette Corbara, sa position exige qu'elle reçoive une anticipation sur la succession paternelle, à l'effet de pouvoir défendre et faire valoir ses droits ;

Sur l'omission commise dans le jugement de comprendre les dames Lambruschini et Piazza dans la condamnation prononcée contre les hoirs Rigo en faveur de la demoiselle Casella ;

Attendu qu'il a été convenu, dans la plaidoirie de la cause, par l'avocat des dames Piazza et Lambruschini, que ladite omission, fruit de l'erreur, doit être réparée ; et que, d'ailleurs, rien ne saurait dispenser lesdites dames de concourir pour leur part au paiement des dettes de leur père dont elles se sont déclarées héritières bénéficiaires ;

Sans s'arrêter aux fins de non-recevoir proposées par les parties de Mes Varese, Saladini et Benedetti, dont elles sont démises et déboutées ;

Statuant par un seul et même arrêt sur tous les appels et sur toutes les conclusions des parties ;

Réforme le jugement rendu, le 11 Janvier 1828, par le Tribunal civil de Bastia, en ce qui touche la jonction de toutes les instances formées respectivement par les parties, ainsi que les dispositions par lesquelles il n'a été accordé à la dame Félicité de Casabianca, veuve Rigo, ès-noms, qu'une somme provisionnelle de six cents francs, et il a été refusé des aliments *ad litem* à la dame Antoinette Corbara ;

ÉMENDANT quant à ce, et faisant ce qui aurait dû être fait par les premiers Juges,

DISJOINT les instances, pour être suivies séparément, tant à l'égard des aliments réclamés par la dame Félicité, veuve Rigo, ès-noms, que pour le paiement de sa dot et de son extradot;

ET enfin, relativement à la garantie réclamée par la dame Lucie Viale-Rigo, veuve Rigo;

TENANT LA DISJONCTION desdites instances,

Et VU que celle concernant les aliments demandés par la partie de Me Pellegrini est en état de recevoir une décision définitive;

ÉVOQUANT le fond de ladite instance,

CONDAMNE la dame Lucie Viale-Rigo à payer à la dame Félicité de Casabianca-Rigo, ès-noms, les aliments stipulés dans l'acte du 1er Octobre 1819, savoir, à raison de deux cents francs par mois, à partir du 1er Août 1826 jusqu'au décès de feu sieur Antoine-Vincent Rigo, et à raison de cent francs par mois, à partir dudit décès jusqu'au 1er Mars courant, et pour l'avenir, à raison aussi de cent francs par mois, payables mois par mois;

DÉCLARE, néanmoins, que sur la moitié de la somme due par la dame Lucie Viale-Rigo pour les aliments échus jusqu'au décès de son mari, et à l'égard de laquelle moitié elle a droit de se faire rembourser par les héritiers de son dit mari, elle pourra retenir à titre de compensation la part revenant sur ladite moitié à ses petits-enfants, les mineurs Rigo, au prorata de leur portion héréditaire dans la succession de leur grand-père;

AUTORISE d'office la dame Antoinette Corbara à ester en jugement, et lui *accorde* à titre d'aliments *ad litem*, sauf à en tenir compte en définitive, la somme de trois cents francs, à prendre sur la succession de feu Antoine-Vincent Rigo, son père, et à la toucher des mains de l'administrateur de ladite succession sur les revenus d'icelle;

DÉCLARE n'y avoir pas lieu, en l'état, à accorder à la dame Félicité de Casabianca-Rigo une provision alimentaire *ad litem*, sauf à elle à la réclamer, s'il y échet, pardevant les premiers Juges dans le cours des procès qu'elle doit poursuivre ou soutenir;

Réserve au sieur Sébastien Viale-Rigo tous droits qui peuvent lui compéter, relativement à l'acte sous-seing privé du 1er Octobre 1819 ci-dessus énoncé;

Déclare que la condamnation prononcée en faveur de la demoiselle Casella, contre les hoirs Rigo, est commune pour leur quote part aux dames Philippe Lambruschini et Annette Piazza, en leur qualité d'héritières de leur père;

Maintient la disposition du jugement qui a débouté lesdites dames Lambruschini et Piazza de leur demande en aliments envers leur mère;

Pour le surplus, confirme, etc.

Chambre Civile. — M. le Cte COLONNA D'ISTRIA, *Premier Président.*

MM. Biadelli, Gavini, Ferrari, Graziani, Mari, *Avocats.*

DU 29 MARS 1828.

ENFANT NATUREL. — RECONNAISSANCE. — ACTE PRIVÉ. — ALIMENTS.
PROMESSE DE MARIAGE. — DOMMAGES-INTÉRÊTS.

Un enfant peut être reconnu avant sa naissance (1).

La reconnaissance de paternité faite dans une déclaration annexée à l'acte de naissance de l'enfant, rédigé hors la présence du père, et en l'absence de son consentement donné dans les formes légales, ne peut valoir comme acte authentique, si elle n'a pas été remise par le signataire à l'officier de l'état civil [*Cod. Civ. Art. 334*] (2).

La reconnaissance nulle, à défaut d'acte authentique, ne donne pas droit à des aliments (3).

Des dommages-intérêts sont dus à la femme qui, sous la foi d'une pro-

---

(1) Conf. : Aix, 10 févr. 1806 et 3 déc. 1807 (S. 7. 2. 1. et 693; — D. A. 8. 629 et 631); — Paris, 1er févr. 1812 (S. 12. 2. 161; — D. A. 8. 645); — Rejet, 16 déc. 1811 (S. 12. 1. 81; — D. A. 8. 631); — Metz, 19 août 1824 (S. 25. 2. 296; — D. P. 33. 2. 163); — Grenoble, 13 janv. 1840 (S. V. 40. 2. 216); — *Sic*, TOULLIER, tom. 2, n° 955; — DURANTON, tom. 3, n° 211; — MARCADÉ, tom. 2, sur l'article 334.

(2-3) Il serait inutile de citer des autorités pour établir que la forme authentique, pour la reconnaissance des enfants naturels, est substantielle, puisque l'article 334 du Cod. Nap. le déclare d'une manière expresse et formelle; et la Cour de Bastia nous paraît avoir fait ici une sage application de ce principe incontestable. Voir par analogie : Paris, 27 floréal an XIII (S. 7. 2. 765; — D. A. 8. 647); — TOULLIER, tom. 2, n° 951; — PROUDHON, *Des Personnes*, tom. 2, pag. 111; — MERLIN, *Répert.* V° *Filiation*, n° 12. — Il n'en est pas absolument de même pour la seconde des deux solutions ci-dessus, quoiqu'elle soit conforme à l'opinion la plus généralement adoptée par la jurisprudence et par les auteurs. Voir dans le sens de l'arrêt que nous rapportons : Rouen, 18 févr. 1809 (S. 9. 2. 199; — D. A. 8. 639); — Pau, 18 juillet 1810 (S. 11. 2. 12; — D. A. 8. 643); — Rej., 4 oct. 1812 (S. 13. 1. 139; — D. A. 8. 660); — Montpellier, 7 déc. 1843 (S.V. 44. 2. 205; — D. P. 44. 2. 122); — Bordeaux, 25 nov. 1852 (S.V. 53. 2. 245); — Aix, 14 juillet, et Douai, 3 déc. 1853 (S.V. 54. 2. 193; — D. P. 55. 2. 132 et 133). — *Sic*, MERLIN, *Répert.* V° *Aliments*, § 1er, art. 2, n° 8; — TOULLIER, tom. 2, nos 976 et 977; — DURANTON, tom. 3, n° 231; — ROLLAND DE VILLARGUES, Dissert. insérée dans le recueil de SIREY, tom. 12. 2. 41, et *Répert.*, V° *Reconn. d'enfants*, n° 234; — VALETTE sur PROUDHON, *ubi suprà*, tom. 2, pag. 178; — DEMOLOMBE, tom. 5, n° 424. — En sens contraire : Paris, 25 prairial an XIII et Angers, 25 thermidor même année (S. 7. 4. 778); — PROUDHON, tom. 2, pag 112, et DELVINCOURT, pag. 90, note 4.

messe de mariage, résultant des faits de la cause et des actes versés au procès, s'est engagée dans un commerce illicite suivi de la naissance d'un enfant, soit à raison de l'injure grave faite à sa réputation, soit pour l'indemniser des dépenses dans lesquelles elle a été entraînée à cette occasion (4).

Lucchesi C. **Ricci.**

ARRÊT.

Après délibération en la Chambre du Conseil,

La Cour ; — sur les conclusions de M. Susini, Conseiller Auditeur, attaché au Parquet ;

Attendu qu'un enfant naturel peut être reconnu avant sa naissance, parce qu'aucune disposition de loi ne le défend, et parce qu'un des effets de la reconnaissance étant d'assurer des droits successifs à l'enfant naturel, il suffit, d'après les articles 725 et 906 du Code Civil, d'être conçu pour pouvoir succéder et recevoir des donations, ce qui est conforme à la maxime *Qui in utero est, pro jam nato habetur, quoties de commodis agitur* ;

Mais attendu que l'article 334 du Code Civil a établi que la reconnaissance des enfants naturels serait faite par acte authentique, lorsqu'elle ne l'a pas été dans l'acte de naissance ; — Qu'il n'existe, dans

(4) La jurisprudence a pu hésiter un instant, mais c'est avec raison, selon nous, qu'elle est maintenant fixée dans le sens de cette solution : Rej., 24 mars 1845 (S. V. 45. 1. 539 ; — D. P. 45. 1. 177) ; — Bordeaux, 23 nov. 1852 (S. V. 53. 2. 245) ; — Douai, 3 déc. 1853 (S. V. 54. 2. 193 ; — D. P. 55. 2. 161) ; — Nîmes, 2 janv. 1855 (S. V. 55. 2. 38 ; — D. P. 55. 2. 132). — Les auteurs enseignent généralement que, si les promesses de mariage sont nulles et si leur inexécution ne peut pas, par elle-même, donner lieu à des dommages-intérêts, rien ne s'oppose toutefois à la réparation du préjudice, soit matériel, soit moral, qui peut avoir été éprouvé réellement. On consultera avec fruit sur ce point : Duranton, tom. 2, n° 187, tom. 10, n°s 320 et suiv., et tom. 11, n° 529 ; — Vazeille, *Du Mariage*, tom. 1er, n°s 145 et suiv. ; — Rolland de Villargues, *Répert.*, V° *Promesse de mariage*, n° 7 ; — Toullier, tom. 6, n°s 293 et suiv. ; — Merlin, *Répert.*, V° *Peine contractuelle*, § 1er, n° 3. (add.) — Ces deux derniers jurisconsultes soutiennent même la validité de la clause pénale. V. en outre : Bastia, 28 août 1854 et 11 mars 1856, ainsi que la note qui accompagne le premier de ces deux arrêts (notre Rec., tom. 4, à ces dates).

l'espèce aucun acte authentique de reconnaissance; — Que l'acte de naissance de l'enfant de l'appelante, quoique portant la désignation de l'intimé comme père, ne saurait être regardé comme une reconnaissance de paternité, ledit acte de naissance n'étant pas signé par le prétendu père, ni même rédigé en sa présence, ou par suite d'un consentement par lui donné dans les formes légales; car, on ne peut regarder comme tel la déclaration annexée à l'acte de naissance, laquelle n'est qu'un acte sous seing-privé, présenté à l'officier de l'état civil par toute autre personne que par le signataire, et qui, dès lors, n'a pu acquérir, par sa présentation, le caractère d'authenticité nécessaire pour rendre valable la reconnaissance;

Attendu qu'une fois établi que l'enfant de l'appelante n'a en sa faveur qu'une reconnaissance par acte sous seing-privé, il s'ensuit que ledit enfant ne peut réclamer des aliments de son prétendu père; — Que l'obligation de fournir des aliments, de la part du père de l'enfant naturel, dérivant du fait de la paternité, il faut qu'elle soit constante et prouvée au moyen de l'un des actes indiqués par la loi, à défaut desquels la filiation reste incertaine, sans qu'on puisse y suppléer par un acte d'une autre nature, parce que de cette manière on tendrait à la recherche de la paternité, qui a été expressément interdite par l'article 340 du Code Civil, hors les cas d'une reconnaissance authentique; — Qu'en outre, il serait absurde de reconnaître qu'un individu n'est pas père, et en même temps d'assujettir ce même individu à une des obligations résultant de la paternité, qui étant de sa nature indivisible ne peut exister pour un cas et ne pas exister pour un autre cas;

Attendu que le jugement attaqué contient, de la part de l'appelante, des conclusions formelles aux fins de dommages-intérêts; — Qu'il ne conste pas que l'intimé ait demandé le renvoi, pour ce chef, dans une autre instance; — Qu'enfin la preuve que les parties ont contesté au fond sur lesdits dommages-intérêts résulte de la disposition du jugement qui a refusé de les accorder, sur le fondement qu'il n'y avait pas promesse écrite de mariage;

Attendu que, des faits de la cause et des actes versés au procès, il résulte que Joseph Ricci avait promis d'épouser Marie-Dominique Lucchesi, et que c'est par suite de cette promesse qu'il a existé entre ces deux personnes une intimité dont les résultats, accompagnés de l'inexécution de la part de Ricci de ladite promesse de mariage, ont occasionné à Marie-Dominique Lucchesi des dépenses, et porté un préjudice notable à sa réputation, puisque probablement elle ne pourra plus faire un établissement également avantageux;

Attendu que, par l'article 1382 du Code Civil, celui qui cause par sa faute un dommage est obligé de le réparer;

Condamne Joseph Ricci à payer à Marie-Dominique Lucchesi la somme de six mille francs de dommages-intérêts;

Confirme, pour le surplus...........

Chambre Civile. — M. le Cte COLONNA D'ISTRIA, *Premier Président.*

MM. Casella, Mari, } *Avocats.*

DU 2 JUIN 1828.

SOCIÉTÉ. — SUBSTITUTION. — VALIDITÉ.
VÉRIFICATION D'ÉCRITURE. — POUVOIR DU JUGE.
CONVENTION SYNALLAGMATIQUE. — CARACTÈRES.
TESTAMENT. — LECTURE. — CONDITION. — MARIAGE.
SUBSTITUTION ÉVENTUELLE. — NULLITÉ. — FIDUCIE. — CARACTÈRES.

Le contrat par lequel des associés ont arrêté que les biens compris dans la société seront possédés par les survivants d'entre eux, et à charge par le dernier mourant de les rendre à des substitués convenus, est nul relativement à la charge de conserver et de rendre qui renferme une substitution; — Mais la disposition concernant le droit de l'associé survivant est un pacte de famille, un contrat aléatoire, qui n'a pas été atteint par les lois abolitives des substitutions, alors même que plusieurs des associés seraient décédés depuis le Code Civil [Loi du 14 Nov. 1792. — Cod. Civ. Art. 896 et 1104] (1).

Les Juges peuvent refuser d'ordonner la vérification d'une signature méconnue ou déniée, surtout si la dénégation ou la méconnaissance n'a eu lieu

(1) Cette solution nous semble bonne; car, s'il est incontestable que la charge imposée au dernier survivant de conserver et de rendre à des personnes désignées devait être annulée, comme renfermant une véritable substitution, il nous paraît évident que, dans l'acte dont il s'agit, l'intention des parties n'a été que de constituer un usufruit en faveur de chacun des quatre frères Roccaserra, et que, par suite, cette clause parfaitement licite devait produire tout son effet. D'ailleurs, il est de principe, lorsqu'il s'agit de décider si une clause susceptible de deux interprétations renferme ou ne renferme pas une substitution, qu'il faut se décider pour la validité de l'acte (L. 12 ff., *De rebus dubiis*, et Cod. Nap. art. 1157). — M. DALLOZ, *Jur. Gén.*, 2e édit., tom. 41, nos 225 et suiv., analyse les trois systèmes présentés sur des stipulations de la nature de celle qui était soumise à l'appréciation de la Cour de Bastia ; il indique les auteurs qui les ont soutenus et cite un arrêt de la Cour de Cassation du 12 pluviôse an IX, qui tranche la question dans le sens de la décision ci-dessus; il rapporte lui-même en l'approuvant l'arrêt de la Conr de Bastia. Nous nous en référons donc à l'opinion de M. DALLOZ qui est conforme à celle de MM. ROLLAND DE VILLARGUES, n° 229, TROPLONG, *Des Donat. et Test.*, tom. 1er n° 128.

qu'après des conclusions tendantes à la nullité de l'acte [Cod. de Proc. Civ. Art. 195] (2).

La déclaration par laquelle des associés reconnaissent que certains immeubles qu'ils désignent, ont été acquis par l'un d'eux des fruits de la dot de son épouse, ne constitue ni une donation ni une convention synallagmatique, et par suite, n'est soumise ni aux formalités prescrites pour les actes de pure libéralité, ni à l'obligation d'être faite en autant d'originaux qu'il y a de parties (Cod. Civ. Art. 931 et 1325).

La partie qui s'est bornée à conclure à l'infirmation d'une sentence arbitrale, par cela seulement que la propriété de certains biens lui a été refusée, et a demandé la confirmation de ladite sentence sur tous les autres chefs, peut être admise à attaquer la disposition de la même sentence par laquelle un testament a été validé, si ses premières conclusions contiennent la réserve formelle d'en prendre d'autres le cas échéant, et si son appel est conçu en des termes non limitatifs.

Le testament qui se termine par la clause suivante : « Le présent testa- » ment a été entièrement écrit par nous notaire susdit, sous la dictée du » testateur, en présence des susdits témoins toujours présents; ensuite il en » a été fait lecture à haute et intelligible voix, le testateur a déclaré, etc. » etc., » contient une mention suffisante de la lecture du testament en présence des témoins (Cod. Civ. Art. 972).

La condition imposée au légataire de se marier avec une personne désignée est contraire à la liberté des mariages et doit, par suite, être considérée comme non écrite (Cod. Civ. Art. 900)...... Dans tous les cas une condition semblable ne saurait être opposée au légataire qui n'a pas refusé de l'exécuter (3).

---

(2) La jurisprudence est constante aussi bien que la doctrine : Cass., 25 août 1813 (D. A. 6. 724; — S. 15. 1. 131) ; — Rej., 11 févr. 1818 (D. A. 12. 942; — S. 18. 1. 304); — *Idem.* 9 févr. 1830 (D. P. 30. 1. 124; — S. 30. 1. 235) ; — *Idem*, 24 mai 1837 (D. P. 37. 1. 342; — S. V. 37. 1. 519); — *Idem*, 3 et 9 déc. 1839 (D. P. 40. 1. 31; — S. V. 40. 1. 30. et 190); — Pigeau, *Comm.* pag. 427; — Boncenne, pag. 486; — Chauveau sur Carré, *Quest.* 803, *ter.* — Voir ce que nous avons dit *suprà*, note 2, sous l'arrêt du 7 juillet 1825 en matière de faux incident.

(3) La décision de la Cour de Bastia, sur ce chef, est justifiée par cette considération que les filles de Jean-Paul n'ont jamais refusé d'épouser les fils de Xavier et d'Antoine. Mais nous ne saurions admettre, en principe, que la condition de se marier avec une personne désignée, doit être considérée comme restrictive de la liberté de se marier et proscrite par

La disposition d'un testament contenant une substitution de nature éventuelle, et subordonnée à un cas qui ne s'est pas réalisé, ne peut avoir aucune influence sur le sort dudit testament.

Est nul, comme contenant une véritable substitution prohibée et non pas une simple fiducie, le legs fait sous la condition que, si le légataire vient à décéder, les biens légués appartiendront à tel des membres d'une famille désignée qui lui paraîtra le plus distingué et le plus capable de faire honneur à cette famille [*Cod. Civ. Art. 896*] (4).

---

l'article 900 du Cod. Nap. Il est certain que, sous l'empire des lois romaines, le légataire institué sous une semblable condition ne pouvait pas se dispenser de l'accomplir (V. L. 71, § 1er et 101 ff., *De Condit. et Demons.*; — L. 1 et 2, C. *De Instit. et Substit.*) — Il est vrai que les lois des 5 septembre 1791 et 17 nivôse an II, portaient que toute condition qui gênait la liberté de se marier, même avec telle personne, devait être déclarée non écrite; mais il n'est pas moins vrai que ces lois ont été abrogées par le Code Napoléon et que, par conséquent, elles ne peuvent servir à résoudre les difficultés élevées sous l'empire de ce Code. — *Sic*, MERLIN, *Répert.*, V° *Cond.* sect. 2, § 5; — TOULLIER, tom. 5, n° 250; — DURANTON, tom. 8, n° 106; — TROPLONG, *Donat. et Test.*, tom. 1er, n° 244. — Nous sommes donc d'avis que toute condition imposée par un testateur doit être fidèlement exécutée à moins qu'elle ne soit contraire aux lois ou aux bonnes mœurs, et que rien de semblable ne se rencontre dans la condition dont il s'agit. C'est ce que démontrent FURGOLE, n° 72; — BOURJON, *Droit Commun*, tom. 2, pag. 369, n°s 41 et 42; — RICARD, *Des Donat.* n°s 256 et suiv., sous l'ancien droit; et sous le droit nouveau : TOULLIER, n° 251; — GRENIER, *Don. et Test.*, tom. 1er, n° 155; — DURANTON, tom. 8, n° 125, — TROPLONG, *ubi suprà*, n°s 243 et suiv. — Cependant nous excepterions le cas où la personne désignée serait indigne de cette union par ses mœurs ou par toute autre cause d'honnêteté publique, conformément à l'avis de la plupart des auteurs que nous venons de citer.

(4) Pour pouvoir soutenir que, dans l'espèce, il ne s'agit que d'une simple fiducie, il faudrait reconnaître que Jules, comme le dit MERLIN, *Répert.*, V° *Fiducie*, a été institué héritier pour la forme, qu'il a été chargé d'administrer la succession et de la tenir en dépôt jusqu'au moment ou elle devra être rendue au véritable héritier. Or il nous semble que cela est impossible; et nous pensons, par suite, avec la Cour de Bastia, que la faculté donnée audit Jules de choisir celui qui devait recueillir la succession d'Alphonse, constituent une véritable substitution fidéicommissaire prohibée par la loi. La jurisprudence nous semble avec raison fixée dans ce sens. Voir entre autres arrêts : Cass., 5 mars 1851 et 28 févr. 1853 (D. P. 51. 1. 104; — 53. 1. 202; — S. V. 51 et 53. 1. 261 et 332). — *Sic*, MERLIN, *Répert.* V° *Legat.*, § 2, n° 18 *bis*; — GRENIER, *Discours historique*, sect. 4, *Traité*, tom. 1er, n° 8. — Cependant voir : Aix, 9 févr. 1841 (D. P. 41. 2. 160; — S. V. 42. 2. 19) confirmé par la Cour de Cassation, Chambre des Requêtes, le 8 nov. 1847 (D. P. 51. 1. 103; — S. V, 53. 1. 332. note); — TROPLONG, *Des Donat. et Test.*, tom. 1er, n° 154; — DALLOZ, *Jur. Gén.*, 2e édit., tom. 41, pag. 13, n°s 42 et 43.

Roccaserra C. Roccaserra.

ARRÊT.

Après délibération en la Chambre du Conseil,

La Cour; — sur les conclusions conformes de M. Susini, Conseiller Auditeur, attaché au Parquet;

Attendu que, par l'acte du 14 Août 1780, Jean-Paul, Noël, Jules et Pierre-Jean, frères Roccaserra, ont fondé entre eux une société de certains biens immeubles à eux échus dans la succession de leurs auteurs, des fruits desdits biens et des acquêts à faire par eux éventuellement, avec clause que le tout continuerait a être possédé par les survivants d'entre eux, et avec charge par le dernier d'iceux de les conserver et rendre à des substitués désignés audit acte;

Attendu que, si les lois abolitives des substitutions et survenues du vivant des quatre associés ont détruit la disposition qui instituait le fidéicommis pour l'époque du décès du dernier mourant, elles n'ont pu affecter les bases dudit acte constitutives de la société qui, de fait, a continué de subsister jusqu'aux décès successifs de Noël, de Jean et de Pierre-Jean;

Attendu que la clause qui établissait le profit de la survivance contenait un véritable contrat aléatoire; — Qu'elle ne rentrait point dans les termes des substitutions abolies par les lois de 1792 et prohibées par le Code Civil, sous l'empire duquel trois des contractants sont décédés; — Que, contrairement à l'opinion d'un jurisconsulte célèbre, la jurisprudence a consacré les pactes de cette nature, qu'on n'aurait pu, en effet, annuler sans détruire des espérances légitimes et sans enlever des droits acquis par des conventions synallagmatiques;

Attendu, néanmoins, que des termes de l'acte de 1780 et de l'ensemble des faits de la cause, il résulte que la volonté des contractants n'a été d'assurer aux survivants successifs et au dernier vivant qu'une sorte d'usufruit, de jouissance viagère des biens compris dans ladite société, lesquels, après le décès du dernier des quatre frères, doivent retourner aux héritiers naturels de ceux-ci, ou à ceux auxquels ils les auraient légués par des actes en forme;

Attendu, sur la déclaration par acte privé du 3 Pluviôse an XI (23 Janvier 1803), qu'il résulte invinciblement des termes de la sentence arbitrale que cet acte a été, devant le Juge arbitre, l'objet d'un débat contradictoire; — Que les parties de Varese n'en ont point alors contesté la réalité, et se sont attachées à l'impugner dans ses termes et quant à l'effet qu'il devait produire; — Que devant la Cour même, et par leurs conclusions du 3 Mars, ils ont de nouveau demandé la nullité dudit acte sans en méconnaître les signatures; — Que c'est le 28 Avril pour la première fois qu'ils ont déclaré ne point les reconnaître;

Attendu que les Juges ne sont pas obligés d'ordonner une vérification d'écriture, et peuvent tenir une signature pour vérifiée si leur conscience en a la conviction, comme il arrive dans la cause présente;

Attendu que les signataires dudit acte étaient majeurs, usant de leurs droits et capables de disposer; — Qu'en déclarant que les immeubles y énoncés avaient été acquis par Jean-Paul des fruits de la dot de son épouse, et qu'en outre celui-ci avait droit à un dédommagement spécial, pour les soins particuliers qu'il s'était donnés à faire fructifier la société, ils n'ont fait qu'une chose licite; — Qu'une pareille déclaration ne constitue pas non plus une donation proprement dite, et n'était pas assujettie aux formes des actes de libéralité pure;

Attendu que ce même acte n'accomplissant qu'une obligation unilatérale de la part de ceux qui l'ont souscrit, il n'y avait aucune nécessité de le faire dans la forme des contrats commutatifs et en autant d'originaux qu'il y avait de parties;

Attendu, sur le chef de la sentence arbitrale qui a annulé le testament authentique de Pierre-Jean pour défaut de mention de lecture au testateur en présence des témoins, que les parties de Varese contestent à celle de Saladini la faculté d'attaquer cette disposition sur l'appel, en ce que, dans ses conclusions déposées le 3 Mars, elle se serait bornée à requérir l'infirmation de la sentence, pour cela seulement que la propriété des biens compris dans la société lui avait été refusée, et aurait demandé la confirmation de ladite sentence dans le surplus de ses dispositions;

Attendu, quant à ce, que les conclusions de ladite partie de Saladini contiennent la réserve expresse d'en prendre d'autres le cas échéant;— D'où il suit qu'elle ne s'est point forclose et a pu procéder dans le cours de l'instance suivant les errements de son acte d'appel conçu en termes non limitatifs;

Attendu que ledit testament finit par ces mots : « Le présent testa-» ment a été entièrement écrit par nous notaire susdit, sous la dictée » du testateur, en présence des susdits témoins toujours présents : en-» suite il en a été fait lecture à haute et intelligible voix, le testateur a » déclaré etc.; » — Que de ces termes résulte la mention expresse de la présence des témoins à la lecture faite au testateur du testament, comme à sa dictée; — Qu'en décidant autrement il faudrait prendre les mots « TOUJOURS PRÉSENTS » pour une répétition inutile; — Qu'il est plus naturel et plus raisonnable de les appliquer à ce qui suit qu'à ce qui précède; la validité des actes de dernière volonté ne pouvant dépendre du plus ou moins de correction grammaticale dans le texte, lorsque le sens est suffisamment clair;

Attendu que la disposition faite par ce testament au profit des enfants de Jean-Paul, institué, rentre dans les termes de l'article 1049 du Code Civil, qui la permet en faveur des descendants de frère et sœur;

Attendu que la condition imposée aux filles de Jean-Paul de se marier avec les fils de Xavier ou d'Antoine étant contraire à la liberté du choix, en fait de mariage, doit être considérée comme non écrite; — Qu'en admettant même que, dans le silence du Code à cet égard, on dût adopter les maximes du droit romain de préférence à celles introduites par les lois du 5 Septembre 1791 et 17 Nivôse an II, cette clause ne pourrait être invoquée contre Jean-Paul lui-même institué au premier degré; — Qu'elle ne saurait non plus être opposée aux filles de Jean-Paul qu'autant que l'on établirait qu'elles ont refusé de prendre pour époux les fils de Xavier et d'Antoine, ce qui n'a même pas été allégué;

Attendu que, si la clause du même testament qui appelle les enfants et descendants desdits Xavier et Antoine à la moitié de la succession, au cas où ces mariages n'auraient pas lieu par le refus des filles de Jean-Paul, pouvait être envisagée comme une substitution faite hors des termes de l'article 1049, il faudrait dire, néanmoins, que cette disposition, de nature éventuelle et subordonnée à un cas qui ne s'est pas réalisé, ne peut avoir d'influence sur le sort dudit testament;

Attendu, sur le testament de Jules dont la sentence arbitrale, en l'annulant, a conservé la disposition relative aux biens à lui échus par le testament d'Alphonse, que par ce même testament d'Alphonse, il est déclaré que Jules, venant à décéder sans postérité, pourra laisser les biens à tel jeune homme de la famille Roccaserra de Quenza qui lui paraîtrait le plus distingué et le plus capable de faire honneur à la famille; — Que cette disposition est un véritable fidéicommis, et non une fiducie ainsi que l'a caractérisée la sentence arbitrale; — Qu'en effet, l'héritier purement fiduciaire est celui qui n'est institué que pour la forme, entre les mains duquel la succession reste en dépôt, qui n'en est que l'administrateur, avec obligation de rendre compte; — Que, dans l'espèce, au contraire, le grevé est incontestablement institué au premier degré; — Qu'il doit posséder les biens en son propre et privé nom, avec pouvoir de les transmettre, à défaut d'hoirs, à celui qu'il jugera le plus à propos d'en gratifier; — Que Jules a tellement entendu la disposition dans ce sens, qu'il a compris ces mêmes biens dans la substitution qu'il a créée lui-même par son dit testament, et qui en a fait prononcer la nullité par le Juge arbitre, nullité que les parties s'accordent toutes à reconnaître; — Que, cela posé, la disposition faite par Jules en faveur de Jean-Paul, d'après le vœu de Jacques-Alphonse, ne peut être exceptée de l'annulation dont a été frappé le susdit testament de Jules, et que les biens d'Alphonse doivent, comme les autres, être recueillis *ab intestat*.........;

Déboute les parties de Varese de leurs conclusions incidentes, tendantes à la vérification des signatures apposées à l'acte du 3 Pluviôse an XI;

DÉCLARE régulier en la forme, bon et valable au fond, le testament de Pierre-Jean, en date du 6 Octobre 1809;

ORDONNE que ledit testament sera exécuté selon sa forme et teneur;

DÉCLARE nul et de nul effet, pour le tout, le testament de Jules Roccaserra, en date du 8 Juin 1780;

En conséquence ORDONNE qu'aux biens spécifiés dans la sentence dont est appel, comme composant la succession dudit feu Jules, seront ajoutés ceux qu'il avait recueillis de Jacques-Alphonse, pour le tout être partagé dans la même proportion;

ORDONNE que le surplus de la sentence arbitrale sortira son plein et entier effet..........

Chambre Civile. — M. DALIGNY, *Président.*

MM. SUZZONI, BRADI, } *Avocats.*

DU 16 JUILLET 1828.

DONATION CONTRACTUELLE. — DISPENSE DE RAPPORT. — ÉQUIPOLLENTS.

La dispense de rapport ou clause de préciput et hors part, dans une donation contractuelle, peut résulter de la charge imposée au donataire de rendre les biens donnés à ses enfants, en cas de décès de ce donataire, avant le donateur [*Cod. Civ., Art. 843*] (1).

Cannelli C. Mattei.

En 1821, acte par lequel le sieur Cannelli donne différents immeubles à la dame Mattei, sa fille unique, issue d'un premier mariage avec la dame Cattaneo.

Il est déclaré que cette donation est irrévocable, mais qu'elle est faite sous la charge de rendre les biens donnés aux enfants de la donataire sans distinction de sexe. De plus, le pacte de retour est stipulé en faveur du donateur pour le cas où la donataire lui prédécéderait sans enfants. Il est convenu que l'effet de ce pacte de retour s'étendra aux enfants qui pourraient naître d'un second mariage contracté par le donateur, et ce, dans le cas où quelque loi postérieure permettrait les stipulations de retour, non seulement en faveur du donateur, mais encore de ses descendants. Enfin, il est reconnu que, même en cas de retour, la donataire pourra disposer de l'usufruit des biens, en faveur du sieur Mattei son mari.

Peu de temps après cet acte, le sieur Cannelli épouse, en secondes noces, la demoiselle Chapuy. — Il décède le 1er Janvier 1824, laissant un testament olographe à la date du 7 Août 1822, dans lequel il institue sa nouvelle épouse légataire universelle de tout ce dont il n'avait pas disposé par la donation du 7 Novembre 1821, et déclare que, dans le cas où la dame Mattei, sa fille, ne serait pas contente de cette disposition, il entend qu'elle doive rapporter à sa succession tous les biens donnés, pour faire masse avec ceux non donnés, et le tout être partagé en deux lots, dont un appartiendra à sa seconde femme.

Le cas prévu par le testateur s'étant réalisé, sa fille contesta l'exécution de ses der-

---

(1) Conf. : Douai, 27 janv. 1819 (D. A. 12. 229; — S. 20. 2. 197); — Rejet, 16 juin 1830 (ci-après pag. 368). Cette solution est d'ailleurs une conséquence naturelle du principe aujourd'hui incontestable en jurisprudence et en doctrine, que les expressions *préciput*, *hors part*, *dispense de rapport*, ne sont pas sacramentelles et qu'elles peuvent être remplacées par des équipollents.

nières volontés. Plusieurs difficultés s'agitèrent entre elle et la veuve. Celle-ci soutenait que pour fixer l'importance du legs à elle fait, on devait réunir fictivement aux biens demeurés dans l'hérédité, ceux qui avaient fait partie de la donation de 1821, attendu que cette libéralité *était sujette à rapport.*

La dame Mattei prétendait, au contraire, qu'ils ne devaient pas y être réunis, parce qu'ils lui avaient été donnés par *préciput et hors part.*

22 Septembre 1827, Jugement du Tribunal de Bastia qui accueille la prétention de la veuve Cannelli.

Appel.

ARRÊT.

Après délibération en la Chambre du Conseil,

LA COUR; — sur les conclusions contraires de M. SUSINI, Conseiller Auditeur, attaché au Parquet;

EN CE QUI TOUCHE LE RAPPORT FICTIF ORDONNÉ DU MONTANT DES BIENS COMPRIS DANS LA DONATION FAITE PAR FEU CANNELLI A SA FEMME :

Considérant qu'en supposant qu'une épouse en secondes noces, légataire de la portion disponible, d'une part d'enfant, ou du quart de la succession de son mari, puisse, pour faire fixer l'émolument de son legs sur la masse entière de la fortune du défunt, demander le rapport fictif à l'enfant qui n'a été gratifié que par simple avancement d'hoirie, il n'en est pas de même quand l'enfant auquel ce rapport est demandé, a été avantagé par PRÉCIPUT ET HORS PART;

Considérant, dans l'espèce, que la donation faite par feu Cannelli à sa fille, a incontestablement le caractère de préciput; — Qu'en effet, le donateur a grevé les biens donnés d'une restitution en faveur des enfants à naître de la donataire, et n'a permis à celle-ci d'autre disposition que celle de l'usufruit en faveur de son mari; — Que, par là, feu Cannelli a évidemment usé du droit que confère aux ascendants l'article 1048 du Code Civil, et qui ne peut s'appliquer qu'aux biens dont ils ont la libre disposition à titre gratuit;

Considérant que le moyen de nullité de cette donation, pris de ce qu'il n'y avait point alors, et qu'il n'y a pas aujourd'hui, d'enfants nés pour recueillir l'effet de la substitution, n'a rien de spécieux; l'article 1048 valide les clauses de cette nature, stipulées par contrat de mariage; — Que vainement on allègue que le donateur ayant, à cette époque, résolu de convoler en secondes noces, il ne serait pas raisonnable d'admettre qu'il eût voulu aliéner, dans une proportion considérable, la quotité disponible d'une fortune fruit de son industrie et de son épargne; on répondrait que toute recherche d'intention est interdite quand le disposant a si clairement fixé le caractère de sa libéralité;

Considérant qu'en adoptant le système de l'intimé et celui des premiers Juges, il en résulterait que le donateur aurait grevé ainsi, non la quotité disponible, aux termes de l'article 1048, mais bien une partie de la réserve de sa fille, ce qu'il ne pouvait pas faire et ce qu'il ne doit pas être supposé avoir fait;

Considérant qu'on ne pourrait décider, que la donation dont il s'agit a été faite par une délibation et pré-succession sur la légitime (ou réserve par conséquent), qu'en déclarant non écrite la charge de conserver et de rendre aux enfants à naître, ce qui serait détruire un pacte de famille, et léser les droits des enfants qui peuvent recevoir le jour de l'union des époux Mattei;

INFIRME, etc..........

Chambre Civile. — M. D'ALIGNY, *Président.*

MM. BIADELLI, MARI, } *Avocats.*

Pourvoi de la veuve Cannelli.

Pour violation de l'article 843 du Code Civil, en ce que la Cour a admis l'existence d'une clause de *préciput* qui n'avait point été établie par le donateur.

ARRÊT.

Après délibération en la Chambre du Conseil,

La Cour ; — Attendu qu'en jugeant que la donation faite par Cannelli à sa fille, l'avait été par préciput et hors part dans l'intention qu'elle ne fût pas sujette à rapport, l'arrêt attaqué a jugé, par interprétation de la clause, de l'intention qui l'avait dictée ; — Que cette appréciation était dans le domaine des premiers Juges ; — Que, d'ailleurs, elle est conforme aux principes, puisque la substitution faite des biens donnés au profit des enfants à naître de la donataire, avait mis irrévocablement ces biens hors de la main du donateur ;

Rejette.

Du 16 Juin 1830. — *Ch. Req.* — M. BOREL DE BRÉTIZEL, *f. f. de Président.* — M. Hua, *Rapp.* — M. Laplagne-Barris, *Av. Gén.* — M. Dalloz, *Av.*

DU 28 JUILLET 1828.

TIERCE-OPPOSITION. — CHOSE JUGÉE. — AVOCAT. — AYANT-CAUSE. EXÉCUTION. — DEGRÉS DE JURIDICTION. — COMPÉTENCE.

Par cela seul que l'acquéreur d'un immeuble a été, depuis la vente, le CONSEIL *et l'*AVOCAT *de son vendeur, dans un procès soutenu par ce dernier au sujet de ce même immeuble, il peut être réputé avoir été* PARTIE *ou* REPRESENTÉ *au procès, tellement que les jugements ou arrêts rendus contre le vendeur ont l'autorité de la chose jugée relativement à l'acquéreur, et que, par suite, celui-ci n'est pas recevable à y former tierce-opposition [Cod. Civ. Art. 1351; — Cod. Proc. Civ. Art. 474]* (1).

Lorsque la partie qui a obtenu un arrêt infirmatif, ordonnant un délaissement d'immeubles, poursuit l'exécution de cet arrêt sur un tiers qui résiste ou s'oppose à l'exécution, soutenant qu'il n'a pas été partie en l'arrêt, qu'il n'est pas l'ayant cause de la partie condamnée, et qu'ainsi il n'y a pas CHOSE JUGÉE *à son égard, dans ce cas, la partie poursuivant l'exécution n'est pas obligée de procéder par action principale, comportant les deux degrés de juridiction (Loi du 1er Mai 1790).*

Elle peut assigner devant les Juges qui ont rendu l'arrêt infirmatif, aux termes de l'article 472 du Code de Procédure Civile. — Rés. implicit.

Au cas d'assignation, les Juges d'appel sont-ils du moins compétents, aux termes de l'article 475 du Code de Procédure Civile, pour statuer sur la résistance du tiers à l'exécution de l'arrêt, bien que ce tiers n'ait pas dit expressément vouloir se rendre TIERS-OPPOSANT? *Dans ce cas, la* RÉSISTANCE *du tiers, fondée sur ce que l'arrêt était pour lui* Res inter alios judicata, *pourrait-elle être considérée comme une* TIERCE-OPPOSITION, *dans le sens de l'article 475 du Code de Procédure Civile?* Arg. Aff.

---

(1) Conf. : Rejet, 2 mai 1811 (S. 11. 1. 165; — D. A. 12. 655); — *idem*. 16 février 1830 (*infrà* pag. 372).

Gafforj C. le Duc de Padoue.

Un immeuble d'origine nationale avait d'abord été l'objet d'un procès au possessoire entre Arrighi et le Duc de Padoue. — Arrighi fut maintenu en possession.

Plus tard, par contrat public du 12 Février 1822, Arrighi vendit ou parut vendre l'immeuble dont il s'agit, à son neveu Gafforj.

En 1823, le Duc de Padoue reprit le procès au pétitoire et assigna Arrighi en délaissement de ce même immeuble.

Jugement du Tribunal de Corte, qui, sans vouloir juger la question de propriété, renvoie les parties devant l'autorité administrative.

Appel par le Duc de Padoue.

6 Mars 1827, Arrêt qui, infirmant, retient la cause et déclare le Duc de Padoue propriétaire.

Jusque-là, Gafforj, bien qu'en possession de l'immeuble, n'avait pas été mis en cause; mais il avait été le Conseil et l'Avocat d'Arrighi, son oncle et son vendeur, dans le procès soutenu par celui-ci contre le Duc de Padoue.

Bientôt le Duc de Padoue veut ramener à exécution l'arrêt qui le déclarait propriétaire. — Il signifie en conséquence cet arrêt à Gafforj, avec sommation de désemparer l'immeuble. — Gafforj refuse et proteste contre tout acte d'exécution forcée : il soutient que l'arrêt du 6 mars 1827 ne peut avoir l'effet de la chose jugée à son égard, attendu qu'il n'y a pas été partie.

Le Duc de Padoue assigne alors Gafforj devant la Cour, pour voir dire que l'arrêt du 6 Mars 1827 lui est applicable, en ce qu'il a été rendu avec lui, alors qu'il défendait lui-même, en qualité de Conseil ou d'Avocat, les intérêts d'Arrighi, son oncle et son vendeur.

Gafforj répond que sa seule qualité de Conseil ou d'Avocat n'a pu le constituer partie dans l'instance. En tout cas, il soutient que l'action du Duc de Padoue est à son égard une action principale qui aurait dû être portée devant les Juges de première instance pour subir les deux degrés de juridiction; il demande en conséquence que la Cour se déclare incompétente.

ARRÊT.

Après délibération en la Chambre du Conseil,

La Cour; — sur les conclusions de M. Susini, Conseiller Auditeur, attaché au Parquet;

Considérant que l'arrêt de la Cour du 26 Mars dernier, opposé par le Duc de Padoue et dont il réclame l'exécution contre l'avocat Gafforj, avait jugé, vis-à-vis de Vincent-Louis Arrighi, que le Duc de Padoue était propriétaire de l'immeuble en litige;

Considérant que, pendant l'instance pendante à Corte, ledit avocat Gafforj avait été le Conseil et l'Avocat du défendeur;

Considérant que l'avocat Gafforj ne pourrait repousser l'application de cet arrêt qu'autant qu'il y serait étranger, et qu'en droit il ne lui serait pas opposable;

Considérant que les principes posés par l'article 1351 du Code Civil ne répugnent pas à ce que la chose jugée contre une partie n'ait, en certains cas, la même force contre celui qui, connaissant la contestation mue entre un tiers et celui de qui il prétend ses droits, aurait laissé juger définitivement, sans réclamation de sa part;

Considérant que cette doctrine s'applique sans contradiction au cas où, comme dans l'espèce, le prétendant droit a figuré dans l'instance en qualité de Conseil et d'Avocat de la partie qui a succombé, et a fait valoir, au nom et en faveur de celle-ci, tous les moyens qui pouvaient appuyer sa prétention;

Considérant, dans cet état de choses, qu'en supposant réel et sérieux l'acte de vente passé à Gafforj, le 12 Février 1822, il y a nécessité de dire que, par les circonstances de la cause et par son propre fait, l'avocat Gafforj a été représenté en cause dans la personne de celui dont il dit tenir la propriété du domaine dont il s'agit;

. . . .

DÉCLARE l'arrêt du 6 Mars 1827 commun avec Gafforj..........

Chambre Civile. — M. DALIGNY, *Président*.

MM. ARRIGHI, BIADELLI, } *Avocats*.

Pourvoi en Cassation par Gafforj.

Un premier moyen, *en la forme,* était pris d'une prétendue violation de l'article 208 de la Constitution du 5 Fructidor an III, de l'article 35 du décret du 30 Mars 1808, et de l'article 116 du Code de Procédure Civile, qui veulent que tous jugements ou arrêts soient DÉLIBÉRÉS et rendus à la PLURALITÉ DES VOIX, en ce que l'arrêt attaqué ne constatait pas que ces formalités substantielles eussent été remplies.

2° Violation de l'article 1351 du Code Civil, sur l'autorité de la CHOSE JUGÉE, en ce que la Cour Royale a décidé que l'arrêt du 6 Mars 1827, rendu contre Arrighi, était opposable à Gafforj, par cela seul que ce dernier avait été le CONSEIL ou l'AVOCAT de son oncle, dans son procès contre le Duc de Padoue.

3° Violation de la loi du 1er Mai 1790, et de l'article 464 du Code de Procédure Civile, sur les deux degrés de juridiction, et fausse application de l'article 472 même Code.

ARRÊT.

Après délibération en la Chambre du Conseil,

LA COUR ; — SUR LE PREMIER MOYEN :

Attendu qu'en supposant que l'acte du 5 Fructidor an III, dit CONSTITUTION, contînt quelques dispositions législatives, qui n'auraient pas été abrogées par la Charte, ces dispositions, en ce qui concerne la forme des jugements, auraient cessé de produire effet, en vertu de l'article 1041 du Code de Procédure Civile ; — Et quant à l'article 116 de ce Code, qu'il prescrit une forme de délibération, sans exiger que les jugements et arrêts constatent qu'ils ont été formés à la majorité des opinions ;

SUR LE DEUXIÈME MOYEN :

Attendu que le dol et la fraude faisant exception à toutes les règles, l'arrêt dénoncé a pu, en déclarant que l'acte d'acquisition de Gafforj était simulé, et en se fondant sur ce que, depuis le moment où il était devenu acquéreur du domaine contentieux, il avait été le CONSEIL et l'AVOCAT de son vendeur dans le procès que ce dernier soutenait comme propriétaire, juger que ce n'était pas le cas d'appliquer l'article 474 du Code de Procédure Civile ;

SUR LE TROISIÈME MOYEN :

Attendu que Gafforj s'étant déclaré tiers-opposant à l'exécution de l'arrêt du 6 Mars 1827, la Cour Royale de Corse avait, d'après l'article 475 du Code de Procédure Civile, été compétente pour en connaître, et que les principes sur les deux degrés de juridiction ne sont point applicables en pareil cas;

REJETTE..........

Du 16 Février 1830. — *Ch. Req.* — M. FAVARD DE LANGLADE, *Prés.* — M. PARDESSUS, *Rapp.* — M. LEBEAU, *Av. Gén. Concl. Conf.* — M. GODARD DE SAPONAY, *Plaid.*

DU 6 AOUT 1828.

TESTAMENT. — ACTE NOTARIÉ.
ÉCRITURE. — SIGNATURE. — TÉMOINS. — MENTION.
DONATION. — DEMANDE EN RÉVOCATION.
STATUTS CIVILS DE LA CORSE. — FILLES DOTÉES OU NON DOTÉES. — LÉGITIME.

Les dispositions de la loi du 25 Ventôse an XI, *sur les formalités relatives aux actes notariés, s'appliquent en général aux testaments, excepté les cas à l'égard desquels le Code Civil contient quelque dérogation expresse.* — En conséquence *est nul le testament public dans lequel le notaire n'a pas fait mention de la signature des témoins* [*Art. 14 et 68 de la loi de Ventôse*] (1).

(1) Dans les premiers temps de la promulgation du Code Napoléon, on avait pensé que la loi sur le notariat ne devait pas s'appliquer aux testaments, puisque ce même Code avait eu soin de les réglementer; mais le principe contraire a été ensuite consacré par un si grand nombre d'arrêts, et adopté si généralement par les auteurs, que l'on ne saurait plus le contester aujourd'hui. Il est bien entendu cependant, que les prescriptions de la loi du 25 ventôse an XI, ne doivent s'étendre aux dispositions testamentaires que dans les cas pour lesquels le Code ne contient aucune dérogation formelle. Cela posé, il nous semble impossible de ne pas être amené à conclure, par une conséquence nécessaire et forcée, que le testament, dans lequel il n'a pas été fait mention de la signature des témoins doit être déclaré nul, aux termes des articles 14 et 68 de la loi du 25 ventôse précitée, lesquels ordonnent, à peine de nullité, l'accomplissement de cette formalité dans tous les actes notariés. — V. Bruxelles, 26 avril 1806 (S. 7. 2. 1222); — Cass., 1er oct. 1810 (S. 11. 1. 21; — D. A. 5. 801); — *Idem*, 18 août 1817 (S. 17. 1. 385; — D. A. 5. 784); — Rejet, 6 juin 1821 (S. 23. 1. 41; — D. A. 10. 21); — Bastia, 7 févr. 1824 (ci-dessus, pag. 59, ainsi que la note 1re); — Rejet, 10 mai 1825, et Cass., 4 janv. 1826 (S. 26. 1. 54. et 294; — D. P. 25. 1. 332; — 26. 1. 46); — Bourges, 28 juillet 1829 (S. 29. 2. 297); — Cass., 16 juillet 1833 (S.V. 33. 1. 561; — D. P. 33. 1. 316); — Lyon, 8 janv. 1848 (S.V. 49. 2. 634; — D. P. 51. 5. 440); — Bastia, 29 déc. 1856 (notre Rec. tom. 4, pag. 345); — Merlin, *Répert.*, V° *Test.*, sect. 2e, § 3, art. 2, n° 8; — Grenier, *Donat. et Test.*, tom. 1er, n° 243; — Toullier, tom. 5, n° 581; — Duranton, tom. 9, n°s 49 et suiv.; — Vazeille, art. 975, n° 9; — Troplong, *Des Donat. et Test.*, tom. 3, n°s 1569, 1581 et 1592. — Cependant Marcadé, après avoir admis, en examinant l'article 971, que le testament étant un acte notarié est soumis en général aux règles indiquées par la loi du 25 ventôse an XI, soutient, dans le commentaire de l'article 973, n° 1, et dans celui de l'article 974 *in fine*, qu'il ne saurait être nécessaire de faire mention, à peine de nullité, ni de la signature du testateur ni de celle des témoins. Il est vrai que cet auteur reconnaît lui-même que son opinion, quoique conforme à celle de

La déclaration portant que le testateur ne sait pas ÉCRIRE *énonce suffisamment la cause qui l'a empêché de* SIGNER *(Cod. Civ. Art. 973). — Il en est de même de la déclaration de ne pas savoir* SIGNER (2).

La révocation d'une donation, pour survenance d'enfant, peut être opposée en appel, si l'instance est relative au règlement des droits respectifs des cohéritiers, sur une succession commune,— et si la donation a, d'ailleurs, été précédemment attaquée par un autre moyen de nature à produire les mêmes effets [Cod. Proc. Civ. Art. 464] (3).

Sous l'empire des Statuts civils de la Corse (chapitre XLIV*), les filles non mariées, ou non dotées, avaient droit à une légitime dans les successions*

COIN-DELISLE, est repoussée par la jurisprudence et la doctrine. On peut même ajouter que l'avis du Conseil d'État du 16-20 juin 1810 condamne de la manière la plus formelle le système de MARCADÉ, relativement au défaut de mention de la signature des témoins.

(2) Conf. : Liége, 24 nov. 1806 (S. 7. 2. 22); — Bruxelles, 15 mars 1810 (S. 10. 2. 258); — Colmar, 22 déc. 1812, et Rejet, 11 juillet 1816 (S. 17. 1. 155; — D. A. 5. 772). — *Contrà* : Douai, 9 nov. 1809 (S. 12. 2. 407). — Quant à nous, nous serions porté à penser que, si la déclaration de ne pas savoir signer remplit suffisamment le vœu de la loi, celle de ne pas savoir écrire ne serait pas suffisante en principe général; et telle nous semble être l'opinion des auteurs que nous citons ci-après, et qui exigent une mention de nature à ne laisser aucun doute. Mais comme nous sommes d'avis que les équipollents peuvent être admis, nous reconnaissons volontiers le bien jugé dans l'espèce soumise à la Cour de Bastia, quoiqu'il arrive fort souvent qu'une personne qui ne sait pas écrire puisse cependant signer. — V. GRENIER, *ubi suprà*, tom. 1er, n° 242; — DURANTON, tom. 9, n° 95; et TROPLONG, *Des Don. et Test.*, tom. 3, n° 1588 et 1589.

(3) Voir anal. : Montpellier, 4 août 1832 (S. V. 32. 2. 481; — D. P. 33. 2. 12); — Rejet, 24 janv. 1822 (S. 22. 1. 287; — D. A. 6. 241); — *Idem*, 21 déc. 1844 (S. V. 45. 1. 157; — D. P. 45. 1. 126); — Besançon, 8 févr. 1855 (S. V. 55. 2. 575). Ne pourrait-on pas dire que, dans l'espèce, les conclusions tendantes à la révocation se trouvaient virtuellement comprises dans celles qui avaient été posées en première instance et que, d'ailleurs, elles constituaient, non une demande nouvelle, mais simplement un nouveau moyen de défense? Cela nous paraît assez évident; et par suite nous croyons pouvoir soutenir que ces mêmes conclusions étaient parfaitement recevables en instance d'appel, car telle est l'interprétation donnée à l'art. 464 du Cod. de Proc. Civ. par une jurisprudence constante et par la généralité des auteurs. Voir dans ce sens, outre les arrêts déjà cités : Cass., 1er sept. 1813 (S. 14. 1. 67;— D. A. 4. 798); — Rejet, 22 mai 1822 (S. 22. 1. 301); — *Idem*, 14 juillet 1828 (S. 25. 1. 230; — D. A. 4. 800); — *Idem*, 7 mars 1826 (S. 26. 1. 324; — D. P. 26. 1. 179); ainsi que MERLIN, *Quest.*, V° *Appel*, § 4, n° 16; — RIVOIRE, n° 315; — CARRÉ, *Quest.* 1673, 1674 et 1677. — La solution ci-dessus nous semble d'autant plus devoir être adoptée qu'il s'agissait d'une révocation qui s'opère de plein droit (Cod. Nap. art. 960), qui a été établie en faveur des enfants, et à laquelle le donateur ne peut renoncer ni tacitement ni expressément, ni avant ni après la survenance de l'enfant (Art. 962, 964, et 965 du Code précité).

de leurs ascendants, et pouvaient la transmettre à leurs héritiers. Quant à celles qui avaient été dotées, leurs droits se réduisaient à retenir la dot reçue (4).

Antonini C. Antonini.

ARRÊT.

Après délibération en la Chambre du Conseil,

La Cour ; — sur les conclusions conformes de M. Susini, Conseiller Auditeur, attaché au parquet ;

Considérant, sur l'appel principal, que le jugement du Tribunal de Calvi, du 26 Mai 1808, dûment enregistré, rendu entre toutes les parties, et qui a acquis la force de la chose jugée, a rendu incontestable la qualité de la dame Mariani, comme fille légitime de Félix Antonini ;

Considérant qu'il est constant, qu'au décès de Félix les biens qui lui appartenaient dans la succession paternelle sont restés en la possession et jouissance de Luc-Alphonse, qui en doit les fruits à partir de 1802, époque du décès ;

Considérant que le testament authentique du prêtre Sauveur Antonini a été passé sous l'empire des lois qui nous régissent aujourd'hui ; — Que tous les actes reçus par des notaires sont soumis aux dispositions de celle du 25 Ventôse an XI, et que les testaments eux-mêmes doivent y être conformés en tout ce qui n'a pas été autrement réglé par la section 1re du chapitre 5 du titre 2, livre 3 du Code Civil ;

Considérant que les articles 14 et 68 de ladite loi exigent, à peine de nullité, que les notaires fassent mention, dans les actes qu'ils reçoivent, de la signature des témoins, ce qui a été omis dans celui dont il s'agit ;

Considérant que l'article 974 du Code Civil ne déroge point, quant à ce, audit article 14 de la loi du 25 Ventôse an XI, et valide seule-

(4) Voir ci-dessus pag. 77 l'arrêt du 24 août 1824, ainsi que la note dont il est suivi.

ment, au cas qu'il précise, le testament qui ne serait signé que par un sur deux, ou par deux sur quatre des témoins y appelés;

Considérant qu'il résulte de l'acte dotal d'Anastasie Croce, première femme de Luc-Alphonse, — d'un acte de remboursement du 13 Thermidor an XII, dûment enregistré, et passé par Sauveur treize jours après ledit acte dotal, — enfin de la notoriété que le prêtre Sauveur est celui qui a reçu les deux mille trois cent vingt francs, complément de la dot de ladite Anastasie, et l'a employée à ses propres affaires; conséquemment, que prélèvement doit être fait de cette somme sur sa succession au profit de Luc-Alphonse, légataire de ladite Anastasie, sa première épouse;

Considérant que Luc-Alphonse n'ayant point d'enfants à l'époque où il fit à la dame Franceschini, sa sœur, la donation énoncée dans son contrat de mariage, cette donation se trouve révoquée aujourd'hui de plein droit, par la survenance d'un enfant dudit Luc-Alphonse;

Considérant que les parties étant en instance sur la liquidation générale de leurs droits respectifs, cette révocation peut être opposée sur l'appel par Luc-Alphonse, surtout si l'on considère qu'il attaquait précédemment ladite donation par un autre moyen tendant à produire le même effet;

Considérant que la demande formée par Luc-Alphonse touchant la dot de la mère commune des parties, et tant en son nom que comme étant aux droits de Restitude, est prématurée, et que tous les droits tant à cet égard que relativement à la succession de leur dite mère, si elle est encore à partager, demeurent entiers;

Considérant que, si Luc-Alphonse, en possession de la succession du prêtre Sauveur, en vertu d'un titre apparent, doit être considéré comme en ayant joui de bonne foi, il est également certain que le testament étant annulé, il doit rapporter les fruits à partir de la dernière demande formée le 28 Mai 1827, celle introduite en 1821 ayant été désertée par un désistement;

Considérant que cette jouissance de fruits, pendant un si long espace de temps, rend Luc-Alphonse non recevable à réclamer les frais funéraires et de dernière maladie dudit prêtre qui sont une charge de ces fruits; — Que, par la même raison, il ne lui est point dû d'intérêts de la dot d'Anastasie confondue dans la masse des biens du prêtre Sauveur dont il a joui;

Considérant qu'il lui est dû compte du capital de cent vingt francs par lui remboursé à l'acquit de la succession du prêtre Sauveur, sous la déduction de sa part;

Considérant que la disposition du jugement dont est appel, relative aux rapports à la masse des sommes reçues, doit être commune à tous les cohéritiers et les copartageants;

Considérant, sur l'appel incident, que le testament d'Aurélie, mère des parties, est conforme aux articles 973 du Code Civil et 14 de la loi du 25 Ventôse an XI; — Qu'interpellée, en effet, de signer son testament, elle a répondu ne savoir écrire, ce qui explique clairement la cause qui l'a empêchée de signer; — Que bien qu'il soit possible et même fréquent qu'on ne sache pas écrire et qu'on puisse signer, la déclaration ci-dessus dans la circonstance et dans les termes où elle est faite ne laisse aucun doute sur le fait que ladite Aurélie ne savait point signer;

Considérant que le testament de Restitude est plus évidemment encore hors de toute atteinte à cet égard, puisque la testatrice déclare ne savoir *sottoscrivere*, expression qui est absolument synonyme de signer; — Que les mots *il detto Luca Alfonso Antonini di famiglia dimenticato*, intercalés entre cette déclaration et la mention de la signature des témoins, n'en vicient en rien le contexte;

Considérant que la jurisprudence a admis, en interprétation du Statut local, que les filles non dotées avaient droit à une légitime, et que, dans l'espèce, Restitude a donné à Luc-Alphonse le droit de la répéter sur l'hérédité paternelle, en l'instituant son légataire universel;

Considérant que Jéronime n'étant point mariée a le même droit de légitime sur ladite succession ouverte sous l'empire dudit Statut;

Considérant que la dame Franceschini ayant été dotée, les droits de sa fille et héritière sur la succession d'Alexandre, père commun, se réduisent à conserver la dot, que ladite dame s'est constituée par son contrat de mariage;

Considérant que Luc-Alphonse doit compte à ses cohéritiers des aliénations qu'il a faites depuis l'ouverture de la succession dont il s'agit, et qu'il n'y a rien à statuer sur celles qu'il prétend avoir été faites par prêtre Sauveur des biens appartenant à son frère Alexandre et à sa belle-sœur Aurélie, et dont il n'a point justifié;

Considérant que les améliorations qu'il dit avoir opérées sur les biens dont le partage est demandé, doivent, aux termes du jugement appelé, être évaluées par experts, mais seulement dans ce qu'elles excéderaient les fruits par lui perçus;

Considérant que le séquestre demandé ne serait un moyen expédient qu'autant que les opérations du partage se prolongeraient au delà du terme dans lequel elles peuvent être terminées, et chacune des parties appropriée de la portion à laquelle elle a droit;

Dit qu'il a été bien jugé, par le jugement dont est appel, en ce qui touche la qualité de la dame Mariani, la nullité du testament du prêtre Sauveur et le prélèvement de cent vingt francs pour le capital du cens remboursé;

Met, au contraire, ledit jugement au néant, 1° En ce qu'il a ordonné le partage de la succession de la mère commune, sur laquelle les parties n'étaient point en instance; — 2° En ce qui touche les deux mille trois cent vingt francs de la dot d'Anastasie; — 3° Le prélèvement des frais funéraires;

Déboute Luc-Alphonse de ce dernier chef de ses demandes;

Ordonne que le prélèvement sera fait, à son profit, de la somme de deux mille trois cent vingt francs sur la succession du prêtre Sauveur;

Déboute les intimés de leur demande en nullité des testaments de Restitude et d'Aurélie, lesquels seront exécutés selon leur forme et teneur;

Déclare révoquée la donation faite par Luc-Alphonse à Alexandrine, sa sœur, dans l'acte dotal de celle-ci, et pour la portion de ladite donation qui se compose des biens personnels au dit Luc-Alphonse;

Ordonne que, des biens dont le partage est demandé, un tiers composant la succession d'Alexandre appartiendra par moitié à Luc-Alphonse et à la dame Mariani, aux droits de Félix son père, le tout déduction faite des légitimes de Restitude et de Jéronime;

CONDAMNE ledit Alphonse à rapporter les fruits, en faveur de ladite dame Mariani, pour cette moitié, à partir du décès dudit Félix;

Et des deux autres tiers afférents à la succession de prêtre Sauveur, il en sera fait cinq lots, un pour Luc-Alphonse en son propre nom, un pour la part de Restitude dont il est légataire, un troisième pour le mineur Franceschini, un quatrième pour Jéronime et un cinquième pour la dame Mariani;

CONDAMNE Luc-Alphonse au rapport des fruits de ces deux tiers, moins ses deux parts, à compter du 28 Mai 1827, jour de la demande;

ORDONNE qu'en procédant à ce partage par devant les premiers Juges, chacune des parties fera raison des choses et valeurs précédemment perçues, en les rapportant en moins prenant; que faute par elles de convenir d'un administrateur dans les deux mois du présent arrêt, il sera, s'il y a lieu, pourvu par la Cour d'un séquestre, à la requête de la partie la plus diligente, pour gérer jusqu'au tirage des lots;

RÉSERVE tous droits touchant la succession de la mère commune, et spécialement les prélèvements que Luc-Alphonse prétend avoir à exercer sur la dot et extradot de celle-ci, pour le cas où il ne lui en serait pas fait raison dans l'intervalle, par ses co-intéressés;

ORDONNE que, pour le surplus, le jugement dont est appel sortira son effet, les dépens faisant masse pour être employés en frais de liquidation et partage, avec restitution de l'amende consignée.

Chambre Civile. — M. DALIGNY, *Président.*

MM. BERTORA, BRADI, } *Avocats.*

DU 17 NOVEMBRE 1828.

DEGRÉS DE JURIDICTION. — INTÉRÊTS.

Les intérêts d'une lettre de change ou autre créance, échus avant la demande, et qui y sont compris en même temps que le capital, doivent être pris en considération, pour savoir s'il y a lieu à deux degrés de juridiction: — En un tel cas, ces intérêts ne sont pas réputés SIMPLE ACCESSOIRE *de la demande principale* (1).

Giuseppi C. Natalini.

ARRÊT.

Après délibération en la Chambre du Conseil,

La Cour; — sur les conclusions contraires de M. Pierangeli, Conseiller Auditeur, attaché au Parquet;

Sur la fin de non recevoir :

Attendu qu'aux termes de l'article 639 du Code de Commerce, les Tribunaux de Commerce ne peuvent juger, qu'à la charge d'appel, les demandes dont le principal excède la valeur de mille francs; — Que, sous la dénomination de principal, on entend le capital et les intérêts

---

(1) Ce point ne saurait plus, selon nous, faire l'objet d'un seul doute. Voir entre autres arrêts : Rejet, 18 août 1830 (ci-après pag. 387); — Cass. 8 déc. 1841, et Agen, 9 juin 1842 (S. V. 42. 1. 137 et 2. 543; — D. P. 42. 1. 26 et 43. 2. 92); — Riom, 3 déc. 1844 (S. V. 45. 2. 169; — D. P. 51. 5. 166). — Mais il faut remarquer que, s'il s'agissait d'intérêts échus depuis le protêt d'un effet de commerce, ces intérêts ne devraient pas compter pour la détermination du dernier ressort, parce que le protêt commence l'instance. Voir dans ce sens : Cass., 5 mars 1807 (S. 7. 1. 191; — D. A. 4. 640); — *Idem*, 2 juin 1845 (S. V. 45. 1. 518; — D. P. 45. 1. 344); — Bordeaux, 3 févr. 1848 (S. V. 48. 2. 733; — D. P. 49. 5. 105); — Orléans, 27 nov. 1850 (S. V. 51. 2. 232); — *Sic* pour les deux cas, Carré, *Compétence*, tom. 2, nos 320 et 532, lequel au n° 320 invoque l'autorité de Merlin; — Nouguier, *Trib. de Comm.*, tom. 3, pag. 144 et 145, n° 26.

échus avant la demande, ou avant le protêt, quand il s'agit de lettre de change;

Attendu que, par son exploit introductif d'instance, en date du 31 Mai dernier, Giuseppi a réclamé de Natalini une somme de mille francs, ensemble aux intérêts à partir du 1er Octobre 1824, et qu'ainsi la contestation s'est engagée, entre les parties, pour une somme principale de plus de mille francs, en considérant les intérêts prétendus avant la demande, aucun protêt n'étant intervenu dans l'espèce; — Qu'en principe le premier ou le dernier ressort se détermine par le montant de la demande, sauf à examiner si elle est ou non fondée, *Quoties de quantitate ad jurisdictionem pertinente queritur, semper quantum petatur querendum est, non quantum debeatur*, L. 19 ff., § 1er, *De jurid.*, et que dès lors l'appel de Giuseppi se trouve recevable;

Au fond :

Attendu que la lettre de change dont il s'agit est pour VALEUR ENTENDUE; — Que cette énonciation exclut le paiement déjà effectué de la valeur; — Qu'elle suppose, au contraire, dans le preneur, l'obligation de faire au payeur la provision, ou de tenir compte de la somme au tireur; — Qu'on ne peut concevoir, comme le prétend l'intimé, que le montant de la lettre de change ait été compté au moment de la signature, et que la valeur n'en ait pas été déclarée au comptant, que surtout le premier ait négligé d'exiger une reconnaissance du paiement déjà fait;

Attendu que les inductions résultant de la teneur de la lettre de change se fortifient encore par les termes de la lettre d'avis, adressée le même jour au payeur, où il est dit expressément que la traite a été tirée pour rendre service au preneur, avec promesse de sa part d'envoyer la somme avant l'échéance;

Attendu que ces faits une fois établis, on ne saurait s'arrêter aux circonstances, 1° que le tireur n'a pas exigé du preneur une reconnaissance de la remise de la lettre de change, puisque l'obligation du preneur envers le tireur résultait de la lettre de change elle-même, laquelle était un titre suffisant pour mettre à la charge du preneur la preuve de sa libération; — 2° Que Giuseppi, tireur, avait remis dans d'autres occasions à Natalini d'autres lettres de change, et avait exigé de lui des reçus; car ce fait n'est prouvé qu'à l'égard des lettres de change pour le montant d'une somme que Giuseppi avait promis d'avancer dans une société stipulée entre eux et lors de la souscription desquelles le reçu fut écrit au bas de l'acte de société pour prouver que Giuseppi avait satisfait à son engagement, tandis qu'il n'est point disconvenu que, pour d'autres lettres de change confiées à Natalini, Giuseppi n'avait retiré aucune reconnaissance; — 3° Qu'Estela, sur lequel la lettre de change en question avait été tirée, l'a acceptée et acquittée sans recevoir les fonds annoncés dans la lettre d'avis, vu que le tireur était son beau-frère, et le preneur leur ami commun, et que, d'ailleurs, le tireur n'avait pas dit de ne pas payer la traite, faute par le preneur de faire la provision promise; — 4° Que le même Estela n'a jamais rien demandé à Natalini, preneur, malgré qu'il ait eu des comptes avec lui, car, en acquittant la traite dont il s'agit, il n'avait aucun droit à exercer contre le preneur, mais seulement contre Giuseppi, tireur; — 5° Que celui-ci non plus n'a jamais fait figurer ladite traite dans les différents comptes qu'il a eu à régler avec Natalini, parce que réellement il pouvait penser que ce dernier aurait rempli sa promesse d'envoyer au payeur les fonds, d'autant plus qu'il n'avait pas été jusque là recherché par Estela pour le paiement de ladite lettre de change;

Attendu que toutes lesdites circonstances, quoique insuffisantes pour faire adopter le système de Natalini, lequel peut bien n'avoir pas conservé le souvenir exact des faits, et avoir, au contraire, confondu la lettre de change dont il s'agit avec d'autres, à cause de la multitude d'affaires qu'il a eues avec Giuseppi pendant plusieurs années, peuvent néanmoins suggérer la sage précaution de déférer à Giuseppi le serment supplétoire à l'appui de sa demande, qui se trouve mieux établie que l'exception de Natalini;

Attendu que les intérêts réclamés par Giuseppi ne sont dus que du jour de la demande, puisque, dans l'espèce, ils n'ont pas été stipulés, et que la loi ne les fait pas courir de plein droit (Art. 1153 du Code Civil, et Art. 184 du Code de Commerce);

Disant droit à l'opposition et à l'appel de Giuseppi,

Rétracte son arrêt de défaut du 20 Octobre 1828;

Déclare recevable l'appel;

Et statuant au fond,

Met au néant l'appellation et le jugement attaqué;

Émendant et faisant ce qui aurait dû être fait,

Condamne Natalini à payer à Giuseppi la somme de mille francs, montant de la lettre de change dont est procès, ensemble aux intérêts, au taux légal, à partir du jour de la demande, à la charge par Giuseppi d'affirmer avec serment à l'audience de la Cour, parties présentes ou dûment appelées, que réellement Natalini n'a pas déboursé la somme portée dans ladite lettre de change, ni au moment de la remise de la traite, ni postérieurement..........

Chambre Civile. — M. le Cte COLONNA D'ISTRIA, *Premier Président.*

MM. Mari, Milanta, père, } *Avocats.*

Sur le Pourvoi de Natalini.

ARRÊT.

Après délibération en la Chambre du Conseil,

La Cour ; — Attendu, en droit, que les Tribunaux de Commerce jugent en premier ressort toutes les demandes dont le principal excède la valeur de mille francs (Cod. Comm. Art. 639 et 646) ; — Que le principal d'une demande se compose non seulement du capital du titre de la créance, mais encore des sommes réclamées comme déjà échues, et dues au moment de la demande ;

Et attendu qu'il n'est pas contesté, en fait, que Giuseppi a demandé à Natalini, non seulement le remboursement des mille francs payés le 30 Septembre 1824 par son beau-frère Estela, mais encore les intérêts de cette somme, comme dus à partir du jour de ce paiement, et comme déjà échus au jour de la demande ; — Que, dans ces circonstances, en décidant que ces intérêts n'étaient pas l'accessoire, mais qu'ils formaient partie du principal de la demande, et que, par conséquent, c'est avec raison que le Tribunal de Commerce avait jugé à la charge de l'appel, l'arrêt attaqué, loin de violer les articles 639 et 646 du Code de Commerce, en a fait une juste application ;

Rejette.

Du 18 août 1830. — *Ch. Req.* — M. DUNOYER, *Président*. — M. Lasagni, *Rapp.* — M. Laplagne-Barris, *Av. Gén., Concl. Conf.* — M. Parrot, *Av.*

DU 30 DÉCEMBRE 1828.

TESTAMENT OLOGRAPHE. — OUVERTURE. — DÉPÔT.
VÉRIFICATION. — CHARGE DE PROUVER.
EXÉCUTION. — SUSPENSION.

Un testament olographe ne devient pas un acte authentique par le dépôt qui en est fait, après l'ouverture par le Président, entre les mains d'un notaire; — D'où il suit que, si l'écriture est formellement déniée, il y a lieu à vérification (1).

L'obligation de poursuivre la vérification de l'écriture du testament olographe, incombe à celui qui veut s'en servir (2).

Et l'exécution du testament est suspendue jusqu'après la vérification.

(1-2) Tout le monde est d'accord pour admettre que c'est au légataire universel, qui produit un testament olographe, qu'il incombe de le faire vérifier, lorsqu'il se trouve en concurrence avec un héritier à réserve, ou que l'écriture ou la signature de ce même testament ont été méconnues, avant l'envoi en possession ordonnée en vertu de l'article 1008 du Cod. Nap. Dans ces deux cas, en effet, le légataire poursuit l'exécution du testament qui l'institue, et doit être considéré comme demandeur dans l'instance relative à la mise en possession des biens légués. Il est d'ailleurs évident, ainsi que l'a décidé la Cour de Bruxelles par arrêt du 21 juin 1810 (S. 11. 2. 49), que l'accomplissement des formalités prescrites par l'article 1007 dudit Code, ne change rien à cet état de choses. Mais la controverse commence, et la jurisprudence, ainsi que la doctrine, se divise dans le cas où l'héritier du sang ne conteste l'écriture ou la signature du testament qu'après que le légataire universel a été envoyé en possession par ordonnance du Président. Dans cette hypothèse, nous pensons, avec la Cour de Cassation, plusieurs Cours impériales et la majorité des auteurs, que le légataire universel n'est plus tenu de procéder à la vérification, qu'il ne fait que se défendre contre l'action de l'héritier qui prétend le troubler dans sa possession, et qu'il a réuni sur sa tête la saisine légale, ou de droit, en vertu de l'article 1004 Cod. Nap., à la saisine de fait par la force de l'envoi en possession. V. Bastia, 23 juin 1838, (tom. 2 de notre Rec. à cette date), — Cass., 28 déc. 1824 (D. P. 26. 1. 6; — S. 25. 1. 58); — *Idem*, 10 août 1825 (D. P. 25. 1. 404; — S. 26. 1. 117); — *Idem*, 16 juin 1830 (D. P. 30. 1. 284); — *Idem*, 20 mars 1833 (S. V. 33. 1. 307); — *Idem*, 23 mai 1843 (D. P. 43. 1. 246; — S. V. 43. 1. 491); — *Idem*, 9 nov. 1847 (D. P. 48. 1. 10; — S. V. 48. 1. 228); — *Idem*, 13 mars 1849 (D. P. 49. 1. 95); — *Idem*, 23 janv. 1850 (D. P. 50. 1. 24; — S. V. 50. 1. 302); — *Idem*, 21 juillet 1852 (D. P. 52. 1. 220; — S. V. 52. 1. 655); — *Idem*, 23 août 1853 (D. P. 53. 1. 261; — S. V. 53. 1. 756); — Caen, 4 avril 1812 (S. 12. 2. 336); — Bourges, 16 juillet 1827 (D. P. 27. 2. 194; — S. 27. 2. 197); — Poitiers, 22 juin 1828 (D. P. 30. 2. 120; — S. 30. 2. 90); — Toulouse, 12 nov. 1829 (D. P. 30. 2. 91;

Pietri C. Rosolani.

ARRÊT.

Après délibération en la Chambre du Conseil,

La Cour ; — sur les conclusions de M. Pierangeli, Conseiller Auditeur, attaché au Parquet ;

Attendu que quels que soient le caractère du testament olographe et la force dont la loi l'a environné, toujours est-il que ce testament n'est

---

— S. 50. 2. 106) ; — Rennes, 13 juin 1835 (Dalloz, *Jur. Gén.*, 2e édit., V° *Disp. entre vifs et Test.*, n° 2745) ; — Grenoble, 10 juillet 1840, et Amiens, 6 nov. 1840 (indiqués par Dalloz, loc. cit.) ; — Bordeaux, 12 avril 1848 (S. V. 48. 2. 390) ; — Agen, 11 Déc. 1850 (D. P. 51. 2. 54 ; — S. V. 50. 2. 770) ; — Rouen, 15 févr. et 16 mars 1853 (D. P. 53. 2. 110) ; — *Sic*, Toullier, tom. 5, n° 503 ; — Grenier, *Donat. et Test.* tom. 1er, n° 292 *quater* ; — Duranton, tom. 9, n° 46 ; — Favard de Langlade, tom. 5, pag. 565 ; — Chauveau sur Carré, quest. 799 ; — Coin-Delisle, *Revue crit. de législ. et de jurispr.* liv. de juin 1853 ; — Troplong, *Donat. et Test.*, tom. 3, n° 1499 et suiv. ; — Rolland de Villargues, *Répert. du notar.*, V° *Testament*, n°s 333 et suiv. ; — Boileux, sur les articles 970 et 1008 ; — Bonnier, *Traité des preuves*, n° 575.

Voir en sens contraire : Bourges, 4 avril 1827 (D. P. 27. 2. 194 ; — S. 27. 2. 197) ; — Montpellier, 19 juillet 1827 (Dalloz, *ubi suprà*, n° 2747 ; — S. 27. 2. 217) ; — Caen, 13 nov. 1827 (D. P. 28. 2. 247 ; — S. 29. 2. 225) ; — Bastia, 20 déc. 1831 (V. ci-après à cette date) ; — Bourges, 10 mars 1834 (D. P. 34. 2. 77 ; — S. V. 34. 2. 507) ; — Toulouse, 16 nov. 1839 (D. P. 40. 2. 84) ; — Besançon, 25 mars 1842 (D. P. 42. 2. 245 ; — S. V. 42. 2. 205) ; — Lyon, 12 mars 1839 (cassé par l'arrêt ci-dessus noté du 23 mai 1845) et 21 août 1841 (indiqué par Dalloz, loc. cit.) ; — Caen, 2 juin 1851 et 17 janv. 1853 (D. P. 53. 2. 9 et 109 ; — S. V. 53. 2. 411 et 412, ces deux arrêts cassés par les arrêts cités des 21 juillet 1852 et 27 août 1855) ; — Douai, 10 mai 1854 (S. V. 54. 2. 455). — *Sic*, Merlin, *Répert.*, V° *Testament*, sect. 2, § 4, art. 6, n° 5 ; — Vazeille, sur l'art. 1008, n° 7 ; — Delvincourt, tom. 2, pag. 292, notes ; — Zachariæ, tom. 5, pag. 85-86 ; — Boncenne, tom. 3, pag. 455 ; — Duvergier, notes sur Toullier ; — Toullier, tom. 4, pag. 149 ; — Marcadé, sur l'article 1008, n° 2, — *Revue du droit franç. et étrang.* 1847, pag. 933 et suiv., et *Revue crit.*, liv. de déc. 1852 ; — Mourlon, 2e examen, sur l'article 978 ; — Coulon, *Quest. de Droit*, tom. 1er, pag. 568.

Constatons, en terminant cette récapitulation sommaire de la jurisprudence et de la doctrine sur une question si longtemps controversée, que le 6 mai 1856 la Cour de Cassation a rendu un arrêt par lequel elle a admis une exception à sa jurisprudence, pour le cas où le testament dont se prévaut le légataire universel paraît d'avance suspect (S. V. 56. 1. 481). M. Troplong, *ubi suprà*, incline pour cette opinion.

qu'une écriture privée ; — Qu'il est de la nature des actes sous seing-privé de ne pas valablement exister avant d'être reconnus ; — Que le dépôt du testament olographe entre les mains d'un notaire, par suite de l'ouverture qui en a été faite par le Président, ne fait que constater la remise d'un acte comme testament olographe, sans garantir l'existence des conditions essentielles à sa validité, qui sont l'écriture, la date et la signature de la main du testateur ;

Attendu que l'obligation de poursuivre la vérification d'une écriture privée appartient à celui qui veut s'en servir, et que, jusqu'à ladite vérification, l'exécution dudit acte se trouve nécessairement suspendue, lorsque, comme dans l'espèce, l'écriture est formellement déniée ;

Attendu que, des principes ci-dessus établis, il résulte que le tuteur nommé par le conseil de famille doit en exercer les fonctions jusqu'à ce que le testament olographe qui renferme la nomination d'un autre tuteur soit reconnu et vérifié ;

Adoptant, au surplus, les motifs des premiers Juges,

A mis l'appellation au néant ;

Ordonne de plus fort l'exécution du jugement attaqué............

Chambre Civile. — M. le Cte COLONNA D'ISTRIA, *Premier Président.*

MM. Bradi, Bertora, } *Avocats.*

ANNÉE 1829.

DU 23 JANVIER 1829.

RECRUTEMENT DE L'ARMÉE. — ÉTRANGER. — QUALITÉ DE FRANÇAIS.

Ne peut pas être appelé à faire partie du contingent de l'armée le fils de l'étranger qui s'est fixé en France, soit avant, soit après la publication du Code Civil, et qui n'a pas obtenu, aux termes des lois de Fructidor an III, *de Frimaire an* VIII *et de l'article 13 du Code Civil, l'autorisation d'établir son domicile en France, ou les lettres de naturalisation exigées par le décret du 17 Mars 1809* (1).

Malfatti C. **Granarola et le Préfet de la Corse.**

ARRÊT.

Après délibération en la Chambre du Conseil,

La Cour; — sur les conclusions contraires de M. Pierangeli, Conseiller Auditeur, attaché au Parquet;

Attendu que la qualité de Français ne s'acquiert que par la naissance ou par la naturalisation;

Attendu qu'il n'est point contesté que Malfatti père ne soit né en pays étranger; — Que, quelle que soit l'époque de son arrivée en Corse, en 1800 ou en 1803, avant ou après la promulgation du Code Civil, toujours est-il que Malfatti père n'a pas rempli la condition essentielle pour devenir Français, savoir : ni fait la déclaration de son intention de se fixer en France, prescrite par les lois de Fructidor an III et de

(1) La Cour a décidé dans le même sens, et par des motifs identiques, la question énoncée au sommaire ci-dessus. Voir *infrà*, à cette date, l'arrêt du 4 mars 1829 et la note.

Frimaire an VIII, ni obtenu l'autorisation du Roi d'établir son domicile en France, en exécution de l'article 13 du Code Civil, ou demandé les lettres de naturalisation exigées par le décret du 17 Mars 1809;

Attendu que, dans une matière aussi grave, toutes les formalités sont de rigueur et ne peuvent être supplées par des inductions, lesquelles, d'ailleurs, sont de peu d'intérêt dans l'espèce, puisque le mariage de Malfatti père avec une Française, les acquisitions par lui faites en Corse, le commerce auquel il s'y livre, et même l'entreprise qu'il aurait eue, pendant une année, de la fourniture du bois de chauffage pour la garnison de Saint-Florent, sont des circonstances indépendantes de la volonté de devenir Français, et peuvent bien se concilier avec l'intention contraire;

Attendu que Malfatti fils, étant né d'un père étranger, est resté lui-même étranger, *cum legitimæ nuptiæ factæ sint, patrem liberi sequuntur*. L. 19, ff. *De statu hominum*; — Que, quoique l'article 9 du Code Civil lui donne le droit de réclamer la qualité de Français pendant l'année de sa majorité, il ne s'ensuit pas que cette qualité puisse lui être attribuée tandis qu'il est encore mineur, et en l'absence de la déclaration voulue par ledit article; — Que peu importe qu'il soit un des marguilliers de la Fabrique de Saint-Florent et même fermier des biens communaux, l'une et l'autre de ces circonstances ne pouvant donner la qualité de Français;

Attendu que l'honneur d'être appelé à faire partie de l'armée est un droit inhérent à la qualité de Français, auquel les étrangers ne peuvent participer, parce que rien ne les attache à la patrie et à la gloire de ses défenseurs;

Attendu, au surplus, que la loi du recrutement du 10 Mars 1818 n'appelle au service que les JEUNES FRANÇAIS; ce qui exclut formellement les étrangers;

Attendu que l'intervention de Granarola, quoique recevable, n'est point fondée;

SANS S'ARRÊTER à l'intervention,

MET l'appellation et ce dont est appel au néant;

Émendant et faisant ce qui aurait dû être fait,

Déclare que Bernard Malfatti ne peut, en sa qualité d'étranger, faire partie du contingent de l'armée pour la classe de 1827;

Condamne le Préfet de la Corse aux dépens et Granarola aux frais de son intervention.

Chambre Civile. — M. le Cte COLONNA D'ISTRIA, *Premier Président.*

MM. Graziani, } *Avocats.*
Casella.

DU 2 FÉVRIER 1829.

SUCCESSION. — DÉNONCIATION DE MEURTRE.
ADITION D'HÉRÉDITÉ. — TRANSMISSION.
RENONCIATION. — QUALITÉ D'HÉRITIER. — PREUVE TESTIMONIALE.

Pour exclure un héritier de la succession d'un parent victime d'un crime, il faut prouver qu'il n'y a pas eu de sa part dénonciation du meurtre (1).

Après la loi du 17 Nivôse an II, rendue sous l'influence de la règle LE MORT SAISIT LE VIF, *suivie aussi par le Code Civil, l'adition de l'hérédité, imposée par les Lois Romaines au premier héritier, n'était plus nécessaire pour la transmission de la succession* (2).

(1) L'indignité dont il s'agit, et qui est prévue par le § final de l'art. 727 du Code Napoléon, ne peut être reconnue que par un jugement, rendu sur la poursuite de celui qui prétend exclure de la succession l'héritier assez oublieux de ses devoirs pour ne pas dénoncer à la justice le meurtre de son parent. Il est donc évident que, dans cette action judiciaire, l'héritier que l'on voudrait faire déclarer indigne, est un véritable défendeur contre lequel la peine de l'indignité ne saurait être prononcée que dans le cas où sa culpabilité aurait été démontrée. Il est vrai que les tribunaux civils sont seuls compétents pour statuer sur les demandes en indignité; mais, dans ce cas, ils sont appelés à infliger une véritable peine, et le prétendu coupable doit être présumé innocent tant que l'accusation portée contre lui n'a pas été prouvée. Nous croyons même devoir ajouter que, selon nous, la Cour de Bastia n'a fait qu'appliquer les vrais principes lorsqu'elle ne s'est pas arrêtée devant une preuve qui n'était pas très-claire et parfaitement concluante. Elle s'est conformée à la loi dernière *Cod. de Revoc. Donat.*, laquelle ne permet la révocation des donations pour cause d'ingratitude que *si fuerint in judicium dilucidis argumentis cognitionaliter approbata.*

(2) Pour sentir l'importance de la solution ci-dessus, il est peut-être nécessaire de se rappeler, que, sous l'empire des lois romaines, si un héritier *externe* ou *volontaire* mourait avant d'avoir fait adition, il ne transmettait à ses successeurs aucun droit sur la succession qu'il aurait pu recueillir; à moins que, conformément à la loi 19, au Code *De jure deliberandi*, il ne fût mort dans l'année qui lui était accordée pour délibérer. Dans ce cas, les héritiers du premier appelé avaient le droit d'accepter pendant tout le temps qui restait sur cette même année. La Cour devait donc décider si l'art. 61 de la loi du 17 nivôse an II, en abolissant toutes les lois, coutumes et usages relatifs à la transmission des biens par succession, n'avait pas formellement sanctionné l'ancienne maxime *Le mort saisit le vif et son hoir le plus proche*, si, même avant la promulgation de l'art. 781 du Code Napoléon, l'héritier du premier appelé ne recueillait pas dans la succession de celui-ci le droit d'accepter ou de répu-

Les renonciations ne se présument pas. — Celui qui prétend droit à une succession doit être admis à prouver par témoins sa qualité d'héritier, si des présomptions graves autorisent cette admission.

Bruni C. Campiglia.

ARRÊT.

Après délibération en la Chambre du Conseil,

La Cour ; — sur les conclusions conformes de M. Pierangeli, Conseiller Auditeur, attaché au Parquet ;

Attendu que les appelantes n'ont point prouvé d'une manière satisfaisante qu'il n'y ait pas eu, de la part des intimés, dénonciation du meurtre de feu prêtre Vincent Bruni ; — Que rien ne prouve non plus que lesdits intimés, qui étaient d'ailleurs des femmes, aient voulu soustraire les meurtriers aux rigueurs de la loi ; — Que tout, au contraire, repousse une telle idée, et qu'il est même probable que leurs démarches contre les coupables ont été empêchées ou sont demeurées infructueuses à cause des vicissitudes de l'époque et de la situation du pays où le crime a été commis ;

Attendu que, quelque rigoureux que fussent les principes du Droit Romain sur la nécessité de l'adition pendant la vie du premier héritier, à l'effet de pouvoir transmettre à ses propres héritiers le droit à la succession par lui non encore acceptée, lesdits principes sont devenus sans application surtout depuis la promulgation de la loi du 17 Nivôse an II, antérieure à la mort du prêtre Bruni, laquelle loi ayant été rendue sous l'empire et sous l'influence de la règle généralement reçue en France, Le mort saisit le vif, il en résulte que l'adition pour opérer la

---

dier de son chef. C'est avec raison que l'arrêt ci-dessus s'est prononcé pour l'affirmative. Voir Conf. : Cass. 6 germinal an XIII (S. 6. 1. 83 ; — D. A. 12. 263) : — Bastia, 9 mai 1833 (*infrà* à cette date) ; — Riom, 1er févr. 1847 ; — Paris, 3 févr. 1848 (S.V. 48. 2. 257 et 261 ; — D. P. 47. 2. 83 et 48. 223). — *Sic*, Dalloz, *Répert.*, tom. 41, pag. 183, n° 66.

transmission n'était plus nécessaire, ainsi que l'a formellement établi le Code Civil par l'article 781;

Attendu qu'en thèse générale, les renonciations ne se présument pas, et que les faits sur lesquels les appelants se fondent pour établir la renonciation tacite peuvent bien se concilier avec l'intention, de la part des intimés, de conserver leurs droits à la succession;

Attendu que les présomptions qui surgissent des pièces versées au procès, en faveur de la qualité d'héritiers de feu prêtre Vincent Bruni, contestée aux intimés, ne sont pas en l'état suffisantes pour les dispenser de toute autre preuve;

Attendu, néanmoins, que lesdites présomptions sont assez graves pour déterminer l'admission de la preuve testimoniale autorisée, en pareil cas, par l'article 323 du Code Civil;

Sans s'arrêter aux exceptions d'indignité, de défaut d'adition d'hérédité et de renonciation tacite, dont les appelants sont démis et déboutés;

Et avant dire droit au fond de la demande en partage,

Ordonne que, dans le délai de deux mois à partir de la signification de l'arrêt, les intimés prouveront, tant par titres que par témoins, leur qualité d'héritiers de feu prêtre Vincent Bruni, sauf la preuve contraire.

Chambre Civile. — M. le Cte COLONNA D'ISTRIA, *Premier Président.*

MM. Bertora, Bradi, } *Avocats.*

DU 4 FÉVRIER 1829.

TIERCE-OPPOSITION. — CRÉANCIER.

Le débiteur étant censé représenter son créancier, même hypothécaire, celui-ci ne peut attaquer, par la voie de la tierce-opposition, les jugements rendus avec et contre lui [Cod. Proc. Civ. Art. 474, et Cod. Civ. Art. 1167] (1).

Giovannetti C. **Giuliani.**

ARRÊT.

Après délibération en la Chambre du Conseil,

La Cour ; — sur les conclusions de M. Pierangeli, Conseiller Auditeur, attaché au Parquet;

Attendu que, pour pouvoir former tierce-opposition à un jugement, il ne suffit pas d'avoir un intérêt, mais il faut en outre, aux termes de

(1) Cela nous semble hors de doute en principe général; et la jurisprudence l'a ainsi décidé. — Voir, Rejet, 16 janv. 1811 (S. 11. 1. 337 ; — D. A. 11. 565); — *Idem*, 11 juin 1822 (S. 23. 1. 49; — D. A. 12. 661); — Cass., 21 août 1826 (S. 27. 1. 156; — D. P. 27. 1. 5); — Rejet, 15 janv. 1828 (S. 28. 1. 222; — D. P. 28. 1. 91) ; — Riom, 3 août 1826 (S. 28. 2. 278; — D. P. 27. 2. 106) ; — Agen, 1er mai 1830 (S. 30. 2. 346; — D. P. 30. 2. 225); — Paris, 30 déc. 1837 (D. P. 39. 2. 154); — Rejet, 26 mai 1841 (S. V. 41. 1. 749; — D. P. 41. 1. 232). Mais il y a exception lorsqu'il s'agit des droits de préférence entre créanciers, ou de tout autre droit propre à l'un d'eux. — Voir, Cass., 22 juin 1825 (S. 27. 1. 148); — Caen, 30 mai 1827 (S. 28. 2. 171; — D. P. 28. 2. 151); — Rejet, 9 déc. 1835 (S. V. 36. 1. 177; — D. P. 36. 1. 5); — Rejet, 8 déc. 1852 (S. V. 53. 1. 106; — D. P. 53. 1. 38) ; — *Idem*, 20 juin 1854 (S. V. 54. 1. 601 ; — D. P. 54. 1. 232). La tierce opposition des créanciers serait également recevable dans tous les cas de fraude, comme le déclarent ou le supposent presque tous les arrêts ci-dessus visés. — Voir en outre, Aix, 4 juillet 1810 (S. 12. 2. 31; — D. A. 2. 755); — Nîmes, 14 avril 1812 (S. 13. 2. 216; — D. A. 12. 659); — Paris, 30 juillet 1829 (S. 30. 2. 101 ; — D. P. 30. 2. 58); — Rejet, 11 déc. 1834 (S. V. 35. 1. 376; — D. P. 35. 1. 60). On consultera avec fruit sur cette question, Proudhon, *De l'Usufruit*, tom. 3, nos 1300 et suiv.; — Carré, Quest. 1715 et suiv; — Thomine, n° 526.

l'article 474 du Code de Procédure civile, n'avoir pas été partie en cause, ni par soi-même, ni par ceux qu'on représente;

Attendu que l'abbé Giuliani, tiers-opposant contre les jugements des 30 Août 1826 et 15 Janvier 1828, dûment enregistrés, intervenus entre Giovannetti et Félicien Leoni, se fonde sur sa qualité de créancier hypothécaire dudit Leoni;

Attendu que le créancier est censé avoir plaidé dans la personne de son débiteur, puisque c'est de lui qu'il tient ses droits et qu'il est son ayant cause; — Que, dès lors, ce qui est jugé avec le débiteur est censé jugé avec le créancier, et, par suite, celui-ci ne peut prendre contre le jugement rendu avec son débiteur que les mêmes voies qui sont ouvertes au débiteur lui-même;

Attendu, au surplus, que les droits de Giovannetti résultant des susdits jugements ne peuvent qu'être exercés sur les fruits qui pourront être dus à Félicien Leoni, après liquidation entre lui et ses cohéritiers;

Attendu que, par une conséquence nécessaire des principes ci-dessus établis, l'abbé Giuliani a pu s'opposer à l'homologation du procès-verbal dressé par le Juge Commissaire pour le partage des biens des successions dévolues à son débiteur Félicien Leoni, et aux neveux de ce dernier, soit parce que, amené en cause pour voir procéder à ladite homologation, il était en droit d'attaquer ce qui avait été fait, soit en usant de la faculté accordée par l'article 1166 du Code Civil aux créanciers d'exercer tous les droits et actions de leur débiteur;

Attendu que dans ledit partage, fait en l'absence de Félicien Leoni, quoique cité au domicile de son avoué, lequel n'y a pas non plus assisté, on s'est écarté des bases de l'arrêt du 30 Janvier 1826, dûment enregistré, en ce qui touche les compensations, rapports et prélèvements ordonnés, ainsi que des règles du droit, puisque entre autres irrégularités les biens échus à Félicien Leoni ont été accordés à ses neveux et cohéritiers, en paiement des dettes particulières dudit Félicien Leoni envers des tiers;

Attendu que les bordereaux de l'inscription hypothécaire prise par l'abbé Giuliani contiennent les indications nécessaires à leur validité;

. . . .

Réforme le jugement du 10 Juin 1828 en ce qui touche la tierce-opposition de l'abbé Giuliani contre les jugements des 30 Août 1826 et 15 Janvier 1828 ;

Émendant quant à ce,

Déclare non recevable ladite tierce-opposition ;

Confirme pour le surplus, etc.

Chambre Civile. — M. le Cte COLONNA D'ISTRIA, *Premier Président.*

MM. Mari, Casabianca, Saliceti, *Avocats.*

DU 9 FÉVRIER 1829.

RENVOI. — CONCLUSIONS AU FOND.

Lorsque les parties n'ont pas été toutes nommément désignées dans les conclusions au fond prises à une audience utilement indiquée pour la plaidoirie de la cause, la circonstance qu'elles l'avaient été dans des conclusions précédentes et dans les qualités, suffit pour repousser leur demande en renvoi formée à une audience suivante (Cod. Proc. Civ. Art. 169 et 343).

Rigo C. **Piazza.**

ARRÊT.

Après délibération en la Chambre du Conseil,

La Cour; — sur les conclusions contraires de M. Pierangeli, Conseiller Auditeur, attaché au Parquet;

Attendu que la demande en renvoi doit être formée avant le commencement des plaidoiries, et que les plaidoiries sont censées commencées du moment où les conclusions ont été prises contradictoirement à l'audience;

Attendu que les parties ont conclu au fond, à l'audience du 24 Novembre dernier, et que l'on ne saurait s'arrêter à la circonstance que, dans les conclusions signées par l'avoué Saladini, toutes ses parties ne sont pas nommément désignées, puisqu'elles l'avaient déjà été dans les conclusions du 22 Septembre et dans les qualités du jugement intervenu le même jour;

Déclare non recevable la demande en renvoi de la dame Corbara,

Et la condamne à l'amende de cinquante francs et aux frais de l'incident;

Déclare n'y avoir lieu à accorder aux défendeurs des dommages-intérêts.

Chambre Civile. — M. le Cte COLONNA D'ISTRIA, *Premier Président.*

MM. Camoin-Vence, Mari, } *Avocats.*

DU 4 MARS 1829.

ÉTRANGER. — RECRUTEMENT DE L'ARMÉE. — QUALITÉ DE FRANÇAIS.

Ne peut être appelé à faire partie du contingent de l'armée le fils de l'étranger qui est venu s'établir en Corse, en 1800, s'il n'a pas fait la déclaration prescrite par les lois de Fructidor an III *et de Frimaire an* VIII, *ou s'il n'a obtenu, soit l'autorisation de fixer son domicile en France, en exécution de l'article 13 du Code Civil, soit les lettres de naturalisation exigées par le décret du 17 Mars 1809* (1).

Toselli C. le Préfet de la Corse.

ARRÊT.

Après délibération en la Chambre du Conseil,

La Cour; — sur les conclusions contraires de M. Pierangeli, Conseiller Auditeur, attaché au Parquet;

Attendu que le jugement attaqué constate que Toselli père, étranger d'origine, est venu s'établir en Corse en 1800, et, par conséquent, sous l'empire des lois de Fructidor an III et de Frimaire an VIII, lesquelles exigeaient de l'étranger qui voulait devenir Français la déclaration formelle de son intention de fixer son domicile en France;

Attendu que cette déclaration n'a pas eu lieu, et qu'elle ne peut être

(1) Conf. : Bastia, 23 janv. 1829 (V. *suprà* pag. 395). Cette solution rentre dans la jurisprudence générale, laquelle décide que la résidence d'un étranger en France, quelque longue qu'elle soit, ne suffit pas pour conférer à cet étranger la qualité de Français; et que les conditions exigées par les diverses législations qui se sont succédé depuis 1790, pour acquérir cette qualité, ne sauraient être suppléées par aucune présomption. V. entre autres décisions : Nîmes, 22 déc. 1825 (S. 26. 2. 209; — D. P. 26. 2. 100); — Montpellier, 22 juin 1826 (S. 27. 2. 84; — D. P. 27. 2. 94); — Cass., 26 janv. 1835 (S. V. 35. 1. 109; — D. P. 35. 1. 121); — Rejet, 26 févr. 1838 (S. V. 38. 1. 280; — D. P. 38. 1. 131); — *Idem*, 17 juillet 1843 (S. V. 43. 1. 745; — D. P. 43. 1. 404).

suppléée par des inductions, ainsi que la jurisprudence l'a établi d'une manière bien précise;

Attendu que Toselli père n'a pas non plus obtenu l'autorisation de fixer en France son domicile, conformément à l'article 13 du Code Civil, ni les lettres de naturalisation exigées par le décret du 17 Mars 1809;

Attendu que les fils suivent la condition du père, et que Toselli fils, étant né de père étranger, est lui-même étranger;

Attendu qu'aucune considération ne peut porter à assujettir à la loi du recrutement ceux qui ne sont pas Français, puisque la loi du 10 Mars 1818 n'appelle au service que les JEUNES FRANÇAIS, dénomination qui ne peut convenir aux fils d'étrangers, qui n'ont pas usé du droit accordé par l'article 9 du Code Civil;

A MIS ET MET l'appellation et ce dont est appel au néant;

Émendant, DÉCLARE que Jean-François Toselli ne peut, en sa qualité d'étranger, faire partie du contingent de l'armée, pour la classe de 1827;

CONDAMNE le Préfet de la Corse aux dépens.

Chambre Civile. — M. LE Cte COLONNA D'ISTRIA, *Premier Président.*

M. GRAZIANI, *Avocat.*

DU 6 MAI 1829.

CHAPELLE. — DOMAINE PUBLIC. — PROPRIÉTÉ PARTICULIÈRE.

Les chapelles qui sont dans la DÉPENDANCE *des maisons particulières, et, par exemple, sur une place attenant aux maisons, sont, ainsi que les biens dont elles peuvent être dotées, comprises dans l'exception de l'article 22 de la loi du 24 Août 1790, qui, en attribuant à l'État la propriété de toutes les* CHAPELLES PUBLIQUES, *excepte de la confiscation les chapelles renfermées dans l'*ENCEINTE *des maisons particulières, et desservies par un chapelain à la seule disposition des propriétaires.*

Préfet de la Corse C. Pietri.

Devant la Cour de Bastia, la famille Pietri était en contestation au sujet d'une chapelle, affectée en 1693, par le prêtre Pietri, à divers services religieux.

Le Préfet est intervenu, et a demandé que cette chapelle fut attribuée au Domaine.

Les Pietri ont opposé l'article 22 de la loi du 24 août 1790, qui excepte de la confiscation les chapelles renfermées dans l'enceinte des maisons particulières, et desservies par un chapelain à la seule disposition du propriétaire. — Ils ont soutenu, en fait, que la chapelle dont il s'agit, faisait partie des dépendances de leur maison, et était située sur une place qui leur appartenait; que, dès lors, elle était exceptée de la confiscation. — Le Préfet répliquait que l'exception ne s'appliquait qu'aux chapelles renfermées dans l'enceinte des maisons.

ARRÊT.

Après délibération en la Chambre du Conseil,

La Cour; — sur les conclusions de M. Pierangeli, Conseiller Auditeur, attaché au Parquet;

En ce qui touche l'intervention du Préfet.

Considérant que les biens, dont est procès, ont été affectés au service d'une chapelle, placée dans la dépendance de la maison Pietri, et que la fondation rentrant, par conséquent, dans l'exception portée en l'article 22 de la loi du 24 Août 1790, le Domaine se trouve sans droit pour réclamer lesdits biens, qui n'ont jamais été saisis par l'État, ni possédés par la fabrique de Cauro;

Considérant, au contraire, que la jouissance desdits biens a toujours appartenu à un prêtre désigné, conformément aux intentions du fondateur, à la charge, par ledit prêtre, de célébrer, chaque semaine, trois messes obituaires, et de faire école aux enfants des deux sexes de sa famille, disposition qui, sous ce dernier point de vue, a été aussi mentionnée par l'article 25 de la susdite loi;

Déboute le Préfet de son intervention, etc.

Chambre Civile. — M. le Cte COLONNA D'ISTRIA, *Premier Président.*

M. Bertora, *Avocat.*

DU 17 AOUT 1829.

ENFANT NATUREL. — RECONNAISSANCE. — RÉVOCATION.
IDENTITÉ. — PREUVE.

La reconnaissance d'un enfant naturel, faite dans un testament public, est irrévocable, et subsiste malgré la révocation que le testateur a faite de son testament [Cod. Civ., Art. 334] (1).

Les termes dans lesquels une reconnaissance d'enfant naturel doit être conçue, n'étant pas sacramentels, elle peut résulter de la qualification de son ENFANT NATUREL, *donnée par le testateur dans son testament public, à une personne à laquelle il fait un legs (Cod. Civ., Art. 334).*

L'identité d'un individu, qui se prévaut d'une reconnaissance d'enfant naturel, avec l'enfant que la reconnaissance concerne, peut être établie par des indices ou présomptions. — Une preuve écrite de l'identité n'est pas nécessaire [Cod. Civ., Art. 334] (2).

---

(1) Nous admettons volontiers que la reconnaissance d'un enfant naturel ne peut pas être rétractée, à moins qu'elle ne soit annulée pour cause de dol et fraude. — V. Pau, 5 prairial an XIII (S. 6. 2. 8); — Toulouse, 24 juillet 1810 (S. 11. 2. 105; — D. A. 8. 658); — Rejet, 27 août 1811 (S. 12. 1. 13; — D. A. 8. 658); — *Idem*, 16 déc. 1811 (S. 12. 1. 81; — D. A. 8. 631). — Nous pensons avec l'arrêt de la Cour de Bastia, en tous points conforme à celui qu'elle a rendu le 3 juillet 1826 (*suprà* à cette date), que la révocation ne peut pas avoir lieu, lors même que la reconnaissance serait renfermée dans un testament. — *Sic*, CHABOT, *Quest. Transit.*, V° *Enfants naturels*, § 10; — DURANTON, tom. 3, n° 219; — *Contrà*, MERLIN, *Répert.*, V° *Filiation*, n° 7, et V° *Maternité*, n° 7. — Mais nous conservons quelques doutes sur le point de savoir si, avant le décès du testateur, on peut exciper contre lui d'une reconnaissance consignée dans un testament authentique, surtout si ce testament a été lui-même révoqué : nous serions portés à adopter la négative. — V. Amiens, 9 févr. 1826 (S. 29. 2. 151; — D. P. 29. 2. 163); — *Sic*, DURANTON, *ubi suprà in fine*; — TROPLONG, *Des Donat. et Test.*, n° 2060.

(2) Cette solution doit être adoptée, puisque le testament, quoique révoqué, constitue un véritable commencement de preuve par écrit d'après la définition qui en est donnée par l'art. 1347 du Cod. Nap. — Conf. : Pau, 13 juillet 1822 (S. 22. 2. 337; — D. A. 5. 653); — *Sic*, TOULLIER, tom. 5, n° 637; — MERLIN, *Répert.*, V° *Testament*, sect. 2, § 6; — TROPLONG, *Des Donat. et Test.*, n° 2061; et que, dès lors, la preuve testimoniale, et par suite les simples présomptions sont admissibles en exécution des art. 1347 et 1352 du Cod. Nap.

G.... C. Maria Pietra.

En exécution de l'arrêt du 5 juillet 1826, rapporté ci-dessus pag. 181, il a été délivré, par le notaire, à la mère de la demoiselle Pietra, un extrait du testament du sieur Félix G...., lequel extrait portait la clause suivante (écrite en italien) : « Avec » l'obligation, toutefois imposée à mon héritier, de donner A MA FILLE NATURELLE MARIA » PIETRA....... »

Félix G..... a soutenu que l'énonciation renfermée dans le testament ne constituait pas une reconnaissance suffisante aux yeux de la loi; que, d'ailleurs, rien n'établissait l'identité entre la réclamante et Maria Pietra, dont parle le testament.

Le Tribunal de Bastia déclare Maria Pietra fille naturelle de Félix G...., et condamne celui-ci à lui payer des aliments, aliments qui avaient formé l'objet primitif de la demande.

Après avoir interjeté appel de ce Jugement, Félix G...., a déclaré, par un second testament, révoquer celui de 1820, et il a prétendu, qu'en conséquence, la reconnaissance précitée, existât-elle réellement, serait réputée non avenue, comme le testament qui la contenait; il a persisté dans les deux moyens par lui présentés.

ARRÊT.

Après délibération en la Chambre du Conseil,

LA COUR; — sur les conclusions de M. PIERANGELI, Conseiller Auditeur, attaché au Parquet;

Attendu que, par son arrêt du 5 Juillet 1826, dûment enregistré, la Cour a décidé que la preuve de la reconnaissance de l'intimée, comme fille naturelle de l'appelant, pouvait être recherchée dans le testament par acte authentique dudit appelant, et pendant sa vie; — Que ce même arrêt porte que la reconnaissance constitue un acte de l'État civil, et de sa nature irrévocable; — Que, dès lors, on ne saurait avoir égard au second testament de l'appelant, fait pendant l'instance d'appel, et portant révocation du premier, ainsi que de la reconnaissance y contenue de l'enfant naturel;

Attendu que tout se réduit maintenant à examiner si le testament de l'appelant contient la reconnaissance de l'intimée comme sa fille naturelle;

Attendu que la loi n'ayant point indiqué les termes dans lesquels la reconnaissance d'un enfant naturel doit être faite, c'est aux lumières et à la conscience des Juges qu'est abandonnée l'appréciation des expressions de l'acte et de l'intention dans laquelle il a été fait;

Attendu que Félix G...., en s'exprimant, dans son testament authentique de la manière suivante : « *Coll'obligo però a detto mio erede di dare alla mia figlia naturale Maria Pietra.....* », a expressément déclaré, et, par conséquent, reconnu que Maria Pietra est sa fille naturelle, et a, par là, manifesté clairement son intention, que sa dite fille, jouit des droits attachés à la qualité d'enfant naturel reconnu, parmi lesquels est sans contredit celui d'obtenir des aliments;

Attendu que les doutes qu'on élève sur l'identité de l'intimée avec la Maria Pietra reconnue pour la fille naturelle de l'appelant, sont de nature à pouvoir être dissipés au moyen de toutes sortes de preuves, sans en excepter la vocale, et celle résultant des présomptions, s'agissant d'un fait indépendant de la recherche de la paternité, laquelle se trouve établie par l'acte de reconnaissance;

Attendu que l'identité de l'intimée résulte de tous les faits de la cause, et notamment de l'acte de son baptême (antérieur de plusieurs années au testament renfermant son acte de reconnaissance) où il est dit qu'elle se nomme Maria Pietra et qu'elle est fille naturelle de Devota S.... et de Félix G.... appelant; — Que cette identité est encore plus évidente par la circonstance que l'appelant ne désigne et n'a jamais désigné aucune autre personne pour être la Maria Pietra par lui reconnue pour sa fille naturelle; et par l'autre circonstance non moins remarquable, tirée du second testament de l'appelant, dans lequel on trouve un aveu implicite de l'identité de l'intimée, puisque l'appelant a cru convenable de se faire un moyen de la révocation formelle de l'acte de reconnaissance dont l'intimée se prévalait contre lui;

A mis l'appellation au néant;

Ordonne que ce dont est appel sortira son plein et entier effet.......

Audience solennelle. — M. Le Cte COLONNA D'ISTRIA, *Premier Président.*

MM. Arrighi, Saettoni, } *Avocats.*

DU 2 DÉCEMBRE 1829.

CRÉANCIERS. — FEMME MARIÉE. — SUCCESSION VACANTE.
HYPOTHÈQUE LÉGALE. — RENONCIATION. — NULLITÉ. — STATUT CORSE.

Les droits des créanciers sur les biens d'une succession vacante, ou acceptée sous bénéfice d'inventaire, sont fixés par l'ouverture de cette succession; — D'où il suit, que le partage des meubles et fruits de la succession vacante doit avoir lieu par contribution entre tous les créanciers, sans égard aux droits de la femme mariée pour sa dot (Cod. Civ. Art. 2146).

Comme conséquence de ce principe, le créancier qui s'est emparé des meubles et fruits d'une succession vacante ne peut les retenir à titre de compensation [Cod. Civ. Art. 1298 et 808] (1).

L'action en nullité de la renonciation à son hypothèque légale consentie par la femme mariée sous l'empire du Statut Corse, avec l'autorisation de son mari, mais sans que les formalités nécessaires, aux termes du chapitre XXVI *dudit Statut pour la validité de cette autorisation, aient été remplies, peut être exercée pendant trente ans, à partir de la dissolution du mariage, par la femme renonçante (ou ses héritiers) qui se* DÉFEND PAR EXCEPTION *contre le créancier de son mari.*

Cecconi C. Héritiers Pellegrini.

ARRÊT.

Après délibération en la Chambre du Conseil,

LA COUR; — sur les conclusions de M. PIERANGELI, Conseiller Auditeur, attaché au Parquet;

Attendu que, dans le cas d'une succession vacante ou acceptée sous bénéfice d'inventaire, les droits des créanciers restent fixés en l'état où ils se trouvent au moment de l'ouverture de la succession, puisque

(1) Cette solution nous semble résulter des principes professés par DURANTON, tom. 7, n° 35; — TOULLIER, tom. 7, n° 380. — Voir anal. : Reject, 23 juin 1836 (S. V. 36. 1. 797).

l'article 2146 du Code Civil prononce la nullité de toute inscription prise postérieurement à ladite époque ; — Que, par une conséquence nécessaire de ce principe, les meubles et fruits de la succession étant le gage commun de tous les créanciers, doivent être partagés entre tous par contribution, sans égard aux droits de la femme mariée pour sa dot, les meubles n'étant pas susceptibles d'hypothèque, et la loi n'ayant accordé aux femmes mariées aucun privilége sur les meubles ; — Que, par une autre conséquence, celui des créanciers qui s'est emparé des meubles et fruits de la succession vacante ne peut les retenir à titre de compensation, soit parce qu'aux termes de l'article 1298 du Code Civil la compensation n'a pas lieu au préjudice des droits acquis par des tiers (qui dans le cas particulier sont les autres créanciers), soit parce qu'on ne saurait appliquer ici la maxime *Vigilantibus et non dormientibus jura subveniunt*, consacrée par l'article 808 du Code Civil, cette règle ne concernant que les créanciers qui ont reçu le paiement de leurs créances de la main du représentant légitime de la succession ;

Attendu que l'article 1155 du Code Civil fait courir les intérêts des fruits à partir du jour de la demande, et que les intimés ne les ont réclamés qu'au moyen de leurs conclusions insérées au jugement dont est appel ;

Attendu que sous l'ancien droit, comme sous la législation nouvelle, c'était un principe constant que la femme ne pouvait, quoiqu'avec l'autorisation de son mari, aliéner sa dot, même indirectement, en contractant des obligations exécutoires sur les meubles et deniers dotaux, parce que *Interest Reipublicæ dotes mulierum salvas esse ;* — Que la renonciation à l'hypothèque légale de la part de la femme mariée sous le régime dotal étant une véritable aliénation, puisque de cette manière elle peut être privée de sa dot, si le mari n'a, comme dans l'espèce, d'autres biens pour la garantir, il s'ensuit qu'une telle renonciation est nulle ;

Attendu aussi qu'aux termes du chapitre XXVI du Statut Corse la femme mariée ne pouvait, sous peine de nullité, s'obliger ni procéder à aucun contrat ou aliénation, sans le consentement et le serment de son mari et de deux des plus proches parents, et avec l'autorité du magistrat ; — Que la renonciation à son hypothèque faite par la dame Pellegrini, le 20 Septembre 1800 (3 Complémentaire an VIII), et par conséquent sous l'empire du Statut Corse, a eu lieu avec le consentement de son mari, mais en l'absence des autres formalités ci-dessus indiquées, et se trouve par là frappée de nullité;

Attendu que, d'après les lois en vigueur à l'époque du mariage de la dame Pellegrini et de l'acte de renonciation dont on se prévaut contre ses héritiers, l'action qui compétait à la femme, pour faire annuler les obligations par elle contractées, pouvait être exercée pendant trente ans; — Que, néanmoins, si l'article 1304 du Code Civil, qui a borné l'exercice de l'action en rescision au délai de dix ans à partir, pour la femme mariée, du jour de la dissolution du mariage, pouvait être appliqué à l'espèce, il serait toujours vrai que les hoirs Pellegrini sont en temps utile pour exciper de la double nullité de l'acte de renonciation faite par leur mère, parce que ledit article ne parlant que de l'action a nécessairement maintenu l'ancien principe de droit, *Quæ sunt temporalia ad agendum sunt perpetua ad excipiendum*, et parce que, dans l'espèce, lesdits hoirs Pellegrini ne peuvent être considérés comme exerçant une action, mais seulement comme se défendant par exception contre la prétention de Cecconi, qui, au moyen du susdit acte de renonciation de leur mère, voudrait être admis à primer les droits d'icelle pour le paiement de sa dot, sur les biens immeubles de la succession du mari;

Attendu que les inscriptions ne conservent l'hypothèque que pendant dix années à partir de leur date, et que leur effet cesse si elles ne sont renouvelées avant l'expiration de ce délai (Art. 2154 du Code Civil); — Que la loi ne défend, ni ne dispense de renouveler les inscriptions lorsque la succession est vacante ou acceptée sous bénéfice d'inventaire; — Que dans ce cas, une fois passé le délai de dix ans, pendant lequel le renouvellement de l'inscription est permis et même nécessaire pour la conservation des droits d'hypothèque, les choses se trouvent dans le même état que si l'inscription n'avait jamais été prise de la part du créancier négligent à la renouveler, et, dès lors, il ne peut plus inscrire sa créance, l'article 2146 du Code Civil ne permettant pas de prendre inscription après l'ouverture de la succession acceptée sous bénéfice d'inventaire;

Attendu que, par la même raison, Charles-Jean Pellegrini ne peut pas se prévaloir de l'inscription par lui prise après l'ouverture de la succession;

Adoptant les motifs des premiers Juges en ce qui touche le rapport des experts; — Et attendu que les parties succombent respectivement sur quelques chefs;

A MIS ET MET au néant les appels des parties;

Et AYANT tel égard que de raison à leurs conclusions respectives,

RÉFORME le jugement attaqué dans la disposition qui a admis la compensation en faveur des hoirs Pellegrini, et dans l'autre disposition qui a colloqué la créance Cecconi avant les créances personnelles de Charles-Jean Pellegrini;

ÉMENDANT, quant à ce,

DÉBOUTE lesdits hoirs Pellegrini de leur demande en compensation,

Et ORDONNE, en conséquence, que le montant des fruits des biens de la succession de feu Louis Pellegrini, perçus par feu Gentilesca Pellegrini, ensemble aux intérêts desdits fruits à partir du jour du jugement dont est appel, et dont les intimés Pellegrini doivent tenir compte en qualité d'héritiers de leur mère, seront distribués par contribution entre tous les créanciers de ladite succession, sauf le prélèvement des frais funéraires adjugés à Charles-Jean Pellegrini;

DÉCLARE que les créances Cecconi et celles personnelles à Charles-Jean Pellegrini leur seront payées par contribution, en leur qualité commune de créanciers chirographaires;

Et pour le surplus du jugement, ORDONNE qu'icelui sera exécuté selon sa forme et teneur;

COMPENSE les dépens, etc..........

Chambre Civile. — M. LE C

MM. CECCONI, ROMANI, *Avocats.*

ANNÉE 1830.

DU 18 JANVIER 1830.

MINEUR ÉMANCIPÉ. — INSTANCE. — CURATEUR. — NULLITÉ.

Le défaut de mise en cause du curateur dans une instance en partage, poursuivie contre le mineur émancipé, n'entraîne pas la nullité de la demande (Cod. Civ. Art. 482); — Ce n'est là qu'une irrégularité qui permet au mineur émancipé de ne pas répondre à la citation, et d'attaquer le jugement, s'il en intervient un, dans les chefs qui lui sont préjudiciables (1).

Mais cette irrégularité disparaît lorsque avant les défenses, et surtout avant le jugement, le mineur émancipé a atteint sa majorité (2).

(1-2) Un arrêt de la Cour de Paris, à la date du 17 floréal an XII (S. 7. 2. 1058), a décidé que le mineur contre lequel on a procédé en première instance, sans mettre en cause son curateur, peut faire valoir ce moyen de nullité en Cour d'appel, encore qu'il soit devenu majeur dans l'intervalle. Nous approuverions cette doctrine, si l'action était dirigée contre un mineur non encore émancipé; parce que, dans ce cas, le tuteur, qui représente le mineur, doit être personnellement assigné, aux termes de l'article 450 du Code Napoléon. Mais il nous semble que cette jurisprudence ne s'applique pas au mineur émancipé, qui doit toujours être cité en personne et qui peut faire annuler, comme entaché de nullité radicale, tout acte notifié à la personne même de son curateur. Cass., 24 juin 1810 (S. 10. 1. 40). Nous préférons donc les principes adoptés par la Cour de Bastia; et nous pensons que l'instance ayant été valablement et régulièrement intentée, le mineur qui a atteint sa majorité avant toutes défenses, avant que le contrat judiciaire ait été formé, ne peut plus arguer de nullité les actes de la procédure qui se sont accomplis, ou le jugement qui est intervenu. On pourrait même faire remarquer la différence qui existe entre l'espèce jugée par la Cour de Paris, et ce qui s'est passé devant la Cour de Bastia. En effet, dans le premier cas, on ne s'était pas borné à assigner le mineur, on avait même obtenu un jugement contre lui; et l'on conçoit que l'on refuse à la majorité acquise postérieurement, l'effet de valider une semblable procédure. Dans la seconde hypothèse, au contraire, le mineur qui avait été valablement assigné, est devenu majeur avant tout autre acte, et toute l'instance a été suivie contre une personne capable d'ester en justice et de se défendre.

Albertini C. Albertini.

ARRÊT.

Après délibération en la Chambre du Conseil,

La Cour; — sur les conclusions conformes de M. Pierangeli, Conseiller Auditeur, attaché au Parquet;

Attendu, en droit, que tout mineur émancipé doit figurer personnellement en jugement, et que seulement il doit être assisté de son curateur (Cod. Civ. Art. 482); — Que de là il ne s'ensuit pas que la demande dirigée contre le mineur émancipé seul soit nulle, la loi n'ayant prononcé aucune nullité à cet égard; mais elle n'est qu'insuffisante dans ce sens que le mineur peut se dispenser de répondre à la citation jusqu'à la mise en cause de son curateur, ou attaquer le jugement à lui préjudiciable intervenu sur une pareille demande; — Qu'une conséquence nécessaire de ce principe est que toute irrégularité doit disparaître lorsque avant les défenses, et surtout avant le jugement, le mineur est devenu majeur, parce qu'ayant alors acquis une capacité entière, et n'ayant jusque là éprouvé aucun dommage, l'acte devient parfait et valide;

Attendu, en fait, que l'intimé Ange-Mathieu Albertini était mineur et marié le 2 Mai 1828, époque de la demande dont il s'agit, et qu'il est devenu majeur le 4 Septembre de la même année, antérieurement aux divers jugements intervenus dans la cause;

Attendu que c'est au moment du partage que les parties pourront faire valoir tous droits pour prélèvement, rapport et restitution de fruits qui peuvent leur compéter respectivement;

Attendu que des faits de la cause il résulte suffisamment que l'appelante manque de moyens pour poursuivre le partage des successions dont il s'agit, et auxquelles elle a droit en sa qualité de fille;

Disant droit à l'appel,

Réforme le jugement attaqué dans la disposition par laquelle la demande originaire a été annulée, en ce qui touche l'intimé Ange-Mathieu Albertini ;

ÉMENDANT quant à ce,

DÉCLARE que ledit Ange-Mathieu Albertini se trouve valablement en cause, et que, par conséquent, le partage ordonné se poursuivra aussi conjointement avec lui............

Chambre Civile. — M. LE Cte COLONNA D'ISTRIA, *Premier Président.*

MM. BERTORA, SUZZONI, } *Avocats.*

DU 25 JANVIER 1830.

RENVOI. — PARENTÉ. — APPEL. — MOYEN DE DÉFENSE. — TRIBUNAL DE COMMERCE.

L'exception tirée du défaut de pouvoir spécial et authentique du demandeur en renvoi pour cause de parenté, et dont le Tribunal ne s'est pas occupé, peut être reproduite devant la Cour, alors même que la partie, qui en excipe, n'en aurait pas fait l'objet d'un appel [Cod. Proc. Civ. Art. 309] (1).

La disposition de l'article 368 du Code de Procédure Civile, d'après lequel la demande en renvoi peut être formée lorsqu'une partie a deux parents parmi les Juges des TRIBUNAUX DE PREMIÈRE INSTANCE, *est applicable aux Tribunaux de Commerce* (2).

(1-2) Les deux solutions ci-dessus nous semblent à l'abri de toute critique et les principes qui leur servent de base sont suffisamment développés dans l'arrêt. — Outre les différentes autorités citées par la Cour de Bastia, on peut consulter principalement :

1° Pour démontrer que les Tribunaux de Commerce doivent suivre les règles ordinaires de la procédure, lorsqu'elles ne sont pas contraires à leur organisation, et que l'on ne trouve pas une exception formelle à ces mêmes règles dans les lois qui leur sont spécialement applicables : arrêt de la Cour de Rouen, du 28 mars 1828 (S. 28. 2. 174; — D. P. 28. 2. 90) ; — THOMINE DESMAZURES, tom. 1er, pag. 638 ; — CARRÉ, *Comment.*, *in fine*, sur le titre XXV, liv. 2, Cod. Proc. Civ. ; — PARDESSUS, tom. 5, n° 1361 ; — BIOCHE et GOUJET, V° *Trib. de Comm.*, n° 180 ; — NOUGUIER, *Trib. de Comm.*, tom. 3, pag. 4, n° 4.

2° Pour prouver que les dispositions du Cod. de Proc. Civ., relatives au règlement de Juges sont applicables aux Tribunaux de Commerce : CARRÉ et CHAUVEAU, n° 1321 ; — PIGEAU, tom. 1er, pag. 637 ; — LEPAGE, pag. 235 ; — FAVARD DE LANGLADE, tom. 4, pag. 714, n° 1 ; — THOMINE DESMAZURES, tom. 1er, pag. 575.

3° Pour établir que la récusation des Juges consulaires a lieu dans les mêmes cas et dans les mêmes formes que la récusation des Juges ordinaires : Montpellier, 1er avril 1852 (D. P. 53. 2. 142 ; — S. V. 53. 2. 38) ; — CARRÉ et CHAUVEAU, n° 1365 ; — LEPAGE, pag. 234 ; — THOMINE DESMAZURES, tom. 1er pag. 589.

Enfin sur la question de savoir quel est le Tribunal devant lequel doivent être renvoyées les parties, dans le cas d'une exception en renvoi pour cause de parenté, proposée devant un Tribunal de Commerce, on peut voir : Rouen, 4 nov. 1836 et Toulouse 23 févr. 1846 (S. V. 44. 2. 495 ; — 47. 2. 437 ; — D. P. 47. 2. 92), qui décident que le renvoi doit avoir lieu devant le Tribunal Civil dans l'arrondissement duquel se trouve le Tribunal primitivement saisi ; et les arrêts rendus par la Cour de Colmar, le 13 avril 1837, et par celle de Rouen, le 23 mai 1844 (D. P. 52. 5. 125 ; — S. V. 44. 2. 495), d'après lesquels, au contraire, c'est devant un autre Tribunal de Commerce du ressort que l'affaire doit être portée.

Gregorj C. Semidei.

ARRÊT.

Après délibération en la Chambre du Conseil,

La Cour ; — sur les conclusions de M. Causse, Avocat Général ;

Vu l'expédition de l'acte reçu au greffe du Tribunal de Commerce de Bastia le 17 Décembre dernier, dûment enregistré, par lequel le sieur Gregorj, au nom qu'il procède, demande le renvoi de l'affaire pour cause de parenté devant le Tribunal Civil de Bastia jugeant commercialement ;

Vu l'expédition du jugement rendu le 11 de ce mois par le Tribunal de Commerce de Bastia, dûment enregistré, qui déclare n'y avoir pas lieu à prononcer le renvoi demandé ;

Vu l'acte d'appel formé le 15 de ce mois par ledit Gregorj contre ledit jugement, ledit acte d'appel dûment enregistré ;

Vu, enfin, l'arrêt du 18 du courant, dûment enregistré, qui commet M. Abbatucci, Conseiller, pour faire le rapport, et renvoie la cause à huitaine avec le Ministère public ;

Attendu que l'exception tirée du défaut de pouvoir spécial et authentique a été présentée par le défendeur à la demande en renvoi aux premiers Juges qui n'ont pas statué sur ce chef ;

Attendu que cette exception est péremptoire de sa nature, et se trouve, de droit, reproduite devant la Cour, sans même qu'il soit besoin d'appel sur ce point, puisqu'elle est un moyen contre la demande en renvoi dont il s'agit ;

Attendu que le pouvoir donné à Gregorj par actes des 21 Mai et 5 Juin 1827 (enregistrés à Bastia le 3 Septembre 1827), à supposer qu'il fût insuffisant pour la demande en renvoi, a été expliqué, expressément ratifié et, autant que de besoin, spécialement renouvelé par autre acte de procuration du 8 Janvier 1830 (enregistré à Bastia le 23 du même mois) ; — Que lesdits deux actes de procuration ont été rendus authentiques par le notaire François-Marie Paccini, notaire royal résidant à Livourne, en Toscane, lequel a reconnu dans les signataires desdits actes la qualité de *Stralciarii* ou soit représentants de la raison sociale de commerce sous le nom de Jean-Antoine Sappa et compagnie de Livourne, une des parties en cause et demandeur en renvoi ; — Qu'enfin la reconnaissance desdits *Stralciarii* résulte aussi du fait que les deux procurations sus-énoncées ont été notifiées à Semidei à la requête de Jean-Antoine Sappa et compagnie ;

Attendu que l'article 368 du Code de Procédure Civile autorise la demande en renvoi, soit par devant les Tribunaux de première instance, soit par devant les Cours Royales, dans les cas de parenté déterminés par ce même article ; — Que la dénomination de Tribunal de première instance n'est ici employée que par opposition à celle de Cour Royale, et que, dans le sens de la loi et dans l'ordre de la hiérarchie judiciaire, les Tribunaux de Commerce sont aussi des Tribunaux de première instance ; — Que si leur juridiction est exceptionnelle et limitée, quant à la compétence, aux cas qui leur sont textuellement attribués par la loi, il n'en est pas ainsi quant au mode de procéder ; — Qu'à cet égard les dispositions du Code de Procédure sont applicables aux Tribunaux de Commerce en tant qu'elles sont compatibles avec leur organisation, et lorsqu'il n'y a pas eu dérogation expresse par le Code de Commerce, ainsi que l'a décidé la Cour de Cassation (Arrêt du 22 Avril 1823) ;

Attendu qu'aucune disposition du titre XXV, livre 2, du Code de Procédure Civile, ni du livre dernier du Code de Commerce, ne déclare les demandes en renvoi pour cause de parenté inapplicables aux Tribunaux de Commerce, et qu'ainsi on ne peut pas créer une exception qui n'est pas dans la loi ; — Que si, dans l'article 433 du Code de Procédure, le législateur paraît établir une différence entre les mots Tribunaux de première instance et Tribunaux de Commerce, en rendant communs à ces derniers les articles 141 et 146, c'est que la loi s'est plus particulièrement occupée des Tribunaux ordinaires sous le nom de Tribunaux de première instance, c'est qu'elle a voulu plus particulièrement fixer l'attention des Juges de Commerce sur les formalités si importantes qui tiennent à la forme et à l'expédition des jugements, sans qu'on doive tirer de là la conséquence erronée, qu'en rappelant l'exécution de ces deux dispositions uniques, l'article 433 a exclu l'application des vingt-quatre autres titres qui composent le livre 2; — Que, d'ailleurs, l'article 634 du Code de Commerce, en rappelant aussi les dispositions des articles 151, 158 et 159, donne aux Tribunaux de première instance la dénomination de Tribunaux inférieurs parmi lesquels sont sans contredit les Tribunaux de Commerce, aussi bien que les Tribunaux d'arrondissement, d'où la conséquence que l'article 433 n'a pas le sens limitatif qu'on veut lui attribuer;

Attendu que le titre XXV sur le mode de procéder devant les Tribunaux de Commerce est compris sous la rubrique de la procédure devant les Tribunaux inférieurs, sous laquelle se trouvent aussi les titres sur le règlement de Juges, les renvois pour cause de parenté et les récusations; — Que, pour les demandes en règlement de Juges, il est hors de doute qu'aujourd'hui, comme sous l'ancienne législation, elles sont admises même devant la juridiction commerciale, quoique l'article 363 ne parle, comme l'article 368, que des Tribunaux de première instance; — Que c'est ainsi que ledit article 363 a été entendu par les auteurs les plus graves et par la Cour de Cassation dans son arrêt du 27 Décembre 1827; — Que c'est encore ainsi que cette qualification de Tribunaux de première instance a été interprétée dans l'article 480 sur la requête civile, par la Cour de Bruxelles (le 23 Janvier 1812), par celle de Paris (le 28 Juillet 1826) et par la Cour de Cassation, dans son arrêt du 24 août 1819; — Qu'enfin, c'est ainsi que ces mots ont été entendus dans la loi organique du 27 Ventôse an VIII; — Qu'en effet, après s'être uniquement occupée de l'organisation des Tribunaux de première instance d'arrondissement, en les distinguant de ceux de Commerce (Art. 2 et 6), cette loi comprend cependant ces deux juridictions dans la dénomination générale de Tribunaux de première instance, lorsque, dans les articles 76 et 87, elle défère à la Cour de Cassation, 1° la connaissance des règlements de Juges entre Tribunaux non ressortissant au même Tribunal d'appel; — 2° le droit de saisir un autre Tribunal après cassation d'un premier jugement en dernier ressort : — Tel étant le sens attaché à ces deux articles par la Cour suprême (Voir MERLIN, vol. 17, *Additions*, V° *Requête civile*);

Attendu que le même principe, le besoin de garantir aux deux parties l'impartialité des Juges, a dicté les titres successifs du RENVOI et de la RÉCUSATION ; — Que celle-ci s'applique aux Juges consuls comme aux autres Juges ; — Que, par les différentes causes où elle est admise, la récusation peut souvent entraver la marche du commerce, mais que cette considération n'en a pas fait proscrire l'application à la juridiction commerciale ; — Que, dès lors, il doit en être de même pour le titre du renvoi, établi dans le même but, soumis aux mêmes formes, qui lui-même N'EST QU'UNE RÉCUSATION dirigée contre tout le Tribunal pour un cas déterminé et unique ; — Que là où existe le même motif dans la loi, il doit y avoir même décision ;

Attendu que cette conséquence n'est aucunement affaiblie ni par le motif qu'il y a impossibilité de remplir devant les Tribunaux de Commerce la formalité de la communication au Ministère public exigée par l'article 385, ni par la considération que, s'agissant de procédures sommaires auxquelles la loi a donné une grande célérité, il ne faut pas offrir aux plaideurs de mauvaise foi un nouveau moyen de se procurer des délais préjudiciables au commerce ; — Qu'à cet égard il faut observer que c'est pour cela que les demandes en renvoi sont promptement jugées ; — Que, malgré ces précautions, le législateur n'a pu ôter à la mauvaise foi une foule d'exceptions qui produisent le même effet, telles que les déclinatoires pour incompétence, les règlements de Juges, les récusations où il y a aussi impossibilité de communiquer au Ministère public ; — Qu'enfin si la loi a voulu que les causes commerciales fussent promptement terminées, ce n'est qu'autant que les deux parties conserveraient les mêmes garanties, qu'autant que la célérité des procédures ne nuirait pas à la justice et à l'impartialité des décisions ;

Attendu que l'on n'est pas plus fondé à soutenir que la loi n'a pas dû assimiler, dans cette matière, les Juges consuls aux autres Juges ; — Qu'en effet, si pour satisfaire aux appréhensions d'un plaideur le législateur a fait planer la suspicion résultant de la parenté sur une Cour souveraine composée d'un grand nombre de membres, on ne saurait admettre que cette même suspicion ne doive pas s'étendre, dans les mêmes cas, aux Tribunaux de Commerce;

Attendu, en fait, que trois des Juges du Tribunal de Commerce de Bastia sont parents de l'intimé, au degré prévu par l'article 368 du Code de Procédure Civile, et que dès lors, l'autre partie (l'appelant) était en droit de demander le renvoi devant un autre Tribunal;

Attendu que l'article 640 du Code de Commerce délègue aux Tribunaux Civils la connaissance des affaires de commerce lorsqu'il n'y a point de Tribunal *ad hoc* dans l'arrondissement; — Que le Tribunal de Commerce de Bastia étant dessaisi, pour cause de parenté, de la connaissance de la présente affaire, les parties se trouvent dans une position égale à celle prévue par ledit article 640, et doivent être renvoyées devant le Tribunal Civil de Bastia, qui d'ailleurs a plénitude de juridiction pour les affaires commerciales comme pour les affaires civiles;

Dit qu'il y a lieu à renvoi pour cause de parenté;

Renvoie, par conséquent, les parties et le procès devant le Tribunal Civil de Bastia pour y être procédé ainsi que de droit...........

Chambre Civile. — M. le Cte COLONNA D'ISTRIA, *Premier Président.*

MM. Pieraggi, Semidei, } *Avocats.*

DU 26 JANVIER 1830.

COMPROMIS. — NULLITÉ COUVERTE. — EXÉCUTION.

Une croix ou marque quelconque apposée au bas d'un compromis ne tient pas lieu de la signature, qui seule donne force à l'acte (1).

Mais de ce que l'existence d'un compromis n'est pas établie par la preuve littérale régulière, il ne s'ensuit pas que la convention, qui en a fait l'objet, ne puisse pas être valable si les parties ne la dénient pas, et si elles l'ont d'ailleurs exécutée [*Cod. Civ., Art. 1338*] (2).

*La partie qui a comparu devant les arbitres, et qui n'a pas fait opposition à l'*exequatur *de leur sentence, est non-recevable à se prévaloir de la nullité dont était entaché le compromis, à raison du défaut de signature* (3).

(1-2-3) La première solution, qui nous semble incontestable, est conforme à la jurisprudence des Cours ainsi qu'à la doctrine des auteurs. — V. Colmar, 27 messidor an XIII; — Bruxelles, 27 janv. 1807; — Paris, 13 juin 1807 (S. 7. 2. 249, 670 et 1210); — Colmar, 12 mars 1821 (S. C. N. 6. 2. 384); — MERLIN, *Répert.*, V° *Signature*, § 1er, n° 8; — ROLLAND DE VILLARGUES, V° *Acte sous-seing privé*, n° 51 et V° *Signature*, n° 118.

La seconde décision suppose une réponse affirmative à la question de savoir si l'écriture est une condition essentielle de la validité du compromis; et nous croyons, malgré l'opinion de CARRÉ, Quest. 3270, et de VATISMENIL, n° 29, étayée d'un arrêt de la Cour de Bruxelles du 28 mars 1821, inséré au *Répert. Gén. de Jurispr.* de MM. DALLOZ, V° *Arbitrage*, n° 730, en note, et au journal du Palais (16. 491), que l'arrêt de la Cour de Bastia a consacré les véritables principes de la matière, ainsi que le démontrent BOITARD, tom. 3, pag. 416, et CHAUVEAU sur CARRÉ, *ubi suprà*, et que, par suite, l'écriture n'est exigée que pour prouver l'existence du compromis.

Quant à l'effet de l'exécution volontaire sur les actes sous seing-privé, nuls pour défaut de signature de l'une des parties, il existe une divergence assez notable dans la jurisprudence. Mais nous pensons avec TOULLIER, tom. 8, n° 347, — DELVINCOURT, tom. 2, pag. 825, — DURANTON, tom. 13, n° 161, que les dispositions de l'art. 1338 Cod. Nap. sont générales et s'appliquent au cas spécial qui nous occupe. On peut consulter outre les arrêts cités par la Cour de Bastia, et dans le même sens : Paris, 13 avril 1813 (S. 14. 2. 254 et 255); — Pau, 17 déc. 1821 (D. A. 10. 713; — S. 22. 2. 142); — Rejet, 19 déc. 1820 (D. A. 10. 712; — S. 22. 1. 198); — Rejet, 7 févr. 1826 (DALLOZ, *Jur. Gén.*, 2e édit., V. *Arbitrage*, n° 315, en note;

Stefani C. Orsini.

ARRÊT.

Après délibération en la Chambre du Conseil,

La Cour ; — sur les conclusions de M. Pierangeli, Conseiller Auditeur, attaché au Parquet ;

Attendu que tout acte sous seing-privé, pour être valable, doit contenir la signature des parties ; — Qu'on ne peut regarder comme signature une croix ou toute autre marque qui serait apposée à l'acte par l'une des parties ; — Que c'est alors comme s'il n'y avait eu aucun acte ;

Attendu que, dans tous les contrats ordinaires, parmi lesquels est sans contredit le compromis, l'écriture n'est exigée que comme preuve *tantùm ad probationem ;* — Que, dans la section du Code Civil sous laquelle est placé l'article 1341, il ne s'agit que de la *preuve* des conventions et nullement des conditions essentielles à leur validité, parmi lesquelles l'écriture ne se trouve pas indiquée ;

Attendu que, si l'article 1341 du Code Civil veut qu'il soit passé acte devant notaires, ou sous signature privée, de toute convention dont l'objet excède la somme ou la valeur de cent cinquante francs, le but de cette disposition est seulement d'empêcher dans ce cas la preuve testimoniale, et non pas de s'opposer à l'exécution d'une convention, qui, quoique dénuée d'une preuve littérale, régulière, n'est point désavouée en fait, et, en outre, a reçu une exécution suffisante ;

Attendu qu'aux termes de l'article 1338 du Code Civil, l'exécution volontaire des conventions emporte renonciation aux moyens et exceptions qu'on aurait pu opposer aux actes qui les contiennent ; — Que cette disposition est générale et applicable à tous les cas, à moins d'une

---

— S. 27. 1. 161) ; — Toulouse, 6 août 1827 (S. 28. 2. 297) ; — Rejet, 1er mars 1830 (Dalloz, *ubi suprà*, n° 1306, en note ; — S. 30. 1. 83) ; — Rejet. 23 nov. 1841 (D. P. 42. 1. 46 ; — S. V. 42. 1. 134).

exception expresse; — Qu'il n'en existe pas à l'égard des actes privés et synallagmatiques signés par une croix, comme l'a décidé, en matière de vente, la Cour de Cassation par arrêt du 10 Thermidor an XIII; — Qu'il n'en existe pas, non plus, par rapport aux mêmes actes non écrits en autant d'originaux qu'il y a de parties, comme l'ont décidé aussi, en matière de compromis, les diverses Cours du Royaume, et notamment les arrêts de la Cour de Cassation en date du 13 Février 1812 et 15 Février 1814;

Attendu que, par les mêmes arrêts, il a été établi que la comparution volontaire devant les arbitres nommés dans un compromis était suffisante pour couvrir la nullité résultant du défaut de double, exigé par l'article 1325 du Code Civil, ce qui doit, par la même raison, s'appliquer à la nullité résultant de l'article 1341 du même Code;

Attendu, en fait, que l'existence matérielle du compromis est reconnue par le système même des intimés, qui se prévalent de la nullité résultant de l'apposition d'une croix au lieu de la signature; — Qu'il n'est pas non plus prétendu que ledit compromis n'ait été librement consenti; — Que les deux sentences arbitrales des 18 Septembre et 27 Novembre 1809, dûment enregistrées, constatent la comparution volontaire des parties devant les arbitres; — Que les arbitres y ont déclaré avoir entendu les parties, et qu'elles ont présenté les justifications ordonnées par la sentence du 18 Septembre 1809; — Qu'enfin l'exécution volontaire du compromis, de la part de la partie de Pellegrini, intimée, résulte de ce qu'elle n'a formé aucune opposition à l'*excequatur* de la première sentence arbitrale du 18 Septembre 1809, à elle dûment signifiée le 25 du même mois; — D'où il suit que toute nullité du compromis a été couverte;

Attendu que, par l'acte du 17 Octobre 1809, enregistré à Bastia le 27 Novembre suivant, le délai du compromis a été prorogé jusques et pendant tout le mois de Novembre de la même année; — Que les mêmes principes de droit, et les mêmes faits d'exécution volontaire ci-dessus établis s'appliquant à l'acte de prorogation, il en résulte que la seconde sentence arbitrale du 27 Novembre 1809 a été rendue dans le délai utile;

Attendu qu'il n'est nullement justifié que les Juges arbitres aient prononcé sur choses non demandées et hors des termes du compromis;

DÉBOUTE les conjoints Orsini de leur opposition contre le jugement arbitral rendu, entre les parties, par les sieurs Massei et Boccheciampe, le 27 Novembre 1809,

Et ORDONNE de plus fort l'exécution du jugement.

Chambre civile. — M. LE Cte COLONNA D'ISTRIA, *Premier Président.*

MM. SALICETI, ROMANI, } *Avocats.*

DU 2 FÉVRIER 1830.

ACTION SOLIDAIRE. — CONDAMNATION PURE ET SIMPLE. — EXÉCUTION. PRESCRIPTION. — INTÉRÊTS MORATOIRES.

La condamnation à la restitution et au paiement d'objets réclamés contre deux personnes, sans qu'il soit dit que c'est SOLIDAIREMENT, *ne peut être exécutée à l'égard de chacune d'elles que pour sa portion virile, alors même que l'action sur laquelle est intervenu le jugement serait de sa nature solidaire* [*L. 10*, § *3*, *ff.* De appellat.; — *L. 43*, *ff.* De re judicat.; — *L. 1 et 2*, *Cod.* Si plures unâ sententiâ condamnati sunt; — *Cod. Civ. Art. 1202*] (1).

Les intérêts moratoires, courus après le Code Civil, se prescrivent par cinq ans, lors même que les condamnations par suite desquelles il sont dus seraient antérieures à la promulgation de ce code [*Cod. Civ. Art. 2277*] (2).

---

(1) Il résulte incontestablement de l'article 1202 Cod. Nap., portant que la solidarité ne se présume pas et qu'elle doit être formellement stipulée, que la condamnation pure et simple rendue contre deux personnes, ne peut être exécutée pour le tout contre un seul des condamnés, si la solidarité n'a pas été prononcée expressément par les juges. Vainement voudrait-on prétendre que l'obligation ayant été contractée solidairement, il faut admettre que la solidarité n'a plus besoin d'être prononcée dans le jugement; car, s'il en était ainsi, il en résulterait que le créancier pourrait se dispenser de la demander, et que les tribunaux auraient la faculté de la prononcer d'office. Cela contrarierait toutes les notions reçues dans la nouvelle comme dans l'ancienne jurisprudence. V. dans ce sens : Paris, 13 thermidor an XIII (S. 5. 2. 104); — Rennes, 20 août 1811 (D. A. 12. 863; — S. 13. 2. 114); — Cass., 19 avril 1841 (D. P. 41. 1. 191; — S. V. 41. 1. 631).

(2) Conf. : Amiens, 21 déc. 1824 (S. 25. 2. 340; — D. A. 11. 310); — Limoges, 30 juin 1825 (S. 26. 2. 170; — D. P. 26. 2. 171); — Paris, 10 févr. 1826 (S. 26. 2. 285; — D. P. 26. 2. 214); — Rejet, 9 juin 1829 (S. 30. 1. 346; — D. P. 29. 1. 267). Ces trois derniers arrêts décident, comme l'arrêt d'Amiens, *sup. cit.*, que la prescription de cinq ans s'applique même aux intérêts échus depuis le Code, mais en vertu de stipulations antérieures à sa promulgation. — Bourges, 18 mars 1825 (D. P. 25. 2. 243; — S. 26. 2. 269); — Limoges, 26 juin 1828 (D. P. 29. 2. 56; — S. 29. 2. 31); — Nîmes, 3 mai 1830 (D. P. 30. 2. 223; — S. 30. 2. 376); — Cass., 12 mars 1833 (D. P. 33. 1. 153; — S. V. 33. 1. 290 et 302); — Amiens, 18 juillet 1833 (D. P. 34. 2. 84; — S. V. 34. 2. 88); — Req., 12 mai 1835 et Cass., 12 juin 1835 (D. P. 35. 1. 260 et 329; — S. V. 35. 1. 251); — Cass., 29 janv. 1838 (D. P. 38. 1. 83; — S. V. 38. 1. 350); — Bourges, 6 août 1841 (D. P. 42 2. 65; — S. V. 42. 2. 75); — *Sic*, MERLIN, *Répert.*, V° *Intérêts* et Consult. rapp. D. P. 31. 2. 65. note; — VATIS-

Mais ces mêmes intérêts échus avant le Code Civil ne sont soumis qu'à la prescription trentenaire (3).

Colonna d'Ornano C. **Pozzo di Borgo.**

ARRÊT.

Après délibération en la Chambre du Conseil,

LA COUR; — sur les conclusions de M. PIERANGELI, Conseiller Auditeur, attaché au parquet;

Attendu qu'il n'est pas justifié que feu Vannina Colonna ait satisfait aux condamnations prononcées contre elle et contre son mari, par jugement de la Justice de paix d'Ajaccio, en date du 31 août 1786, confirmé par arrêt du ci-devant Conseil Supérieur de Corse, sous la date du 6 Juin 1787;

Attendu que c'est un principe incontestable en droit (L. 43, ff. *De re judicat;* — L. 10, § 3, ff. *De appellat.;* — L. 1 et 2, Cod. *Si plures unâ sententiâ condamnati sunt*) que tout jugement portant condamnation contre plusieurs personnes à la fois pour une certaine quantité, sans qu'il y soit dit que c'est solidairement, ne peut être exécuté à l'égard de chacun des condamnés que pour sa portion virile, soit que tous fussent tenus *in solidum,* ou même par portions inégales;

Attendu que ledit jugement du 31 août 1786 a condamné PUREMENT ET SIMPLEMENT feu Vannina Colonna et Pierre Colonna, son mari, à la

MENIL, PERSIL, DUPIN, Consult. rapp., *eod. loc.;* — VAZEILLE, n° 567; — DALLOZ (A. 11. 300, n° 8); — TROPLONG, V° *Prescript.*, n°s 1015 et suiv.

Contrà : Paris, 2 mai 1816 et Bordeaux, 12 mars 1820 (D. A. 11. 300, n° 1 et 301, n° 2); — Agen, 18 mars 1824 et 3 févr. 1825 (D. P. 24. 2. 182; — 26. 2. 34); — Lyon, 4 févr. 1825 (D. P. 25. 2. 128); — Paris, 21 déc. 1829, 26 mars et 2 juillet 1831 (D. P. 30. 2. 42; — 31. 2. 138 et 149); — Rennes, 22 déc. 1834 (D. P. 36. 2. 108); — V. PROUDHON, *Usufruit*, tom. 1, n° 234; — RAVEZ, Consult. rappelée par TROPLONG, n°s 1015 et suiv.; — DURANTON, tom. 21, n° 434.

(3) Conf. : Cass., 5 sept. 1808, 11 déc. 1812, 28 déc. 1813 et 30 janv. 1816 (S. 9. 1. 127; — 13. 1. 182; — 14. 1. 92; — 16. 1. 221; — D. A. 11. 509).

restitution et au payement des objets contre eux réclamés, et que, par conséquent, on ne peut remonter à l'origine et à la nature de l'action, sur laquelle est intervenu le jugement dont il s'agit, pour en déduire que l'action étant solidaire, la succession de feu Vannina Colonna peut être contrainte pour la totalité des condamnations, car la solidarité n'ayant pas été prononcée par le jugement, chacun des condamnés ne peut être tenu que pour sa portion virile;

Attendu que les premiers Juges ont fait une juste application des principes, en déclarant valablement interrompue la prescription à l'égard du capital des condamnations prononcées en faveur des frères Colonna; mais que relativement aux intérêts dudit capital ils devaient distinguer ceux échus avant la publication du Code Civil, non susceptibles de prescription avant trente ans, de ceux échus après le Code, qui se trouvent frappés de la prescription quinquennale; — En effet, l'article 2277 du Code Civil comprend, dans sa généralité, les intérêts de tout ce qui est dû par année ou à des termes périodiques plus courts, et, dès lors, on ne saurait faire une exception à l'égard des intérêts moratoires résultant d'une condamnation judiciaire, car ces intérêts, ayant une échéance fixe et périodique de chaque jour, rentrent nécessairement dans la disposition littérale dudit article, dont l'esprit leur est aussi applicable, le législateur, par la prescription de cinq ans, ayant voulu venir au secours des débiteurs qui sont exposés à être ruinés par l'accumulation des intérêts;

Attendu que la première condamnation, par le jugement du 31 août 1786, n'est que de deux mille sept cents livres de Gênes, au lieu de deux mille huit cents, portées au jugement attaqué, et qu'il y a lieu de réparer cette erreur;

Attendu que toute succession à partager consiste dans ce qui reste après le paiement des dettes, parce que *Non est hæreditas nisi deducto ære alieno*, et que, par conséquent, le legs fait à l'appelant de la moitié de la succession de son frère, feu Sébastien Colonna, constituant toute la portion disponible de ce dernier, doit s'entendre de ce qui restera après le prélèvement des dettes et charges de la succession, à l'exception toutefois du legs de cinq cents francs qui sera imputé, comme l'ont décidé les premiers Juges, sur ladite portion disponible;

Attendu que feu Sébastien Colonna étant décédé dans sa propre maison, et ayant des ressources personnelles, il est censé que c'est avec ses propres moyens qu'il a été pourvu aux frais de sa dernière maladie; — Que cela est d'autant plus vraisemblable que l'appelant n'a point justifié d'avoir subvenu, de son argent, auxdits frais;

Attendu qu'il n'en est pas de même à l'égard des frais funéraires, lesquels n'ayant pu être faits que par l'appelant, doivent lui être remboursés, lorsque surtout il a été assujetti à tenir compte de tout ce qui peut lui être resté, au décès de son frère, en effets mobiliers appartenant au même; — Qu'enfin la somme arbitrée à cet égard par les premiers Juges est en rapport avec le rang du défunt et de sa famille;

Attendu qu'il n'est point contesté que, postérieurement au décès de son frère, l'appelant a soutenu un procès pour l'eau servant à l'arrosage du jardin dit *Le Canne*, et que les premiers Juges, en lui adjugeant à ce titre les sommes qu'il affirmera avoir dépensées jusqu'à concurrence de six cents francs, ont nécessairement entendu parler des sommes dépensées par l'appelant à l'occasion dudit procès seulement, et au delà des frais à lui adjugés contre son adversaire; — Que s'agissant, d'ailleurs, d'un procès soutenu dans un intérêt commun, le remboursement est dû même à l'égard des frais qui ne seraient pas susceptibles d'être taxés par le Juge, d'après tarif;

Attendu que de l'extrait du livre de détail du Payeur de la Corse, délivré le 28 Avril 1828, et versé au procès, il résulte que les héritiers de feu Sébastien Colonna ont, le 1er Frimaire an XI, donné quittance de la somme de deux cent seize francs, soixante-six centimes pour le traitement non payé audit Colonna, de son vivant Président du Tribunal d'Ajaccio; et que, le 17 Germinal suivant, l'appelant en sa dite qualité d'héritier a reçu au même titre la somme de huit francs, trente-deux centimes; — Que cette dernière indication semble établir que c'est lui qui doit avoir retiré les diverses sommes portées au susdit extrait, et que, dès lors, il doit tenir compte de la totalité de deux cent quatre-vingt quatre francs, soixante-six centimes, retirés comme dessus, à moins qu'il n'affirme avec serment n'avoir touché que la part lui revenant sur les sommes portées dans les quittances du 1er Frimaire an XI, ses cohéritiers ayant aussi touché leur part;

Attendu que, si les experts ont omis d'évaluer, dans leur rapport, des objets quelconques faisant partie de la succession à partager, les parties pourront toujours faire réparer cette omission;

ADOPTANT sur les autres chefs les motifs des premiers Juges,

A MIS ET MET au néant les appellations principale et incidente;

ET AYANT tel égard que de raison aux conclusions des parties,

RÉFORME le jugement dont est appel dans la disposition relative à la créance réclamée par l'appelant sur la succession de Vannina Colonna;

ÉMENDANT quant à ce, et par nouveau jugé,

DÉCLARE que l'appelant sera payé sur ladite succession : 1° de la moitié de la somme de deux mille sept cents livres de Gênes, et de l'autre somme de sept cents francs, portée au jugement de la Justice Royale d'Ajaccio, en date du 31 août 1786; — 2° des intérêts de ladite moitié des sommes sus-énoncées à raison du cinq pour cent, savoir pour toutes les années échues à partir dudit jugement jusqu'à la publication du Code Civil, et pour les années postérieures audit Code, les intérêts seront dus seulement pour les cinq années qui ont précédé la demande introductive de l'instance, ainsi que pour les années suivantes jusqu'à parfait paiement;

ORDONNE que le paiement du capital et des intérêts, comme dessus, aura lieu à la charge par l'appelant d'affirmer avec serment, par devant le Tribunal de première instance d'Ajaccio, parties présentes ou dûment appelées, qu'il n'a pas été payé par la feue Vannina Colonna de tout ou partie des condamnations susdites, et qu'il n'est non plus à sa connaissance que son frère, feu Sébastien Colonna, dont il est l'héritier, ait reçu ledit paiement;

RÉFORME aussi le jugement dans la disposition relative aux frais de dernière maladie de feu Sébastien Colonna,

Et par suite DÉBOUTE Silvestre Colonna de sa demande à cet égard;

DIT que l'appelant tiendra compte à l'intimée de la part à elle revenant sur les huit francs, trente-deux centimes, touchés par lui sur le traitement de son frère, à la charge par le même appelant d'affirmer comme dessus que, sur les deux cent seize francs, soixante-six centimes, retirés du payeur pour le même objet, il n'a touché que sa part et que ses cohéritiers ont touché la leur;

ORDONNE que la portion disponible léguée à l'appelant par son frère, Sébastien Colonna, sera prise après le prélèvement des dettes, non compris le legs de cinq cents francs, qui demeure à la charge de ladite portion disponible;

DÉCLARE que, pour le surplus, le jugement attaqué sera exécuté selon sa forme et teneur............

Chambre Civile. — M. LE Cte COLONNA D'ISTRIA, *Premier Président.*

MM. BERTORA, BRADI, } *Avocats.*

DU 22 MARS 1830.

SOCIÉTÉ EN PARTICIPATION. — SOLIDARITÉ. — INTÉRÊT COMMUN.
FRAIS. — SOLIDARITÉ.

Lorsqu'il est reconnu que des achats, faits par l'un des associés en participation, ONT PROFITÉ *à la société, tous les associés sont tenus solidairement au paiement du prix* (1).

La condamnation aux dépens étant la peine du plaideur téméraire, est PERSONNELLE, *et non solidaire; — D'où il suit que chaque plaideur ne peut être tenu que de la part des frais qu'il a occasionnés* (2).

---

(1) La question de la solidarité entre tous les co-participants, pour les obligations contractées par un seul des associés, mais dans l'intérêt de la société, a été longtemps controversée. Quelques auteurs et quelques arrêts décidaient que, par cela seul que la société a profité de l'opération, la solidarité doit être prononcée contre tous les co-associés; mais il nous paraît que la jurisprudence et la doctrine ont définitivement adopté l'opinion contraire, que nous trouvons plus conforme au texte et à l'esprit de la loi. En effet, la solidarité ne se présume jamais, et elle ne peut être prononcée par les Tribunaux que lorsqu'elle a été expressément stipulée par les parties, ou qu'elle résulte d'une disposition formelle de la loi (C. N. art. 1202). Or nous ne connaissons aucun article de loi portant que les co-participants seront tenus solidairement des obligations contractées par l'un d'eux, dans l'intérêt de la société, et nous ne voyons pas que celui qui n'a pas figuré au contrat, qui est même demeuré inconnu à la partie adverse, et dont cette partie n'a pu suivre ni la foi ni le crédit, puisse être engagé par son associé et répondre solidairement avec lui de son fait. — V. dans le sens de l'arrêt ci-dessus : Rejet, 26 mars 1817 (S. 18. 1. 53; — D. A. 12. 144); — Rej., 18 nov. 1829 (D. P. 29. 1. 413); — MERLIN, *Quest. de Droit*, V° *Société*, § 2 ; — PARDESSUS, *Droit Comm.*, n° 1049; — VINCENS, *Legis. Comm.*, tom. 1er, n° 378 ;— DURANTON, tom. 17, n° 449. — En sens contraire, voir : Rej., 9 janv. 1821 et 8 janv. 1840 (S. 22. 1. 77, et 40. 1. 19; — D. A. 12. 145 et D. P. 40. 1. 52) ; — Paris, 22 nov. 1834 (S. V. 35. 2. 69; — D. P. 35. 2. 77) ; — Nancy, 3 févr. 1848 (D. P. 48. 2. 183; — S. V. 48. 2. 319) ; — Lyon, 26 janv. 1849 (D. P. 51. 2. 499; — S. V. 51. 2. 399) ; — Bordeaux, 23 juin et Agen, 23 nov. 1853 (D. P. 53. 5. 420 et 422; — S. V. 54. 2. 23 et 24). — FAVARD DE LANGLADE, V° *Société*, chap. 3, sect. 1, § 4, n° 6; — DELVINCOURT, tom. 3, pag. 216 à la note; — DELAMARRE et LEPOITEVIN, *Contrat de Commission*, tom. 2, pag. 246, 250, 252; — TROPLONG, *Des Sociétés*, tom. 2, n° 773, 780 et suiv.; — DELANGLE, *Des Sociétés*, tom. 2, n° 603 et suiv. ; — MASSÉ, *Droit Comm.*, tom. 5, n° 76 et suiv. ; — RODIÈRE, *De la Solidarité*, n° 261.

(2) C'est un point constant en jurisprudence que la solidarité ne peut pas être prononcée pour les dépens, qui ne sont, comme le dit la Cour de Bastia, que la peine du plaideur téméraire. Ce principe s'applique évidemment aux matières commerciales, puisque le Code de

Pietri C. Pensa.

ARRÊT.

Après délibération en la Chambre du Conseil,

La Cour ; — sur les conclusions de M. Causse, Avocat Général ;

Attendu que l'existence de la société commerciale en participation entre les trois frères Pietri, à l'époque de l'achat du blé dont est procès, n'est pas contestée par les appelants ; — Qu'en outre, ladite société a été établie par l'enquête qui a eu lieu en première instance ; — Que de la même enquête il est résulté que le blé, dont le prix est réclamé par Pensa, a été acheté dans l'intérêt de la société, et que ledit blé a tourné au profit des trois frères associés, d'où il suit que tous sont solidairement responsables envers le vendeur du blé ;

Attendu qu'aucune loi ne prononce la solidarité des frais judiciaires en matière civile ; — Que la condamnation aux dépens n'a pas lieu à raison de la dette, mais en punition du procès témérairement soutenu, et que, par conséquent, chacun des plaideurs ne peut être tenu que pour la part des dépens qu'il a occasionnés ;

Attendu que, malgré ces principes, le jugement attaqué a condamné solidairement les trois frères Pietri au paiement des frais de la demande dirigée contre Dominique seul, et pour l'exécution du jugement intervenu sur ladite instance contre ce dernier ;

Commerce ne contient aucune exception à cette règle générale. Cependant il est bien de faire remarquer que, dans le cas où les dépens sont adjugés à titre de dommages-intérêts pour réparation d'un fait commun aux parties condamnées, l'obligation de les payer peut être alors solidaire. — V. Cass., 15 mai 1811, 20 juillet 1814, 1er déc. 1819 et 30 déc. 1828 (S. 11. 1. 257 ; — 15. 1. 249 ; — 20. 1. 123 ; — 29. 1. 156 ; — D. A. 9. 667 ; — D. P. 29. 1. 84) ; — Cass., 6 sept. 1813, 22 avril 1835 et 11 juin 1839 (S. V. 14. 1. 57 ; — 35. 1. 436 ; — 39. 1. 601 ; — D. A. 9. 670 ; — D. P. 35. 1. 352 ; — 39. 1. 254). — *Sic*, Merlin, *Répert.*, V° *Dépens*, n° 7 ; — Duranton, tom. 11, n° 192 ; — Boitard, tom. 1, n° 522 ; — Carré et Chauveau, quest. 553.

Disant droit à l'opposition des parties de Me Varese,

Rétracte son arrêt de congé-défaut, en date du 9 du courant, dûment enregistré, et par suite,

Met l'appellation et ce dont est appel au néant;

Émendant, en ce qui touche les appelants, et par nouveau jugé,

Condamne solidairement lesdits appelants à payer à l'intimé par toutes les voies de droit et même par corps : 1° la somme de six cent onze francs, cinquante-six centimes, ensemble aux intérêts au six pour cent par an, à partir du 14 Juillet 1821 jusqu'à parfait paiement; — 2° la somme de deux cent six francs, soixante-quatre centimes, avec les intérêts comme dessus à partir du 7 Août suivant et jusqu'à parfait paiement, lesdites sommes montant du prix du blé vendu par l'intimé à Dominique Pietri, frère et associé des appelants;

Ordonne que, sur lesdites sommes, déduction sera faite en faveur des débiteurs : 1° de la somme de cent quatre-vingt-quatre francs, quatre-vingt centimes, payée en à-compte le 23 Août 1823; — 2° d'une autre somme de cent quatre-vingt-deux francs, vingt-huit centimes, payée aussi en à-compte le 23 Juillet 1824; — 3° des intérêts desdites sommes au six pour cent à compter du jour des paiements.

Chambre Civile. — M. le Cte COLONNA D'ISTRIA, *Premier Président.*

MM. Gavini (de Campile), Semidei, } *Avocats.*

DU 6 AVRIL 1830.

TITRE. — ÉCRITURE MISE AU DOS. — RATURE. — PRÉSOMPTIONS.

L'écriture mise par le créancier au dos d'un titre QUI EST TOUJOURS RESTÉ EN SA POSSESSION, *fait foi du paiement, quoique non signée ni datée par lui, et lors même qu'elle est biffée; surtout s'il existe un concours de présomptions qui tendent à établir la libération du débiteur* [*Cod. Civ. Art. 1332*] (1).

---

(1) Il nous semble que l'arrêt du 11 mai 1819, cité par la Cour de Bastia et rapporté par SIREY, (tom. 20. 1. 84) ainsi que par DALLOZ (A. 10. 705), bien loin d'être formel en faveur de la solution ci-dessus, la repousse, au contraire, implicitement. Il rejette, il est vrai, le pourvoi formé contre un arrêt de la Cour de Dijon, lequel, à la date du 14 août 1816, avait décidé : Que la réunion des circonstances de la cause faisait cesser toute présomption de paiement, et s'opposait à ce que l'on appliquât les dispositions de l'article 1332 du Cod. Nap.; mais il ne statue rien sur le point de savoir si les Juges peuvent, sur de simples présomptions non établies par la loi, faire revivre une quittance qui aurait été raturée. Nous savons bien que POTHIER, *Des Obligations*, n° 760, soutient que l'écriture mise au dos du titre, qui est toujours resté en la possession du créancier, fait foi de la libération, lors même qu'elle aurait été raturée; mais cet auteur va jusqu'à dire, que l'on doit le décider ainsi même dans le cas où l'écriture ne serait pas de la main du créancier; ce qui nous paraît inadmissible en présence du texte précis et formel de l'article 1332 précité. D'ailleurs DURANTON, qui adopte l'opinion de POTHIER (tom. 13, n° 216), ne trouve pas une preuve suffisante de la libération lorsque l'écriture mise sur le titre a été tellement effacée et raturée, comme dans l'espèce, qu'il est impossible d'en lire le contenu; et MERLIN, *Répert.*, V° *Preuve*, enseigne que le système de POTHIER a été modifié par le Cod. Nap. — Quant à nous, nous devons l'avouer, nous préférons l'opinion de TOULLIER (tom. 8, n° 356), laquelle a été consacrée par un arrêt de Cassation du 23 déc. 1828, ainsi conçu :

« Considérant qu'aux termes de l'article 1353 les Juges sont autorisés à admettre les pré- » somptions au cas de fraude ou de dol; mais que, suivant l'article 1116, le dol ne se présu- » me pas et doit être prouvé; — Considérant que rien ne prouve, dans le jugement dont il » s'agit, que la rature de la quittance mise au bas de l'obligation en date du 12 pluviôse » an IX, ait été attaquée comme l'ouvrage du dol et de la fraude; qu'en l'absence d'allégation de fraude ou de dol, la cause se trouve placée dans les dispositions de l'article 1353, » qui ne permet aux Juges d'annuler un acte d'après des présomptions graves, précises et

Graziani C. Castelli.

ARRÊT.

Après délibération en la Chambre du Conseil,

La Cour; — sur les conclusions de M. Causse, Avocat Général; Attendu qu'aux termes de l'article 1332 du Code Civil, l'écriture mise par le créancier à la suite d'un titre qui est toujours resté en sa possession fait foi, quoique non signée ni datée par lui, lorsqu'elle tend à établir la libération du débiteur;

Attendu que, d'après l'opinion de plusieurs auteurs graves, cette règle doit être suivie quand même l'écriture serait barrée, puisqu'il ne doit pas être au pouvoir du créancier, possesseur de l'acte, de détruire, en la barrant, la preuve du paiement; — Que, si une telle doctrine pouvait être controversée, il serait toujours vrai que l'application de ladite règle doit dépendre des circonstances du fait, abandonnées aux lumières et à la conscience du Magistrat, comme l'a jugé la Cour de Cassation, par un arrêt du 11 mai 1819; — Que la circonstance que les mots qui établissaient la libération ont été effacés de manière à ne pouvoir plus être lus, est une présomption de plus contre le créancier, puisque, s'il avait agi de bonne foi, il n'aurait eu aucun intérêt à cacher le sens des mots qui ont été rayés;

» concordantes, que dans le cas où la valeur n'excède pas la somme de cent cinquante » francs, ce qui n'avait pas lieu dans l'espèce; — Considérant que néanmoins, le Tribunal » Civil de Nogent-sur-Seine ne s'est décidé à faire revivre la quittance raturée que sur de » simples présomptions, quoique cette quittance ne fût pas attaquée pour cause de dol et » de fraude, et qu'il s'agit d'une somme de plus de cent cinquante francs; d'où il suit que » le Tribunal Civil de Nogent a fait une fausse application de l'article 1353 du Code Civil, » et violé les articles 1116 et 1341 du même Code;—Cassc. »(S. 29. 1. 7;— D. P. 29.1. 74).

Nous avons cru devoir transcrire cet arrêt, parce qu'il résume mieux que nous n'aurions pu le faire les véritables raisons de décider.

Attendu que tout prouve que les mots effacés au bas de l'effet dont il s'agit contenaient la libération de feu Graziani, débiteur; en effet, quelques unes des lettres qu'on aperçoit encore paraissent se rapporter au mot *ricevuto*; les mots rayés sont écrits avec une encre différente de celle dont le créancier originaire s'est servi pour approuver comme nuls lesdits mots, et c'est avec la même encre qu'a été écrit l'endossement en faveur de Passani : plus de vingt-cinq ans à partir de la date dudit endossement se sont écoulés sans aucune réclamation de la part de ce dernier, tandis que l'effet était payable à dix jours de vue, et que ledit Passani s'était trouvé poursuivi et incarcéré pour dettes envers le trésor longtemps avant 1821, époque de l'endossement au profit du sieur Castelli;

Attendu que de ces divers faits il résulte des présomptions graves, précises et concordantes qui prouvent que l'obligation a été éteinte entre les mains de Bertoni, et que l'acquit mis au bas a été effacé, et l'endossement a été fait en faveur de Passani, à l'époque où celui-ci l'a passé à l'ordre du sieur Castelli, pour une plus grande garantie du paiement de la somme qu'il devait à ce dernier;

Attendu qu'une fois l'obligation éteinte, il n'était plus permis de la faire revivre au préjudice des enfants dudit débiteur Graziani, quand même l'argent aurait été déboursé par Passani, oncle dudit Graziani, qui paraît avoir géré les biens de sa succession; parce que dès qu'il n'y avait pas eu d'endossement au moment du paiement et de l'acquit, il ne pouvait compéter à Passani que l'action *Negotiorum gestorum*;

Attendu que la libération des hoirs Graziani envers Bertoni, créancier originaire, étant établie, il devient inutile d'examiner les autres exceptions proposées par les appelants;

A MIS l'appellation et ce dont est appel au néant;

ÉMENDANT et faisant ce qui aurait dû être fait,

DÉCLARE qu'il y a eu libération en faveur de Graziani, ès mains de Bertoni, pour la somme portée dans l'effet dont est procès;

DÉBOUTE, en conséquence, l'intimé de son action contre les appelants, à la charge par eux d'affirmer avec serment, parties présentes ou dûment appelées, par devant le Tribunal de Commerce de l'Ile-Rousse à ce commis par la Cour, qu'ils estiment de bonne foi que l'effet dont il s'agit a été acquitté entre les mains de Bertoni;

Réserve à l'intimé tous ses droits contre les endosseurs dudit effet.

Chambre Civile. — M. le Cte COLONNA D'ISTRIA, *Premier Président.*

MM. Bertora, Mari, } *Avocats.*

DU 1er MAI 1830.

COMPOSITION DE TRIBUNAL. — AVOCAT. — PRÉSOMPTION LÉGALE. QUALITÉS DE JUGEMENT. — NOUVELLES PARTIES. — EXCEPTION DE NULLITÉ. PROPRIÉTÉ. — FORCE MAJEURE. — TITRES. — PRÉSOMPTIONS. — CONSTRUCTIONS. — INDEMNITÉ.

Quand un Avocat est appelé à compléter un Tribunal, en présence des parties et sans opposition de leur part, il y a présomption légale qu'il n'a pas été possible de faire autrement (1).

La partie qui n'a pas demandé à faire rectifier les qualités d'un jugement où l'on a fait figurer des individus dont les noms n'étaient pas portés dans l'exploit introductif d'instance, et qui les a même tous intimés sur l'appel, est sans droit pour demander, pour ce chef, la nullité du jugement.

Les titres anciens, la possession et jouissance, appuyés de faits histori-

(1) Nous avons quelque doute sur la parfaite légalité de cette solution, qui nous semble en contradiction avec la jurisprudence constante de la Cour de Cassation. Il est certain que lorsque l'on doit remplacer un Juge appartenant à une chambre par un des membres d'une autre chambre, ou même par un juge suppléant, c'est-à-dire par une de ces personnes qu'une nomination particulière a déjà investie du caractère de juge, on doit présumer que le remplacement a eu lieu conformément aux prescriptions de la loi; et l'on peut ne pas exiger que la régularité du remplacement soit constatée par le jugement lui-même. Voir entre autres décisions: Rej., 9 août, 26 déc. 1826 et 27 juin 1827 (S. 27. 1. 172. 119 et 381; — D. P. 27. 1. 105 et 284); — *Idem*, 31 janv. et 12 mai 1828 (S. 28. 1. 296 et 440; — D. P. 28. 1. 117); — *Idem*, 14 août 1837 (S. V. 37. 1. 884; — D. P. 38. 1. 27); — *Idem*, 9 avril 1838 (S. V. 38. 1. 442); — *Idem*, 4 août 1842 (D. P. 43. 1. 89; — S. V. 43. 1. 328); — *Idem*, 9 déc. 1847 (S. V. 48. 1. 73). — Mais il doit en être, selon nous, autrement, lorsque franchissant l'ordre des Magistrats on arrive aux Avocats ou aux Avoués pour leur conférer les fonctions de Juge. Dans ce cas il faut que le jugement se suffise à lui-même, qu'il contienne la preuve qu'il a été rendu par un Tribunal légalement constitué; et comme la composition des Tribunaux est d'ordre public, on ne pourrait admettre, pour suppléer à ce défaut, ni les attestations, ni les certificats, ni les simples présomptions. C'est dans ce sens que s'est prononcée la Cour de Cassation, le 27 janv., 27 févr. et 13 juillet 1841 (S. V. 41. 1. 160, 642 et 669); — *Idem*, 22 janv. 1842 (S. V. 42. 1. 326); — *Idem*, 7 et 8 nov. 1843 (D. P. 43. 4. 279; — S. V. 44. 1. 54 et 55); — *Idem*, 4 mai 1846 (S. V. 46. 1. 397). — 5 mai 1851 (D. P. 51. 5. 332; — S. V. 51. 1. 480); — 28 nov. 1854 (D. P. 54. 1. 416; — S. V. 55. 1. 16); — Voir en outre un arrêt de la Cour de Bastia du 16 janv. 1856, tom. 4e de notre Recueil, à cette date, ainsi que la note 2-3.

ques et de présomptions peuvent établir en faveur des Communes le droit de propriété sur des terrains réclamés par l'État.

Les constructions et plantations exécutées sur ces terrains, au vu et au su des Communes, doivent appartenir aux particuliers qui les ont faites, à la charge par eux de payer aux Communes propriétaires une indemnité déterminée d'après la valeur du terrain occupé par les constructions et plantations.

Communes de Quasquara et Frassetο C. Le Préfet de la Corse et les sieurs Sanviti et consorts.

ARRÊT.

Après délibération en la Chambre du Conseil,

La Cour; — sur les conclusions de M. Pierangeli, Conseiller Auditeur, attaché au Parquet;

Considérant qu'il s'agit, dans l'espèce, d'une question de propriété dont la connaissance est attribuée par la loi aux Tribunaux ordinaires;

Considérant que le Tribunal d'Ajaccio s'étant complété avec l'Avocat Petreto, sans contradiction de la part de l'Avoué des appelants, il y a présomption légale qu'il n'a pu se compléter autrement;

Considérant que les appelants, au lieu de former opposition aux qualités où l'on voit figurer divers particuliers dont les noms ne se trouvent pas compris en la demande introductive d'instance, y ont acquiescé non seulement par leur silence, mais encore en assignant pardevant la Cour tous ces particuliers sans exception et sans protestations ni réserves; — Que dès lors toute nullité, s'il pouvait en exister, serait couverte;

Considérant, quant au fond, que d'après les actes de la cause, et notamment des décrets du Sénat de Gênes du 1er Septembre 1600, extraits d'un registre intitulé *Libro rosso* par le notaire Jean-Dominique Foata; de la décision du général Rivarola du 4 Novembre 1615; des actes publics des 2 et 28 Juin 1727 reçus par le notaire Leonardi, ainsi que des actes des 26 Août 1746 et 2 Octobre 1750; de la sentence de M. de Coursai du 7 Décembre 1752, et enfin du mémoire du sieur Armand, inspecteur des Domaines, du 15 Janvier 1783, il résulte que les territoires de Chiavari et de Coti appartenaient aux habitants de l'ancien village de ce nom ; — Que ces habitants, chassés de leurs propriétés par les fréquentes incursions des Barbaresques, se réfugièrent dans les Communes des *Pievi* de Talavo, Cauro et Ornano ; — Que réunis aux habitants desdites *Pievi* ils avisèrent au moyen de pouvoir cultiver non seulement les terrains de Chiavari et de Coti, mais tous ceux momentanément abandonnés, situés près de la mer entre les golfes d'Ajaccio et de Vallinco ; — Que les anciens propriétaires de ces immeubles, loin de les avoir laissés vacants, ne firent que céder au droit du plus fort, et montrèrent toujours le désir et l'intention de les reprendre et de les cultiver dès qu'ils auraient pu le faire sans danger ; — Que, d'après une convention passée avec le Gouvernement génois en 1593, ils s'obligèrent à construire à leurs frais six tours sur le bord de la mer, afin de garantir la contrée des incursions des ennemis, défendre leurs biens et protéger la pêche du corail que les Génois faisaient sur la côte ; — Que les six tours furent construites, approvisionnées et gardées par les habitants desdites *Pievi* ;

Considérant que pour les indemniser de ces sacrifices, le Sénat de Gênes, conformément aux conventions précédentes, accorda aux peuples des mêmes *Pievi* le droit exclusif de cultiver et faire pacager à leur profit tous les terrains existant sous la garde des six tours, en les affermant tous les ans la seconde fête de Pâques, ainsi qu'il appert du décret du Sénat de 1598 relaté en la sentence de M. de Coursai ; — Que parmi lesdites tours sont comprises celles de *l'Isolelle* et *della Castagna* sous la protection desquelles les terrains de Chiavari et de Coti sont situés ; — Que ces terrains, ainsi que tous ceux existant sous la garde des autres tours, ont été par la suite partagés entre les trois *Pievi* et entre les Communes d'icelles ;

Considérant que rien ne démontre que la République de Gênes se soit emparée des territoires dont est procès ; — Que, si elle les eût incorporés à son domaine, elle s'en serait réservé le droit de propriété dans les conventions passées avec les peuples en 1593, et dans le décret de 1600, ou du moins elle en aurait fait mention auxdits actes et n'aurait point ordonné à son Gouverneur en Corse de mettre à ferme tous les ans les terrains dont s'agit au profit des peuples, et celui-ci n'eût point gardé le silence dans les actes de partage desdits biens entre les Communes, en date des 21 et 28 juin 1727, lesdits actes passés en son palais, rédigés par son notaire, et dont il ordonna l'exécution après en avoir approuvé le contenu ; — Que si, d'après la quatrième demande de Jean-Diario de Cauro, procureur des peuples des trois *Pievi*, accordée par le Sénat au moyen d'un décret du 19 Juillet 1606, les habitants desdites *Pievi* qui auraient cultivé les terrains des particuliers sis sous la protection des six tours ne devaient être tenus qu'à la moitié du *terratico*, à cause que ces terrains n'auraient pu être utilisés sans la construction desdites tours, à plus forte raison il y a lieu de présumer que ces mêmes habitants doivent avoir exigé d'être affranchis de tous droits envers l'État, ayant contribué à défendre les côtes et à protéger une des principales branches de son commerce;

Considérant que, dans le cas où ces terrains eussent appartenu à la République de Gênes, elle en aurait transmis la propriété ainsi que tous ses droits aux peuples des trois *Pievi* pour les indemniser de la construction des six tours et de la garde d'icelles durant un grand nombre d'années;— Que ces tours ont été construites non seulement pour protéger les terrains dont s'agit, mais encore pour défendre les côtes de de cette partie de la Corse envahie et ravagée sans cesse par les ennemis de la République ; — Que si, en général, les biens du domaine de l'État sont inaliénables, il est des cas où ce principe cesse d'avoir son application : la nécessité de la guerre, la défense de l'État, sa sûreté et sa conservation rendent ces sortes d'aliénations permises et légitimes:

Considérant que les parties de Me Benedetti ont, par la production de titres, suffisamment justifié d'avoir depuis longtemps possédé de bonne foi les terrains composant les territoires de Chiavari et Coti, et d'en avoir disposé en propriétaires;

Considérant, à l'égard des particuliers demandeurs originaires et intimés en appel, qu'ils ont suffisamment justifié d'avoir construit sur les biens contestés des maisons et des moulins; d'y avoir planté des vignes et des arbres; d'y avoir fait des enclos à mur et à fossés; de les avoir longtemps jouis et possédés eux et leurs auteurs, et d'en avoir disposé en propriétaires légitimes, sans obstacles ni empêchement de la part des communes; — Que de l'ensemble du procès il résulte que, si ces terrains appartiennent aux appelants, il n'en est pas de même des habitations, des plantations, des clôtures et des établissements en tous genres que les intimés et leurs auteurs y ont fait à leurs frais et pour leur compte; — Que si, d'après la sixième demande dudit Jean-Diario de Cauro, il était défendu de faire sur ces mêmes terrains aucune espèce d'enclos, de l'acte du 2 octobre 1750 il résulte que, par la suite, il a été convenu entre les habitants d'y construire des maisons, d'y planter des vignes et des arbres; — Que le silence, de la part des Communes, lorsque ces divers ouvrages ont été faits, et l'ancienne possession des intimés continuée et attestée par plusieurs actes, peuvent servir à ces derniers de titre de propriété;

Sans s'arrêter aux exceptions proposées par les parties de Me Benedetti dont elles sont démises et déboutées,

A mis et met les appellations et ce dont est appel au néant;

Émendant, a déclaré et déclare que tous les terrains compris en la demande introductive d'instance des intimés, faisant partie des domaines de *Chiavari* et *Coti*, appartiennent en propriété aux Communes de *Quasquara* et de *Frasseto*;

Déboute l'État, et pour lui M. le Préfet, de sa demande en intervention;

Déclare les maisons, moulins, vignes, jardins, plantations d'arbres, enclos fermés à mur ou à fossés portés en demande, propriété exclusive des intimés,

Sauf à ces derniers à indemniser les Communes, ainsi que de droit, de la valeur des terrains sur lesquels lesdites constructions et plantations ont eu lieu............

Chambre Civile. — M. le Cte COLONNA D'ISTRIA, *Premier Président.*

MM. Bradi, Bertora, } *Avocats.*

Pourvoi en Cassation.

JUGEMENT. — QUALITÉS. — DÉSIGNATION. — CASSATION.
MOTIFS. — JUGEMENT. — RÉFORME.

L'arrêt qui, au lieu de désigner dans les qualités les noms, professions et demeures de tous les intimés, se borne à en indiquer quelques uns, avec cette addition : ET LEURS CONSORTS DÉSIGNÉS DANS LES QUALITÉS DU JUGEMENT DONT EST APPEL ET DANS L'EXPLOIT D'APPEL LUI-MÊME, *contient une irrégularité; mais cette irrégularité ne constituant pas une violation formelle de l'article 141 du Code de Procédure Civile, il n'y a pas lieu à cassation.*

Cette irrégularité ne peut, du reste, être invoquée comme moyen de cassation par les parties condamnées, qui avaient la faculté de faire rectifier les qualités, en y formant opposition.

La disposition d'un arrêt, modificative d'un droit reconnu par une disposition précédente, doit être spécialement motivée, à peine de nullité.

Spécialement, *l'arrêt qui, après avoir déclaré, par son dispositif, un terrain construit et planté d'arbres propriété exclusive du demandeur, en se fondant dans ses motifs sur la possession constante de ce dernier, ajoute ensuite, dans son dispositif, que néanmoins le demandeur devra indemniser le défendeur de la valeur de ce même terrain, sans qu'aucun motif justifie cette modification du droit de propriété exclusive précédemment reconnu, encourt la nullité prononcée par l'article 7 de la loi du 20 Avril 1810.*

ARRÊT.

Après délibération en la Chambre du Conseil,

LA COUR ; — sur les conclusions conformes de M. PASCALIS, Avocat Général ;

SUR LE PREMIER MOYEN :

Attendu que l'arrêt attaqué se réfère, pour la désignation de la presque totalité des parties, au jugement de première instance et à l'exploit d'appel; — Qu'il n'est pas établi qu'il y ait, à cet égard, des énonciations différentes dans le jugement et dans l'exploit d'appel; — Qu'il eût été sans doute plus régulier d'inscrire dans l'arrêt les noms, professions et demeures de tous les demandeurs, conformément à l'article 141 du Code de Procédure Civile, mais que lesdits demandeurs ne peuvent se faire un moyen de cassation d'une irrégularité qu'ils auraient pu eux-mêmes faire rectifier, en formant opposition aux qualités de l'arrêt; — Que cette irrégularité ne doit pas d'ailleurs être assimilée à l'absence totale de la désignation prescrite par l'article 141 du Code de Procédure Civile, et ne constitue, dès lors, aucune violation expresse de cet article;

REJETTE le premier moyen.

MAIS SUR LE DEUXIÈME MOYEN :

Vu l'article 7 de la loi du 20 avril 1810;

Attendu que l'arrêt attaqué reconnaît, dans ses motifs, que l'ancienne possession des demandeurs, CONTINUE ET ATTESTÉE PAR PLUSIEURS ACTES, des objets en litige entre eux et les communes de *Frasseto* et de *Quasquara*, peut LEUR SERVIR DE TITRE DE PROPRIÉTÉ et qu'il déclare, en conséquence, dans son dispositif, PROPRIÉTÉ EXCLUSIVE desdits demandeurs, LES MAISONS, MOULINS, VIGNES, JARDINS, PLANTATIONS D'ARBRES, ENCLOS FERMÉS A MURS ET A FOSSÉS, PORTÉS EN DEMANDE;

Attendu qu'après cette disposition très-explicite, basée sur l'ancienne possession des demandeurs, l'arrêt a ajouté : SAUF A CES DERNIERS A INDEMNISER LES COMMUNES DE FRASSETO ET DE QUASQUARA, AINSI QUE DE DROIT, DE LA VALEUR DES TERRAINS SUR LESQUELS LESDITES CONSTRUCTIONS ET PLANTATIONS ONT EU LIEU;

Attendu que cette réserve au profit des Communes de *Frasseto* et de *Quasquara*, qui constitue une véritable modification du droit exclusif de propriété, reconnu et déclaré en faveur des demandeurs, n'est expliquée dans aucune partie ou par aucun motif de l'arrêt attaqué; — Que, sous ce rapport, la Cour Royale de Bastia a formellement contrevenu à l'article 7 de la loi du 20 Avril 1810, qui exige que les jugements soient motivés, et qu'elle a expressément violé cet article;

Par ces motifs, et sans qu'il soit besoin de s'occuper du troisième moyen;

Casse l'arrêt de la Cour Royale de Bastia du 1er Mai 1830.

16 Décembre 1840. — *Ch. Civ.* — M. PORTALIS, *Premier Président.* — M. Thil, *Rapp.* — M. Pascalis *Av. Gén. Concl. conf.* — MM. Fichet et Scribe, *Avocats.*

Nous croyons devoir rapporter également l'arrêt rendu par la Cour Royale d'Aix, devant laquelle le procès avait été renvoyé par la Cour de Cassation. Il est ainsi conçu :

ARRÊT.

Après délibération en la Chambre du Conseil,

La Cour; — sur les conclusions de M. Désolliez, Premier Avocat Général;

En ce qui touche les fins principales et subsidiaires des parties :

Attendu que de nombreux documents de la cause établissent que les intimés sont, depuis longues années, en possession paisible et publique des terrains par eux occupés sur les plages de Coti et Chiavari; qu'ils y ont construit des maisons et des usines, planté des arbres et des vignes, établi des clôtures, et qu'ils en ont librement disposé, comme un propriétaire dispose de sa chose;

Attendu que, pour justifier les droits de propriété qu'elles prétendent avoir sur les terrains possédés par les intimés, les Communes de Quasquara et de Frasseto se prévalent de la concession du 15 Juillet 1593 faite par le Sénat de Gênes aux hommes et peuples des *Pievi* de Cauro, Talavo et Ornano;

Attendu que ce titre n'étant pas produit, il est impossible d'en consulter les termes pour déterminer la nature et l'étendue de la concession; mais que plusieurs titres postérieurs et notamment la requête adressée au Sénat de Gênes le 24 Mai 1600, en fait connaître les dispositions principales; — Qu'en effet, ce dernier acte constate que le Procureur des hommes et peuples des *Pievi* demandait au Sénat :

« 3° De commander qu'aucune personne, si ce n'est les hommes desdites *Pievi*, ne puissent semer dans les terres qui sont sous la garde desdites tours qui ont été construites et se gardent aux frais onéreux des peuples desdites *Pievi*;

» 4° Et parce que, avant que fussent construites lesdites tours, lesdits terrains étaient totalement incultes, et sont devenus en culture attendu la construction et la garde desdites tours, ledit Procureur supplie vos S. S. qu'elles daignent pourvoir à ce que les *maîtres desdits terrains* ne puissent se faire payer, par les hommes desdites *Pievi* qui y sèmeront, plus de la moitié du *terratico*, etc. »

Attendu que cette requête ayant été soumise à l'illustre Magistrature de Corse, celle-ci fut d'avis, sur les troisième et quatrième chefs, qu'il fût ordonné et accordé en tout conformément auxdites demandes; — Qu'enfin, par un décret du 1er Mai 1600, le Sénat de Gênes approuve l'avis, le sanctionne et en ordonne l'exécution;

Attendu que de ces titres invoqués par les communes elles-mêmes il résulte : — 1° Que la concession de 1593 a été faite non pas aux Communes appelantes, qui n'existaient point alors comme corps moral, mais aux hommes et peuples des *Pievi* dénommées dans l'acte; — 2° Que le Sénat de Gênes, qui reconnaît formellement que les terrains qui font l'objet de la concession ont des maîtres, n'a pas fait porter la concession sur le droit de propriété, mais qu'il a seulement accordé aux hommes et peuples dénommés, et dans lesquels se trouvaient compris les maîtres dont les droits étaient reconnus, le droit exclusif de cultiver, de faire pacager à leur profit tous les terrains existant sous la garde des tours; — 3° Que l'acte de 1593 étant ainsi interprété et apprécié, il s'ensuit que les terrains, objet de la concession, sont devenus à cette époque une chose commune entre les hommes et peuples des *Pievi* dénommées audit acte;

Attendu qu'il est de principe que l'associé, le communiste qui jouit de partie de la chose commune en jouit à titre de propriétaire, et que, par le simple laps de trente ans, il prescrit la propriété de ce dont il a eu exclusivement la jouissance; — Que les intimés sont donc bien fondés à exciper de leur possession certaine et immémoriale, pour être maintenus dans leurs propriétés;

Attendu, en outre, que s'ils avaient jamais pu être considérés comme détenteurs précaires, leur possession aurait été depuis longtemps intervertie; — Qu'en effet il est surabondamment prouvé que, de temps immémorial, ils exercent sur les parcelles par eux détenues les droits les plus illimités; — Que les actes par eux exercés, réalisés en face des Communes qui se prétendent propriétaires, auraient, au besoin, changé le caractère de leur possession;

Attendu, enfin, que fût-il prouvé que les Communes ont été investies des droits de propriété qui, suivant elles, leur ont été conférés par le décret de 1593, elles en auraient été depuis longtemps dépouillées; — Que cette expropriation a été effectuée par suite des concessions faites à plusieurs particuliers par arrêt du Conseil du 16 Janvier 1777, par lettres patentes du 26 Avril 1778 et par contrat du 22 Décembre 1780; — Que ces concessions ont été, il est vrai, expressément révoquées par décret de l'Assemblée Nationale en date du 5 Septembre — 12 Octobre 1791, mais que la révocation a eu lieu, non pas en faveur des Communes, mais dans le but de réunir au domaine national les terrains qui avaient été concédés aux particuliers dénommés dans les actes de concession révoqués;

Attendu que les Communes ne prouvent point que, soit depuis les concessions de 1777, 1778 et 1780, soit depuis le décret de 1791, elles aient exercé aucun acte de possession sur les terrains occupés par les intimés; — Que ceux-ci, au contraire, en ont eu constamment la jouissance; d'où il suit qu'en 1824, au jour où les Tribunaux ont été saisis du litige, les communes ne pouvaient, comme elles ne peuvent encore, se prévaloir d'aucun titre de propriété à l'égard des terrains possédés par les intimés; — Qu'elles étaient dès lors et sont encore tout à la fois non recevables et mal fondées dans leurs prétentions; — Qu'il y a donc lieu de maintenir les intimés dans la pleine propriété et jouissance de tous les terrains compris dans leurs divers exploits d'ajournement, en faisant observer que, dans les deux passages du dispositif du jugement dont est appel, où il est parlé de terres défrichées par les intimés jusqu'à ce jour et d'édifices faits jusqu'à ce jour, les expressions JUSQU'A CE JOUR doivent s'entendre du jour des demandes introduites par les exploits d'ajournement, en date des 3 Décembre 1824, 8 et 14 Février 1825, 8 et 31 Mars de la même année, ainsi que les intimés en sont convenus eux-mêmes devant la Cour;

Attendu qu'en l'état des solutions qui précèdent, il n'y a pas lieu d'examiner les conclusions subsidiaires et sous-subsidiaires prises par les diverses parties au procès;

. . . .

SANS S'ARRÊTER aux fins subsidiaires et sous-subsidiaires des parties au procès,

MET l'appellation au néant;

ORDONNE que ce dont est appel tiendra et sortira son plein et entier effet............

13 Août 1844. — Cour Royale d'Aix. — *Ch. assembl.* — M. POULLE EMMANUEL, *Premier Président.* — MM. MARTIN, et GUIEN, *Avocats.*

DU 10 MAI 1830.

VENTE. — RELOCATION. — RACHAT. — PRIX.

La vente faite avec RELOCATION *au vendeur, et* PACTE DE RACHAT, *mais dont la relocation a été stipulée pour un fermage qui représente exactement l'intérêt de la somme fixée pour le prix de la vente, ne peut être considérée comme constituant un* CONTRAT PIGNORATIF (1).

Nesa C. Bertarelli.

ARRÊT.

Après délibération en la Chambre du Conseil,

La Cour; — sur les conclusions conformes de M. Pierangeli, Conseiller Auditeur, attaché au Parquet;

Attendu que la demande introductive d'instance était dispensée du préliminaire de conciliation ayant été précédée d'une ordonnance à bref délai, rendue d'après des motifs suffisants d'urgence;

Attendu que l'autorisation de la femme Nesa à ester en jugement résulte du fait que son mari a conjointement avec elle figuré et plaidé dans l'instance;

Attendu que l'acte dont il s'agit réunit tous les caractères d'une véritable vente; — Que la nature de ce contrat n'a pu être changée en celle de contrat pignoratif, par cela seul que l'acte renferme le pacte de réméré et la relocation au vendeur de l'objet vendu; — Que le prix convenu entre les parties pour la relocation représente exactement l'intérêt légal de la somme fixée pour le prix de la vente, ce qui exclut

(1) Voir, Bastia 31 mai 1834 et la note (Notre Recueil, tom. 4. pag. 65).

toute idée d'usure, et ce qui cependant aurait été nécessaire, d'après la jurisprudence, pour constituer un contrat pignoratif;

Attendu, en outre, que rien ne justifie la vilité du prix alléguée par les appelants; — Que cette allégation est détruite par la valeur donnée à l'objet vendu dans la donation qui en a été faite aux appelants, et même par le prix du loyer dudit objet fixé par les premiers Juges à une somme moindre de l'intérêt légal du prix de la vente;

CONFIRME l'arrêt de congé défaut en date du 14 Avril dernier, etc.

Chambre Civile. — M. LE Cte COLONNA D'ISTRIA, *Premier Président.*

MM. ARRIGHI, ROMANI, } *Avocats.*

DU 9 JUIN 1830.

APPEL. — FIN DE NON-RECEVOIR. — ORDRE PUBLIC — OPPOSITION. DEGRÉS DE JURIDICTION. — FRAIS DE PROTÊT. — INTÉRÊTS.

La fin de non-recevoir, tirée de ce que le jugement est en dernier ressort, peut être opposée en tout état de cause (Cod. Proc. Civ. Art. 173 et 453).

Elle peut être proposée sur l'opposition formée par l'appelant à l'arrêt de défaut obtenu par l'intimé.

Elle doit même être suppléée d'office par le juge, comme étant d'ordre public (1).

Le coût du protêt et les intérêts que cet acte fait courir sont des accessoires de la demande principale, et ne peuvent être pris en considération pour déterminer le premier ou le dernier ressort [Cod. Proc. Civ. Art. 453; — Cod. Comm. Art. 639] (2).

---

(1) V. Conf. : Bastia, 2 avril 1827 et la note 1re, *suprà*, pag. 253.

(2) Cela nous paraît constant en jurisprudence et en doctrine, malgré quelques arrêts contraires. Voir, en effet, Conf., Rejet, 5 mars 1807 (D. A. 4. 640; — S. 7. 1. 191); — Agen, 20 févr. 1824 (D. P. 1. 1204; — S. 24. 2. 235); — Nancy, 9 janv. 1826 (D. P. 26. 2. 122); — Rouen, 28 nov. 1826 et Pau, 8 déc. 1827 (D. P. 28. 2. 112; — S. 28. 2. 160); — Bordeaux, 3 juin et 12 août 1831 (D. P. 31. 2. 256; — S. V. 32. 2. 121); — Lyon, 16 janv. 1836 (D. P. 37. 2. 7; — S. V. 36. 2. 311); — Caen, 5 févr. 1840 (S. V. 41. 2. 10); — Cass., 2 juin 1845 (S. V. 45. 1. 518); — Bordeaux, 3 févr. 1848 (D. P. 48. 5. 105; — S. V. 48. 2. 733); — Orléans, 27 nov. 1850 (S. V. 51. 2. 252). — MERLIN, *Répert.* V° *Dernier ressort*, §. 12, n° 2; — CARRÉ, *De la Compétence*, tom. 2, n° 532; — PARDESSUS, *Droit Comm.*, tom. 5, n° 1358; — NOUGUIER, *Des Trib. de Comm.*, tom. 3, pag. 145, et *De la Lettre de change*, tom. 1er, liv. 3, chap. 10.

Contrà : Rouen, 5 nov. 1827 (D. P. 28. 2. 75; — S. 28. 2. 160); — Rej., 18 août 1830 (D. P. 30. 1. 385; — S. V. 31. 1. 75); — Bourges, 3 juillet 1844 (D. P. 45. 2. 137; — S. V. 45. 2. 608).

Fondacci C. Fabiani.

ARRÊT.

Après délibération en la Chambre du Conseil,

La Cour; — sur les conclusions contraires de M. Pierangeli, Conseiller Auditeur, attaché au Parquet;

Attendu que les exceptions fondées sur l'ordre public, comme le sont celles concernant l'ordre des juridictions, peuvent être proposées en tout état de cause, et doivent même être suppléées d'office par le Juge;

Attendu que l'opposition à un arrêt de défaut faisant revivre l'appel, il s'ensuit qu'après l'opposition on peut exciper de toutes fins de non-recevoir qui ne doivent pas être nécessairement proposées *in limine litis;*

Attendu que le principal de la demande étant d'une somme moindre de mille francs, il ne peut pas y avoir lieu aux deux degrés de juridiction; — Que les frais du protêt de la lettre de change et les intérêts que le protêt a fait courir, étant des accessoires de la demande, ne peuvent changer la nature du dernier ressort...........

Déclare l'appel non recevable...........

Chambre Civile. — M. le Cte COLONNA D'ISTRIA, *Premier Président.*

MM. Semidei, Paoli, } *Avocats.*

DU 3 JUILLET 1830.

CHOSE JUGÉE. — IDENTITÉ D'ACTION. — JUGE CRIMINEL. — JUGE CIVIL.

La régle Non bis in idem *s'applique au cas où l'action portée devant le Tribunal Civil est la même sous tous les rapports que celle jugée précédemment par le Tribunal Criminel, entre les mêmes parties.*

Pietri C. **Pietri.**

ARRÊT.

Après délibération en la Chambre du Conseil,

LA COUR; — sur les conclusions de M. PIERANGELI, Conseiller Auditeur, attaché au Parquet;

Considérant que le pouvoir de juger au civil par le Juge criminel est un pouvoir qui émane textuellement des dispositions de l'article 3 du Code d'Instruction Criminelle; et que la règle *Non bis in idem* lui est applicable toutes les fois que l'action qu'on veut intenter au civil est identique avec celle qui a été jugée au criminel; — Que cette doctrine, proclamée par la jurisprudence des arrêts, est pacifique entre les auteurs, et qu'il n'y a divergence entr'eux que sur le point de savoir si la chose jugée au criminel doit produire des effets au civil, alors même que la partie se prétendant lésée n'est pas intervenue et n'a pas figuré en cause;

Considérant que la contestation qui est soumise aujourd'hui à la Cour a été jugée entre les parties; — Que la veuve Pietri, partie de Me Saladini, ne fait que reproduire devant les Juges civils l'action qu'elle avait déjà intentée devant les Juges criminels; — Qu'elle la reproduit, au même nom, en la même qualité et pour les mêmes causes; — Que s'il est vrai de dire que le Tribunal Correctionnel de Sartene, par son jugement du 26 Juillet 1827, et par suite la Cour Royale de Bastia, avec son arrêt du 3 Décembre même année, ne lui adjugeaient qu'une somme donnée à titre de dommages et intérêts, toujours est-il que le jugement du Tribunal de Sartene, sur lequel a été appelée plus tard à statuer, en degré d'appel, la Cour Royale d'Aix, avait, en même temps, décidé que l'acte de vente du 6 Octobre 1825 était le produit d'une escroquerie exercée par le docteur Pietri; — Que celui-ci était également coupable d'avoir soustrait frauduleusement les billets et titres de créance s'élevant à la somme de vingt-un mille treize francs, ainsi que les cinq cent cinquante-sept *mezzini*, trois *bacini* de blé portés aujourd'hui en demande, et qu'enfin la cession du 24 Octobre 1825 était également le résultat de la fraude et de l'abus d'un blanc-seing remis par feu Pierre-Marie Pietri au docteur Pietri lui-même;

Considérant que tous ces faits, déclarés constants dans l'intérêt de la société pour l'application de la peine, l'étaient également dans l'intérêt de la partie civile, et devaient lui profiter pour la réparation de son dommage; — Que la conséquence forcée qui en découlait était, dès lors, que le docteur Pietri était tenu à la restitution de tous les effets, titres et papiers dont il s'était emparé, et que les deux cessions par lui invoquées devenaient également de nul effet; — Qu'ainsi donc tous les extrêmes, tous les caractères de la chose jugée se vérifient, et que c'est en vain que l'on voudrait se prévaloir en dernier lieu des termes dans lesquels l'arrêt de la Cour Royale d'Aix a été rendu; — Que, quels que soient ses termes, cet arrêt n'est pas moins intervenu sur les conclusions respectives de toutes les parties, et n'a pas moins jugé définitivement, en réformant le jugement du Tribunal Correctionnel de Sartene, que le docteur Pietri n'était point coupable, et que, par conséquent, la partie civile était déboutée de sa demande et condamnée aux dépens;

DIT qu'il y a chose jugée sur tous les points qui forment l'objet du litige entre les parties, etc............

Chambre Civile. — M. LE Cte COLONNA D'ISTRIA, *Premier Président.*

MM. ARRIGHI, ROMANI, } *Avocats.*

DU 20 JUILLET 1830.

RECONNAISSANCE DE DETTE. — MINEUR ÉMANCIPÉ. — TUTEUR. — COMPTE DE TUTELLE.

Toute reconnaissance de dette faite dans un testament par un mineur émancipé, en faveur de celui qui a été son tuteur, est nulle et ne peut produire effet, si elle ne constitue qu'une donation déguisée, et si surtout elle n'a pas été précédée de la reddition et de l'apuration du compte définitif de la tutelle [Cod. Civ. Art. 907] (1).

Colonna C. Mercurj.

ARRÊT.

Après délibération en la Chambre du Conseil,

La Cour ; — sur les conclusions conformes de M. Pierangeli, Conseiller Auditeur, attaché au Parquet ;

Considérant que l'inscription hypothécaire prise par l'appelant a pour titre une disposition testamentaire faite par feu Joséphine Colonna, mineure émancipée, et décédée avant d'avoir atteint sa majorité, en faveur de Lazare Mercurj qui avait été son tuteur jusqu'à l'émancipation ; — Que, par cette disposition, la testatrice grevait son héritière d'acquitter à ce dernier la somme de mille cinq cents francs, et que c'est en qualité de cessionnaire de Lazare Mercurj que l'appelant a pris l'inscription, pour la conservation de ses droits ;

Considérant qu'il est de maxime que *Qui non potest donare, non potest confiteri ;* — Qu'aux termes de l'article 907 du Code Civil la

(1) Cela nous semble résulter nécessairement du texte même de l'article 907 Cod. Nap., et de l'esprit dans lequel a été rédigé l'article 472 du même Code. — V. Conf. : Rejet, 25 juin 1839 (D. P. 39. 1. 293 ; — S. V. 39. 1. 688). — Troplong, *Donat. et Test.*, nos 619, 620 et 621, ainsi que les différentes autorités qu'il cite.

testatrice Joséphine Colonna ne pouvait, comme mineure, disposer en faveur de celui qui avait été son tuteur, et que si l'on voulait même l'assimiler au mineur devenu majeur, sous le prétexte qu'elle était émancipée et hors de la tutelle au moment de son testament, sa disposition n'en serait pas moins infectée de nullité, parce qu'il n'est pas justifié que le tuteur eût préalablement rendu et apuré le compte définitif de la tutelle; — Que, dès lors, Lazare Mercurj n'ayant pas réglé ses comptes de tutelle, était incapable de recevoir une libéralité quelconque de sa pupille, soit d'une manière directe, soit sous la forme déguisée d'une reconnaissance de dette; — Que comme mineure elle ne pouvait consentir avec effet, et que son tuteur ou celui qui le représente, devait faire résulter sa créance d'un compte régulièrement rendu et apuré; — D'où la conséquence ultérieure que la disposition sus-dite étant frappée de nullité par l'article sus-mentionné, n'a pu ouvrir une action au profit de Lazare Mercurj et de son cessionnaire, et moins encore l'autoriser à requérir l'inscription hypothécaire pour la conservation de cette libéralité;

CONFIRME.

Chambre Civile. — M. MARCILESE, *Conseiller, f. f. de Président.*

MM. ARRIGHI, DE CASABIANCA, *Avocats.*

DU 29 NOVEMBRE 1830.

PARTAGE. — ÉCRITURE. — PREUVE TESTIMONIALE. — COMMENCEMENT DE PREUVE PAR ÉCRIT.

Tout partage, même entre cohéritiers majeurs, pour être valable et définitif, doit être fait par écrit.

Un partage verbal ne peut jamais être considéré que comme provisoire, lorsque les parties ne consentent pas à l'exécuter de bonne foi; — Et son existence ne saurait être établie par témoins, lors même qu'il y aurait un commencement de preuve par écrit [*Cod. Civ., Art. 816, 819, 1347, 1582*] (1).

---

(1) Pour que chacun puisse bien apprécier la controverse qui s'est élevée sur cette question, et se convaincre de la parfaite légalité de la décision ci-dessus, nous croyons n'avoir rien de mieux à faire que de transcrire en entier la note qui accompagne un arrêt rendu par la Cour de Riom, le 10 mai 1855 (S. V. 56. 2. 1), et qui est signée par M. Gilbert, l'auteur des Codes annotés de Sirey. Cette note est ainsi conçue :

« D'après l'article 816 Cod. Nap. : *Le partage peut être demandé, même quand l'un des cohé-* » *ritiers aurait joui séparément de partie des biens de la succession, s'il n'y a eu* UN ACTE *de* » *partage, ou possession suffisante pour acquérir la prescription.* — Et l'article 819 ajoute que : » *Le partage peut être fait dans la forme et par* TEL ACTE *que les parties intéressées jugeront* » *convenables.* — Résulte-t-il de ces textes que l'écriture soit de l'essence du partage ; que » tout partage fait autrement que par acte qui le constate doive être, de sa nature, réputé » purement provisionnel, et ne saurait dès lors être un obstacle à ce qu'un nouveau partage » soit demandé par les héritiers ? — ou bien, au contraire, les partages verbaux, dont l'exis- » tence est reconnue ou peut être établie suivant les règles ordinaires pour la preuve des » conventions, sont-ils valables et définitifs, aussi bien que s'ils avaient eu lieu par écrit, » quand d'ailleurs il n'existe pas de doute sur l'intention des parties de faire cesser réelle- » ment leur indivision ?... C'est là, comme on sait, un point qui divise profondément les » auteurs, et sur lequel la jurisprudence n'offre aussi que divergence.

» La première opinion, celle qui exige un acte écrit pour opérer partage définitif, est » enseignée par Chabot, *Des Success.*, sur l'art. 816, n° 1er ; — Delvincourt, tom. 2, pag. 344, » édit. de 1819 ; — Merlin, *Répert.*, V° *Partage*, § 1, n° 2, et V° *Prescript.*, sect. 2, § 13, n° 6 ; — » Delaporte, *Pandect. Franç.*, sur l'art. 819 ; — Duranton, tom. 7, n° 96 *bis* ; — Rolland » de Villargues, *Répert. du Not.*, V° *Partage*, n° 157, 2e édit. ; — Massé, *Parfait notaire*, » tom. 3, pag. 372, 6e édit. ; — Malpel, *Success.*, n° 243 ; — Vazeille, *Prescript.*, tom. 1, » n° 378, et *Successions*, sur l'art. 816, n° 6 ; — Fouet de Conflans, *Esp. de la Jurispr.*, sur » l'art. 819 ; — Belost-Jolimont, sur Chabot, *ubi suprà* ; — Marcadé, sur l'art. 816, n° 1 ; —

Poletti C. Orsatelli.

En 1821, décès de François Poletti laissant pour héritiers les frères et sœurs Poletti, ses neveux et nièces, et Madeleine Poletti sa sœur.

En 1826, décès de cette dernière laissant plusieurs héritiers, au nombre desquels la femme Orsatelli.

En Juin 1828, demande en partage de la succession de François Poletti, l'auteur commun, par les époux Orsatelli, contre les frères et sœurs Poletti. — Ces derniers résistent à la demande en partage, sur le fondement que ce partage a déjà eu lieu verbalement du vivant de Madeleine Poletti, auteur des demandeurs. A l'appui de cette

---

» Du Caurroy, Bonnier et Roustaing, *ibid.*; — Bioche, *Dict. de Proc.*, V° *Partage*, n° 50, » 5e édit.; — Massé et Vergé sur Zachariæ, tom. 2, § 390, note 10. Quelques-uns de ces » auteurs, toutefois, présupposent plutôt la doctrine dont il s'agit qu'ils ne l'établissent par » un examen spécial. — Quant à la jurisprudence, elle a consacré cette même doctrine par » les arrêts suivants : Cass., 6 juillet 1836 (D. P. 39. 1. 298; — S. V. 36. 1. 876); — Bour- » ges, 3 mars 1823, (S. V. C. N., 7. 2. 178); — Bastia, 9 janv. 1833 (V. ci-après à cette » date); — Colmar, 24 janv. 1832 (D. P. 32. 2. 215; — S. V. 32. 2. 657); — Toulouse, 30 » août 1837 (D. P. 38. 2. 71; — S. V. 38. 2. 384); — Orléans, 16 juillet 1842 (D. P. 43. 2. » 15; — S. V. 42. 2. 452).

» La seconde opinion, celle qui attribue aux partages verbaux le même effet qu'aux par- » tages écrits, est soutenue par Malleville, sur l'art. 816; — Zachariæ, tom. 4, § 623, note 6, » édit. Aubry et Rau, et tom. 2, § 390, note 10, édit. Massé et Vergé; — Aubry et Rau, sur » Zachariæ, *loc. cit.*; — Demante, *Cours. analyt.*, tom. 3, n° 140 *bis* I, et Dutruc, *Du Partage des* » *Success.*, n° 20; — et elle a été sanctionnée par arrêts des Cours de Bourges, 19 avril 1839 » (D. P. 39. 2. 225; — S. V. 39. 2. 422); — Montpellier, 16 août 1842 (S. V. 43. 2. 148); — Bordeaux, » 30 nov. 1853 (S. V. 53. 2. 56). Ces arrêts décident que l'écriture n'est pas de l'essence du » partage, et admettent la preuve testimoniale de partages verbaux, en se fondant sur l'exis- » tence de commencements de preuve par écrit à cet égard. — On cite aussi, dans le sens de » cette seconde opinion, trois arrêts de la Cour de Cassation du 27 avril 1836, 20 janv. 1841 » et 21 janv. 1842 (D. P. 36. 1. 247; — S. V. 36. 1. 946; — 41. 1. 577; — 42. 1. 745); mais ces » arrêts sont intervenus dans des espèces particulières qui enlèvent à leur décision toute » l'autorité qu'on voudrait leur attribuer sur la question. Dans la première, en effet, il » existait des circonstances de simulation et de fraude faisant exception aux règles ordi- » naires, à l'égard des tiers surtout. Or, c'était précisément un acquéreur de biens hérédi- » taires qui alléguait le fait d'un partage antérieur entre les héritiers. Dans la seconde espèce, » l'existence d'un acte de partage n'était pas contestée; seulement cet acte se trouvait adiré : » on conçoit qu'alors la preuve testimoniale ou de simples présomptions aient pu être ad- » mises pour déclarer la consistance des lots attribués à chacun des copartageants, ceux-ci » s'étant conformés à la loi lors du partage. Dans la troisième espèce, il existait un acte de » partage fait par des experts que les parties avaient choisis; seulement cet acte n'était pas

assertion, ils produisent : 1° une procuration donnée par Madeleine, quelques mois après la mort de François Poletti, à son gendre le sieur Orsatelli lui-même, pour procéder en son nom au partage de l'hérédité de François Poletti, indivise entre elle et ses neveux et nièces ;— 2° plusieurs actes sous seing-privé, contenant, sous diverses dates, vente par Madeleine de plusieurs immeubles qu'elle déclarait lui appartenir comme les ayant recueillis dans la succession de François Poletti, son père. — Dans l'un de ces actes elle disait même que l'immeuble faisant l'objet de la vente, lui était échu *par la voie du sort dans le partage verbal qui avait eu lieu entre elle et ses neveux et nièces, de l'hoirie de François Poletti.* — De ces actes géminés les défendeurs tiraient la preuve de l'existence du partage par eux allégué ; ils concluaient subsidiairement à l'admission de la preuve testimoniale comme se trouvant appuyée sur un commencement de preuve par écrit.

18 Mai 1830, Jugement du Tribunal de Calvi qui accueille la demande en partage.

Appel.

» signé d'elles, mais elles l'avaient exécuté : la Cour Suprême a pensé que cette circons- » tance, à laquelle s'en rattachait une autre que relève également son arrêt, le partage » pouvait être opposé à ceux qui le repoussaient. On voit que cet arrêt, pas plus que les deux » autres, ne saurait être considéré comme résolvant la question qui nous occupe, et que la » jurisprudence de la Cour de Cassation n'offre de précis sur cette question que l'arrêt an- » térieur du 6 juillet 1836, rappelé plus haut, dans lequel se trouve expressément posé le » principe de la nécessité d'un acte écrit.

» Maintenant, si nous nous demandons, dans l'état de controverse existant sur la diffi- » culté, quelle est la doctrine qui doit être préférée, nous répondrons que, selon nous, c'est » celle suivant laquelle un acte écrit est indispensable pour conférer au partage un carac- » tère définitif, et qui ne reconnaît au partage fait verbalement qu'un caractère simplement » provisionnel. — Nous savons bien qu'en droit romain, les partages verbaux étaient au- » torisés : on trouve à cet égard des textes formels dans les lois 9 Cod. *Fid. instrum.*; 12 » Cod. *Fam. ercisc.*, et 4, Cod. *Comm. divid.* — Selon M. DUTRUC, celui de nos auteurs mo- » dernes qui a le plus approfondi la question, il en était de même dans notre ancien droit, » et en preuve ce jurisconsulte cite le *Recueil de Jurispr.* de ROUSSEAU-LACOMBE, V° *Partage*, » où en effet on lit sect. 3, n° 4 que : *Le partage ne cesse d'être valable quoiqu'il ne soit rédigé* » *par écrit.* Mais sur quoi cet auteur appuie-t-il son assertion ? Uniquement sur les trois » lois romaines que nous venons de rappeler : ce qui peut être insuffisant pour notre droit » français. Et si l'on consulte POTHIER en cette matière, on voit qu'il s'exprime d'une ma- » nière qui exclurait les partages verbaux. *Les partages*, dit-il (*Traité des Success.*, chap. 4, » art. 4), *se font à l'amiable par acte devant notaire, ou même souvent par acte sous seing-privé,* » *ou bien ils se font par le juge.* — V. aussi *ibid.* art. 1er, § 1er, et *Cont. de Société*, n° 166, où » l'auteur parle d'un laps de temps faisant présumer qu'il y a eu partage et que l'acte *a pu* » *s'égarer.* — LEBRUN (*Des Success.*, liv. 4, chap. 1er, n° 3), qui admet contre l'action en par- » tage la possession de dix ans, principalement entre villageois, exige pour cela qu'il y » ait *projet de partage par écrit.* Ce qui semble indiquer qu'en règle générale un partage » par écrit est nécessaire pour repousser l'action en partage, du moins quand ces dix ans

ARRÊT.

Après délibération en la Chambre du Conseil,

La Cour ; — sur les conclusions contraires de M. Flandin, Avocat Général ;

Attendu que, pour repousser la demande en partage des conjoints Orsatelli, les appelants se prévalent d'un prétendu partage verbal qui

» ne sont pas écoulés. — V. aussi sur ce point Frigot, *Cout. de Normandie*, sur l'art. 353, » *in fine*, ainsi que Despeisses, tom. 1er, pag. 158, édit. de 1750, et Lapeyrère, V° *Partage*, » qui exigent diverses conditions pour dispenser d'un acte écrit. Aussi la Cour de Toulouse » dit-elle, dans son arrêt du 30 août 1837, qu'il existait, sur la nécessité d'un acte écrit, » diversité dans l'ancienne jurisprudence.

» Sans insister à cet égard, et fût-il vrai que l'ancien droit admît les partages verbaux, » nous pensons que notre nouvelle législation aurait innové à cet égard et qu'elle ne re- » connaît comme partages définitifs que ceux-là seuls qui sont constatés par écrit. Les ter- » mes employés par les art. 816 et 819 Cod. Nap., nous paraissent ne pouvoir recevoir une » autre interprétation. Dans le langage du droit, le mot *acte* s'entend communément de l'é- » crit *(instrumentum)* constatant les conventions, et non de la convention elle-même. Sans » doute, notre droit moderne n'est pas formaliste et ne subordonne pas, en général, la va- » lidité des conventions à l'existence d'un acte écrit; mais quand cependant la loi en a » disposé autrement dans un cas spécial, il faut bien alors appliquer sa disposition, préfé- » rablement aux règles ordinaires : or, ici, cette disposition spéciale résulte, comme on l'a » vu, de deux textes exprès, des deux art. 816 et 819, qui l'un et l'autre se servent du mot » *acte* : on ne peut raisonnablement prétendre, comme on l'a fait, que c'est là une inad- » vertence du législateur, et que cette expression, répétée à deux fois, a été employée pour » indiquer indifféremment le contrat ou la convention de partage.

» Une objection à l'appui de sa thèse est tirée par M. Dutruc de l'art. 1582 Cod. Nap., » qui porte que la vente peut être faite par acte authentique ou sous seing-privé. *Certes*, dit » M. Dutruc, *voilà un langage autrement restrictif que celui des art.* 816 *et* 819, *et cependant* » *il est incontestable que la vente peut avoir lieu verbalement.* — Cette objection a, au premier » abord, quelque chose de spécieux, mais qui se dissipe bientôt, lorsque l'on remarque que » l'art. 1582 avait été expliqué par le législateur lui-même d'une manière qui ne permettait » pas d'y voir une disposition limitative. M. Portalis, en présentant au Corps Législatif » l'exposé des motifs du titre de la vente, s'était en effet exprimé en ces termes : *Dans la* » *vente, l'écriture n'est exigée que comme preuve*, tantum ad probationem; *ainsi, une vente ne* » *sera pas nulle par cela seul qu'elle n'aura pas été rédigée par écrit, elle aura tout son effet, s'il* » *conste d'ailleurs de son existence.* — Impossible, en présence de tels motifs, de donner à » l'art. 1582 un sens restrictif, c'est-à-dire d'y voir la volonté de proscrire les ventes pu- » rement verbales ou non constatées par écrit. — Ici, c'est tout le contraire qui a lieu. » M. Siméon, en présentant le vœu du Tribunat au Corps Législatif, a dit sur l'art. 816 : *Il*

serait intervenu précédemment entre les parties; — Que, de la combinaison des articles 816 et 819 du Code Civil, il résulte que tout partage, même entre cohéritiers majeurs, pour être valable et définitif, doit être fait par écrit; — Que telle est l'acception naturelle et légale des mots ACTE DE PARTAGE, employés par lesdits articles en opposition du fait de jouissance séparée des biens à partager, insuffisante pour suppléer au défaut de titre, s'il n'y a possession capable d'entraîner la prescription; — Que telle est l'opinion émise par les Orateurs du gouvernement lors

» *n'y a jamais partage par le seul fait; il faut toujours un* acte *qui le règle, à moins que la* » *possession séparée qu'on aurait eue ne se transforme en titre par la prescription.* — Rien de plus » formel que cette explication de notre disposition. Vainement la repousse-t-on en disant » qu'elle n'est pas motivée. Ce peut être là un reproche à adresser à l'orateur; mais cela » ne détruit pas l'expression de l'intention dans laquelle a été conçue la disposition de » l'art. 816.

» Et d'ailleurs, ces motifs ne sont-ils pas frappants? Le partage est un acte essentiellement complexe; il en est peu, on peut dire même qu'il n'en est pas dont les opérations » soient généralement plus nombreuses et plus compliquées : constatation de l'actif et du » passif de la succession, prélèvements, rapports, soultes, formation des lots, etc. Comment veut-on que ces diverses opérations, qui se combinent entre elles et dépendent les » unes des autres puissent se constater autrement que par un écrit? Il serait de la plus » grande difficulté, et presque toujours impossible d'en établir l'existence par des témoignages, reposant sur de simples souvenirs. Permettre la preuve testimoniale en cette » matière c'eût été jeter les parties dans des contestations inextricables.

» Ajoutons, comme l'observation en a été faite, que le partage faisant, par une fiction de » la loi, remonter l'attribution des biens au jour même de l'ouverture de la succession, il » était d'un intérêt général, pour assurer les droits des tiers, que les cohéritiers ne pussent, » par des partages verbaux et successifs, changer leur position et par suite celle des tiers » qui auraient contracté avec eux. Aussi va-t-on jusqu'à décider, généralement, que les » partages même sous seing-privé ne peuvent leur être opposés, s'ils n'ont pas date certaine.

» Nous croyons donc que c'est à bon droit que la Cour de Riom, par l'arrêt ci-dessus, a » refusé d'admettre la preuve par témoins du partage verbal qui était allégué, sans égard » au commencement de preuve par écrit invoqué devant elle, et cela parce que ce partage » était, de sa nature et de par la loi, purement provisionnel. — Il en serait de même, selon » nous, au cas où la partie à laquelle on opposerait le partage verbal reconnaîtrait son » existence : ce ne serait toujours encore qu'un partage provisionnel qui résulterait de cet » aveu, et l'on peut reprocher avec raison une contradiction ou un défaut de logique à » quelques-uns des partisans de la première opinion (notamment MARCADÉ), qui, tout en » exigeant l'écriture pour la validité du partage, admettent un tempérament à cette opinion pour le cas d'aveu du partage verbal.

« M. DUTRUC présente en outre à l'appui de sa thèse cette raison qui ne laisse pas, d'après

de la discussion du Code Civil, et par les auteurs qui ont écrit sur la matière ;

Attendu que, de ce que l'acte de partage doit être fait par écrit, il en découle la conséquence que tout partage verbal ne peut être considéré

» lui, de réponse : *On prétend*, dit-il, *puiser la preuve que l'écriture est de l'essence du partage* » *dans l'art*, 816 *et* 819, *et l'on ne remarque pas que*, *d'après l'art*. 816 *lui-même*, *le fait seul des* » *copartageants peut opérer le partage*, *indépendamment de toute convention écrite*, *puisque cet* » *article déclare la demande en partage non recevable*, *lorsque les héritiers ont joui séparément des* » *biens de la succession pendant le temps nécessaire pour prescrire!* — Mais, évidemment, cette » objection porte à faux : si la possession suffisante pour prescrire opère extinction de » l'action en partage, c'est parce que la prescription éteint tous les droits, ceux des cohéri- » tiers entre eux comme tous autres, et nullement parce qu'elle prouverait ou supposerait » qu'un partage a réellement eu lieu, Cass., 23 nov. 1831 (D. P. 31. 1. 373; — S. V. 32. » 1. 67); — Marcadé, sur l'art. 816, n° 2.

» On a fait valoir enfin une dernière considération contre l'opinion que nous soutenons » ici : on a dit, qu'exiger que les partages soient faits par écrit, c'est obliger les parties qui » ne savent pas écrire à recourir à un notaire, même pour les successions les plus minimes. » — Quand même cela serait, on pourrait répondre : *Dura lex*, *sed scripta*. Mais d'ailleurs » il ne faut rien exagérer : si le peu d'importance des biens a déterminé les intéressés à se » les partager verbalement et sans frais, cette modicité les empêchera également d'intenter » en justice une action à fin de nouveau partage, dont les frais absorberaient et au delà » l'avoir à partager; et il en sera d'autant mieux ainsi qu'il y aurait pour le demandeur » obligation d'établir la consistance d'une succession dont les objets (presque toujours » mobiliers dans l'hypothèse) pourraient être ou disparus ou passés en mains tierces. Nul » inconvénient bien grand n'est donc à redouter de la doctrine consacrée ici par la Cour » de Riom; et dans toutes les espèces jugées par les arrêts cités plus haut, on voit qu'il » s'agissait de biens ou valeurs plus ou moins importantes, et non de ces successions » modiques dont on parle.

» Nous le répétons, le principe de la nécessité d'un partage écrit nous semble conforme » à l'esprit comme au texte de la loi; cependant, nous devons l'avouer, ce n'est pas d'abord » sans une grande hésitation que nous avons embrassé ce parti; et nous nous permettons » de faire ici un appel à M. le professeur Demolombe, pour qu'il examine la question avec » la science et la profondeur dont il donne tant de preuves dans son *Cours de Code Napoléon*, » arrivé précisément aujourd'hui au titre des successions : son sentiment sur la question » ne pourra manquer d'être d'un grand poids pour l'opinion à laquelle il se rangera.

» Dans l'examen auquel nous venons de nous livrer, nous n'avons pas tenu compte d'une » distinction proposée par Delvincourt et suivie par M. Poujol, d'après laquelle le partage » verbal serait permis pour les successions purement mobilières, mais serait prohibé pour » les successions immobilières. Cette distinction est généralement rejetée : ou un acte écrit » n'est jamais indispensable, ou il l'est pour toute espèce de succession. Cela ne paraît » pas pouvoir souffrir de difficulté. »

P. Gilbert.

que comme provisoire, lorsque les parties ne consentent pas à l'exécuter de bonne foi ; — Que cette interprétation est toute dans l'intérêt des parties et propre à prévenir une foule de difficultés qui se présenteraient nécessairement, si on pouvait donner consistance à un partage verbal ; — Qu'en effet, indépendamment de ce que l'absence de l'écriture dénote que l'intention des copartageants n'a été que de jouir séparément, mais temporairement, des biens à partager, il serait difficile et souvent presque impossible de constater d'une manière claire et précise, au moyen d'une preuve non littérale (quand même on rapporterait un commencement de preuve par écrit), la formation des lots, leur tirage au sort et leur attribution respective, les prélèvements, rapports, compensations, soultes, enfin tout ce qui a eu lieu dans un partage définitif, et peut en assurer l'irrévocabilité ;

CONFIRME.

Chambre Civile. — M. LE Cte COLONNA D'ISTRIA, *Premier Président.*

MM. ROMANI, MILANTA, père, } *Avocats.*

DU 30 NOVEMBRE 1830.

DEGRÉS DE JURIDICTION. — RÉDUCTION DE LA DEMANDE.

Lorsque la demande contient deux chefs, qui, réunis, forment une somme supérieure à mille francs (aujourd'hui mille cinq cents francs), et que, néanmoins, la contestation s'est réduite, à l'audience, à un seul chef constituant une somme moindre de mille francs (mille cinq cents francs aujourd'hui), c'est sur le litige ainsi réduit que la compétence doit être réglée; le jugement qui intervient est, par conséquent, en dernier ressort (1).

Confortini C. Cagnazzoli.

ARRÊT.

Après délibération en la Chambre du Conseil,

La Cour; — sur les conclusions conformes de M. Flandin, Avocat Général;

Attendu que, quoiqu'il soit vrai que la compétence du premier ou du dernier ressort se règle d'après le montant de la demande, et non d'après celui de la condamnation, la jurisprudence a aussi admis le principe que, lorsque la demande contient deux chefs et qu'il n'y a contestation entre les parties que sur un chef ne constituant à lui seul qu'une somme moindre de mille francs, c'est sur le litige ainsi réduit que la compétence doit être déterminée;

Attendu que la demande dont il s'agit s'élevait à la somme totale de mille cent vingt-neuf francs, soixante-quinze centimes, savoir : cinq cent soixante-dix francs environ pour des fèves, et cinq cent soixante

(1) Conf. : Rejet, 17 fructidor an XII et 7 juin 1810 (D. A. 4. 635; — S. 4. 2. 191; — 11. 1. 35); — Lyon, 26 janv. 1825 (D. P. 25. 2. 146; — S. 25. 2. 117); — Bastia, 28 juin 1826, *suprà* page 177.

francs environ pour des lupins; — Que le jugement attaqué fait foi que Confortini est convenu et de la livraison desdites denrées et du prix des fèves, et que seulement il a prétendu que le prix des lupins devait être fixé à cinq francs, au lieu de cinq francs, soixante-quinze centimes par *staro*, réclamés en demande; — Que, d'après les déclarations faites par Confortini, la contestation entre les parties s'est trouvée bornée au seul chef des lupins, dont la valeur demandée étant inférieure à la somme de mille francs, ne peut être susceptible des deux degrés de juridiction;

DÉCLARE l'appel de Confortini non recevable............

Chambre Civile. — M. LE Cte COLONNA D'ISTRIA, *Premier Président.*

MM. CARBUCCIA, ROMANI, } *Avocats.*

DU 7 DÉCEMBRE 1830.

DROIT ANCIEN. — INSTANCE. — PÉREMPTION. — ACTION. — PRESCRIPTION. FEMME MARIÉE. — DOT. — INALIÉNABILITÉ. — IMPRESCRIPTIBILITÉ.

Sous l'ancien droit, la péremption de l'instance était acquise par défaut de poursuites pendant trois ans (1).

Les actions portées en justice se prescrivaient par quarante années d'interruption (2).

Pendant le mariage la prescription ne courait pas contre les femmes mariées; et les biens dotaux étaient inaliénables et imprescriptibles (3).

(1-2-3) Il serait bien difficile, selon nous, de critiquer et de combattre avec succès les trois solutions ci-dessus; car les textes des Lois Romaines et des Statuts de la Corse, qui étaient applicables aux faits de la cause, sont trop clairs et trop précis pour que l'on puisse conserver quelque doute à cet égard. Il suffira, en effet, de rappeler 1° que la loi 13 au Code *De Judiciis*, prescrivait de terminer tous les procès criminels dans le délai de deux ans, et de juger définitivement toutes les affaires civiles dans l'espace de trois années ; — 2° que la loi 9 *eodem*, *De Prescript.* 30 *vel* 40 *annorum*, voulait, comme le dit Cujas en la résumant : *Omnem actionem temporalem litiscontestatione perpetuari, id est, extendi in tricennium; omnem autem actionem perpetua litiscontestatione perpetuari, id est, in 40 annos extendi;* et que cette loi, ainsi que la 1re au Code *De Ann. Except.*, § 1er *in fine*, dérogeait au principe de l'ancien droit établi par la loi 139 ff. *De Reg. Jur.*, dans laquelle on lit : *Omnes actiones quæ morte aut tempore pereunt, semel inclusæ judicio, salvæ permanent;* — 3° Que le chap. 34 de nos Statuts, qui, dans cette partie, ne nous paraît que la traduction du § 4 de la loi 7 au Code *De Præscriptione* 30 *vel* 40 *annorum*, s'exprime en ces termes: « .... *E rispetto alle donne vedove cominci a correre detta prescrizione (d'anni trenta) dal giorno della morte del marito, o vero dopo la morte del marito, se dopo la sua morte la fusse interrotta.* » — On pourrait peut-être se demander si l'instance dont il s'agit, quoique commencée avant la publication du Cod. de Proc. Civ., ne pouvait pas être déclarée également périmée, par la cessation de toutes poursuites pendant trois ans, sous l'empire de ce même Code; et nous croyons que l'on devrait répondre affirmativement à cette question, sans encourir le reproche de vouloir donner un effet rétroactif aux dispositions de nos lois nouvelles. — Voir dans ce sens : Rejet, 5 janv. 1808, 12 juillet 1810, 15 juillet 1818, 2 avril 1823, 25 nov. 1823 et 18 févr. 1828 (D. A. 11. 178. 183 et 185; — D. P. 28. 1. 136; — S. 8. 1. 119; — 10. 1.

Dame Arnaud C. **Dame Aufriani.**

ARRÊT.

Après délibération en la Chambre du Conseil,

La Cour; — sur les conclusions conformes de M. Flandin, Avocat Général;

Attendu que la contestation qui s'est élevée entre les parties est, d'une part, la péremption de l'appel, et, d'autre part, la prescription de l'action;

Attendu, en droit, que toute instance est périmée par le laps de trois

368; — 19. 1. 25; — 23. 1. 197; — 24. 1. 121; — 29. 1. 127); — Cass., 6 juillet 1835; — Rejet, 24 août 1853 (D. P. 35. 1. 387; — 53. 1. 271; — S. V. 35. 1. 497; — 54. 1. 42).

Une seconde question que l'on pourrait se poser en présence de l'arrêt de la Cour de Bastia, et qui serait beaucoup plus délicate, serait celle de savoir si notre législation actuelle n'a pas abrogé les principes de l'ancien droit, d'après lesquels, lorsque après avoir intenté une action ordinaire, on laissait la procédure interrompue pendant 30 ou 40 ans, cette procédure était éteinte de plein droit, et subissait le sort que l'action aurait subi incontestablement s'il n'y avait pas eu de poursuites. Quant à nous, malgré l'autorité de Merlin, *Répert.*, tom. 17, add., pag. 448 et 449, et un arrêt de la Cour de Cassation du 2 août 1841 (D. P. 41. 1. 309; — S. V. 41. 1. 776), malgré les arguments que l'on pourrait tirer d'un autre arrêt de la même Cour, sous la date du 23 nov. 1831, lequel cependant ne s'applique pas entièrement à notre espèce (D. P. 31. 1. 375; — S. V. 32. 1. 67), nous nous prononcerions encore pour l'affirmative. Nous pensons, en effet, que le Cod. de Proc. consacre ce principe que la péremption n'a jamais lieu de plein droit, même lorsqu'elle concourt avec la prescription, et qu'elle ne peut pas être opposée par exception. Nous croyons que, tant que la péremption n'est pas demandée directement, l'instance tient indéfiniment l'action en état, et que son effet ne doit pas se borner à prolonger jusqu'à la limite de 30 ans, les actions dont les lois particulières restreignent l'exercice à un temps moindre. C'est dans ce sens que la Cour de Cassation a rendu ses arrêts des 11 janv. 1826 et 21 nov. 1837 (D. P. 26. 1. 100; — 38. 1. 15; — S. V. 27. 1. 82; — 38. 1. 76); et cette jurisprudence a été adoptée par Chauveau sur Carré, Quest. 1413, ainsi que par Troplong, *De la Prescription*, tom. 2, nos 681 et 683. — Nous ferons enfin remarquer que Merlin avait précédemment émis une opinion contraire à celle qu'il soutient *ubi suprà*.

ans, et que toute action est prescrite par celui de trente ans; et, comme le portaient les lois IVe et IXe au Code *De Præscriptione* 30 *vel* 40 *annorum*, applicables à l'espèce, par quarante ans, s'agissant d'une action pendante par devant les Tribunaux;

Attendu, en fait, qu'à l'époque de la demande en péremption, il s'était écoulé plus de trois ans sans aucun acte depuis l'appel; et qu'à partir de ladite époque il y avait eu aussi discontinuation de poursuites pendant plus de quarante ans. D'où il suit que la péremption quoique acquise, ne saurait produire aucun effet, si l'action elle-même se trouvait éteinte par la prescription;

Attendu, quant à ce, que la prescription ne court pas à l'égard des personnes empêchées d'agir; — Que l'action portée devant la justice royale de Calvi était relative à des droits dotaux de la partie de Benedetti, et que l'exercice de ladite action ne compétant pas à la femme pendant le mariage, on ne saurait lui imputer le retard à en poursuivre l'effet, de telle sorte que la prescription ait pu courir avant le décès du mari; — Que ce n'est réellement qu'à partir de cette époque que la prescription pouvait courir contre la femme pour tout ce qui concerne la dot, comme il appert de la loi *Cum notissimi*, § 4, *De Præscript.* 30 *vel* 40 *annorum*, et du chap. 34 des Statuts Corses, par lesquels le procès actuel doit être régi; — Qu'en outre les immeubles saisis à la requête de la veuve Arnaud, par suite de l'éviction d'un bien à elle constitué en dot, devant lui tenir lieu du bien dotal évincé, étaient frappés d'inaliénabilité et, par conséquent, d'imprescriptibilité pendant le mariage;

Attendu que le mari de la veuve Arnaud étant décédé le 18 Juillet 1815, l'action dont il s'agit ne se trouve point prescrite, ne s'étant écoulé qu'un intervalle de quinze ans;

Attendu que Marie-Victoire Mariani, femme Anfriani, une des filles de l'appelant, a, le 25 Juin 1820, renoncé à la succession de son père, et que l'action de la veuve Arnaud doit être restreinte contre Marie-Dominique Mariani, autre fille de l'appelant, dont elle a accepté la succession sous bénéfice d'inventaire, par acte reçu au greffe du Tribunal de première instance de Calvi, en date du 23 Janvier 1808;

SANS S'ARRÊTER à la prescription excipée par la partie de Progher,

DÉCLARE éteinte et périmée l'instance d'appel introduite par exploit du 4 Mai 1787, contre la sentence rendue par la justice royale de Calvi, le 4 Septembre 1786.........

Chambre Civile. — M. LE Cte COLONNA D'ISTRIA, *Premier Président.*

MM. SALICETI, MARI, } *Avocats.*

DU 21 DÉCEMBRE 1830.

DEGRÉS DE JURIDICTION. — RECONVENTION.
OBLIGATION. — CONTREBANDE. — CAUSE ILLICITE. — ORDRE PUBLIC.

Lorsque sur une demande inférieure à mille francs (mille cinq cents francs aujourd'hui), il est formé une demande reconventionnelle en dommages-intérêts, pour retard dans l'exécution du contrat, cette demande reconventionnelle doit être jointe à la demande principale pour déterminer le degré de juridiction. — La reconvention, dans ce cas, doit être réputée avoir pris naissance dans un fait antérieur à la demande principale et indépendant de cette même demande (1).

La convention qui a pour objet l'introduction en France de marchandises prohibées, est radicalement nulle. Cette nullité est d'ordre public, et ne saurait être couverte par un commencement d'exécution [Cod. Civ. Art. 1131 et 1133] (2).

Le retard apporté dans l'exécution d'une semblable convention ne saurait être le fondement d'une demande en dommages-intérêts (3).

---

(1) Cette doctrine avait déjà prévalu dans la jurisprudence et parmi les auteurs, lorsque le Législateur a cru devoir l'ériger en loi. La question décidée par l'arrêt que nous rapportons, ne peut donc plus être portée devant les Tribunaux. — V. article 2, § final de la loi du 11 avril 1838; — VICTOR FAUCHER, sur cet article n° 545, et surtout le discours prononcé par M. PORTALIS, et dont cet auteur transcrit quelques passages; — BENECH, *Des Tribunaux de première instance*, pag. 358 et suiv., et pag. 398 et suiv.

(2-3) Il est incontestable, selon nous, que l'obligation de faire la contrebande est nulle et ne peut produire aucun effet, puisque la cause est illicite et formellement prohibée par les lois. De cette première vérité, retenue par la Cour de Bastia, il suit nécessairement que l'inexécution d'une pareille obligation ne saurait donner lieu à des dommages-intérêts. Il serait, en effet, impossible de prétendre que quelqu'un peut valablement s'obliger à commettre un délit, et que son refus de se rendre coupable devant la loi doit le soumettre à une réparation civile. On peut d'ailleurs consulter, au besoin, sur ces questions : Colmar, 10 juin 1814, 19 févr. 1828 et 2 avril 1833 (D. A. 10. 468;— D. P. 28. 2. 67 ; — S.V. 15. 2. 128; — 28. 2. 182; — 34. 2. 124); — Rej., 25 août 1835 (D. P. 35. 1. 404; — S.V. 35. 1. 673); — Paris, 18 févr. 1837 (D. P. 38. 2. 173); ainsi que MERLIN, *Répert.*, V° *Société*, sect. 1re, n° 3; — DELANGLE, *Des Sociétés*, tom. 1er, n° 103; — TROPLONG, *eodem*, tom. 1er, n° 86.

Carbuccia C. Bonisoli.

Bonisoli s'était obligé à fournir à Carbuccia une certaine quantité de sel venant de Livourne. On était convenu d'un jour et d'un lieu pour la livraison.

Carbuccia prétendait avoir envoyé une barque, au jour convenu, pour prendre livraison, et avoir inutilement attendu, pendant trois jours, Bonisoli. — Celui-ci disait qu'il avait été empêché par les vents de toucher les côtes de la Corse, à l'époque indiquée, et qu'au moment de son arrivée, ne trouvant personne pour recevoir le sel, et se voyant pourchassé par la Douane, il avait été obligé de le jeter à la mer. — Bonisoli n'en réclamait pas moins les neuf cents francs qui lui avaient été promis par Carbuccia pour prix du sel à livrer. Carbuccia non seulement se refusait à payer, mais formait une demande reconventionnelle en dommages-intérêts de deux mille sept cents francs.

Jugement qui admet les conclusions de Bonisoli.

Appel.

ARRÊT.

Après délibération en la Chambre du Conseil,

La Cour; — sur les conclusions conformes de M. Flandin, Avocat Général;

Attendu que, d'après la jurisprudence, le taux du premier et du dernier ressort se règle par la réunion du montant de la demande principale avec celui de la demande reconventionnelle, quand même cette dernière serait relative à des dommages-intérêts, lorsque cependant ces dommages-intérêts ont pour cause un fait antérieur à la demande; — Que Carbuccia, se fondant sur la prétendue inexécution de la convention passée entre les parties, et, par conséquent, sur un fait antérieur et indépendant de la demande de Bonisoli, a reconventionnellement demandé, contre ledit Bonisoli, la somme de deux mille sept cents francs, à titre de dommages-intérêts; — Que peu importe que la demande principale ne s'élevât qu'à la somme de neuf cents francs environ; car, pour déterminer la compétence, les deux demandes devant être collectivement considérées par les Juges, et ces demandes s'élevant ensemble à plus de mille francs, il s'ensuit que le jugement intervenu sur lesdites demandes ne peut être qu'en premier ressort;

Attendu que la convention sur laquelle les parties se fondent respectivement, a pour objet l'introduction, dans ce département, d'une quantité de sel étranger; — Que cette marchandise étant prohibée à l'entrée, et s'agissant, par conséquent, de faire la contrebande, punissable même de peines corporelles, il est évident que l'objet de la convention est illicite et contraire à la loi; ce qui, aux termes des articles 1131 et 1133 du Code Civil rend ladite convention radicalement nulle;

Attendu qu'une pareille nullité ne saurait être couverte par le commencement d'exécution donné par les parties à la convention, parce que rien ne peut, en aucun cas, faire fléchir le principe d'ordre public, d'après lequel toute convention illicite est incapable de produire aucun effet;

Sans s'arrêter à la fin de non-recevoir contre l'appel,

Met au néant l'appellation et le jugement attaqué;

Émendant, déboute les parties de leurs fins et conclusions respectives,

Et les met hors de Cour et de procès.........

Chambre civile. — M. le Cte COLONNA D'ISTRIA, *Premier Président.*

MM. de Casabianca, Figarelli, } *Avocats.*

ANNÉE 1831.

DU 5 JANVIER 1831.

ARBITRAGE. — TIERS ARBITRE. — NOMINATION. — AVIS. — PROCÈS-VERBAL.

Lorsque les arbitres ne conviennent pas du choix du tiers arbitre, ce choix appartient au Président du Tribunal [Cod. Proc. Civ. Art. 1017] (1).

Lorsqu'il est établi que les arbitres ont conféré avec le tiers arbitre, qu'ils lui ont fait connaître leur avis, et que les parties ont discuté en leur présence, il n'est point nécessaire, pour la régularité de la sentence, que les arbitres aient rédigé procès-verbal de leur avis motivé [Cod. Proc. Civ. Art. 1018] (2).

...... *Surtout alors que les arbitres et le tiers arbitre ont été constitués* amiables compositeurs, *et qu'ils ont été dispensés de suivre les formalités prescrites par la loi* (3).

---

(1) Conf. : Aix, 2 août 1826 (S. 27. 2. 205). — *Sic*, DALLOZ, *Jur. Gén.*, 2e édit., V° *Arbitrage*, n° 799; — DE VATISMENIL, n° 199. — Cependant CHAUVEAU sur CARRÉ, Quest. 3343 *bis*, pense que, si les arbitres ne s'accordent pas sur le choix du tiers arbitre, ils peuvent confier ce choix à un tiers. Mais cette doctrine, en opposition avec la règle *Delegatus sub delegare non potest* (L. *More Majorum*, ff. *De Jurisdict.* et L. *A Judice*, Cod. *de Judic.*), donnerait naissance aux inconvénients que le législateur a précisément voulu prévenir, en désignant le Président du Tribunal pour la nomination du tiers arbitre dont les arbitres n'ont pu convenir. En effet, si, dans le silence de la loi et contre les prescriptions de l'art. 1017 Cod. Proc. Civ., on autorisait les arbitres à se substituer un tiers pour le choix du tiers départiteur, il faudrait, par une conséquence forcée, reconnaître à ce tiers le même droit, et ainsi de suite. Cela n'est évidemment pas possible; et la Cour de Bastia a décidé, ce nous semble, avec raison que dans le cas de désaccord des arbitres sur le choix du tiers qui doit les départager, ce choix ne pouvait appartenir qu'au Président du Tribunal.

(2-3) Ces points nous paraissent constants. — Voyez Cass., 5 déc. 1810 (D. A. 1. 733; — S. 11. 1. 135); — Bordeaux, 9 mars 1830 (DALLOZ, *Jur. Gén.*, tom. 5, n° 781); — Grenoble, 1er juin 1831 (S. V. 33. 2. 212); — Agen, 20 janv. 1832 (D. P. 33. 2. 203); — Rejet, 30 déc. 1834 et 10 févr. 1835 (D. P. 35. 1. 84; — S. V. 35. 1. 542; — DALLOZ, loc. cit., n° 761); — Rejet, 21 janv. 1840 et 30 juillet 1850 (D. P. 40. 1. 108; — 50. 1. 248; — S. V. 50. 1. 717); — Nîmes, 20 mars 1839 (DALLOZ, *ubi suprà*); — Rejet, 5 févr. 1855 (S. V. 55. 1. 521) — *Sic*, MONGALVY, n° 111; — GOUBEAU, tom. 2, pag. 307; — DE VATISMENIL, n° 206; — THOMINE-DESMAZURES, tom. 2, pag. 674.

Contrà : Rennes, 11 déc. 1810; — Orléans, 13 juin 1817 (J. Av., tom. 16, pag. 500).

Marchioni C. Marchioni.

ARRÊT.

Après délibération en la Chambre du Conseil,

LA COUR; — sur les conclusions conformes de M. FLANDIN, Avocat Général;

Attendu que le partage des sieurs Monterossi et Emmanuelli sur le fond des contestations soumises à leur décision comme arbitres, ainsi que leur dissidence sur le choix du tiers arbitre, résulte des faits et actes de la cause, et notamment du procès-verbal dressé le 20 Décembre 1829 par le sieur Monterossi, et par la lettre à lui adressée le lendemain par le sieur Emmanuelli; — Que ce fait établi, il est évident que la nomination du tiers arbitre appartenait au Président du Tribunal Civil de Calvi; — Qu'enfin cette nomination était devenue urgente par l'imminente expiration du délai du compromis, puisqu'elle a eu lieu le dernier jour dudit délai;

Attendu que, d'après l'article 1018 du Code de Procédure Civile, pour que le tiers arbitre puisse prononcer sur le différend soumis à l'arbitrage, il n'est pas nécessaire que les avis divers aient été rédigés par écrit, et que la seule obligation imposée au tiers arbitre est de conférer avec les autres arbitres;

Attendu que lesdits arbitres ont été sommés de se présenter à un jour déterminé, ensemble aux parties, chez le sieur Leoni-Paoli, tiers arbitre nommé par le Président du Tribunal, et que le jugement arbitral, rendu par ce dernier, constate qu'il a entendu les parties et conféré avec les arbitres divisés, en déclarant toutefois que le sieur Emmanuelli, l'un d'eux, n'avait pas satisfait à la promesse de remettre un procès-verbal de son avis motivé;

Attendu que le tiers arbitre, en prononçant, s'est conformé à l'avis écrit du sieur Monterossi, un des arbitres, constaté au moyen d'un procès-verbal;

Attendu, au surplus, que, par le compromis, les arbitres et le tiers arbitre avaient été nommés amiables compositeurs, et expressément dispensés de suivre les formes établies par la loi;

DÉBOUTE la partie de Progher de son opposition à l'ordonnance d'*exequatur* du jugement arbitral en date du 21 Janvier 1830;

ORDONNE, de plus fort, que ledit jugement sortira son plein et entier effet.

Chambre Civile. — M. LE Cte COLONNA D'ISTRIA, *Premier Président.*

MM. SALICETI, MARI, } *Avocats.*

DU 16 MARS 1831.

JUGEMENT. — SOLIDARITÉ. — INDIVISIBILITÉ. — DÉPENS.

Quand un même jugement condamne, à la fois, plusieurs personnes au paiement d'une certaine somme, sans fixer les parts respectives, chacune d'elles doit payer sa part virile de la condamnation, quelle que soit l'origine de la dette, et quand même les personnes condamnées auraient été tenues de la dette SOLIDAIREMENT *ou par* PORTIONS INÉGALES [*Cod. Proc. Civ. Art. 130, et Cod. Civ. Art. 1202*] (1).

Montera C. Giulj.

ARRÊT.

Après délibération en la Chambre du Conseil,

LA COUR; — sur les conclusions contraires de M. FLANDIN, Avocat Général;

Attendu que c'est un principe de droit spécialement consacré par les lois 43 ff., *De re jud.*; — 10, § 3, *De appell.*, etc.; — 1 et 2 Cod.

(1) ROUSSEAU-LACOMBE, *Rec. de Jurisp.*, V° *Dépens*, pag. 157, prétend au contraire, que lorsque, comme dans l'espèce de l'arrêt ici recueilli, les parties qui succombent étaient, à l'origine, tenues de la dette solidairement, il y a solidarité entr'elles pour le paiement des dépens; et deux arrêts, l'un de la Cour de Rouen du 17 mars 1808 (S. 8. 2. 337), l'autre de la Cour de Liége, du 20 juin 1835, analysé par CHAUVEAU sur CARRÉ, quest. 553 en note, abritent son opinion. — Mais cette doctrine, qui tend à éluder la prohibition de l'art. 1202 du Cod. Nap. de prononcer la solidarité hors les cas énoncés par la loi, à l'aide d'une distinction qu'aucune disposition de loi n'autorise, a été rejetée avec raison par la Cour de Cassation, arrêt du 15 mai 1811 (S. 11. 1. 257) et elle est unanimement repoussée par les auteurs. Voyez MERLIN, *Répert.*, V° *Dépens*, tom. 3, pag. 552 et 554; — PIGEAU, *Comment.*, tom. 1er, pag. 308; — FAVARD DE LANGLADE, tom. 3, pag. 159, n° 12; — THOMINE-DESMAZURES, tom. 1er, pag. 253; — DALLOZ, *Jur. Gén.*, 2e édit.; — BONCENNE, tom. 2, pag. 541; — CHAUVEAU, *ubi suprà*; — BOITARD, tom. 1er, pag. 522; — BERRIAT SAINT-PRIX, tom. 1er, pag. 158; — DURANTON, tom. 11, n° 192. Voir ci-dessus, pag. 437 et 443, deux arrêts du 2 février et 22 mars 1830 ainsi que les notes.

Si plures unâ sententiâ condemnati sunt, que lorsque plusieurs personnes sont condamnées à la fois, par la même sentence, au paiement d'une certaine somme ou quantité, chacune d'elles doit payer sa part virile de la condamnation, quelle que soit l'origine de la dette, et quand même les personnes condamnées auraient été tenues solidairement ou par portions inégales;

Attendu que l'arrêt du 16 Août 1827, ayant condamné conjointement, et sans fixer la part de chacun, les sieurs Joseph-Marie, Antoine et François-Antoine, tous Montera, appelants dans le procès qui a été jugé par ledit arrêt, à payer au sieur André Giulj les fruits du bien contesté alors entre les parties, ainsi que les dépens, il s'ensuit que chacun desdits trois Montera est responsable envers Giulj, par égale portion, c'est-à-dire par tiers, du montant des condamnations prononcées par ledit arrêt, et que, dès lors, la chose jugée résultant du même arrêt s'oppose à la demande des sieurs Joseph-Marie et François-Antoine Montera, tendante à obtenir, à l'égard de chacun d'eux, et au moyen d'un *exclaratoire*, la réduction du tiers des condamnations, comme ci-dessus;

Déclare qu'en exécution de l'arrêt du 16 Août 1827, Giulj était en droit de réclamer, par tiers, le montant des condamnations prononcées en sa faveur par ledit arrêt, savoir : un tiers de Joseph-Marie Montera, un tiers de François-Antoine Montera et un tiers d'Antoine Montera;

Dit, par conséquent, qu'il y a chose jugée à l'égard de la demande en *exclaratoire* et en réduction présentée par Joseph-Marie et François-Antoine Montera, dont ils sont démis et déboutés,

Et avant de statuer, etc............

Chambre Civile. — M. le Cte COLONNA D'ISTRIA, *Premier Président.*

MM. Figarelli, Casella, } *Avocats.*

DU 22 MARS 1831.

ARBITRAGE. — QUESTION D'ÉTAT.
RENONCIATION. — OPPOSITION. — EXCEPTION. — ORDRE PUBLIC. — INDIVISIBILITÉ.

Lorsque des parties qui se disputent une succession soumettent expressément à des arbitres la question de savoir si leur auteur a été marié, et si les arbitres, avant de prononcer sur les droits successifs, décident qu'aucun mariage n'a existé, le compromis et la sentence sont nuls [Cod. Proc. Civ. Art. 1004] (1).

La renonciation à la voie de l'opposition dans le cas de l'article 1028 du Code de Procédure Civile, et notamment quand il s'agit d'une question d'État, est comme non avenue [Cod. Proc. Civ. Art. 1028. — Cod. Civ. Art. 6] (2).

---

(1) Si l'on s'accorde assez généralement pour reconnaître que l'on peut compromettre sur les intérêts pécuniaires nés à l'occasion d'une question d'État, il en est autrement lorsqu'il s'agit de savoir si les arbitres peuvent statuer sur une question d'État préjudicielle au fond du procès dont ils sont saisis. — CARRÉ, n° 3267 — DALLOZ, *Jur. Gén.*, 2° édit., V° *Arbitrage*, n° 303; — GOUBEAU, tom. 1er, pag. 77; — MONGALVY, n° 189, se prononcent pour l'affirmative, mais avec des restrictions et des distinctions diverses.— La négative, qui résulte implicitement de l'arrêt ici recueilli, est embrassée par CHAUVEAU, Quest. 3267; — FAVARD DE LANGLADE, tom. 1, pag. 197; — DE VATISMENIL, n° 135; — BELLOT, tom. 1, pag. 184; — RODIÈRE, n° 10. — Il nous semble aussi qu'en pareil cas, la solution qui sera donnée à la question d'État, quoiqu'elle ne soit soumise aux arbitres qu'accessoirement, exercera toujours une influence décisive sur la décision au fond.

(2) Conf. : Rennes, 7 juillet 1818 (DALLOZ, *Jur. Gén.*, 2° édit., V° *Arbitrage*, n° 1338; — Cass., 8 août 1825 (D. P. 25. 1. 211); — Paris, 19 mars 1825 (D. P. 25. 2. 161); — Cass., 21 juin 1831 (D. P. 31. 1. 211; — S. V. 31. 1. 290); — Toulouse, 23 mai 1832 (D. P. 32. 2. 161.; — S. V. 32. 2. 412); — Pau, 3 juillet 1833 (D. P. 34. 2. 66; — S. V. 34. 2. 34); — Grenoble, 14 août 1834 (D. P. 35. 2. 87; — S. V. 35. 2. 202); — Pau, 26 mai 1836 (D. P. 37. 2. 4; — S. V. 36. 2. 431) — Nancy, 11 août 1843 (D. P. 45. 1. 84; — S. V. 45. 1. 185); — Besançon, 7 juillet 1854 (S. V. 54. 2. 733); — FAVARD DE LANGLADE, tom. 1er, V° *Arbitrage*, sect. 1re, § 4, n° 4; — CHAUVEAU. Quest. 3374; — MONGALVY, n° 492; — BIOCHE, V° *Arbitrage*, n° 156; — SOUQUET, *Des temps légaux*, V° *Arbitrage*, n° 101; — DE VATISMENIL, n° 304; — DEVILLENEUVE et MASSÉ, V° *Arbitr.*, n° 183; — PARDESSUS, n° 1408; — GOUBEAU, tom. 1er, pag. 482; — RODIÈRE, pag. 36; — GOUJET et MURGER, V° *Arbitr. forcé*, n° 372; — FRÉMINVILLE, *Organ. et Compét. des Cours d'appel*, n° 610.

Contrà : Rejet, 31 déc. 1816 (D. A. 1. 798; — S. 18. 1. 38); — Besançon, 18 mars 1828

La sentence arbitrale, nulle pour avoir statué sur une question d'État, doit aussi être annulée dans la partie qui prononce sur les droits successifs contestés. — A ce cas ne s'applique pas la règle Tot capita, tot sententiæ [*Cod. Proc. Civ. Art. 1019 et 1028* (3).

Bernardi C. Massoni.

ARRÊT.

Après délibération en la Chambre du Conseil.

LA COUR ; — sur les conclusions contraires de M. FLANDIN, Avocat Général ;

Attendu qu'aux termes de l'article 1004 du Code de Procédure Civile, on ne peut compromettre sur les questions d'État ;

Attendu que les parties, au moyen de leur compromis, tout en se disputant la succession de feu Marie Valerj, ont expressément soumis au Juge arbitre la question de l'existence ou de la non-existence du mariage, entre ladite feue Marie Valerj et Ambroise Bernardi, et que le Juge arbitre, avant de statuer sur les droits successifs contestés entre les parties, a formellement déclaré qu'aucun mariage civil n'avait été célébré entre lesdits Bernardi et Valerj ; — D'où il suit qu'il a été compro-

(D. P. 28. 2. 200 ; — S. 28. 2. 255) ; — Montpellier, 8 juillet 1828 (D. P. 28. 2. 255 ; — S. 28. 2. 348) ; — MALPEYRE et JOURDAIN, *Société Comm.*, pag. 432.

(3) Conf. : Gênes, 2 juillet 1810 (D. A. 1. 778 ; — S. 11. 2. 209) ; — Rennes, 14 avril 1812 (J. Av. 16. 475) ; — CARRÉ, n° 3383 ; — MONGALVY, n° 501 ; — SOLON, *Théorie des nullités*, tom. 2, n° 112 ; — FRÉMINVILLE, *Organ. et Compét. des Cours d'Appel*, tom. 2, n° 629 ; — BELLOT, tom. 3, pag. 268, et c'est aussi notre opinion par les motifs très-déterminants, selon nous, de l'arrêt que nous rapportons. — Voir analogue Cass., 12 juin 1838 et 27 févr. 1839 (S. V. 38. 1. 275 ; — 39. 1. 161), ainsi que TROPLONG, *Des Transactions*, n°s 67 et 68.

Contrà : Paris, 30 mai 1837 (D. P. 37. 2. 91 ; — S. V. 37. 2. 427) ; — Rejet, 28 juillet 1832 (S. V. 33. 1. 186) ; — CHAUVEAU, Quest. 3383 ; — FAVARD DE LANGLADE, V° *Arbitr.*, § 4, n° 5 ; — DE VATISMENIL, n° 319 ; — THOMINE-DESMAZURES, n° 1235 ; — SOUQUET, *ubi suprà* V° *Arbitrage*, 25e tabl., n°s 42 et suiv. ; — BIOCHE, V° *Arbitr.*, n° 391 ; — RODIÈRE, pag. 36 ; — GOUBEAU, pag. 703.

mis et jugé sur une question d'État, ce qui rend nul le compromis et le jugement arbitral;

Attendu que l'article 1028 du Code de Procédure Civile autorise l'opposition à l'ordonnance d'exécution, si l'acte, qualifié jugement arbitral, a été rendu sur un compromis nul; — Que la loi n'a point permis la renonciation à la voie de l'opposition dans les cas prévus par ledit article 1028, et notamment quand il s'agit d'une question d'État, qui tient à l'ordre public et aux bonnes mœurs, et à laquelle on ne peut déroger par des conventions particulières, ainsi que le veut l'article 6 du Code Civil;

Attendu que la nullité du jugement arbitral étant reconnue, toutes les dispositions qu'il renferme doivent se trouver anéanties, sans distinction, parce que ce qui est nul ne peut produire d'effet, et parce que la règle *Tot capita, tot sententiæ* ne saurait s'appliquer aux sentences des arbitres, qui n'ont pouvoir de juger que par la libre volonté des parties, lesquelles ne sont censées s'être soumises à l'arbitrage que pour faire statuer en même temps sur toutes les questions;

A mis l'appellation et ce dont est appel au néant;

Émendant, annulle le compromis en date du 13 Juillet 1830, ainsi que le jugement arbitral du 20 Août suivant;

Remet les parties au même état où elles étaient avant le compromis..........

Chambre Civile. — M. le Cte COLONNA D'ISTRIA, *Premier Président.*

MM. Carbuccia, Arrighi. } *Avocats.*

DU 9 MAI 1831.

ACTE AUTHENTIQUE. — DATE. — ENREGISTREMENT. — SIGNATURE.

Un partage par acte authentique fait pleine foi de sa date, n'importe l'époque à laquelle il a été soumis à la formalité de l'enregistrement [*Cod. Civ. Art. 1319*] (1).

La circonstance que l'un des signataires du partage aurait déclaré, dans son testament authentique antérieur, ne savoir signer, n'affaiblit aucunement la preuve de la signature, résultant de l'acte de partage (2).

Acquaviva C. **Casale.**

ARRÊT.

Après délibération en la Chambre du Conseil,

La Cour; — sur les conclusions de M. Gregorj, Conseiller Auditeur, attaché au Parquet;

Attendu que l'objet du litige est le partage de la succession de feu Jean-Baptiste Acquaviva;

Attendu que de l'acte public, reçu par le notaire Victor Negroni de Niolo, le 11 Août 1797, enregistré à Corte le 10 Juin 1825, il appert

(1-2) La validité des actes authentiques, à défaut d'enregistrement dans les délais prescrits par la loi, avait été vivement combattue par Grenier, *Des hypothèques*, tom. 1er, n° 17, et par Merlin, *Répert.*, Vo *Enregistrement*, § 4, et Vo *Hypothèques*, tom. 16, pag. 406; mais il nous semble qu'elle n'est plus contestée aujourd'hui. — Voir surtout : Rejet, 23 janv. 1810 (D. A. 6. 150; — S. 10. 1. 126); — Bourges, 17 mai 1827 (S. 29. 2. 109); — Bastia, 26 déc. 1849 (tom. 3 de notre Rec. à cette date); — Favard de Langlade, Vo *Acte notarié*, § 1er, n° 3; — Rolland de Villargues, *Jurispr. du notar.*, année 1828, pag. 147, et *Répert.* Vo *Acte notarié*, no 11 de la 2me édit.; — Troplong, *Des Hypothèques*, n° 507. — Dès lors, puisque l'acte authentique, quoique non enregistré dans les délais, doit faire pleine foi de la convention qu'il renferme, aux termes de l'article 1319 du Cod. Nap., il serait absurde, selon nous, de lui refuser la même foi, jusqu'à inscription de faux, pour ce qui concerne l'époque à laquelle la convention a été passée. — Voir dans ce sens : Championnière et Rigaud, *Droits d'enregistr.*, tom. 4, n° 3811.

que, postérieurement à la demande introductive d'instance, le partage dont il s'agit a eu lieu entre les héritiers dudit Jean-Baptiste Acquaviva ;

Attendu qu'aux termes de l'article 1319 du Code Civil, l'acte authentique fait, jusqu'à inscription de faux, pleine foi de la convention qu'il renferme entre les parties contractantes et leurs héritiers ou ayants cause ;

Attendu que la voie de l'inscription de faux n'a pas été prise contre ledit acte de partage, et que, dès lors, rien ne saurait en empêcher l'exécution ;

Attendu que les moyens sur lesquels se sont fondés les premiers Juges, pour priver de tout effet ledit acte de partage, ne constituent pas le dol et la fraude, lesquels n'ont pas même été articulés ; — Qu'ils ne peuvent non plus faire résulter la nullité dudit acte, quelle que soit l'époque à laquelle il a été soumis à la formalité de l'enregistrement, lequel acte a une date certaine et a pu être signé par feu Antoine Acquaviva, malgré qu'il eût déclaré ne pas savoir signer lors de son testament, antérieur de neuf années au partage et à d'autres actes publics qu'il a également signés ;

Attendu que l'acte de partage ne renfermant aucune réserve, on ne saurait réclamer de part et d'autre aucun droit relatif à la succession dont il s'agit, les parties étant censées s'être réglées sur le tout au moment du partage ;

Déclare que tous les droits des parties, à l'égard de la succession de feu Jean-Baptiste Acquaviva, ont été réglés par l'acte public du 11 Août 1797 ;

Déboute, par conséquent, les parties de leurs fins et conclusions,

Et les met hors de Cour et de procès............

Chambre Civile. — M. le Cte COLONNA D'ISTRIA, *Premier Président.*

MM. Figarelli, Arrighi, } *Avocats.*

DU 30 MAI 1831.

PUISSANCE PATERNELLE. — USUFRUIT LÉGAL. — LOI PERSONNELLE.
DOT. — INTÉRÊTS. — PRESCRIPTION.

L'usufruit accordé au père, par les Statuts Civils de la Corse, s'est trouvé réduit, par suite de la promulgation du Code Civil, conformément à l'article 384 dudit Code (1).

De ce qu'aux termes de l'article 1570 du Code Civil les fruits et intérêts de la dot courent de plein droit du jour de la dissolution du mariage, il ne s'ensuit pas qu'ils puissent être accordés à partir de ce moment, s'ils ne sont pas demandés (2).

Les intérêts courus d'une dot QUANTITATIVE *et* PÉCUNIAIRE *se prescrivent par cinq ans* [*Cod. Civ. Art. 2277*] (3).

Les frais funéraires et de dernière maladie étant une des charges de l'usufruit légal, les héritiers ne sauraient être admis à en opérer le prélèvement sur la dot [*Cod. Civ. Art. 385*] (4).

---

(1) Cette doctrine professée par MERLIN, *Répert.*, V° *Effet rétroactif*, sect. 3, § 2, art. 9, et V° *Usuf. Patern.*, § 5, n° 7; — PROUDHON, *De l'Usufruit*, n° 2018; — DURANTON, tom. 1er, n° 55; — MAILHER DE CHASSAT, *Comment. du Code Civil*, tom. 1er, pag. 245 et suiv., a été sanctionnée par de nombreux arrêts. Voyez notamment : Rej., 18 nov. 1806 (S. 6. 1. 477); — 3 août 1812 (D. A. 6. 372; — S. 13. 1. 58); — 13 mars 1816 (D. A. 5. 616; — S. 16. 1. 425); — 11 mai 1819 (D. A. 12. 812; — S. 19. 1. 446); — Paris, 3 Germinal an XII (D. A. 12. 813; — S. 4. 2. 97); — *Contrà* : Agen, 7 Prairial an XIII (D. A. 12. 813; — S. 5. 2. 89).

(2) Cela ne peut pas faire difficulté; car la stipulation des intérêts n'empêche pas la prescription, et la même règle doit être appliquée aux intérêts de la dot, quoiqu'ils soient dus sans avoir été stipulés.

(3) Conf. : Bordeaux, 8 févr. 1828 (D. P. 28. 2. 93; — S. 28. 2. 116); — Limoges, 26 janv. 1828 (D. P. 29. 2. 56; — S. 29. 2. 31); — Agen, 18 nov. 1830 (D. P. 31. 2. 234; — S. 32. 2. 57). — *Sic*, TROPLONG, sur l'art. 2277, nos 1025 et 1080; — DURANTON, tom. 15, n° 383; — SERIZIAT, *Rég. dot*, n° 65; — TESSIER, *Dot*, tom. 1er, pag. 162; — BENOIT, *Dot*, tom. 1er, pag. 159. — Voyez toutefois : BELLOT, *Contr. de mariage*, tom. 4, pag. 55 et suiv. — Mais il est constant aujourd'hui en jurisprudence et en doctrine, que les termes de l'article 2277 sont généraux et s'appliquent aux intérêts du prix d'une vente, et à ceux qui proviennent d'une condamnation judiciaire comme aux intérêts de la dot. V. Arrêt du 2 févr. 1830 et la note 2, ci-dessus, pag. 437.

(4) Il semble résulter d'un des considérants de l'arrêt que nous recueillons, que les frais funéraires, dont parle l'article 385 du Cod. Nap., seraient non seulement les frais funéraires

Gentile C. Multedo.

ARRÊT.

Après délibération en la Chambre du Conseil,

La Cour ; — sur les conclusions de M. Gregorj, Conseiller Auditeur, attaché au Parquet ;

Attendu que le jugement dont est appel ayant condamné la succession de feu Padovano Gentile à payer aux intimés, parties de Mᵉ Corbara, la portion leur revenant, comme héritiers de feu Gentile, de la dot de feu Colombe Gentile, leur mère, les appelants pourront jusqu'à l'exécution, exiger desdits intimés la déclaration formelle s'ils entendent ou non accepter la succession dudit feu Padovano Gentile, père commun des parties et débiteur de ladite dot, sans qu'il soit nécessaire d'ordonner ce préalable, qui retarderait la fin de ce procès déjà ancien ;

Attendu que les lois personnelles qui règlent la capacité civile ou l'état des personnes saisissent l'individu et ont leur effet du jour de la promulgation, même à l'égard des biens qui sont une dépendance de l'état des personnes ;

Attendu que la jouissance de la dot de la mère des enfants accordée

---

de la personne à laquelle l'enfant a succédé, mais encore ceux de l'enfant lui-même. La Cour de Bastia dit en effet, « Que la prétention des appelants de prélever sur la somme do-» tale de feu Colombe Gentile, mère de Sébastien, les frais funéraires et de dernière mala-» die desdits mère et fils, doit être repoussée ; — 1° .... ; — 2° parce que, aux termes de » l'article 385 du Code Civil, lesdits frais sont une des charges de l'usufruit légal. » — Or, si telle est la doctrine qui a été consacrée par cet arrêt, nous ne craignons pas de dire qu'elle est repoussée par la jurisprudence ainsi que par la généralité des auteurs. Il nous paraît, en effet, impossible que l'on puisse mettre à la charge du père usufruitier les frais funéraires de l'enfant au moment où précisément son usufruit cesse. — Voir dans ce sens : Caen, 20 déc. 1840 et Douai, 22 juillet 1854 (D. P. 55. 2. 84 ; — S. V. 41. 2. 3 ; — 55. 2. 619) ; — Toullier, tom. 2, n° 1069 ; — Proudhon, *Usufruit*, tom. 1ᵉʳ, n° 211 ; — Marcadé, tom. 2, pag. 177 ; — Chardon, *Puiss. Pater.*, n° 152 ; — Valette sur Proudhon, tom. 2, n° 259. — Nous devons cependant faire remarquer que l'opinion contraire a été professée par Delvincourt, tom. 1ᵉʳ, pag. 402, et par Toullier, tom. 1ᵉʳ, pag. 503.

au père pendant sa vie par le chapitre **XLVI** des Statuts Civils de la Corse, conforme à la loi unique du Code *De bonis maternis*, encore en vigueur à l'époque du décès de feu Colombe Gentile, femme dudit Padovano Gentile, étant fondée sur la puissance paternelle, et, par conséquent, se rattachant à une loi personnelle, a pu être modifiée par les lois postérieures audit Statut, et notamment par l'article 384 du Code Civil qui a borné jusqu'à l'âge de dix-huit ans des enfants, l'usufruit accordé sur leurs biens aux père et mère;

Attendu que feu Sébastien Gentile, de la succession duquel il s'agit, est décédé en 1812, étant âgé de trente ans; — Que l'usufruit compétant au père sur la somme revenant audit Sébastien pour la dot de la mère avait cessé par l'effet du susdit article 384 du Code Civil, puisqu'au moment de sa publication feu Sébastien Gentile avait déjà accompli sa dix-huitième année; — Que, dans tous les cas, le droit d'usufruit ne pouvait pas s'étendre au-delà du décès de l'enfant, parce que, dès ce moment, ses biens avaient passé à ses héritiers;

Attendu que si, d'après l'article 1570 du Code Civil, les fruits et intérêts de la dot courent de plein droit à partir du jour de la dissolution du mariage, il ne s'ensuit pas moins que pour les obtenir il faut les demander, et que, dans l'espèce, cette demande n'a été faite qu'à partir du décès de Sébastien Gentile qui a eu lieu le 24 Septembre 1812;

Attendu qu'aux termes de l'article 2277 du Code Civil, les intérêts des sommes prêtées, et généralement tout ce qui est payable par année ou à des termes périodiques plus courts, se prescrivent par cinq ans; — Qu'il s'agit, dans l'espèce, de la restitution de la dot QUANTITATIVE et PÉCUNIAIRE de feu Colombe Gentile, composant la succession de son fils feu Sébastien Gentile, et que cette dot produisant de droit tous les ans des intérêts, ils rentrent naturellement dans l'application dudit article 2277, la loi n'ayant fait aucune exception en faveur des intérêts de la dot;

Attendu que la prétention des appelants de prélever sur la somme dotale de feu Colombe Gentile, mère de Sébastien, les frais funéraires et de dernière maladie desdits mère et fils, doit être repoussée par différents motifs : — 1° parce qu'il n'a été rien justifié à cet égard ; — 2° parce que, aux termes de l'article 385 du Code Civil, lesdits frais sont une des charges de l'usufruit légal ; — 3° parce que, dans tous les cas, la compensation se serait opérée de plein droit entre lesdits frais et les arrérages de la dot à restituer, échus après la publication du Code Civil, et non réclamés, ou frappés par la prescription ;

ADOPTANT, sur le surplus, les motifs des premiers Juges,

RÉFORME le jugement dans la disposition relative à l'usufruit compétant à feu Padovano Gentile sur les biens maternels de son fils, feu Sébastien Gentile ;

ÉMENDANT quant à ce,

DÉCLARE que tout droit d'usufruit en faveur dudit Padovano Gentile avait cessé au décès de son dit fils ;

DÉCLARE, en outre, la prescription acquise en faveur des héritiers de feu Padovano Gentile des intérêts de la somme dotale de feu Colombe Gentile, courus avant les cinq dernières années qui ont précédé la demande introductive d'instance ;

DIT que les intérêts de la somme revenant aux intimés leur seront payés au cinq pour cent, à partir du jour où ont commencé les cinq années antérieures à la demande et jusqu'à parfait paiement ;

ORDONNE que, pour le surplus, le jugement attaqué sortira son effet, à la charge, néanmoins, par les intimés de déclarer préalablement s'ils acceptent ou non la succession de feu Padovano Gentile, leur père, pour, le cas échéant de leur acceptation, la somme à eux adjugée par les premiers Juges être réduite en proportion de la part qu'ils prendront dans ladite succession............

Chambre Civile. — M. LE Cte COLONNA D'ISTRIA, *Premier Président.*

MM. FIGARELLI, BRADI, } *Avocats.*

DU 30 MAI 1831.

DEGRÉS DE JURIDICTION.
CONVENTION. — ESTIMATION. — VENTE.
SUCCESSION. — HÉRITIER. — VENTE.

La demande en abandon d'un immeuble est d'une valeur indeterminée, et, par suite, soumise aux deux degrés de juridiction.

Il y a vente parfaite lorsqu'il a été convenu, dans un acte public, qu'à défaut de paiement d'une somme dans un délai fixé, le créancier serait autorisé à faire procéder, par un expert désigné, à l'estimation d'un immeuble spécial, jusqu'à concurrence de sa créance, et que l'expertise a eu lieu (1).

La vente d'un bien dépendant d'une succession encore indivise, consentie par quelques uns des cohéritiers, n'est pas nulle comme ayant eu pour objet la chose d'autrui.... alors que surtout, après le partage qui a suivi, le bien vendu est échu dans le lot du vendeur [Cod. Civ. Art. 1599 et 883] (2).

L'héritier vendeur auquel le bien vendu a été dévolu par le partage ne peut plus agir en nullité de la vente.

Les cohéritiers du vendeur qui sont intervenus au partage, ou qui n'y ayant pas pris part, ont cependant échangé les biens échus dans leur lot, sont aussi sans qualité pour opposer la nullité de la vente.

(1) Il faudrait bien se garder de confondre une stipulation de cette nature avec le *Pacte commissoire* de l'ancienne jurisprudence, et d'après lequel la chose donnée en gage ou en nantissement au créancier devenait, *ipso facto*, sa propriété, faute par le débiteur de se libérer au terme convenu. La clause dont il s'agit ne renferme, en effet, qu'une vente conditionnelle dont la validité ne saurait, selon nous, être contestée. — V. Cass., 1er juillet 1844 (D. P. 44. 1. 344; — S. V. 45. 1. 17) ainsi qu'une note fort substantielle mise au bas de cet arrêt et dans laquelle M. DEVILLENEUVE fait connaître les arrêts intervenus sur cette question et ses analogues, de même qu'il indique l'opinion des auteurs qui s'en sont occupés. *Junge* dans le même sens, TROPLONG, *Du Gage*, nos 378, 388 et 390, et de l'*Antichrèse*, no 560 et 561.

(2) La Cour de Bastia a décidé le contraire le 7 juin 1834 et le 18 avril 1835; V. ces arrêts et la note qui accompagne le dernier, dans notre Rec. tom. 4, pag. 73 et 139.

Suzzoni C. Spadari.

ARRÈT.

Après délibération en la Chambre du Conseil,

La Cour; — sur les conclusions de M. Gregorj, Conseiller Auditeur, attaché au Parquet;

Attendu que la demande originaire tendant au déguerpissement et abandon d'un immeuble et portant, par conséquent, sur un objet immobilier d'une valeur indéterminée, le jugement dont est appel est nécessairement en premier ressort;

Attendu que, par acte public du 29 Janvier 1823, reçu par le notaire Joseph Salvatori de Catteri, enregistré le 1er Février suivant, les frère et sœurs Antonini, en se reconnaissant débiteurs solidaires d'une somme en faveur d'Octave-François Suzzoni, ont autorisé ce dernier, au cas du non remboursement de leur dette dans le délai de deux ans, à se payer sur l'immeuble dit *Le Muline* jusqu'à concurrence de sa créance, moyennant une estimation faite par un expert spécialement désigné, et en déclarant que l'expertise faite, la convention vaudrait comme une vente;

Attendu que ladite expertise a eu lieu après le délai de deux ans, et après que les frère et sœurs Antonini, au moyen d'une sommation à eux notifiée, ont été mis en demeure de se conformer à l'acte susdit du 29 Janvier 1823;

Attendu que cet acte, complété par l'expertise en date du 29 Mai 1826, reçu aussi par le notaire Salvatori de Catteri, enregistré le 2 Juin suivant, réunit tous les caractères d'une vente;

Attendu que si, aux termes de l'article 1599 du Code Civil, la vente de la chose d'autrui est nulle, il ne peut en être de même de l'aliénation d'un bien d'une succession non encore partagée, faite par quelques-uns seulement des cohéritiers, lorsque surtout, au moyen d'un partage postérieur à la vente, le bien vendu échoit dans le lot du vendeur, parce que le partage étant seulement déclaratif de propriété, le cohéritier est censé propriétaire des biens formant sa part du jour de l'ouverture de la succession et, par conséquent, du jour de la vente;

Attendu que, par acte public du 27 Février 1823, les frère et sœurs Antonini ont procédé au partage de la succession de leur père; — Que le bien *Le Muline*, vendu comme dessus à Octave-François Suzzoni, s'est trouvé compris dans le lot de Lucie Antonini, un des vendeurs solidaires qui ont figuré dans l'acte du 29 Janvier 1823; — Que ladite Lucie est sans droit pour attaquer la vente par le principe déjà exposé, et par la règle de droit *Quem de evictione tenet actio, eumdem agentem repellit exceptio*; — Que les autres cohéritiers sont sans qualité pour attaquer la vente d'un bien qui ne leur est pas échu dans le partage, et dont ils sont censés n'avoir jamais eu la propriété;

Attendu que la veuve Gariel a ratifié, en l'exécutant, l'acte de partage susdit, auquel elle n'était pas intervenue, ce qui résulte de l'acte d'échange par elle passé conjointement avec François-Antoine Costa de l'Ile-Rousse, le 5 Décembre 1825, par devant le notaire Jacques-Marie Romani de l'Ile-Rousse, ledit acte enregistré le 7 du même mois; — Qu'enfin ledit acte de partage n'a pas été annulé;

Sans s'arrêter à la fin de non-recevoir contre l'appel,

A mis et met au néant l'appellation et le jugement attaqué;

Émendant et par nouveau jugé, n'ayant aucun égard à l'intervention en cause d'Ange-Marie Antonini, femme Gariel, et de Rosata Antonini, femme Olivi,

Condamne Lucie Antonini, partie de Pellegrini :

1° A délaisser et abandonner à Joseph Spadari, partie de Varese, la partie du bien *Le Muline* réclamé en demande, tel qu'il se trouve désigné dans l'acte d'expertise du 29 Mai 1826;

2° A payer au même Spadari, à partir du jour de son acquisition et jusqu'à définitif abandon, les fruits dudit bien, que la Cour fixe à raison de seize francs par an, sauf les droits qui pourront compéter, s'il y a lieu, aux sœurs Antonini, le cas advenant de l'annulation de l'acte de partage;

Réserve à Lucie Antonini, partie de Pellegrini, tous droits qui lui compètent envers ses frère et sœurs obligés solidairement avec elle au paiement de la créance de Suzzoni résultant de l'acte public du 29 Janvier 1823............

Chambre Civile. — M. le Cte COLONNA D'ISTRIA, *Premier Président.*

MM. Mari, Bradi, } *Avocats.*

DU 30 MAI 1831.

TESTAMENT. — ACTION *ab irato*. — SUGGESTION.
CAPTATION. — DOL. — FRAUDE.
SUBSTITUTION. — CHARGE DE CONSERVER ET DE RENDRE. — INTERPRÉTATION.
DOT. — PACTE DE RETOUR. — RAPPORT.
SUCCESSION. — RAPPORT. — QUOTITÉ DISPONIBLE.

Le Code Civil n'a pas proscrit l'action Ab irato...... *Toutefois cette action ne peut être admise qu'autant qu'il est établi que l'état de colère a ôté au testateur l'usage libre de sa raison* (1).

Les faits de captation et de suggestion allégués contre un testament ne sont admissibles qu'autant qu'ils proviennent du légataire lui-même (2),

---

(1) Conf. : Aix, 18 janv. 1808 (D. A. 6. 42; — S. 10. 2. 521); — Limoges, 31 août 1810 (D. A. 5. 231; — S. 11. 23. 461); — Lyon, 23 juin 1816 (D. A. 5. 23; — S. 17. 2. 133); — Angers, 27 août 1824 (D. A. 5. 233; — S. 24. 2. 321); — MERLIN, *Répert.*, V° *Ab irato*; — DUVERGIER sur TOULLIER, tom. 5, n° 717 à la note; — DALLOZ, *Jur. Gén.*, 2e édit., tom. 16, nos 238 et suiv.; — DELVINCOURT, tom. 2, pag. 406; — DURANTON, tom. 8, n° 161; — ZACHARIÆ, tom. 5, pag. 16 et note 7; — VAZEILLE, sur l'article 901; — TROPLONG, *Donat. et Test.*, tom. 2, n° 479.

Contrà : GRENIER, *Des Donat. et Test.* tom. 1er, n° 146; — TOULLIER, tom. 5, n° 717; — MARCADÉ et COIN-DELISLE, sur l'article 901.

Mais on n'a qu'à jeter les yeux sur le rapport de BIGOT DE PRÉAMENEU au Corps Législatif, pour se convaincre que le Code Napoléon n'a pas absolument proscrit l'action *Ab irato*. Voici comment s'exprimait cet orateur : « La loi garde le silence sur le défaut de liberté qui peut résulter de la suggestion et de la captation, et sur le vice d'une volonté déterminée par la colère ou par la haine. Ceux qui ont entrepris de faire annuler les dispositions par de semblables motifs n'ont presque jamais réussi à trouver des preuves suffisantes pour faire rejeter des titres positifs, et peut-être vaudrait-il mieux, pour l'intérêt général, que cette source de procès ruineux et scandaleux fût tarie; mais alors la fraude et les passions auraient cru avoir dans la loi même un titre d'impunité. Les circonstances peuvent être telles que la volonté de celui qui a disposé n'ait pas été libre, ou qu'il ait été entièrement dominé par une passion injuste. C'est la sagesse des Tribunaux qui pourra seule apprécier ces faits, et tenir la balance entre la foi due aux actes et l'intérêt des familles. Ils empêcheront qu'elles ne soient dépouillées par les gens avides qui subjuguent les mourants ou par l'effet d'une haine que la raison et la nature condamnent. »

(2) *Contrà* : Cass., 18 mai 1825 (D. P. 25. 1. 321; — S. 26. 1. 10); — *Idem*, 8 août 1837 (D. P. 38. 1. 178; — S. V. 37. 1, 937); — TROPLONG, *Donat. et Test.*, tom. 2, n° 488. — *Junge*, Besançon, 28 nov. 1856 (S. V. 57. 2. 224).

qu'ils portent le caractère de dol et de fraude, et qu'ils ont eu pour résultat de tromper la volonté du testateur (3).

La clause conçue en ces termes : « Je lègue mes biens à un tel pour qu'il » en jouisse lui et ses descendants à perpétuité », ne renferme pas charge de conserver et de rendre, ni, dès lors, une substitution prohibée [*Cod. Civ. Art. 896*] (4).

.... *Dans le doute, la clause doit être interprétée en faveur de la validité de la disposition testamentaire* (5).

La dot constituée en argent par un père à sa fille, par contrat de mariage, doit être considérée comme un don en avancement d'hoirie, et, comme tel, sujette à rapport, si le donateur ne l'en a pas expressément dispensée.

La dispense de rapport ne peut s'induire ni du pacte de retour stipulé en faveur du donateur et de ses héritiers, ni de l'obligation consentie par le mari de la donataire de pourvoir aux aliments de la femme du donateur.

Lorsqu'il s'agit de liquider le legs de la quotité disponible, et de déterminer la consistance de cette libéralité, les biens donnés en avancement d'hoirie doivent être réunis fictivement aux biens existant au décès du testateur [*Cod. Civ. Art. 922*] (6).

---

(3) Conf. : Agen, 17 juin 1812 (D. A. 5. 635; — S. 14. 1. 217); — Req., 9 juin 1824; — Angers, 17 août 1824; — Gand, 15 juin 1839; — Liège, 18 mars 1845 (DALLOZ, *Jur. Gén.*, 2e édit., tom. 16, nos 249 et 324, notes); — Agen, 7 mai 1851 (D. P. 53. 5. 155; — S. V. 51. 2. 273). — MERLIN, Vo *Suggestion*, no 1; — GRENIER, *ubi suprà* no 143; — TOULLIER, tom. 5, no 715; — DELVINCOURT, tom. 2, pag. 195; — DURANTON, tom. 6, no 161; — SOLON, *Théorie des nullités*, tom. 1er, no 355; — VAZEILLE, COIN-DELISLE et MARCADÉ, sur l'article 901; — DALLOZ, *ubi suprà*; — TROPLONG, loc. cit., no 489.

(4) Cette décision nous paraît irréprochable. On chercherait vainement dans une semblable disposition, une expression quelconque de laquelle on pourrait induire les caractères d'une substitution prohibée.

(5) Ce principe est de toute sagesse : il est conforme au précepte de la loi 12 ff., *De rebus dubiis* : « *In ambiguis decidi oportet ut magis valeat quam pereat dispositio* », que recommandent, TOULLIER, tom. 5, no 44; — DURANTON, tom. 8, no 42; — ROLLAND DE VILLARGUES, nos 123 et suiv.; — DALLOZ, *Jur. Gén.*, 2e édit., Vo *Substitution*; — TROPLONG, *Donat. et Test.*, nos 117 et suiv.; — MARCADÉ, sur l'article 896; — COIN-DELISLE, no 41; et dont l'application a été fréquemment faite par la Cour de Cassation. — Voir, Rejet, 24 mars 1829 (D. P. 29. 1. 195; — S. 29. 1. 295); — *Idem*, 5 juillet 1832 (D. P. 32. 1. 334; — S. V. 32. 1. 430); — *Idem*, 23 juillet 1834 (D. P. 34. 1. 417; — S. V. 34. 1. 577).

(6) Une vive controverse s'était établie sur cette question; mais un arrêt solennel de la Cour de Cassation, en date du 8 juillet 1826 (D. P. 26. 1. 314; — S. 26. 1. 315), y a mis fin, en rejetant le pourvoi contre l'arrêt de la Cour d'Agen, du 12 juillet 1825, saisie sur renvoi

.... *Et si les forces de la succession le permettent, le legs sera payé en entier au légataire : — Il ne le sera qu'en partie, si la succession a été entamée par des libéralités antérieures, excédant la légitime du donataire qui les a reçues* [*Même article*] (7).

Castellani C. **Arrighi.**

ARRÊT.

Après délibération en la Chambre du Conseil,

La Cour ; — sur les conclusions de M. Flandin, Avocat Général ;

En ce qui touche l'exception de nullité proposée contre le testament olographe de feu Pierre Rossi, comme fait *ab irato* et comme contenant une substitution prohibée :

Attendu que le Code Civil n'a pas admis l'action *ab irato* dans toute

après cassation de l'arrêt de la Cour de Pau du 12 juin 1823 (D. A. 5. 480), qui décidait conformément à l'arrêt ici recueilli. — Voir dans le sens de la solution portée au sommaire ci-dessus : Bruxelles, 13 juin 1810 (D. A. 12. 410; — S. 11. 2. 19); — Toulouse, 27 juillet 1819 (D. A. 5. 471; — S. 22. 2. 70); — Agen, 24 janv. 1821 (D. A. 5. 480; — S. 22. 2. 71); — *Idem*, 2 mai 1822, Bordeaux, 22 juill. 1822, et Pau, 14 janv. 1823 (S. 22. 2. 301 et 303; — 25. 2. 292); — Riom, 26 févr. 1825 (D. P. 26. 2. 91; — S. 26. 2. 125); — Agen, 12 juillet 1825 (S. 25. 2. 403); — Rejet, 8 juillet 1826 (*loc. sup. cit.*); — Grenoble, 22 févr. 1827 (D. P. 27. 2. 160; — S. 27. 2. 97); — Rejet, 13 mai 1828 (D. P. 28. 1. 244; — S. 28. 1. 201); — Cass., 19 août 1829 (D. P. 29. 1. 340; — S. 30. 1. 101); — Paris, 7 mai 1840 (S. V. 40. 2. 426). — Grenier, n° 597 *bis.*; — Delvincourt, tom. 2, pag. 324; — Malpel, *Suppl.*, n° 276 *bis*; — Duranton, tom. 7, n°s 294 et suiv.; — Vazeille, sur l'article 921; — Poujol, sur l'article 857; — Coin-Delisle, sur l'article 919; — Devilleneuve et Carette, coll. nouv., 8. 1. 583; — Marcadé, sur l'article 922; — Dalloz, *Jur. Gén.*, 2° édit., V° *Disposit. entre vifs et Test.*, n°s 1099 et suiv.; — Troplong, *Donat. et Test.*, tom. 2, n°s 981 et suiv.; — Saintespès-Lescot, *eodem*, n° 489; — P. Vernet, *Quotité disponible*, pag. 425.

En sens contraire : Rejet, 30 déc. 1816 (D. A. 5. 472; — S. 17. 1. 153); — Limoges, 14 juillet 1818 (D. A. 12. 408; — S. 18. 2. 270); — Nîmes, 8 juin 1819 (S. 20. 2. 194); — Toulouse, 7 août 1820 (D. A. 5. 433; — S. 20. 2. 296); — Cass., 27 mars 1822 (D. A. 5. 475; — S. 22. 1. 231); — Agen, 10 juin 1824 (S. 24. 2. 357); — Angers, 3 août 1824 (D. A. 12. 411; — S. 24. 2. 310); Cass., 8 déc. 1824 (D. A. 12. 480; — S. 25. 1. 134). — Merlin, *Rép.*, V° *Rapp. à success.*, § 7, n° 4; — Toullier, tom. 4, n° 465; — Chabot, sur l'article 857; — Dubreuil, *Observ. sur le rapp. des dons.*

(7) Conf. : Arrêt de la Cour de Cass., du 8 juillet 1826, cité au commencement de la note précédente.

la rigueur des lois romaines; — Et que, sous son empire, on ne peut annuler un testament pour SUGGESTION OU CAPTATION, qu'autant que les machinations proviennent du légataire lui-même; qu'elles sont empreintes de dol et de fraude; et enfin, qu'elles ont tendu à tromper le testateur, et à anéantir sa volonté, pour qu'on puisse dire qu'au moment de la rédaction du testament il n'était pas dans l'intégrité de ses fonctions intellectuelles, ou, en d'autres termes, qu'il n'était pas sain d'esprit : ce qui ne se vérifie pas dans l'espèce;

Attendu que le caractère de la substitution prohibée par la loi consiste dans la charge de CONSERVER ET DE TRANSMETTRE, et que cette charge ne se trouve pas dans le testament dont s'agit; — Que, si le testateur laisse ses biens au sieur Arrigo Arrighi pour qu'il puisse en jouir LUI ET SES HÉRITIERS A PERPÉTUITÉ, il est évident que cette clause, qui est de pur style de notaire, ne porte pas inhibition d'aliéner, et que d'ailleurs, quand même elle présenterait quelque doute à cet égard, il est de principe que, dans le doute, les Tribunaux doivent se déclarer pour la validité de la disposition testamentaire;

EN CE QUI TOUCHE LES DROITS COMPÉTANT SUR LA SUCCESSION DUDIT FEU PIERRE ROSSI TANT A LA DAME CASTELLANI, EN VERTU DE SON ACTE DE CONSTITUTION DOTALE ET EN SA QUALITÉ D'HÉRITIER A RÉSERVE, QU'AU SIEUR ARRIGO ARRIGHI, LÉGATAIRE UNIVERSEL DU MÊME ROSSI :

Attendu qu'il est de principe, en matière de succession, que tout don ou legs est présumé fait en avancement de la portion héréditaire, et par cette raison soumis au rapport, s'il n'en a pas été expressément dispensé;

Attendu que feu Pierre Rossi, en constituant (au moyen de l'acte public en date du 14 Juin 1810, reçu par le notaire Serpaggi de Bocognano) une dot de dix mille francs à la dame Castellani sa fille, n'a point déclaré que ce don était fait à titre de préciput ou hors part; —

Qu'il n'appert pas des différentes clauses dudit acte que le donataire ait été dispensé du rapport; — Que cette dispense ne saurait s'induire, ni du PACTE DE RETOUR stipulé en faveur du donateur et de ses héritiers, ce pacte convenant également à un avancement d'hoirie, ni de l'obligation consentie par le mari de la donataire de pourvoir aux aliments de la femme du donateur, laquelle obligation n'est point incompatible avec le simple avancement d'hoirie, d'autant plus que les intérêts de la dot excédaient la somme nécessaire pour lesdits aliments, eu égard à la qualité des personnes;

Attendu qu'on peut beaucoup moins faire rentrer la constitution de dot faite à la dame Castellani, qui est une donation expresse, dans l'application de l'article 918 du Code Civil, qui ne concerne que les ALIÉNATIONS faites soit à charge de rente viagère, soit à fonds perdu ou avec réserve d'usufruit;

Attendu que toute disposition du père de famille envers un de ses enfants, quand elle n'est pas à titre de préciput ou hors part, laisse intact son droit de pouvoir librement disposer de la quotité disponible, même en faveur d'un étranger;

Attendu que, pour fixer ladite quotité disponible, comme pour fixer la part de la réserve, l'article 922 du Code Civil veut qu'on forme une masse de tous les biens existants au décès du testateur en y réunissant fictivement ceux dont il a été disposé par donation entre vifs, afin de calculer sur tous ces biens quelle est, eu égard à la quantité des héritiers, la quotité dont il a pu disposer;

Attendu que si, aux termes de l'article 857, le rapport n'est dû que par le cohéritier à son cohéritier, et non point aux légataires et créanciers de la succession, cette disposition n'est nullement inconciliable avec la réunion fictive ordonnée par le susdit article 922, afin de déterminer la valeur de la quotité disponible qui doit être prélevée sur les biens possédés par le testateur lors de son décès, en totalité, si elle n'a pas été entamée par les libéralités antérieures, ou seulement en partie, si ces libéralités excèdent la légitime du donataire qui les a reçues;

Attendu que, d'après l'article 1548 du Code Civil les intérêts de la dot courent de plein droit, du jour du mariage, contre ceux qui l'ont promise, encore qu'il y ait terme pour le paiement, s'il n'y a stipulation contraire; — Que la prescription quinquennale, résultant de l'article 2277 dudit Code, ne peut être valablement excipée dans l'espèce, vu qu'elle a été interrompue au moyen d'actes judiciaires intervenus sur les diverses instances en paiement de ladite dot et des intérêts, introduites avant l'expiration des cinq ans à partir du mariage de la fille Rossi;

Attendu que lesdits intérêts constituant une dette de la succession de feu Pierre Rossi, doivent être prélevés avant tout partage, ensemble aux frais funéraires réclamés par la dame Castellani, s'il est justifié qu'elle les a avancés;

Attendu que la dame Castellani, après le décès de son père, s'est mise en possession de tous les biens appartenant à l'hoirie paternelle; — Qu'elle en jouit même actuellement, et que, par conséquent, elle doit rendre compte des fruits perçus sur les biens dont doit être composé le legs d'Arrigo Arrighi, à partir du jour de la demande en délivrance;

Attendu que ladite dame a articulé, dans son acte du 18 Février dernier, des faits tendant à prouver qu'Arrighi a effectué des soustractions considérables à son préjudice, et que ces faits sont pertinents et admissibles;

A mis et met les appellations et le jugement attaqué au néant;

Émendant et par nouveau jugé,

Déclare bon et valable le legs fait en faveur du sieur Arrigo Arrighi par feu Pierre Rossi, au moyen de son testament olographe en date du 28 Août 1821,

Dit que, pour fixer le montant dudit legs, consistant dans la portion disponible dudit Pierre Rossi, et, par conséquent, dans la moitié de ses biens, vu qu'il n'a laissé qu'un seul enfant, la masse de sa succession sera formée, en y comprenant fictivement les dix mille francs montant de la dot de la dame Castellani;

Que sur cette masse prélèvement sera fait en faveur de ladite dame Castellani des intérêts de sa dot à raison du cinq pour cent, à partir du jour de son mariage jusqu'au décès de son père;

Que prélèvement sera également fait en faveur de la même dame Castellani de ce qu'elle justifiera avoir dépensé pour frais funéraires de son dit père;

Que ces prélèvements faits, ainsi que ceux de toute autre dette de la succession, s'il en existe, la portion disponible sera fixée en une somme égale à la moitié de la valeur du restant des biens de feu Pierre Rossi;

Que d'abord la dame Castellani prendra les dix mille francs à elle constitués en dot;

Qu'ensuite, et sur ce qui reste, le sieur Arrigo Arrighi prendra, s'il y en a, jusqu'à concurrence de la portion disponible;

Et en cas d'excédant, le surplus appartiendra à ladite dame Castellani;

CONDAMNE la dame Castellani à payer au sieur Arrigo Arrighi les fruits par elle perçus sur les biens qui écherront à ce dernier comme dessus, à titre de legs à lui fait par feu Pierre Rossi, et ce à compter du jour de la demande en délivrance;

RÉSERVE jusqu'au partage au sieur Arrigo Arrighi le droit de justifier, par tous les moyens de droit, que la dot de la dame Castellani et les intérêts d'icelle ont été payés à ladite dame en totalité ou en partie..........

Chambre Civile. — M. LE Cte COLONNA D'ISTRIA, *Premier Président.*

MM. AGOSTINI, GRAZIANI, CASELLA, ARRIGHI, *Avocats.*

DU 10 AOUT 1831.

COMPÉTENCE. — COMMERÇANT. — ACTE DE COMMERCE.

C'est la nature de l'engagement de la personne contre laquelle l'action est dirigée, qui détermine la compétence. — Ainsi, la partie, relativement à laquelle l'acte est commercial, peut, si elle est assignée devant le Tribunal Civil par un non commerçant, demander son renvoi devant le Tribunal de Commerce (Cod. Comm. Art. 631, 632 et 638)..... Mais le déclinatoire doit être proposé in limine litis, *sous peine de déchéance* (1).

Agostini C. Casalta.

ARRÊT.

Après délibération en la Chambre du Conseil,

La Cour ; — sur les conclusions conformes de M. Flandin, Avocat Général ;

Attendu qu'il est constaté au procès et non désavoué par les parties, qu'André Agostini, appelant, est commerçant, et que la contestation dont il s'agit provient d'un achat de vin fait par ledit Agostini, pour le revendre ;

---

(1) Conf. : Caen, 25 févr. 1825 (Dalloz, *Jur. Gén.*, 2e édit. V° *Acte de Comm.*, n° 402) ; — Bourges, 25 août 1830 ; — Orléans, 5 mars 1842 (D. P. 42. 2. 212 ; — S. V. 42. 2. 393) ; — Gand, 8 juin 1841 (Dalloz, *Jur. Gén.*, 2e édit., V° *Compét. Comm.*, n° 136). — *Sic*, Locré, *Esprit du Code de Comm.*, tom. 8, pag. 200 ; — Favard de Langlade, V° *Trib. de Comm.*, sect. 2, § 1er, n° 5, tom. 5, pag. 698 ; — Carré, *Lois de la Compét.*, art. 385, n° 487, pag. 533, à la note ; — Orillard, *Compét. des Trib. de Comm.*, n° 234 et 235.

Contrà : Rejet, 12 déc. 1836 (Dalloz, *Jur. Gén.*, 2e édit., V° *Compét. Comm.*, n° 134 ; — S. V. 37. 1. 412) ; — Bourges, 17 juillet 1837, 31 mars 1841 et 8 févr. 1847 (D. P. 38. 2. 81 ; — 42. 2. 55 ; — 47. 2. 150 ; — S. V. 38. 2. 120 ; — 42. 2. 78) ; — Cass., 6 nov. 1843 (Dalloz, *Jur. Gén.*, 2e édit. *ubi suprà*, n° 134 ; — S. V. 44. 1. 168) ; — Paris, 30 déc. 1853 (S. V. 54. 2. 120). — V. dans ce sens Merlin, Quest., V° *Acte de Comm.*, § 9 ; — Pardessus, tom. 5, n° 1347 ; — Nouguier, *Trib. de Comm.*, tom. 1er, pag. 350 ; — Horson, tom. 2, pag. 455 ; — Dageville, *Cod. Comm. Expl.*, tom. 1er, pag. 17.

Attendu que, quoiqu'il soit vrai que le propriétaire qui vend les denrées de son crû, ne fait pas acte de commerce, et ne peut pas être traduit devant la juridiction commerciale, il ne s'ensuit pas qu'il puisse appeler devant les Juges civils le commerçant qui, en achetant lesdites denrées pour les revendre, a fait acte de commerce;

Attendu qu'en principe, c'est la nature de l'engagement de la personne contre laquelle l'action a été dirigée, qui détermine la compétence; — Et que si, lorsque le défendeur a fait acte de commerce ou consenti une obligation commerciale, on peut réclamer contre lui les rigueurs de la juridiction consulaire, il est juste qu'il puisse, à son tour, en réclamer les avantages;

Attendu que le droit de demander, dans ce cas, le renvoi par devant le Tribunal de Commerce, pourvu que le déclinatoire soit, comme dans l'espèce, proposé *in limine litis*, résulte aussi de la combinaison des articles 631, 632 et 638 du Code de Commerce; — Que cette vérité résulte également de ce que le législateur n'a point reproduit, dans le Code de Commerce, la disposition de l'article 10, titre 2 de l'Ordonnance de 1673, qui autorisait le propriétaire ou le cultivateur à assigner, à son choix, devant les Juges consuls ou devant les Juges ordinaires, l'acheteur des productions de son crû; — Que le silence, à cet égard, de la nouvelle loi n'est pas l'effet d'une simple omission, mais une suite de la différence qui se rencontre entre le système de ladite Ordonnance et celui du Code de Commerce, relativement à la manière de régler la compétence;

Disant droit à l'appel,

Réforme, comme incompétemment rendu, le jugement du Tribunal de Bastia, en date du 18 Juin 1830;

Renvoie les parties à se pourvoir par devant qui de droit.

Chambre Civile. — M. le Cte COLONNA D'ISTRIA, *Premier Président.*

MM. Mari, Arrighi, } *Avocats.*

DU 25 AOUT 1831.

APPEL INCIDENT. — CONCLUSIONS. — ACQUIESCEMENT.

L'intimé qui a conclu, sans protestation ni réserve, au DÉBOUTÉ *de l'appel principal et à la* CONFIRMATION *pure et simple du jugement attaqué, a par cela même* ACQUIESCÉ *au jugement, et n'est plus recevable à former appel incident* (1).

Giovannetti C. Giovannetti.

ARRÊT.

Après délibération en la Chambre du Conseil,

La Cour; — sur les conclusions de M. Gregorj, Conseiller Auditeur, attaché au Parquet;

Sur l'appel principal :

Attendu que l'appelant lui-même, au moyen des conclusions par lui prises en première instance et insérées dans le jugement attaqué, est convenu du décès de feu *Giovanni Francesco* Giovannetti, de la succession duquel il s'agit, et que, dès lors, peu importe que l'acte de décès produit par les intimés ne soit pas régulier dans la forme, vu que c'était à l'appelant à établir l'époque fixe dudit décès, s'il croit pouvoir

---

(1) Cela nous semble constant en jurisprudence et en doctrine. — Voir surtout : Rejet, 30 oct. 1809 (S. 10. 1. 61; — D. A. 1. 527); — *Idem*, 23 janv. 1810 (S. 10. 1. 169; — D. A. 1. 529); — *Idem*, 15 juillet 1828 (S. 28. 2. 165; — D. P. 28. 1. 325); — *Idem*, 26 nov. 1833 (S. V. 34. 1. 125; — D. P. 34. 1. 29); — Carré et Chauveau, nos 1576 et 1577.

Il en serait autrement si, en concluant à la confirmation pure et simple, l'intimé avait fait des *réserves expresses* : Cass. 20 déc. 1815 (S. 16. 1. 242; — D. A. 1. 510); — Rejet, 15 déc. 1830 (S. V. 32. 1. 516; — D. P. 31. 1. 22); — Cass., 17 avril 1833 (S. V. 33. 1. 468; — D. P. 33. 1. 185). — La Cour de Bastia a même décidé, le 6 août 1835, que des réserves générales et de style ne couvrent pas la déchéance (Notre Rec., tom. 4, pag. 169 et la note 4).

en tirer avantage, d'après la règle de droit *Reus in suâ exceptione fit actor;*

Attendu que, par acte reçu par le notaire Philippe Saettoni, le 17 Avril 1786, dûment enregistré, feu *Giovanni Francesco* Giovannetti, et ses deux autres frères, Jean-Laurent et Jean-François, ont fait donation pour cause de mariage à l'appelant de la somme de quatorze mille livres, au cours de Gênes, payables sur les biens appartenant aux donateurs; — Que le mariage contemplé dans ladite donation a eu lieu; — Que l'acte public reçu par le notaire Antoine Antonelli le 11 Janvier 1787, dûment contrôlé, ne contient renonciation au bénéfice de ladite donation qu'en faveur desdits feu Laurent et Jean-François Giovannetti, et seulement pour la part concernant chacun d'eux; — D'où il suit que, sur les biens de la succession dudit feu *Giovanni Francesco* Giovannetti, l'appelant doit prélever le tiers de ladite somme de quatorze mille livres, formant celle de trois mille six cent soixante-six francs, soixante-dix-huit centimes;

Attendu que, pour que l'appelant pût faire siens les fruits de la succession à partager, échus antérieurement à la demande, il faudrait qu'il fût possesseur de bonne foi; — Mais qu'on ne saurait lui reconnaître cette qualité en l'absence d'un titre quelconque translatif de propriété, puisqu'il était à sa pleine connaissance que les intimés étaient comme lui héritiers de feu son frère *Giovanni Francesco* Giovannetti, et que rien ne prouve que ces derniers voulaient renoncer à la succession et à leur part des fruits, lesquels fruits leur sont dus à partir du jour que les intimés justifieront, d'une manière légale, avoir eu lieu l'ouverture de la succession de feu *Giovanni Francesco* Giovannetti;

Attendu que les premiers Juges ont adjugé à l'appelant les améliorations qu'il réclame;

Sur l'appel incident :

Attendu qu'après l'appel principal, tout acquiescement donné par une partie à un jugement en premier ressort interdit, à l'égard de ladite partie, tout droit d'appeler incidemment du même jugement; — Qu'en posant contradictoirement leurs qualités, à l'audience du 4 Juillet dernier, les intimés ont formellement conclu au débouté de l'appel principal et à la confirmation pure et simple du jugement, sans aucune réserve ni protestation; — D'où il suit qu'il y a eu de leur part acquiescement, et partant ils ne peuvent plus interjeter appel incident;

Attendu, dès lors, que la Cour ne peut s'occuper du sens à donner au jugement attaqué en ce qui a trait aux biens à partager, pour déterminer si le Tribunal a entendu soumettre au partage tous les biens portés en demande, ou seulement une partie d'iceux; — Qu'en l'état toute discussion à cet égard ne peut appartenir qu'aux premiers Juges;

DÉCLARE non recevable l'appel incident;

ET AYANT tel égard que de raison à l'appel principal,

ORDONNE qu'au moment du partage il sera prélevé sur les biens de feu *Giovanni Francesco* Giovannetti, en faveur de l'appelant, la somme de trois mille six cent soixante-six francs, soixante-dix-huit centimes, en autant d'immeubles, d'après leur valeur à l'époque du mariage de l'appelant, laquelle valeur sera fixée par les mêmes experts nommés pour procéder au partage;

DÉCLARE que le surplus du jugement dont est appel sera exécuté selon sa forme et teneur............

Chambre Civile. — M. LE Cte COLONNA D'ISTRIA, *Premier Président.*

MM. MARI, }
GAVINI (Giocante), } *Avocats.*

DU 23 NOVEMBRE 1831.

DOT. — CONSTITUTION. — PARAPHERNALITÉ.

Sous l'empire du droit romain, qui formait le droit commun de la Corse, les biens de la femme mariée étaient PARAPHERNAUX, *s'il n'y avait eu constitution de dot* [*L. IX*, § *2*, *ff.* De Jure Dotium] (1).

Sous la même législation, la constitution de dot dans laquelle la femme n'avait pas spécifié les objets ou la quantité qu'elle se constituait était nulle (*L. I*, *Cod.* De Dotis Promissione).

A plus forte raison sera-t-elle nulle, dès que, la femme étant mineure, les formalités prescrites par le Statut Corse, pour qu'elle pût valablement stipuler, n'ont pas été remplies (*Chap. XXVI du Statut Civil de la Corse*).

Leca C. Leca.

ARRÊT.

Après délibération en la Chambre du Conseil,

LA COUR; — sur les conclusions de M. PIERANGELI, Conseiller Auditeur, attaché au Parquet;

Attendu qu'Angélique veuve Leca n'a point le droit de se plaindre de ce que le jugement attaqué est intervenu avant un défaut joint contre une autre partie, qui avait d'ailleurs constitué avoué; — Que ladite veuve Leca par ses défenses, rappelées dans ses conclusions, avait mis les premiers Juges à même de se prononcer sur le fond des contesta-

---

(1) Cette question était vivement controversée entre les anciens auteurs; mais l'opinion la plus généralement admise était conforme à l'arrêt que nous recueillons, ainsi que l'a décidé la Cour de Poitiers le 30 floréal an XI (D. A. 11. 581; — S. 3. 2. 487), et comme le démontrent DURANTON, tom. 15, n° 336, et TROPLONG, *Du Contrat de Mariage*, tom. 4, n°s 3019 à 3026 inclusivement, lesquels citent un grand nombre d'autorités. — Voir cependant : BRETONNIER, Quest. alph., V° *Paraphernaux*, tom. 2, pag. 7; — Lyon, 14 août 1838 (D. P. 39. 2. 42; — S. V. 39. 2. 324).

tions, et que d'ailleurs, en appel, elle a conclu au fond, quoique subsidiairement; — Qu'enfin les intimés, dans leurs conclusions, ont toujours demandé incidemment la réformation de quelques dispositions du jugement; — D'où il suit, que l'appelante n'est nullement fondée dans ses moyens de nullité;

Attendu que, dans le conflit de décisions contraires intervenues sur la question de savoir si les biens d'une femme mariée avant le Code Civil, sans aucune constitution de dot, étaient dotaux ou paraphernaux, le plus sûr moyen est de suivre les dispositions des lois romaines, qui, à l'époque du mariage dont il s'agit, étaient en Corse le droit commun, en l'absence d'une disposition statutaire à cet égard;

Attendu qu'aux termes de la loi IX, § 2, ff. *De Jure Dotium*, on ne pouvait regarder comme dotaux que les biens expressément constitués; et que, d'après la loi Ire Cod. *De Dotis Prommissione*, était nulle la constitution de dot dans laquelle la femme n'avait pas spécifié les objets ou la quantité qu'elle se constituait; — Que la conséquence nécessaire de ces lois est que lorsqu'il n'y a pas eu constitution de dot, comme dans l'espèce, les biens de la femme ne sont pas dotaux; — Qu'en outre, la dot étant un contrat, on ne saurait le supposer de la part de la femme qui, comme l'appelante, était mineure à l'époque de son mariage, et ne pouvait rien stipuler valablement sans le concours des formalités prescrites par le Statut Corse;

Attendu que les premiers Juges, ayant justement qualifié de paraphernaux les biens d'Angélique veuve Leca, ne devaient rien adjuger aux héritiers de son mari pour les améliorations faites sur lesdits biens, lesquelles améliorations sont censées faites avec les revenus des mêmes biens; — Qu'il n'en peut être de même à l'égard des frais funéraires de la mère de l'appelante, s'il est vrai que ce soit feu Martin Leca qui les a avancés;

Attendu qu'on prétend établir par titres, que feu Martin Leca a reçu la restitution de la dot de la mère de l'appelante; — Que les titres présentés à cet effet, seulement à l'audience de la Cour, ne sont pas revêtus des caractères de légalité susceptibles d'être appréciés actuellement, et qu'il est juste de réserver à ce sujet les droits des parties;

PAR CES MOTIFS et les autres exprimés dans le jugement attaqué,

RÉFORME le jugement dont est appel, dans la partie qui déboute les intimés de leur demande des frais funéraires de la feue Jeanne, mère de l'appelante, et dans l'autre partie qui rejette ladite appelante de sa demande en remboursement de la dot de sa mère, reçue, dit-on, par son mari;

ÉMENDANT quant à ce,

DÉCLARE qu'il sera tenu compte aux héritiers de feu Martin Leca des sommes qu'il sera justifié légalement avoir été par lui dépensées, pour les frais funéraires de la mère de la veuve Angélique Leca;

RÉSERVE à l'appelante ses droits, tels qu'ils peuvent lui appartenir, à faire valoir dans une autre instance, si elle s'y croit fondée, relativement à la dot de feu Jeanne, sa mère;

CONFIRME pour le surplus..........

Chambre Civile. — M. LE Cte COLONNA D'ISTRIA, *Premier Président.*

MM. BRADI, GRAZIANI, } *Avocats.*

DU 13 DÉCEMBRE 1831.

BAIL VERBAL. — DURÉE. — PREUVE TESTIMONIALE. — COMMENCEMENT D'EXÉCUTION. CONGÉ. — DÉLAI.

La preuve testimoniale ne peut être admise, même lorsqu'il y a EXÉCUTION COMMENCÉE, *pour prouver la durée ou les conditions d'un bail verbal dont le prix excède cent cinquante francs* [*Cod. Civ. Art. 1715 et 1716*] (1).

*D'après l'usage en vigueur à Bastia, le délai d'*UN MOIS *suffit pour le congé d'un appartement meublé* (*Cod. Civ. Art. 1736*).

...... *Ce délai s'entend à partir de l'expiration du mois courant.*

Viale C. Maziau.

ARRÊT.

Après délibération en la Chambre du Conseil,

LA COUR ; — sur les conclusions de M. PIERANGELI, Conseiller Auditeur, attaché au Parquet ;

Attendu qu'en l'absence d'un écrit signé par les parties, pour en établir les conditions, le bail dont est procès ne peut être regardé que comme verbal ;

---

(1) Conf. : Grenoble, 4 et 14 mai 1825 (D. P. 25. 2. 219; — 26. 2. 177); — Trib. Civ. de Montpellier, 1er sept. 1830 (D. P. 32. 1. 414 ; — S. V. 33. 1. 557) ; — Limoges, 30 juill. 1836 (D. P. 37. 2. 83 ; — S. V. 36. 2. 427) ; — Nîmes, 1er août 1836 (D. P. 38. 2. 72 ; — S. V. 38. 2. 125) ; — Cass., 14 janv. 1840 (D. P. 41. 1. 160 ; — S. V. 40. 1. 5) ; — Bourges, 14 mai 1842 (D. P. 43. 2. 124; — S. V. 43. 2. 30) ; — Colmar, 15 mars 1845 (S. V. 43. 2. 373; — D. P. 44. 2. 4) ; — Lyon, 22 nov. 1854 (S. V. 55. 2. 44) ; — MARCADÉ, tom. 6, § 3, pag. 434; — TROPLONG, tom. 1, n° 113 et suiv. ; — TOULLIER, tom. 9, pag. 32 ; — DUVERGIER, tom. 1er, pag. 258 ; — ROLLAND DE VILLARGUES, V° *Bail*, n° 167 ; — DALLOZ, *Dict. Gén.*, V° *Louage*, n° 141 ; — BOICEAU et DANTY, chap. 14, n° 2 ; — JOUSSE, ord. de 1667, tom. 20, art. 4 ; — CHARONDAS, ch. 52; — VICTOR AUGIER, *Le Juge de Paix*, tom. 2, pag. 141.

Contrà : DURANTON, tom. 17, n° 55 et suiv. ; — Nîmes, 14 juillet 1810 et 22 mai 1819 (D. A. 9. 910 ; — S. Coll. nouv. 3. 2. 307 et suiv. ; — 20. 2. 33).

Attendu que, tout en avouant que le bail aurait la durée d'un an, le sieur Maziau a ajouté que c'était à condition que l'appartement serait meublé convenablement à son rang et à raison du prix de quatre-vingts francs par mois; — Que cette déclaration constitue un aveu judiciaire, de sa nature indivisible, — Et que, d'ailleurs, par la combinaison des articles 1715 et 1716 du Code Civil, la preuve par témoins ne peut être admise pour prouver les conditions d'un bail dont le prix excède cent cinquante francs;

Attendu que toute la contestation est de savoir si l'ameublement fourni au sieur Maziau était convenable; — Qu'à cet égard, celui-ci prétend, entre autres choses, que notamment le lit à son usage n'était point commode à cause de la paillasse et d'un matelas qui étaient trop courts; — Que le sieur Viale ne disconvient pas de la réclamation à lui faite à ce sujet; — Que, si le sieur Viale a cru pouvoir différer sans inconvénient, dans l'intention même de se pourvoir de paille nouvelle, il ne s'ensuit pas que le sieur Maziau n'ait pu user, à son tour, des droits à lui compétents, d'après la nature de leurs conventions;

Attendu que les choses réduites en cet état, les parties se sont trouvées naturellement placées dans le cas d'un bail verbal, sans stipulation obligatoire de durée et à un tant par mois; — Que, dès lors, il était loisible au sieur Maziau, aux termes de l'article 1736 du Code Civil, de donner congé au sieur Viale, en observant toutefois les délais fixés par l'usage des lieux;

Attendu que, dans la ville de Bastia, l'usage est que le congé soit donné un mois d'avance, ce qui doit s'entendre à partir de l'expiration du mois courant, si le congé n'a pas été signifié au commencement du mois;

Attendu que le sieur Maziau, en signifiant son congé le 22 Septembre 1831, a prétendu quitter l'appartement ledit jour, et a offert de payer le loyer du mois, alors courant, et qui expirait le 3 Octobre suivant : ce qui était insuffisant;

Attendu que le préalable ordonné par les premiers Juges n'est point nécessaire, et que la matière est disposée à recevoir une solution définitive;

A MIS ET MET les appellations et ce dont est appel au néant;

ÉMENDANT, et évoquant le fond,

SANS S'ARRÊTER aux offres faites par le sieur Maziau,

MAINTIENT le congé notifié à sa requête au sieur Viale,

DÉCLARE, néanmoins, que ledit congé n'a pu avoir son effet qu'au 3 Novembre dernier;

DIT, en conséquence, qu'à partir de ladite époque le bail dont il s'agit a pris fin;

CONDAMNE le sieur Maziau à payer au sieur Viale, jusqu'audit jour, 3 Novembre, le loyer à raison de quatre-vingts francs par mois, à la charge aussi par ledit sieur Maziau de remettre les clefs de l'appartement dans les vingt-quatre heures, à partir de ce jour, sous peine de tous dommages-intérêts, sur lesquels la Cour se réserve de statuer le cas échéant...........

Chambre Civile. — M. LE Cte COLONNA D'ISTRIA, *Premier Président.*

MM. PIERAGGI, | *Avocats.*
ARRIGHI, |

DU 15 DÉCEMBRE 1831.

JUGEMENT PAR DÉFAUT. — EXÉCUTION. — PROCÈS-VERBAL DE CARENCE. EXTRAIT D'ENREGISTREMENT. — SERMENT DÉCISOIRE.

Le procès-verbal de CARENCE *dressé au domicile du tuteur des mineurs qui habitent une autre commune, et non précédé d'un* COMMANDEMENT *régulier, n'est pas un acte d'exécution qui empêche la péremption [Cod. Proc. Civ. Art. 159]* (1).

Un extrait d'enregistrement, quand même on le considérerait comme un commencement de preuve par écrit, ne peut suppléer au défaut de présentation de l'exploit de commandement (2).

.... Et l'on ne saurait s'autoriser de cette production pour permettre à une partie de déférer le SERMENT DÉCISOIRE (3).

(1-2-3) Il est incontestable que tout acte d'exécution, qui n'a pas été précédé d'un commandement régulier, est entaché d'une nullité radicale et ne peut empêcher la péremption du jugement de défaut, en vertu duquel il a été pratiqué; mais nous avons de la peine à admettre qu'un procès-verbal de carence ne puisse produire aucun effet, par cela seul qu'il a été dressé au domicile du tuteur, tandis que les mineurs habitent une autre commune. Cette circonstance ne nous paraît nullement déterminante, puisque l'art. 108 du Code Nap. porte textuellement que le mineur non émancipé a son domicile chez son tuteur; et que, par suite, c'est à ce même domicile que doivent être faites toutes les notifications intéressant les mineurs. D'ailleurs, il est constant en doctrine que le mineur, qui s'absente pour aller travailler, ou pour faire ses études dans une commune autre que celle où son tuteur se trouve domicilié, conserve néanmoins son domicile chez ce même tuteur. — Voir MERLIN, *Rép.*, V° *Domicile*, § 4; — DURANTON, tom. 1er, nos 370 et 374; — ZACHARIÆ, tom. 1er, § 141, n° 1er. — Nous serions donc portés à penser que ce procès-verbal de carence empêcherait la péremption, à moins qu'il ne fût établi que le débiteur n'en avait pas eu connaissance; mais nous devons nous borner à l'expression d'un doute, parce que nous ne connaissons ni les motifs des premiers Juges, qui ont été adoptés par la Cour, ni les faits particuliers de la cause, qui pourraient exercer une certaine influence.

Les deux dernières solutions du sommaire ci-dessus nous semblent empreintes d'une grande sévérité, quoiqu'elles puissent être juridiques. Il est vrai qu'il s'est élevé une assez vive controverse sur le point de savoir si l'existence légale d'un exploit peut être établie

Ristori C. Ristori.

ARRÊT.

Après délibération en la Chambre du Conseil,

La Cour ; — sur les conclusions conformes de M. Pierangeli, Conseiller Auditeur, attaché au Parquet ;

Adoptant les motifs des premiers Juges,

Et attendu qu'il est convenu, par les parties, que les mineurs Ristori habitaient une maison et une commune différentes de celles de leur tuteur chez lequel le procès-verbal de carence a été dressé ;

Attendu, aussi, que pour attribuer à un procès-verbal de carence l'effet d'une exécution capable d'empêcher la péremption d'un jugement par défaut, il faut que ledit procès-verbal ait été précédé d'un commandement régulier ;

Attendu qu'en l'espèce, on ne présente pas de commandement ; — Qu'on ne peut suppléer au défaut de cette présentation par l'extrait des

. . . .

autrement que par la représentation de l'acte lui-même, et spécialement si l'extrait des registres de l'enregistrement suffit pour la prouver ; mais nous répugnons à admettre la négative, et surtout à dire que l'exploit dont on reconnaîtrait l'existence ne doit pas être présumé régulier plutôt que nul. Dans le sens de l'arrêt ci-dessus, voir : Cass., 6 thermidor an XIII (S. 5. 2. 31 ; — D. A. 7. 705) ; — *Idem*, 10 août 1810 (S. 14. 1. 81 ; — D. A. 2. 213) ; — Rennes, 22 avril 1814 et 17 mai 1815 (S. V. coll. nouv. 4 et 5) ; — Bioche, V° *Exploit*, n°s 389 et suiv. ; — Boncenne, tom. 2, pag. 242. — En sens contraire : Riom, 28 déc. 1808 (S. 12. 2. 201 ; — D. A. 7. 703) ; — Nancy, 25 nov. 1812 (S. 14. 2. 131 ; — D. A. 7. 704) ; — Bordeaux, 9 mai 1848 (S. V. 48. 2. 549) ; — Rejet, 23 déc. 1853 (S. V. 54. 1. 257). — Voir aussi sur la question Chauveau sur Carré, n° 327 *bis*, qui admet les équipollents pour établir l'existence de l'exploit, mais non pour démontrer sa régularité. — Quant à la délation du serment décisoire, nous devons reconnaître qu'elle serait inutile et frustratoire si l'on décide, comme l'a fait la Cour de Bastia, que l'existence du commandement même admise, la régularité de cet exploit ne peut pas être présumée ; mais, dans l'hypothèse contraire, ne pas accueillir les conclusions relatives au serment ce serait, à notre avis, violer les art. 1358 1359 et 1360 du Code Napoléon.

registres de l'enregistrement, parce qu'en regardant même cet extrait comme un commencement de preuve, on ne pourrait jamais parvenir à établir que l'exploit de commandement était revêtu des formalités nécessaires à sa validité; ce qui ne permet, non plus, d'autoriser le serment décisoire déféré par l'appelant à l'égard de la signification dudit commandement;

CONFIRME..........

Chambre civile. — M. LE Cte COLONNA D'ISTRIA, *Premier Président.*

MM. CARBUCCIA, GRAZIANI, } *Avocats.*

DU 20 DÉCEMBRE 1831.

TESTAMENT OLOGRAPHE. — OUVERTURE. — DÉPÔT. — ENVOI EN POSSESSION. — SAISINE — LÉGATAIRE. — HÉRITIER. — VÉRIFICATION. — CHARGE DE PROUVER.

Le testament olographe est, de sa nature, un acte sous signature privée (1); — *L'*OUVERTURE *du testament et le* DÉPÔT *chez un notaire* (2); *l'*ENVOI EN POSSESSION *du légataire* (3), *ne lui confèrent pas les effets d'un acte authentique* [*Cod. Civ. Art. 999, 1322 et 1324; — Cod. Proc. Civ. Art. 199*].

Le légataire universel, institué par testament olographe, auquel la loi accorde la SAISINE *légale, à défaut d'héritier à réserve, doit fournir la preuve de la validité du testament dont la sincérité est contestée par l'héritier légitime qui demande le délaissement des biens, alors même qu'il aurait été envoyé en possession* [*Cod. Civ. Art. 1008*] (4).

A plus forte raison cette charge tombe-t-elle sur le légataire universel, si la dénégation de l'écriture et de la signature du testament, par l'héritier légitime, est antérieure à l'envoi en possession.

---

(1) Conf. : Colmar, 12 juillet 1807 (D. P. 1. 1335; — S. 13. 2. 337); — Cass., 13 nov. 1816 (D. P. 17. 1. 67; — S. 17. 1. 71); — Rennes, 17 févr. 1820 (D. P. 1. 1335); — MERLIN, *Rép.*, V° *Testament*, sect. 2, § 4, art. 6; — DALLOZ aîné, *Rép.*, 1re édit., tom. 9, pag. 44; — GRENIER, *Donat. et Test.* n° 292.

(2) *Contrà* : GRENIER, tom. 1, n° 292; — Turin, 10 janvier 1809 (D. P. 10. 2. 50).

(3) Conf. : Toulouse, 26 mars 1824 (D. P. 24. 2. 125).

(4) Voir *suprà*, pag. 389, l'arrêt de la Cour de Bastia du 30 déc. 1828 et la note; — Tome 2 de notre Recueil, à ces dates, l'arrêt de la même Cour du 24 déc. 1834 qui décide que c'est au légataire universel à faire la preuve, et celui du 23 juin 1838 qui met, au contraire, cette preuve à la charge de l'héritier non-réservataire.

Casalta C. Gianninelli.

ARRÊT.

Après délibération en la Chambre du Conseil,

La Cour; — sur les conclusions contraires de M. Pierangeli, Conseiller Auditeur, attaché au Parquet;

Attendu qu'un acte sous seing-privé ne fait foi que lorsqu'il n'est pas méconnu; — Que c'est celui qui se présente porteur d'un titre, qui doit en prouver la vérité; — Que la loi ne fait pas d'exception pour les testaments olographes, qui sont des actes privés de leur nature, sans que le caractère en soit changé par l'ouverture et le dépôt chez un notaire, ces formalités n'ajoutant rien à leur sincérité;

Attendu qu'il en est de même de l'envoi en possession du légataire universel; — Que l'ordonnance d'envoi en possession est un acte rendu sur simple requête, sans que l'héritier légitime soit ni entendu, ni appelé; — Que cet acte, n'étant fondé que sur l'apparence de la véracité du testament, l'héritier légitime ne peut être assujetti à une preuve qui ne lui compétait pas avant l'envoi en possession, laquelle n'est qu'une exécution provisoire du titre, à l'égard duquel tous droits et moyens restent intacts, en définitive, à l'héritier;

Attendu que, si l'article 1006 du Code Civil, à défaut d'un héritier à réserve, accorde la saisine légale au légataire universel, il ne s'ensuit pas que celui-ci doive être dispensé de la vérification du testament, qui est le seul moyen d'en établir l'existence légale; — Que l'héritier légitime, en demandant le délaissement des biens de la succession, ne peut être obligé qu'à prouver la qualité d'héritier dans laquelle il agit; — Que le légataire universel, au contraire, opposant à la demande un testament olographe, devient acteur dans son exception, et doit prouver que le testament existe dans toutes les conditions essentielles, c'est-à-dire, que l'écriture et la signature sont de la main du testateur;

Attendu que ces considérations générales, déduites de la nature de l'acte sous seing-privé, et fondées sur les règles de la procédure, reçoivent une nouvelle force, dans l'espèce, par la dénégation de l'écriture faite avant la signification du testament et avant l'envoi en possession; — Que l'une et l'autre de ces formalités ont eu lieu cinq ans après le décès du testateur, et même postérieurement aux premières poursuites de l'héritier par devant le Juge de Paix des parties, relativement à la situation de l'un des objets de la succession; — Que toutes ces circonstances doivent faire procéder avec beaucoup de réserve, en laissant au légataire universel le soin d'établir que le titre dont il se prévaut est sincère et véritable;

A MIS l'appellation au néant;
ORDONNE de plus fort l'exécution du jugement attaqué............

Chambre Civile. — M. LE Cte COLONNA D'ISTRIA, *Premier Président.*

MM. CASABIANCA, CARBUCCIA, } *Avocats.*

ANNÉE 1832.

DU 4 JANVIER 1832.

EFFET DE COMMERCE. — ENDOSSEMENT. — CAUSE. — COMPÉTENCE.

L'endossement causé valeur entendue *est irrégulier et ne constitue qu'une simple promesse* [*Cod. Comm. Art. 137 et 138*] (1).

L'article 637 du Code de Commerce, qui attribue aux Tribunaux de Commerce la connaissance des lettres de change réputées simples promesses, lorsqu'elles portent en même temps des signatures d'individus négociants et

(1) L'art. 25, titre 5 de l'ordonnance du mois de mars 1673, sur le Commerce, portait : « Au cas que l'endossement ne soit pas dans les formes ci-dessus (à savoir, daté et conte- » nant le nom de celui qui a payé la valeur en argent, en marchandises ou autrement, » art. 23, même titre 5), les lettres seront réputées appartenir à celui qui les a endossées, » et pourront être saisies par ses créanciers et compensées par ses redevables. » Cette disposition fut abolie par l'usage : en la rétablissant contre l'usage, par l'art. 138 du Cod. de Comm., il est manifeste que le législateur de 1807 a voulu faire des formalités énumérées dans l'art. 137 du Code prémentionné autant de conditions nécessaires à l'existence du contrat. Dès lors que l'indication de la nature de la valeur fournie est rigoureusement exigée, ces mots : *valeur entendue*, n'en énonçant pas l'espèce, le vœu de la loi n'est pas rempli, et l'endos conçu en ces termes n'opère pas transmission. Cette doctrine, du reste, est celle de tous les auteurs, et de nombreux arrêts la consacrent. — V. Merlin, *Répert.*, V° *Lettre de change*, § 2, n° 2; — Vincens, *Législ. Comm.*, tom. 2, n° 177 ; — Pardessus, *Dr. Comm.*, tom. 2, n° 340, qui avait d'abord embrassé l'opinion contraire dans son traité de la lettre de change, tom. 2, pag. 390 ; — Persil, *Lettre de Change*, art. 110, n° 21 ; — Thiériet, *Rev. de Législ.*, tom. 6, pag. 228 ; — Delvincourt, *Instit. de Dr. Comm.*, tom. 2, pag. 95; — Massé, tom. 4, n° 139 ; — Nouguier, *Lettre de Change*, tom. 1er, pag. 66 ; — Dalloz, *Jur. Gén.*, 2e édit. V° *Effets de Commerce*, n° 79 et suiv. — Conf. : Paris, 1er déc. 1831 et 31 janv. 1833 (D. P. 33. 2. 54 et 88) ; — Metz, 18 janv. 1833 (D. P. 34. 2. 157) ; — et comme se rattachant à la question : Turin, 15 mars 1811 ; — Trèves, 1er févr. 1802 ; — Colmar, 23 mars 1814 (Dalloz, *ubi suprà*, et Sirey, 12. 2. 74 ; — 16. 2. 103 et 92) ; — Toulouse, 2 mai 1826 et 17 nov. 1828 (D. P. 26. 2. 227 et 29. 2. 145; — S. 26. 2. 289 et 29. 2. 117) ; — Paris, 29 avril 1829 (D. P. 29. 2. 249 ; — S. 29. 2. 139).

d'individus non négociants, n'est applicable qu'au cas où le signataire commerçant peut être recherché pour le paiement (2).

Cagnazzoli C. Aschero.

ARRÊT.

Après délibération en la Chambre du Conseil,

La Cour; — sur les conclusions conformes de M. Filhon, Substitut du Procureur Général;

Attendu qu'aux termes de l'article 112 du Code de Commerce sont réputées simples promesses toutes lettres de change contenant suppo-

(2) Conf. : Bordeaux, 19 nov. 1827 (D. P. 28. 2. 49; — S. 28. 2. 72); — Orléans, 11 déc. 1837 (S. V. 40. 2. 489). — La solution ci-dessus, eu égard à l'espèce exceptionnelle dans laquelle elle a été rendue, ne nous paraît contraire, ni aux principes généraux du droit, ni surtout au texte spécial de l'art. 637 du Cod. de Comm. Cette disposition attribue, il est vrai, la connaissance des lettres de change réputées *simples promesses* à la juridiction commerciale, lorsqu'elles portent à la fois des signatures de commerçants et de non commerçants; mais si on se reporte aux termes de l'exposé des motifs (V. Dalloz, *Compét. Comm.*, n° 192), on est obligé de reconnaître que le législateur, en édictant cette règle, a supposé dans le même effet l'existence de deux obligations, l'une purement civile, qui ne peut entraîner la contrainte par corps, l'autre commerciale à laquelle cette sanction est attachée, et qu'il n'a voulu que le débiteur de la deuxième suivît le débiteur de la première devant les Juges consulaires, contrairement au droit commun, que pour prévenir l'inconvénient qu'il pourrait y avoir à diviser l'action. Ainsi le mélange des signatures dont il s'agit, ne réalise l'hypothèse prévue que si elles forment le lien d'un *double engagement* d'une nature différente, et soumis à des conséquences diverses. En d'autres termes, il faut à côté d'un non négociant qui s'oblige au paiement du billet à l'échéance, qu'il y ait un commerçant qui se porte garant de ce paiement, en cas de refus, ou *vice versâ*; mais s'il n'y a qu'une obligation civile et point d'obligation commerciale, qu'un souscripteur non négociant et point de garant commerçant, dans cette hypothèse, l'article 637 ne saurait être appliqué, car le débiteur d'une obligation civile ne peut raisonnablement être entraîné devant la juridiction consulaire, par le prétendu débiteur d'une obligation commerciale qui, en réalité, n'existe pas.

Or il en était précisément ainsi dans l'espèce jugée par la Cour de Bastia; l'effet souscrit par un non négociant n'ayant été passé à un tiers par un commerçant qu'avec un endossement irrégulier et qui ne valait que comme simple procuration, aux termes de l'art. 138 du Cod. Comm., se trouvait, comme le dit très-exactement l'arrêt, réduit à une seule signature.

sition soit de nom, soit de qualité, soit de domicile, soit des lieux d'où elles sont tirées, ou dans lesquels elles sont payées;

Attendu que les faits de la cause établissent que la lettre de change dont est procès, provenant d'une dette héréditaire, a été signée pour assurer à une obligation civile la garantie de la contrainte par corps, au mépris de la prohibition faite par l'article 2063 du Code Civil, et qu'à cet effet, on y a supposé le lieu du paiement. En effet, rien ne fait présumer que Chersia, créancier, exerçant l'état de limonadier à Bastia, eût besoin de fonds à St-Florent, et que Cagnazzoli, tireur, pût les lui fournir audit lieu pour stipuler réellement entre eux un contrat de change : en outre, il n'est pas désavoué qu'au moment même de l'échéance de la lettre de change, Chersia en a directement réclamé le paiement de Cagnazzoli, tireur; ce qui prouve, d'une manière encore plus évidente, la supposition de la remise de place en place et du lieu de St-Florent pour le paiement;

Attendu que, si l'article 637 du Code de Commerce attribue à la juridiction consulaire la compétence des lettres de change réputées simples promesses, il faut que lesdites lettres de change portent en même temps des signatures d'individus négociants et d'individus non négociants, ce qui doit s'entendre lorsque le signataire négociant peut être recherché pour le paiement;

Attendu que, dans l'espèce, Chersia, en faveur duquel la lettre de change a été tirée, est bien commerçant, mais que l'endossement par lui fait à Me Aschero ne portant pas l'énonciation de la VALEUR FOURNIE, exigée par l'article 137 du Code de Commerce pour la validité de l'endos, et les mots VALEUR ENTENDUE ne pouvant pas en tenir lieu, il en résulte que l'endossement est irrégulier et ne constitue qu'une simple procuration, en vertu de l'article 138 dudit Code; ce qui laisse subsister la lettre de change dans l'état où elle se trouvait avant l'endossement et, par conséquent, avec la seule signature du tireur non négociant, lequel d'ailleurs ne s'est obligé pour aucune opération de commerce; — D'où il suit qu'il n'y a pas lieu à l'application de l'article 637 du Code de Commerce, et que la connaissance de la contestation qui s'est élevée entre les parties appartenait aux Tribunaux ordinaires, devant lesquels Cagnazzoli avait formellement demandé aux premiers Juges le renvoi;

Disant droit à l'appel,
Réforme, comme incompétemment rendu, le jugement attaqué;
Renvoie la partie de Corbara à se pourvoir par devant qui de droit.

Chambre Civile. — M. le Cte COLONNA D'ISTRIA, *Premier Président.*

MM. Milanta, père, } *Avocats.*
Mari, }

DU 9 JANVIER 1832.

LETTRE DE CHANGE. — SUPPOSITION DE LIEU. — SIMPLE PROMESSE. — COMPÉTENCE. — CONTRAINTE PAR CORPS.

La lettre de change créée pour donner à une dette civile, au moyen d'une supposition de lieu, les caractères et les effets d'une dette commerciale, doit être réputée SIMPLE PROMESSE, *et n'emporte, par suite, ni la compétence commerciale, ni la contrainte par corps* [*Cod. Comm. Art. 112 et 636; — Cod. Civ. Art. 2063*] (1).

Les Juges peuvent présumer la supposition de lieu, lorsque le souscripteur de la lettre de change n'est pas négociant, et que le créancier et lui ont leur domicile ailleurs qu'au lieu où la lettre de change a été signée (2).

Vallecalle C. Sanremo.

ARRÊT.

Après délibération en la Chambre du Conseil,

LA COUR; — sur les conclusions de M. FILHON, Substitut du Procureur Général;

Attendu que Vallecalle, simple vigneron, habitant la ville de Bastia, ainsi que Sanremo, il n'est pas présumable que la lettre de change dont il s'agit ait été signée à St-Florent; — Que tous les faits de la cause établissent, au contraire, que la signature a eu lieu à Bastia, et que l'indication de St-Florent a été supposée pour donner à une simple obligation civile l'apparence d'un contrat de change et, par suite, la garantie de la contrainte par corps, contre la disposition de l'article 2063 du Code Civil;

---

(1) V. la note ci-dessus, pag. 544.
(2) Conf. : Bruxelles, 28 juin 1810 (S. 10. 2. 394).

Attendu que la supposition du lieu établie, la lettre de change se trouve dégénérée en simple promesse, aux termes de l'article 112 du Code de Commerce;

Attendu que la même lettre de change, ne contenant que la signature de Vallecalle non négociant et non obligé pour aucune opération de commerce, ce n'était pas la juridiction consulaire qui devait être saisie de la contestation relative au paiement de ladite lettre de change, et que le renvoi devant le Tribunal Civil devait être prononcé, conformément à l'article 636 du Code de Commerce, Vallecalle en ayant fait la demande formelle devant les premiers Juges;

Disant droit à l'appel,

Réforme, comme incompétemment rendu, le jugement attaqué;

Renvoie les parties à se pourvoir par devant qui de droit..........

Chambre Civile. — M. le Cte COLONNA D'ISTRIA, *Premier Président.*

MM. Battesti, Pieraggi, } *Avocats.*

DU 7 FÉVRIER 1832.

ENFANT NATUREL. — LÉGITIMATION. — POSSESSION D'ÉTAT. — PREUVE TESTIMONIALE.

L'enfant dont la naissance, constatée par un acte de notoriété régulier, est antérieure au mariage présumé de ses père et mère, ne peut pas invoquer la possession d'état pour établir sa légitimation par mariage subséquent (1).

A supposer que l'on puisse être admis à prouver par témoins que la reconnaissance d'un enfant naturel a eu lieu dans l'acte de célébration du mariage de ses père et mère, cette preuve ne saurait être ordonnée pour constater un mariage dont l'acte de célébration n'est pas représenté, à moins toutefois qu'il n'ait pas existé de registres de l'état civil ou qu'ils aient été perdus (2).

(1-2) La jurisprudence, il est vrai, ne paraît pas encore définitivement fixée sur le point de savoir, si les articles 320 et suivants du Code Napoléon, relatifs à la possession d'état, peuvent être invoqués par les enfants naturels, ou bien, comme semble l'indiquer le texte même de l'article 320, si l'enfant légitime est le seul qui puisse dire : *à défaut de titre la possession constante de mon état suffit*. Cependant les arrêts les plus récents de la Cour de Cassation et des Cours Impériales se prononcent avec raison, selon nous, dans le dernier sens. — V. Nancy, 9 janv. et Cass., 17 févr. 1851 (S. V. 51. 1. 161 et 225; — D. P. 51. 1. 114); — Metz, 20 juin 1853 (S. V. 56. 2. 449); — Pau, 28 juin 1855 (S. V. 55. 2. 673). Mais, quelle que soit la solution que l'on puisse préférer, il nous semble qu'il est difficile d'aller jusqu'à prétendre que la possession d'état et la preuve testimoniale suffisent pour établir la légitimation par mariage subséquent, à moins que l'on ne se trouve dans les cas exceptionnels de l'article 46 du Code Napoléon. En effet, la reconnaissance d'un enfant naturel ne peut être faite que par acte authentique, lorsqu'elle ne l'aura pas été dans son acte de naissance, et la légitimation ne peut avoir lieu que sous la condition formelle que cette reconnaissance ait précédé le mariage, ou qu'elle soit contenue dans l'acte même de célébration (Art. 331 et 334 Cod. Nap.). Il faudra donc forcément conclure que la représentation d'un acte authentique est indispensable pour constater la légitimation, et que, par suite, la possession d'état la mieux établie et la preuve testimoniale la plus concluante ne pourraient suffire à la faire reconnaître. Comment d'ailleurs soutenir que les dépositions de quelques témoins, parlant de quelques faits plus ou moins positifs, auront plus de force et de vigueur qu'un acte sous seing-privé qui, tout le monde en convient, ne prouve pas une reconnaissance valable? — V. Conf. : Limoges, 27 août 1811 (S. 12. 2. 237); — Bourges, 4 janv. 1839 (S. V. 39. 2. 289).

Dans tous les cas, ainsi que le porte textuellement l'arrêt que nous recueillons, la preuve

Vincentelli C. Leccia.

ARRÊT.

Après délibération en la Chambre du Conseil,

LA COUR ; — sur les conclusions conformes de M. FILHON, Substitut du Procureur Général ;

Attendu que de l'acte de notoriété, en date du 12 Décembre 1818, dressé pour suppléer au défaut de l'acte de naissance de Marie Trojani, veuve Leccia, il appert qu'elle est née le 7 Novembre 1799 de feu Joseph Vincentelli, de la Serra, et de feu Marie-Xavière Bernardini, de Sorbollano, alors FUTURS ÉPOUX, d'où il suit que ladite veuve Leccia étant née hors du mariage, ne peut réclamer le titre et la qualité d'enfant légitime ; — Qu'elle peut bien prétendre avoir acquis les droits et priviléges d'enfant légitime au moyen de sa légitimation par le subséquent mariage de ses père et mère ; mais, à cet égard, la loi n'admettant pas la possession d'état, qui ne compète pas aux enfants naturels, il faudrait que la veuve Leccia pût établir que sa reconnaissance a eu lieu légalement, soit avant le mariage, soit dans l'acte de célébration du mariage ;

Attendu que l'article 196 du Code Civil n'a eu évidemment pour but que de favoriser la légitimité des enfants issus de deux individus qui ont vécu publiquement comme mari et femme, lorsqu'ils sont l'un et l'autre décédés ; — et que, dès lors, sans violer le principe d'intérêt public qui interdit la recherche de la paternité, le bénéfice de cette loi ne peut être appliqué à la veuve Leccia, qui, de son propre aveu, est née avant le mariage de ses père et mère ;

---

testimoniale de la légitimation ne pourra être autorisée que tout autant que l'on se trouverait dans l'une des hypothèses où le mariage lui-même pourrait être prouvé par témoins. Il est, en effet, évident que s'il en était autrement on arriverait indirectement, et contrairement aux prescriptions formelles de la loi, à faire résulter d'une enquête prohibée par le législateur l'existence d'un acte de l'état civil, la célébration d'un mariage (Cod. Nap. Art. 46, 194 et suiv.).

Attendu qu'à supposer que la preuve testimoniale soit admissible pour constater que la reconnaissance de la veuve Leccia a eu lieu dans l'acte de célébration de mariage de ses père et mère, toujours serait-il nécessaire que la preuve de ladite célébration elle-même pût avoir lieu;

Attendu, quant à ce, que l'article 46 du Code Civil n'autorise la preuve des actes de l'état civil que lorsqu'il n'a pas existé de registres ou qu'ils ont été perdus, et que non seulement la veuve Leccia ne rapporte pas la justification de ce fait indispensable pour l'admission de ladite preuve, mais il résulte des actes versés au procès et du jugement dont est appel, que pendant l'année 1804, époque assignée au mariage dont il s'agit dans les conclusions prises en première instance par ladite veuve Leccia, il a été tenu des registres de l'état civil dans les communes de Sorbollano et de la Serra : ce qui rend la veuve Leccia sans droits pour être admise à la preuve des faits par elle articulés;

Attendu que les seuls enfants légitimes ou reconnus peuvent prendre le nom de leur père;

Met l'appellation au néant;

Émendant, et par nouveau jugé,

Évoquant le fond,

Sans s'arrêter à la demande en preuve de la veuve Marie Trojani-Leccia,

Déboute cette dernière de ses fins et conclusions, ainsi que de son action;

Lui fait défense de prendre le nom de Vincentelli, etc...........

Chambre Civile. — M. le Cte COLONNA D'ISTRIA, *Premier Président.*

MM. de Figarelli, Arrighi, } *Avocats.*

DU 8 FÉVRIER 1832.

CHAPELLENIE. — DÉCHÉANCE. — DÉFAUT DE QUALITÉ. — SUPPRESSION.

Le Chapelain appelé à desservir une Chapelle au cas où le titulaire encourrait la déchéance pour non accomplissement des charges et obligations imposées par le fondateur, est non recevable dans sa demande en collation au Bénéfice, si la Chapelle est de la nature de celles dont la suppression a été prononcée par la loi [*Constitution civile du Clergé, 24 Août 1790, Art. 20, 21 et 22*] (1).

Pernice C. **Suzzarini.**

ARRÊT.

Après délibération en la Chambre du Conseil,

LA COUR; — sur les conclusions conformes de M. FILHON, Substitut du Procureur Général;

Attendu que les premiers Juges n'ont pas été saisis, par la demande de l'abbé Pernice, de la prétendue substitution fidéicommissaire; que, par conséquent, on ne peut en appel, comme on ne l'a pas pu en première instance, s'occuper de cette question;

Attendu que la contestation qui s'est engagée entre les parties est relative à des biens constituant une Chapellenie, dont l'abbé Pernice se prétend Chapelain, en se fondant sur la prétendue déchéance de l'abbé Suzzarini pour non accomplissement des charges et obligations imposées par le fondateur;

(1) Cette solution nous semble parfaitement juridique; puisqu'il est évident qu'à partir de la loi du 12 juillet et 24 août 1790, les Chapelles de la nature de celle dont il s'agissait au procès ne peuvent plus avoir d'existence civile; et que l'on ne saurait comprendre que l'on soit admis à demander aux Tribunaux l'administration et la jouissance des biens qui n'existent pas aux yeux de la loi.

Attendu que la loi sur la Constitution civile du Clergé, en date du 24 août 1790, a, par ses articles 20, 21 et 22, supprimé toutes Chapelles, Chapellenies, Bénéfices, etc., de quelque nature et sous quelque dénomination que ce soit; — Qu'une seule exception a été établie à l'égard des Chapelles desservies, dans l'enceinte des maisons particulières, par un Chapelain ou Desservant à la seule disposition du propriétaire;

Attendu que la Chapelle dont est procès n'est pas de la nature de celles qui ont été exceptées de la suppression, et que, dès lors, l'abbé Pernice était sans droit ni qualité pour intenter son action, et a justement été débouté de sa demande;

CONFIRME..........

Chambre Civile. — M. LE Cte COLONNA D'ISTRIA, *Premier Président.*

MM. CARBUCCIA, STEFANINI, } *Avocats.*

DU 20 FÉVRIER 1832.

RÉSOLUTION. — PAIEMENT DES FRUITS. — OFFRES RÉELLES. — COMPÉTENCE.

L'action en résolution de la vente, et la demande en validité d'offres réelles, doivent être portées devant le Tribunal du domicile des parties (1).

La notification d'un acte extrajudiciaire, portant qu'à défaut de paiement des arrérages échus la résolution de la vente est acquise de plein droit, ne peut tenir lieu de la sommation prescrite par l'article 1656 du Code Napoléon (2).

...... *Et les offres faites par le preneur, quelques heures après la sommation, ont pu être validées* (3).

(1) La compétence du Tribunal de Calvi, pour les deux cas, nous semble évidente, puisque les parties avaient leur domicile dans l'arrondissement, et que les offres réelles y avaient été signifiées. En effet, que la demande en résolution de la vente soit une action personnelle, comme le prétendent, DUVERGIER, *De la Vente*, tom. 1er, n° 467; — CARRÉ, *De la Compét.*, nos 219 et suiv.; — PONCET, *Des Actions*, nos 119 et suiv., ou bien qu'elle soit mixte suivant TROPLONG, *De la Vente*, nos 624 et suiv.; — JOCCOTTON, n° 306, elle pouvait être portée devant le Tribunal du domicile du défendeur aux termes des §§ 1er et 4e de l'article 59 du Code de Procédure Civile. Quant à la validité des offres, le Tribunal de Calvi devait seul en connaître, comme Tribunal du domicile du défendeur, selon l'avis de THOMINE-DESMAZURES, n° 953; — DUMESNIL, *Caisse des Dépôts et Consign.*, nos 219 et 220; comme Tribunal dans l'arrondissement duquel les offres réelles avaient été faites, si l'on adopte l'opinion de LEPAGE, Quest. pag. 466; — CARRÉ et CHAUVEAU, Quest. 2790; — BIOCHE, n° 157, V° *Offres réelles*. — Voir, dans ce dernier sens : Cass., 12 févr. 1811 (S. 11. 1. 265).

(2-3) L'arrêt ne dit pas, ce nous semble, que l'acquéreur actionné en résolution peut encore, après la sommation prescrite par l'article 1656 du Cod. Nap., faire valablement des offres réelles de paiement. Une telle décision, à notre avis, aurait été contraire au texte de la loi, d'après l'interprétation donnée par la jurisprudence et par la doctrine, quoique le contraire ait été soutenu par DELVINCOURT, tom. 3, pag. 386; — DURANTON, tom. 16, n° 377. V. en effet : Caen, 18 nov. 1812 (S. 12. 2. 64); — Rejet, 12 juillet 1813 (D. A. 11. 553; — S. 13. 1. 354); — Bordeaux, 30 août 1814 (S. 15. 2. 144); — Rejet, 19 août 1824 (D. A. 10. 516; — S. 25. 1. 49); — Riom, 5 juillet 1841 (S. V. 41. 2. 563); — DUVERGIER, tom. 1er, n° 463; — TROPLONG, *De la Vente*, tom. 2, n° 669. — La Cour de Bastia déclare seulement que l'acte extrajudiciaire, dont le demandeur se prévalait, ne peut tenir lieu de la sommation exigée par la loi. Cette décision nous semble bien rigoureuse, quoique nous n'ignorions pas qu'il faut se prononcer pour plutôt que contre la validité des actes. Nous inclinerions donc à penser que, dans l'espèce jugée par notre arrêt, en notifiant que la résolution était déjà

Marchioni C. Leoni.

ARRÊT.

Après délibération en la Chambre du Conseil,

La Cour; — sur les conclusions de M. Filhon, Substitut du Procureur Général;

Attendu que la contestation qui s'est engagée entre les parties, étant relative à la validité d'offres réelles, devait nécessairement être portée devant le Tribunal de première instance de Calvi, qui est celui du domicile des parties;

Attendu qu'il appartenait au même Tribunal de connaître, en premier ressort, de la prétendue résiliation de l'acte public, reçu par le notaire Ambroise Leoni de Belgodere, le 20 Juin 1818, dûment enregistré, par suite de l'acte sous seing-privé en date du 22 dudit mois, enregistré le 15 Janvier 1827; vu que l'arrêt de la Cour de céans, en date du 2 décembre 1828, n'a rien statué ni pu statuer à l'égard des arrérages à échoir en faveur de l'appelant, après ledit arrêt;

Attendu que la résiliation ne peut avoir lieu, aux termes de l'article 1656 du Code Civil, même après l'expiration du délai, tant que l'acquéreur n'a pas été mis en demeure par une sommation, et que l'on ne peut regarder comme une sommation susceptible de produire un tel effet l'acte extrajudiciaire, en date du 24 Août 1830, par lequel Charles-François Marchioni a prétendu que la résiliation se trouvait acquise de plein droit par le non paiement, de la part de Nicolas Leoni, des arrérages échus postérieurement à l'arrêt sus-énoncé;

Attendu que le lendemain dudit acte (le 25 Août 1831) Leoni a

---

acquise à défaut de paiement des arrérages échus, le demandeur faisait quelque chose de plus que de sommer simplement son débiteur de se libérer envers lui. Ce n'est cependant qu'avec une certaine hésitation que nous livrons cette observation à l'appréciation de ceux qui la liront.

offert réellement les dix pintes d'huile auxquelles il était alors tenu ; — Qu'au moyen de son autre acte, en date du 10 mai 1831, le même Leoni a offert, avant toute demande, trente-neuf livres de fromage, sans qu'il ait été légalement justifié par Marchioni qu'il lui en fût dû une plus grande quantité; et que, dès lors, il y avait lieu, comme l'ont fait les premiers Juges, de déclarer les offres valables, sans s'arrêter à la prétendue résiliation de l'acte public du 20 Juin 1818;

Attendu néanmoins que Leoni, n'ayant pas été exact à payer à Marchioni les diverses denrées par lui dues à la récolte de chaque année (ce qui doit s'entendre au moins au 1er Août pour le blé et l'orge, dans la première quinzaine d'Octobre pour le vin, et au 1er Mai pour l'huile et le fromage), il s'ensuit que ledit Leoni doit supporter une partie des frais occasionnés par la contestation à laquelle son retard a donné lieu;

Attendu que Marchioni doit aussi s'imputer d'avoir contesté la validité des offres à lui faites;

CONFIRME............

Chambre Civile. — M. LE Cte COLONNA D'ISTRIA, *Premier Président.*

MM. SALICETI, ARRIGHI, } *Avocats.*

DU 28 FÉVRIER 1832.

EFFET DE COMMERCE. — NON COMMERÇANT. — COMMERÇANT. — DÉFAUT DE QUALITÉ. — CAUSE. — COMPÉTENCE.

Lorsqu'une lettre de change réputée simple promesse, porte à la fois des signatures de commerçants et de non commerçants, le Tribunal de Commerce est compétent pour en connaître, sans qu'il y ait, à cet égard, aucune distinction à faire entre les auteurs de la lettre de change et les endosseurs, accepteurs, ou autres, et quoique l'action soit exclusivement dirigée contre le souscripteur non commerçant [*Cod. Comm. Art. 637*] (1).

Le Tribunal de Commerce doit accueillir le déclinatoire proposé par le souscripteur non commerçant d'une lettre de change réputée simple promesse, lorsque le signataire commerçant est sans intérêt dans la cause [*Même article*] (2).

---

(1) V. arrêt de la Cour de Bastia du 28 août 1854 (tom. 4 de notre Rec. à cette date, et la note 2me).

Conf. : Colmar, 23 mars 1814 (D. P. 1. 1443; — S. 16. 2. 92); — Limoges, 30 déc. 1825 (D. P. 27. 2. 116; — S. 27. 2. 52); — Bordeaux, 19 nov. 1827 (D. P. 28. 2. 49; — S. 28. 2. 72); — Paris, 17 sept. 1828 (D. P. 29. 2. 23; — S. 29. 2. 26); — *Idem*, 19 nov. 1831 (D. P. 31. 2. 142; — S. 31. 2. 306); — Douai, 8 mars 1839 (D. P. 40. 2. 28); — Paris, 17 févr. 1844 (Journ. *Le Droit*, n° du 23 févr. 1844); — Nancy, 8 avril 1845 (D. P. 45. 2. 54; — S. V. 45. 2. 658). — *Sic* : HORSON, Quest. 201; — DESPRÉAUX, *Compét. des Trib. de Comm.*, n° 449; — ORILLARD, *Compét. des Trib. de Comm.*, n° 433.

Contrà : Caen, 10 avril 1815 (D. P. 16. 2. 118; — S. 16. 2. 368); — Paris, 22 juillet 1825 (D. P. 25. 2. 235); — Bourges, 6 août 1825 (D. P. 26. 2. 190; — S. 26. 2. 209); — Montpellier, 25 févr. 1831 (S. V. 31. 2. 213); — Bordeaux, 17 janv. 1832 (D. P. 32. 2. 142; — S. V. 32. 2. 276); — Grenoble, 7 févr. 1832 (D. P. 33. 2. 78; — S. V. 32. 2. 402); — Paris, 25 nov. 1834 (D. P. 35. 2. 52; — S. V. 35. 2. 104); — Amiens, 7 mars 1837 (D. P. 37. 2. 156; — S. V. 37. 2. 399); — Rennes, 7 avril 1838 (D. P. 39. 2. 25; — S. V. 45. 2. 65); — Cass., 26 juin 1839 (D. P. 39. 1. 249); — Bordeaux, 6 janv. 1840 (D. P. 40. 2. 123); — *Idem*, 23 nov. 1843 (S. V. 43. 2. 447); — Cass., 20 déc. 1847 (D. P. 48. 1. 25; — S. V. 48. 1. 241). — *Sic*, DALLOZ, *Jur. Gén.*, 2e édit. V° *Compét. Comm.*, n°s 191 et suiv., 228 et suiv.; — VINCENS, *Législ. Comm.*, tom. 1er, pag. 138; — NOUGUIER, *Trib. de Comm.*, tom. 2, pag. 200.

(2) Solution identique à celle de l'arrêt du 4 janv. 1832, rapporté *suprà* pag. 543.

Blasini C. Simoni.

ARRÊT.

Après délibération en la Chambre du Conseil,

La Cour; — sur les conclusions contraires de M. Pierangeli, Conseiller Auditeur, attaché au Parquet;

Attendu que tous les faits de la cause démontrent que la lettre de change dont il s'agit est une simple promesse, par application de l'article 112 du Code de Commerce, à raison de la supposition des personnes et des lieux, faite pour attribuer à une simple obligation civile la garantie de la contrainte par corps, contre la prohibition expresse de l'article 2063 du Code Civil : — En effet, la lettre de change dont il s'agit porte pour date le jour même où Blasini, tireur, signait dans la commune de Sorio une transaction avec Simoni, porteur, en faveur duquel la lettre de change a été évidemment tirée sous le nom de Pierre Podestà, puisque celui-ci l'a endossée audit Simoni, après l'échéance et sans garantie, et que ledit Simoni en a demandé directement le paiement à Blasini sans protêt et sans diriger aucune poursuite contre Innocent Antonetti de St-Florent, désigné dans la lettre de change comme devant la payer;

Attendu que s'il est vrai, qu'aux termes de l'article 637 du Code de Commerce, la juridiction consulaire est compétente pour connaître des lettres de change réputées simples promesses, lorsqu'elles portent des signatures d'individus négociants et d'individus non négociants (ce qui doit s'entendre des tireurs, endosseurs et autres signataires, et quoique les seuls non négociants figurent dans la contestation, la loi n'ayant fait aucune distinction), il ne s'ensuit pas que cette règle ne puisse en aucun cas recevoir d'exception;

Attendu que ledit article 637 a eu évidemment en vue l'intérêt du commerce et le cas où l'action en paiement peut être suivie contre le signataire commerçant et exercer une influence quelconque à son préjudice, quand même il ne serait pas partie dans l'instance; — Mais que ces motifs disparaissent, et, par conséquent, l'application de la loi doit cesser, lorsque le signataire négociant se trouve désintéressé, et que les poursuites ne sont dirigées que contre le non négociant qui a signé l'effet;

Attendu que, soit que l'on s'arrête à la supposition des lieux, soit à la circonstance que l'endos a une date postérieure à l'échéance, et surtout à la déclaration de non garantie écrite dans l'endossement, il est clair que Pierre Podestà, négociant et endosseur de l'effet en question, est étranger à la négociation, et se trouve tout-à-fait désintéressé dans la contestation;

Attendu, enfin, que Simoni, porteur, et Blasini, souscripteur dudit effet, étant non commerçants, et Blasini ne s'étant pas engagé à l'occasion d'opérations de commerce, le procès devait être porté devant les Tribunaux Civils, dès que la demande formelle en avait été faite par Blasini au Tribunal de Commerce;

Réforme comme incompétemment rendu le jugement attaqué;
Renvoie la partie de Varese à se pourvoir par devant qui de droit.....

Chambre Civile. — M. le Cte COLONNA D'ISTRIA, *Premier Président.*

MM. Figarelli, Carbuccia, } *Avocats.*

DU 28 FÉVRIER 1832.

STATUTS CIVILS DE LA CORSE. — FILLE DOTÉE. — LÉGITIME. CHOSE JUGÉE. — PRESCRIPTION. — JOUR *A Quo*.

Lorsque les héritiers d'une fille dotée sont obligés de restituer les biens constitués en dot, en exécution d'un pacte de retour, sous l'empire des Statuts Civils de la Corse, ils peuvent réclamer ou retenir, à titre de légitime, un tiers de cette même dot (1).

La demande en prélèvement de ce tiers ne peut pas être repoussée par l'exception de la chose jugée, lorsque, dans l'instance relative à la restitution de la dot, les héritiers de la fille dotée n'ont figuré que comme garants des tiers détenteurs, et que le droit de prélèvement n'a pas été soumis à l'appréciation des Juges [*Cod. Civ. Art. 1351*] (2).

La prescription contre une semblable demande commence à courir non à partir du décès de la fille dotée, mais à compter du jour où la restitution de la dot a pu être réclamée, à la suite de la mort des descendants de cette fille, décédés eux-mêmes sans postérité [*Cod. Civ. Art. 2257*] (3).

---

(1) La jurisprudence de la Cour de Bastia est constante dans ce sens. — Voir ci-dessus pag. 77, arrêt du 24 août 1824 et la note qui l'accompagne.

(2-3) Ces deux solutions nous semblent incontestables. La première, parce que, comme le dit très bien l'arrêt, les circonstances de la cause rendaient inapplicable l'article 1351 Cod. Nap. En effet, lors de la première instance, on demandait la restitution de la dot, tandis que dans la seconde il ne s'agissait plus de cette restitution, mais d'un prélèvement à faire sur les biens restitués, demande qui n'avait été nullement appréciée par l'arrêt de 1823, duquel on voulait faire résulter la chose jugée. D'ailleurs, les frères Luiggi, demandeurs en prélèvement dans le procès de 1832, n'avaient figuré que comme défendeurs en garantie des tiers détenteurs dans l'instance relative à la restitution de la dot. Il est donc évident qu'il n'y avait identité ni dans la chose demandée, ni dans la qualité des parties, ni dans les causes de la demande, puisque la restitution de la dot était basée sur les conventions stipulées dans le contrat de mariage, et que le prélèvement du tiers avait pour unique fondement les dispositions des Statuts Civils de la Corse.

Quant à la seconde solution elle est justifiée soit par la maxime *Quæ temporalia sunt ad agendum, perpetua sunt ad excipiendum*; soit par cette considération que l'intérêt et, par suite, le droit de réclamer le prélèvement de la légitime ne commençait que le jour où le pacte de retour devait avoir son effet. Jusque là cet intérêt, ou le droit, était encore incertain, n'était pas encore né et ne pouvait, par suite, être soumis à une prescription quelconque.

Mariani C. Luiggi.

ARRÊT.

Après délibération en la Chambre du Conseil,

La Cour; — sur les conclusions de M. Filhon, Substitut du Procureur Général;

Attendu que rien ne justifie l'exception de la chose jugée opposée par les appelants; — Que lors de l'instance terminée par arrêt de la Cour de céans, en date du 23 décembre 1823, il s'agissait de la restitution de la dot de feu Clorinde Mariani en vertu du pacte de retour apposé à son contrat dotal; — Que les frères Luiggi, intimés, n'ont figuré dans ladite instance que comme appelés en garantie par les tiers détenteurs des biens dotaux réclamés par les héritiers du constituant de ladite dot; — Que dans ledit procès il n'a été nullement question de la légitime due sur ladite dot à feu Lucie Luiggi, fille de la dotée; — Qu'il est donc évident que l'instance actuelle concerne la demande d'une chose différente de la première, fondée sur une autre cause et formée dans une différente qualité, ce qui rend inapplicable l'article 1351 du Code Civil;

Attendu qu'on ne saurait remonter à l'époque du décès de feu Clorinde Mariani pour faire courir la prescription de la demande en délivrance d'une légitime à prendre sur ladite dot en faveur de sa fille feu Lucie Luiggi; — Que cette dernière ayant succédé à la dot de sa mère, et en ayant conservé pendant sa vie la jouissance entière, soit par elle-même ou son mari, soit par leurs ayants cause, elle n'a jamais eu intérêt ni motif de réclamer, à quelque titre que ce fût, une partie de la même dot; — Que l'obligation de faire une telle réclamation n'a pu commencer à l'égard de ses héritiers qu'au moment où, par sa mort sans descendants, la restitution de la dot a eu lieu en vertu du pacte de retour stipulé dans le contrat dotal de sa mère; — Qu'enfin les héritiers de ladite Lucie Luiggi ayant, le 18 Décembre 1830, intenté leur action pour obtenir la légitime à elle due sur la dot de sa mère, la prescription n'a pu être encourue à leur préjudice, ladite Lucie Luiggi n'étant décédée que le 4 Décembre 1820, et le procès sur la restitution de la dot en faveur des appelants n'ayant été terminé que par arrêt du 23 Décembre 1823;

Attendu que la meilleure manière d'interpréter les dispositions du Statut Civil de Corse est de se régler d'après l'application qu'en faisaient les Tribunaux de l'époque où ledit Statut était en vigueur;

Attendu qu'il appert, notamment des arrêts de la Cour de céans, en date du 15 Juin 1820 (Agostini C. Ottaviani), du 24 Août 1824 (Pietri C. Pietri) et du 6 Août 1828 (Antonini C. Antonini), que l'ancien Conseil Supérieur de Corse accordait aux enfants des femmes mariées, à titre de légitime, le tiers de leurs dots, quoique grevées du pacte de retour et le cas prévu par le pacte advenant;

Attendu que cette jurisprudence, évidemment établie par lesdits arrêts, se trouve même étayée par des considérations de justice et d'équité, car, en l'absence d'une disposition formelle et expresse prohibitive de la légitime accordée par le droit commun à tous les enfants, il aurait été par trop rigoureux de priver d'une légitime quelconque les filles, et par conséquent leurs enfants et héritiers, par cela seul que le Statut permettait d'apposer aux dots toute sorte de conditions, ce qui ne peut s'entendre raisonnablement que pour la partie de la dot excédant la quote tenant lieu de légitime;

Attendu que par son testament reçu le 24 Mars 1820 par le notaire Jacques Abriani de Speloncato, dûment enregistré, feu Lucie Luiggi veuve Piovanacce, en instituant pour ses héritiers universels les frères Luiggi, intimés, a formellement exclu les biens de sa mère, dans lesquels elle a institué ceux qui y auraient droit; — Que, d'après la teneur de cette disposition dudit testament, on doit considérer pour héritiers des biens maternels de Lucie les personnes que la loi elle-même appelait à lui succéder; — D'où il suit que la succession desdits biens se trouve dévolue, aux termes de l'article 733 du Code Civil, une moitié aux parents de la ligne paternelle, et l'autre moitié aux parents de la ligne maternelle;

Attendu que la contestation qui s'est engagée entre les parties est relative à la légitime de feu Lucie veuve Piovanacce, sur la dot de sa mère; — Que s'agissant, par conséquent, d'un bien maternel de ladite Lucie, les frères Luiggi, intimés, ne peuvent qu'en réclamer la moitié en leur qualité de parents de la ligne paternelle;

Attendu que tout possesseur de bonne foi fait les fruits siens; — Que cette règle ne peut recevoir exception dans le cas particulier, car rien ne révoque en doute la bonne foi des appelants antérieurement à la demande dirigée contre eux;

Attendu que feu Clorinde Mariani, n'ayant pas usé de la faculté que lui accordait son contrat dotal de disposer pour son âme, sur la dot à elle constituée, la somme de quatre cents livres, les héritiers de Lucie Luiggi sont sans droit pour réclamer cette somme, laquelle a dû suivre le sort du restant de la dot, dont elle n'a pas été distraite par la personne qui seule en avait le droit;

Attendu que de l'acte d'échange, reçu à Feliceto le 1er Octobre 1780 par le notaire Antoine Vincentelli, il résulte qu'un des biens dotaux de feu Clorinde Mariani ayant été échangé avec un autre bien d'une valeur de soixante quatorze livres de Gênes, cette somme fut déboursée par feu Paul-André Luiggi, mari de ladite Clorinde, et doit par conséquent être restituée aux intimés, héritiers de la fille dudit Paul-André;

A mis les appellations et ce dont est appel au néant;

Émendant et par nouveau jugé,

Sans s'arrêter aux exceptions de chose jugée et de prescription,

Déclare que la légitime due à feu Lucie Luiggi sur la dot de sa mère feu Clorinde Mariani est le tiers de ladite dot, dont la moitié est dévolue aux frères Luiggi, parties de Progher, en leur qualité de parents de la ligne paternelle de ladite Lucie Luiggi;

Condamne en conséquence les parties de Benedetti à payer à celles de Progher le sixième de la dot de ladite feue Clorinde Mariani en immeubles ou en argent, au choix desdites parties de Benedetti, ensemble aux fruits, à partir du jour de la demande, le tout à dire d'experts dont les parties conviendront dans trois jours, sinon........... que la Cour nomme d'office, lesquels experts prêteront serment...........

Condamne, en outre, les mêmes parties de Benedetti à payer auxdites parties de Progher la somme de soixante-quatorze livres de Gênes, faisant celle de cinquante-neuf francs, vingt centimes, pour la plus value du bien échangé avec un bien dotal de feu Clorinde Mariani, ainsi que les intérêts de ladite somme à partir de la demande;

Déboute les parties de Progher de leur demande en paiement des quatre cents livres de Gênes...........

Chambre Civile. — M. le Cte COLONNA D'ISTRIA, *Premier Président.*

MM. Mari, Gavini, } *Avocats.*

DU 22 MAI 1832.

VÉRIFICATION D'ÉCRITURE. — EXPERTISE. — ENQUÊTE.
APPEL. — EXPERTISE NOUVELLE. — DEMANDE NOUVELLE.

Le choix de l'une des voies ouvertes par l'article 195 du Code de Procédure Civile pour la vérification des écritures n'est pas exclusif de l'autre (1).

Toutefois, si les trois genres de preuve ont été ordonnés par un seul et même jugement, on ne peut être admis à faire entendre des témoins après la vérification d'écriture par les experts, lorsque les délais dans lesquels l'enquête doit être nécessairement faite et parachevée sont expirés [*Cod. Proc. Civ. Art. 257 et 278*] (2).

La demande en nouvelle expertise qui n'a pas été soumise aux premiers Juges ne peut être accueillie en appel [*Cod. Proc. Civ. Art. 278*].

Graziani C. Marini.

ARRÊT.

Après délibération en la Chambre du Conseil,

La Cour; — sur les conclusions de M. Viale-Rigo, Substitut du Procureur Général;

Attendu que, par jugement du 28 Juin 1831, la vérification de l'écriture déniée des billets dont est procès a été ordonnée tant par

---

(1) Conf : Colmar, 12 juillet 1807 (D. A. 5. 660; — S. 13. 2. 337); — Liége, 11 déc. 1810 (D. A. 12. 951; — S. 14. 2. 343); — Rej., 13 nov. 1816 (D. A. 6. 853; — S. 17. 1. 71); — Toulouse, 1er mai 1817 et 5 juillet 1820 (D. A. 5. 665; — S. 23. 2. 16 et 17); — Rej., 5 janv. 1825 (D. P. 25. 1. 125; — S. 26. 1. 185). — *Sic* : Favard de Langlade, tom. 5, pag. 919; — Thomine-Desmazures, n° 232; — Carré et Chauveau, Quest. 804. Ce dernier auteur cite encore d'autres arrêts qui ont été rendus dans le même sens. — Voir, en outre, ci-dessus pag. 215, arrêt du 8 janv. 1827.

(2) Conf. : Liége, 8 juillet 1811 (D. A. 12. 951); — Cass., 8 mars 1816 (D. A. 6. 849; — S. 16. 1. 367). — *Sic* : Chauveau sur Carré, Quest. 804 *ter*, qui s'appuie sur l'autorité de Pigeau, Dalloz et Favard de Langlade.

Contrà : Bruxelles, 20 novembre 1822 (D. A. 12. 949); — Thomine-Desmazures, tom. 1er, pag. 379.

experts que par titres et par témoins; — Que, quoiqu'il soit vrai que chacun desdits moyens de vérification autorisés par l'article 195 du Code de Procédure Civile puisse être employé successivement, car un genre de preuve n'exclut pas l'autre, il ne s'ensuit pas que lorsque la preuve testimoniale a été ordonnée par jugement en même temps que celle par comparaison d'écriture, il soit toujours loisible de faire entendre des témoins après l'opération des experts; — Que, pour pouvoir ce faire, il faut nécessairement que les délais dans lesquels l'enquête doit être faite et parachevée ne soient pas expirés;

Attendu que les articles 257 et 278 du Code de Procédure Civile prescrivent, à peine de nullité, que l'enquête soit commencée dans la huitaine du jour où le jugement qui l'a ordonnée a été signifié à avoué, et qu'elle soit parachevée dans la huitaine de l'audition des premiers témoins;

Attendu que le jugement qui ordonne la vérification par témoins a été signifié à l'avoué de Victor Graziani, le 8 Juillet 1831, et que ce n'est que le 18 Février 1832 que ledit Graziani a demandé à faire entendre des témoins sur les faits par lui articulés, et par conséquent longtemps après l'expiration de tous les délais dans lesquels l'enquête et la contre-enquête pouvaient être confectionnées;

Attendu que la Cour ne peut pas s'occuper des conclusions de l'appelant, tendantes à faire ordonner une nouvelle expertise, cette demande n'ayant pas encore été soumise aux premiers Juges, par devant lesquels Graziani pourra faire valoir ses droits, à cet égard, s'il se croit fondé;

CONFIRME...........

Chambre Civile. — M. LE Cte COLONNA D'ISTRIA, *Premier Président.*

MM. ARRIGHI, MARI, } *Avocats.*

DU 5 JUIN 1832.

ACTES DE L'ÉTAT CIVIL. — PREUVE. — FILIATION.

Au cas où les registres de l'état civil n'ont jamais existé ou qu'ils ont été perdus, la filiation peut être établie par des présomptions graves et imposantes, résultant d'actes particuliers [*Cod. Civ. Art. 46*] (1).

Salvatori C. **Rognoni.**

ARRÊT.

Après délibération en la Chambre du Conseil,

La Cour ; — sur les conclusions de M. Viale-Rigo, Substitut du Procureur Général ;

Attendu que les appelants ne contestent pas que les intimés sont les mère, frère et sœur et par conséquent héritiers de feu Jean-Paul Salvatori ; et que dès lors la preuve ordonnée par les premiers Juges est sans but ;

Attendu que les intimés ont demandé à prouver que ledit feu Jean-Paul était fils légitime de feu Mathieu Salvatori ;

Attendu que des certificats délivrés par le greffier du Tribunal de première instance de Corte, le 14 Mars 1832, et par le maire de la

---

(1) Cette solution découle nécessairement de la combinaison des articles 46, 328 et 1353 du Cod. Nap. La jurisprudence et la doctrine décident même que l'article 46 n'est que simplement démonstratif ; et que les Juges peuvent, selon leur prudence, admettre la preuve testimoniale, et par conséquent les présomptions, encore que les registres n'aient pas été perdus, s'ils sont inexacts ou incomplets et s'ils présentent des erreurs ou des omissions. — V. Rej., 2 févr. 1809 (S. 9. 1. 221 ; — D. A. 1. 177) ; — *Idem*, 22 déc. 1819 (S. 20. 1. 281 ; — D. A. 1. 178) ; — *Idem*, 1er juin 1830 (S. 30. 1. 213) ; — *Idem*, 22 août 1831 (S. V. 31. 1. 361 ; — D. P. 31. 1. 366) ; — Merlin *Répert.*, V° *Légitimité*, sect. 1re, § 2, V° *Mariage*, sect. 4e, § 3, n° 6, et quest. V° *Décès*, § 1er ; — Toullier, tom. 1er, n° 349 ; — Duranton, tom. 1er, n° 296.

commune de Serraggio, le 7 Avril de ladite année, il conste qu'il n'existe pas dans ladite commune de Serraggio des registres de l'état civil pour les années 1798 et 1799, auxquelles années se reportent le mariage du père dudit feu Jean-Paul Salvatori avec Marie-Dominique Lovisi sa mère, et la naissance du même Jean-Paul Salvatori;

Attendu qu'aux termes de l'article 46 du Code Civil, lorsqu'il est prouvé qu'il n'a pas existé des registres ou qu'ils sont perdus, les mariages et naissances peuvent être prouvés même par témoins;

Attendu que là où la preuve testimoniale est admissible, les Juges peuvent y suppléer par des présomptions;

Attendu que des présomptions graves, précises et concordantes, résultant des actes et faits de la cause, établissent l'existence du mariage de feu Mathieu Salvatori avec Marie-Dominique Lovisi, et de la naissance de ce mariage dudit feu Jean-Paul Salvatori; — Qu'indépendamment 1° des extraits des registres du Curé de la commune constatant le mariage ecclésiastique des premiers et le baptême du second; — 2° de l'acte de décès de Mathieu Salvatori où il est désigné comme mari de Marie-Dominique Lovisi; — 3° de la qualification de veuve de Mathieu Salvatori donnée à Marie-Dominique Lovisi dans l'acte du second mariage de cette dernière avec Jean-François Rognoni; il y a lieu de se fixer principalement sur l'acte de mariage de feu Jean-Paul Salvatori avec Marie-Félicité Salvatori, où il est qualifié de fils desdits Mathieu et Marie-Dominique, et dans lequel acte sont intervenus comme témoins François, Christophe, Jean et Jean-François tous Salvatori, le premier oncle germain, et les trois autres cousins germains dudit feu Jean-Paul Salvatori, ainsi qu'ils l'ont déclaré dans ledit acte; ce qui établit une reconnaissance formelle de la qualité d'enfant légitime dudit Jean-Paul Salvatori faite de la part de sa famille, et notamment dudit Jean-François Salvatori un des appelants;

Attendu que la matière est disposée à recevoir une décision définitive;

A MIS les appellations et ce dont est appel au néant;

ÉMENDANT et par nouveau jugé,

Évoquant le fond,

Déclare que feu Jean-Paul Salvatori était fils légitime des conjoints feu Mathieu Salvatori et Marie-Dominique Lovisi, maintenant femme Rognoni ; que, par conséquent, ladite Marie-Dominique et les enfants mineurs de cette dernière, Pierre et Marie-Françoise, nés de son second mariage avec Jean-François Rognoni, sont héritiers dudit feu Jean-Paul Salvatori, en leur qualité de mère légitime et frère utérin...........

Chambre Civile. — M. le Cte COLONNA D'ISTRIA, *Premier Président.*

MM. Casella, Casabianca, } *Avocats.*

DU 12 JUIN 1832.

OBLIGATION. — SOUSTRACTION. — PREUVE.

La preuve testimoniale ne peut être admise pour prouver la soustraction d'une obligation dépassant cent cinquante francs, si la preuve ÉCRITE *de la préexistence de l'obligation n'est pas rapportée* (1).

(1) Il est incontestable que, dans l'espèce de l'arrêt ici recueilli, la preuve testimoniale ne pouvait pas être admise, soit parce que les faits articulés, même en les supposant établis, ne pouvaient amener aucun résultat, soit parce que les articles 1341 et 1923 Cod. Nap. s'opposent formellement à ce que l'on puisse prouver par témoins l'existence d'une obligation dont la valeur dépasse cent cinquante francs, et le dépôt ou soit remise volontaire entre les mains d'un tiers d'un titre de cette nature. La Cour de Bastia a donc bien jugé. Mais il nous semble que le principe qui forme le sommaire ci-dessus, et sur lequel l'arrêt se base dans son dernier attendu, n'est pas à l'abri de toute critique. Nous croyons d'abord devoir repousser l'autorité de la Cour de Cassation (Arrêt du 5 avril 1817), citée par notre arrêt, par les raisons que donne MANGIN, dans son *Traité de l'action publique*, n° 573, pag. 379 du 1er vol., lequel s'exprime ainsi : « La décision que consacre cet arrêt est assurément à l'abri de toute » critique, parce que admettre la preuve testimoniale de l'existence et de la soustraction » d'une prétendue contre-lettre qui modifie des obligations civiles dont la preuve littérale » est représentée, ce serait ouvrir une voie indirecte pour faire recevoir *la preuve par té- » moins contre et outre le contenu aux actes, et sur ce qui serait allégué avoir été dit avant, lors » ou depuis les actes*, ce que défend l'article 1341 du Code Civil ; et tel aurait dû être le motif » de l'arrêt. Au lieu de cela, il porte d'une manière générale et absolue que, dans les plain- » tes en soustraction de titres, il faut rapporter la preuve ou un commencement de preuve » par écrit de la préexistence du titre soustrait, doctrine qui n'est pas exacte et qui n'a » jamais été soutenue par personne. »

Nous n'ignorons pas qu'une jurisprudence constante et la généralité des auteurs ont admis que si un délit présuppose une convention, dont l'existence est déniée, et dont la preuve testimoniale n'est pas permise, la preuve par témoins de ce délit ne saurait être accueillie. Mais ce principe ne nous paraît pas vrai, dans sa trop grande extension ; et nous inclinons à penser qu'il doit s'appliquer seulement aux délits prévus par l'art. 408 du Code Pén., et non aux soustractions ou destructions de titres. En effet, comme le dit encore au n° 172, l'auteur grave dont nous avons rapporté les paroles : « Le fait qui motive les poursui- » tes ayant eu précisément pour objet la destruction ou la soustraction de la preuve littérale » de l'obligation, ou de l'existence du droit, dont la partie lésée est créancière, on ne peut » opposer soit à elle soit au Ministère Public, les dispositions de l'article 1348. » V. dans ce sens : Rej., 4 déc. 1823 (D. A. 10. 740 ; — S. 24. 1. 239) ; — *Idem*, 2 avril 1834 (S. V. 35. 1. 699) ; — *Idem*, 31 janv. 1846 (S. V. 46. 1. 706). — TOULLIER, tom. 9, n°s 156, 200 et suiv. ; — MERLIN, *Quest, de droit.*, V° *Supp. de titres*, § 1er ; — MORIN, *Dict. du droit crim.*, V° *Quest. préjudicielle*, pag. 661 ; — MANGIN, *ubi suprà*, n°s 171, 172 et 173.

Ferrari C. Berlingeri.

ARRÊT.

Après délibération en la Chambre du Conseil,

LA COUR; — sur les conclusions de M. SORBIER, Premier Avocat Général;

Attendu que l'exploit introductif d'instance contient suffisamment l'objet de la demande et l'exposé sommaire des moyens;

Attendu que, d'après le dire des parties entendues dans la chambre de conseil, et notamment de la teneur des faits articulés par Berlingeri, il est évident que la dame Varese n'aurait pas eu l'intention de s'obliger, et ne se serait pas réellement obligée en son nom personnel; — Qu'en sa qualité de tutrice elle ne pouvait, sans l'autorisation du conseil de famille, obliger son enfant, mineur, aux termes de l'article 457 du Code Civil, et que, sous ce double rapport, la preuve offerte par Berlingeri n'est pas concluante, ne pouvant amener à aucun résultat, car *frustra probatur quod probatum non relevat;*

Attendu aussi que la preuve demandée tend à constater une obligation pour une somme excédant cent cinquante francs, contre la disposition de l'article 1341 du Code Civil, qui défend en pareil cas la preuve par témoins; — Que Berlingeri ne présente jusqu'ici aucun commencement de preuve par écrit; — Qu'il n'établit, non plus, de ne pas lui avoir été possible de se procurer une preuve littérale du fait par lui attribué à la dame Varese; — Qu'au contraire rien n'empêchait qu'en remettant, comme il le prétend, à la dame Varese le compte par elle reconnu et approuvé, il s'en fît délivrer une quittance écrite; — Qu'il résulte même des faits articulés que le sieur Berlingeri aurait fait ladite remise librement et dans le but de faire examiner, et même changer le titre, autant dans l'intérêt personnel de la dame Varese, qui ne voulait pas compromettre sa dot, que dans celui du sieur Berlingeri lui-même, qui ne se croyait pas suffisamment assuré par la première déclaration; ce qui constituerait un acte volontaire de la part du sieur Berlingeri, lequel devrait se reprocher, dans ce cas, d'avoir légèrement accordé sa confiance à la dame Varese; — Qu'enfin la preuve testimoniale est d'autant moins admissible que, s'agissant de la soustraction d'une obligation, il faudrait, pour pouvoir être admis à la prouver par témoins, rapporter une preuve par écrit de la préexistence de ladite obligation, ainsi qu'il a été jugé par arrêt de la Cour de Cassation, en date du 5 Avril 1817;

Attendu que la Cour n'a pas été mise à même d'apprécier, en l'état, les droits pouvant résulter en faveur du sieur Berlingeri de ses livres et registres, en ce qui concerne les marchandises et les sommes comprises dans son compte et non justifiées par écrit;

Attendu que la matière n'étant pas disposée à recevoir une décision définitive, il n'y a pas lieu d'évoquer le fond;

Ayant seulement égard à l'appel contre le jugement du 21 Mai 1830,

Met au néant ledit jugement;

Émendant,

Déclare non concluants ni admissibles les faits articulés par le sieur Berlingeri;

Réserve à ce dernier tous autres droits et moyens pouvant lui compéter;

Renvoie, à cet effet, le procès et les parties par devant le Tribunal de première instance de Bastia.

Chambre Civile. — M. le Cte COLONNA D'ISTRIA, *Premier Président.*

MM. Battesti, Arrighi, } *Avocats.*

DU 9 JUILLET 1832.

HYPOTHÈQUE. — INSCRIPTION. — RENOUVELLEMENT. — PURGE. — PAIEMENT. — SUBROGATION.

L'inscription hypothécaire non renouvelée avant l'expiration de dix ans, ne peut produire effet, si la vente du bien soumis à l'hypothèque a été transcrite avant le renouvellement de l'hypothèque [*Cod. Civ. Art. 2154; — Cod. Proc. Civ. Art. 834*] (1).

L'acquéreur qui paie les dettes inscrites demeure subrogé de plein droit dans tous les droits des créanciers sur tous les immeubles affectés par hypothèque aux créances, et, par suite, peut faire contribuer tous les détenteurs, en proportion de la valeur des biens détenus et jusqu'à concurrence de la créance [*Cod. Civ. Art. 1351*] (2).

---

(1) Le renouvellement prescrit par l'article 2154 Cod. Nap. cesse incontestablement d'être indispensable, aussitôt que l'inscription hypothécaire a produit son effet. Ce n'est pas le lieu ici de chercher à déterminer quels sont les cas dans lesquels on peut dire que cet effet a été produit; et nous nous contenterons de renvoyer aux numéros 718 et suiv. du savant traité de M. TROPLONG sur les hypothèques, où les différentes opinions qui se sont manifestées sont exposées avec détail. Nous dirons seulement qu'il nous semble impossible de soutenir avec succès que, en cas de vente volontaire, la transcription suivie du délai de quinzaine accordé par l'article 834 Cod. Proc. Civ., a fait produire un effet quelconque aux inscriptions hypothécaires, et dispense, par suite, de tout renouvellement ultérieur.—Voir dans ce sens : Rej., 15 déc. 1829 (D. P. 30. 1. 6; — S. 30. 1. 62); — TROPLONG, n° 727 *bis*; — PERSIL, sur l'article 2154, n° 2; — GRENIER, *Des Hypoth.*, tom. 1er, n° 112, pag. 228. — Il ne sera peut-être pas inutile de faire remarquer que l'article 6 de la loi du 23 mars 1855 sur la transcription, a abrogé les articles 834 et 835 du Cod. de Proc. Civ.; et que, par suite, toute hypothèque non inscrite se trouve purgée au moment même de l'aliénation, tandis que le Cod. de Proc. Civ. validait l'inscription prise pendant la quinzaine qui suivait la transcription.

(2) Conf. : Paris, 20 déc. 1834 et 19 déc. 1835 (D. P. 35. 2. 144; — S. V. 36. 2. 159); — Rej., 15 avril 1844 (D. P. 44. 1. 345; — S. V. 44. 1. 849). — *Sic*: GRENIER, *Des Hypoth.*, tom. 2, n° 406; — DURANTON, tom. 12, n° 161, qui avait d'abord adopté une opinion contraire; — TROPLONG, *Hypoth.*, tom. 1er, n° 359.

Contrà : Bourges, 10 juillet 1829 (D. P. 29. 2. 272; — S. 30. 2. 19); — Paris, 10 juin 1833 (D. P. 33. 2. 184; — S. V. 33. 2. 451). — *Sic* : FAVARD DE LANGLADE, *Répert.*, V° *Subrogation*, § 2, n° 5; — POTHIER, *Obligat.*, n° 521.

Fabiani C Conjoints Muzio-Olivi.

ARRÊT.

Après délibération en la Chambre du Conseil,

La Cour; — sur les conclusions de M. Viale-Rigo, Substitut du Procureur Général;

Attendu que Guerino et Simon frères Fabiani, pour sûreté des condamnations prononcées en leur faveur contre Joseph-Marie Fabiani, par jugement en date du 27 Mars 1810, ont pris inscription hypothécaire sur tous les biens de leur débiteur, et notamment sur la vigne dénommée *Majato* et sur la maison dite *Palmento*, seuls biens appartenant à ce dernier; — Que ladite inscription prise d'abord le 2 Mai 1810 a été renouvelée le 24 Avril 1820, le 1er Mai 1824 et le 8 Août 1831;

Attendu que les mêmes frères Fabiani, pour la conservation d'une créance de huit cents francs, en principal, résultant en leur faveur contre le même Joseph-Marie Fabiani des actes publics reçus par les notaires Sanguinetti et Antonelli le 9 Août 1777 et le 25 Octobre 1779, ont pris également inscription hypothécaire, le 1er Février 1819, sur lesdits immeubles, la vigne *Majato* et la maison *Palmento*;

Attendu que la vigne *Majato*, vendue aux conjoints Muzio-Olivi le 27 Mai 1819, a passé aux acquéreurs avec les charges réelles résultant desdites deux inscriptions hypothécaires; — Que faute par lesdits Muzio-Olivi d'avoir rempli les formalités prescrites par les articles 2181 et suivants du Code Civil, pour la purgation de l'immeuble par eux acheté, celui-ci a continué d'être grevé de l'hypothèque de la créance provenant du jugement du 27 Mars 1810, par l'effet du renouvellement des inscriptions, aux termes de l'article 2154 du Code Civil;—Mais qu'il n'en est pas de même à l'égard de la créance de huit cents francs portée aux actes de 1777 et de 1779, vu que l'inscription relative à cette créance, quoique prise le 1er Février 1819 et antérieurement à l'achat des conjoints Muzio-Olivi, a cessé de produire son effet, d'après ledit article 2154, n'ayant pas été renouvelée depuis, et ne pouvant plus l'être aujourd'hui, aux termes de l'article 834 du Code de Procédure Civile, l'acte d'achat susdit ayant été transcrit dès le 11 Juillet 1825;

Attendu que cette conséquence ne saurait être repoussée par les actes passés entre les frères Fabiani, créanciers et leur débiteur feu Simon de Fabiani, sous la date du 24 Août 1819 et du 22 Avril 1820, au moyen desquels la maison *Palmento*, hypothéquée, comme dessus, aux deux créances, a été d'abord vendue aux frères Fabiani, et ensuite le prix, pour le paiement duquel un délai avait été accordé, a été abandonné aux acquéreurs, en compensation et acquit de la créance résultant des actes de 1777 et de 1779; — Qu'il n'est pas exact de dire que les frères Fabiani, se trouvant ainsi satisfaits de leur créance de huit cents francs, hypothéquée au moyen de l'inscription prise le 1er Février 1819, n'étaient pas obligés de renouveler ladite inscription, l'extinction de l'obligation entraînant nécessairement celle de l'hypothèque; car ceci ne peut s'entendre et s'expliquer qu'entre les créanciers et le débiteur, et nullement à l'égard des tiers qui n'ont pas concouru auxdits actes, et qui n'ont pu, par conséquent, en éprouver aucun préjudice;

Attendu que, pour se fixer encore mieux sur cette difficulté, il faut considérer les obligations et les droits compétant aux conjoints Muzio-Olivi, au moment de la vente à eux faite de l'un des immeubles hypothéqués aux deux créances des frères Fabiani; — Que n'ayant pas payé la propriété par eux acquise, leurs obligations consistaient à payer toutes les dettes hypothécaires dont l'immeuble était grevé, ou à le délaisser aux créanciers (Art. 2169 du Cod. Civ.); mais, qu'en satisfaisant à leurs obligations et s'agissant d'hypothèque générale, ils demeuraient subrogés de plein droit, conformément à l'article 1251, n° 3, du Code Civil, en tous les droits des créanciers sur tous les immeubles affectés par hypothèque aux créances, et, par suite, ils pouvaient faire contribuer au paiement des créances inscrites tous les détenteurs des biens hypothéqués, en proportion de leur valeur, comparativement au montant de la créance (cette règle se trouvant formellement consacrée par l'article 875 du Code Civil), et éviter ainsi le circuit d'actions qui compèteraient par l'effet de la subrogation légale à chacun des acquéreurs poursuivis en délaissement. Or les immeubles affectés aux deux créances dont il s'agit étant la vigne *Majato*, achetée par les conjoints Muzio-Olivi, et la maison *Palmento*, vendue aux frères Fabiani créanciers, il en résulte que les premiers, poursuivis en délaissement de ladite vigne, à raison des condamnations portées au jugement du 27 Mars 1810, peuvent réclamer que ladite maison également affectée à la même créance, soit soumise d'après sa valeur à la contribution du paiement dont il s'agit. En effet, les frères Fabiani, connaissant que la maison acquise par eux était à la fois assujettie à l'hypothèque de leurs créances, pour se prémunir contre les poursuites des tiers, qui n'ont pu être lésés par leur convention avec leur débiteur, auraient dû ou procéder eux-mêmes à la purge de ladite maison, ou renouveler avant l'expiration de dix ans leur inscription du 1er Février 1819, pour le cas où les acquéreurs de la vigne eussent exercé leur recours contre la maison. Les frères Fabiani n'ayant fait ni une chose ni l'autre, il s'ensuit que ladite inscription du 1er Février 1819 ne peut produire aucun effet ; — Que les deux immeubles susdits ne se trouvent plus légalement grevés d'hypothèque que pour la créance résultant du jugement du 27 Mars 1810 ; et qu'enfin les frères Fabiani ne peuvent opposer aux conjoints Muzio-Olivi leur acte d'achat du 24 Août 1819, non plus que la transaction sous la date du 22 Avril 1810, et doivent s'imputer d'avoir négligé des précautions indispensables pour la conservation de leurs droits ;

Attendu que la maison *Palmento*, assujettie à la contribution de la créance réclamée par les frères Fabiani, se trouvant entre leurs mains, il n'y a pas lieu à la discussion prévue par l'article 2170 du Code Civil, ni à l'avance de deniers suffisants pour faire ladite discussion ; — Que la seule mesure à adopter est de faire évaluer les deux immeubles hypothéqués à la créance portée au commandement des frères Fabiani, pour en faire supporter une partie à chacun desdits biens au prorata de leur valeur ; — Que, dans cet état, ledit commandement doit être maintenu ; et que de même, il doit être sursis à la vente de l'héritage possédé par les conjoints Muzio-Olivi, le tout conformément audit article 2170 du Code Civil ;

Attendu que tous droits demeurent entiers aux parties, à l'effet de faire fixer à sa juste quotité la créance pour laquelle les frères Fabiani ont fait signifier le commandement, qui a donné lieu à l'opposition des conjoints Muzio-Olivi;

VIDANT son arrêt préparatoire en date du 28 Mai 1832,

MET l'appellation et ce dont est appel au néant,

Et par nouveau jugé, ayant tel égard que de raison à l'opposition des parties de Me Progher, contre le commandement à eux signifié le 22 Novembre 1831,

MAINTIENT ledit commandement, sauf toutefois le droit compétant auxdites parties de Progher de faire réduire, s'il y a lieu, la quotité de la somme portée au commandement;

SURSOIT, en attendant, à la vente de la vigne *Majato;*

DÉCLARE comme non avenue et incapable de produire aucun effet l'inscription prise le 1er Février 1819, faute d'avoir été renouvelée dans les dix ans;

ORDONNE que les sommes encore dues aux parties de Me Benedetti, en exécution du jugement du 27 Mars 1810, et des autres actes qui ont suivi ledit jugement, seront supportées par les parties de Me Progher, tiers détenteurs de la vigne *Majato*, hypothéquée à ladite créance, et par les parties de Me Benedetti, tiers détenteurs de la maison *Palmento*, également hypothéquée à la même créance, et ce au prorata de la valeur desdits immeubles, sauf aux parties à se tenir compte respectivement des améliorations ou détériorations survenues par leur fait sur lesdits immeubles;

ORDONNE qu'à cet effet les deux biens susdits, la vigne *Majato*, et la maison, *Palmento*, seront évalués par des experts, dont les parties conviendront dans trois jours, sinon par......... lesquels experts constateront aussi, s'il y en a, les améliorations ou détériorations;.......

Et dans le cas où les conjoints Muzio-Olivi refuseraient de payer la part contributive par eux due, comme dessus, de la créance dont il s'agit, d'après la valeur de la vigne *Majato* qu'ils détiennent, ou de délaisser aux parties de Me Benedetti ledit immeuble,

Ordonne qu'il sera procédé sur eux, conformément à la loi, à la vente de ladite vigne ;

Renvoie les parties par devant les premiers Juges pour être procédé en ce qui reste............

Chambre Civile. — M. le Cte COLONNA D'ISTRIA, *Premier Président.*

MM. Romani, } *Avocats.*
Mari, }

DU 20 AOUT 1852.

SAISIE IMMOBILIÈRE. — CESSIONNAIRE. — SIGNIFICATION. — COMMANDEMENT. — ACTE PRIVÉ.

La notification du transport d'une créance, en vertu de laquelle une saisie immobilière est pratiquée, ne doit pas être nécessairement antérieure au commandement qui a dû précéder la saisie [Cod. Civ. Art. 2214; — Cod. Proc. Civ. Art. 673] (1).

Le cessionnaire ne peut être admis à poursuivre l'expropriation en vertu d'un transport sous seing-privé (Cod. Civ. Art. 2214 et 2152) (2).

---

(1) Conf. : Nîmes, 2 juillet 1808 (D. A. 2. 1169; — S. 9. 2. 62); — Toulouse, 8 août 1850 (D. P. 51. 2. 145; — S. V. 51. 2. 118). — *Sic* : GRENIER, *Hypoth.*, tom. 2, n° 483; — DURANTON, tom. 21, n° 49; — CARRÉ et CHAUVEAU, *Quest.* 2202.

Contrà : Colmar, 12 mai 1809 (S. V. coll. nouv. 3. 2. 71); — MERLIN, V° *Saisie immob.* § 5, n° 2; — EUGÈNE PERSIL, *Ventes judiciaires*, n° 72, tom. 1er.

(2) Cette décision nous semble bien rigoureuse, quoique la Cour de Rouen se soit prononcée dans le même sens, le 3 therm. an X (D. A. 11. 688; — S. V. coll. nouv. 1. 2. 86), et que l'on puisse invoquer en sa faveur l'autorité de TARRIBLE, de MERLIN, *Répert.*, *ubi suprà*, et de GRENIER, *eod.* — Nous adopterions donc plus volontiers la solution contraire, laquelle est conforme à l'opinion de PERSIL, *Questions*, tom. 2, pag. 151 *in fine* et 152, ainsi qu'aux arrêts rendus par les Cours de Pau, de Bourges et de Cassation, les 23 janv. 1832, 17 avril 1839 et 16 nov. 1840 (D. P. 34. 2. 81; — 40. 2. 56; — 41. 1. 8; — S. V. 34. 2. 316; — 39. 2. 449; — 40. 1. 961). Le rapport de M. TROPLONG, lors de l'arrêt de la Cour de Cassation que nous venons de citer, et que l'on pourra lire dans les recueils indiqués de MM. DALLOZ, année 1841, et DEVILLENEUVE, année 1846, développe tous les motifs sur lesquels nous nous basons pour penser que le cessionnaire d'une créance constatée par un titre authentique et exécutoire, peut saisir immobilièrement les biens de son débiteur, lors même qu'il ne serait devenu propriétaire de la créance qu'au moyen d'un acte sous signature privée, pourvu qu'il remplisse les autres formalités exigées par la loi.

Carbone C. Griva.

ARRÊT.

Après délibération en la Chambre du Conseil,

La Cour; — sur les conclusions de M. Sorbier, Premier Avocat-Général;

Attendu que, par acte sous seing-privé en date du 17 Octobre 1831, enregistré à Bastia le 18 du même mois, les sieurs Joseph-Marie Patrimonio, Dominique Marinetti, Louis Bertarelli, Sauveur et Louis frères Caccia et Joachim Leca ont cédé au sieur Antoine Griva les créances et droits à eux appartenant contre le sieur Jean Carbone, en vertu des jugements du Tribunal Correctionnel de Bastia en date des 10 Février 1829 et 17 mai 1831, ainsi que de l'arrêt de cette Cour Royale, chambre correctionnelle, du 6 Août 1829, tous dûment enregistrés;

Attendu que du commandement signifié le 4 Novembre 1831 à Carbone par Griva, tant en son nom personnel qu'en qualité de cessionnaire comme dessus, aux fins d'expropriation forcée, il résulte que ladite cession a été signifiée audit Carbone en même temps que le commandement; — Que si, aux termes de l'article 2214 du Code Civil, le cessionnaire ne peut poursuivre l'expropriation qu'après que la signification du transport a été faite au débiteur, il ne s'ensuit pas que ladite signification doive avoir lieu avant le commandement; — Que tout commandement est un préalable nécessaire de la poursuite en expropriation, mais n'en fait pas partie, puisque les articles 2217 du Code Civil et 673 du Code de Procédure Civile portent que la saisie immobilière sera précédée d'un commandement;

Attendu néanmoins que, d'après l'article 2213 du Code Civil, la vente forcée des immeubles ne peut être poursuivie qu'en vertu d'un titre authentique et exécutoire; — Que, quand il s'agit d'un poursuivant cessionnaire, on ne saurait admettre qu'un acte sous seing-privé soit suffisant pour fonder les poursuites, avant que le saisi ait été mis à portée d'en reconnaître ou d'en méconnaître l'authenticité; parce que le titre authentique exigé pour procéder à l'expropriation, se référant en même temps à la somme due et aux personnes du débiteur et du créancier, il est évident que la personne du créancier changeant par l'effet de la cession, l'acte qui l'établit doit être lui-même dans la forme authentique, cet acte se liant nécessairement avec le titre originaire, et tous deux étant censés n'en faire plus qu'un; — Que cette argumentation est d'autant plus fondée qu'aux termes de l'article 2132 du Code Civil avec une cession sous seing-privé on ne pourrait pas même changer le domicile élu dans l'inscription;

Attendu que le sieur Griva a consenti à la distraction des immeubles compris dans la saisie et réclamés par les dames Gagliardi, sœurs de Jean Carbone, et qu'au moyen de ce consentement toutes les difficultés disparaissent à ce sujet............

Met les appellations au néant;

Ordonne que ce dont est appel sortira à effet;

Et conformément aux conclusions de la partie de Mᵉ Pellegrini, et sous la réserve de ses droits,

Déclare que la vente des objets saisis aura lieu, à l'exception toutefois des biens dont la distraction a été demandée par les dames Gagliardi.............

Chambre Civile. — M. le Cᵗᵉ COLONNA D'ISTRIA, *Premier Président.*

MM. Graziani, Casabianca, } *Avocats.*

DU 27 AOUT 1832.

PORTION DISPONIBLE. — SUCCESSION. — RENONCIATION. — DON EN AVANCEMENT D'HOIRIE. — CUMUL.

L'enfant donataire en avancement d'hoirie, qui renonce à la succession, peut retenir sur ce don la quotité disponible, et la cumuler avec sa part dans la réserve [*Cod. Civ. Art. 845*] (1).

Liccia C. Liccia et Bonaventura.

ARRÊT.

Après délibération en la Chambre du Conseil,

LA COUR; — sur les conclusions de M. FILHON, Avocat Général;

Attendu que toute donation en faveur d'un enfant est censée faite en avancement d'hoirie et à-compte de la réserve, lorsqu'elle ne l'a pas été à titre de préciput et hors part, ou avec dispense de rapport;

Attendu qu'aux termes de l'article 845 du Code Civil, l'héritier qui renonce à la succession peut cependant retenir le don entre-vifs ou réclamer le legs à lui fait, jusqu'à concurrence de la portion disponible; — Que par cette expression, *portion disponible*, le législateur ne s'étant pas expliqué d'une autre manière, on doit entendre tout ce dont une personne peut disposer sans ébrécher la part de chacun des réservataires, autres que le donataire; — D'où il suit que la quote disponible d'un père en faveur d'un de ses enfants consiste dans tout son patrimoine, moins la réserve compétant à chacun de ses autres enfants, c'est-à-dire toute la portion disponible envers un étranger et en outre la part de la réserve compétant à cet enfant donataire; — Que la conséquence nécessaire de cette interprétation est que l'enfant qui renonce peut retenir, sur la donation à lui faite, la quote qui était disponible

(1) Voir *suprà* la note sous l'arrêt du 16 janv. 1826, pag. 165.

à son égard comme dessus, savoir sa réserve, et la portion que le père pouvait donner à un étranger ; — Que si, déduction faite de la réserve, ladite portion disponible ne se trouve pas entièrement comprise dans la donation que l'enfant renonçant demande à retenir, le surplus de ladite portion disponible doit être pris par celui auquel le père l'a léguée ;

Attendu que cette interprétation, conforme au véritable esprit de la loi, et que la jurisprudence des Cours continue à consacrer, est encore la seule qui puisse obvier aux fraudes et aux collusions entre enfants, pour frustrer le père de famille du droit de disposer à son gré de la portion disponible ;

Attendu qu'en appliquant ces principes à la cause il en résulte, 1° Que si les mineurs Bonaventura, usant du choix qui leur a été accordé par le jugement, préfèrent renoncer à la succession de Joseph-Marie Liccia, leur aïeul maternel, moyennant la dot constituée à feu Reparata Liccia, femme Bonaventura, leur mère, ils pourront retenir ladite dot, d'abord sur la portion virile de leur mère, et le surplus sur la portion disponible ; — 2° Que dans ce cas les légataires de la portion disponible ne pourront prendre que ce qui restera de ladite portion disponible, comme n'étant pas comprise dans la dot de ladite feue Reparata Liccia ;

Attendu que Vincent Liccia, légataire, conjointement avec Jean-Sylvestre Liccia, son frère, de la portion disponible à eux léguée par leur père, étant décédé pendant l'instance d'appel, ledit Jean-Sylvestre Liccia ne devra prélever que la moitié de la portion disponible, et que l'autre moitié, ainsi que la portion virile revenant audit feu Vincent Liccia, doit être partagée entre tous ses frères et sœur ou descendants d'eux ;

Attendu que les parties se doivent mutuellement compte des fruits perçus au-delà de la part que chacune d'elles doit prendre dans la succession paternelle, mais seulement à partir du jour de la demande, car rien ne prouve qu'antérieurement à ladite demande ils n'aient pas été de bonne foi ; — Qu'il est également juste qu'elles se tiennent compte des améliorations et détériorations survenues, par leur fait, sur les biens de la succession ;

Attendu que Jean-Sylvestre Liccia ainsi que sa famille, ayant vécu avec le père commun, est sans droit pour réclamer les intérêts de la dot de sa femme pendant la vie de son dit père; mais qu'après la mort de ce dernier il doit lui être tenu compte desdits fruits dans le règlement à faire entre lui et ses cohéritiers;

ADOPTANT sur les autres chefs les motifs des premiers Juges;

AYANT tel égard que de raison aux appellations,

DÉCLARE que le tuteur des mineurs Bonaventura se pourvoira auprès du conseil de famille aux fins d'obtenir l'autorisation nécessaire pour accepter les successions dont il s'agit, ou pour renoncer à celle de Joseph-Marie Liccia, grand-père actuel desdits mineurs, en retenant la dot de leur mère;

Et dans le cas où ledit tuteur sera autorisé à faire ladite renonciation comme dessus, lesdits mineurs garderont la dot de feu Reparata Liccia, laquelle dot sera d'abord imputée sur la réserve légale de leur dite mère, et l'excédant, s'il y en a, sur la quotité disponible;

Et dans le cas où ladite dot dépasserait la réserve légale, tout ce qui se trouvera au-dessus de la réserve jusqu'à concurrence de la portion disponible, c'est-à-dire jusqu'au quart de la succession, diminuera d'autant le legs à titre de préciput fait à Jean-Sylvestre et Vincent frères Liccia;

ORDONNE que, de ce qui adviendra comme dessus auxdits frères Liccia en exécution du legs préciputaire à eux fait, la moitié sera prélevée en faveur dudit Jean-Sylvestre Liccia, et l'autre moitié fera partie de la succession de feu Vincent Liccia;

ORDONNE que, tous prélèvements et rapports que de droit faits, la succession de feu Joseph-Marie Liccia sera partagée en cinq portions égales, savoir : une pour Simon-Jean Liccia, une pour Marianne Liccia veuve Olivi, une pour Jean-Sylvestre Liccia, une pour feu Vincent Liccia et une pour les mineurs Bonaventura en leur qualité de fils et héritiers de Reparata Liccia, leur mère, et ce dans le cas où ils viendraient à la succession de leur dit aïeul maternel, en rapportant à la masse la dot de leur mère;

Déclare que tous les autres cohéritiers devront rapporter aussi à la masse tout ce qu'ils peuvent avoir reçu du père commun, à tout autre titre qu'à celui de préciput et hors part;

Dans le cas, au contraire, où les dits mineurs Bonaventura renonceraient à ladite succession moyennant la rétention de la dot maternelle, le partage ci-dessus sera fait entre les quatre frères et sœur, Vincent, Jean-Sylvestre, Simon-Jean et Marianne Liccia.

Et en ce qui touche le partage de la succession dudit feu Vincent Liccia, laquelle se compose, — 1° de la moitié du legs précipuaire à lui fait par son père, ainsi qu'à Jean-Sylvestre son frère; — 2° de la portion virile revenant audit Vincent sur la succession du père commun des parties,

Ordonne que ledit partage sera fait en quatre portions égales, savoir : une pour Jean-Sylvestre Liccia, une pour Simon-Jean Liccia, une pour Marianne Liccia, veuve Olivi, et une pour les mineurs Bonaventura, et qu'il sera procédé audit partage par les mêmes experts nommés au jugement attaqué;

Ordonne qu'à dater du jour de la demande, les parties copartageantes devront se tenir compte des fruits de tout ce qu'elles auront perçu sur les biens composant la succession du père commun au-delà des parts à elles revenant, ainsi que des améliorations et détériorations survenues par leur fait sur les biens à partager; le tout d'après l'évaluation qui en sera faite par les experts nommés pour les opérations du partage;

Ordonne aussi qu'à partir du décès du père commun, il sera tenu compte à Jean-Sylvestre Liccia des fruits des deux mille quatre cents francs, montant de la dot de sa femme;

Ordonne que, pour le surplus, le jugement attaqué sera exécuté selon sa forme et teneur.......

Chambre Civile. — M. le Cte COLONNA D'ISTRIA, *Premier Président.*

MM. Romani, Agostini, Camoin-Vence, } *Avocats.*

DU 27 AOUT 1832.

ALIMENTS. — ÉPOUX. — SÉPARATION DE FAIT.

La femme qui refuse de rentrer dans le domicile conjugal sur le motif qu'elle ne pourrait, sans danger pour sa santé altérée par de récentes couches, se priver des soins de sa mère, avec laquelle elle avait jusque là, aussi bien que son mari, fait ménage commun, est fondée à réclamer de son mari une pension alimentaire [*Cod. Civ. Art. 214*] (1).

Dame Guaitella C. son mari.

ARRÊT.

Après délibération en la Chambre du Conseil,

La Cour; — sur les conclusions de M. Sorbier, Premier Avocat Général;

Attendu que la femme est obligée d'habiter avec le mari et de le suivre partout où il juge à propos de résider (Art. 214 du Cod. Civ.); — Que la conséquence de ce principe est que la femme ne peut réclamer des aliments hors la maison conjugale, lorsque le mari offre de la recevoir chez lui et de la traiter maritalement; — Que, néanmoins, il peut exister des circonstances particulières de nature à apporter des modifications temporaires à la règle générale;

Attendu que, depuis leur mariage, les époux Guaitella ont toujours habité la maison dotale de la femme Guaitella; — Qu'ils y ont vécu conjointement avec la veuve Arnaud, mère de cette dernière, et copropriétaire par indivis d'une partie de ladite maison; — Que la femme Guaitella, qui a été grièvement malade après ses couches, continue

(1) Voir anal. : Rejet, 12 janv. 1808 (S. 8. 1. 145. — D. A. 10. 123); — Montpellier, 23 déc. 1830 (S. V. 31. 2. 331; — D. P. 32. 2. 2).

à être convalescente; — Que dans son état actuel, et pendant le temps jugé encore nécessaire pour qu'elle soit suffisamment rétablie, il est convenable qu'elle ne change pas de demeure, et que surtout elle se trouve à portée de profiter des soins assidus de sa mère;

Attendu qu'il n'est point contesté que Noël Guaitella a retiré d'une succession échue à sa femme, et par suite de la procuration de cette dernière, une somme de neuf cents francs; — Qu'il est juste que cette somme, déduction faite des frais déboursés par le mari pour en faire le recouvrement, soit placée avec les garanties convenables pour la conservation de ladite somme et pour, par la femme, en avoir l'administration et la jouissance, s'agissant d'une somme paraphernale;

Met l'appellation et ce dont est appel au néant;

Émendant et par nouveau jugé,

Déclare que pendant trois mois, à partir de ce jour, la femme Rose Guaitella pourra continuer à demeurer dans la maison qu'elle occupe actuellement, et dans laquelle maison son mari Noël Guaitella sera libre de cohabiter avec elle;

Ordonne que, pendant ce délai, Noël Guaitella sera tenu de placer aux intérêts de droit, sous le nom de sa femme, avec les sûretés convenables et sous sa responsabilité personnelle, la somme de neuf cents francs, déduction faite des frais de recouvrement, provenant de la succession de feu Marie Arnaud, aïeule maternelle de la susdite Rose Guaitella, laquelle somme a été par lui touchée en vertu de la procuration de sa dite femme pour, par cette dernière, jouir des intérêts de ladite somme comme revenus paraphernaux, sur sa simple quittance;

Ordonne que ledit délai expiré, la dame Rose Guaitella devra, sous toutes les peines de droit et notamment sous celle de la cessation des aliments, rejoindre son mari dans le nouveau logement par lui choisi pour y établir son ménage, à la charge par ledit Noël Guaitella d'y recevoir sa femme et de la traiter maritalement;

Condamne Noël Guaitella à payer à sa femme, pour lui tenir lieu d'aliments, soixante-quinze centimes par jour à partir du vingt du mois de

Juin dernier, époque à laquelle il a cessé de pourvoir à la subsistance de sa femme;

CONDAMNE en outre ledit Noël Guaitella à payer également à sa dite femme soixante quinze centimes par jour, pendant les trois mois ci-dessus fixés;

DÉCLARE que lesdits aliments cesseront d'être fournis par ledit Noël Guaitella si, ledit délai expiré, sa femme refuse d'aller habiter une autre maison avec son mari.

Chambre Civile. — M. LE Cte COLONNA D'ISTRIA, *Premier Président.*

MM. CECCONI, PIERAGGI, } *Avocats.*

DU 21 NOVEMBRE 1832.

ÉLECTION. — AVANCEMENT D'HOIRIE. — RAPPORT. — USUFRUIT.

La donation d'usufruit n'est pas sujette à rapport (1), *et ne peut, dès lors, être considérée comme un avancement d'hoirie, bien que cette qualification ait été donnée par les parties dans l'acte de donation (Cod. Civ. Art. 856).*

Il en est ainsi, alors surtout que le prétendu don en avancement d'hoirie a été fait dans le but d'éluder la loi sur les élections, qui exige une possession antérieure aux premières opérations de la révision annuelle des listes électorales, pour que les contributions assises sur la propriété puissent être comptées à l'électeur, à moins qu'il ne possède à titre successif ou d'avancement d'hoirie (L. 19 Avril 1831 Art. 7).

Morati C. le Préfet de la Corse.

Le sieur Morati père donne à son fils, à titre d'avancement d'hoirie, l'usufruit de tous ses biens. Celui-ci, muni de cet acte de donation, réclame son inscription sur la liste électorale, attendu qu'en comptant les contributions assises sur les biens, objet de l'usufruit, il atteint le cens électoral. Sa réclamation est rejetée par le Préfet, sur ce que la donation ne peut être considérée comme un avancement d'hoirie, et qu'elle est postérieure aux premières opérations de la révision annuelle des listes électorales.

Recours du sieur Morati devant la Cour. Il soutient que la donation de l'usufruit lui ayant été faite à titre d'avancement d'hoirie, les contributions des biens sur lesquels porte l'usufruit doivent lui être comptées, quoiqu'il n'ait acquis que postérieurement aux opérations de la révision annuelle des listes électorales, en vertu de l'article 7 de la loi du 19 avril 1831.

---

(1) Voir dans ce sens : Chabot, sur l'article 856, n° 5; — Toullier, tom. 4, n° 485; — Proudhon, *De l'Usufruit*, tom. 4, n° 2396; — Marcadé, article 856, n° 2; — Poujol, même article, n° 2. — En sens contraire : Duranton, tom. 7, n° 375. — V. analog. : Cass., 31 mars 1818 (S. 18. 1. 213; — D. A. 12. 431).

ARRÊT.

Après délibération en la Chambre du Conseil,

La Cour; — sur les conclusions contraires de M. Sorbier, Premier Avocat Général;

Attendu qu'aux termes de l'article 856 du Code Civil, les fruits et intérêts des choses sujettes à rapport ne sont dus qu'à compter du jour de l'ouverture de la succession; — Qu'il importe peu que ces fruits ou intérêts soient l'accessoire de la chose donnée, ou qu'ils constituent eux-mêmes l'objet direct et unique de la libéralité; d'abord, parce que le motif qui paraît avoir déterminé le législateur, celui d'empêcher que l'enfant donataire ne soit ruiné en l'obligeant à rapporter des fruits qu'il aurait consommés avec facilité, se rencontre dans l'un comme dans l'autre cas; en second lieu, parce qu'en réalité ces fruits ou intérêts, objet de la donation, représentent les fruits d'un bien-fonds ou les intérêts d'un capital, et qu'il ne peut être permis de changer la nature du don par la seule expression d'avancement d'hoirie contenue dans l'acte; enfin, parce qu'il impliquerait contradiction que le donataire du simple usufruit fût obligé de rapporter ce dont il serait dispensé, s'il avait reçu un plus grand avantage, c'est-à-dire, la propriété et les fruits; — Qu'on opposerait en vain la loi 9, § 1er, ff. *De Donationibus*, qui veut que les fruits soient calculés lorsqu'ils sont l'objet unique de la libéralité, parce que cette loi n'a pour but que d'évaluer la donation pour la soumettre à la formalité de l'insinuation, et ne contemple nullement le cas du rapport;

Attendu que, d'après ce qui vient d'être dit, l'usufruit étant non sujet à rapport, ne pouvait être l'objet d'un don en avancement d'hoirie, qui n'est autre chose que l'anticipation de ce que le donataire aura le droit de recueillir dans la succession du donateur; — Qu'on doit d'autant plus, dans l'espèce, s'en tenir à la substance de l'acte plutôt qu'à la qualification qu'il a plu aux parties de lui donner, qu'il est évident qu'il a été fait dans le but unique d'éluder la disposition de l'article 7 de la loi du 19 Avril 1831, qui exige que la propriété sur laquelle sont assises les contributions dont on veut se prévaloir, soit possédée antérieurement aux premières opérations de la révision annuelle des listes électorales, à moins qu'on ne possède à titre successif ou par avancement d'hoirie;

Attendu que la donation d'usufruit, ne pouvant être considérée comme faite en avancement d'hoirie, et étant postérieure à l'époque fixée par ledit article, il n'y a pas lieu de compter au sieur Morati les contributions des biens énoncés dans ladite donation;

MAINTIENT l'arrêté de M. le Préfet..........

Chambre Civile. — M. LE Cte COLONNA D'ISTRIA, *Premier Président.*

CARBUCCIA, *Avocat.*

DU 4 DÉCEMBRE 1832.

JUGEMENT INTERLOCUTOIRE. — EXPERTISE. — PRÉSENCE DES PARTIES. — APPEL. ERREUR COMMUNE. — CAPACITÉ. — TÉMOIN INSTRUMENTAIRE.

La partie qui se présente à l'expertise à laquelle elle a conclu, mais sous la réserve expresse de ses droits, pour que les experts ne comprennent pas dans la masse à partager des biens qu'elle prétend lui appartenir en propre, ou pour faire évaluer les améliorations ou les détériorations, ne s'interdit pas le droit d'attaquer le jugement aux chefs autres que celui qui a ordonné l'expertise (1).

L'acte (un testament), auquel est intervenu comme témoin un individu généralement considéré comme français, est valable [*Cod. Civ. Art. 980*] (2).

---

(1) Il a été décidé, par un arrêt de la Cour de Toulouse, à la date du 15 juillet 1848 (S. V. 49. 2. 5), que l'exécution volontaire de l'un des chefs du jugement emporte acquiescement à tous les autres chefs, si elle a eu lieu sans réserve de relever appel contre ceux-ci; et PIGEAU, *Comment.*, tom. 2, pag. 5, a embrassé la même opinion. La jurisprudence et la doctrine ne paraissent pas avoir fait cette distinction, et nous ne la croyons pas fondée. Nous pensons donc, avec la Cour de Bastia, que l'acquiescement tacite qui résulte de l'exécution partielle est divisible et ne peut s'appliquer qu'au chef qui a été exécuté. — Voir dans ce sens : Cass., 15 avril 1834 (S. V. 34. 1. 650; — D. P. 34. 1. 195); — Rejet, 6 juillet 1836 (S. V. 36. 1. 876; — D. P. 39. 1. 298); — Cass., 22 févr. 1842 (S. V. 42. 1. 303; — D. P. 42. 1. 114); — Montpellier, 26 janv. 1853 (S. V. 53. 2. 155; — D. P. 53. 2. 224). — MERLIN, *Quest. de Droit*, V° *Acquiescement*, § 6; — FAVARD DE LANGLADE, tom. 1er, pag. 42, n° 11; — CARRÉ et CHAUVEAU, n° 1584, § 2.

(2) Les arrêts et les auteurs reconnaissent, en principe, que la capacité putative du témoin suffit pour la validité des testaments, et que, dans cette matière, on doit appliquer la maxime : *Error communis facit jus.* Mais plusieurs jurisconsultes font une distinction à cet égard, et s'ils admettent la capacité putative pour la qualité qui concerne les droits civils ou politiques, ils la repoussent pour celle qui est relative à l'âge et à la parenté. Les Cours de Turin et de Colmar se sont même prononcées dans ce sens, par leurs arrêts des 17 févr. 1806 et 15 févr. 1818 (S. 6. 2. 97, coll. nouv. 5; — D. A. 5. 811). — Voici l'indication de quelques arrêts et de divers auteurs, que l'on consultera avec fruit sur cette question, et qui démontrent le bien jugé de la décision ci-dessus. Mais, avant tout, nous croyons devoir faire remarquer que la Cour de Bastia ne fait que persister ici dans sa jurisprudence : Voir son arrêt du 5 mars 1822 (S. coll. nouv. 7. 1. 412); — Limoges, 7 déc. 1809 (S. 12. 2. 355; — D. A. 5. 799); — Rejet, 28 févr. 1821 (S. 22. 1. 1; — D. A. 5. 812); — *Idem*, 18 janv.

Olivieri C. Olivieri.

ARRÊT.

Après délibération en la Chambre du Conseil,

La Cour; — sur les conclusions de M. Sorbier, Premier Avocat Général,

Attendu que l'expertise est une opération nécessaire dans tous les cas de partage d'une succession, quels que soient d'ailleurs les droits de prélèvement des divers cohéritiers; — Qu'il s'agit, dans l'espèce, du partage de la succession du père commun des parties; — Que l'appelant a lui-même conclu pour l'expertise, sous la réserve expresse de ses droits; — Que sa présence aux opérations des experts et ses dires et observations pour ne pas faire comprendre dans l'expertise certains biens comme à lui appartenant en propre, ou pour faire évaluer de prétendues améliorations et détériorations, ne peuvent pas établir un acquiescement, de sa part, aux dispositions du jugement, autres toutefois que celle qui ordonne l'expertise, parce qu'il est de principe, fondé sur l'adage *Tot capita tot sententiæ*, que l'acquiescement à un chef du jugement ne préjudicie nullement au droit d'appeler des autres chefs du même jugement;

Attendu qu'aux termes de l'article 980 du Code Civil, pour être témoin dans un testament il faut être sujet du Roi, c'est-à-dire français; — Que néanmoins la capacité putative d'un témoin peut valider l'acte dans lequel il est intervenu;

1830 (S. 30. 1. 43; — D. P. 30. 1. 83); — *Idem*, 28 juillet 1831 (S. V. 32. 1. 174); — Aix, 30 juillet 1838 (S. V. 39. 2. 85; — D. P. 39. 2. 10). — Merlin, *Répert.*, V° *Tém. instr.*, § 2, n° 3 et V° *Ignorance*, § 2, n° 9; — Toullier, tom. 5, n° 407; — Grenier, *Donat. et Test.* tom. 1er, n° 256; — Duranton, tom. 9, n° 109, et tom. 13, n° 35; — Troplong, *Des Donat. et Test*, nos 1686, 1687 et 1688.

Déclare l'appel recevable;

Et avant dire droit au fond, sauf et sans préjudice des droits et moyens des parties,

Ordonne que Barthélemy Olivieri, partie de Mᵉ Progher, prouvera par toutes les voies de droit, par devant M. Gavini, Conseiller, à ce délégué, que Joseph Guelfi, un des témoins intervenus au testament de feu Charles Olivieri, reçu le 27 Novembre 1822 par le notaire Pierre-Dominique Franceschi, à l'époque dudit testament était devenu français ou était généralement regardé comme français dans la commune de Luri,

Sauf la preuve contraire...........

Chambre civile. — M. le Cᵗᵉ COLONNA D'ISTRIA, *Premier Président.*

MM. Graziani, Mari, } *Avocats.*

ANNÉE 1833.

DU 9 JANVIER 1833.

PARTAGE. — ÉCRITURE. — PREUVE.

Il n'y a de partage valable et définitif, entre cohéritiers, qu'autant qu'il a été fait par écrit (1).

Le partage verbal n'a, surtout à l'égard des tiers, d'autre effet que de faire jouir provisoirement les parties séparément; et dès lors la preuve de ce partage serait frustratoire, à moins qu'on n'alléguât la prescription trentenaire [*Cod. Civ. Art. 816 et 819*] (2).

Le Trésor C. **Emanuelli.**

Le Trésor, créancier du sieur Emanuelli, ancien receveur de l'Enregistrement, a formé, par l'organe de son agent judiciaire, une demande en partage de la succession du père de son débiteur, contre les frères et sœurs de celui-ci, détenteurs de la plus grande partie des biens. Les héritiers Emanuelli excipent d'un partage verbal qui aurait été volontairement exécuté depuis nombre d'années par leur frère même, débiteur du Trésor, ce qu'ils offrent de justifier par témoins.

Jugement du Tribunal de Corte qui, sans s'arrêter à cette exception, ordonne le partage.

Appel.

ARRÊT.

Après délibération en la Chambre du Conseil,

La Cour; — sur les conclusions de M. Sorbier, Premier Avocat Général;

Attendu qu'en matière de partage, le défaut d'écriture démontre l'intention des parties de jouir des biens séparément, mais temporairement et jusqu'au partage régulier, à moins que la prescription ne se

---

(1) V. Conf. : Bastia, 29 nov. 1830, *suprà* pag. 471, et arrêts cités à la note.

(2) Conf. : Colmar, 24 janv. 1832 (D. P. 32. 2. 215; — S. V. 32. 2. 657).

trouve acquise par une jouissance de trente ans; — Que, d'ailleurs, il résulte des articles 816 et 819 du Code Civil, que tout partage d'une succession, même entre majeurs, doit être fait par écrit, tel étant le sens naturel et légal des mots ACTE DE PARTAGE employés dans lesdits articles, et telle étant aussi l'opinion émise par les orateurs du gouvernement et par les auteurs;

Attendu que, puisqu'il n'y a de partage valable et définitif que celui qui a été fait par écrit, lorsque toutes les parties interessées ne s'accordent pas pour l'exécution de celui que l'on prétend avoir été stipulé verbalement, il s'ensuit que la preuve testimoniale ne peut être admise, d'autant plus qu'on ne saurait, au moyen de dépositions de témoins, constater, d'une manière certaine, tout ce qui constitue un partage, savoir : les lots, les rapports, prélèvements, soultes, etc.

CONFIRME............

Chambre Civile. — M. LE Cte COLONNA D'ISTRIA, *Premier Président.*

M. FIGARELLI, *Avocat.*

DU 29 JANVIER 1833.

BILLET A ORDRE. — CAUSE. — COMPÉTENCE.

Le billet à ordre signé par un individu non commerçant, VALEUR REÇUE EN NUMÉRAIRE, POUR EMPLOYER A UNE OPÉRATION DE COMMERCE, *n'est point de la compétence du Tribunal de Commerce: — Il faut que la cause du billet soit elle-même une opération de commerce; et il ne serait pas suffisant que la valeur du billet fût destinée à faire plus tard une opération commerciale, le débiteur ne pouvant se soumettre à la contrainte par corps au moyen d'une simple déclaration de vouloir employer cette somme au commerce* [*Cod. Comm. Art. 632 et 636; — Cod. Civ. Art. 2063*] (1).

Zevaco C. **Basso.**

Assignation, par le sieur Basso, devant le Tribunal de Commerce d'Ajaccio au sieur Zevaco, pour le faire condamner au paiement de trois billets à ordre, souscrits par celui-ci en sa faveur, *valeur reçue en espèces pour une opération de commerce du souscripteur*. Zevaco excipe de l'incompétence du Tribunal de Commerce, attendu qu'il n'est point commerçant, et que les billets n'ont pas pour cause une opération commerciale.

Jugement qui rejette le déclinatoire.

Appel.

---

(1) Un auteur très recommandable, M. NOUGUIER (*Des Tribunaux de Commerce*, tom. 2, pag. 198 et 199), appréciant le bien jugé de l'arrêt ici recueilli, s'exprime en ces termes : « Cette solution, qui, au premier aspect, paraît d'une excessive sévérité, est conforme à la » pensée du législateur. Si l'opinion contraire prévalait, si l'indication de la valeur faisait » foi par elle-même, que de fausses suppositions se glisseraient dans les billets à ordre! Ces » prêteurs complaisants, qui subviennent avec tant de hâte aux prodigalités des fils de fa- » mille, dont la fortune à venir est une sûreté pour le présent, au lieu d'employer la forme » des lettres de change qui exigent tant de conditions, dont la simulation peut être dé- » montrée, se feraient faire des billets causés : POUR OPÉRATION DE COMMERCE. Ils assure- » raient ainsi le bénéfice que donne leur honteux trafic. Tel est, au surplus, le vœu de l'ar- » ticle 636. » — V. ci-dessus, pag. 313, arrêt conforme du 14 août 1827.

ARRÊT.

Après délibération en la Chambre du Conseil,

La Cour; — sur les conclusions contraires de M. Filhon, Avocat Général;

Attendu que l'article 636 du Code de Commerce ne soumet à la juridiction consulaire les billets à ordre signés par des individus non négociants, qu'autant que lesdits billets ont eu pour occasion des opérations de commerce, trafic, change ou courtage; — Que ces diverses opérations, énumérées dans les articles 632 et 633 dudit Code, ne peuvent s'induire de l'énonciation vague portée aux billets dont est procès, *per una mia operazione di commercio;* — Que le sens naturel de ces expressions est que les sommes reçues par le signataire devaient servir à des opérations de commerce, ce qui, en le supposant vrai, est bien différent de ce que dispose l'article 636 du Code de Commerce, lequel exige que l'opération de commerce soit elle-même la cause de l'engagement, ce qui n'est nullement justifié dans l'espèce;

Attendu, au surplus, que tout fait présumer que lesdites expressions n'ont été insérées dans les billets en question que pour donner à une obligation civile l'apparence d'un acte de commerce, et, par ce moyen, assujettir le signataire des billets à la juridiction commerciale, et même à la contrainte par corps, hors les cas déterminés par la loi, et malgré la défense portée en l'article 2063 du Code Civil;

Infirme...........

Chambre Civile. — M. le Cte COLONNA D'ISTRIA, *Premier Président.*

MM. Graziani, Suzzoni, } *Avocats.*

DU 11 FÉVRIER 1833.

ARBITRAGE. — APPEL. — DÉLAI. — PROROGATION. — AVIS. — RÉTRACTATION.

C'est par la voie de l'appel, et non par celle de l'opposition en nullité de l'ordonnance d'exécution, que doivent être attaqués les jugements rendus par des arbitres forcés [Cod. Comm. Art. 52; — Cod. Proc. Civ. Art. 1028] (1).

---

(1) Les dispositions du Code de Procédure Civile ne sont applicables aux Tribunaux Consulaires que lorsqu'il n'y a pas été dérogé par le Code de Commerce. Or, l'article 52 de ce dernier Code, se bornant à ouvrir contre les décisions des arbitres forcés les voies de l'appel et du recours en cassation, sa disposition ainsi restreinte est nécessairement dérogatoire à celle de l'article 1028 du Code de Procédure Civile, qui admet au contraire l'opposition en nullité. — V. dans le sens de la solution ci-dessus : Rennes, 25 juillet 1810; — Turin, 8 mars 1811; — Rej., 26 mai 1813 (DALLOZ, *Jur. Gén.*, 2e édit., V° *Arbitrage*, nos 91, 715 et 1323; — S. 12. 2. 404. et 11. 2. 409); — Bourges, 23 janv. 1824; — Montpellier, 27 août 1824 (D. P. 25. 2. 74 et note); — Grenoble, 8 mars 1824; — Paris, 6 août 1824 (D. P. 24. 2. 217 et 166; — S. 25. 2. 335); — Bourges, 25 janv. 1825 (D. P. 25. 2. 149; — S. 26. 2. 72); — Rej., 7 mai 1828; — Cass., 28 avril 1829; — Rej., 7 mars 1832 et 10 févr. 1835 (S. V. 28. 1. 300; — 29. 1. 185; — 32. 1. 241; — 35. 1. 889; — D. P. 28. 1. 237; — 29. 1. 228; — 32. 1. 108; — 35. 1. 150); — Limoges, 14 févr. 1835 (S. V. 35. 2. 238); — Orléans, 17 mai 1842; — Paris, 11 mai 1843 (DALLOZ, *ubi suprà*, pag. 171 à la note); — Rennes, 11 déc. 1848 (S. V. 50. 2. 89). — MERLIN, Quest. V° *Arbitrage*, § 4, n° 3; — FAVARD DE LANGLADE, tom. 1er, pag. 210; — PARDESSUS, *Droit Comm.*, tom. 5, n° 1417; — CARRÉ, Quest. 3375, qui avait d'abord adopté l'opinion contraire; — GOUBEAU, tom. 2, pag. 245; — MONGALVY, n° 511; — BERRIAT SAINT-PRIX, pag. 47; — DE VATISMENIL, n° 304; — DEVILLENEUVE et MASSÉ, V° *Arbitrage forcé*, n° 95; — DESPRÉAUX, *Comp. des Trib. de Comm.*, n° 597; — BOUCHER, *Manuel des Négociants*, tom. 1er, pag. 175; — NOUGUIER, *Trib. de Comm.*, tom. 2, pag. 259; — BIOCHE, *Dict. de Proc. Civ.*, V° *Arbitrage*, sect. 3, § 7, n° 800; — CHAUVEAU, Quest. 3375.

En sens contraire : Cass., 23 avril 1823; — Angers, 23 janv. 1823; — Toulouse, 1er août 1823 (D. A. 1. 721, 723 et 725; — S. 23. 1. 228; — 24. 2. 205 et 162); — Paris, 16 août 1832 et 9 mai 1833 (D. P. 33. 2. 35 et 205; — S. V. 32. 2. 545; — 34. 2. 201); Aix, 31 mai 1833 (D. P. 34. 2. 40; — S. V. 34. 2. 201); — LOCRÉ, *Esp. du Cod. de Comm.*, tom. 1er, pag. 222 et 366; — DALLOZ, *Jur. Gén.*, 2e édit., V° *Arbitrage*, n° 1323 et suiv.; — DELAPORTE, *Comment. sur le Cod. de Comm.*, tom. 1er, pag. 181. — Il ne sera peut-être pas inutile de faire remarquer que la loi du 23 juillet 1856 a aboli la juridiction de l'arbitrage forcé, et ne lui a réservé que la connaissance des procédures commencées au moment de sa promulgation.

La prorogation du délai de l'arbitrage peut être tacite [Cod. Proc. Civ. Art. 1007] (2).

Et la prorogation est suffisamment établie par la comparution en personne des parties devant les arbitres, après l'expiration du délai imparti aux arbitres par le Tribunal pour rendre leur jugement; par la reconnaissance qu'elles ont faite des frais et du produit de leur société; par le serment décisoire sur un des chefs en contestation, déféré par l'une des parties et prêté par l'autre...... (3).

Les arbitres ne sont pas si étroitement liés par l'avis qu'ils ont émis lors du partage, qu'ils ne puissent, après avoir conféré avec le sur-arbitre, modifier leur opinion respective, tomber d'accord, et rendre une décision commune et unanime [Ibid. Art. 1017 et 1018] (4).

(2-3) Cette solution, adoptée par CHAUVEAU, Quest. 3284 *bis*; — DALLOZ, *Jur. Gén.*, 2e édit. Vo *Arbitrage*, nos 375 et suiv.; — SOUQUET, *Dict. des temps légaux*, 24e tabl., 5e col., no 16; — VATISMENIL, pag. 586; — PARDESSUS, no 1414; — RODIÈRE, tom. 3, pag. 15; — BELLOT, tom. 2, pag. 124, a été consacrée par les arrêts suivants : Bordeaux, 3 février 1823 (DALLOZ, *ibid.*, no 740; — S. 23. 2. 220); — Rej., 17 janv. 1826 (D. P. 26. 1. 120; — S. 26. 1. 381); — Grenoble, 12 août 1826 (DALLOZ, *loc. cit.*); — Bordeaux, 9 févr. 1827 (D. P. 27. 2. 94; — S. 27. 2. 190); — Rej., 12 mai 1828 (D. P. 28. 1. 243; — S. 28. 1. 202); — Rennes, 11 déc. 1848 (S. V. 50. 2. 89); — ROGRON, *Comment. du Cod. de Proc. Civ.*, art. 1007; — Rej., 1er déc. 1857 (S. V. 58. 1. 598). — Voy. toutefois, *contrà* : Bourges, 12 févr. 1825 (D. P. 25. 2. 149; — S. 26. 2. 72); — *Sic*, MONGALVY, pag. 133, no 155. Mais le Cod. de Proc. Civ. n'ayant fait nulle part une obligation de la représentation *matérielle* du compromis, nous pensons que la preuve de son existence et de l'observation des formalités prescrites par ledit Code peut résulter de faits ou d'actes d'exécution, notamment de faits de la nature de ceux retenus par la Cour de Bastia.

(4) Conf. : Lyon, 14 juillet 1828 (D. P. 28. 2. 194; — S. 29. 2. 83); — Grenoble, 31 juillet 1830 (D. P. 32. 2. 54); — Grenoble, 1er juin 1831 (D. P. 32. 2. 54; — S. V. 33. 2. 212); — Montpellier, 19 mai 1845 (D. P. 45. 4. 30); — Caen, 14 déc. 1846 (D. P. 46. 2. 22); — Paris, 20 juin 1849 et 19 juillet 1850 (D. P. 51. 2. 162 et 180); — FAVARD DE LANGLADE, tom. 1er, pag. 201; — CARRÉ, no 3346; — DEVILLENEUVE et MASSÉ, Vo *Arbitre*, no 50; — DE VATISMENIL, nos 209 et suiv; — THOMINE-DESMAZURES, no 1244; — MONGALVY, pag. 98, no 116; — BELLOT, tom. 3, pag. 156; — PIGEAU, tom. 1er, pag. 28; — RODIÈRE, tom. 3, pag. 27; — BERRIAT SAINT-PRIX, pag. 44; — PARDESSUS, *Droit Commerc.*, tom. 5, nos 106 et 107.

Contrà : LOCRÉ, sur l'art. 60, Cod. Comm.; — MERSON sur PARDESSUS, aux nos ci-dessus indiqués; — CHAUVEAU, Quest. 3346; — BOITARD, tom. 3, pag. 454; — BOURBEAU, pag. 642. — La loi veut que les arbitres et le sur-arbitre confèrent entre eux, pour que la discussion éclaire et épure leur opinion. Dès lors, il y aurait incohérence, nous le croyons, à leur refuser le droit de modifier leur avis ou d'en changer, s'il le reconnaissent vicieux ou erroné. On pourrait même se demander si les articles 1017 et 1018, Cod. Proc. Civ., sont applicables

Marini C. Mastini.

ARRÊT.

Après délibération en la Chambre du Conseil,

La Cour; — sur les conclusions de M. Viale-Rigo, Substitut du Procureur Général;

Attendu que les arbitres forcés remplaçant le Tribunal de Commerce, leurs décisions ne sauraient être attaquées par d'autres voies que celles par lesquelles on peut combattre les jugements de ce Tribunal, et que dès lors, c'est la voie de l'appel que les parties sont obligées de prendre contre les jugements des arbitres forcés, et non celle de l'opposition en nullité, qui n'est permise que contre les jugements des arbitres volontaires;

Attendu que, quand même il serait vrai que le jugement arbitral dont il s'agit est intervenu après le délai fixé par le jugement portant nomination des arbitres forcés, la décision desdits arbitres, combinée avec l'article 1018 du Code de Procédure Civile, n'en serait pas moins valable, par suite du consentement tacite donné par les parties, qui constitue une prorogation de délai; — Que ce consentement résulte, dans l'espèce, des faits suivants, constatés dans le jugement arbitral : — 1° la comparution en personne des parties par devant les juges arbitres; — 2° la reconnaissance par elles faite du montant des frais et du produit de leur société; — 3° le serment décisoire sur un des chefs en contestation déféré par l'une des parties et prêté par l'autre;

Attendu que le jugement arbitral constate aussi que les deux arbitres se sont réunis au tiers arbitre, et qu'après en avoir conféré en-

---

aux arbitrages, en matière commerciale. — V. pour l'affirm. : Paris, 30 nov. 1811 (D. A. 1. 738; — S. 14. 2. 21); Metz, 12 mai 1819 (S. 20. 2. 62); et pour la négative : Paris, 8 avril 1809, 22 mai 1813 et 19 janv. 1825 (D. A. 1. 728 et 730; — D. P. 25. 2. 138; — S. 12. 2. 333; — 14. 2. 118; — 25. 2. 345); — Bordeaux, 3 févr. 1823 (D. P. 25. 2. 150; — S. 23. 2. 220); — Carré et Chauveau, n° 3333.

semble, renonçant aux avis par eux précédemment émis dans leurs procès-verbaux de partage, et adoptant entièrement l'opinion du tiers arbitre, ils ont rendu tous trois d'accord le jugement attaqué, que tous ont également signé; — Que ce mode de procéder est conforme à l'esprit de la loi, et même à la lettre de l'article 1018 du Code de Procédure Civile, puisque l'obligation de se conformer à l'un des avis des autres arbitres n'est imposée au tiers arbitre que lorsque ceux-là ne se sont pas tous réunis pour conférer avec lui;

Adoptant, sur les autres chefs, les motifs insérés au jugement arbitral,

Maintient ledit jugement...........

Chambre Civile. — M. le Cte COLONNA D'ISTRIA, *Premier Président.*

MM. Graziani, Bradi, } *Avocats.*

DU 12 FÉVRIER 1833.

EXÉCUTION. — HÉRITIER. — COMMANDEMENT.

Le commandement à fin de saisie-immobilière constitue un acte d'exécution.

En conséquence, il ne peut, à peine de nullité, être signifié à l'héritier SIMULTANÉMENT *avec les titres exécutoires obtenus contre son auteur* [*Cod. Civ. Art. 877*] (1).

Celani C. Serafino.

Serafino, qui, au lieu de ne faire commandement à Celani qu'après les huit jours, depuis la signification des titres exécutoires obtenus contre son auteur, le lui avait signifié en même temps que ces titres, soutenait contre ce dernier, que le commandement n'est qu'un acte préalable pour en venir à l'exécution et non un acte d'exécution même; que, dès lors, il avait pu être fait par le même acte que la signification des titres.

ARRÊT.

Après délibération en la Chambre du Conseil,

LA COUR; — sur les conclusions de M. VIALE-RIGO, Substitut du Procureur Général;

Attendu qu'aux termes de l'article 877 du Code Civil, l'exécution des titres exécutoires contre le défunt ne peut être poursuivie personnel-

---

(1) Conf. : Bruxelles, 10 mai 1810 (S. 15. 2. 170); — Rennes, 5 juillet 1817 (D. A. 11. 680); — Rej., 31 août 1825 (D. P. 25. 1. 431; — S. 25. 1. 357); — Pau, 3 sept. 1829 (D. P. 30. 2. 289; — S. 30. 2. 150); — Colmar, 11 mars 1835 (Journ. Av., tom. 48, pag. 253); — Bourges, 11 mars 1844 (S. V. 45. 2. 527). — CHAUVEAU sur CARRÉ, Quest. 2200; — CHABOT, art. 877, n° 2; — PERSIL, *Comment.*, tom. 1er, pag. 63, n° 74; — THOMINE-DESMAZURES, tom. 2, pag. 202.

Contrà : Grenoble, 22 juin 1826 (D. P. 26. 2. 222; — S. 26. 2. 304); — Angers, 21 mars 1834 (D. P. 38. 2. 204; — S. V. 34. 2. 230); — Rouen, 9 avril 1834 (D. P. 35. 2. 267; — S. V. 34. 2. 656). — CARRÉ, *Lois de la Proc.*, Quest. 2203; — FAVARD DE LANGLADE, *Saisie immobilière*, § 1er, n° 1er.

lement contre l'héritier que huit jours après la signification de ces titres à la personne ou au domicile de l'héritier; — Que cette signification ayant pour but de faire connaître le titre à l'héritier, le commandement doit être fait par acte séparé, car une telle injonction tient à l'exécution qui est momentanément suspendue;

Attendu que le commandement aux fins de saisie immobilière attaqué par l'appelant, poursuivi comme héritier, lui a été signifié en même temps que les titres exécutoires obtenus contre son auteur et, par conséquent, avant l'expiration du délai pendant lequel toute poursuite en exécution était interdite;

Attendu qu'une fois la nullité du commandement reconnue il n'échet pas d'examiner les autres moyens de nullité;

DÉCLARE nul et de nul effet le commandement signifié à l'appelant sous la date du 25 Janvier 1832..........

Chambre Civile. — M. LE Cte COLONNA D'ISTRIA, *Premier Président.*

MM. BATTESTI, ROMANI, } *Avocats.*

DU 13 FÉVRIER 1833.

RECRUTEMENT. — ÉTRANGER. — RÉCLAMATION. — DÉCHÉANCE.

L'étranger qui ayant été inscrit d'office sur la liste du recrutement, n'a pas excipé de sa qualité d'étranger avant la clôture des opérations du Conseil de révision, ne peut être admis à la faire valoir devant la Cour [Loi du 21 Mars 1832, Art. 26] (1).

Il ne peut être admis non plus à prouver, contrairement à ce qui résulte des procès-verbaux, qu'il a fait cette réclamation.

Molini C. le Préfet de la Corse.

Molini, né en Corse de père étranger, n'avait pas été d'abord porté par le Maire de la Commune sur le tableau du recrutement. Il le fut plus tard sur la réclamation de ceux qui étaient inscrits. Il ne résulte pas des procès-verbaux que Molini ait demandé à être exempté comme étranger ; mais il a conclu devant la Cour à être admis à prouver qu'il avait excipé à temps de cette qualité devant l'autorité administrative, qui l'avait démis de sa demande comme faite tardivement.

ARRÊT.

Après délibération en la Chambre du Conseil,

La Cour ; — sur les conclusions conformes de M. Viale-Rigo, Substitut du Procureur Général ;

Attendu que la demande de Molini n'aurait pu être accueillie, qu'autant qu'aux termes de l'article 26 de la loi du 21 Mars 1832, il aurait

(1) La réclamation de celui qui se prétend étranger doit, en effet, être adressée préalablement au Conseil de révision, afin que, conformément à l'article 26 de la loi sur le recrutement de l'armée, un nombre suffisant de jeunes gens soit désigné, dans l'ordre du tableau, pour remplacer au besoin les réclamants. Cette désignation deviendrait impossible, si les Tribunaux admettaient les réclamations faites postérieurement à la cloture des listes du contingent cantonal.

réclamé devant le Conseil de révision son exemption comme étranger; — Et que la preuve de la prétendue réclamation à ce sujet ne saurait être admise contre et outre ce qui résulte du procès-verbal du Conseil de révision, et de la liste du contingent définitivement arrêtée et signée par ledit Conseil;

CONFIRME.

Chambre Civile. — M. LE Cte COLONNA D'ISTRIA, *Premier Président.*

M. PIERAGGI, *Avocat.*

DU 6 MARS 1833.

PREUVE PAR ÉCRIT (COMMENCEMENT DE). — INTERROGATOIRE. — CHOSE JUGÉE.

L'aveu d'une dette fait dans l'interrogatoire subi par un individu poursuivi correctionnellement et acquitté ensuite, constitue un commencement de preuve par écrit de cette dette, que le Juge peut compléter par de simples présomptions [Cod. Civ. Art. 1347 et 1353] (1).

Pietri C. **Pietri.**

La veuve Pietri s'appuyant sur l'aveu fait par le sieur Pietri, dans l'interrogatoire par lui subi sur une plainte en escroquerie, qu'il lui devait plusieurs sommes, l'actionna en paiement de ces sommes devant les Juges civils, après qu'il eut été acquitté sur le délit à lui imputé.

Mais le sieur Pietri soutint que ces aveux ne pouvaient servir de base à une condamnation pécuniaire au civil ; que, d'abord, rien ne garantissait l'exactitude des notes prises à la hâte et signées par le greffier seul ; ensuite, qu'il avait pu, par crainte, ou désir de faciliter son acquittement, se dire débiteur, sans qu'il songeât qu'on pût s'en prévaloir plus tard.

Jugement qui accueille la demande.

Appel.

---

(1) V. Conf. : Rej., 21 janv. 1843 (S. V. 43. 1. 660). — Anal. : Rej., 29 nov. 1842 et 7 mars 1843 (S. V. 43. 1. 241 et 285).

Contrà : Rej., 18-20 mai 1840 (D. P. 40. 1. 229 ; — S. V. 40. 1. 640) ; — Cass., 17 juillet 1841 (D. P. 41. 1. 424 ; — S. V. 41. 1. 779). — Il nous semble cependant que l'on peut concilier la contrariété plutôt apparente que réelle de ces différents arrêts, en faisant remarquer, qu'il est de jurisprudence constante aujourd'hui, que les Juges ont un pouvoir discrétionnaire pour décider que tel écrit constitue ou ne constitue pas un commencement de preuve par écrit.

ARRÊT.

Après délibération en la Chambre du Conseil,

La Cour; — sur les conclusions de M. Sorbier, Premier Avocat Général;

Attendu que les aveux de l'appelant se trouvent dans un interrogatoire par lui subi en audience publique du Tribunal Correctionnel, en présence de l'intimée, qui était partie civile dans l'instance; — Que ledit interrogatoire, dressé par le greffier, exclusivement rédacteur et dépositaire des déclarations qui se font à l'audience, est rapporté, non pas par fragments ou extraits, mais dans son intégralité; — Que, s'il pouvait y avoir doute sur l'effet d'un aveu fait devant le Juge correctionnel, par un individu poursuivi pour délit, on ne saurait lui refuser au moins le caractère d'un commencement de preuve par écrit; — Que, s'agissant, dès lors, du cas où la preuve peut être complétée par témoins, il peut y être suppléé par des présomptions, aux termes de l'article 1353 du Code Civil;

Attendu que, de tous les actes et faits de la cause, il résulte des présomptions graves, précises et concordantes, que l'appelant n'a pas payé en totalité le prix des ventes constatées par les actes des 6 et 24 Octobre 1825, dûment enregistrés;

Condamne Grégoire Pietri au paiement des sommes dont il s'est reconnu débiteur dans l'interrogatoire dont il s'agit, etc.......

Chambre Civile. — M. le Cte COLONNA D'ISTRIA, *Premier Président.*

MM. Arrighi, Romani, } *Avocats.*

DU 25 MARS 1833.

LEGS UNIVERSEL. — PRÉCIPUT. — SUCCESSION. — PARTAGE. — BIENS ÉTRANGERS.

Dans le cas de partage entre cohéritiers tous français, comme dans celui où les cohéritiers sont, les uns étrangers, les autres français, ceux des cohéritiers qui se trouvent exclus, à quelque titre que ce soit, des biens ou de partie des biens situés en pays étrangers, doivent prélever, sur les biens situés en France, une portion égale à la valeur des biens dont ils sont exclus [Loi, 14 juillet 1819, Art. 2; — Cod. Civ. Art. 3 et 726] (1).

Le legs universel emporte-t-il virtuellement dispense de rapport pour la portion disponible [Rés. Impl. pour l'affirm.; — Cod. Civ. Art. 843 et 919] (2).

Palmieri C. **Marcantoni.**

Le sieur Marcantoni père avait légué, par son testament, à son fils aîné, tous les biens qu'il possédait à Livourne. Ses autres enfants, tous Français, demandaient, en premier lieu, le rapport du legs parce qu'il n'avait pas été fait expressément par préciput et hors part; ils convenaient toutefois que l'intention du testateur avait été de donner avec dispense de rapport, mais ils invoquaient la maxime *Non fecisti quod potuisti.* — Ils concluaient, en second lieu, et pour le cas où la première question n'aurait pas été résolue en leur faveur, à ce que le legs fût réduit à la quotité disponible, réglée par l'article 913 du Code Civil, et non par la loi Toscane; qu'on ne fît, en un mot, des biens situés en France et de ceux situés à Livourne, qu'une seule masse, qu'une seule succession à partager, conformément à la loi française.

---

(1) Si l'on devait se baser uniquement sur le texte même de la loi du 14 juillet 1819, on pourrait être amené à conclure, que le prélèvement, sur les biens situés en France, d'une portion égale à la valeur des biens situés en pays étranger et dont ils sont exclus, n'est admis qu'en faveur des Français qui sont en concours avec d'autres cohéritiers étrangers. Mais, si l'on ne veut pas s'exposer à violer le grand principe de l'égalité des partages, il faut nécessairement reconnaître, avec la Cour de Bastia, que le prélèvement dont il s'agit, doit être ordonné même lorsque tous les cohéritiers sont Français, et que quelques-uns d'entre eux sont, exclusivement aux autres, appelés à recueillir tous les biens situés hors de la France.

(2) Conf. : Turin, 29 août 1809 et Rej., 25 août 1812 (S. 12. 1. 386); — Limoges, 26 juin 1822 (S. 22. 2. 276; — D. A. 5. 372); — Montpellier, 9 juillet 1833 (D. P. 33. 2. 218; — S. V. 34. 2. 30); — Rej., 14 mars 1833 (D. P. 33. 1. 199; — S. V. 33. 1. 267). — *Sic* : GRENIER, *Des Donat. et Testaments*, tom. 2, n°s 485 et suiv.; — SAINTESPÈS-LESCOT, *eod.*, tom. 2, n° 415; — TROPLONG, *Donat. et Test.*, tom. 2, n° 883.

Le légataire répondait à la première difficulté, avec la jurisprudence constante de toutes les Cours du royaume et en invoquant l'autorité de tous les auteurs, que, lorsque l'intention du testateur de donner par préciput résultait de l'acte même, la loi n'exigeait pas des mots sacramentels, et le legs devait sortir son effet. — Sur la seconde question, il invoquait les principes généraux du droit, la séparation des statuts réels et personnels, l'exécution de l'article 3 du Code Civil, par lequel, de même que les biens situés en France, quoique possédés par des étrangers, sont régis par la loi française, de même les biens situés à l'étranger, quoique possédés par des Français, doivent être régis par la loi du pays de leur situation; qu'une seule exception existe dans nos lois, c'est lorsqu'on se trouve dans le cas prévu par l'article 2 de la loi du 14 juillet 1819, ce qui ne se rencontre pas dans l'espèce, puisque tous les cohéritiers sont français.

Ce dernier système a été adopté par M. Sorbier, Avocat Général. Mais la Cour, tout en jugeant implicitement que le don était fait par préciput, a accueilli l'autre système.

ARRÊT.

Après délibération en la Chambre du Conseil,

La Cour; — sur les conclusions de M. Sorbier, Premier Avocat Général;

Attendu que le jugement attaqué ne prévoit pas le cas où les appelants seraient exclus, à quelque titre que ce soit, de participer aux biens situés en Toscane, et préjudiciés ainsi dans le droit compétant à tout cohéritier d'avoir sa part dans les biens délaissés par l'auteur commun; — Que, dans cette hypothèse, le principe de l'égalité veut que l'on retrouve dans les biens situés en France, ce que l'on pourrait perdre dans ceux que le défunt possédait à l'étranger;

Ordonne que les appelants prélèveront sur les biens situés en Corse, une portion égale à la valeur des biens situés en pays étranger, dont ils seraient exclus au préjudice de leur portion virile, à quelque titre que ce soit, en vertu des lois et coutumes locales, en faveur de l'intimé; et ce, au delà du quart de la succession adjugée à ce dernier, à titre de portion préciputaire.........

Chambre Civile. — M. le Cte Colonna d'Istria, *Premier Président.*

MM. Benigni, Figarelli, *Avocats.*

DU 11 AVRIL 1833.

PARTAGE. — ACTE ÉCRIT. — PREUVE TESTIMONIALE. — PRÉSENCE DES COHÉRITIERS. TESTAMENT IGNORÉ.
LEGS. — CONDITION. — PRÊTRISE.
TESTAMENT. — PRÉTÉRITION. — CLAUSE CODICILLAIRE. — FILLES. — LÉGITIME.
LOI. — PUBLICATION. — ARRONDISSEMENT DE CALVI.

Toute subdivision, de même que tout partage, n'est valable et définitive qu'autant qu'elle est constatée par écrit; — La preuve testimoniale de l'existence d'une subdivision verbale est, par conséquent, inadmissible [*Cod. Civ. Art. 816 et 1341*] (1).

Le partage qui n'a pas été fait en présence de tous les cohéritiers est simplement provisionnel; et celui qui n'a consenti à ce partage que dans l'ignorance de l'existence d'un testament, en vertu duquel son père était appelé à recueillir la totalité de la succession, en qualité de légataire universel, doit être admis à demander la nullité d'un pareil acte, sans qu'on puisse le lui opposer comme une transaction sur les droits qui lui compétaient [*Cod. Civ. Art. 838 et 840; — L. 6 ff.* De Trans., *et 4 Cod.* De juris et facti ignorantia] (2).

Le legs fait pour tenir lieu de patrimoine ecclésiastique à celui qui, à l'époque du testament, avait déjà reçu les premiers ordres, peut devenir ca-

---

(1) Voir Conf. : Bastia, 29 nov. 1830 et 9 janv. 1833 (*suprà* pag. 471 et 607) et la note qui accompagne le 1er de ces deux arrêts.

(2) Toute transaction sur les choses laissées par testament était défendue par le droit romain, si préalablement on n'avait pas vu et lu le testament lui-même. Il est vrai que Cujas, sur la loi 6 ff. *De Trans.*, soutient qu'il n'est pas nécessaire d'avoir pris une entière connaissance du testament sur lequel on transige; mais il paraît que cette opinion n'était pas généralement adoptée. — Voir Valeron, *De Trans.*, tit. 3, quest. 4, nos 1, 2, 3 et 4. Quoi qu'il en soit, Cujas lui-même admet que la connaissance de l'existence du testament est indispensable, pour que l'on puisse dire que le sacrifice fait par le légataire a été consenti sciemment et librement. Sous notre législation actuelle, il nous semble que l'on ne devrait pas être aussi rigoureux que la loi 6, ff. *De Trans.*; mais nous pensons avec la Cour de Bastia, que le partage, fait dans l'ignorance de l'existence d'un testament qui donne la totalité de la succession à un des copartageants, est infecté d'une nullité radicale. — Voir dans ce sens : Troplong, *Des Transactions*, nos 99 et 100.

duc si le légataire laisse passer cinquante ans sans se faire prêtre [*Cod. Civ. Art. 900 et 1040*] (3).

Sous l'empire des Lois Romaines, le testament nul pour prétérition d'un des enfants du testateur pouvait se soutenir par la clause codicillaire qui s'y trouvait insérée (4).

D'après les Statuts de la Corse, les filles, quoique exclues de la succession, doivent faire nombre pour déterminer la quotité de la légitime des garçons; et les héritiers des filles qui n'avaient pas été dotées ou mariées ne peuvent réclamer aucune somme à titre de légitime [*Statuts Corses, chap. 1er et Statuts Génois, livre 5, chap. 16*] (5).

---

(3) La controverse qui existe depuis longtemps sur la validité de la condition de se faire prêtre ne paraît pas encore toucher à son terme; mais nous ne craignons pas de dire que les différents arrêts qui ont eu à la juger doivent être considérés comme des décisions d'espèce. C'est en effet, ce que soutiennent MERLIN, *Rép.*, V° *Condition*, sect. 2, § 5; — TOULLIER, tom. 5, n° 265; — COIN-DELISLE, art. 900, n° 41 et suiv.; — MARCADÉ, *cod.*, n° 3. — V. dans le sens de l'arrêt que nous recueillons : Grenoble, 22 déc. 1825 (D.P. 26. 2. 83; — S. 26. 2. 276); — TROPLONG, *Des Donat.*, tom. 1er, nos 241 et 250. En sens contraire : Grenoble, 11 août 1847 (D. P. 48. 2. 113; — S. V. 48. 2. 714); — GRENIER, tom. 1er, n° 154, et DURANTON, tom. 8, n° 157. On peut consulter les notes qui accompagnent les deux arrêts de la Cour de Grenoble, *ubi suprà* pour celui de 1847, et S. coll. nouv. 8. 2. 164 pour celui de 1825.

(4) Le Parlement de Dijon jugeait que la clause codicillaire ne couvrait le défaut de prétérition ni à l'égard des enfants, ni à l'égard des collatéraux. Celui de Paris faisait une distinction entre les enfants et les collatéraux, et ne donnait effet à la clause codicillaire que par rapport à ces derniers. Mais les divers Parlements des pays de droit écrit validaient les testaments qui contenaient la clause codicillaire, même lorsqu'il s'agissait de la prétérition d'un enfant, et non seulement quant aux dispositions particulières, mais encore quant à l'institution d'héritier elle-même. L'arrêt de la Cour de Bastia est donc conforme à la jurisprudence générale des pays de droit écrit. Nous croyons devoir faire remarquer, 1° que l'article 53 de l'ordonnance de 1735, sur les testaments, prononçait la nullité de l'institution d'héritier en cas de prétérition d'un de ceux qui avaient droit à la légitime, *encore que le testament contînt la clause codicillaire*, mais laissait subsister les autres dispositions du testament; — 2° qu'il ne peut plus se présenter de difficultés de cette nature sous l'empire du Code Napoléon, qui ne reconnaît plus de codicilles proprement dits, et ne fait aucune différence entre le codicille et le testament.

(5) On trouvera, dans notre recueil, plusieurs arrêts qui décident que les Statuts de la Corse accordaient une légitime même aux filles. Mais il est incontestable, ainsi que le fait remarquer la décision par nous rapportée ci-dessus, que cette jurisprudence ne peut être invoquée que par les héritiers des filles qui avaient été mariées et dotées. Il sera facile de se convaincre de cette vérité si l'on veut se donner la peine d'examiner attentivement les espèces dans lesquelles sont intervenus les différents arrêts rendus, par la Cour de Bastia,

La loi des 8 et 15 Avril 1791 qui appelait tous les enfants, sans distinction de sexe, au partage des successions, était exécutoire dans l'arrondissement de Calvi le 24 décembre de la même année.

Savelli C. Savelli.

ARRÊT.

Après délibération en la Chambre du Conseil,

La Cour; — sur les conclusions de M. Sorbier, Premier Avocat Général;

Attendu que l'acte de partage de la succession de feu André Savelli, sénior, reçu par le notaire Ange-François Orsoni de Corbara, le 10 Septembre 1806, dûment enregistré, est intervenu, du moins de la part des neveux de Jean-Pierre Savelli, dans l'ignorance de l'existence du testament dudit André Savelli, qui avait institué héritier universel leur père, feu Charles-Marie Savelli; — Qu'aux termes de la loi *De his, ff. De Transactionibus*, il ne pouvait être transigé sur les droits résultant d'un testament que *Inspectis cognitisque verbis testamenti;* — Que la loi 4, Cod. *De juris et facti ignorantia* considère aussi comme non avenu tout partage fait par erreur sur la validité, et à plus forte raison sur l'existence d'un testament; — Que cette nullité ne pouvait être couverte par aucune ratification ou exécution, à supposer qu'elles fussent établies, lorsque surtout le testament continuait à être ignoré des parties contractantes;

---

sur cette matière. Quant à la question de savoir si les filles doivent faire nombre pour fixer la quotité de la légitime due aux garçons, il nous semble qu'elle est décidée, dans le sens de notre arrêt, par le Statut Génois qui, aux termes du chap. 1er des Statuts de la Corse, doit être observé, *Dove mancheranno gli Statuti di Corsica*, et qui s'exprime ainsi : *Et habere debeant pro ea (legitima) dicti filii masculi tertiam partem omnium bonorum, si* COMPUTATIS FEMINIS *fuerint quatuor, vel ob inde infrà; et dimidiam partem, si* COMPUTATIS FEMINIS *a quatuor suprà, nisi etc., etc.*

Attendu, en outre, que plusieurs des cohéritiers n'étant pas présents, le partage devait être fait en justice, et à défaut ne peut être regardé que comme provisionnel, au vœu des articles 838 et 840 du Code Civil; — Que rien ne prouve que lesdits cohéritiers absents, et notamment Antoine-François Savelli, demandeur originaire, aient ratifié ledit acte de partage; — Qu'il n'est point justifié, comme le prétendent les appelants, qu'il a y eu ratification et exécution, au moyen de la subdivision de la part échue aux enfants de feu Charles-Marie Savelli; — Que cette subdivision, étant elle-même un partage, et le complément de celui du 10 Septembre 1806, devait être constatée par écrit; — Qu'à défaut d'acte, il ne peut y être suppléé par la preuve testimoniale, s'agissant surtout d'un objet dont la valeur excède cent cinquante francs, d'autant plus, qu'on ne rapporte pas un commencement de preuve par écrit, tel que l'exige l'article 1347 du Code Civil, et émanant d'Antoine-François Savelli, demandeur en partage;

Attendu que l'acte de partage du 10 Septembre 1806 demeurant sans effet, les droits des parties doivent être réglés d'après le testament de feu André Savelli, sénior, et les dispositions des lois en vigueur à ladite époque;

Attendu que, par ledit testament, reçu le 2 Janvier 1799 par Me Ours-Jean Orsoni, notaire à Corbara, il avait été légué différents biens au clerc Jean-Pierre Savelli, un des fils du testateur, à titre clérical se faisant prêtre, *per suo patrimonio facendosi sacerdote, prete*, pour en jouir pendant sa vie, vendre en cas de nécessité, et disposer à sa mort de la somme de mille livres, et le surplus passer à l'autre fils du testateur, Charles-Marie, ses héritiers et successeurs; — Que ce legs en faveur de l'appelant Jean-Pierre Savelli, qui à l'époque du testament avait reçu les premiers ordres, est un acte de constitution de patrimoine, indispensable d'après les canons pour être admis au sacerdoce, n'ayant rien sollicité et ne présentant aucune condition contraire ni aux lois ni aux bonnes mœurs; — Que ledit legs, fait en vue de l'admission à la prêtrise du légataire, ne pouvait sortir à effet que du jour où l'événement prévu serait arrivé; — Que le laps de près de cinquante-cinq ans depuis le testament, sans que ledit légataire ait obtenu le sacerdoce, est une présomption qu'il a tout-à-fait renoncé à l'état ecclésiastique, et doit faire regarder comme caduc ledit legs;

Attendu que, par suite de la caducité du legs, il devient inutile d'examiner si c'était la propriété ou seulement l'usufruit qui avait été légué, comme aussi si ledit legs renfermait une substitution fidéi-commissaire, que repoussent également l'objet du legs, les termes dans lesquels il est conçu et l'intention bien évidente du testateur, qui n'avait voulu qu'assurer un patrimoine ecclésiastique à son fils, s'il se fesait prêtre, avec pacte de retour en faveur de Charles-Marie ou celui de ses héritiers et successeurs qui existerait à l'époque de la mort du légataire;

Attendu que, s'il était possible de considérer Jean-Pierre Savelli comme exhérédé ou prétérit, malgré le legs à lui fait, mais devenu caduc par le non accomplissement d'une condition potestative de la part du légataire, le testament se soutiendrait par l'effet de la clause codicillaire qui s'y trouve insérée, et au moyen de laquelle, d'après les lois alors en vigueur et notamment d'après la Théorique dite de Bartole, *In L.* 1er *ff. De jure codicillorum*, l'enfant prétérit était censé, par la fiction de la loi, appelé par le père à l'hérédité pour la délaisser de suite à l'héritier institué avec détraction de la légitime;

Attendu qu'aux termes de la Nouvelle 18, chapitre 1er, la légitime était du tiers ou de la moitié de la succession selon le nombre des enfants, savoir: le tiers si les enfants étaient quatre au moins, la moitié s'ils étaient cinq ou plus; — Que, d'après l'opinion la plus saine des Docteurs et entre autres de Voet (*In Pandectas*, lib. 5, tit. 2, *De inofficioso testamento*, § 49), les filles, quoique exclues de la succession par le Statut, devaient compter pour fixer la quotité de la légitime des garçons, lorsque les filles obtenaient quelque chose sur la même succession, parce que la succession se trouvant ainsi diminuée, il était juste et équitable que la légitime des garçons fût la plus forte possible; — Que le Statut Corse, tout en excluant les filles de la succession, voulait qu'elles eussent une dot congrue à l'époque de leur mariage, et dès lors les filles doivent faire nombre pour la fixation de la légitime; — Or André Savelli, sénior, ayant laissé cinq enfants, dont trois filles et deux garçons, la légitime de ces derniers doit être la moitié de la succession dudit André Savelli, et, par conséquent, la moitié de ladite légitime, qui est le quart de l'entière succession, doit appartenir à Jean-Pierre Savelli;

Attendu que, de l'acte de partage du 10 Septembre 1806, et de tous les faits de la cause, il appert que Jean-Pierre Savelli a vécu en parfaite société avec son frère, Charles-Marie, et qu'après le décès de ce dernier il a continué à faire une seule et même famille avec les enfants de son dit frère, en conservant l'administration des biens; — Que la conséquence de cette communion de vie et d'intérêts doit être, 1° que toutes les acquisitions, améliorations et augmentations faites par ledit Jean-Pierre Savelli tant avant qu'après l'acte de partage du 10 Septembre 1806 et jusqu'à la demande, soit qu'elles aient été incorporées dans la succession et en aient augmenté la valeur, soit qu'il s'agisse de biens distincts de ceux de la succession, doivent être considérées comme communes entre ledit Jean-Pierre et ses neveux François, Simon-Jean, André, Pierre-Marie et Antoine-François, qui sont censés avoir participé personnellement auxdites améliorations et acquisitions; — 2° que le même Jean-Pierre Savelli ne doit, jusqu'à la demande introductive d'instance, aucun compte de son administration des fruits par lui perçus sur les biens de la succession de son père, ainsi que des autres successions à partager entre les parties, tout faisant présumer que lesdits fruits ont été consumés par chacun des ayants droit ou employés dans l'intérêt commun auxdites acquisitions et améliorations; — 3° que les quatre mille francs reçus par Marie-Prudence veuve Quilici, pour ses droits dans la succession de sa fille, et que tout porte à croire avoir été versés dans sa famille, doivent être prélevés en faveur de ladite veuve Quilici sur la succession de feu André Savelli, sénior;

Attendu qu'il est à présumer que chacun des cohéritiers a retiré par devers lui la part des meubles qui pouvait lui revenir;

Attendu que rien n'étant justifié à l'égard de la créance Pariggi exigée, dit-on, par Jean-Pierre Savelli, il ne peut y avoir lieu à statuer sur cette demande;

Attendu que les biens *Aja dell'arca* et *Ogliastrello*, faisant partie de la succession de feu André Savelli, sénior, doivent nécessairement être compris dans le partage de ladite succession;

Attendu que feu Prudence, sénior, mère et aïeule respective des parties, étant décédée ab intestat sous l'empire du Statut Corse qui excluait les filles, et avant même le décès de Charles-Marie Savelli, sa succession doit être partagée en deux portions égales dont une pour Jean-Pierre Savelli son fils, et l'autre pour les héritiers de feu Charles-Marie son autre fils;

Attendu que ledit Charles-Marie est décédé le 24 décembre 1791, et que, par conséquent, sa succession ab intestat doit être partagée par égales portions entre tous ses enfants sans distinction de sexe, toute différence à ce sujet ayant cessé par l'effet de la loi du 8-15 Avril 1791; — Que tout démontre que la publication de cette loi a eu lieu dans l'arrondissement de Calvi, où la succession s'est ouverte, avant le décès de Charles-Marie Savelli, si l'on réfléchit surtout que dès le mois de Mai 1791 elle était déjà publiée dans les juridictions de Bastia, du Nebbio et de la Penta, faisant partie, comme Calvi, du même département de la Corse; — Qu'il conste, en outre, du certificat délivré par le Greffier du Tribunal de première instance de Calvi, qu'il n'existe au greffe qu'un seul registre de publication des lois, lequel se termine par le décret de l'Assemblée nationale du 31 Mars 1791, ce qui fait présumer que les registres postérieurs ont été égarés; — Qu'enfin plusieurs décisions du Tribunal de Calvi, et notamment un arrêt de la Cour de céans, rendu le 10 Avril 1823, dans l'affaire Colonna de Leca contre Giudicelli, ont admis que ladite loi du 8-15 Avril 1791 a été publiée à Calvi;

Attendu que la Cour étant appelée, par les conclusions des parties, à fixer les droits de la veuve Quilici, une des filles de Charles-Marie Savelli, et à décider s'il était dû une légitime à sa sœur feu Marie-Madeleine Savelli, il n'y a aucun obstacle à l'application des lois en vigueur à l'ouverture de la succession qu'il s'agit de partager;

Attendu que la succession de Marie-Françoise, veuve de Charles-Marie Savelli, s'étant ouverte ab intestat en 1809, sous l'empire du Code Civil, le partage doit en être fait entre tous ses enfants ou descendants d'eux;

Attendu aussi que le capitaine François Savelli, un des fils de Charles-Marie, étant décédé en 1823, sans testament, sa succession doit être partagée par portions égales entre tous ses frères et sœurs ou leurs descendants;

Attendu que les biens réclamés, à titre de dot, par Marie-Prudence veuve Quilici ne lui ayant pas été régulièrement constitués, doivent entrer dans la masse de la succession, sauf à ladite Veuve Quilici à prendre sa part d'enfant dans la succession de feu Charles-Marie, son père; —Que le serment, déféré au sujet de ladite constitution de dot, ne saurait corriger les irrégularités qu'elle présente;

Attendu que feu Maria-Reparata, fille de feu André Savelli, sénior, n'ayant jamais été mariée, ses héritiers ne peuvent réclamer la dot à elle léguée dans le testament de son père, la condition du mariage apposée audit legs ne s'étant pas vérifiée;— Qu'il n'y a pas lieu non plus à accorder aucune somme à titre de légitime de ladite Maria-Reparata, le Statut Corse n'accordant rien aux filles non mariées, et la jurisprudence de l'ancien Conseil Supérieur, confirmée par celle de la Cour de céans, ne s'appliquant qu'aux enfants et héritiers des filles dotées et mariées;

Attendu que feu Marie-Madeleine Savelli ayant succédé à son père, Charles-Marie, les héritiers de ladite Marie-Madeleine devront recevoir la part revenant à cette dernière sur la succession de son dit père, ainsi que sur la succession de sa mère et de son père, le Capitaine François, si elle leur a survécu;

Ayant tel égard que de raison aux appellations,

Réforme le jugement attaqué;

Émendant et par nouveau jugé,

Déboute les appelants de leur demande, tendant à faire déférer le serment par eux requis, et à prouver par témoins l'existence d'un prétendu acte de subdivision du partage du 10 Septembre 1806;

Déclare nul et comme non avenu ledit acte de partage du 10 Septembre 1806;

Déclare caduc le legs de patrimoine ecclésiastique fait par feu André Savelli, sénior, dans son testament du 2 Janvier 1799, en faveur de son fils Jean-Pierre Savelli, appelant;

Déclare que les biens *Aja all'arca* et *Ogliastrello* seront compris dans le partage de la succession de feu André Savelli, sénior, et rapportés par Jean-Pierre Savelli en nature ou en moins prenant;

Fixe au quart de la succession dudit feu André Savelli la légitime de Jean-Pierre Savelli;

Ordonne que, prélèvement fait de ladite légitime en faveur de Jean-Pierre Savelli, la succession de feu André Savelli, sénior, appartiendra aux enfants tant mâles que femelles de feu Charles-Marie Savelli, institué héritier universel par ledit André Savelli, son père;

Ordonne que toutes les améliorations, augmentations et acquisitions faites par Jean-Pierre Savelli, sous quelque nom et à quelque époque que ce soit, antérieurement à la demande, tant celles qui ont été incorporées dans les biens de la succession et en ont augmenté la valeur, que celles de tous autres biens distincts et séparés de la succession, seront partagées, par égales portions, entre ledit Jean-Pierre Savelli et ses neveux François, Simon-Jean, André, Pierre-Marie et Antoine-François, frères Savelli ou leurs représentants;

Dispense ledit Jean-Pierre Savelli de rendre, jusqu'à la demande introductive d'instance, aucuns comptes de son administration et des fruits par lui perçus sur les biens provenant des acquisitions ou faisant partie des successions à partager;

Déclare n'y avoir lieu à aucun partage des meubles, chacun devant retenir ceux qu'il peut avoir par devers lui;

Ordonne que les biens constitués en dot à Marie-Prudence, veuve Quilici, seront par elle rapportés et compris dans le partage;

Autorise ladite veuve à prélever sur la succession de feu André Savelli, sénior, la somme de quatre mille francs provenant de la dot de sa fille;

Déclare n'y avoir aucun prélèvement à faire par les héritiers de feu Marie-Prudence Savelli;

Ordonne que la succession de feu Prudence, sénior, mère et aïeule, des parties, sera partagée en deux portions égales, dont une pour Jean-Pierre Savelli, et l'autre fera partie de la succession de Charles-Marie Savelli;

Ordonne que la succession dudit feu Charles-Marie Savelli, ainsi que celle de sa veuve, Marie-Françoise, seront partagées, par égales portions, entre tous leurs enfants mâles et femelles, ou descendants d'eux;

Ordonne enfin, que la succession de feu Capitaine François Savelli sera partagée, par égales portions, entre tous les frères et sœurs ou descendants d'eux;

Déclare que la succession dudit Capitaine François se compose, — 1° de ses biens personnels; — 2° de la part lui revenant dans la succession de son père Charles-Marie, de son aïeule Prudence, sénior, et de sa mère Marie-Françoise;

Ordonne que les parties se tiendront respectivement compte des fruits par elles perçus, depuis la demande introductive d'instance, sur les biens à partager au delà de la part revenant à chacune d'elles;

Dit que les estimations des biens, les prélèvements, formation des lots et évaluation des fruits comme dessus, seront faits par des experts dont les parties conviendront dans trois jours, sinon par......... que la Cour nomme d'office, lesquels experts prêteront serment par devant, etc...........

Chambre Civile. — M. le Cte COLONNA D'ISTRIA, *Premier Président.*

MM. Romani, Figarelli, } *Avocats.*

DU 20 AVRIL 1833.

ASSIGNATION. — CHAMBRE. — INDICATION. — ERREUR.
FABRIQUES. — BIENS RESTITUÉS. — ENVOI EN POSSESSION.

Il n'y a pas nullité dans l'exploit portant, avec constitution d'Avoué, assignation à comparaître devant la Cour Royale, CHAMBRE DES APPELS DE POLICE CORRECTIONNELLE, *au lieu de la* CHAMBRE CIVILE *à laquelle appartenait la connaissance de l'affaire [Cod. Proc. Civ. Art. 61]* (1); *— Cette indication n'étant qu'une erreur du copiste, n'opère pas nullité* (2).

Pour être admises à revendiquer devant les Tribunaux leurs biens non aliénés, les Fabriques doivent justifier que l'arrêté préfectoral qui les a envoyées en possession a été dûment approuvé par le Ministre des Finances [Avis du Conseil d'État du 30 Janvier 1807] (3).

Le Préfet de la Corse C. Carlotti.

ARRÊT.

Après délibération en la Chambre du Conseil,

LA COUR; — sur les conclusions de M. SORBIER, Premier Avocat Général;

Attendu qu'en citant l'intimé à comparaître par devant la Cour Royale séant à Bastia, pour voir statuer sur l'appel, le vœu de l'article

(1) Voyez, pour les divers cas dans lesquels l'imperfection dans l'indication du Tribunal opère ou n'opère pas nullité : CARRÉ et CHAUVEAU, n°s 313, 313 *bis* et 314; — BONCENNE, tom. 2, pag. 173-188; — FAVARD, *Répert.*, V° *Ajournem.*, § 11, n° 9; — Angers, 17 déc. 1836 (D. P. 38. 2. 170; — S. V. 38. 2. 340); — Cass., 10 nov. 1840 (D. P. 41. 1. 6; — S. V. 40. 1. 833).

(2) Conf. : Rej., 2 nivôse an IX (D. A. 7. 690; — S. 1. 2. 476); — Riom, 14 oct. 1808 (D. A. 3. 786; — S. 12. 2. 193); — CHAUVEAU se prononce aussi dans ce sens, Quest. 327.

(3) Il nous semble, en effet, que l'approbation ministérielle est indispensable pour que l'arrêté du Préfet soit définitif et exécutoire, puisque l'avis du Conseil d'État de 1807 porte textuellement : « Les Fabriques ne doivent se mettre en possession d'aucun objet qu'en vertu d'arrêtés spéciaux des Préfets, rendus par eux après avoir pris l'avis du Directeur des » Domaines, et *qu'après* qu'ils ont été revêtus de l'approbation du Ministre des finances. »

61 du Code de Procédure Civile a été suffisamment rempli, car l'addition CHAMBRE DES APPELS DE POLICE CORRECTIONNELLE est évidemment l'effet d'une erreur de copiste, et n'a pu laisser ignorer à l'intimé que c'était la Chambre Civile qui devait connaître de la contestation, d'autant plus si on réfléchit que le même exploit d'appel contient la constitution d'un Avoué, et qu'il n'y a pas lieu à constitution d'Avoué auprès des Chambres Correctionnelles;

Attendu qu'aux termes de l'avis du Conseil d'État du 30 Janvier 1807, les Fabriques n'ont pu reprendre la jouissance de leurs biens non aliénés, rendus par l'arrêté du 7 Thermidor an XI, qu'après avoir obtenu l'envoi en possession en vertu d'un arrêté spécial du Préfet, rendu sur l'avis du Directeur des Domaines et revêtu de l'approbation du Ministre des Finances;

Attendu que le trésorier de la Fabrique de Poggio de Nazza s'étaye d'un arrêté rendu le 15 Avril 1807, par le Préfet de l'ancien département du Golo, sans qu'il conste de l'approbation par le Ministre dudit arrêté;

DÉBOUTE l'intimé de son exception de nullité de l'exploit d'appel;

ET, avant de statuer sur l'exception d'incompétence et sur les autres conclusions des parties, sauf et sans préjudice de leurs droits et moyens respectifs,

ORDONNE à l'intimé de justifier, dans le délai de deux mois, que l'arrêté du Préfet du Golo, en date du 15 Avril 1807, a été approuvé par M. le Ministre des Finances...........

Chambre Civile. — M. LE Cte COLONNA D'ISTRIA, *Premier Président.*

M. ARRIGHI, *Avocat.*

Cette vérité deviendra encore plus évidente si l'on réfléchit que le recours, par lequel on peut attaquer l'arrêté du Préfet, doit être dirigé contre la décision du Ministre, et porté devant le Conseil d'État, par la voie contentieuse. — Voir DUFOUR, *Droit Administr.*, tom. 3, nos 1807 et 1809, ainsi que l'ordonnance du 8 janv. 1836, citée par cet auteur.

DU 9 MAI 1833.

SUCCESSION COLLATÉRALE. — ADITION D'HÉRÉDITÉ. — COLLATÉRAUX.

Après la publication de la loi du 17 Nivôse an II, *les héritiers, même collatéraux, étaient saisis de plein droit de la succession qui leur était échue, même dans les pays où l'on suivait la disposition du Droit Romain, qui n'accordait pas le droit de transmission, si l'héritier n'avait pas fait adition d'hérédité dans l'année* [*Loi 1*re, *§ 5, Cod.* De Caducis tollendis; — XIXe, *Cod.* De Jure deliberandi; — *17 Nivôse an* II, *Art. 61*] (1).

Pietri C. Pietri.

Le prêtre Jean-Félix Pietri décéda à Sartene, le 19 Prairial an VIII, laissant plusieurs neveux et nièces issus de trois frères et de deux sœurs qui lui étaient prédécédés. Par son testament, il institua pour ses héritiers les enfants mâles de deux de ses frères seulement, qui, de son consentement, avaient déjà partagé la totalité de ses biens, dont ils continuèrent à jouir paisiblement jusqu'à 1827. Ce ne fut qu'à cette époque que les enfants d'une fille d'un troisième frère, décédée en 1824, demandèrent le partage de la succession du prêtre, qui, aux termes de la loi du 4 Germinal an VIII, n'avait pu disposer que de la moitié. — Les héritiers testamentaires leur opposèrent une fin de non-recevoir, fondée sur ce que leur mère n'avait pu leur transmettre son droit à la succession de l'oncle commun, attendu qu'elle était décédée vingt-quatre ans avant son ouverture, sans avoir fait aucun acte d'adition, ainsi que l'exigeait la loi XIXe, Cod. *De Jure deliberandi,* alors en vigueur en Corse.

Jugement du Tribunal d'Ajaccio qui rejette la fin de non-recevoir : — « Attendu que » la loi du 17 Nivôse an II avait aboli la disposition du Droit Romain, etc. »

Appel.

ARRÊT.

Après délibération en la Chambre du Conseil,

La Cour; — sur les conclusions conformes de M. Sorbier, Premier Avocat Général;

Attendu que, quelque rigoureux que fussent les principes du Droit Romain sur la nécessité de l'adition pendant la vie du premier héritier

---

(1) V. Conf. : arrêt de la Cour de Bastia, du 2 févr. 1829 et la note 2me, *suprà*, pag. 399.

en ligne collatérale, à l'effet de pouvoir transmettre à ses propres héritiers le droit à la succession qui lui était échue, conformément à la loi XIXe, Cod. *De Jure deliberandi*, lesdits principes (à supposer qu'ils n'eussent pas été modifiés par le Droit nouveau, l'opinion des Docteurs et la jurisprudence des Tribunaux) sont devenus sans application possible, surtout depuis la promulgation de la loi du 17 Nivôse an II, laquelle a été rendue sous l'empire et sous l'influence de la règle généralement reçue en France, LE MORT SAISIT LE VIF, et qui, par son article 61, a formellement sanctionné ladite règle, en abrogeant toutes les lois, coutumes et usages relatifs à la transmission des biens en ligne collatérale;

Attendu que, de tout ce qui précède il suit qu'au 19 Prairial an VIII, époque du décès du prêtre Jean-Félix Pietri, et même avant la publication de l'article 781 du Code Civil, l'adition n'était plus nécessaire pour pouvoir opérer la transmission de l'hérédité, l'héritier du non acceptant pouvant l'accepter de son chef;

CONFIRME..........

Chambre Civile. — M. LE Cte COLONNA D'ISTRIA, *Premier Président.*

MM. MARI, BIADELLI, } *Avocats.*

DU 15 MAI 1833.

CHOSE JUGÉE. — FAUX PRINCIPAL. — FAUX INCIDENT.

La déclaration du Jury portant que l'accusé n'est pas coupable d'avoir fabriqué ou fait fabriquer un faux testament olographe, dont il aurait fait sciemment usage, ne fait pas obstacle à ce que plus tard une demande en faux incident soit portée devant le Tribunal Civil, lors même que le demandeur aurait été partie civile devant la Cour d'assises. — Il n'y a pas, dans ce cas, chose jugée sur la véracité du testament [Cod. Civ. Art. 1351; — Cod. d'Instr. Crim. Art. 3] (1).

Il en est ainsi lors même que la partie civile aurait demandé que l'on soumît aux Jurés la question sur la matérialité du faux, et que la Cour d'assises aurait refusé de le faire, sur le motif que cette question était incluse dans celle de la culpabilité de l'accusé (2).

Nobili C. **Renucci.**

En 1823, Don Joseph Renucci décède sans enfants, dans la maison qu'il habitait en commun avec son frère Roch Renucci.

En 1834, la femme Nobili, leur sœur, demande le partage de la succession de Don Joseph, contre Roch, détenteur des biens. Celui-ci oppose un testament olographe de leur frère qui l'institue légataire universel.

Plainte en faux principal de la femme Nobili, qui se constitue partie civile, au moment des débats auxquels est soumis Roch Renucci devant la Cour d'assises.

(1-2) La jurisprudence nous paraît définitivement fixée dans ce sens. — V. Rej., 24 nov. 1824 (S. 25. 1. 174); — *Idem*, 12 juillet 1825 (D. P. 25. 1. 358; — S. 26. 1. 310); — *Idem*, 8 mai 1832 (D. P. 32. 1. 197; — S. V. 32. 1. 845); — *Idem*, 12 août 1834 (S. V. 35. 1. 202); — *Idem*, 27 mai 1839 (D. P. 39. 1. 315; — S. V. 39. 1. 767); — *Idem*, 10 févr. 1840 et Cass., 27 mai 1840 (D. P. 40. 1. 214. 232; — S. V. 40. 1. 633 et 984). — *Sic*, Mangin, *Action publique*, tom. 2, n°s 426, 427, 428, 438 et 439; — Carré et Chauveau, Quest. 943. — Ce dernier auteur discute longuement la question, et se prononce même contre toute espèce d'influence d'une juridiction sur l'autre. — V. aussi les arrêts de la Cour de Bastia, du 7 juillet 1825 et 2 mai 1827, *suprà*, pag. 141 et 259, et les notes.

Lors de la position des questions aux Jurés, l'avocat de la femme Nobili demande qu'on ajoute celle de la matérialité du faux.

Arrêt de la Cour d'assises qui refuse de poser cette question, « attendu qu'elle est incluse dans la question principale. »

La déclaration du Jury est : « NON, L'ACCUSÉ N'EST PAS COUPABLE. »

Roch Renucci est acquitté, et la femme Nobili condamnée aux dépens.

Celle-ci reprend alors son instance au civil, et demande à s'inscrire en faux incident contre le testament olographe attribué à Don Joseph Renucci.

Le défendeur oppose la chose jugée au criminel.

Jugement du Tribunal de Calvi qui accueille cette exception.

Appel.

ARRÊT.

Après délibération en la Chambre du Conseil,

LA COUR; — sur les conclusions conformes de M. SORBIER, Premier Avocat-Général;

Attendu que l'influence du criminel sur le civil résulte évidemment de l'article 3 du Code d'Instruction Criminelle, et spécialement, en matière de faux, de l'article 460 du même Code, et de l'article 240 du Code de Procédure Civile, aux termes desquels articles l'exercice de l'action civile est suspendu, tant qu'il n'a pas été prononcé définitivement sur l'action publique; car la suspension de l'action civile serait sans but, si le jugement criminel ne devait exercer aucune influence sur elle, et on serait ainsi exposé aux dangers de la contrariété des jugements, si opposée au système d'une bonne législation;

Attendu qu'en présence de dispositions aussi formelles, et des graves considérations qui les appuient, on ne saurait ne pas reconnaître que le jugement criminel constitue la chose jugée, lorsque surtout il a été rendu contradictoirement à la partie civile; — Mais que, même dans ce cas, l'influence légale des jugements criminels sur les civils ne peut exister, qu'autant que le fait sur lequel repose l'action civile a été clairement et nécessairement jugé dans l'instance criminelle; de telle sorte que la chose jugée se présente avec des caractères d'évidence, qui ne permettent pas de la méconnaître;

Attendu que, lorsque la Cour d'assises a prononcé l'acquittement sur la simple déclaration du Jury que L'ACCUSÉ N'EST PAS COUPABLE, comme cette déclaration a pu être déterminée par la non existence du fait et de sa matérialité, ou même par la seule considération de l'absence de l'intention criminelle, cette possibilité doit suffire pour exclure l'influence du jugement criminel sur l'action civile, car, si, dans le doute, on doit incliner pour la chose jugée, quand on peut craindre de faire subir à un citoyen deux accusations pour le même fait, cette faveur doit cesser, lorsqu'il s'agit d'un simple intérêt civil, et qu'il y a doute (1);

Attendu que ces règles reçoivent leur application naturelle en matière de faux. — En effet, le faux peut exister, et l'accusé n'en être pas l'auteur, et avoir ignoré que la pièce était fausse, ou n'en avoir pas fait usage avec l'intention de nuire, circonstances dont chacune seule suffit pour amener l'acquittement de l'accusé. — En outre, aux termes de l'article 214 du Code de Procédure Civile, pour qu'une pièce ne puisse plus être l'objet d'une inscription en faux incident civil, il faut qu'elle ait été VÉRIFIÉE dans une précédente procédure en inscription de faux; mais une pièce n'est point vérifiée dans le sens de la loi, par cela seul qu'elle a été l'objet d'une poursuite en faux principal et que l'accusé a été déclaré non coupable. — Cette vérification ne peut exister qu'autant qu'une décision expresse est intervenue sur le mérite de la pièce elle-même, et qu'il a été jugé qu'elle était fausse ou vraie (2); ce qui ne se rencontre pas nécessairement dans la simple déclaration de non culpabilité de l'accusé, puisque cette déclaration peut résulter de l'insuffisance des preuves, ou de l'absence de l'intention criminelle, ou de tout ce, en un mot, qui se rapporte à la personne de l'accusé, qui, dans ce cas, a été seule jugée, le sort de la pièce arguée de faux étant resté indécis, et pouvant, par conséquent, être fixé dans une autre instance sans blesser la règle de la chose jugée;

Attendu que tous les principes ci-dessus s'appliquent au procès actuel, vu que, sur la plainte en faux principal contre Roch Renucci,

---

(1) DALLOZ A., tom. 2, pag. 485.
(2) Cass., 12 juillet 1825 (D. P. 25. 1. 359).

l'ordonnance d'acquittement est intervenue sur la déclaration du Jury que l'accusé n'était pas coupable, sans rien prononcer sur le testament argué de faux; — Que cette application ne saurait être écartée par la circonstance que, devant la Cour d'assises, lors de la position des questions, la partie civile avait conclu à ce que les Jurés fussent interrogés aussi sur la question de savoir : « SI LE TESTAMENT OLOGRAPHE A LA DATE DU 20 MAI 1820 ÉTAIT FAUX, OU BIEN S'IL AVAIT ÉTÉ ÉCRIT, DATÉ ET SIGNÉ PAR FEU DON JOSEPH RENUCCI »; question combattue par l'accusé et rejetée par la Cour, sur le motif que ladite question se trouvait incluse dans celle résultant de l'acte d'accusation, et posée par le Président dans les termes suivants : « L'ACCUSÉ ROCH RENUCCI EST-IL COUPABLE D'AVOIR FABRIQUÉ OU FAIT FABRIQUER, SOUS LE NOM DE SON FRÈRE DON JOSEPH, DÉCÉDÉ LE 23 NOVEMBRE 1823, UN FAUX TESTAMENT OLOGRAPHE A LA DATE DU 20 MAI 1820, ET D'EN AVOIR FAIT USAGE SCIEMMENT »; — Que ladite décision, qui était sans doute propre à fixer l'attention du Jury sur la matérialité de la pièce, et à lui rappeler le droit qui lui compétait d'émettre une opinion à ce sujet, ne pouvait avoir pour effet d'attribuer à la déclaration du Jury une influence générale, tant à l'égard de la culpabilité qu'à l'égard de la fausseté matérielle de la pièce, quels que fussent les termes dans lesquels ladite déclaration aurait été conçue; car il restait toujours à examiner ce qui réellement avait été décidé par les Jurés, d'autant plus que, par le refus de poser la question spéciale sur la vérité ou fausseté du testament, il est évident que la Cour d'assises a voulu laisser le Jury libre de se prononcer ou non sur la fausseté matérielle de l'acte; — Or la réponse du Jury ayant été : « NON, L'ACCUSÉ N'EST PAS COUPABLE, » et cette simple déclaration n'emportant pas nécessairement vérification de la pièce arguée de faux, il est impossible de reconnaître qu'il y a chose jugée sur l'état de ladite pièce;

Attendu que si, d'après ledit incident élevé devant la Cour d'assises à l'occasion de la position des questions, on peut présumer que les Jurés ont pensé que le testament de Don Joseph Renucci était vrai, puisqu'ils ne l'ont pas déclaré faux, il est également présumable que les Jurés n'ayant pas déclaré vrai ledit testament, ont jugé qu'il était faux, ou que tout au moins ils n'ont voulu rien préjuger sur sa matérialité, ne pouvant pas ignorer que la simple déclaration, de leur part, de la non culpabilité de l'accusé, n'excluait pas la possibilité de la fausseté du testament; — Et, de toute manière, il suffit qu'il y ait doute sur la pensée du Jury et sur les motifs de sa décision, pour que l'on doive admettre la demande de procéder à la vérification du testament devant les Tribunaux Civils; car, dans le doute, il n'y a jamais chose jugée, quand il s'agit des intérêts civils;

INFIRME.....

Chambre Civile. — M. LE Cte COLONNA D'ISTRIA, *Premier Président.*

MM. ARRIGHI, DE CASABIANCA, *Avocats.*

DU 19 JUIN 1833.

CONTRAINTE PAR CORPS. — DURÉE. — COMPENSATION.

De ce que le débiteur, incarcéré pour une somme supérieure à cinq cents francs, aurait à opposer une compensation qui réduirait la dette au-dessous de ce chiffre, il ne résulte pas que tant que les causes de l'emprisonnement ne seront pas éteintes, la garantie acquise au profit du créancier puisse cesser, et que le débiteur soit fondé à demander son élargissement après une année de détention [*L. 17 Avril 1832, Art. 5 et 23*] (1).

---

(1) Nous ne connaissons aucun précédent, dans la jurisprudence, sur la question jugée par l'arrêt ci-dessus; mais il nous semble que la Cour de Bastia s'est montrée un peu trop sévère en rejetant la demande de mise en liberté, qui avait été accueillie par le Tribunal de première instance. S'il est vrai, comme nous n'hésitons pas à le penser, que la compensation légale doit avoir la même force et produire les mêmes effets que le paiement de quelques à-comptes, nous ne voyons pas pourquoi on refuserait d'appliquer à notre cas les principes invoqués par les auteurs en faveur du débiteur incarcéré qui, aux termes des articles 24 et 25 de la loi du 17 Avril 1832, réclame son élargissement, en payant ou consignant le tiers de sa dette, et en donnant caution pour le surplus. Or M. TROPLONG, d'accord en cela avec M. COIN-DELISLE, tom. 1er, pag. 106, n° 2, et avec FOURNEL, n° 8 de son commentaire sur l'article 18 de la loi du 15 germinal an VI, s'exprime en ces termes, au n° 565 de son *Traité de la Contrainte par corps* : « Si des à-comptes ont été payés depuis la condamnation » et avant l'arrestation, le tiers à payer par le débiteur incarcéré n'est pas le tiers de la » somme totale portée au contrat, mais le tiers du capital diminué par les à-comptes et res- » tant à payer........ » Nous inclinerions donc à croire que, dans notre espèce, le capital de la dette qui s'élevait à cinq cent seize francs, trente-cinq centimes, avait été réduit à quatre cent cinquante-huit francs, cinquante-cinq centimes par la compensation des cinquante-sept francs, soixante-quinze centimes, auxquels le créancier avait été condamné en faveur de son débiteur, et que, par suite, celui-ci aurait dû recouvrer sa liberté après une année de détention, en vertu de l'article 5 de la loi du 17 Avril 1832.

Il ne sera peut-être pas inutile de faire remarquer que la loi du 13 décembre 1848, par son article 4, a modifié la législation antérieure, en ce qui concerne la durée de la contrainte par corps pour dettes, et qu'elle a réduit d'un an à trois mois et de cinq ans à trois ans le *minimum* et le *maximum* de cette durée.

Rosaspina C. Stretti.

Le 25 Novembre 1831, jugement du Tribunal de Commerce de Bastia qui condamne, même par corps, Stretti à payer à Rosaspina 516 fr. 35 cent., valeur de diverses marchandises, plus les frais, et ce dans le délai de trois mois.

Avant l'expiration de ce délai, Stretti se dispose à passer en Toscane.

Opposition à son départ par Rosaspina.

Jugement du Tribunal Civil, qui donne main-levée à cette opposition et qui condamne Rosaspina aux frais liquidés à 57 fr. 75 cent.

Plus tard, Rosaspina fait incarcérer Stretti. Celui-ci, après une année de détention, demande son élargissement, sur le fondement qu'il s'était opéré une compensation de droit de la somme de 57 fr. 75 cent. à lui allouée pour frais par le Tribunal Civil, avec la créance de Rosaspina, qui se trouvait ainsi réduite en principal au-dessous de 500 fr., l'imputation devant être faite sur le capital, comme la dette la plus onéreuse, et non sur les dépens dus à Rosaspina; et que, pour lors, aux termes de l'article 5 de la loi du 17 avril 1832, la contrainte par corps ne pouvait pas durer au-delà d'un an.

Ce système est accueilli par le Tribunal de Bastia.

Appel.

ARRÊT.

Après délibération en la Chambre du Conseil,

La Cour; — sur les conclusions conformes de M. Sorbier, Premier Avocat Général;

Attendu que le montant de la condamnation principale, prononcée en matière commerciale contre François Stretti, s'élève à plus de cinq cents francs, et qu'aux termes de l'article 5 de la loi du 17 Avril 1832, l'emprisonnement, dans ce cas, ne cesse qu'après deux ans;

Attendu que, d'après l'article 23 de la même loi, combiné avec les articles 798 et 800 du Code de Procédure Civile, le débiteur pour empêcher l'exercice de la contrainte par corps, ou pour obtenir son élargissement, doit consigner ou payer les causes de l'emprisonnement, savoir: capital, intérêts échus, frais de l'instance, ceux de l'expédition et de la signification du jugement, et ceux enfin de l'exécution relative à la contrainte par corps; — Qu'en présence d'une disposition aussi formelle, les premiers Juges ne pouvaient réduire à une seule année l'emprisonnement de François Stretti, condamné à cinq cent seize francs trente centimes en principal, sur le fondement que, dans l'intervalle du jugement de condamnation à l'arrestation du débiteur, le créancier aurait été condamné lui-même, en faveur de François Stretti, à une somme de cinquante-sept francs, soixante-quinze centimes pour frais judiciaires d'une autre instance, puisque les causes de l'emprisonnement continuaient à subsister en la plus grande partie, malgré la compensation desdits cinquante-sept francs, soixante-quinze centimes, lors même qu'ils devraient être imputés sur le capital et non sur les frais; les diminutions de la dette ne pouvant faire cesser la garantie déjà acquise au créancier par la somme intégrale, soit dans son ensemble, soit dans chacune de ses fractions et jusqu'à extinction totale;

INFIRME......

Chambre civile. — M. LE Cte COLONNA D'ISTRIA, *Premier Président.*

MM. MARI, GRAZIANI, } *Avocats.*

DU 24 JUIN 1833.

OBLIGATION. — DATE. — AYANT-CAUSE. — VENTE. — PARTAGE.

La vente de la totalité d'un immeuble, faite par l'un des cohéritiers, ne peut être opposée à un tiers qui a acquis plus tard d'un autre cohéritier sa part indivise, bien que ce dernier déclare ensuite qu'il a verbalement consenti à la première vente : — Cet aveu ne peut avoir d'effet rétroactif contre le tiers acquéreur pour primer son acquisition, lors même qu'il aurait eu connaissance de la première vente [*Cod. Civ. Art. 1328*] (1).

Les ayants cause dans le sens de l'article 1322 du Code Civil sont des représentants à titre universel (2).

(1-2) Malgré quelques arrêts contraires qui avaient adopté l'opinion soutenue par Toullier, la jurisprudence et la doctrine nous semblent confirmer entièrement la solution donnée par la Cour de Bastia. Nous croyons devoir rapporter ici l'analyse que MM. Devilleneuve et Gilbert, jurisprudence du 19me siècle, V° *Ayant cause*, nos 1 à 5, ont faite des différents systèmes auxquels ont donné naissance les mots *ayant cause*. Voici comment ils s'expriment: « Suivant Toullier, tom. 8, nos 245 et suiv., et tom. 10, addit. nos 14 et suiv., cette » expression (*ayant cause*) désigne les successeurs à titre particulier, tels que les acqué- » reurs et les donataires, aussi bien que les successeurs à titre universel. Ce qui conduit » l'auteur à décider que l'acquéreur d'un immeuble par acte sous seing-privé, même n'ayant » pas date certaine, doit obtenir la préférence sur l'acquéreur du même immeuble par acte » authentique, mais portant une date postérieure à l'acte sous seing-privé. — Ce système » a été généralement critiqué; mais les auteurs qui le combattent ne sont pas néanmoins » d'accord entre eux sur la règle à poser. Les uns, Ducauroy, *Thémis.*, tom. 3, pag. 149 et » tom. 5, pag. 8; — Duranton, tom. 13, nos 131 et suiv.; — Chardon, *Dol et fraude*, tom. 2, » nos 6 et suiv., mettent en avant une théorie tout à fait opposée à celle de Toullier, et » pensent que l'on ne doit réputer ayants cause que les seuls successeurs à titre universel » (autres que les héritiers légitimes), c'est-à-dire les successeurs irréguliers, les légataires » et les donataires universels ou à titre universel. Et il a été jugé, dans ce sens, que les » ayants cause dont parle l'article 1322 du Code Civil, doivent s'entendre des représentants » à titre universel, et non de ceux à titre particulier, tels qu'un acquéreur : Bastia, 24 juin » 1833 (S. V. 33. 2. 604; — D. P. 33. 2. 188). — D'autres, tout en admettant, comme Toullier, que les successeurs à titre particulier sont des ayants cause dans le sens de la loi, aussi » bien que les successeurs à titre universel, repoussent cependant la conséquence que l'il- » lustre professeur tirait de son principe en faveur de l'acquéreur par acte n'ayant pas date » certaine. Il est bien vrai, disent les partisans de ce système, que le second acquéreur » (par acte authentique) est l'ayant cause du vendeur; mais il ne l'est pas vis-à-vis de tou-

Le premier acquéreur de la totalité de l'immeuble, qui se trouve en possession, a droit de provoquer le partage entre les cohéritiers, et de retenir l'immeuble dans le cas où il vient à écheoir dans le lot de son vendeur (Cod. Civ. Art. 816).

Griffoni C. Vignali.

ARRÊT.

Après délibération en la Chambre du Conseil,

La Cour; — sur les conclusions conformes de M. Sorbier, Premier Avocat Général;

Attendu que le bien *Teppe*, dont est procès, provenant de la succession du père des dames Maria-Saveria Anziani et Marie Antoni, appartenait par moitié à chacune d'elles; — Que, par acte sous seing-privé, du 4 Mars 1827, enregistré le 1er Juin suivant, la dame Anziani a vendu à Vignali ledit bien *Teppe* pour quatre cent quarante-huit francs, en conservant le même bien, à titre de bail, pendant deux ans, et moyennant le prix annuel de cinq francs; — Que Vignali, acquéreur,

---

» tes les personnes quelles qu'elles soient, et pour tous les actes qu'il a consentis à une » époque quelconque; il ne l'est que pour les personnes qui avaient traité avec le vendeur » avant lui acquéreur, et ce dernier n'est plus qu'un tiers pour tout ce qui suit cette épo- » que. Donc, quand le premier acquéreur se présente avec un acte de vente antérieur, c'est » à lui d'établir légalement cette antériorité, et de montrer ainsi que l'acte émane d'une » personne dont le second acquéreur est l'ayant cause. Telle est l'opinion de Merlin, Quest. » V° *Tiers*, § 2; — Troplong, *Hypoth.*, tom. 2, nos 530 et suiv.; — Bonniers, *Preuves*, » nos 567 et suiv.; — Poujol, *Oblig.*, tom. 3, pag. 85; — Zachariæ et ses annotateurs Aubry » et Rau, tom. 5, § 756, note 94; — Duvergier, *Vente*, tom. 1er, nos 35 et 36; — Marcadé, » sur les articles 1322 et 1328. Et cette opinion a été consacrée par la jurisprudence, ainsi » qu'on peut le voir par plusieurs décisions rappelées aux mots, *Date certaine* et *Vente*. — A » son tour, et examinant la controverse élevée sur le sens du mot ayant cause, Bugnet, » dans l'*Encyclop. du Droit*, V° *Ayant cause*, émet cette pensée que l'expression dont il s'agit » doit s'interpréter *Secundum subjectam materiam*, et que le même individu peut être ayant » cause sous certains rapports et ne pas l'être sous d'autres. C'est ce qu'avaient déjà dit » Grenier, *Hypoth.*, tom. 2, n° 354, et Troplong, *ubi suprà*. La jurisprudence paraît aussi » venir à l'appui de cette opinion. »

ayant été troublé dans la possession du même bien par la dame Antoni et son mari, cita ces derniers en complainte le 30 Janvier 1830; — Que, pendant l'instance au possessoire, la dame Antoni a vendu aux frères Griffoni, par acte authentique reçu le 11 Février 1830 par le notaire Franceschi, la moitié du bien susdit pour six cents francs; — Qu'après cet acte, et pendant que ladite instance au possessoire se poursuivait, la dame Antoni, sur le serment décisoire à elle déféré par Vignali, reconnut avoir consenti à la vente faite par la dame Anziani, sa sœur, d'avoir reçu la moitié du prix et d'avoir, ensemble à sa dite sœur, tenu à bail le bien vendu pendant deux ans; — Que, par suite de cette déclaration assermentée, Vignali fut maintenu en possession de la totalité du bien *Teppe*, et il le fut aussi dans une autre instance envers les frères Griffoni, par suite du trouble que ceux-ci avaient également apporté à sa jouissance;

Attendu que, de tous ces faits les premiers Juges en ont déduit qu'il y avait preuve légale que la dame Antoni avait vendu verbalement à Vignali la moitié à elle appartenant du bien *Teppe;* — Et que, se fondant sur le principe que les ventes verbales d'immeubles sont valables, lorsque surtout il y a aveu des parties, ils ont déclaré les frères Griffoni sans droit pour se prévaloir de l'acte authentique du 11 Février 1830, vu l'antériorité de la vente verbale;

Attendu que, de l'expertise faite le 6 Mars 1833, en exécution de l'arrêt de la Cour du 12 décembre 1832, il appert que le bien *Teppe*, d'une contenance de onze boisseaux, est d'une valeur de mille cent francs; — Qu'en suivant les bases de cette expertise, il en résulterait, d'une part, que Vignali aurait acheté la totalité du bien, puisque la contenance en est fixée dans son acte à dix boisseaux, ce qui s'approche de la contenance retenue par les experts; et, d'autre part, qu'en déboursant quatre cent quarante huit francs, ledit Vignali n'aurait pas même payé la moitié de la valeur du bien, tandis que le prix déboursé par les frères Griffoni excèderait de cinquante francs la valeur réelle du bien par eux acheté;

Attendu que le serment prêté par la dame Antoni, dans l'instance possessoire, et postérieurement à la vente par elle faite par acte authentique aux frères Griffoni, ne peut avoir pour effet de faire regarder comme personnel à ladite dame Antoni l'acte sous seing-privé du 24 Mars 1827, non signé par elle, et dans lequel elle n'est pas seulement mentionnée; — Que tout ce qui résulte dudit serment, c'est que la dame Antoni aurait vendu verbalement sa moitié du bien *Teppe* au sieur Vignali, avant de l'avoir vendue aux frères Griffoni; — Qu'entre la dame Antoni et le sieur Vignali, cette déclaration peut tenir lieu d'un contrat parfait, mais que, relativement aux frères Griffoni, il s'agit de savoir à qui, d'après les dispositions des lois, la préférence est due entre lesdits frères Griffoni qui ont un acte authentique, et le sieur Vignali qui a pour lui l'aveu du vendeur, fait postérieurement audit acte authentique, mais qui se rapporte à une époque antérieure au même acte, sans toutefois que ladite époque soit certaine d'après un des moyens indiqués dans l'article 1328 du Code Civil;

Attendu, quant à ce, que pour pouvoir faire réussir le système du sieur Vignali, il faudrait que les frères Griffoni pussent être regardés comme les ayants cause de la dame Antoni, aux termes de l'article 1322 du Code Civil; — Qu'évidemment les ayants cause dont parle cet article sont ceux à titre universel, qui sont tenus de toutes les obligations de celui auquel ils succèdent, qu'ils représentent de la manière la plus indéfinie, car ceux-là sont liés par l'acte privé émané de leur auteur, comme il le serait lui-même, et ne pourraient le critiquer parce qu'ils seraient toujours repoussés par la règle de droit *Quem de evictione tenet actio, eumdem agentem repellit exceptio*.—Cette interprétation est d'autant plus vraie, que, par le rapprochement qu'on remarque dans l'article 1322 des mots HÉRITIERS OU AYANTS CAUSE, il est évident que, dans l'intention du législateur, les ayants cause sont ceux qui se trouvent au lieu et place des héritiers, et qui, comme eux, succèdent *In universam causam*. D'ailleurs, si l'acquéreur est l'ayant cause du vendeur relativement à la chose vendue, il n'est pas moins vrai que l'acquéreur est UN TIERS à l'égard de l'autre acquéreur et du vendeur lui-même, en ce qui concerne l'empêchement de celui-ci de porter atteinte à la vente, au moyen d'un acte postérieur ou dont la date ne serait pas certaine, conformément à l'article 1328 du Code Civil;

Attendu aussi que ce serait ouvrir la porte à toutes les fraudes, donner lieu aux plus graves abus, et rendre illusoires les précautions adoptées par le législateur pour la sûreté des conventions, que d'admettre qu'un acquéreur, muni d'un acte authentique, ou même sous seing-privé, enregistré, puisse être évincé par un autre acquéreur, porteur d'un aveu postérieur, ou d'un acte sous seing-privé émané de l'ancien propriétaire, et auxquels il serait donné une date antérieure, sans que la vérité de cette date fût assurée de la manière indiquée par la loi;

Attendu que si, d'après les faits de la cause, on peut supposer que les frères Griffoni, avant leur achat, avaient connaissance de la vente faite au sieur Vignali par la dame Anziani, qui, de l'aveu de toutes les parties, n'avait droit qu'à la moitié du bien dit *Teppe*, rien ne prouve qu'ils aient su que la dame Antoni avait réellement concouru à ladite vente pour l'autre moitié à elle appartenant; — Que le contraire doit même être présumé, puisque non seulement il n'y avait aucun acte de la part de ladite dame Antoni, mais qu'après la vente faite au sieur Vignali et malgré l'opposition de celui-ci, elle prétendait conserver la possession du bien; — Et que ce n'est qu'après avoir vendu par acte authentique aux frères Griffoni, que, sur le serment décisoire à elle déféré dans l'instance au possessoire, la dame Antoni a déclaré avoir consenti à la vente faite par sa sœur, ce qui ne saurait préjudicier aux droits des frères Griffoni acquis antérieurement audit serment; — Que, de toute manière, il n'est pas justifié que l'acte d'achat des frères Griffoni n'ait pas été sérieux;

Attendu, néanmoins, que le bien contesté entre les parties pourrait écheoir dans le lot de la dame Anziani, lors du partage de la succession de feu Sébastien Valerj, son père; — Et que, dans ce cas, la vente qu'elle a faite de la totalité dudit bien au sieur Vignali se soutiendrait pour le tout, puisque la dame Antoni, sa sœur et cohéritière, trouverait une indemnité dans le lot qui écherrait à elle-même; — Que le sieur Vignali ayant contesté la validité de l'achat des frères Griffoni comme postérieur au sien, et ayant pris seulement en appel des conclusions subsidiaires tendantes à conserver la jouissance de tout le bien *Teppe* jusqu'au dit partage, c'est lui qui doit faire, dans un délai déterminé, les diligences nécessaires pour parvenir au même partage, et supporter les frais de l'instance dans laquelle il échoue;

SANS S'ARRÊTER à la fin de non-recevoir, INFIRME;

CONDAMNE Vignali à délaisser et abandonner aux frères Griffoni la moitié du bien *Teppe*, après cependant que, par suite du partage de la succession Valerj que Vignali sera tenu de provoquer, dans le délai de trois mois, en présence des Griffoni, ledit bien ne sera pas échu dans le lot de la dame Anziani.............

Chambre Civile. — M. LE Cte COLONNA D'ISTRIA, *Premier Président.*

MM. CARBUCCIA, BIADELLI, } *Avocats.*

DU 26 JUIN 1833.

APPEL. — DÉLAI. — RÉFÉRÉ.

Le délai de quinzaine établi pour l'appel des Ordonnances sur référé est applicable aux jugements rendus en ÉTAT DE RÉFÉRÉ [*Cod. Proc. Civ. Art. 809*] (1).

De Zerbi C. **De Petriconi.**

ARRÊT.

Après délibération en la Chambre du Conseil,

LA COUR; — sur les conclusions conformes de M. SORBIER, Premier Avocat Général;

Attendu que le jugement dont est appel a été rendu en état de référé, et n'a, par conséquent, statué que provisoirement sur les contestations des parties, si l'on réfléchit surtout, ce qui y est expressément déclaré, qu'on n'entendait rien statuer sur la question du possessoire;

Attendu qu'aux termes de l'article 1809 du Code de Procédure Civile, l'appel des Ordonnances sur référé, comme des jugements rendus

---

(1) Conf. : Paris, 14 mai 1836 (D. P. 37. 2. 131; — S. V. 36. 2. 258); — FAVARD DE LANGLADE, tom. 4, pag. 778; — CHAUVEAU et CARRÉ, Quest. 2775; — BIOCHE, V° *Référé*, n° 384; — DEMIAU-CROUZILHAC, pag. 490; — THOMINE-DESMAZURES, tom. 2, pag. 598.

Contrà : Riom, 23 avril 1839 (D. P. 40. 2. 39; — S. V. 39. 2. 454); — Bordeaux, 19 déc. 1846 (D. P. 47. 2. 43; — S. V. 47. 2. 368); — RIVOIRE, V° *Appel*, n° 253.

en état de référé, n'est point recevable après la quinzaine à partir de la signification du jugement; — Que, dans l'espèce, le jugement a été signifié le 31 Janvier 1833, tandis que l'appel n'a été interjeté que le 12 Mars suivant et, par conséquent, après la quinzaine;

Déclare l'appel non recevable..........

Chambre Civile. — M. le Cte COLONNA D'ISTRIA, *Premier Président.*

MM. Milanta, Battesti, } *Avocats.*

DU 9 JUILLET 1833.

PAIEMENT. — RESTITUTION. — PROCURATION. — INTÉRÊTS.

Celui qui use d'une procuration pour opérer le recouvrement de sommes autres que celles pour lesquelles elle lui a été consentie, doit être assimilé à celui qui gère, à son insu, les affaires d'autrui; — Et, par suite, il est tenu à la restitution des sommes perçues et au paiement des intérêts [*Cod. Civ. Art. 1376*] (1).

Podestà C. Campana.

ARRÊT.

Après délibération en la Chambre du Conseil,

La Cour; — sur les conclusions conformes de M. Sorbier, Premier Avocat Général;

Vu les différentes pièces versées au procès, non contestées entre les parties, et notamment: 1° Un compte daté du 4 Janvier 1831, intitulé *Deve il signor Comandante Giammarchi a Campana negoziante a Bastia*; — 2° Une quittance délivrée par ledit Giammarchi à Jean-Baptiste Podestà, négociant à Bastia, le 2 Janvier de la même année;

---

(1) Troplong, *Du Mandat*, nos 74, 298, 299 et 315, et Duranton, tom. 13, n° 646, démontrent que le mandataire, qui gère une affaire en dehors du mandat spécial à lui donné, dont il excède les bornes, devient un véritable *negotiorum gestor*. Parmi les autorités par lui invoquées, Troplong cite Casaregis, *Discours* 179, n° 74, qui s'exprime ainsi : *Si habens mandatum, illud excedit, vel contra facit, de mandatario, statim negotiorum gestor efficitur*. La décision de la Cour de Bastia, dans l'espèce, serait donc justifiée par l'obligation de l'intimé Campana de rendre compte de la somme qu'il avait perçue, en dehors des limites de sa procuration, lors même que les principes édictés par les articles 1335, 1376, 1377 et 1378 du Code Napoléon combinés ne seraient pas aussi précis et aussi entièrement applicables aux faits de la cause.

— 3° Une lettre écrite, le 10 janvier 1831, par ledit Giammarchi au sieur Podestà; — 4° Un extrait des livres de commerce du négociant Podestà, qui est daté du 19 décembre 1831, intitulé « *Deve il signor Giovan Bernardo Campana a Giovan Battista Podestà* » et portant en compte, à la charge de Campana, la somme de neuf cent quatre-vingts francs pour la pension du second semestre de 1830 du Commandant Giammarchi;

Attendu que, de toutes ces pièces qui se prêtent un mutuel appui l'une à l'autre et qui seront enregistrées par la voie du greffe ensemble à la minute du présent arrêt, il résulte: 1° que le sieur Giammarchi était redevable à Campana de la somme de neuf cent quatre-vingts francs pour le premier semestre de la pension de Commandeur de la Légion d'honneur de ladite année 1831; — 2° qu'il avait aussi reçu de Podestà la somme de neuf cent quatre-vingts francs montant du second semestre de ladite pension de l'année précédente, et qu'il l'autorisait à retirer cette somme de la Grande Chancellerie; — 3° que l'intimé, à l'aide d'un certificat de vie et d'une procuration dudit Commandant Giammarchi, qui devait servir pour le recouvrement du premier semestre 1831, et en l'appliquant, par erreur, au recouvrement du second semestre 1830, a perçu, en effet, le montant de ce second semestre par l'intermédiaire de son correspondant, le sieur Hérard, agent d'affaires, à Paris;

Attendu que le sieur Campana, n'ayant pas reçu dudit Commandant Giammarchi la mission d'employer sa procuration à ce recouvrement, doit être assimilé à celui qui aurait géré l'affaire d'autrui à son insu, l'erreur ne pouvant pas le mettre à l'abri de la responsabilité encourue par son propre fait, conformément à l'article 1376 du Code Civil;

Attendu qu'après avoir reconnu lui-même cette erreur, il lui appartenait de faire toutes les diligences, pour en faire rembourser l'appelant qui devait la recouvrer; — Que les démarches que ce dernier a faites pour s'en assurer le remboursement, à l'aide de la saisie-arrêt exercée entre les mains du sieur Hérard, ne libère pas l'intimé de la responsabilité dont il se trouve chargé par son fait; — Et que, dès lors, il doit se soumettre au paiement des intérêts des sommes réclamées; —

Que les premiers Juges ont ainsi fait grief à l'appelant, en rejetant sa demande;

A MIS ET MET l'appellation et ce dont est appel au néant;

ET par nouveau jugé,

CONDAMNE l'intimé en faveur de l'appelant au paiement, 1° de la somme de neuf cent quatre-vingts francs ensemble aux intérêts de cette somme à raison du cinq pour cent par an, à partir du 1er Novembre 1831 et jusqu'à parfait paiement, — 2° à celle de trente-huit francs avec les intérêts au même taux, à partir du 13 Mai 1832, jusqu'à remboursement;

RÉSERVE tous ses droits à l'intimé à faire valoir ainsi que bon lui semblera, pour recouvrer la somme déposée à la Caisse des dépôts et consignations, de la part de son correspondant Hérard....

Chambre Civile. — M. MARCILESE, *Conseiller*, *f. f. de Président.*

MM. CASABIANCA, MARI, } *Avocats.*

DU 16 JUILLET 1833.

SERMENT DÉCISOIRE. — RÉVOCATION. — REFUS.

La révocation du serment décisoire peut être prononcée lorsqu'il a été ajouté, aux faits qui faisaient l'objet de la délation du serment, d'autres faits non susceptibles du serment d'office, et dont la partie qui défère le serment s'était expressément réservé la preuve; — Pourvu que cette partie se soit rétractée avant toute acceptation de son adversaire [Cod. Civ. Art. 1364] (1).

La demande en renvoi, formée par la partie qui doit prêter le serment, pour réfléchir sur le parti à prendre en l'état de la révocation, ne peut être regardée comme un refus de prêter le serment qui lui a été déféré sur les autres chefs [Cod. Civ. Art. 1361] (2).

Dapelo C. **Lazzarotti.**

ARRÊT.

Après délibération en la Chambre du Conseil,

La Cour; — sur les conclusions de M. Sorbier, Premier Avocat Général;

Attendu que c'est un serment litis-décisoire que les intimés, frères Lazzarotti, ont déféré, et que les premiers Juges ont ordonné aux appelants de prêter, par leur jugement du 29 Mars dernier; — Que cependant les premiers Juges ont ajouté, aux faits qui étaient l'objet de

---

(1) Conf. anal. : Paris, 25 mars 1834 (S. V. 35. 2. 142); — Duranton, tom. 13, n° 597.

(2) Il est hors de doute, selon nous, que les tribunaux ont un pouvoir discrétionnaire et souverain pour interpréter les faits desquels on prétend faire résulter que la partie refuse de prêter le serment décisoire qui lui a été déféré. — Voir anal. : Rejet, 18 août 1830 (D. P. 30. 1. 344; — S. V. 30. 1. 402).

la délation du serment, celui de savoir si Dapelo était ou non l'agent ou le représentant de François Nicolai, fait à l'égard duquel lesdits intimés s'étaient, par des conclusions expresses, réservé toute preuve; — Qu'en confondant ainsi les faits abandonnés à la conscience des appelants avec celui dont les intimés voulaient autrement offrir la preuve, et en ne déclarant pas que c'était le serment d'office que l'on exigeait sur ce même fait, qui d'ailleurs ne pouvait pas le comporter, c'était évidemment le comprendre dans le serment décisoire et le rendre ainsi personnel aux intimés, par cela même qu'il leur était attribué par les Juges; — Que, dans ces circonstances, il leur était permis d'user de la faculté de le révoquer, suivant les dispositions de l'article 1364 du Code Civil;

Attendu que cette révocation résulte évidemment de l'acte extrajudiciaire signifié le 30 Mars, et dans l'intervalle qui s'était écoulé entre le jugement du 29 dudit mois et celui du 1er Avril suivant, lors duquel seulement les appelants avaient déclaré accepter le serment déféré sur tous les faits; — Qu'en conséquence les premiers Juges ont dû, par ce dernier jugement, écarter le fait ainsi révoqué, *rebus integris*, et que, sous ce rapport, leur décision est à l'abri de toute atteinte;

Attendu que, par suite du retranchement dudit fait, les appelants ont démandé le renvoi à une autre audience pour réfléchir sur le parti qu'ils auraient à prendre, par suite de cette décision, sur le serment ordonné; — Que les premiers Juges ont regardé cette demande en renvoi comme un refus de prêter le serment sur les autres chefs, et en ont donné acte aux intimés; — Que cette disposition, qui n'est justifiée ni par une mise en demeure de prêter le serment, ni par un refus formel des appelants, ne saurait être maintenue sans préjudicier aux droits de ces derniers; — Et qu'il y a lieu, quant à ce, de réformer le jugement attaqué;

Attendu qu'à l'égard des autres parties, il n'y avait rien à réclamer, et qu'en effet rien n'a été conclu par les appelants à leur charge; — Et qu'ils doivent, par conséquent, supporter les dépenses qu'ils ont dû faire pour comparaître dans l'instance d'appel;

JOIGNANT les deux appels relevés par Nicolai et Dapelo, et Y AYANT tel égard que de droit,

RÉFORME le jugement du 1er Avril dernier dont est appel, en la disposition qui donne acte du refus de la prestation de serment de la part desdits appelants;

CONFIRME, pour le surplus, les autres dispositions dudit jugement, et renvoie le procès et les parties devant les premiers Juges, pour être procédé suivant les derniers errements, etc........

Chambre Civile. — M. MARCILESE, *Conseiller, f. f. de Président.*

MM. BATTESTI, ROMANI, BENIGNI, CECCONI, *Avocats.*

DU 22 JUILLET 1833.

APPEL. — DÉLAI. — JUGEMENT PAR DÉFAUT.

Pour faire courir le délai de l'appel contre un jugement par défaut faute de plaider, il est nécessaire que ce jugement soit signifié à personne ou à domicile; — Il ne suffit pas qu'il ait été notifié à avoué, et que plus de trois mois se soient écoulés depuis que l'opposition n'est plus recevable [*Cod. Proc. Civ. Art.* 147, 157, 443 *et* 455] (1).

---

(1) Cette question a été longtemps controversée, et la controverse ne semble pas encore entièrement épuisée; mais la jurisprudence et la majorité des auteurs se prononcent, selon nous avec raison, en faveur de l'opinion proclamée par la Cour de Bastia, non seulement dans la décision ci-dessus, mais encore dans son arrêt du 25 juillet 1831, que nous avions omis, et qui est ainsi conçu :

(Affaire Morati C. Campocasso). — LA COUR; — « Attendu que, d'après l'avis de plusieurs » jurisconsultes, et notamment d'après la jurisprudence de la Cour de Cassation, le délai » de l'appel entre les jugements rendus par défaut ne doit courir que du jour de la signifi- » cation à partie ou à domicile;

» Attendu que, dans l'espèce, la signification du jugement dont est appel a été faite à la » partie, le 20 février dernier, et que, dès lors, l'appel se trouve dans le délai de la loi;

» SANS S'ARRÊTER à la fin de non-recevoir proposée par la partie de Corbara (Murati),

» DÉCLARE l'appel recevable. »

Ch. Civ. M. SUZZONI, *Prés.* — M. FLANDIN, *Av. Gén.* — MM. FIGARELLI, CAMOIN-VENCE, *Avocats.*

Voici le résumé des principales autorités que l'on peut invoquer en faveur des deux systèmes :

Conf. : Cass., 18 déc. 1815; — Rej., 12 mars 1816; — Cass., 24 avril 1816 (D. A. 1. 479. 501); — Cass., 29 nov. 1836 et 15 juillet 1856 (D. P. 37. 1. 66; — 56. 1. 280; — S. V. 37. 1. 31; — 56. 1. 815); — Agen, 9 avril 1851; — Paris, 21 août 1851 (D. P. 51. 2. 150; — 52. 2. 25). — *Sic*, PIGEAU, *Comm.*, tom. 1er, pag. 13; — THOMINE-DESMAZURES, n° 494; — BIOCHE, V° *Appel*, n° 126; — CHAUVEAU sur CARRÉ, n° 1569.

Contrà : Rej., 5 août 1813 et 21 déc. 1814 (D. A. 1. 499; — S. 13. 1. 446; — 15. 1. 528); Nîmes, 7 févr. 1832; — Colmar, 19 juillet 1838; — Caen, 30 avril 1853 (D. P. 32. 2. 153; — 39. 2. 38; — 54. 2. 257; — S. V. 32. 2. 639; — 39. 2. 203; — 53. 2. 609). — *Sic*, MERLIN, Quest., V° *Appel*, § 8, art. 1er, n° 10; — RODIÈRE, pag. 340; — CARRÉ, n° 1569, qui avait adopté l'avis contraire dans son *Analyse*.

On trouvera dans CHAUVEAU, *ubi suprà*, l'indication de plusieurs arrêts et de quelques auteurs que nous n'avons pas cités, ainsi qu'une discussion approfondie de notre question. V. aussi DALLOZ, *Jur. Gén.*, 2e édit., V° *Appel civil*, nos 1089 et suiv.

Tommasi C. Biadelli.

ARRÊT.

Après délibération en la Chambre du Conseil,

La Cour; — sur les conclusions contraires de M. Sorbier, Premier Avocat Général;

Attendu que le § 1er de l'article 443 du Code de Procédure Civile établit, en règle générale, que le délai pour interjeter appel ne commence à courir que du jour de la signification du jugement à la personne ou au domicile de la partie condamnée; — Que cette règle, applicable aux jugements contradictoires, doit l'être encore davantage aux jugements rendus par défaut, parce qu'il n'est pas à supposer que le législateur ait voulu traiter avec plus de faveur la partie qui s'est défendue, que celle qui a subi une condamnation sans avoir présenté ses défenses et bien souvent sans avoir pu les produire, par des accidents inopinés ou même par la négligence de son avoué; — Que, s'il est dit au § 2 de cet article, qu'à l'égard des jugements par défaut le délai de l'appel ne courra que du jour où l'opposition ne sera plus recevable, il faut nécessairement entendre cette disposition dans un sens concordant avec la règle posée dans le paragraphe précédent, et l'appliquer seulement dans les circonstances, où, sans porter atteinte à l'obligation de signifier à partie le jugement par défaut, afin d'ouvrir le cours au délai de l'appel, le législateur a dû, pour la conservation des principes consacrés dans le même Code, et pour en concilier l'exécution, ordonner que le délai de l'appel eût, en pareille occasion, à se reporter au jour de l'expiration de celui accordé pour former opposition;

Attendu que le cas de cette application se présente précisément toutes les fois qu'un jugement rendu par défaut, après avoir été signifié à l'avoué du défaillant pour donner cours au délai de l'opposition, l'aurait été également à la personne de ce dernier ou à son domicile, avant l'expiration du délai de l'opposition; — Or comme, d'une part, cette dernière signification, aux termes du § 1er de l'article 443 susmentionné, serait le point de départ du délai de l'appel, et que, d'autre part, l'article 455 dudit Code défend d'interjeter appel dans le délai de l'opposition, sous peine d'irrecevabilité, la force du principe exige alors que l'intervalle, qui sépare le jour de ladite signification de celui de l'expiration du délai de l'opposition, ne puisse entrer dans le calcul du délai de l'appel, vu l'empêchement légal d'agir de la part de l'appelant, suivant la maxime, *Contra non valentem agere non currit præscriptio;* — Et qu'ainsi c'est à ce cas que se réfère la disposition du § 2 de l'article 443, sans nullement déroger à la règle de la signification du jugement par défaut à la personne ou au domicile de la partie condamnée;

Attendu que, de ces considérations appliquées à l'espèce, il suit que le jugement par défaut, rendu contre l'appelant qui avait avoué dans la cause, ne lui ayant été signifié que le 28 Février dernier, son appel, qui date du 16 Mars suivant, a été relevé en temps utile, nonobstant qu'il se fût écoulé plus de trois mois entre cet appel et l'expiration du délai pour y faire opposition; — Et que, par une conséquence ultérieure, la fin de non-recevoir fondée sur la déchéance du terme, que l'Avocat de l'appelant a eu soin de combattre d'avance, et que le Ministère Public a, par ses conclusions, soumise à la décision d'office de la Cour, ne saurait être raisonnablement accueillie;

Déclare que l'appel a été interjeté dans le délai légal, et que, par suite, il est recevable.

Chambre Civile. — M. MARCILESE, *Conseiller, f. f. de Président.*

M. Carbuccia, *Avocat.*

DU 30 DÉCEMBRE 1833.

ALIMENTS — ÉPOUX. — SÉPARATION DE CORPS. — RÉDUCTION. — HÉRITIERS.

La demande en pension alimentaire, formée en première instance par conclusions subsidiaires, est recevable si elle ressort d'ailleurs implicitement de l'exploit introductif d'instance.

La femme qui a obtenu la séparation de corps est fondée à demander une pension alimentaire sur les biens de son mari [Cod. Civ. Art. 214 et 301; — Loi du 28 Mai 1816] (1).

Si les facultés du mari sont diminuées, la pension alimentaire peut être réduite, eu égard à ses ressources actuelles (2).

Au cas du décès du mari, la pension alimentaire doit être servie par ses héritiers, à partir du jour où le paiement en a été suspendu (3).

---

(1) Conf. : Rej., 8 mai 1810 et 28 juin 1815 (D. A. 11. 907, 912; — S. 10. 1. 220; — 15. 1. 380); — Lyon, 16 mars et 16 juillet 1836 (S. V. 36. 2. 259); — Dijon, 10 mars 1841 (D. P. 41. 2. 216; — S. V. 41. 2. 355); — Rej., 8 juillet 1850 (D. P. 50. 1. 225; — S. V. 51. 1. 61). — *Sic*, TOULLIER, tom. 2, n° 780; — VAZEILLE, *Du mariage*, tom. 2, n° 588; — DURANTON, tom. 2, n° 133.

(2) Mais la pension alimentaire ne pourrait être augmentée par suite de l'accroissement de la fortune de l'époux débiteur des aliments. — Besançon, 20 brum., an XIV (D. A. 1. 345; — S. 6. 2. 55).

(3) Conf. : Rej., 18 juillet 1809 (D. A. 1. 346; — S. 9. 1. 402); — Amiens, 28 mai 1825 (D. P. 26. 2. 58; — S. 26. 2. 48); — Nancy, 15 nov. 1824 (D. P. 24. 2. 159; — S. 25. 2. 362); — Rej., 12 déc. 1848 (D. P. 55. 5. 20; — S. V. 56. 2. 385 en note). — *Sic*, DURANTON, tom. 2, n° 407; — PROUDHON, *Usufruit*, n° 1818 et 1819; — VAZEILLE, *ubi suprà*, n° 525; — MARCADÉ, sur l'art. 205, n°s 6 et 7; — ZACHARIÆ ainsi qu'AUBRY et RAU, tom. 5, § 552, note 10.

Contrà : Orléans, 24 nov. 1855 (D. P. 56. 2. 259; — S. V. 56. 2. 385); — Rej., 8 juillet 1857 (D. P. 57. 1. 351; — S. V. 57. 2. 809). — *Sic*, DEMOLOMBE, tom. 4, n°s 40 et suiv.

Voir d'ailleurs sur les divers systèmes qui se sont produits et les autorités en sens divers: DALLOZ, *Jur. Gén.*, 2e édit. V° *Mariage*, n° 652, et *Rec. Périod.*, années 1824 et 1857 en note des arrêts ci-dessus cités des 15 nov. 1824 et 8 juillet 1857; la table générale de DEVILLENEUVE et GILBERT, V° *Aliments*, n°s 11 et suiv.; et le Cod. Nap. annoté par ce dernier, article 205, n°s 6 et suiv.

Loviconi et Desanti C. la veuve Poli.

ARRÊT.

Après délibération en la Chambre du Conseil,

La Cour; — sur les conclusions de M. Sorbier, Premier Avocat Général;

Attendu qu'il n'échet pas d'ordonner la preuve des faits articulés en première instance par les parties de Pellegrini;

Attendu que la demande de la pension alimentaire, comprise implicitement dans l'exploit introductif d'instance de la veuve Poli, a été faite en termes formels au moyen de ses conclusions subsidiaires insérées dans le jugement attaqué;

Attendu que, quand même l'authentique *Prœterea*, au Code *Unde vir et uxor*, avec les modifications introduites par la jurisprudence, ne pourrait être appliquée à la veuve Poli, celle-ci n'a pas moins droit à une pension alimentaire sur les biens de feu Dominique-Antoine Poli, son mari, soit en vertu de l'article 301 du Code Civil, applicable aux femmes séparées de corps comme aux époux divorcés, surtout d'après la loi du 8 Mai 1816 qui a aboli le divorce, soit en exécution de l'arrêt définitif du 20 Décembre 1825, qui avait adjugé à la dame Poli une pension alimentaire de quatre-vingts francs par mois, par suite de la séparation de corps qu'elle avait demandée et obtenue contre son mari;

Attendu que les pensions alimentaires peuvent recevoir une réduction par suite du changement survenu dans l'état des parties, et qu'au moyen des legs nombreux et d'une valeur considérable faits par feu Antoine-Dominique Poli, les héritiers n'ayant pas succédé à la totalité des biens, qui avaient servi de base à la fixation des aliments accordés par le susdit arrêt à la veuve Poli, il est juste que ces aliments soient proportionnellement diminués;

Attendu que le droit à une pension alimentaire, acquis comme dessus à la veuve Poli, n'a pu cesser ni être interrompu par le décès de son mari, dont les héritiers sont demeurés, de droit, chargés de continuer à servir ladite pension;

AYANT tel égard que de raison à l'opposition contre son arrêt de défaut, en date du quatre de ce mois,

RÉDUIT à soixante francs la pension accordée à la veuve Poli, partie de Mᵉ Benedetti;

ORDONNE que, pour le surplus, ledit arrêt de défaut sortira son effet.

Chambre Civile. — M. LE Cᵗᵉ COLONNA D'ISTRIA, *Premier Président.*

MM. CARAFFA, ROMANI, BIADELLI, *Avocats.*

Fin du Premier Volume.

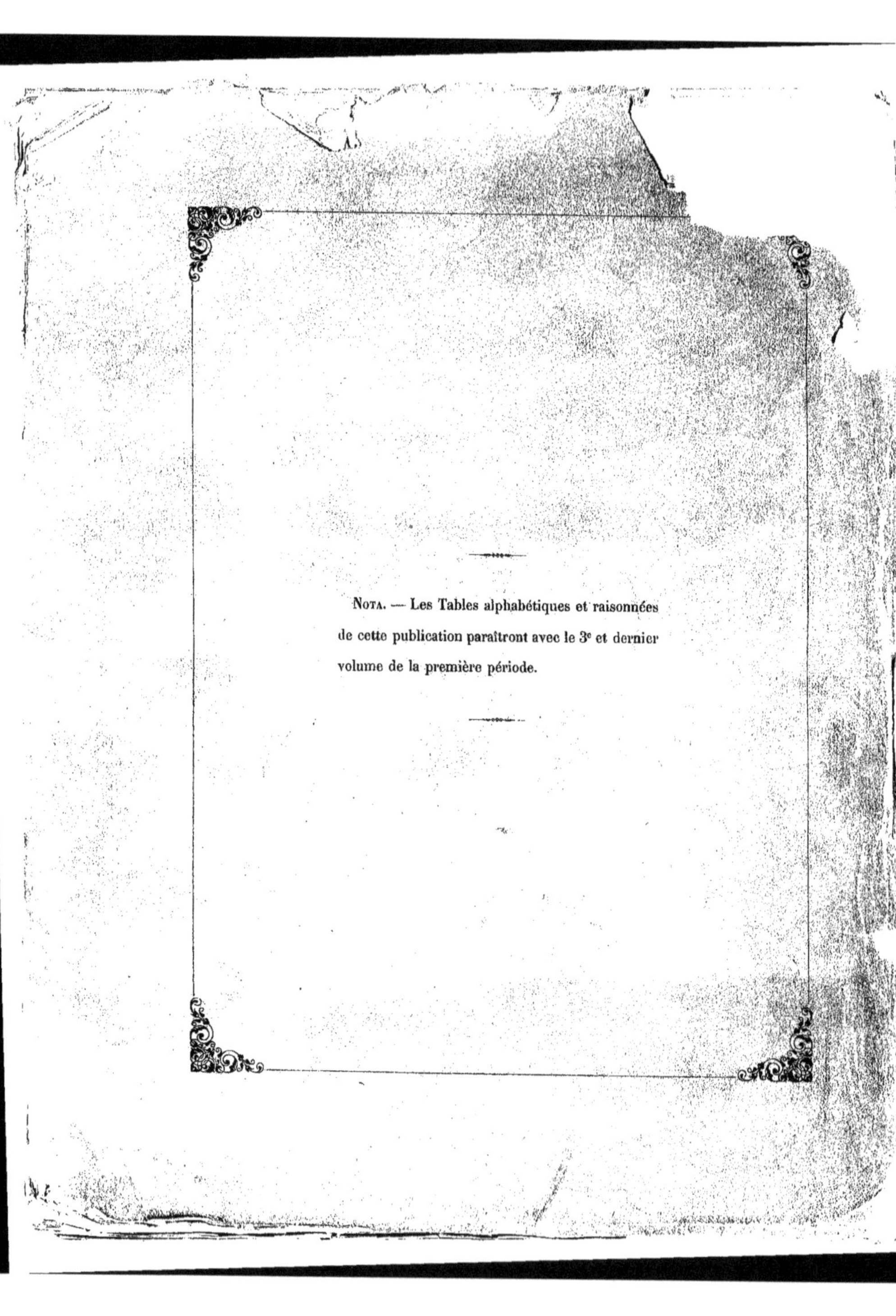

Nota. — Les Tables alphabétiques et raisonnées de cette publication paraîtront avec le 3e et dernier volume de la première période.

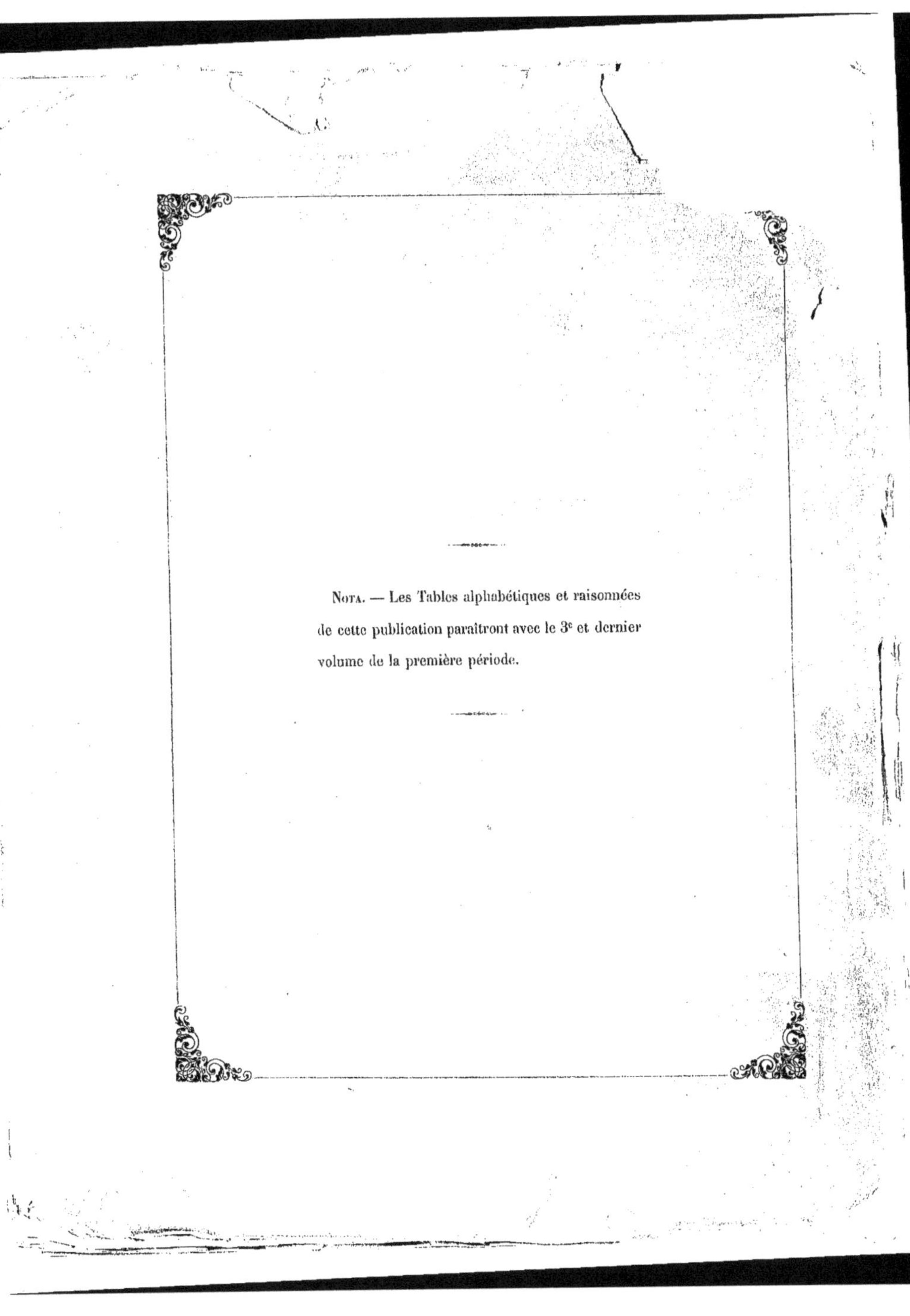

NOTA. — Les Tables alphabétiques et raisonnées de cette publication paraîtront avec le 3e et dernier volume de la première période.